Finance for Executives

Managing for Value Creation

4 th Edition

高级经理财务管理

创造价值的过程

（原书第4版）

[美] 加布里埃尔·哈瓦维尼（Gabriel Hawawini） 著
欧洲工商管理学院
克劳德·维埃里（Claude Viallet）
欧洲工商管理学院

孔宁宁 译

机械工业出版社
CHINA MACHINE PRESS

图书在版编目（CIP）数据

高级经理财务管理：创造价值的过程（原书第 4 版）/（美）加布里埃尔・哈瓦维尼（Gabriel Hawawini），（美）克劳德・维埃里（Claude Viallet）著；孔宁宁译．—北京：机械工业出版社，2017.3（2024.9 重印）
（华章教材经典译丛）

书名原文：Finance for Executives：Managing for Value Creation

ISBN 978-7-111-56221-4

I. 高… II. ①加… ②克… ③孔… III. 财务管理 – 教材 IV. F275

中国版本图书馆 CIP 数据核字（2017）第 039872 号

北京市版权局著作权合同登记 图字：01-2014-0612 号。

本书是一本专门适用于高级经理的导论性教材，力图做到既实用又严谨。在过去几年中，全世界范围内的几千名经理已经使用过本书中的大部分内容。本书在高级经理发展项目（包括 EMBA 项目）以及本科生或 MBA 学生的公司理财课程中都被有效使用。

本书面向的目标阅读群体是直接和间接参与财务事务和财务管理的高级经理，财务管理、金融学、会计学等专业的高年级本科生，以及 MPACC、MF、MBA、EMBA。

出版发行：机械工业出版社（北京市西城区百万庄大街 22 号 邮政编码：100037）

责任编辑：牛汉原 范泽鑫	责任校对：殷 虹
印 刷：北京建宏印刷有限公司	版 次：2024 年 9 月第 1 版第 4 次印刷
开 本：214mm×275mm 1/16	印 张：25.5
书 号：ISBN 978-7-111-56221-4	定 价：89.00 元

客服电话：（010）88361066 68326294

The Translator's Words | 译者序

哈瓦维尼和维埃里教授的著作《高级经理财务管理：创造价值的过程》是为公司高级管理人员编写的财务管理教材。为了适应公司高级管理人员深层次了解财务管理领域并做出提升股东财富决策的实践需求，本书围绕价值创造目标，提炼有助于实现价值创造的财务决策精髓，辅之以现代财务管理方法。本书注重逻辑，框架严谨，更突出实务应用导向，规避了当前很多财务管理教材“百科全书式”或聚焦艰深理论和复杂计算的问题，是极具特色的优秀著作。

纵观全书，三个方面的特点使其形成了独树一帜的风格。

第一，围绕价值创造构建全书的理论框架。作者开篇即指出“管理者应以提高公司价值为目标来管理公司资源”，随后基于“创造价值”思想构建各个章节的结构框架，阐明提高经理做出创造价值决策能力的逻辑顺序。第一部分概述高级经理管理价值创造需要了解的原理和工具，第二部分指出高级经理评价公司财务绩效和价值创造能力应该使用的技术，接下来重点阐述高级经理应该如何做出提升公司价值的投资决策、融资决策和经营决策，最后展示帮助高级经理做出价值创造决策的财务战略矩阵。全书基于价值创造核心安排篇章内容，涵盖财务理论精华，逻辑体系严密完整，同时融合了财务管理领域的最新研究成果。

第二，注重把理论分析应用于公司财务实践。与价值创造理念相呼应，重视实践性是本书的另一个亮点。本书在阐述理论问题时，运用了丰富的实际案例并对其加以详细解读说明；对于提到的每一个公式，都会分析其背后的逻辑和具体应用；对于高级经理在提升公司价值过程中可能遇到的各种具体财务决策问题，都相应提供了实践操作指南。由于本书定位于提升高级经理的实际财务管理技能，因此在内容选择上回避了深奥的理论和复杂的计算，精选能够契合提升高级经理为公司创造价值能力的财务决策领域，进行深入浅出的讲解和大量辅助案例阐释，特别强调财务理论和工具在服务于高级经理财务决策实践中的具体应用。

第三，体例完整，具有前瞻性的国际视角。从教材的角度来看，本书的体例非常完整。各章均包括理论阐述、案例分析、小结、习题等内容，最后还给出了习题答案和专业词汇对照表。理论阐述简明扼要、选材精炼；案例契合理论阐述，便于理论的理解和应用；案例解析细致全面，特别是聚焦相同公司阐释大多数财务决策问题，可以提供贯穿始终的线索；小结提纲挈领，切中各章要点；习题难点紧密呼应各章理论要件，有助于巩固理论知识基础和积累实践决策经验；习题答案和专业词汇对照表便于检验知识掌握程度并提供快捷参考。此外，本书聚焦高级经理在国际环境中的价值创造决策，体现了国际化视野和前瞻性。

本书适合作为高级经理提升自身管理技能的必备参考书，也适合作为MBA、EMBA和其他研究生层次的财务管理课程教材，可使从事财务管理教学和研究的学者获享有益的思想启迪。作为从事财务管理教学多年的教师，我非常高兴能有机会把这本值得阅读的优秀著作翻译并呈现出来，希望所有读者都能从中受益。由于能力有限和时间紧迫，书中错漏之处在所难免，希望读者批评指正。

孔宁宁
2016年10月于贸大惠园

前　　言 | Preface

财务是一个至关重要而且激动人心的管理领域，很多高级经理都想更深层次地了解和探究它。然而，大多数财务教材对于很多非财务经理而言，不是过于艰深就是过于简单。我们面临的挑战是编写出一本专门适用于高级经理的导论性教材，力图做到既实用又严谨。

本书面向的目标阅读群体是直接和间接参与财务事务和财务管理的高级经理，即每一位高级经理。在过去的几年中，全世界范围内的几千名经理已经使用过本书中的大部分内容。本书在高级经理发展项目（包括 EMBA 项目）以及本科生或 MBA 学生的公司理财课程中都被有效使用，本书既可以用作强调实务性和应用性情境下的核心教材，也可以用作对理论教材的补充以便把理论转化为实务。

本书具有以下重要特色。

- **基于经理应该以提高公司价值为目标管理公司资源的基本原则。**

  经理必须做出预计能够提高公司市场价值的决策，这个基本原则构成了管理方法的基础。本书旨在提高经理做出具有创造价值决策的能力，包括重组当前业务部门，推出新产品，购买新资产，收购其他公司，以及为公司投资筹集资金等决策。

- **填补了非财务经理初级会计和财务手册与高级公司财务之间的空白。**

  本书基于现代财务原理，强调严谨的分析，避开不能直接应用于决策的公式。每当教材中使用公式时，都会解释公式背后的逻辑，并提供大量案例，公式的数学推导在它们首次出现章节的附录中给出。由于意识到高级经理经常从财务会计视角接触财务问题，因此我们首先完整地回顾了财务会计体系，然后说明如何扩展这个框架并将其应用于做出能够提升公司价值的合理财务决策。

- **大多数章节是自成一体的。**

  在阅读大多数章节时无须阅读前面的其他章节。当前面章节的知识能够加强对特定章节的理解时，我们会引导读者阅读前面的素材。有关这方面的更多建议，在“如何阅读本书”部分给出。

- **可作为整体阅读或用作参考书。**

  当读者需要复习某个特定专题或者弥补财务管理知识漏洞时，可以使用本书作为快捷的参考。专业词汇对照表有助于读者确定哪些章节与想要了解的问题或主题相关。大多数财务术语在首次出现时就被解释了，它们用黑体字表示并在词汇表中给出了定义。

- **相同公司的数据贯穿全书以阐释诊断技术和估值方法。**

  我们聚焦相同的公司来阐释本书涉及的大多数主题，这种方法可为读者提供贯穿始终的线索以便加强理解。

- **教材中包括电子表格解答和公式。**

  由于意识到电子表格已经成为大多数高级经理工具箱的一部分，本书在其适用时给出了所有例子、案例和自测题的电子表格解答。电子表格中使用的公式在表格底部列示，以便读者能够立即理解答案并复制电子表格供自己使用。

- **每章都附有自测题和复习题**。

每章最后的自测题都可以使读者评估他们对该主题的了解。大多数问题需要使用财务计算器或电子表格。本书最后给出了自测题的详细分步解答。

每章自测题后面的复习题可为读者提供挑战对该主题了解程度的机会，也可为教师提供检验学生对本章提出的概念和技术掌握程度的相关素材。复习题的答案仅限教师在网上获得。

本书的内容

尽管本书各章自成一体，但各章都遵循围绕价值创造思想构建的逻辑顺序。下图总结了本书的整体结构，阐释了基于价值的经营模型。经理必须筹集资金（右方）以便为预计能够提高公司价值和公司所有者财富的投资项目融资（左方）。

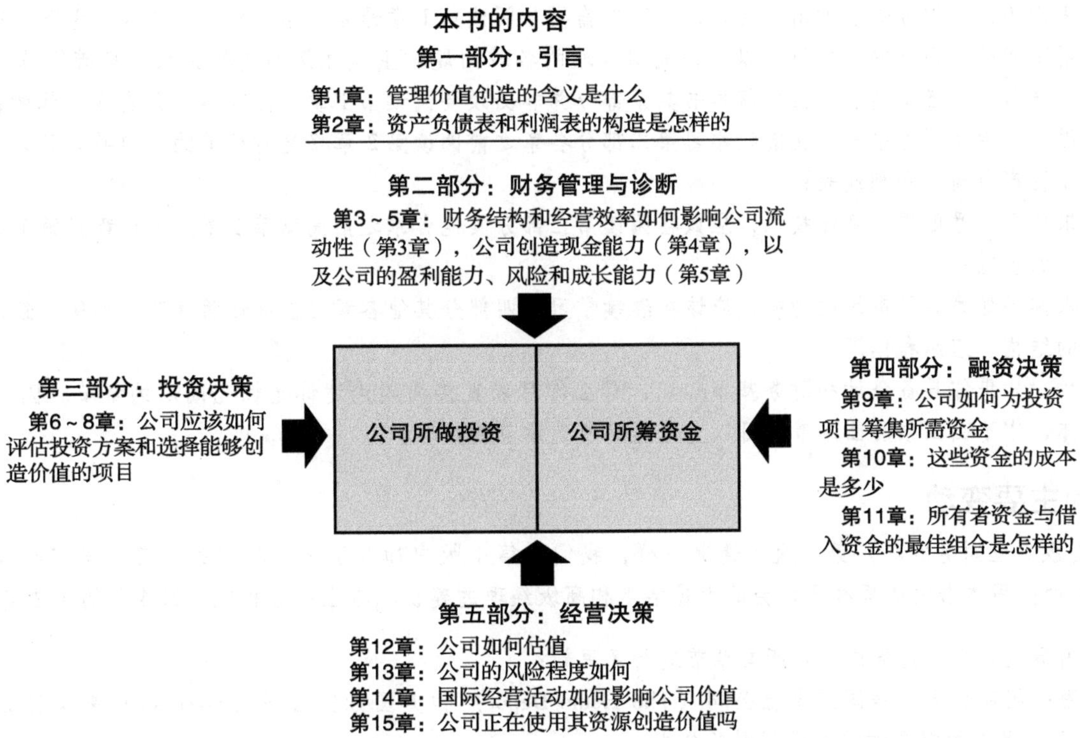

第一部分：引言。第 1 章考察高级经理管理价值创造需要了解的原理和工具，第 2 章解释和说明资产负债表和利润表的构造及其解读。作为应用，附录包括美国家得宝公司（The Home Depot）的财务报表。

第二部分：财务管理和诊断。本部分考察了高级经理评价公司财务健康状况，评估和规划公司未来发展，以及做出增强公司生存和成功机会决策应该使用的技术。本部分各章具体考察了第 1 章中提到的一些财务管理和诊断工具。第 3 章说明如何评估公司流动性状况和经营效率。第 4 章说明如何评价公司创造和控制现金流的能力。第 5 章确定公司盈利能力的驱动因素，分析公司经营和财务风险程度，并评估公司为其经营活动融资和实现可持续增长的能力。这些章节中给出的财务分析工具被应用于美国家得宝公司，该公司报表包含在第 2 章附录中，第 2～5 章的附录中有详细分析。

第三部分：投资决策。本部分说明经理应该如何做出能够实现公司价值最大化的投资决策。第 6 章详细考察了净现值（NPV）并说明如何应用净现值法则做出能够创造价值的投资决策。第 7 章考察了净现值法则的一些替代方法，包括内部收益率（IRR）和回收期法则，并将其与净现值法则做比较。第 8 章说明如何确定和估计投资项目产生的现金流并评估项目创造价值的能力。

第四部分：融资决策。本部分说明经理应该如何做出能够实现价值最大化的融资决策。第 9 章考察金融市场作为资金来源渠道的功能以及金融市场在价值创造过程中发挥的作用。第 10 章说明如何估计项目和整个公司的资本成本。第 11 章说明公司可以如何通过设计实现公司市场价值最大化和资本成本最小化的资本结构（所有者资金与借入资金的组合），做出能够创造价值的融资决策。

第五部分：经营决策。最后四章与做出能够创造价值的经营决策相关。第 12 章考察了公司估值（尤其是在收购情境下）使用的各种模型和技术。第 13 章提出了确定、衡量和管理公司面临风险的整体框架。第 14 章考察了国际环境中的财务管理和价值创造，必须考虑货币和国家风险。第 15 章总结构成价值创造过程基础的分析框架，并考察一些相关经验证据。

如何阅读本书

你可以根据自身背景和需求通过不同的方式使用本书，下面是一些指南：

- 如果你不熟悉财务管理和财务会计，你可能需要从阅读第 1 章开始。第 1 章概述了这些主题，这将帮助你了解现代公司财务的基本目标以及构成该领域的各种问题和主题之间的逻辑关系。尽管阅读第 1 章更有助于理解后续各章内容，但理解本书其余部分并非必须要阅读第 1 章，因为各章是自成一体的；
- 如果你不熟悉财务报表，在继续学习第二部分各章之前阅读第 2 章将是有帮助的，但并非必须。第 2 章解释了资产负债表和利润表；
- 如果你不熟悉贴现现金流技术，应该在阅读第三部分其他各章之前阅读第 6 章。第 6 章回顾了贴现现金流技术的基础；
- 如果你不熟悉金融市场的功能，应该在继续学习第四部分其他各章之前阅读第 9 章。第 9 章概述了金融市场的结构、组织和作用；
- 最后，如果你具备会计和财务基本知识，那么你可以直接阅读论述你想探究问题的章节。因为各章自成一体，你不必回顾前面章节就可以充分理解所选章节的内容。

第 4 版的主要变动

与《高级经理财务经理》第 3 版的情况一样，我们在第 4 版中加入了来自欧洲工商管理学院和其他学校同事，以及参加使用本书的课程和研讨会的大量学生和高级经理的建议。与上一版相比，第 4 版的主要变动如下：

- 使用最近可得的财务信息对所有章节进行了更新；
- 使用一组新公司（美国家得宝公司（The Home Depot）和美国劳氏公司（Lowe's））来阐释如何利用第 2～5 章提出的概念和技术进行财务分析；
- 第 12 章涉及公司估值，我们使用当前财务分析师流行的“企业价值”概念对本章进行了彻底修改；
- 我们新写了第 13 章“管理风险”，提出了以创造价值为目标管理公司风险的全面框架，创造价值也是构成本书所有章节基础的目标；
- 我们制作了与本书配套的新的专业幻灯片。

About the Authors | 作者简介

加布里埃尔·哈瓦维尼（Gabriel Hawawini）（纽约大学博士）是欧洲工商管理学院亨利·格伦菲尔德（Henry Grunfeld）首席投资银行教授，院长。他在欧洲工商管理学院、纽约大学、哥伦比亚大学和宾夕法尼亚大学沃顿商学院教授财务课程，并在沃顿商学院获得海伦·卡顿·莫斯·安维尔教学优异奖。

哈瓦维尼教授著有10本著作和70多篇与金融市场和公司财务相关的研究论文。他在世界各地基于价值管理的研讨会授课，并在一些公司的董事会任职。

克劳德·维埃里（Claude Viallet）（西北大学博士）是欧洲工商管理学院金融系荣誉教授，西北大学凯洛格商学院访问教授。在加入欧洲工商管理学院之前，他在一家大型石油公司担任项目经理，并在巴黎一家服务公司担任首席财务官。

维埃里教授一直担任欧洲金融协会主席，并在领先的学术和职业期刊广泛发表论文。他还组织、指导和任教于欧洲、美国、亚洲和拉丁美洲的管理发展项目，并为世界各地的公司提供咨询服务。

目　录 | Contents

第三部分　投资决策

第四部分　融资决策

第五部分 经营决策

PART 1

第一部分

引　言

CHAPTER1

第 1 章

财务管理与价值创造：概述

如果高级经理人对现代财务的原理和实务缺乏清晰的认识，他就不会是一个高效的管理者。令人高兴的是，我们可以把这些原理和实务简单地阐述出来，同时不失详尽与严谨。实际上，你会发现构成现代公司财务基础的大部分概念和方法都源于商业常识。然而，将商业常识转化为有效的管理系统却是真正的挑战。这不仅需要对基本原理有深入的了解，还需要具备按照现代财务规则管理企业的决心和行动。例如，让我们考察一下财务管理最有用的指导准则之一：

管理者应以提高公司价值为目标来管理公司资源。

这似乎是一条显而易见的原则。然而你可能知道很多公司都没有能够通过管理实现其全部潜在价值，你甚至可能认识一些最终成为"价值毁损者"的空有一番好意的经理人。实际上，他们的误导或者不作为，导致了公司价值的减少。

那么，你应该怎样为创造价值而管理公司呢？这本书会帮助你找到答案。我们的主要目标是介绍并讲解一些方法和工具，以帮助你确定公司的当前投资是否在创造价值。如果没有创造价值，应该采取怎样的补救行动来改善经营。我们还会向你展示如何确定某项商业提案是否具有提升公司价值的潜力，例如购买设备、开发新产品、并购或重组决策等。最后，我们会说明，以提升公司价值为目标管理是完整财务管理体系的基础。这个体系不仅可以帮助你评估实际经营绩效并做出合理经营决策，还可以帮助你设计能够将公司经理人利益与公司所有者利益协调一致的有效的管理层薪酬计划。

这一章回顾了由现代公司财务引发的一些最具挑战性的问题，并给出了大致而全面的概述。尽管本章的每个论题都会在后续章节中详细研究，但许多重要的术语和概念都会在这里介绍并加以定义。读完本章，你应该对以下内容有概括和清晰的了解：

- 为创造价值而管理企业的含义；
- 如何测算一项商业提案（例如投资方案、公司财务结构变动、企业并购或者在国外投资的决策）可能创造的价值；
- 公司资本成本的重要性及其测算；
- 金融市场作为公司资金来源的功能及其在价值创造过程中发挥的作用；
- 公司的经营周期及其如何决定公司的成长能力；
- 公司资产负债表、利润表和现金流量表的基本结构及其背后的逻辑；
- 风险的定义以及风险如何影响公司资本成本；
- 如何衡量公司的盈利能力；
- 如何确定公司是否在创造价值。

1.1 关键问题：你的决策会创造价值吗

假设你已经发现市场对一种新产品有需求，而且认为自己能够快速、低成本地生产出这种产品，甚至对出售这种产品可以赚大钱充满信心，这时你应该继续前进吗？在做出决策之前，你应该考察这个项目的长期财务可行性。你的公司将如何为这个项目融资？钱将从哪里来？这个项目能否赚取足够的利润来抵偿融资成本？更重要的一点是，这个项目能否提升公司的价值？你应该先回答这些问题，然后再做出最终的决策。

公司的所有者，即**股东**（share holders）（或许你是股东之一）和那些贷款给公司的**债权人**（debt holders）（例如银行）将为这项风险投资计划提供资金。股东们提供的现金称为**权益资本**（equity capital），贷款人提供的现金称为**债务资本**（debt capital）。与任何其他资金来源一样，资本不是无偿的，需要付出成本。假设公司的年度**资本成本**（cost of capital）是全部**运用资本**（capital employed）（权益资本和债务资本的总和）的12%，则只有当这项风险投资的经营利润率超过12%时，即只有这项风险投资的融资前盈利能力高于资本成本的12%时，公司所有者才会认为它具有吸引力。为什么呢？因为如果一个项目的**经营利润**（operating profitability）超过其资本成本，则它所创造的现金价值应该大于为它支付的资本成本。（我们会在整本书中更加详尽地解释这个问题。）也就是说，在决定实施一项经营计划之前，你应该先问自己一个关键问题：

这项计划会创造价值吗？

如果根据现行信息和恰当的分析，你有信心得出肯定的答案，那么就去做这个项目；如果答案是否定的，则应该放弃。

这个关键问题不仅适用于经营计划，也适用于当前的经营活动。如果某些现有投资不是在创造而是在减损价值，就应该立刻采取行动对其加以纠正；如果这些行动没有带来业绩的改善，就应该认真考虑是否把这些投资出售。

1.1.1 为创造价值而管理的重要性

我们当然知道，提出这个关键问题要比回答它简单得多。下一部分将阐述如何应用**基本财务原理**（fundamental finance principle）来回答这个关键问题。在介绍原理之前，我们想先解释一下为什么管理层的首要目标应该是为公司所有者创造价值。如果一家公司无法为其所有者创造价值，就不能吸引到权益资本来为公司的活动提供资金。如果没有权益资本，公司就不能存活。如果你这样想，这个目标就自然会成为商业常识。

当然，你或许会问，我们是否忘记了员工、顾客和供应商的贡献，没有他们，任何公司都不可能成功。优秀的公司不仅有满意的股东，也有忠实的顾客、积极的员工和可靠的供应商。问题的关键在于，不是要为了股东的利益而去忽视顾客，压榨供应商或者不顾员工的利益。股东得到更多的价值并不意味着员工、顾客或供应商得到更少的价值。相反，把为股东创造价值作为管理重点的公司，正是那些已经与顾客、员工和供应商建立起长期宝贵关系的公司。他们深知，要达到为股东创造价值的最终目标，处理好与员工、顾客和供应商的关系是一个重要因素。

事实上，有证据表明，公司关心顾客和员工，也会为其股东带来价值。一项年度调查要求高级经理、外部董事和金融分析师根据以下八项标准排出在其行业内位居前十的美国公司。这八项标准为：①管理质量；②产品或服务质量；③吸引、培养和保留人才的能力；④公司作为一项长期投资的价值；⑤公司资产的使用；⑥财务稳健性；⑦创新能力；⑧社区和环境责任。[㊀]调查结果显示，所有行业中得分最高的20家公司在排名之前十年间的表现，都远远高于标准普尔市场指数（500家公司的平均值）。得分最低的20家公司的股市表现如何呢？它们的价值都减少了。它们在排名前十年间为股东带来的收益率为负数。只根据公司对待顾客（第二项标准）、员工（第三项标准）和社区（第八项标准）的方式三项标准分析，也显示出相似的结果。[㊁]

这些结果清楚地表明，公司为股东创造价值的能力与其对待顾客、员工和社区的方式相关，但不能就此认为创造价值的诀窍就是讨好顾客，与供应商建立长期关系和激励员工。有些公司把与顾客、员工和供应商的关系处

㊀ *Fortune.com*：America's Most Admired Company Ranking.

㊁ See Alex Edmans(2008).

理得很好，却不能把这种商誉转化为更高的公司价值。在这种情况下，公司的管理者应该怎么做呢？他们必须修改公司当前的经营战略，因为股东最终会对他们投资的权益资本不能产生满意的收益率与公司经营战略之间的相关性提出质疑。不满的股东，特别是那些持有公司大部分权益资本的股东，可能试图强迫公司管理层改变方针，或者试图撤换当前的管理团队。他们也可能会把自己的股份卖给那些强制要求公司做出改变的其他人，直接取消他们对公司的支持。

股东能否成功促使管理层改变战略，甚至能否成功更换管理人员，取决于很多因素，其中包括规范的管理层与股东关系的法律和制度框架，以及公司股票上市和交易所在国家股票市场的架构和组织。我们只想说明，如果公司不能使其股东满意，它就不能长久地拥有满意的顾客、积极的员工和忠实的供应商。

当通用电气公司的前任执行总裁杰克·韦尔奇被问到为谁的利益经营公司时，他回答说："我们寻求在股东、员工和社区之间达到适当的平衡，但这并不容易，因为如果最终不能使股东满意，我们就不能机动灵活地去做关心员工和社区时所必须做的事情。在我们这个社会中，不管我们是否愿意，都必须让股东满意。"[一]

1.1.2 土星汽车的故事

20 世纪 80 年代初期，世界最大的汽车制造商通用汽车公司（GM）面临着来自国外汽车生产商的激烈竞争，这些厂商生产出了小型、高效、性能可靠并且价格低廉的小汽车。为应对挑战，通用汽车公司在 1985 年建立了一个分部，生产一种全新的小汽车——土星汽车（Saturn）。这款汽车按照当时最可行有效的方法设计、生产和销售。工人积极性非常高，经销商处的汽车供不应求，顾客对汽车十分满意。根据这些标准，土星汽车的成功是不容置疑的。

1990 年，第一辆土星汽车从生产装配线上制造成功。然而，这个项目并没有像管理者希望的那样给通用汽车公司带来股票价值的提高。[二]这是为什么呢？

许多资深咨询专家认为，通用汽车公司为开发、生产和销售土星汽车投入了 60 多亿美元，这个数字实在过于庞大，以至于如果通用汽车公司想要获取股东能够接受的收益率，它将不得不"使现有设备一直满负荷工作，赚取的毛利率要达到正常毛利率的两倍以上，同时要保持经销商标价的 40% 作为净现金流。"[三]

写作本书时，通用汽车公司承认这个项目给公司带来 200 亿美元的损失，随后宣布将于 2010 年停止土星汽车的生产。[四]

我们的问题是：对于能够使顾客、供应商和员工满意，但却不能为股东增加价值的项目，公司应该投资多长时间呢？显然，如果公司想要生存下去，就不能对其投资太长时间。因此，对于企业的最终目标来说，我们能够得出怎样的结论呢？是仅与股东财富创造相关，还是试图平衡公司各方（顾客、员工、供应商和所有者）利益的**"利益相关者观"**（stake holders approach）呢？我们认为这是一个不成立的论题。我们关注的焦点应该是做出提升公司价值的决策，如果这样做，公司最终将为利益相关者和整个社会创造价值。[五]

1.2 基本财务原理

回顾一下在做出一项经营决策之前你应该提出的关键问题：这项决策会创造价值吗？要回答这个问题，可以借助基本财务原理：

> **一项经营计划，例如一项新的投资、收购另一家公司的计划或者一项重组计划，只有在其预期产生的未来净现金收益的现值超出实施该计划所需的初始现金支出时，它才会为公司创造价值。**

预期未来净现金收益的**现值**是指一定数量的现金，可使公司所有者不在意是今天就能收到这笔钱还是将来得到预期的现金流。例如，如果公司所有者并不在意是现在就能拿到 100 000 美元现金股利还是明年才能拿到预期

㊀ *Fortune* May 29, 1995; p. 75.

㊁ *Fortune*, December 13, 2004, "GM's Saturn Problem," pp. 199-127.

㊂ McTaggart, Kontes, and Mankins(1994), p. 16.

㊃ 参见 The *New York Times*, October 1, 2009, "GM to Close Saturn After Deal Fails"。

㊄ 关于为所有者创造价值是否也会为公司所有利益相关者创造价值的讨论，参看 John Martin, William Petty, and James Wallace (2009)。

的 110 000 美元现金股利，那么 100 000 美元就是预期明年 110 000 美元的现值。

1.2.1　用净现值衡量价值创造

一项计划未来净现金收益的现值与实施这项计划所需初始现金支出间的差值就是这项计划的**净现值**（net present value，NPV）

$$净现值 = -初始现金支出 + 未来净现金收益的现值$$

例如，一家公司的所有者不在意是今天得到 100 000 美元还是一年后得到 110 000 美元。那么如果一个项目需要今天支付 105 000 美元购买一台设备，预期明年能够产生 110 000 美元净现金流，则这个项目的净现值为 -5 000 美元，因为明年的 110 000 美元现金流与今天的 100 000 美元是等值的，比初始现金支出少了 5 000 美元

$$NPV = -\$105\,000 + \$100\,000 = -\$5\,000$$

如果实施这个项目，公司价值将会减少 5 000 美元。

我们可以使用净现值概念把基本财务原理表述得更加清楚：

如果一项经营计划的净现值为正，它可以创造价值；如果一项经营计划的净现值为负，它会损害价值。

经营计划的净现值归拥有项目的投资者所有，也就是说，经营计划的净现值归属于实施项目的公司股东。这意味着公司宣布实施某个项目后，股东出售所持股权的价格应该高于实施项目前，两者之间的差额应该等于该项目的净现值。

公司识别项目的能力以及市场对公司成功实施项目的预期，能够带来公司价值和所有者财富的增加。更确切地说，如果公司的股票在股票交易所上市交易，假定项目的宣布没有被预期到，而且市场认同公司对项目获利能力的分析，那么在项目宣布当天，公司市场价值（股价乘以流通在外股数）提升的金额应该等于项目的净现值。我们在后面的章节中考察金融市场在价值创造过程中发挥的作用时，还会讨论这个问题。

1.2.2　只有现金重要

基本财务原理要求使用现金衡量实施一项计划所需要的初始投资以及该计划预期产生的未来净收益。如图 1-1 所示，为计划提供资金的投资者——公司的股东和债权人，已经把现金投入公司，因此他们只对现金收益感兴趣。需要注意的是，不要把项目的现金收益与预期该项目为公司带来的净利润增加额混淆，因为利润是对收益而非现金回报的会计计量。

第 4 章辨析了公司现金流、收入、费用和净利润之间的差别，第 8 章阐明了如何预计与一项投资决策相关的现金流。

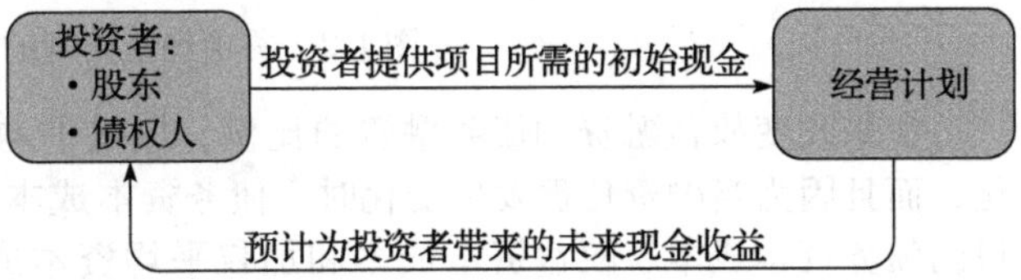

图 1-1　只有现金对投资者重要

1.2.3　折现率

我们来看这样一项投资计划：公司为了在年末获得 110 000 美元的预期现金收入，现在需要投资 100 000 美元。假设 110 000 美元的现值是 100 000 美元。前面提到过，现值就是可使公司所有者不在意是今天收到 100 000 美元还是一年后收到预期的 110 000 美元的价值的现金。也就是说，公司所有者预期可从该项目中获得 10% 的回报，因为现在以 10% 的回报率投资 100 000 美元，将会在一年后得到 110 000 美元。这个 10% 被称为**折现率**（discount rate），即为计算现值必须对未来现金流进行折现使用的利率。换言之，100 000 美元是将于一年后收到的 110 000 美元按 10% 折现后的价值。

要预计一项计划的净现值，首先必须把未来现金流折现得到现值，然后从中扣除实施该项计划所需的初始现金支出。第 6 章详细考察了折现机制，解释了如何计算现值以及当项目产生现金流的期限长于一年时如何预计项目净现值等问题。

在本例中，因为我们已知预期未来现金流（110 000 美元）及其现值（100 000 美元），所以我们就知道了折现率（10%）。然而，大多数情况并非如此。一般而言，必须对一项计划的未来现金流进行预计，而且必须确定折现率。我们应该使用什么样的折现率呢？一项计划的恰当折现率就是这项计划的融资成本。

在上例中，该方案预期产生的收益率至少应该达到10%才能促使股东投资。换言之，因为10%是股东为项目提供资金所要求的收益率，它也是该项目的**权益资本成本**（cost of equity capital），代表使用股东现金为投资计划融资的成本。

1.2.4 一项计划的资本成本

公司通常同时使用权益资本和债务资本为其投资计划融资，而且股东和债权人都要求获得一定的投资收益。当项目融资同时包括权益资本和债务资本时，资本成本就不再等同于权益资本成本，而是项目权益资本成本与**税后债务资本成本**（after-tax cost of debt）[㊀]的加权平均数，这里的权数是指权益融资和债务融资在项目总资本中所占的比重。

举例来说，假设一个项目的融资将有50%来自权益资本，50%来自债务资本。此外，假设该项目的预计权益资本成本为12%，税后债务资本成本为4%。那么，该项目的**加权平均资本成本**（weighted average cost of capital，WACC）等于8%

$$该项目的加权平均资本成本 = (4\% \times 50\%) + (12\% \times 50\%) = 2\% + 6\% = 8\%$$

换言之，如图1-2所示，债务融资对该项目资本成本的贡献为2%（=4%×50%），而权益融资的贡献为6%（=12%×50%）。[㊁]

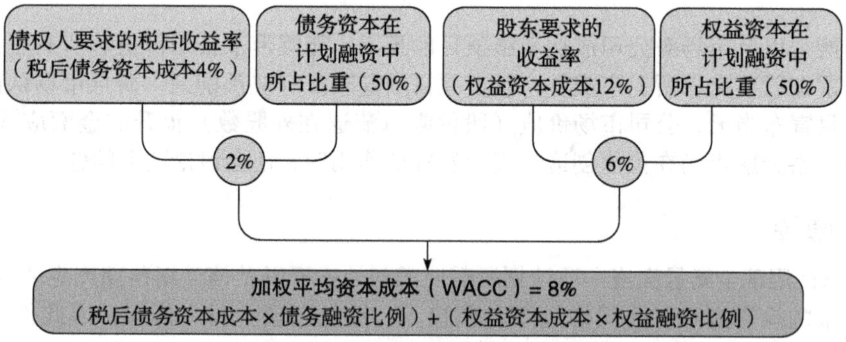

图1-2 一项经营计划的融资成本是其加权平均资本成本

如果改变权益融资和债务融资的比例，加权平均资本成本将会受到影响，不仅因为融资比例已经发生了变化，而且因为当融资比例发生变化时，债务资本成本和权益资本成本也发生了变化。第10章将阐述如何估算项目的债务资本成本、权益资本成本和加权平均资本成本。第11章将阐述融资比例变化对加权平均资本成本的影响。

1.3 应用基本财务原理

基本财务原理在公司决策的主要领域中具有广泛的应用。在本书中，我们主要考察资本预算决策（应该接受还是拒绝一项投资计划）、资本结构决策（公司资本中应该有多少来自债务融资，多少来自权益融资）、企业并购决策（收购另一家公司需要支付多少价款）和国外投资决策（如何处理多种货币现金流以及国外的不同经营风险）。第6~8章将讲解资本预算决策，第11章将讲解资本结构决策，第12章将讲解并购决策，第14章将讲解跨国运营管理，本节对这些公司决策加以概述。

㊀ 我们会在第10章详细解释为什么债务成本一定要计算税后的。

㊁ 需要注意的是，这里的借入资本成本是税后的，即如果税前债务成本是8%，税率是50%，那么税后债务资本成本为4%。我们会在第10章解释这个问题。

1.3.1　资本预算决策

资本预算决策（capital budgeting decision），也称为**资本支出决策**（capital expenditure decision），主要是指厂房和设备等固定资产的购置决策。这是一项重要的公司决策，因为它通常会对公司经营业绩产生长期影响。资本预算使用的决策标准，例如净现值法则（net present value rule）和**内部收益率**（internal rate of return，IRR）**法则**，都是基本财务原理的直接应用。

1. 净现值法则

根据净现值法则，应该接受净现值为正的投资项目，拒绝净现值为负的投资项目：

如果项目的净现值为正，应该接受；如果项目的净现值为负，应该拒绝。

净现值法则是基本财务原理的直接应用，因为它指出只有在一个项目能够创造价值时才应该被实施。如果项目的净现值为正，它就会创造价值，因为预期未来现金收益的现值大于实施项目所需的初始现金支出；如果项目的净现值为负，它就会减损价值，因为预期未来现金收益的现值小于实施计划所需的初始现金支出；如果一项经营计划的净现值为零，那么公司处于盈亏平衡状态，项目既不会创造价值也不会减损价值，即预期未来现金收益的现值等于实施计划所需的初始现金支出。

2. 内部收益率法则

在资本支出分析中，除净现值法则外，最常用的另外一种方法是内部收益率法则。项目的**内部收益率**（internal rate of return）是指在考虑项目融资成本之前该项目的收益率。第 7 章将讲解如何计算项目的内部收益率。

要使用内部收益率法则确定一个项目是否创造价值，就必须将该项目的内部收益率与其加权平均资本成本加以比较。假设项目的内部收益率为15%，即在考虑项目融资成本之前预期项目会产生15%的收益率，而项目融资的预计加权平均资本成本为9%，你会投资这个项目吗？答案是会的，因为用内部收益率衡量的项目运营收益率超过了用预计加权平均资本成本衡量的项目融资成本，从而该项目是能够创造价值的。如果项目的内部收益率低于其加权平均资本成本，项目将不会获利，就应该拒绝。一般说来：

如果项目的内部收益率高于其资本成本，就应该接受；如果项目的内部收益率低于其资本成本，就应该拒绝。

第7章将考察内部收益率法则和其他资本预算法则的特点，并把它们与净现值法则加以比较。

3. 经营计划的价值创造来源

我们已经看到，拥有正净现值投资计划的公司，预期会产生超额现金利润，即高于补偿公司股东所需利润水平的现金利润。然而，没有什么比超额现金利润更能吸引大批急不可待的竞争者进入市场了。显然，对于那些拥有很多经常带来正净现值项目的公司而言，它们面临的挑战是要阻止竞争者进入它们的市场。它们必须设置一些代价高昂的**进入壁垒**（entry barrier），以使潜在的竞争者失去信心。进入壁垒的代价必须足够高，以使竞争对手进入市场计划的净现值为负，同时又不能过高而消除自身的正净现值。

进入壁垒有哪些？一些最有效的壁垒是产品的专利权或商标，法律阻止竞争者复制或模仿这些专利权或商标。例如，拥有很多世界畅销药品专利权的制药公司，在法律禁止竞争者生产同种药物期间，这些药品专利权为其所有者创造了非常可观的价值，但法律保护并非唯一一种进入壁垒。一些公司不存在专利权保护，仍然能够为其股东创造价值。例如，可口可乐公司运用其营销和广告优势，建立起强大的品牌，这成为价值创造的来源；再如，苹果公司生产出竞争者难以模仿的创新和设计新颖的产品，实现了基于高价格的强劲销售收入。进入壁垒也可以通过创建独特的分销渠道设立，例如，戴尔计算机公司通过电话和网络直销的方式向顾客销售产品，这使公司兴盛很多年，戴尔的计算机实际上是根据订单生产，通过邮购送货的。

一些公司即使缺乏具有影响力的品牌、创新和具有吸引力的产品或者独特的分销渠道，仍然能够为其所有者创造价值。这些公司能够在那些易于复制且可以合法复制的普通产品市场设置进入壁垒。它们是怎么做的呢？它们只是努力成为市场中成本最低的产品或服务提供者。由于其他公司不能提供比它们价格更低的产品或服务，因此它们的市场得到了保护。

我们想要说明的是，开创、发现或保护净现值为正的经营业务是很不容易的。已经开发或找到正净现值经营业务的公司还需要阻止竞争对手进入其市场，同时要防止自身超额利润的消失。这是战略管理的本质。

1.3.2 资本结构决策

为什么一家公司要改变它的资本结构呢？我们在第 11 章指出，公司的资本结构通常会影响公司的价值，而且存在可使公司价值达到最高的特定资本结构。基本财务原理可以帮助你决定**最优资本结构**（optimal capital structure），即可使公司价值最大的资本结构。

与投资决策相反，改变公司资本结构的决策并不伴随初始现金支出。例如，如果公司决定用 1 亿美元债务代替 1 亿美元权益，那么对公司现金状况的净影响为零（不考虑实施**资本重组**（recapitalization）的交易成本）。因此，要在资本结构决策中应用基本财务原理，我们需要弄清楚改变公司资本结构决策会带来公司价值的增加还是减少。

例如，假设以 5% 的利率借入 1 亿美元，公司所得税税率为 40%，则利息费用为 500 万美元（=1 亿美元 × 5%），因为利息费用是税前抵扣项目，所以公司的税前收益减少了 500 万美元。税前收益减少 500 万美元，每年将为公司所有者节省 200 万美元税金（=500 万美元 ×40%）。结论是：在所有其他因素都不变的情况下，新资本结构应该能够提升公司的价值，以反映公司未来预计能够收到的税收节约。

令人遗憾的是，对于股东来说，其他因素通常不是固定不变的。如果公司用借入资金代替权益资金，公司无法偿还债务（支付利息和全额按时偿付贷款）的风险就会加大。这种风险称为**财务困境风险**（financial distress risk），它将降低公司价值，从而抵销债务融资的税收利益带来的价值增加。财务困境成本包括由于顾客不愿购买即将濒临财务困境公司的产品而给公司带来的销售收入损失，以及由于供应商不愿为无力偿付的公司提供产品和服务从而导致公司无法获得所需物资等。显然，只要债务融资带来的预期税收节约的现值高于预期财务困境成本的现值，增加借款就会增加公司的价值。当债务融资预期税收利益的现值刚好被预期财务困境成本的现值抵销时，公司达到其最优资本结构。这个**资本结构权衡模型**（trade-off theory of capital structure）将在第 11 章中详细说明，第 11 章同时考察了管理层建立公司资本结构时必须考虑的一些其他因素。

1.3.3 企业并购决策

收购公司是另外一种类型的投资，通常投资规模较大。只有在合并后公司的合并资产预计产生的合并后未来净现金流的现值超过为收购目标公司资产支付的价格（与初始现金支出相同）时，收购才会为收购公司的股东创造价值。应用基本财务原理，可以写出以下公式

$$\text{净现值(收购)} = -\text{购买目标公司资产支付的价格} + \text{合并资产产生的合并后净现金流的现值}$$

如果净现值为正，收购计划就是可以创造价值的投资；如果净现值为负，收购计划就是减损价值的投资；第 12 章将阐述如何根据收购类型估计收购后的现金流。对于纯粹的**混合并购**（conglomerate merger）（被并购公司的业务活动与收购公司的业务活动无关）而言，相关现金流是指由目标公司资产作为“**独立**”（stand alone）资产产生的现金流。

有时，我们预期并购能够产生**协同效应**（synergy），可使并购后公司的销售收入超出并购前两家公司的销售收入之和，或使其成本低于并购前两家公司的成本之和。在这种情况下，我们必须考虑协同效应，估计收购达成时合并资产现金流的预期增加额。估计这些现金流现值应该使用的折现率以及决定收购计划能否创造价值所需的各个步骤，是第 12 章的主题。

1.3.4 国外投资决策

与其他投资类型一样，在国外投资也需要现在支出现金，期望投资产生的未来净现金流的现值会高于投资金额。基本财务原理同样可以应用于这种情形。然而，基本财务原理在这种情形下的应用要比国内投资情形更加复杂一些，因为跨国投资的现金流通常使用不同于本国货币的另外一种货币表示，所以要承担**汇率风险**（currency risk）和**国家风险**（country risk）等额外风险。

汇率风险是指与投资现金流使用货币价值的非预期变动相关的风险，国家风险是指与没收财产和外汇管制等

可能对项目未来现金流产生不利影响的突发事件相关的风险。第 13 ~ 14 章将详细考察这些风险，并阐明分析跨国投资计划时应该如何考虑这些风险。

投资项目实施后，必须对汇率风险和政治风险进行日常管理。第 13 ~ 14 章描述了管理者应当如何降低公司面临的这些风险。第 13 章特别说明了管理者应当如何运用远期、期货、期权和货币互换等外汇工具，降低货币波动对国外项目产生的现金流影响。

1.4 金融市场的作用

金融市场（financial market）通过执行两个基本职能，在企业成长和价值创造过程中发挥重要作用（见图 1-3）。作为**一级市场**（primary market），它为建立新企业和保持企业增长提供其所需的融资。这项职能通过担当拥有现金盈余并希望将其用于投资的个人和机构与拥有现金赤字并希望通过发行**证券**（security）（确认持有者权利的证明）筹集新资本消除赤字的公司之间的中介来实现。作为**二级市场**（secondary market），它为**流通在外（已发行）证券**（outstanding security）交易以及通过更高（或更低）的证券价格将公司的价值创造（或价值减损）决策转化为股东财富的增加（或减少）提供了一个高效的机制。

这两个职能不是彼此独立的。二级市场的证券价格由市场中交易者进行的买卖决定。在二级市场中观察到的价格随后被**投资银行**（investment banker）用作确定一级市场中新发行证券价格的基准（投资银行是帮助公司在金融市场发行证券以筹集资金的金融中介，参见第 9 章）。因此，二级市场运作良好，有利于一级市场发行新证券的定价。所以，这两个市场密切相关。金融市场的结构和组织、投资银行的作用以及金融市场中交易证券的价格确定等问题将在第 9 章中详细考察。本节概述金融市场在价值创造中以及作为资本来源渠道发挥的作用。

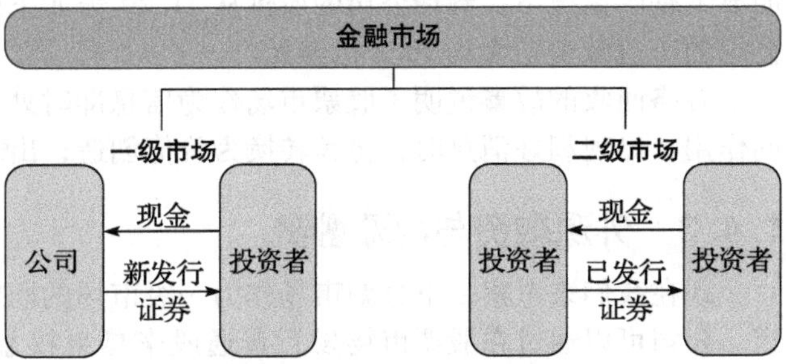

图 1-3 金融市场的双重职能

1.4.1 股票市场

在**有效的股票市场**（efficient equity market）中，只要新的相关信息被市场参与者获得，公司股价就会立即做出调整。相关信息就是预计会影响公司未来现金流的消息。在有效的股票市场中，利好消息会使股票价格立即升高，不利消息会使股票价格立即下跌（当然，我们假定这条消息是无法预料的）。你可以看到为什么有效的股票市场在价值创造的过程中发挥着重要作用。如果公司宣布了一项经营决策，而且市场参与者认为这项决策会带来正的净现值，公司的市场价值会立即上升，上升幅度应该等于市场估计的该项决策的正净现值。想要变现的股东不必等到公司真正实施这项经营决策时，他们只需要卖掉股票，就可以立即得到公司利好公告创造的价值中属于他们的那一部分；反之亦然。如果市场参与者认为决策会带来负的净现值，公司的市场价值会立即下跌，下跌幅度应该等于市场估计的该项决策的负净现值，股东将遭受直接损失。

股票市场是信息的有效处理器吗？它们确实能够提供可靠的股票价格的有效机制吗？有证据表明，总体而言，世界上大多数发达股票市场足够有效，可以信赖，能够提供对股票价格的无偏估计。但这并不意味着股票市场总是有效的：1999 ~ 2002 年的网络股泡沫和 2007 ~ 2009 年的金融危机都提醒我们，股票价格有时会严重偏离其潜在基础价值。下面的故事将说明股票市场是如何对可能影响公司未来现金流的公司公告做出反应的。

1.4.2 万络回收事件

2004 年 9 月 30 日早晨，制药公司默克集团宣布，它将回收并停止销售风靡一时的关节炎止痛药万络（Vioxx），因为该药物会提高心脏病和中风的发病风险。截至上午 10 点，默克集团的股价比 9 月 29 日收市时下跌了 24.5%，从 45.07 美元下跌到 34.02 美元，而股票市场指数（标准普尔 500 指数）并没有发生显著变化。默克集团有 22.2 亿流通在外股份，每股下跌 11.05 美元，意味着发生了大约 245 亿美元的价值减损（11.05 美元乘以 22.2 亿）。换言之，在默克集团做出回收万络的决策后，当时市场预计默克集团未来净现金流的现值将会因此减

少245亿美元。[⊖]

市场可能预测到万络的回收会使辉瑞公司获利，辉瑞公司生产西乐葆（Celebrex）——与万络同属COX-2抑制剂的另一种关节止痛药。更准确地说，之前使用万络的病人现在会选择西乐葆，从而辉瑞公司的未来现金流量会上升，上升幅度应该与默克集团现金流量的减少幅度相同。事实上，当默克集团的股票价格下降到34.02美元时，辉瑞公司的股价为31.5美元，比9月29日收盘价上升了1.32美元。辉瑞公司有75.5亿流通在外股份，这意味着发生了大约99.7亿美元的**市值**（market capitalization）上升（1.32美元乘以75.5亿），与默克集团245亿美元市值的下降相对应。

从这点看，我们可能认为市场并不是那么有效，因为辉瑞公司的股价上升远未反映预计可从默克集团转移过来的现金流。然而，万络的回收立即引发了COX-2药物的安全性问题。例如，在宣布回收万络的几个小时内，食品药物总局就发布了一项公共健康公告，暗示要对COX-2药物进行长期研究。相对于默克集团市场价值的下降幅度而言，辉瑞的市场价值上升低于预期，这反映出市场预期很多使用万络的病人不愿意转向使用西乐葆。

2004年10月6日晚，《新英格兰医学期刊》上发表了两篇研究报告。研究者指出，导致万络回收的那些副作用可能影响同属COX-2抑制剂的所有药物。从2004年10月5日收市到10月7日收市，在标准普尔指数没有出现明显下跌的情况下，辉瑞公司的股价从31.29美元下跌到29.99美元，下跌了1.30美元，4.2%，这意味着辉瑞公司的市值减少了大约98.2亿美元。

万络回收的故事说明了股票市场作为信息即时处理器发挥的作用，也表明股票市场具有公司相关信息转换器的作用：出现利好消息时，将其转换为价值创造；出现不利消息时，将其转换为价值减损。

1.4.3 外源融资与内源融资

现在我们来考察一下金融市场作为一级市场的职能。在这项职能中，金融市场是作为公司取得外源融资的渠道。公司可以通过在股票市场发行普通股来募集权益资本，也可以在债券市场通过发行债券获得借款。如前所述，公司通过使用投资银行（与提供贷款的**商业银行**（commercial banker）相对应）提供的服务来完成融资工作。短期资金可以通过在**货币市场**（money market）发行**商业票据**（commercial paper）筹集，而长期资金可以通过在**公司债券市场**（corporate bond market）发行**债券**（bond）筹集。第9章将对这些市场以及在这些市场中交易的证券加以说明。

债务融资必定是外源融资。公司既可以从银行和保险公司等金融机构借款，也可以在债务市场发行商业票据和公司债券等债务证券。然而，权益融资可以是外源融资（以发行新股方式融资），也可以是内源融资。**内源权益融资**（internal equity financing）是指**留存收益**（retained earning），即公司所有者已经决定投资公司而不是通过**现金股利**（cash dividend）方式取出的那部分公司利润。公司留存利润所占比例称为**留存利润率**（profit retention rate），支付的现金股利所占比例称为**股利支付率**（dividend payout ratio）。

公司会保留部分（有时保留全部）利润，因为对于大多数公司来说，通常不能定期获得外源权益融资，即使可以得到也相当昂贵。例如，必须向投资银行支付手续费，还要发生很多外源**权益融资**（equity funding）管理规则的遵循成本。因此，在公司经营过程中，通过发行新股召集现行股东和新股东筹集外源权益资金的情形并不经常发生。大多数公司主要依赖内源权益融资，通过留存利润逐步增加权益资本。利润留存是公司实现可持续发展的助推器。只有在经营过程中持续留存利润的公司，才能实现长期健康发展。

1.5 经营周期

假设你决定成立一家名为New Manufacturing Company（NMC）的公司，而且你想了解这个决策的财务影响。以下对话说明了把新公司的各种驱动因素与决策的财务影响联系起来的整个体系。

- “NMC为什么需要资本（现金）?”
- “因为NMC必须购买资产。如果没有投资者通过权益资本和债务资本形式提供的现金，公司就无法购买资产。”

⊖ 默克集团的股东在2004年提起了上诉，并且公司同意于2007年给美国投资者48.5亿美元的罚金。法院要求默克集团指派一名首席医疗官去监管产品的质量和营销，对此默克集团于2009年已经予以实施。详见*The New York Times*, April 4, 2010.

- “应该是这样，可是为什么 NMC 需要资产呢？”
- “因为 NMC 必须创造销售收入。如果没有厂房和设备等生产性资产，公司就无法生产可供出售的商品。”
- “是这样，那么为什么 NMC 需要销售收入呢？”
- “因为公司必须赚取利润。如果没有销售收入，NMC 怎么能产生利润呢？”
- “确实如此，那么为什么 NMC 需要利润呢？”
- “因为公司必须以支付股利的形式回报所有者（你和你生意上的伙伴），而且必须逐步增加资本。通过留存部分利润，NMC 可以增加权益资本，进而增加可从**债权人**（creditor）处借入的现金。例如，如果 NMC 的**负债与权益比率**（debt-to-equity ratio）为 1，则公司需要增加 1 美元权益资本才能够取得额外的 1 美元借款。”
- “我明白了。最后一个问题，为什么 NMC 需要更多的资本呢？”
- “为了获得更多的资产，创造更多的销售收入，赚取更高的利润，支付股利，增加留存收益，增加权益资本，筹集新的债务资本，进而使公司获得发展。”

这一系列活动称为公司的**经营周期**（business cycle），如图 1-4 所示。有了由权益和债务组成的初始资本，NMC 就能够获取等量的资产。公司运用这些资本创造销售收入，销售收入的多少取决于公司管理资产的效率。有效的资产管理意味着 NMC 能以最少的资产创造出预计的销售收入。

销售收入最终会产生利润。NMC 如何处理净利润呢？一部分净利润会以留存收益的形式再次投入公司，其余部分会以股利形式分配给股东。凭借以留存收益形式追加的权益资本，NMC 可以按照公司的负债权益比率筹集到相应的借入资本。有了这些追加的资本，NMC 就能够开始一个新的经营周期。公司能够用更多的资本购买更多的资产，更多的资产将产生更多的销售收入。公司在没有发行新权益资本的情况下可以取得的销售收入增长率称为**可持续增长率**（self-sustainable growth rate，SGR）。

可持续增长率是衡量公司经营业绩的重要指标，也是公司财务战略的重要组成部分。第 5 章将阐明公司应当如何提高可持续增长率，第 15 章将阐明如何应用可持续增长率制定最优财务策略。

1.6　HLC 公司财务报表

财务报表（financial statement），例如**资产负债表**（balance sheet）和**利润表**（income statement），是财务会计流程的结果。财务会计流程记录公司与外界之间的财务交易，如图 1-5 所示。

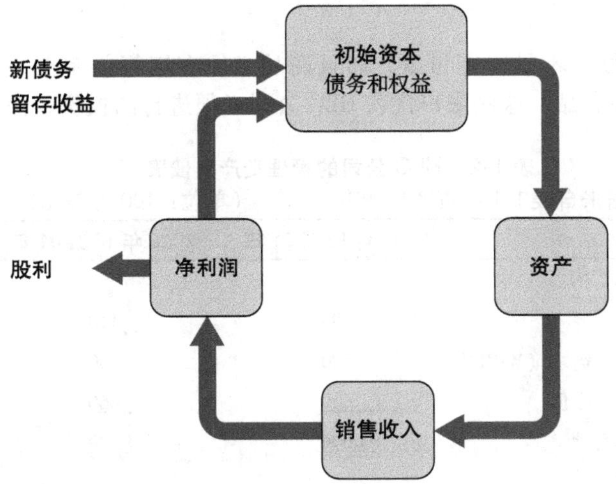

图 1-4　经营周期

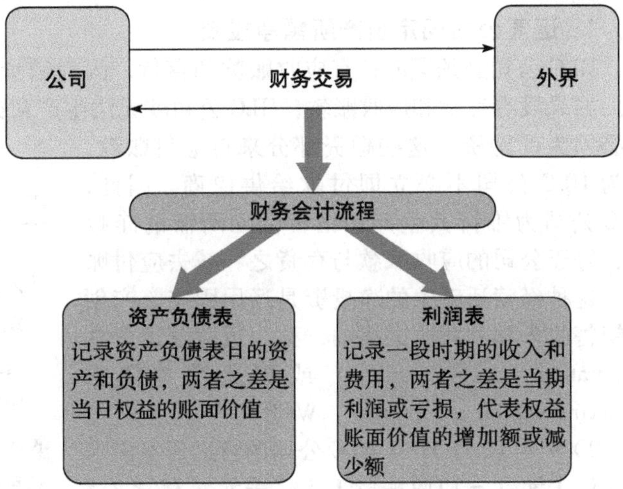

图 1-5　财务会计流程简图

1.6.1　资产负债表

资产负债表是反映在某一特定日期（通常在年末或季度末）公司股东所拥有的**资产**（asset）（例如现金、存货、厂房和设备等）和所承担的**负债**（liability）（例如对银行和供应商的欠款等）的报表。公司资产与负债之间的差额是股东投入公司权益的会计估计，称为**所有者权益**（owners' equity）或**权益的账面价值**（book value of equity）。

资产负债表的详细分析将在第2章中介绍。为对资产负债表加以简要说明，我们在表1-1中列示了HLC公司（Hologram Lighting Company）——一家虚拟公司在2009年12月31日和2010年12月31日的简化资产负债表。

表1-1 HLC公司的资产负债表

（单位：100万美元）

	2009年12月31日	2010年12月31日
资产		
现金	100	110
应收账款	150	165
存货	250	275
固定资产净值①	600	660
资产合计	**1 100**	**1 210**
负债与所有者权益		
短期负债	200	220
应付账款	100	110
长期负债	300	330
所有者权益	500	550
负债与所有者权益合计	**1 100**	**1 210**

①2010年，HLC公司购入1.2亿美元新资产，固定资产折旧额为6 000万美元，因此，HLC公司2010年末固定资产净额为6亿美元加上1.2亿美元新资产，减去6 000万美元折旧，等于6.6亿美元。

表1-1的上半部分列示了HLC公司资产负债表日的资产及其会计价值，下半部分列示了同一天公司的负债和股东权益及其会计价值。

资产包括：①**现金**（cash）；②**应收账款**（account receivable，又称trade receivable或trade debtor），代表顾客从HLC公司购货但尚未支付所欠公司现金；③**存货**（inventory，原材料、半成品和未售出的产成品）；④**固定资产净值**（net fixed asset，厂房、设备和建筑物等长期资产）。估计固定资产净值时，会计师从资产购买价格中扣除**累计折旧费**（accumulated depreciation expense），以表明资产因磨损或陈旧过时导致的价值损失。

这些资产的融资来源有哪些呢？由资产负债表的下半部分可知，这些资产的融资来源包括：①短期银行借款；②**应付账款**（account payable，又称trade payable或trade creditor，代表HLC公司赊购货物尚未支付所欠供应商款项）；③长期负债；④权益资本。

1.6.2 标准资产负债表的变形：管理资产负债表

我们注意到HLC公司的资产负债表把应收账款和存货列为资产，把应付账款列为负债。尽管这种列示方法从会计角度来看是合理的，但它不适用于传统的企业组织形式，因为在这些企业中，这三个项目都是由运营经理来管理的。因此，我们经常会使用标准资产负债表的变形——我们称之为**管理资产负债表**（managerial balance sheet）。

1. 运营公司固定资产所需净投资

HLC公司必须同时持有应收账款和存货，因为销货后顾客不是立即付款，而且商品必须在销售前制造并储存。如果没有存货和应收账款，HLC公司就无法生产和销售商品。这些账户代表HLC公司必须进行的投资，而公司必须为此融资。这些融资部分来自应付账款，因为HLC公司不必立即付款给供应商。因此，HLC公司为维持其生产和销售活动所需的净投资，等于公司的应收账款与存货之和减去应付账款。这种经营活动中的净投资是运用固定资产创造销售收入和利润所必需的，称为**运营营运资本**（operating working capital）或**营运资本需求**（working capital requirement，WCR）。

表1-2 HLC公司的管理资产负债表

所有数据来自表1-1的资产负债表 （单位：100万美元）

	2009年12月31日	2010年12月31日
投入资本		
现金	100	110
营运资本需求（WCR）①	300	330
固定资产净值	600	660
投入资本合计	**1 000**	**1 100**
运用资本		
短期负债	200	220
长期负债	300	330
所有者权益	500	550
运用资本合计	**1 000**	**1 100**

①营运资本需求＝应收账款＋存货－应付账款

2009年12月31日HLC公司的营运资本需求为3亿美元（＝应收账款1.5亿美元＋存货2.5亿美元－应付账款1亿美元）。最优营运资本需求管理是通过提高效率来创造价值的最有效的途径之一，它是第3章的主要论题之一。

2. HLC公司的管理资产负债表

表1-2列示了HLC公司2009年12月31日和

2010 年 12 月 31 日的管理资产负债表。该表的上半部分列出了公司的**投入资本**（invested capital）：现金、营运资本需求和固定资产净值。值得注意的是，必须通过债务资本和权益资本融资的是投入资本而不是标准资产负债表中的资产。HLC 公司运用了表中下半部分所列示的资本：短期负债、长期负债和权益资本来为其投入资本融资。还要注意，HLC 公司的投入资本低于其资产总额（2009 年：投入资本 10 亿美元，资产总额 11 亿美元；2010 年：投入资本 11 亿美元，资产总额 12.1 亿美元），两者的差额（2009 年的 1 亿美元和 2010 的 1.1 亿美元）是应付账款，它在管理资产负债表中被视作公司经营活动产生的融资来源，在营运资本需求中体现。

与标准资产负债表相比，管理资产负债表更清楚地列示了公司的投资结构和融资结构。投入到现金、营运和固定资产中的资本在“投入资本”标题下列示，形成投入资本的资本来源在“运用资本”标题下列示。第 3 章阐明了管理资产负债表是分析、解释和评估公司投资、经营和筹资战略更好起点的原因。

2010 年年末 HLC 公司的负债与权益比率为 1（5.5 亿美元负债除以 5.5 亿美元所有者权益），HLC 公司的资本结构是恰当的吗？公司应该如何建立最优资本结构是第 11 章的主题。在 2010 年年末，HLC 公司有 2.2 亿美元短期负债和 3.3 亿美元长期负债，这是 HLC 公司长短期负债的最佳组合吗？这个问题将在第 3 章中说明。

1.6.3 利润表

利润表（income statement），也叫**损益表**（profit-and-loss（P&L） statement），旨在确定公司在某一会计期间创造的**净利润**（net profit）（或**净损失**（net loss）），是公司在该期间**收入**（revenue）与**费用**（expense）之间的差额。

我们将在第 2 章详细分析公司的利润表。在这里，我们列示出 HLC 公司 2010 年简要利润表（见表 1-3），并运用它来说明利润表如何提供有关公司财务业绩有价值的信息。

表 1-3 HLC 公司 2000 年利润表

（单位：100 万美元）

	2010 年度
销售收入	1 000
减：经营费用（包括 6 000 万美元折旧费）①	(760)
息税前收益（EBIT）	240
减：利息费用	(40)
税前收益（EBT）	200
减：税金费用②	(100)
税后收益（EAT）	100
减：股利支付	(50)
留存收益增加额	50

①参见表 1-1 的注释①。

②公司税率为税前收益的 50%。

为产生销售收入，HLC 公司必须发生几种费用：首先是**经营费用**（operating expense）（例如公司生产产品过程中使用的原材料成本，以及包括折旧费用在内的生产成本），其次是利息费用（HLC 公司必须支付给债权人的利息），最后是公司必须根据税前收益支付的税金费用。

销售收入与经营费用的差额称为**息税前收益**（earning before interest and tax，EBIT），又称**税前营业利润**（pretax operating profit）或**营业利润**（trading profit）。息税前收益减去利息费用后的余额称为**税前收益**（earning before tax，EBT）。税前收益减去税金费用称为**税后收益**（earning after tax，EAT），归公司股东所有。一部分税后收益作为股利支付给股东，其余部分作为留存收益再次投资到公司中。

我们可以把息税前收益视作 HL 公司经营活动产生的利润，将由三类求偿者依据法律顺序分享：首先是债权人，随后是税务当局，最后是所有者。债权人最先获得利息支付，税务当局随后获得税金支付，所有者或股东最后获得剩余部分，他们实际上拥有对公司税前营业利润的剩余所有权。

1.7 公司的盈利能力如何

我们可以把公司资产负债表和利润表提供的信息结合起来，以评估公司的财务业绩，尤其是公司权益资本的盈利能力和投入资本的盈利能力。

1.7.1 权益资本的盈利能力

对于所有者而言，公司的盈利能力如何？股东对公司的投资在公司资产负债表中列作所有者权益（见表 1-2），也称为权益资本。由于税后收益代表股东对公司利润的要求权，因此股东权益投资的收益率等于税后收益除以所有者权益，称为**权益收益率**（return on equity，ROE）

$$权益收益率 = 税后收益/所有者权益$$

在 HLC 公司的案例中，2010 年的税后收益为 1 亿美元（见表 1-3）。用 1 亿美元除以该年年末的所有者权益 5.5 亿美元（见表 1-2），可以得到权益收益率为 18.2%。[一]

1.7.2 投入资本的盈利能力

为衡量 HLC 公司投入资本的税后获利能力，我们必须使用投资产生的税后收益，即公司的税后营业利润，等于息税前收益 ×（1 - 税率）。因为要衡量由股东和债权人提供的公司总资本的盈利能力，所以要用扣除利息费用前的利润乘以税率。因此，我们需要计算对所有者和债权人支付之前的税后收益，即税后营业利润。用税后营业利润除以用于产生该项利润的资本，就可以得到公司的**投入资本收益率指标**（return on invested capital，ROIC）：

$$投入资本收益率 = 税后营业利润/投入资本$$

表 1-2 的管理资产负债表表明，投入资本等于运用资本，因此权益资本收益率等于**运用资本收益率**（return on capital employed，ROCE）。HLC 公司的投入资本收益率是多少呢？税后息税前收益是 1.2 亿美元（2.4 亿美元的 50%，见表 1-3），年末投入资本为 11 亿美元，因此 HLC 公司的投入资本收益率为 10.9%（1.2 亿美元除以 11 亿美元）。[二]

第 5 章考察了公司权益回报率与投入资本收益率之间的关系，并详细分析了管理决策如何能够改善这两个盈利能力指标。

1.8 公司创造了多少现金

一项经营计划的预期现金流量是决定该计划将创造价值还是损害价值的关键因素。为证明公司的经营活动的确创造了价值，就必须持续衡量这些经营活动创造的现金流量。我们现在说明如何运用公司资产负债表和利润表中的信息来估计公司经营活动创造的现金。第 4 章详细解答了这个问题，同时考察了把产生现金和创造价值作为重点来经营公司的管理意义。在这里，我们对根据财务报表估计现金流量问题提出一些看法。

需要注意的是，公司产生的利润（例如息税前收益和税后收益等）并不代表现金。为了说明这一点，可以思考一下，如果销售收入增加，息税前收益和税后收益都会立即增加，但只有当顾客为其所购货物付款后才会带来公司现金持有量的增加。我们想要了解在记录息税前收益和税后收益的年份中，在这些利润的背后有多少现金。

1.8.1 现金的来源和使用

公司可以通过三个渠道获取现金：①通过经营活动获取（顾客收到购货发票后付款）；②通过出售资产获取（投资决策，或者更确切地说，是撤资或资产处置决策）；③通过借款或发行新股票获取（融资决策）。公司同样在经营、投资和融资活动中使用现金：①在经营活动中使用（向供应商、雇员和税收当局支付）；②在投资活动中使用（例如发生投资新设备等**资本支出**（capital expenditure））；③在融资活动中使用（支付利息、偿还债务、支付股利）。我们将在第 4 章中讲解如何运用资产负债表和利润表数据来衡量经营活动、投资活动和筹资活动各自对公司净现金流总额的贡献，尤其要关注经营活动产生的现金流量，因为经营活动是企业的核心业务活动。如果公司在一段时期内不能产生充足的经营活动现金流量，就会损害价值并面临困境。尽管公司可以通过借款或变卖资产来赢得时间，但这些现金来源终会枯竭。

1.8.2 现金流量表

现金流量表可以概括公司在报告期间的现金交易。例如，我们在表 1-4 中列示了 HLC 公司的 2010 年现金流量表。

[一] 如果我们用税后收益除以 2009 年年末的所有者权益（5 亿美元），可以得到权益收益率为 20%。因为用于创造当年利润的权益金额与平均所有者权益（5.25 亿美元）更接近，因此计量偏差最小的权益收益率是用税后收益除以平均所有者权益，可以得到 19.1%（用 1 亿美元除以 5.25 亿美元）。

[二] 如果我们用初始投入资本计算，则投入资本收益率为 12%（1.2 亿美元除以 10 亿美元）；如果我们用平均投入资本计算，则投入资本收益率为 11.43%（1.2 亿美元除以 10.5 亿美元）。

现金流量表把公司的总净现金流量分解为我们前面提到的三项主要活动产生的净现金流量：经营活动、投资活动和筹资活动产生的净现金流量。HLC 公司的经营活动产生了 1.7 亿美元的正净现金流入，投资活动产生了 1.2 亿美元的负净现金流出（见表 1-1 的注释①），融资活动产生了 0.4 亿美元的负净现金流出。因此，总净现金流量为 0.1 亿美元（ =1.7 亿美元 - 1.2 亿美元 - 0.4 亿美元）。与此同时，表 1-2 的资产负债表表明，HCL 公司的年初现金为 1 亿美元，年末现金为 1.1 亿美元（ =1 亿美元 +0.1 亿美元）。

与资产负债表和利润表相同，现金流量表也是年度报告的组成部分。现金流量表有不同的列示方法，大部分列示方法将在第 4 章中加以说明。

表 1-4 HLC 公司 2010 年现金流量表

基于表 1-3 利润表和表 1-2 资产负债表编制 （单位：100 万美元）

		2010 年
经营活动产生的现金流量		
销售收入	1 000	
减：经营费用（包括 6 000 万美元的折旧费）	(760)	
减：税金费用	(100)	
加：折旧费用	60	
减：用于支持营运资本需求增长的现金①	(30)	
A. 经营活动产生的净现金流量		**170**
投资活动产生的现金流量		
资本性支出和购买	(120)	
B. 投资活动产生的净现金流量		**(120)**
融资活动产生的现金流量		
新增借款	50	
减：支付利息	(40)	
减：支付股利	(50)	
C. 融资活动产生的净现金流量		**(40)**
D. 总净现金流量（A+B+C）		**10**
E. 年初现金		**100**
F. 年末现金（E+D）		**110**

①它是 2010 年年末营运资本需求与 2009 年年末营运资本需求的差额。

1.9 公司的风险有多高

公司不能确切知道它能否真正实现预计销售收入，公司的销售量可能高于或低于预期，这就是风险。它起源于不确定的销售收入，自上而下影响公司利润表，直到最终影响**底线**（bottom line），即公司净利润（net profit）。

图 1-6 阐释了风险是如何从销售收入传递到利润的。首先，销售收入因公司经营所处的不确定的经济、政治、社会和竞争环境而出现波动，这种波动随后会传递给息税前收益，这就是**经营风险**（business risk）。经营风险因固定利息费用的存在而被进一步放大，利息费用带来**财务风险**（financial risk）。经营风险和财务风险的累积影响被传递给公司税后收益，从而净利润的相应波动反映了**总风险**（total risk）。我们将在之后的几个章节讨论风险问题，公司应当如何衡量和管理它所面临的风险将在第 13 章中提及。

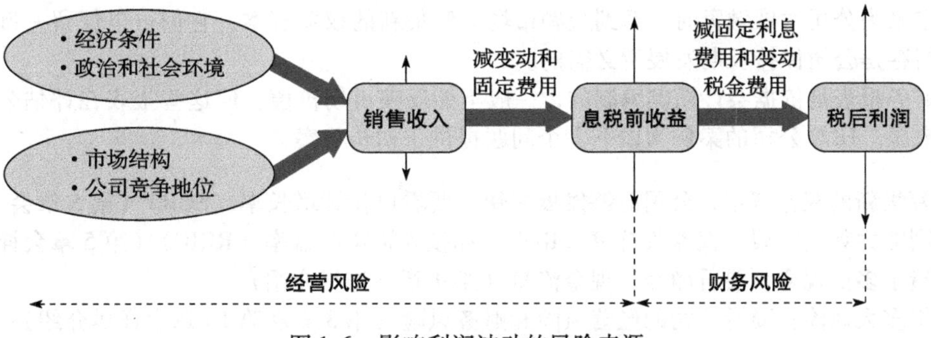

图 1-6 影响利润波动的风险来源

总风险由公司所有者承担。所有者拥有公司剩余收益（公司净利润）的要求权，但也必须承担最终的亏损。HLC 公司债权人得到的收益是固定的，HLC 公司所有者得到的收益却是公司的不确定利润。所以，权益资本（所有者的投资）的风险要大于债务资本（债权人的投资）的风险。因此，HLC 公司所有者要求的权益资本收益率要高于 HLC 公司债权人要求的债务资本收益率。大多数股东不喜欢风险，他们是**风险规避者**（risk averse），他们要求更高的收益率来补偿权益资本附带的更高风险。第 5 章将详细考察风险对公司盈利能力的影响，第 10 ~ 11 章将探究风险与资本提供者所要求的收益率之间的关系。

1.10 公司创造价值了吗

公司的最终成功并非用其增加销售收入或产生利润的能力来衡量，在最后的分析中，至关重要的是公司的各项活动是否正在使公司变得更加有价值。那么，我们怎样才能知道一家公司是否在创造价值呢？

仍以 HLC 公司为例，2010 年 HLC 公司创造价值了吗？我们可以通过比较当年的投入资本收益率（$ROIC_{2010}$）和资本成本（即 HLC 公司的加权平均资本成本 $WACC_{2010}$）找到答案。如果 $ROIC_{2010}$ 高于 $WACC_{2010}$，则我们可以认为 HLC 公司当年创造了价值，因为资本收益率超过了资本成本；如果 $ROIC_{2010}$ 低于 $WACC_{2010}$，则我们认为 HLC 公司当年减损了价值，因为资本收益率低于资本成本。我们可以表述如下：

$$\text{如果 } ROIC_{2010} > WACC_{2010}\text{，当年创造了价值}$$
$$\text{如果 } ROIC_{2010} < WACC_{2010}\text{，当年减损了价值}$$

前面我们已经看到，HLC 公司 2010 年的投入资本收益率为 10.9%，假设 2010 年公司加权平均资本成本为 7%，HLC 公司当年是创造还是减损了价值呢？因为 HLC 公司的投入资本收益率 10.9% 大于公司的加权平均资本成本 7%，我们可以得出结论，HLC 公司在 2010 年创造了价值。第 15 章将详细考察应该如何衡量价值创造，以及管理者应该怎样管理以价值创造为目标的公司。

1.11 小结

财务管理的目标是创造价值，这就意味着在做出经营决策之前，管理者总是应该问自己一个关键问题：这项决策能够创造价值吗？如果根据当前的信息和正确的分析，他们能够满怀信心地回答“能”，那么就应该把项目继续下去。

我们可以借助基本财务原理来回答这个关键问题。这个原理认为，只有当一项经营计划（例如一项新投资、并购另一家公司或者一个重组计划）预期未来现金收益的现值高于实施该计划所需的初始现金支出时，它才能够创造价值。换言之，只有当一项经营计划的净现值为正时，它才能够创造价值。

这个基本财务原理可以应用于主要的公司决策，例如是否要投资一个新项目，是否要改变公司的资本结构，是否要并购另一家公司，或者是否要到国外投资。这个原理的应用需要估算：①该计划预计能够产生的未来现金流；②该计划的融资成本。一般而言，两者都不容易确定。本书的多个章节致力于探讨如何对两者做出预计，因为它们是所有健康财务管理体系的核心。

金融市场不仅是筹集公司发展所需资本的渠道，而且是信息处理器和价值创造指示器。公司并不是每次在需要额外的权益资本来为公司发展融资时，都到金融市场去筹集新的权益资本，它们可以保留一部分利润用于满足资金需求。利润留存是公司保持长期发展所必需的。

尽管公司的财务报表是依据会计惯例编制的，一般不能反映市场价值，但这些报表在评估公司财务业绩时通常是有用的信息来源。HLC 公司的案例为以下六个问题提供了初步答案：

（1）如果不筹集新的权益资本，公司能够发展多快？要看可持续增长率（SGR）（第 5 章会详尽介绍）；
（2）公司盈利能力如何？要看权益收益率（ROE）和投入资本收益率（ROIC）（第 5 章会详尽介绍）；
（3）公司创造了多少现金？要看净经营现金流量（第 4 章会详尽介绍）；
（4）公司承担多大风险？要看公司的经营风险和财务风险（第 3 章和第 13 章会详尽介绍）；
（5）公司的资本成本是多少？要看加权平均资本成本（WACC）（第 10 章会详尽介绍）；
（6）公司当年创造价值了吗？要看投入资本收益率（ROIC）是否超过了加权平均资本成本（WACC）（第 15 章会详尽介绍）。

管理者还应该能够回答其他重要问题：他们应该怎样管理公司的资产（详见第 3 章）；他们应该如何做出能够创造价值的投资决策（见第 6 ~ 8 章以及第 14 章跨国情境下的决策）；他们应该怎样为公司投资筹措资金（见第 9 章和第 11 章）；他们应该怎样评估公司的价值（见第 12 章）。第 15 章说明这些问题与基本财务原理共同构成了全面的基于价值的管理体系的基础。

扩展阅读

1. Brealey, Richard, Stewart Myers, and Franklin Allen. *Principles of Corporate Finance*, 9th ed. McGraw-Hill, 2008. See Chapter 1.
2. Edmans, Alex. "Does the Stock Market Fully Value Intangibles? Employee Satisfaction and Equity Prices." Working Paper, Wharton School of the University of Pennsylvania, December 30, 2008.
3. Martin, John, William Petty, and James Wallace. "Shareholder Value Maximization—Is There a Role for Corporate Social Responsibility?" *Journal of Applied Corporate Finance* 21 (Spring 2009).
4. McTaggart, James, Peter Kontes, and Micheal Mankins. *The Value Imperative.* The Free Press, 1994. See Chapters 2, 3, and 4.
5. Jensen, Michael C. "Value Maximization and the Corporate Objective Function." In *Unfolding Stakeholder Thinking*, edited by Joerg Andriof, Sandra Waddock, Sandra Rahman, and Bryan Husted. Greenleaf Publishing, 2002.
6. Rappaport, Alfred. *Creating Shareholder Value.* The Free Press, 1998. See Chapter 1.
7. Ross, Stephen, Randolph Westerfield, and Jeffrey Jaffe. *Corporate Finance*, 8th ed. McGraw-Hill Irwin, 2008. See Chapter 1.
8. Stuart, Bennett. *The Quest for Value.* HarperCollins, 1991. See Chapters 1, 2, and 3.

CHAPTER2

第2章 了解资产负债表和利润表

监管机构和股票市场要求股票上市交易的公司提供有关公司经营交易的财务信息。财务会计的目的就是根据会计原则或会计准则系统收集、整理和提供财务信息。财务会计流程的正式结果是财务报表。

本章对两张最重要的财务报表——资产负债表和利润表（又称损益表或收益表）进行综述，对财务会计中常用的词语和表达方式加以界定，并对公司资产负债表和利润表之间的逻辑和关系进行解释。阅读本章后，你应该了解以下内容：

- 财务会计中的常用术语；
- 资产负债表和利润表的编制以及两张报表之间的相互关系；
- 编制财务报表使用的最重要的会计原则；
- 经营和财务决策对资产负债表和利润表的影响。

2.1 财务会计报表

财务报表（financial statement）是公司发布的正式文件，提供有关公司经营和财务交易的财务信息。公司必须定期发布至少三张主要报表：**资产负债表**（balance sheet）、**利润表**（income statement）和**现金流量表**（statement of cash flow）。这些报表可以在公司每年发布的**年度报告**（annual report）中找到。[⊖]本章只考察资产负债表和利润表，第4章将分析现金流量表。

资产负债表的基本目标就是确定公司所有者（**股东**，shareholder）在某一特定日期对公司所做净投资的价值。利润表的主要目标是计量在称为**会计期间**（accounting period）（通常为一年）的某一期间公司活动产生的净利润（或净损失）。净利润（或净损失）衡量所有者对公司投资在该期间的价值变动。换言之，净利润增加资产负债表中报告的所有者投资的价值，而净亏损减少所有者投资的价值。

资产负债表提供报表日股东集体拥有的权益和所欠债务的相关信息，利润表提供一段时期内导致所有者对公司投资的价值增加或减少的公司活动的信息。此外，财务报表里常附有注释，即附注。附注提供有关报表项目的更多信息，例如它们的性质以及估价方法。

财务报表是依据**会计准则**（accounting standard）和**会计原则**（accounting principle）编制的。会计人员遵循两个主流会计准则体系：一个是美国会计准则，称为**一般公认会计原则**（generally accepted accounting principle，U. S. GAAP），另一个是国际会计准则，称为**国际财务报告准则**（international

---

⊖ 在许多国家，上市公司都被要求提供额外的信息和报告。例如，在美国，上市公司被要求向提出要求的股东提供另外一份称为10－K的报告。10－K是年度报告中关于财务报表的详细版本。

financial reporting standards，IFRS）。㊀此外，会计师在运用这些原则时有一定的灵活性，大多体现在对资产负债表和利润表中某些项目的估值方面。因此，要对不同期间和不同公司间的财务报表做出有意义的比较，就有必要检查不同期间和不同公司使用的准则以及对准则的运用是否相同。如果不同，就需要做出调整。

为了说明如何在资产负债表和利润表中记录经营活动，也为了便于理解这两张报表所隐含的逻辑，我们虚构了一家公司——Office Supplies Distributors（以下简称 OS 公司），它是一家全国性的办公设备和办公用品分销商。表2-1 列示了 OS 公司2008 年、2009 年和2010 年的年末资产负债表。资产负债表底部的注释提供了一些报表项目的详细信息。表2-2 列示了公司2008 年、2009 年和2010 年的利润表。每一张利润表的跨度为一整年，这里是指从1 月1 日到12 月31 日。两张资产负债表之间是利润表的期间：上年12 月31 日的期初资产负债表和当年12 月31 日的期末资产负债表。㊁我们只有 OS 公司2009 年和2010 年的全套报表（期初资产负债表、期末资产负债表以及其间的利润表）。

表2-1　OS 公司资产负债表　　（单位：100 万美元）

	2008 年12 月31 日		2009 年12 月31 日		2010 年12 月31 日	
资产						
流动资产						
现金①		6.0		12.0		8.0
应收账款		44.0		48.0		56.0
存货		52.0		57.0		72.0
预付费用②		2.0		2.0		1.0
流动资产合计		104.0		119.0		137.0
非流动资产						
金融资产和无形资产		0.0		0.0		0.0
厂场设备						53.0
原值③	90.0		90.0		93.0	
减：累计折旧	(34.0)	56.0	(39.0)	51.0	(40.0)	53.0
非流动资产合计		56.0		51.0		53.0
资产合计		**160.0**		**170.0**		**190.0**
负债与所有者权益						
流动负债						
短期负债		15.0		22.0		23.0
银行借款	7.0		14.0		15.0	
本年到期的长期负债	8.0		8.0		8.0	
应付账款		37.0		40.0		48.0
应计费用④		2.0		4.0		4.0
流动负债合计		54.0		66.0		75.0
非流动负债						
长期负债⑤		42.0		34.0		38.0
非流动负债合计		42.0		34.0		38.0
所有者权益⑥		64.0		70.0		77.0
负债与所有者权益合计		**160.0**		**170.0**		**190.0**

①包括库存现金和银行存款，公司持有用于满足经营活动需求，不产生利息收入。
②预付费用是预先交付的租金（在利润表中确认时，租金包括在销售和管理费用中）。
③2009 年，没有处置现有固定资产，也没有购置新的固定资产。然而，在2010 年，为扩建仓库花费1 200 万美元，并把原值为900 万美元的现有固定资产按其账面净值200 万美元出售。
④应计费用包括应付工资和应交税金。
⑤长期负债每年偿还800 万美元。2009 年没有新长期负债。2010 年为扩建仓库，从银行取得抵押贷款（见注释③）。
⑥三年间没有发行新股或回购股票。

㊀ 自2005 年起，所有欧洲上市公司被要求依据 IFRS 编制合并财务报表。世界上100 多个国家（包括印度、日本、韩国和加拿大）的公司已经采用了 IFRS，预期美国公司也将在2014 年转向采用 IFRS。世界上最具影响力的两大会计准则制定机构——**美国财务会计准则委员会**（Financial Accounting Standards Board，FASB）和**国际会计准则理事会**（International Accounting Standards Board，IASB），目前都在致力于缩小美国一般公认会计原则（U. S. GAAP）与国际财务报告准则（IFRS）之间的差距。Jacob Cohen 和 David Young（2005）总结了这两个准则的主要差异。

㊁ 某一给定年份的期末资产负债表与下年初的期初资产负债表相同。

表 2-2 OS 公司利润表 （单位：100 万美元）

	2008 年		2009 年		2010 年	
销售收入净额	**390.0**	100.0%	**420.0**	100.0%	**480.0**	100.0%
销售成本	328.0		353.0		400.0	
毛利	**62.0**	15.9%	**67.0**	16.0%	**80.0**	16.7%
销售和管理费用	39.8		43.7		48.0	
折旧费用	5.0		5.0		8.0	
营业利润	**17.2**	4.4%	**18.3**	4.4%	**24.0**	5.0%
非常项目	0.0		0.0		0.0	
息税前收益（EBIT）	**17.2**	4.4%	**18.3**	4.4%	**24.0**	5.0%
净利息费用①	5.5		5.0		7.0	
税前收益（EBT）	**11.7**	3.0%	**13.3**	3.2%	**17.0**	3.5%
所得税费用	4.7		5.3		6.8	
税后收益（EAT）	**7.0**	1.8%	**8.0**	1.9%	**10.2**	2.1%
股利	2.0		2.0		3.2	
留存收益增加额	5.0		6.0		7.0	

①没有利息收入，因此净利息费用等于利息费用。

2.2 资产负债表

资产负债表的主要目的是对公司所有者在某一特定时点（通常是会计期末）所做累计投资进行估计。这种投资称为**所有者权益**（owners' equity），是某一特定日期公司权益持有者共同拥有的**资产**（asset，例如现金、存货、房屋和建筑物）与共同承担的**负债**（liability，例如对银行和供应商所欠债务）之间的差额

$$所有者权益 = 资产 - 负债 \tag{2-1}$$

许多其他术语也可以用来代表所有者权益，包括**股东权益**（shareholders' equity）、**股东资金**（shareholders' funds）、**所有者权益的账面价值**（book value of equity）、**净值**（net worth）和**净资产**（net asset value）。

表 2-1 的 OS 公司资产负债表没有遵循式（2-1）所表示的形式。在该表中，资产列在一部分，负债和所有者权益列在另一部分。不过，资产的价值等于负债和所有者权益的价值之和，因为式（2-1）也可以写作

$$资产 = 负债 + 所有者权益 \tag{2-2}$$

根据式（2-2），公司的总资产必定等于负债与所有者权益之和。一般而言，资产负债表遵循表 2-1 和式（2-2）的格式。

对于遵循 U. S. GAAP 会计规定的公司而言，资产通常按照**流动性**（liquidity）递减顺序列示在资产负债表中，流动性可以衡量资产转换为现金的速度。现金是所有资产中流动性最强的，[⊖]列在第一位，而土地是所有资产中流动性最差的，列在最后一位。资产分为两类：**流动资产**（current asset）和**非流动（或固定）资产**（noncurrent or fixed asset）。流动资产是指那些预计将在一年内转换为现金的资产，而固定资产的寿命要长于一年。

负债按照**到期**（maturity）的递增顺序列示。**流动或短期负债**（current or short-term liability）是必须在一年内偿还的债务，列示在最前面；**长期或非流动负债**（long-term or noncurrent liability）是到期日长于一年的负债，列示在后面。负债后面是所有者权益，所有者权益不需要偿还，因为它代表所有者对公司的投资。

资产和负债通常依据**稳健性原则**（conservation principle）记录。根据该原则，当有疑问时，应该按照最不可能高估资产或低估负债的价值对资产和负债进行报告。

OS 公司 2008 年、2009 年和 2010 年的年末所有者权益分别为 6 400 万美元、7 000 万美元和 7 700 万美元。在这三个时点，所有者权益都等于公司总资产与总负债的差额。例如，2009 年 12 月 31 日，所有者权益等于总资产

⊖ 现金是衡量所有资产和负债的基础。

1.7 亿美元与总负债 1 亿美元（=6 600 万美元流动负债 +3 400 万美元长期负债）的差额。需要注意的是，所有者权益是**剩余价值**（residual value），等于公司总资产扣除总负债之后的余额。如果总负债超过了总资产，所有者权益为负。从技术层面讲，公司此时处于破产状态。以下部分对资产负债表的结构进行详细分析。

2.2.1 流动资产或短期资产

流动资产包括现金和现金等价物、应收账款、存货和预付费用。

1. 现金和现金等价物

现金和现金等价物（cash and cash equivalent）包括库存现金、银行存款和将在一年内到期的短期投资。这些短期投资通常称为**有价证券**（marketable security）。它们风险低且流动性强，这意味着它们易于以很小的价值变动（即以较小的资本利得或损失）出售（转换为现金）。有价证券的实例包括银行发行的**定期存单**（certificate of deposit）、**货币市场基金**（money market fund）中的股票，短期**国库券**（government bill），以及信用评级优良公司发行的**商业票据**（commercial paper）。这些证券将在第 9 章中阐述。

2008 年年末，OS 公司持有 600 万美元现金，2009 年年末该数值攀升到 1 200 万美元，2010 年年末又降至 800 万美元（见表 2-1）。第 4 章将详细考察 OS 公司现金持有发生特别变动的详细原因。我们注意到，在各个资产负债表日，OS 公司都没有持有任何有价证券。

2. 应收账款

大多数公司不会立即收到销售商品或提供服务的现金，它们通常允许客户延迟付款。资产负债表日客户尚未支付的款项记作**应收账款**（account receivable），又称为**贸易应收款**（trade receivable），或者简单称为**应收款**（receivable）。应收账款是客户所欠公司债务，因此又称为**贸易债权**（trade debtor）。当客户支付账款时，这些资产将会转换为现金。应收账款通常按照减去**坏账备抵**（allowance for doubtful account）后的净值列示。当管理层预计一些客户不会偿还债务时，坏账就随之产生了。

OS 公司的应收账款在三年间稳定增长，从 2008 年年末的 4 400 万美元增加到 2010 年年末的 5 600 万美元（见表 2-1）。第 3 章考察这种现象是否引起管理层的关注，抑或是否可以通过公司活动证明其合理性。

3. 存货

存货（inventory）是公司持有的用于未来销售（产成品）或用于商品生产过程（原材料和在产品）的商品。因此，一家制造公司通常有三种存货账：原材料存货账、在产品存货账、产成品存货账。存货在资产负债表中按成本列示，除非其市价跌至低于成本。例如，如果一些存货已经陈旧过时，而且预计其清算价值低于成本，那么公司应该按照（较低的）预计价值列示它们。这种方法称为**成本与市场价值孰低**（lower-of-cost-or-market），是前面提到的稳健性原则的应用案例。

分配给资产负债表日尚未进入生产过程的原材料的成本记作**原材料存货**（raw material inventory）。此外，一些产品可能尚未完工，在这些产品生产过程中使用的原材料成本加上应归属于这些未完工产品的人工和其他成本，构成**在产品存货**（work in process inventory）。最后，资产负债表日已经完工但尚未出售的产品的成本构成**产成品存货**（finished good inventory）。

OS 公司的存货包括从制造商处购买、在出售给零售店之前存放在仓库中的各种商品。与应收账款一样，存货在 2008 ~ 2010 年取得增长，从 2008 年年末的 5 200 万美元增加到 2010 年年末的 7 200 万美元。同样，第 3 章里也考察了这种存货的增长是否引发管理层的忧虑，抑或是否可以通过公司活动证明其合理性。

存货的增长可能是由 OS 公司从供应商处购入用于再出售给客户的商品的价格提高造成的。假定公司购进同样的商品，在两个星期前支付 100 美元，在上个星期支付 101 美元，本星期支付 102 美元，那么 OS 公司的存货中就有三件相同的商品，但对每件商品支付的价格不同。当公司向客户出售其中的一件商品时，问题就产生了：公司出售的是哪一件商品？是第一件（100 美元），第二件（101 美元），还是第三件（102 美元）？

如果 OS 公司采用**先进先出法**（first-in, first-out 或者 FIFO）计算存货成本，它将假定出售了购入的第一件商品（100 美元）；如果公司采用**后进先出法**（last-in, first-out 或者 LIFO），它将假定出售了购入的第三件商品（102 美元）；公司还可以采用**平均成本法**（average cost method），即假定按照三件商品的平均价（101 美元）出售商品。显然，公司财务报表会因采用三种不同的计价方法而有所不同。在出售一件商品后，存货中还剩下两件商品。如果采用先进先出法，剩余两件商品的报告价值是 203 美元（ =101 美元 +102 美元）；如果采用后进先出法，剩余两件商品的报告价值是 201 美元（ =100 美元 +101 美元）；如果采用平均成本法，剩余两件商品的报告价值是 202 美元（ =101 美元 +101 美元）。如果我们假设这种商品以 110 美元出售给客户，则采用先进先出法报告的毛利将为 10 美元（ =110 美元 -100 美元）；采用后进先出法报告的毛利将为 8 美元（ =110 美元 -102 美元）；采用平均成本法报告的毛利将为 9 美元（ =110 美元 -101 美元）。当购买商品的价格持续上升时，与后进先出法相比，先进先出法同时高估了存货（203 美元而非 201 美元）和毛利（10 美元而非 8 美元）的价值。

4. 预付费用

资产负债表中记录的**预付费用**（prepaid expense）是指公司为将于资产负债表日之后收到的商品或接受的服务支付的款项。最典型的例子就是预付保险费，相应的保险政策将为投保者提供资产负债表日之后一段时期的保护。这笔款项被记作预付费用，因为支付发生在公司能够从保险中受益之前。其他常见的预付费用还包括预付租金。表 2-1 的 OS 公司资产负债表列示，公司在 2008 年年末和 2009 年年末的预付费用为 200 万美元，在 2010 年年末的预付费用为 100 万美元。

预付费用的记账方法阐释了一个重要的会计原则，我们称之为**配比原则**（matching principle）。该原则指出：费用应在对公司收入做出有效贡献的期间（在利润表中）确认，而不应在支付时确认；公司预付的费用必须作为资产记录在公司资产负债表中，直至在公司（未来）利润表中被确认为费用。

例如，假设 OS 公司在 2007 年 1 月 1 日支付了包括 2007 年在内的 3 年租金。第 1 年（2007 年）的租金将在 2007 年的利润表中记作费用，而 2007 年 1 月 1 日支付全部租金的剩余 2/3 在 2007 年没有被“耗用”，故这部分将在 2007 年年末资产负债表中记作预付费用。在 2008 年年末的资产负债表中，预付费用将仅代表全部租金付款的 1/3。2009 年 12 月 31 日，全部租金付款将被完全“耗用”，如果公司没有为 2010 年及之后各年签订新的租赁协议，则当天资产负债表中将不会出现预付租金。

2.2.2 非流动资产或固定资产

非流动资产，又称为**固定或资本性资产**（capital asset），是指预期将在超过 1 年的期间带来经济利益的资产。这些资产分为两种：有形资产和无形资产。**有形资产**（tangible asset）包括土地、建筑物、机器和器具等，统称**厂场设备**（property，plant，and equipment），也包括长期金融资产，例如持有的其他公司股份以及为其他公司提供的贷款。**无形资产**（intangible asset）包括专利权、商标权、版权和商誉等。

1. 有形资产

非金融有形资产通常按**历史成本**（historical cost）在报表中列示，历史成本是公司支付的购买价格。随着时间的流逝，这些资产的价值预期将会降低。为记录这种价值损失，在资产负债表中列作**固定资产原值**（gross value）的买价，在资产预计使用年限内它是系统减少（或减值）的。[⊖]这种定期系统的价值减少过程称为**折旧**（depreciation）。如果按年计提折旧，固定资产原值每年减少的金额称为**年折旧费**（depreciation charge or expense）。年折旧额的大小取决于折旧期间的长度和计提折旧的速度。

确定年折旧费可以使用几种方法。最常用的是**直线折旧法**（straight-line depreciation method），采用这种方法时，公司资产的每年折旧费相同。另外一种不常使用的方法是**加速折旧法**（accelerated depreciation method），按照加速折旧法，资产使用年限前期的折旧费高于后期。无论采用哪种方法，折旧费总额是相等的。如果资产在折旧期末失去了价值，那么折旧费总额等于资产的购置成本。

为说明不同折旧方法的影响，假设一家公司在年初支付 300 000 美元购买了一台机器设备，并将在三年的期限内全额计提折旧。尽管这 300 000 美元是在资产购买当年支付的，但是这笔款项并不被确认为是当年的费用。如果采用直线折旧法，每年计提设备成本 1/3 的折旧，年折旧费等于 300 000 美元的 1/3，即 100 000 美元。加速折旧法要求第一年计提设备成本 1/2 的折旧，第二年计提 1/3 折旧，第三年计提 1/6 折旧。从而，年折旧费在第一年为 150 000 美元（ =300 000 美元 ×1/2），第二年为 100 000 美元（ =300 000 美元 ×1/3），第三年为 50 000 美元（ =300 000 美元 ×1/6）。

⊖ 需要注意的是，厂房和设备是系统计提折旧的，而土地则不是。我们假定土地的价值不会随时间流逝而降低。

固定资产在资产负债表中按照**账面净值**（net book value）报告。如果公司运用**历史或取得成本原则**（historical or acquisition cost principle）对固定资产估值，则固定资产的账面净值等于它的取得价格减去自购买之日起计提的累计折旧。在上面的例子中，自资产购买之日起采用两种方法计算的设备每年年末账面净值如表 2-3 所示。

表 2-3 使用两种折旧方法计算账面净值 （单位：100 万美元）

	直线折旧法			加速折旧法		
	第 1 年	第 2 年	第 3 年	第 1 年	第 2 年	第 3 年
原值（取得成本）	300	300	300	300	300	300
每年折旧费	(100)	(100)	(100)	(150)	(100)	(50)
累计折旧	(100)	(200)	(300)	(150)	(250)	(300)
账面净值	**200**	**100**	**0**	**150**	**50**	**0**

这个例子清楚地说明，资产负债表中报告的固定资产价值可能因使用的折旧方法不同而产生很大差异。因此，在以财务报表为基础比较不同公司财务业绩前，牢记这一点是非常重要的。

2. 无形资产

无形资产包括专利权、版权、商标、产权、特许经营权、许可证和商誉等。当一家公司收购另一家公司所支付的价款高于被收购公司资产负债表中的账面净值时，这个差额就是**商誉**（goodwill）。例如，假设 A 公司支付 1 000 万美元收购 B 公司的资产，而 B 公司资产负债表中这些资产的账面净值为 700 万美元，则这笔交易在 A 公司的资产负债表中形成了 300 万美元商誉。

无形资产按成本记录。与有形资产一样，无形资产的价值通常随着时间的流逝而逐渐减少。这个成本减少的过程称为**摊销**（amortization），与有形资产折旧遵循相同的原则。商誉是一个例外，它不需要摊销；取而代之的是，公司必须每年进行**减值测试**（impairment test）。如果所收购资产的账面净值（包括商誉在内）降至预计的**公允市价**（fair market value）[⊖]以下，那么必须按照相应的差额减少商誉的价值，这个差额称为**减值损失**（impairment loss）。随后，这项减值损失在公司利润表中列作收入的减项。在前面的例子中，如果公司 A 估计，在收购 B 公司资产的两年之后，B 公司资产的公允市价为 900 万美元，则公司 A 必须将商誉价值从 300 万美元减少到 200 万美元（=300 万美元 - 100 万美元），并确认 100 万美元减值损失。

3. OS 公司的非流动资产

现在我们来考察 OS 公司的固定资产结构，如表 2-1 所示。OS 公司的固定资产只包括厂场设备，2008 年年末的账面净值为 5 600 万美元，2009 年年末为 5 100 万美元，2010 年年末为 5 300 万美元。年折旧费在表 2-2 的 OS 公司利润表中记作费用，三年分别为 500 万美元、500 万美元和 800 万美元。

2008 年年末，OS 公司固定资产的折旧前**账面价值**（book value）（原值）为 9 000 万美元，是购置这些资产所支付的价格。累计折旧为 3 400 万美元，因此公司固定资产的账面净值为 5 600 万美元，即固定资产的原值（9 000 万美元）与累计折旧（3 400 万美元）的差额。

2009 年，固定资产没有发生变化，因此原值仍为 9 000 万美元（参见表 2-1 的注释③）。然而，由于累计折旧增加到 3 900 万美元（=2008 年年末累计折旧 3 400 万美元 + 2009 年增加的折旧费 500 万美元），**固定资产净值**（net fixed asset）下降到 5 100 万美元。

2010 年，OS 公司以 1 200 万美元的成本扩建了一座仓库，同年又以 200 万美元的账面净值出售了一台不再需要的设备（这件设备是之前以 900 万美元买入的，已经计提了 700 万美元折旧费）。这两项交易对 2010 年年末固定资产净值会产生什么影响呢？扩建仓库使固定资产原值增加 1 200 万美元，但出售不再需要的设备使固定资产原值减少 900 万美元。总体来看，这两项交易使固定资产原值从 2009 年年末的 9 000 万美元增加到 2010 年年末的 9 300 万美元（=9 000 万美元 + 1 200 万美元 - 900 万美元），如表 2-1 所示。同时，累计折旧费增加了 800 万美元（2010 年的折旧费），又减少了 700 万美元（同年出售设备已经计提的折旧费），从而累计折旧提高到 4 000 万美元（=最初的累计折旧 3 900 万美元 + 800 万美元 - 700 万美元）。因此，2010 年年末 OS 公司固定资产的账面净

⊖ 我们通常使用贴现现金流技术估计公允市价，第 12 章将对此加以说明。

值等于 5 300 万美元（=9 300 万美元 - 4 000 万美元）。

我们也可以使用一种不同的方法获得相同的 5 300 万美元账面净值：2009 年年末的固定资产净值 5 100 万美元，加上扩建仓库的成本 1 200 万美元，减去出售设备的账面净值 200 万美元，再减去 2010 年的折旧费 800 万美元（=5 100 万美元 +1 200 万美元 - 200 万美元 - 800 万美元 =5 300 万美元）。一般来说

$$\text{期末固定资产净值} = \text{期初固定资产净值} + \text{本期购买固定资产的原值} - \text{本期出售固定资产的账面净值} - \text{本期折旧费} \quad (2\text{-}3)$$

2.2.3 流动负债或短期负债

流动负债包括短期负债、应付账款和应计费用。

1. 短期负债

短期负债（short-term debt）包括**应付票据**（note payable）、银行**透支**（overdraft）、**信贷额度提款**（drawing on lines of credit）和短期**期票**（promissory note）。长期负债在一年之内到期的部分也是短期义务，在资产负债表中记作短期借款。

OS 公司的短期借款包括所欠银行债务以及公司从 2008 ~ 2010 年每年按 800 万美元偿付的部分长期负债。短期借款合计数从 2008 年年末的 1 500 万美元增加到 2010 年年末的 2 300 万美元。

2. 应付账款

应付账款（account payable），又称为**贸易应付款**（trade payable），或者简单称为**应付款**（payable），是对公司商品和服务供应商的负债。应付账款之所以产生，是因为公司通常不会在收到商品或接受服务后立刻对供应商付款。因此，在收到商品或接受服务与支付账款之间有一个时间差。在支付账款之前，公司必须在资产负债表中对供应商提供的赊销加以确认（出于这个原因，应付款也被称为**贸易应付款**（trade creditor））。应付账款等于资产负债表日公司已从供应商处收取但尚未支付的发票账单的价值。

表 2-1 的资产负债表显示，OS 公司的应付账款从 2008 年年末的 3 700 万美元增加到 2010 年年末的 4 800 万美元。这种增长合理吗？这个问题将在下一章中加以研究。

3. 应计费用

应计费用（accrued expense）是除短期负债和应付账款外与公司经营活动相关的负债。应计费用产生的原因在于这些费用的发生日期与支付日期之间存在时间差。例如，资产负债表日已经发生但尚未支付的工资和工资税。需要注意的是，把费用分配到资产负债表中的应计费用项目是配比原则的另外一种应用。

OS 公司 2008 年年末的应计费用为 200 万美元，2009 年年末和 2010 年年末的应计费用为 400 万美元，其中包括应付工资和应交税金。**应付工资**（wage payable）代表公司所欠雇员、资产负债表日尚未被领取的假日薪酬。OS 公司必须在资产负债表中将其所欠雇员的"债务"确认为应付工资。同样，**应交税金**（tax payable）是指资产负债表日所欠税款，是对税收机构的债务，在公司支付前在资产负债表中确认为应交税金。

2.2.4 非流动负债

资产负债表中的**长期负债**（long-term liability）是指在资产负债表日到期日长于一年的负债，例如欠贷款人的**长期负债**（long-term debt）、欠雇员的**应付退休金**（pension liability）（在雇员退休时支付），以及欠政府税收机构的**递延税金**（deferred tax）。

递延税金产生于按照公司记录的税前收益计算的应交税款与按照税务当局要求申报的应交税款之间的差额。这两个应交税款可能存在差异，原因在于公司在财务报表中通常采用直线折旧法对固定资产计提折旧，而税务当局通常采用加速折旧法对相同的资产计提折旧，进而确定公司必须支付的税金。由于折旧费是在税前扣减的费用，因此这两种方法会产生不同的应纳税所得，进而产生不同的税金费用。

例如，一家公司的收入为 1 000 000 美元，扣除折旧费之前的费用为 700 000 美元。按照直线折旧法计提的折旧费为 100 000 美元，按照加速折旧法计提的折旧费为 150 000 美元，则第一种情况下的税前收益为 200 000 美元（=1 000 000 美元 - 700 000 美元 - 100 000 美元），第二种情况下的税前收益为 150 000 美元（=1 000 000 美元 - 700 000 美元 - 150 000 美元）。如果税率为 40%，则采用直线折旧法情况下的税款为 80 000 美元（=200 000 美元 ×

40%)，采用加速折旧法情况下的税款为60 000美元（=150 000美元×40%）。也就是说，公司在其利润表中报告了80 000美元税金费用，但实际只欠60 000美元税金。这两个税金估计值之间的差额20 000美元代表所欠税收机构税金的延期而非消除。两种情形下的折旧总额（资产购置价格）和可扣减总金额是相同的，因此，这20 000美元必须在公司资产负债表中确认为负债。[㊀]

OS公司2008年年末尚未偿还的长期负债为5 000万美元，公司每年支付800万美元偿还这笔负债，因而800万美元记作短期借款（长期负债本年到期部分）。这样，2008年资产负债表中的长期负债为4 200万美元（=5 000万美元-800万美元）。2009年年末，公司已经偿付800万美元债务，但仍欠债4 200万美元，其中800万美元将于2010年到期，因此公司当日长期负债为3 400万美元（=4 200万美元-800万美元），长期负债当年到期部分为800万美元。

2010年，公司借入1 200万美元用于扩建仓库（见表2-1的注释⑤），因此长期负债在2010年增加了1 200万美元，但仍然减少每年800万美元的偿付款，因此2010年年末的长期负债等于3 800万美元（=开始时的3 400万美元-当年到期的800万美元+新债务1 200万美元）。一般来说

$$\text{期末长期负债} = \text{期初长期负债} - \text{长期负债本期到期部分} + \text{本期新增长期负债} \tag{2-4}$$

2.2.5 所有者权益

如式（2-1）所示，资产负债表日所有者权益就等于当日公司资产和负债账面价值之间的差额。OS公司所有者对公司投资的账面价值在表2-1中资产负债表的底部列示。所有者权益从2008年年末的6 400万美元增加到2010年年末的7 700万美元。

在大多数资产负债表中，所有者权益项目列示几个组成部分，每个部分代表权益的一个来源渠道。由于这些来源渠道之一是公司的再投资利润，因此我们将在讨论公司利润表之后再来说明所有者权益组成部分的列示（以及OS公司权益增长的原因）。

2.3 利润表

利润表又称为**损益表**（profit-and-loss or P&L statement），旨在反映导致某一会计期间公司所有者权益变动的经营和财务活动的概况。[㊁]会计期间通常为一年，但一些形式利润表的编制可以更加频繁，例如按季度编制。

我们把收入定义为能够带来某一会计期间所有者权益增加的交易，把费用定义为能够带来某一会计期间所有者权益减少的交易。该期所有者权益的净变动称为**净收益**（net income）、**净利润**（net profit）或表2-2中的**税后收益**（earnings after tax，EAT），可以简单表示为

$$\text{税后收益} = \text{收入} - \text{费用} \tag{2-5}$$

这个关系式是构建公司利润表使用的模型。首先列示公司收入，它产生于很多渠道，包括商品的销售、劳务的提供和租金收入的收回等。随后列示公司费用，它包括材料成本、折旧费、工资费、销售和管理费、利息费和税金。在计算不同业务活动对公司税后收益所做贡献的多步式流程中，需要把费用从收入中一步一步扣除出去（见表2-2）。与公司经营活动相关的收入和费用被列示在首位，随后列示与非经营活动（即融资活动）相关的收入和费用，最后列示税金费用。以下部分将对公司的利润表结构进行详细说明。

在编制财务报表所使用的众多会计原则中，有两个原则对理解利润表至关重要。第一个是**实现原则**（realization principle），该原则指出收入应在产生收入的交易发生当期确认，而不是在收到交易产生的现金时确认。换言之，当公司出售的商品或提供的服务已经开出发票或发给客户而非公司收到现金时，公司的收入就会增加；当公司收到账款时，收入不会受到影响。收到账款时，公司相应调整其资产负债表：现金因收到账款而增加，应收账款则减少相同的金额。

㊀ 与直线折旧法相比，加速折旧法在资产使用早期高估了折旧费（低估了税前收益），在资产使用后期低估了折旧费（高估了税前收益）。因此，公司在资产使用早期支付较少税金，而在资产使用后期支付较多税金。

㊁ 这个定义有一种例外情况：发行新股票可以增加所有者权益，回购流通在外股票会减少所有者权益，但这些交易不作为收入或费用记入公司利润表。

第二个是配比原则，在讨论预付费用的计价问题时曾经解释过这个原则。根据配比原则，与产品或服务相关的费用在产品销售或服务提供时确认，而不是在费用实际支付时确认。例如，一家分销公司从批发商处购买一件商品，储存起来，然后出售。费用将在公司出售该商品的期间增加，而不是在公司买入该商品或者公司支付货款时增加。

实现原则和配比原则构成了**权责发生制会计**（accrual accounting）的基础。权责发生制会计的后果之一是公司在某一会计期间的税后收益不等于该会计期间公司发生的现金流入量与现金流出量的差额（公司的**净现金流量**，net cash flow）。例如，OS 公司在 2010 年实现了 1 020 万美元净利润，但这并不意味着公司在这一年产生了 1 020 万美元现金。公司利润与公司现金流量之间的关系将在第 4 章中详细分析。

2.3.1 销售净额

对于大多数公司来说，销售收入是收入的主要来源。某一会计期间的收入减去给予缺陷商品的折让和折扣，可以得到**销售净额**（net sale）。OS 公司的销售收入在 2009 年增长了 7.7%，从 2008 年的 3.9 亿美元增加到 2009 年的 4.2 亿美元。2010 年，销售收入增加到 4.8 亿美元。因此，2010 年的增长率为 14.3%，几乎是 2009 年增长率的两倍。下一章将研究销售收入增长率的加速提高对公司利润表和资产负债表的影响。

销货成本（cost of goods sold，COGS），有时也称为**销售成本**（cost of sale），代表公司在某一会计期间已经出售商品的成本。对于一家分销公司而言，例如 OS 公司，销售成本就是售出商品的购进价格加上与其相关的直接成本。在一家制造公司中，商品在由原材料到产成品的转化过程中发生了各种成本，例如人工成本和其他直接制造成本。这些成本组成了产成品存货的价值。当商品从存货中转出用于销售时，就变成了销货成本。厂房和设备的折旧费通常包含在销货成本中，也有一些公司把折旧费作为单独项目在利润表中报告。

OS 公司的销货成本包括从制造商处购买并准备再出售给零售商的各种商品（公司仓库的折旧费单独列示）。OS 公司的销货成本从 2008 年的 3.28 亿美元增加到 2010 年的 4 亿美元。

2.3.2 毛利

毛利（gross profit）是利润表中列示的第一个也是最宽泛的一个公司利润指标，是公司的销售净额与销货成本的差额。OS 公司 2008 年的毛利为 6 200 万美元，2009 年为 6 700 万美元，2010 年为 8 000 万美元。毛利占销售收入的比率从 2008 年的 15.9% 上升到 2010 年的 16.7%，原因在于公司的销货成本增长率略低于销售收入增长率。

1. 销售和管理费用

销售和管理费用（selling，general and administrative expense，SG&A）有时被称为**间接费用**（overhead expense or overhead），是指公司发生的与某一会计期间公司产品销售和公司经营管理相关的费用。销售人员培训费是间接费用的一个例子。OS 公司 2008 年的销售和管理费用为 3 980 万美元，2009 年为 4 370 万美元，2010 年为 4 800 万美元。

2. 折旧费

折旧费就是在资产负债表的讨论中定义的折旧费用，表示在某一会计期间费用化的固定资产成本。购买固定资产时，公司发生了等同于购买价格的成本。这个成本在资产负债表中记作固定资产原值，然后在预计该项资产能够产生收益的年限中记作费用或将其“费用化”（采用一种折旧方法）。在每个会计期间费用化的金额在利润表中记作折旧费。⊖

如果公司在购买固定资产的当年就把全部成本计入了费用，就违反了配比原则。根据定义，固定资产产生收益的时间要超过它被购买的当年。因此，把全部成本分配给购买的当年，会导致费用与收入在很多年份的不当配比。

⊖ 注意这里的“费用”不能够“资本化”（即不能记入资产负债表中），也不能够“费用化”（即记入利润表中）。

2.3.3 营业利润

营业利润（operating profit）是反映公司持续经营活动产生利润的指标，它的计算考虑了与公司经营活动相关的所有费用，包括公司销货成本、销售和管理费用以及折旧费。营业利润等于公司毛利与销售和管理费用以及折旧费之和的差额，它衡量公司正常和经常性经营活动产生的利润，发生在利息费用、非经常性损益和税金之间。OS 公司 2008 年产生的营业利润为 1 720 万美元，2009 年为 1 830 万美元，2010 年为 2 400 万美元。营业利润占销售收入的百分比从 2008 年的 4.4% 上升到 2010 年的 5%。

我们把一些特殊项目归入非常项目当中，例如：①非常损益；②偶发项目；③与终止经营相关的损益；④商誉减值引起的减值损失。非常损益是指异常且不经常发生的损益，例如火灾引起资产毁坏带来的损失或者不良债务重组产生的利得等。非常损益按照税后净额列示。偶发项目是指性质异常或者不经常发生的项目，例如固定资产出售损益。OS 公司的利润表中没有报告非常项目。

2.3.4 息税前收益

息税前收益（earning before interest and tax，EBIT）等于公司营业利润减去非常项目（例如收益、资本利得、经营损失或投资出售损失等）。由于 OS 公司在 2008 年、2009 年和 2010 年都没有报告非常项目（见表 2-2 的公司利润表），因此这三年的各年息税前收益都与营业利润相同。第 5 章显示，息税前收益在公司盈利能力分析中具有非常重要的作用，因为息税前收益使拥有不同债务政策和税收义务公司的盈利能力具有可比性。

净利息费用（net interest expense）是公司在某一会计期间发生的借款利息费用与收到的财务投资收益之间的差额。OS 公司没有利息收益（参见 OS 公司利润表的注释①），因此公司的净利息费用就等于总利息费用。

2.3.5 税前收益

税前收益（earning before tax，EBT）是公司息税前收益与净利息费用的差额，是反映考虑税收因素之前公司利润状况的指标。OS 公司 2008 年的税前收益为 1 170 万美元，2009 年为1 330万美元，2010 年为 1 700 万美元。税前收益占销售收入的百分比从 2008 年的 3% 增加到 2010 年的 3.5%。公司税前收益相对于销售收入的改善将在第 5 章中详细分析。

所得税费用（income tax expense）是按照公司会计规则计算的税金准备。正如前面提到的，这项税金准备通常与公司必须支付的实际所得税不同，两者之间的差额计入资产负债表的递延税款项目。OS 公司没有递延税款，因而税金费用等于公司税前收益的 40%。

2.3.6 税后收益

税后收益（earning after tax，EAT）是从公司税前收益中扣除公司所得税费用后计算得到的**净收入**（net income），又称为公司**净利润**（net profit）或**净收益**（net earning），也常常被称为**公司底线**（bottom line）。当税后收益为正时，公司产生了利润，称为**盈利**（in the black）；当税后收益为负时，公司产生了损失，称为**亏损**（in the red）。更确切地说，税后收益是反映某一会计期间利润表中记录的交易带来的所有者权益净变动的指标。

OS 公司 2008 年的税后收益为 700 万美元，2009 年为 800 万美元，2010 年为 1 020 万美元。税后收益占销售收入的百分比从 2008 年的 1.8% 增加到 2010 年的 2.1%。OS 公司的税后收益水平和增长率是适当的吗？对这个问题的解答是第 5 章的主题。

2.4 调节资产负债表和利润表

利润表中记录交易之外的其他交易也能够影响所有者权益。例如，当一家公司宣告将向所有者支付**现金股利**（cash dividend）时，公司资产负债表中所有者权益的账面价值会减少，减少的金额即为已宣告的**股利**（dividend）。因此，所有者权益的净增加额是净收益与股利之差，称为**留存收益**（retained earning）的增加额。当一家公司在某一会计期间出售（发行）新股时，筹集到的资金扣除发行成本后的余额会增加公司的所有者权益；相反，当一家公司回购一些自己的股票时，支付给卖方股东的价款减去交易成本后的余额会减少公司的所有者权

益。一般来说

$$\text{所有者权益的净变动} = \text{税后收益} - \text{股利} + \text{发行新股筹集的金额} - \text{回购股票支付的金额} \tag{2-6}$$

OS公司在2008～2010的三年中没有发行或回购股票（见表2-1的注释⑥）。因此，每年的所有者权益变动恰好等于该年的留存收益增加额。留存收益增加额在表2-2的底部列示。OS公司在2008年年末留存了500万美元净收益，在2009年年末留存了600万美元净收益，在2010年年末留存了700万美元净收益。因此，2009年年末的所有者权益等于7 000万美元，是2008年年末的所有者权益（6 400万美元）与2009年留存的收益（600万美元）之和。2010年年末，所有者权益增加到7 700万美元，是2009年年末的所有者权益（7 000万美元）与2010年留存的收益（700万美元）之和。

OS公司的资产负债表与利润表之间的联系如图2-1所示。该图的左侧是OS公司2009年12月31日的资产负债表，右侧是该公司2010年12月31日的资产负债表，两个资产负债表之间是2010年的利润表。正如式（2-2）所表达的那样，资产负债表的恒等关系可以通过在左侧列示公司资产的账面价值，同时在另外一侧列示负债与所有者权益的合计数反映出来。也如式（2-5）所表达的那样，利润表的恒等关系可以通过在左侧列示公司收入，同时在右侧列示公司费用与利润的合计数反映出来。

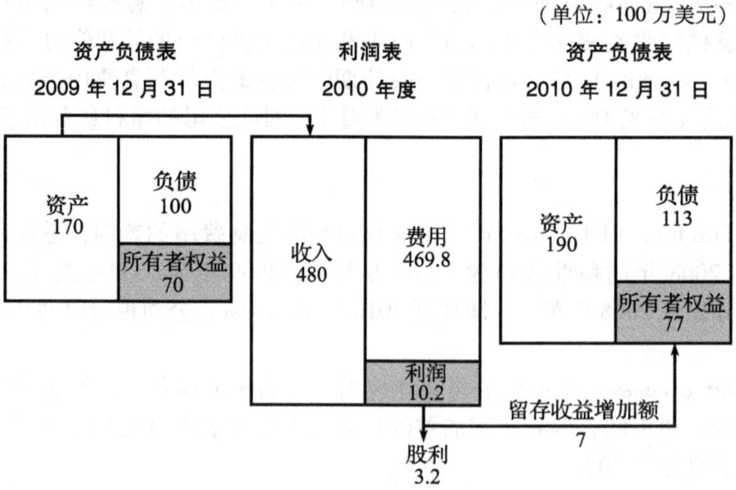

图2-1 OS公司资产负债表与利润表之间的联系

数据来自表2-1和表2-2。

OS公司2010年创造了4.8亿美元销售收入，为获取该销售收入，公司使用了1.7亿美元资产（如2009年年末资产负债表所示）。在从公司销售收入中扣除4.698亿美元总费用后，OS公司2010年的净利润为1 020万美元。公司宣告发放320万美元股利，并将剩余利润700万美元留存。由于公司在2010年没有筹集新的权益资本，公司所有者权益在2010年年末增加到7 700万美元，是2009年年末最初的7 000万美元所有者权益与700万美元留存收益之和。

公司通常在**所有者权益变动表**（statement of shareholders' equity）中报告所有者权益的变动，例如支付现金股利、发行股票和回购股票等。

2.5 所有者权益项目的结构

我们对所有者权益的分析表明，所有者权益的变动来自留存收益、新发行权益资本或回购股票。资产负债表中的所有者权益项目代表在自公司成立之日起直至资产负债表日的多个会计期间中，这些变动的累积贡献。为阐明公司权益的起源，大多数公司把所有者权益分解为单独项目，以识别所有者权益的不同来源渠道。构成所有者权益的最常见项目如表2-4所示，表2-4详细列示了OS公司2010年年末的所有者权益项目。

表2-4 OS公司2010年12月31日的所有者权益（单位：100万美元）

	2010年12月31日
普通股	10
每股面值1美元，1 000万股	
股本溢价	20
留存收益	47
（库存股）	（0）
所有者权益	**77**

表 2-4 显示，所有者权益的第一个来源渠道是**普通股**（common stock）。普通股的金额是公司自成立起发行的股票数量与**股票面值**（par value）或**设定价值**（stated value）的乘积。面值是分配给每股股票的一个主观设定的固定价值，与股票的市场价值无关。面值由公司创始人设定，并在公司章程中说明，代表在公司解散情况下股票所有者承担责任的最大限度。OS 公司在 2010 年年末有 1 000 万股流通在外股票，每股面值为 1 美元，因此 2010 年年末公司列示的普通股为 1 000 万美元。

表 2-4 显示，权益的第二个来源是**股本溢价**（paid-in capital in excess of par）。股本溢价是截至资产负债表日公司发行股票收取的累计现金额与如果股票按照面值发行公司可能收取的现金额之差。OS 公司 2010 年年末的股本溢价为 2 000 万美元，说明公司过去发行的股票是以高于 1 美元的价格出售的。例如，假设 5 年前出售 100 万股，每股售价 5 美元，则 OS 公司当年的股本溢价增加了 400 万美元，即 5 美元减去 1 美元面值的差额乘以 100 万股。

权益的第三个来源是**留存收益**（retained earning）或**保留盈余**（reserve），是公司自成立之日起留存收益的总额。OS 公司在 2010 年年末"赚得"的这项资本总计为 4 700 万美元。

最后一项是**库存股**（treasury stock），要从前面各项中扣除。库存股代表截至资产负债表日公司回购股票花费的金额。OS 公司没有回购本公司股票，因此这一项为零。

2.6　小结

本章讲解了如何编制公司资产负债表和利润表，这两张报表提供何种信息，以及它们之间有什么样的关系。后面三章将说明如何运用这些信息评价公司的经营和财务业绩。

然而，财务报表的用途常常受限于它们所包含信息的相对质量。编制财务报表要依据一些原则和规则，不同的公司在应用这些原则和规则时，不一定都采用同一种方式或具有同样的严密性。此外，尽管国际会计准则（IFRS）已经被广泛地采用，但是一些国家间的会计准则还是存在差别，甚至同一国家内不同行业间的准则也会不同。因此，要想对不同期间以及不同公司之间的财务报表做出有意义的比较，就必须检查不同期间或不同公司是否使用了相同的准则以及这些准则的执行方式是否相同。如果不同，就需要做出调整。

因此，我们需要使用批判性的眼光对公司财务报表做出阐释，不要理所当然地相信公司报告的利润额和资产价值，要经常问一问自己，它们是怎样产生的，估算它们时使用了哪些规则。

附录 2A　财务报表范例

2A.1　家得宝公司的资产负债表和利润表

为了更易于掌握财务报表的基本原则和术语，迄今为止我们展示的资产负债表和利润表（我们虚构的 OS 公司的资产负债表和利润表）都被有意简化到了最简单的形式。然而，在现实世界中，即使有附注的帮助，公司发布的财务报表也要比 OS 公司的财务报表更加复杂且更难读懂。本附录旨在通过阅读摘自世界上最大家具建材零售商家得宝（The Home Depot，HD）公司年报中的资产负债表和利润表，帮助你解读真正的财务报表。HD 公司销售各种建筑材料、家装产品以及草地和花园用具，同时提供很多其他服务。表 2A-1 是公司的资产负债表，表 2A-2 是公司的利润表，这报表均摘自 HD 公司 2006 会计年度（截至 2007 年 1 月 28 日）到 2008 会计年度（截至 2009 年 2 月 1 日）的年报。为了避免重复，我们只对在本章正文中没有讨论过的报表中的几个项目加以考察。在随后三章的附录中，我们将对 HD 公司的财务报表进行分析，以作为这些章节正文中对 OS 公司所作分析的补充。

表 2A-1　家得宝（HD）公司合并资产负债表　（单位：100 万美元）

	2007 年 1 月 28 日	2008 年 2 月 3 日	2009 年 2 月 1 日
资产			
流动资产			
现金和现金等价物	600	445	519
短期投资	14	12	6

（续）

	2007 年 1 月 28 日	2008 年 2 月 3 日	2009 年 2 月 1 日
应收账款净值	3 223	1 259	972
商品存货	12 822	11 731	10 673
其他流动资产	1 341	1 227	1 192
流动资产合计	18 000	14 674	13 362
固定资产			
土地	8 355	8 398	8 301
建筑物	15 215	16 642	16 961
家具、装修和设备	7 799	8 050	8 741
租赁资产改良	1 391	1 390	1 359
在建工程	1 123	1 435	625
融资租赁	475	497	490
	34 358	36 412	36 477
减：累计折旧和摊销	7 753	8 936	10 243
厂房和设备净值	26 605	27 476	26 234
应收票据	343	342	36
商誉	6 314	1 209	1 134
其他资产	1 001	623	398
资产合计	**52 263**	**44 324**	**41 164**
负债与所有者权益			
流动负债			
短期负债	—	1 747	—
应付账款	7 356	5 732	4 822
应付工资和相关费用	1 307	1 094	1 129
应交销售税	475	445	337
预收收入	1 634	1 474	1 165
应交所得税	217	60	289
本年到期的长期负债	18	300	1 767
其他应计费用	1 924	1 854	1 644
流动负债合计	12 931	12 706	11 153
长期负债，不包括本年到期部分	11 643	11 383	9 667
其他长期负债	1 243	1 833	2 198
递延所得税	1 416	688	369
负债合计	27 233	26 610	23 387
股东权益			
普通股	121	85	85
股本溢价	7 930	5 800	6 048
留存收益	33 052	11 388	12 093
累计其他综合收益（损失）	310	755	-77
库存股	-16 383	-314	-372
	250 30	17 714	17 777
负债与所有者权益合计	**52 263**	**44 324**	**41 164**

注：摘自公司 2007 年会计年度（截至 2008 年 2 月 3 日）和 2008 会计年度（截至 2009 年 2 月 1 日）财务报告。

表 2A-2　家得宝（HD）公司利润表　（单位：100 万美元）

	会计年度结束时间①		
	2007 年 1 月 28 日	2008 年 2 月 3 日	2009 年 2 月 1 日
销售收入净额	79 022	77 349	71 288
销售成本	52 476	51 352	47 298
毛利	26 546	25 997	23 990
营业费用：			
销售和管理费用	16 106	17 053	17 846
折旧费和摊销费	1 574	1 702	1 785
营业费用合计	17 680	18 755	19 631
营业利润	8 866	7 242	4 359
利息及其他（收入）费用：			
利息和投资收入	-27	-74	-18
利息费用	391	696	624
其他			163
利息及其他，净额	364	622	769
备抵所得税扣除前持续经营收益	8 502	6 620	3 590
所得税备抵	3 236	2 410	1 278
持续经营收益	5 266	4 210	2 312
终止经营收益（损失），税后净额	495	185	-52
净收益	5 761	4 395	2 260

注：摘自公司 2008 会计年度（截至 2009 年 2 月 1 日）年报。

①结束于 2009 年 2 月 1 日和 2007 年 1 月 28 日的会计年度包含 52 周，结束于 2008 年 2 月 3 日的会计年度包含 53 周。

2A.2　HD 公司的资产负债表

在 HD 公司资产负债表的两侧都出现了一些新项目，我们将在下面的部分中对这些项目加以考察。

短期投资

HD 公司将现金等价物与短期投资区分开来。现金等价物包括所有到期日在三个月之内的高流动性投资，而短期投资记录到期日短于一年的其余可供出售投资。两种投资都按市场价值记录。

其他流动资产

这个项目主要包括预付税金和租金。

融资租赁

HD 公司租用了一些零售场所、办公地点、仓库、设备和车辆。会计人员把租赁分为经营租赁和融资租赁（见第 9 章）。经营租赁不在资产负债表中记录，因为对出租公司的付款在发生时记作利润表中的费用，而融资租赁通常按照租赁付款的现值同时记录为一项资产（例如，一个租入的零售场所）和一项负债（欠出租公司的债务）。财务会计准则委员会（Financial Accounting Standards Board，FASB）给出了融资租赁的确认标准。在 HD 公司案例中，大多数租赁为经营租赁。

应收票据和其他资产

其包括长期预付费用和无形资产等项目。

应交销售税和应交所得税

在OS公司的资产负债表中，应交销售税和应交所得税都包含在应计费用中。而在HD公司的资产负债表中，两者是分开列示的。

递延收入

HD公司在客户取得商品所有权或接受服务时确认收入。如果公司在客户取得商品所有权或接受服务之前就收到了客户付款，则将收到的款项在资产负债表中记作递延收入，直到销售或服务完成。礼品卡的销售就是一个典型例子，只有在礼品卡被使用后，才能在利润表中确认收入。

其他应计费用

其主要包括应计房产税和应计保险费。

其他长期负债

这些长期负债反映与员工薪酬相关的不可预见事件备抵和其他一般准备。

累计其他综合收益（损失）

这个项目反映截至资产负债表日影响公司权益但没有包含在报告利润中的交易的累计金额。综合收益包括与前期相关的调整，例如对前期错误的修正。

2A.3 HD公司的利润表

HD公司年报中提供的利润表与OS公司的利润表没有太大差别。HD公司还有另外两个收入或费用来源：一个项目称为“其他”，另外一个项目称为“终止经营收益（损失），税后净额”。

其他

2008会计年度1.63亿美元的其他费用是对公司当年处置一项业务活动的减记。

终止经营收益（损失），税后净额

在2006～2008的三个会计年度中，HD公司处置了它的一些业务活动。这些终止经营每年对公司净收益的贡献在“终止经营收益（损失），税后净额”项目中报告。

最后，需要注意的是，所得税费用被报告为“所得税备抵”。术语（略有）不同，但含义相同。

扩展阅读

1. Cohen, Jacob, and David Young. *The Convergence of Global Accounting Standards*, Working Paper, INSEAD, 2005.
2. Kieso, Donald, Jerry Weygandt, and Terry Warfield. *Intermediate Accounting*, 13th ed. John Wiley & Sons, 2010. See Chapters 1 to 5.
3. Stickney, Clyde, Roman Weil, Katherine Schipper, and Jennifer Francis. *Financial Accounting*, 13th ed. South-Western, 2010. See Chapters 2, 3, and 4.

自测题

2.1 构建利润表和资产负债表

根据下面提供的信息，为个人电脑组装和分销商CompuStores公司编制以下财务报表：

a. 2010年利润表；

b. 2009年12月31日资产负债表；

c. 2010年12月31日资产负债表。

（1）2010年，应收账款增加640万美元；

（2）2010年的利润按照40%的税率交税；

（3）2010年年末存货等于当年销售收入的10%；

（4）2009年年末固定资产的账面净值为7 600万美元；

(5) 销售成本（不包括与安装电脑相关的直接人工费）等于 2010 年销售收入的 70%；
(6) 2010 年长短期借款的平均利率是年初借入资金总额的 10%；
(7) 2010 年年末应收账款等于销售收入的 12%；
(8) 2009 年年末应付账款等于 3 000 万美元；
(9) 2010 年的折旧费为 900 万美元；
(10) 2009 年年末公司欠雇员 400 万美元，一年后欠雇员 181 万美元；
(11) 2010 年购买的材料共计 2.28 亿美元；
(12) 2010 年的销售和管理费用为 1 800 万美元；
(13) 每年技术许可证使用费共计 400 万美元；
(14) 2009 年的应交税金为 600 万美元，公司在 2009 年 12 月 15 日提前预付了相同金额的税金；
(15) 2009 年年末长期负债的余额为 2 700 万美元，其中 400 万美元在年底到期；
(16) 2010 年,公司没有发行普通股，也没有回购流通在外股票；
(17) 直接人工费等于销售收入的 11.25%；
(18) 长期负债的每年还款额为 400 万美元；
(19) 存货从 2009 年年末的 2 800 万美元增加到 2010 年年末的 3 200 万美元；
(20) 2010 年，公司扩建了一座仓库，成本为 1 400 万美元，其中 600 万美元通过长期贷款筹得；
(21) 2010 年支付的股利为 936 万美元；
(22) 2010 年年末应付账款等于月购货额的 1.85 倍；
(23) 2009 年年末权益资本为 8 100 万美元；
(24) 2009 年年末，公司拥有充足的现金，可以立即支付应付账款的 1/4；2010 年年末，公司的现金仅能支付应付账款的 1/10；
(25) 2010 年 12 月 15 日，公司预付 960 万美元税金；
(26) 2009 年年末公司的信贷额度是 300 万美元，一年后该额度增长了 2/3；
(27) 2010 年，因一条旧生产线终止使用，公司发生了 200 万美元非经常损失；
(28) 2009 年公司预付了 150 万美元租金和保险费，一年后又预付了 208.5 万美元。

2.2 预测利润表和资产负债表

编好 CompuStores 公司 2010 年财务报表后，公司财务经理希望预测下一年的利润表和资产负债表（称为**预计财务报表** projected or pro forma statement）。请根据以下假设，运用上一题中的 2010 年报表编制预计财务报表。

(1) 销售收入预计增长 10%；
(2) 毛利以及销售成本各组成部分占销售收入的百分比应该与 2010 年相同；
(3) 销售和管理费用将增加 428 万美元；
(4) 预计下一年度的许可证费、折旧费、利息费和公司税率不会变动；
(5) 应收账款回收、应付账款支付和存货管理的效率应该与上一年度保持在相同水平。因此，应收账款应该按照与 2010 年相同的速度回收，仍为当年销售收入的 12%；应付账款仍应等于每月购货额的 1.85 倍；存货仍应为销售收入的 10%；
(6) 预付账款和应计费用预期将不会变动；
(7) 公司应该按照相当于年折旧费的成本改良一条组装线；
(8) 公司将不会借款或发行新普通股；
(9) 2011 年，公司期望能够持有与 2010 年同样多的现金，而且将支付实现这个目标所允许的股利。

复习题

1. 经济业务的会计归类

指出以下经济业务发生后，会引起哪些资产负债表和利润表项目发生变动：

	CA	NCA	CL	NCL	OE	REV	EXP	RE
1. 现金购买工厂设备								
2. 商誉减值损失								
3. 收到利息收入								
4. 宣布发放股利								
5. 回购股票								
6. 赊销商品								
7. 预付两个月的租金								
8. 赊购原材料								
9. 预收客户支付的现金								
10. 确认员工工资								

CA：流动资产　　NCA：非流动资产　　CL：流动负债
NCL：非流动负债　　OE：所有者权益　　REC：收入
EXP：费用　　RE：留存收益

2. 填表

请填充下表中三家公司缺少的数值，并给出计算过程（单位：美元）。

	公司 1	公司 2	公司 3		公司 1	公司 2	公司 3
期初资产	1 000			当期收入	2 000		600
期末资产	1 100	500		当期费用	1 800	180	
期初所有者权益	500	200		当期税后收益		20	100
期末所有者权益			1 000	当期股利	100	10	0
期初负债		200	600	当期已发行股本	0	50	0
期末负债			500				

3. 资产负债表变动

下面是 ABC 公司的未完成资产负债表（单位：100 万美元）。

资产负债表年末项目	第 1 年	第 2 年	第 3 年	第 4 年
流动资产	16 870	18 732	19 950	19 976
非流动资产			29 920	
资产合计		48 050		
流动负债	13 466	15 284	16 574	16 080
非流动负债	11 998		18 414	
投入资本		2 298		2 798
留存收益	13 438	15 844		
税后收益（损失）	2 014		（1 312）	5 048
股利	1 580	2 040	2 234	2 480
所有者权益				
负债与所有者权益合计	40 936			51 070

a. 计算出表中空缺部分的数值，并列示第 1 年、第 2 年、第 3 年和第 4 年年末资产负债表。请列出计算过程。
b. 哪些经济业务可以解释第 1 年与第 2 年间资产合计的变动？
c. 哪些经济业务可以解释第 2 年与第 3 年间留存收益的变动？
d. 哪些经济业务可以解释第 3 年与第 4 年间负债与所有者权益合计的变动？

4. 资产负债表变动

下面是 XYZ 公司的未完成资产负债表（单位：100 万美元）。

资产负债表年末项目	第 1 年	第 2 年	第 3 年	第 4 年
流动资产	25 305		29 925	29 964
非流动资产			44 880	
资产合计		72 075		
流动负债	20 199	22 926	24 861	
流动资产 - 流动负债		5 712		5 844
非流动负债	17 997		27 621	
投入资本		3 447		4 197
留存收益	20 157	23 766		
税后收益（损失）	n. a.	n. a.	(1 968)	7 572
股利	n. a.	n. a.	3 351	3 720
负债与所有者权益合计	61 404			76 605

a. 计算出表中空缺部分的数值，并列示第 1 年、第 2 年、第 3 年和第 4 年年末资产负债表。请列出计算过程。

b. 哪些经济业务可以解释第 1 年与第 2 年间资产合计的变动？

5. 资产负债表的变化

下面是 OPQ 公司的未完成资产负债表（单位：100 万美元）。

资产负债表年末项目	第 1 年	第 2 年	第 3 年	第 4 年
流动资产	3 092		2 932	
非流动资产		18 160	17 996	20 286
资产合计	21 094			
流动资产/流动负债			1.023	1.04
流动负债	2 978			3 002
非流动负债	9 286	9 830		
所有者权益		8 868	8 058	8 084
负债与所有者权益合计		21 182		

a. 计算出表中空缺部分的数值，并列示第 1 年、第 2 年、第 3 年和第 4 年年末资产负债表。请列出计算过程。

b. 对公司的资产负债结构做出评价。

6. 重构利润表

下面是 DEF 公司的一些利润表信息。请编制各年利润表（单位：美元），并列出计算过程。

	第 1 年	第 2 年	第 3 年		第 1 年	第 2 年	第 3 年
销售收入	21 184		49 308	研究和开发费用	380	504	816
利息收入	24	132	208	所得税费用	444	864	1 696
销货成本	16 916	24 372		税后收益		2 124	3 776
管理和销售费用	2 380	3304	4 808				

7. 重构利润表

下面是 ABD 公司的一些利润表信息。请编制各年利润表（单位：美元），并给出计算过程。

	第 1 年	第 2 年	第 3 年		第 1 年	第 2 年	第 3 年
销售收入	21 087		26 613	管理和销售费用	3 966	4 533	5 547
利息费用	75	90	81	所得税费用	324	252	192
销货成本	16 182	17 709		税后收益		408	312

8. 重构资产负债表

根据以下数据，重构年末资产负债表（单位：美元）。

1. 税后收益	300	年初数额：	
2. 折旧费增加额	200	13. 现金	450
3. 出售普通股	1 000	14. 应收账款	250
4. 购买设备	1 000	15. 存货	300
5. 长期负债年还款额	100	16. 工厂设备，净额	2 000
6. 股利	100	17. 累计折旧	1 000
7. 现金增加额	50	18. 短期负债	400
8. 应收账款增加额	200	19. 应计费用	100
9. 存货增加额	100	20. 长期负债	500
10. 应付账款增加额	100	21. 普通股	600
11. 应付工资增加额	100	22. 留存收益	1 100
12. 应交税金增加额	100		

9. 编制利润表和资产负债表

根据下面提供的信息，为 VideoStores 公司编制以下财务报表：

a. 2010 年的利润表；

b. 2009 年 12 月 31 日的资产负债表；

c. 2010 年 12 月 31 日的资产负债表。

（1）2010 年，应收账款增加 640 万美元；

（2）2010 年的利润按照 36% 的税率交税；

（3）2010 年年末存货等于当年销售收入的 10%；

（4）2009 年年末固定资产的账面净值为 7 600 万美元；

（5）销售成本（不包括与安装电脑相关的直接人工费）等于 2010 年销售收入的 70%；

（6）2010 年长短期借款的平均利率是年初借入资金总额的 10%；

（7）2010 年年末应收账款等于销售收入的 12%；

（8）2009 年年末应付账款等于 3 000 万美元；

（9）2010 年的折旧费为 900 万美元；

（10）2009 年年末公司欠员工 400 万美元，一年后欠员工 200 万美元；

（11）2010 年购买的材料共计 2.28 亿美元；

（12）2010 年的销售和管理费用为 1 800 万美元；

（13）2009 年的应交税金为 600 万美元，公司在 2009 年 12 月 15 日提前预付了相同金额的税金；

（14）2009 年年初长期负债余额为 2 700 万美元，其中 400 万美元在年末到期；

（15）2010 年，公司没有发行普通股，也没有回购流通在外股票；

（16）直接人工费等于 2010 年销售收入的 11.25%；

（17）长期负债的每年还款额为 400 万美元；

（18）存货从 2009 年年末的 2 800 万美元增加到 2010 年年末的 3 200 万美元；

（19）2010 年，公司扩建了一座仓库，成本为 1 400 万美元，其中 600 万美元通过长期贷款筹得；

（20）2010 年的股利为 920 万美元；

（21）2010年年末应付账款等于两个月购货额；
（22）2009年年末权益资本为8 100万美元；
（23）2009年年末，公司拥有充足的现金，可以支付应付账款的1/4；2010年年末，公司的现金能够支付应付账款的30%；
（24）2010年12月15日，公司预付1 080万美元税金；
（25）2009年年末公司借入300万美元短期借款，一年后借入500万美元短期借款；
（26）2009年公司的预付费用（预付租金和保险费）为150万美元，一年后为220万美元。

10. 预计融资需求

Ambex公司预期销售收入会从今年的2 700万美元增加到明年的3 600万美元。公司流动资产为900万美元，应付账款为2 700万美元，固定资产为900万美元，长期负债为360万美元，所有者权益为1 100万美元，税后收益与销售收入比率为5%。假设流动资产和应付账款的增长率与销售收入相同。预期其他流动负债保持不变。固定资产净额将增加100万美元，公司计划支付80万美元股利。

a. Ambex公司明年的总融资需求是多少？

b. 为满足这一融资需求，Ambex公司必须借入多少资金？

PART

2

第二部分

财务管理与诊断

CHAPTER 3

第3章 流动性与经营效率评价

如果一家公司不能偿还债权人（例如银行和供应商）的到期债务，则表明它的流动性很差，从严格的法律意义上来说，它处于破产状态，这是每个经理都不愿意看到的情形。管理层做出的决策必须确保公司资产的流动性，流动性是指公司偿还各类债权人经常性（recurrent）现金债务的能力。公司的流动性是由资产负债表的结构决定的，也就是说，由资产的性质、结构及其筹集方式决定。

如果重新构造公司的标准资产负债表，使其更加重视公司经营和财务经理们的考量视角，而不是总站在会计师和审计师们的视角，就能够更易于理解和衡量公司的流动性。在这种称为管理资产负债表（managerial balance sheet）的重构资产负债表中，公司的投资被分为三种类型：①现金及现金等价物；②支持公司经营活动所需资产（例如存货和应收账款）减去公司的经营性负债（例如应付账款）；③固定资产（例如厂场设备）。

公司综合运用长短期资金来源为这些资产融资。公司管理其资产负债表，提高流动性可以使用的一种方法是采取匹配策略（matching strategy），即要求长期投资由长期资金支持，短期投资由短期资金支持。我们将在本章中说明，这种匹配策略有助于解释应该如何衡量公司的流动性以及管理决策如何对流动性产生影响。

本章将介绍一些新的概念和术语，例如营运资本需求（working capital requirement）、短期融资净值（net short-term financing）和长期融资净值（net long-term financing），并说明怎样综合运用它们来构造公司流动性的可靠指标衡量体系。此外，本章还提到了一些更为传统的流动性衡量指标，例如流动比率（current ratio）和速动比率（acid test ratio），并将其与我们建议的指标加以比较。为更好阐释这些概念，我们仍以 OS 公司为例，该公司 2008 ~ 2010 年的资产负债表和利润表已经在第 2 章给出。读完本章，你应该了解以下内容：

- 怎样把标准资产负债表重构为管理资产负债表；
- 营运资本需求、长期融资净值、短期融资净值、净营运资本、流动比率、速动比率，以及用于衡量、分析和管理流动性的其他比率的含义；
- 怎样运用资产负债表中的信息衡量公司对经营活动的投资；
- 财务成本风险（financial cost risk）和再融资风险（refinancing risk）的含义；
- 公司经营决策如何影响流动性（liquidity）；
- 如何通过改善经营周期管理来提高公司的流动性。

3.1 管理资产负债表

前面讲到，公司资产负债表旨在确定公司所有者（股东）在某一特定日期对公司所做的投资，这种投资称为所有者权益，是公司资产与负债的差额。资产是股东拥有的项目，而负债是对债权人、供应商、员工以及其他实体所欠的债务。这种资产负债表，如表3-1所示的OS公司资产负债表，强调从会计视角确定所有者对公司的投资。

表3-1　OS公司资产负债表　　（单位：100万美元）

	2008年12月31日		2009年12月31日		2010年12月31日	
资产						
流动资产						
现金①		6.0		12.0		8.0
应收账款		44.0		48.0		56.0
存货		52.0		57.0		72.0
预付费用②		2.0		2.0		1.0
流动资产合计		104.0		119.0		137.0
非流动资产						
金融资产和无形资产		0.0		0.0		0.0
厂场设备						
原值③	90.0		90.0		93.0	
减：累计折旧	(34.0)	56.0	(39.0)	51.0	(40.0)	53.0
非流动资产合计		56.0		51.0		53.0
资产合计		**160.0**		**170.0**		**190.0**
负债与所有者权益						
流动负债						
短期负债		15.0		22.0		23.0
银行借款	7.0		14.0		15.0	
本年到期的长期负债	8.0		8.0		8.0	
应付账款		37.0		40.0		48.0
应计费用④		2.0		4.0		4.0
流动负债合计		54.0		66.0		75.0
非流动负债						
长期负债⑤		42.0		34.0		38.0
非流动负债合计		42.0		34.0		38.0
所有者权益⑥		64.0		70.0		77.0
负债与所有者权益合计		**160.0**		**170.0**		**190.0**

①现金包括库存现金和银行存款，公司持有的现金用于满足经营活动需求，不产生利息收入。
②预付费用是预先交付的租金（在利润表中确认时，租金包括在销售和管理费用中）。
③2009年，没有处置现有固定资产，也没有购置新的固定资产。然而，在2010年，为扩建仓库花费了1 200万美元，并把原值为900万美元的现有固定资产按其账面净值200万美元出售。
④应计费用包括应付工资和应交税金。
⑤长期负债每年偿还800万美元。2009年没有新长期负债；2010年为扩建仓库，从银行取得抵押贷款（参见注释③）。
⑥三年间没有发行新股或回购股票。

对于负责公司经营活动的经理而言，标准资产负债表可能不是评估他们对公司财务业绩贡献的最恰当工具。为说明这一点，以应付账款为例。应付账款在资产负债表中被列作负债，因为它们代表公司对供应商所欠的现金。然而，大多数运营经理会把应付账款看作与列示在资产负债表资产方的应收账款（客户对公司所欠的现金）和存货一样，应由自己全权负责管理。把应付账款与应收账款和存货联系起来，要比将其与短期借款和长期负债等其他负债放在一起更具管理意义，因为短期借款和长期负债主要属于财务经理的职责范围。

接下来，我们将说明怎样把标准资产负债表重构为**管理资产负债表**（managerial balance sheet），并解释为什么管理资产负债表是确定管理决策与财务业绩之间联系的更加恰当工具。表3-2列示了管理资产负债表，并将其与标准资产负债表加以对照。

表 3-2 管理资产负债表与标准资产负债表

管理资产负债表

投入资本	运用资本
现金	**短期债务**
营运资本需求（WCR） 经营性资产 减 经营性负债	**长期融资** 长期债务 加 所有者权益
固定资产净额	

标准资产负债表

资产	负债与所有者权益
现金	**短期债务**
	经营性负债 应付账款 加 应计费用
经营性资产 应收账款 加 存货 加 预付费用	**长期融资** 长期债务 加 所有者权益
固定资产净额	

在管理资产负债表的左侧，三个项目统称为**投入资本**（invested capital），分别是现金和现金等价物、**营运资本需求**（working capital requirement，WCR）（公司**经营性资产**（operating asset）与**经营性负债**（operating liability）之差）以及固定资产净值

$$投入资本 = 现金 + 营运资本需求 + 固定资产净值 \tag{3-1}$$

在管理资产负债表的右侧，两个项目统称为**运用资本**（capital employed），分别是短期负债和长期融资，后者包括长期负债和所有者权益（如前面章节所述，融资、筹资和资本这几个术语可以相互代替）[1]

$$运用资本 = 短期负债 + 长期负债 + 所有者权益 \tag{3-2}$$

管理资产负债表反映某一时点公司可获得的总资本（右侧的运用资本）以及资本投入公司净资产的方式（左侧的投入资本）。下面将考察管理资产负债表的结构及其与**公司流动性**（firm's liquidity）衡量之间的关联。

3.1.1 公司投入资本的三个组成部分

公司资本用于为三项投资融资：①现金和现金等价物；②营运资本需求；③固定资产，例如厂场设备。我们首先简要回顾一下现金和现金等价物以及固定资产，然后详细分析营运资本需求。

1. 现金和现金等价物

公司持有现金和现金等价物资产（也称为流动性资产），至少是出于两方面原因：①作为预防性措施；②为未来使用积累现金余额。一些客户可能未能在约定日期支付账款，在此期间，公司可能发现自己也无法按时支付供应商货款或按时发放员工工资。为了避免陷入现金窘境，大多数公司持有现金余额来作为一种防范措施，也称为**经营性现金**（operating cash）。[2]除支持经营活动所需现金余额外，公司还可能持有一些暂时性现金或**超额现金**（excess cash），以备未来使用之需，例如支付现金股利、股票回购、新业务收购等。此外，公司有时持有现金是由于银行为其提供了服务，从而要求其保持一定的**补偿性存款余额**（compensating balance）。我们使用广义的现金概念，不仅包括库存现金，而且包括其他现金等价物资产。

[1] 在实务中，很多公司和财务分析师把运用资本定义用于公司核心业务活动融资的资本。因为很多公司（尤其是大公司）持有的现金远高于经营与其基本业务活动相关的现金业务所需的现金，从而运用资本被定义为权益资本与债务（包括长短期负债）之和减去公司所持现金，一些分析师和公司甚至把养老金负债等无息债务从运用资本中扣除，因为使用它们为公司业务活动融资时没有发生相关会计成本。

[2] 公司应该持有多少现金用作预防性措施，鲜见对此的详细说明。Koller，Goedhart 和 Wessels(2005) 指出，用作预防性措施的现金应该保持在年度销售额的 0.5% ~2%。如果数据可得，公司每日现金余额变动可用来估计支持公司经常性活动所需最低现金余额（可参见第 10 章，Damodaran(2006)）。

为了取得更多现金，一些公司（尤其大公司）可以与银行协商**信贷额度**（credit line），即银行根据公司要求为其提供特定金额的有偿短期贷款。信贷协议的相关信息通常可以在公司资产负债表的附注中找到。

如表 3-1 的注释①所示，在 OS 公司的资产负债表中，公司没有持有有价证券（可以迅速卖掉且不会发生显著价值损失的证券）。2008 年年末公司持有现金 600 万美元，2009 年年末持有现金 1 200 万美元，2010 年年末持有现金 800 万美元。2008～2010 年公司现金状况的变动将在下一章中说明。

2. 固定资产

固定资产投资包括厂场设备等项目。固定资产的账面价值在资产负债表中记作固定资产净值，等于买价减累计折旧。如表 3-1 所示，OS 公司 2008 年固定资产账面价值为 5 600 万美元，2009 年为 5 100 万美元，2010 年为 5 300 万美元。长期资产的购买和处置决策是公司战略活动的组成部分，我们将在第 6～8 章中具体分析。在本章和接下来的两章，我们聚焦公司的经营活动。

3. 营运资本需求或经营性营运资本

固定资产本身不能产生收入和利润，运用这些资产创造收入和利润的管理活动称为公司的**经营活动**（operating activity）。这些活动需要存货和应收账款形式的投资，图 3-1 描述的是制造业公司的**经营周期**（operating cycle）。

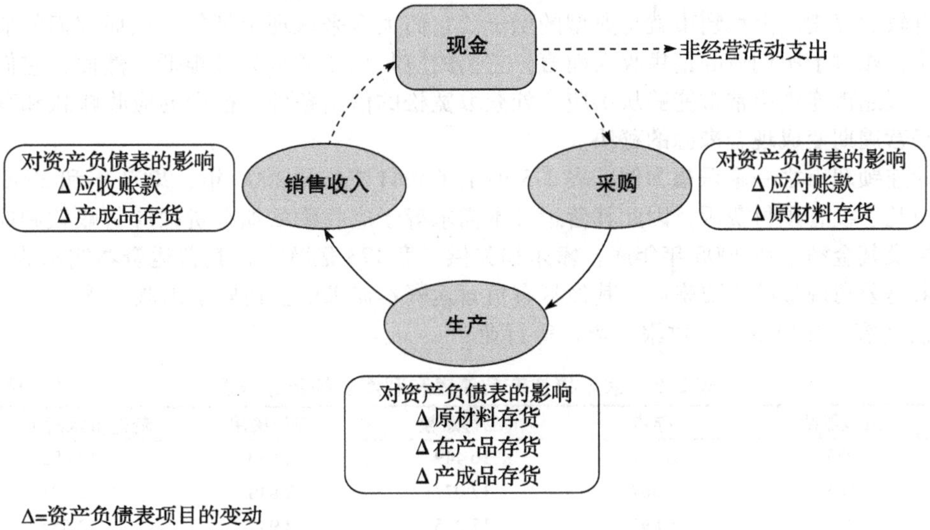

图 3-1 公司经营周期及其对公司资产负债表的影响

经营周期从右侧的采购（获取原材料的行为）开始，接下来是生产（原材料转化为产成品的过程），随后是商品销售，从客户手中收回现金时结束。只要公司的生产活动继续，经营周期就会循环往复。

经营周期的每一个阶段都会影响公司资产负债表。如图 3-1 所示，资产负债表在经营周期的每一个阶段都会发生变动。例如，当公司购买原材料（采购）时，存货和应付账款增加相等的金额，前者反映原材料的购买，后者确认对公司供应商的债务。

图 3-2 列示了另一种描述经营周期的方法。在这里，公司向供应商付款发生在向顾客收款之前，因为它持有存货（原材料、半成品和制成品）和应收账款的时间长于它的付款期。公司将供应商的付款日与收款日之间的这段时间称为**现金周期**（cash conversion period 或 cash-to-cash period）。

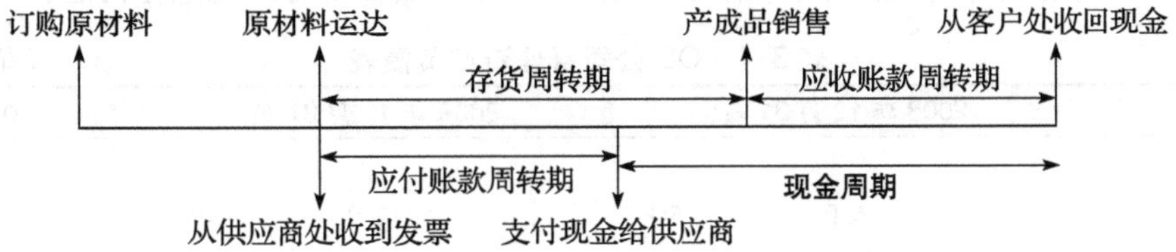

图 3-2 公司经营周期和现金周期

什么是公司支持经营活动所必须做的“净投资”（资产负债表日）？就是公司存货与应收账款之和减去应付

账款。如果公司的经营性资产中包含预付费用，经营性负债中包含应计费用，那么公司在其经营周期中的净投资（资产负债表日）可以用经营性资产与经营性负债之间的差额计量。

这个差额称为公司的营运资本需求（WCR）或**经营性营运资本**（operating working capital）

$$营运资本需求 = (经营性资产) - (经营性负债)$$
$$= (应收账款 + 存货 + 预付费用) - (应付账款 + 应计费用) \quad (3\text{-}3)$$

营运资本需求不包括公司持有的现金，有两方面原因。首先，公司持有现金不仅是为了支持经营活动，而且是为了满足与经营活动无关的未来现金支出，例如支付股利和购买资产。其次，经营性现金是出于预防原因持有的独立投资，旨在用于满足营运资本需求各组成部分发生不可预见的短期变动而产生的支付义务。同样，营运资本需求也不包括短期负债。短期负债用于为公司投资融资，包括为营运资本需求融资。短期负债可能有助于为公司经营周期融资，但不是公司经营周期的组成部分。

对于大多数公司而言，经营性资产大于经营性负债，则营运资本需求是正数，这意味着公司必须为其取得融资。如果相反的情况发生，则营运资本需求是负数，公司经营周期就成为现金的来源而非资金的使用。营运资本需求为负的公司大多属于零售业或服务业。这些公司在向供应商付款之前就可以从客户处收取现金，相对销售收入而言，它们持有较少存货。大型超市就是典型的例子。它们大多采取现金销售，从而它们的应收账款很少，而且由于存货周转快，相对于所创造的销售收入而言，它们的应收账款通常数额很低。然而，它们对供应商的欠款数额巨大，因为大型超市连锁店常常能够从供应商处获取宽松的信用条件。很少的应收账款和存货以及很多的应付账款是把公司经营周期变成现金来源的秘诀。

以世界最大的连锁超市之一家乐福为例，表3-3列示了来自该公司2006年、2007年和2008年资产负债表的一些数据。该公司几乎没有预付费用，因此其营运资本需求等于应收账款加存货减应付账款和应计费用。注意营运资本需求的负号及其金额。在2008年年底，家乐福欠供货商173亿欧元，其营运资本需求为-126亿欧元，这个负营运资本需求是公司现金的主要来源。其他具有负营运资本需求的公司属于出版（客户在收到杂志前支付订购费）和航空运输（客户在出发前支付旅行费）等行业。

表3-3 家乐福资产负债表和利润表的部分数据 （单位：100万欧元）

年份	应收账款	存货	应付账款	应计费用	营运资本需求①	现金
2006	955	6 051	16 449	2 639	-12 082	3 697
2007	863	6 867	17 077	2 848	-12 195	4 164
2008	779	6 891	17 276	2 947	-12 553	5 317

①营运资本需求 = 应收账款 + 存货 - 应付账款 - 应计费用

资料来源：Company's Annual Reports.

根据表3-1中资产负债表提供的信息，我们可以使用式（3-3）计算出OS公司在2008年、2009年和2010年年末的营运资本需求

$$营运资本需求(2008年12月31日) = 4\,400 + 5\,200 + 200 - 3\,700 - 200 = 5\,900(万美元)$$
$$营运资本需求(2009年12月31日) = 4\,800 + 5\,700 + 200 - 4\,000 - 400 = 6\,300(万美元)$$
$$营运资本需求(2010年12月31日) = 5\,600 + 7\,200 + 100 - 4\,800 - 400 = 7\,700(万美元)$$

这些正是表3-4中OS公司管理资产负债表所报告的数据。OS公司的营运资本需求从2008年的5 900万美元上升到2010年的7 700万美元。如何解释这种增长？我们将在本章后面部分研究这个问题。

表3-4 OS公司管理资产负债表 （单位：100万美元）

	2008年12月31日		2009年12月31日		2010年12月31日	
投入资本						
现金	6.0	5%	12.0	10%	8.0	6%
营运资本需求①	59.0	49%	63.0	50%	77.0	56%
固定资产净值	56.0	46%	51.0	40%	53.0	38%
投入资本合计	**121.0**	**100%**	**126.0**	**100%**	**138.0**	**100%**

（续）

	2008 年 12 月 31 日			2009 年 12 月 31 日			2010 年 12 月 31 日		
运用资本									
短期负债		15.0	12%		22.0	17%		23.0	17%
长期融资									
长期负债	42.0			34.0			38.0		
所有者权益	64.0	106.0	88%	70.0	104.0	83%	77.0	115.0	83%
运用资本合计		**121.0**	**100%**		**126.0**	**100%**		**138.0**	**100%**

注：所有数据来自表 3-1 的资产负债表。

①营运资本需求 =（应收账款 + 存货 + 预付费用）-（应付账款 + 应计费用）。

3.1.2 公司运用资本的两个组成部分

公司应该怎样为其投入资本融资呢？公司可以使用两种主要资本来源：①所有者提供的**权益资本**（equity capital）；②债务持有者提供的债务资本。债务可以是短期的（将于一年内到期偿还），也可以是长期的（将于一年后到期偿还）。[㊀]因此，公司全部运用资本既可分为权益资本和负债资本，也可分为**长期融资**（long-term financing，权益加长期负债）和**短期融资**（short-term financing）。前一种根据公司运用资本的性质分类，后一种则根据公司运用资本的期限分类。

给定这些不同的资本来源，在决定应该采取哪种策略为公司融资时，公司经理必须回答两个问题：

（1）权益资本和负债资本的最佳组合是什么？

（2）借入资本中长期负债与短期负债的占比应该是怎样的？

对第一个问题的回答影响公司的盈利能力和财务风险，将在第 5 章和第 11 章中详细考察；对第二个问题的回答主要影响公司的流动性，[㊁]将在本章后面部分考察。

3.1.3 管理资产负债表的结构

图 3-2 对标准资产负债表和管理资产负债表的结构做了比较。这两种报表在经营性资产和经营性负债的处理方式上有所不同。在标准资产负债表中，经营性负债是公司总负债的一部分；在管理资产负债表中，经营性负债是经营性资产的减项，以确定支持公司经营所需的净投资，即公司营运资本需求。营运资本需求加上现金和固定资产净值得到公司的投入资本。在移除经营性负债后，资产负债表负债方剩下的部分就是为公司投资筹措资金所需的资金来源：短期负债、长期负债和所有者权益。这些资金来源的合计数为全部运用资本。

现在考察一下表 3-4 的 OS 公司管理资产负债表。2010 年年末，公司的投入资本为 1.38 亿美元，资金来源于 2 300 万美元的短期负债和 1.15 亿美元的长期融资（包括 3 800 万美元的长期负债和 7 700 万美元的所有者权益）。管理资产负债表显示，公司所持现金比例在投入资本总额的 5% ~10% 波动，营运资本需求比例在投入资本总额的 49% ~56% 波动，而固定资产净值比例在投入资本总额的 38% ~46% 波动。营运资本需求比例相对较高不足为奇，因为 OS 公司是一家批发分销公司。与典型的制造业公司相比，批发分销公司在其经营周期中投入更高资本。再看运用资本的结构，我们发现 OS 公司投资的 83% ~88% 来自长期资本，12% ~17% 来自短期负债。

3.2 匹配策略

在决定公司多少投资应该用长期资金筹集，多少投资应该用短期负债筹集时，大多数公司都尝试应用**匹配策略**（matching strategy）。根据该策略，长期投资应该由长期资金支持，短期投资应该由短期资金支持。通过将资产的寿命期与其融资来源的期限相匹配，公司可以将无法在资产整个寿命期内为其取得融资的风险降到最低。

㊀ 这样分类具有一定主观性，但是标准会计模型中使用的方法。在实务中，有一个中期债务“灰色地带”，偿还期在 1 年以上 3 年以下。

㊁ 这里需要区分流动性和偿债能力。流动性是指公司满足短期现金偿付义务的能力，而偿债能力是指公司的长期偿付能力。就偿债能力而言，这个问题涉及公司能否筹集到维持长期增长所需资金，偿还长期负债，并向股东分配稳定的股利。偿债能力问题将在第 5 章中与盈利能力分析一起讨论。

以一台寿命期为五年的设备为例：如果为购买设备融资时，既可使用五年期贷款（匹配融资策略），也可使用一年期可展期贷款（不匹配融资策略），两者利率相等，那么哪一种策略的风险更大呢？

不匹配策略的风险更大，原因有两个：首先，在未来的四年中，利率会变动，进而设备的融资成本会变动；其次，贷款人可能不愿意展期一年期贷款，从而迫使公司在一年后偿还贷款。在这种情况下，可能需要变卖设备或提前终止投资。这两类风险分别称为**财务成本风险**（financial cost risk）和**再融资风险**（refinancing risk）。很明显，在匹配策略下，这两种风险会更低。

然而，将公司的融资来源期限结构与资产的期限相匹配并非在任何时间对任何公司来说都是最优融资策略。有时，如果预期短期利率会下降，一些公司可能愿意承担一些财务成本风险和再融资风险。[㊀]另一方面，风险规避公司可能会选择持有多于匹配策略所需的长期资金。附录3A对销售额持续增长公司以及季节性销售公司的匹配策略和不匹配策略进行了解释说明。

我们可以利用表3-4中的管理资产负债表，分析OS公司在2008～2010年是否一直在使用匹配策略。我们考察每一项投资及其融资来源。现金是一项短期资产，在每年年末都完全使用短期负债融资，从而是匹配的。同样，固定资产净值是一项长期资产，完全使用长期融资作为资金来源，因此也是匹配的。这两种情形都应用了匹配策略，那么营运资本需求是否也应用了匹配策略呢？

在回答这个问题之前，我们需要知道营运资本需求是短期投资还是长期投资。乍看上去，营运资本需求似乎是短期投资，因为它由将于一年内变现的流动资产和将于一年内减少公司现金持有量的流动负债组成。但是，答案并非如此简单。尽管这些资产和负债被归类为流动的或短期的，但随着经营周期的周而复始，它们将被新的流动资产和新的流动负债取代。因此，只要公司持续经营，营运资本需求就会持续反映在公司的（管理）资产负债表中，所以从本质看，它更具永久性而非短暂性特征。换言之，营运资本需求从本质上看是长期投资，根据匹配策略，应由长期资本来支持。表3-4表明，OS公司的一小部分营运资本需求是用短期资金支持的，这意味着公司没有严格遵守匹配策略。[㊁]我们可以进一步考察这一点。

一些公司不需要完全使用长期资本为营运资本需求融资就可以遵守匹配策略。例如，一家公司的销售收入是持续增长的，但同时呈季节性波动，如果公司在较长时期内保持固定的营运资本需求对销售收入的比例，那么营运资本需求也会表现出季节性增长的特征，图3-3表明了营运资本需求等于销售收入25%的情况。在这种情况下，营运资本中有长期增长部分（称为永久性营运资本需求）和短期季节性变动部分（称为季节性营运资本需求）。根据匹配策略，营运资本需求中的长期增长部分应该由长期资本支持，季节性变动部分应该由短期资本支持。应用这种融资策略能够同时降低财务成本风险和再融资风险。

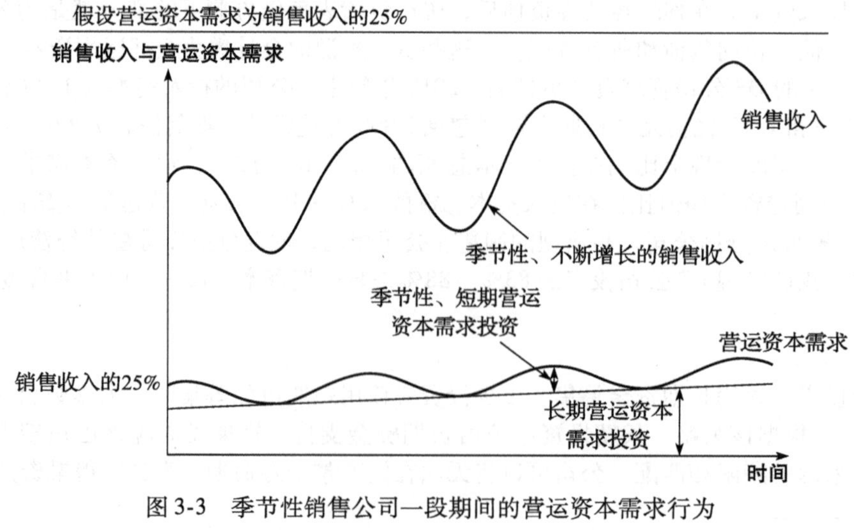

图3-3 季节性销售公司一段期间的营运资本需求行为

㊀ 如果预期短期利率会下降，那么在资产寿命期内可展期的短期贷款将比与资产寿命期匹配的长期贷款成本更低。

㊁ 公司2008年、2009年和2010年的短期负债都多于现金，差额用于支持部分营运资本投资。

3.3 根据营运资本需求的融资结构衡量流动性

对于采用匹配策略的大多数公司而言，匹配策略是一个目标而非现实情况。管理的目标是在较长时期内使长期资金与公司长期投资（固定资产净值和永久性营运资本需求）相匹配，短期资金与公司短期投资（现金、有价证券和季节性营运资本需求）相匹配。这个目标在实务中可能不容易实现，公司有时可能发现自身没有处于匹配状态，永久性营运资本需求的很大部分是使用短期负债筹得的，这种情形可能引发流动性问题。本节给出一个流动性的衡量指标，经理可以使用它监控公司的流动性状况。该指标是以营运资本需求的融资结构为基础计算的，更确切地说，是以使用长期融资筹得的营运资本需求部分为基础计算的。

多少长期融资可用于公司营运资本需求呢？由于固定资产净值由长期融资支持，所以长期融资超过固定资产净值的部分可以用于营运资本需求。这种超出部分的长期资金被称为**长期融资净值**（net long-term financing，NLF）

$$长期融资净值 = 长期融资 - 固定资产净值 \tag{3-4}$$

长期融资净值是指公司长期融资中可用于支持公司另外两种基本投资——营运资本需求和现金的部分。图 3-4 显示，OS 公司 2010 年年末的长期融资净值为 6 200 万美元，等于 1.15 亿美元长期融资（=3 800 万美元长期负债 + 7 700 万美元权益）减去 5 300 万美元固定资产净值。

所有数据来自表3-1资产负债表　　　　（单位：100万美元）

	2008年12月31日	2009年12月31日	2010年12月31日
经营周期净投资或营运资本需求			
营运资本需求=（应收账款+存货+预付费用）-（应付账款+应计费用）			
	(44 + 52 + 2) - (37 + 2) = 59	(48 + 57 + 2) - (40 + 4) = 63	(56 + 72 + 1) - (48 + 4) = 77
经营周期的融资			
长期融资净值（NLF）= 长期债务+所有者权益-固定资产净值			
	42 + 64 - 56 = 50	34 + 70 - 51 = 53	38 + 77 - 53 = 62
短期融资净值（NSF）= 短期债务-现金			
	15 - 6 = 9	22 - 12 = 10	23 - 8 = 15
长期融资净值/营运资本需求 用长期资金支持的营运资本需求比例			
	50 / 59 = 84.7%	53 / 63 = 84.1%	62 / 77 = 80.5%
短期融资净值/营运资本需求 用短期资金支持的营运资本需求比例			
	9 / 59 = 15.3%	10 / 63 = 15.9%	15 / 77 = 19.5%
营运资本需求及其融资			

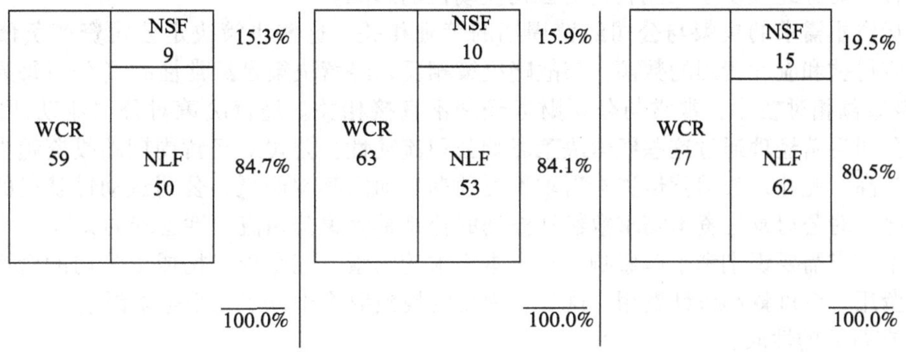

图 3-4　OS 公司对经营周期的净投资和公司融资

多少短期融资用于公司营运资本需求了呢？就是没有用于支持公司现金的短期负债金额。短期负债超过现金的部分被称为**短期融资净值**（net short-term financing，NSF）

$$短期融资净值 = 短期融资 - 现金 \tag{3-5}$$

如图3-4底部所示，OS公司2010年年末的营运资本需求7 700万美元中，6 200万美元来自长期融资（6 200万美元长期融资净值）的支持，1 500万美元来自短期融资（1 500万美元短期融资净值）的支持。因此，2010年公司营运资本需求的80.5%由长期融资支持，19.5%由短期负债支持。我们把长期融资净值与营运资本需求之比称为公司**流动性比率**（liquidity ratio），并使用它衡量公司的流动性状况

$$流动性比率 = \frac{长期融资 - 固定资产净值}{营运资本需求} = \frac{长期融资净值}{营运资本需求} \tag{3-6}$$

OS公司的流动性比率从2008年的84.7%下降到2010年的80.5%，这说明公司流动性状况变得稍差。一般而言，在其他条件相同的情况下，营运资本需求中来自长期资金支持的部分越大，公司的流动性越强。这是因为营运资本本质上是一种长期投资，使用更高比例的短期资金支持会导致投资和融资期限的不匹配，进而产生流动性问题。换言之，流动性比率越高，公司流动性越好。

如果我们从营运资本需求出发推导长期融资净值，可以得到短期资金支持的营运资本需求部分，即公司的短期融资净值

$$营运资本需求 - 长期融资净值 = 短期融资净值$$

这个公式清楚地表明，公司的短期融资净值由资产负债表中营运资本和长期融资净值的相应金额决定。如果用于支持营运资本需求的长期资金（长期融资净值）增加，公司的流动性比率就会提高，见式（3-6），与此同时，用于支持营运资本需求的短期资金（短期融资净值）就会减少。换言之，当公司提高流动性比率时，它也在减少其短期融资净值。

3.4 通过改善经营周期管理提高流动性

哪些是公司流动性的驱动因素？式（3-6）中的流动性比率可以给出答案：公司的流动性状况由影响长期融资净值（流动性比率的分子）和营运资本需求（流动性比率的分母）的决策决定。如果流动性比率提高，公司的流动性状况就会改善。根据式（3-6），以下几种情况会带来流动性状况的改善：

（1）长期融资增加；

（2）固定资产净值减少；

（3）营运资本需求减少。

与长期融资和固定资产净值管理相关的决策在本质上属于战略决策。如果公司：①发行长期债券；②增加新权益资本（发行新股）；③通过减少股利增加留存收益，则长期融资将增加。如果公司卖掉地产和其他固定资产，则固定资产净值会减少。一般情况下，这些决策都是非经常性的，而且涉及巨额现金，事先需做周密准备，以便积极参与决策过程的财务经理易于预测它们对公司流动性的影响。

影响公司营运资本需求的决策与公司经营周期的管理相关。这些决策决定公司资产负债表中应收账款、存货、预付账款、应付款和应计费用的数额。与战略决策相反，经营决策是经常性的（公司每天收到客户付款很多次），且涉及现金数额相对较小，常常与公司财务经理不直接相关。经营决策对公司流动性的影响是连续性的，很难总体预测。公司运营经理通过这些经营决策影响公司流动性。公司对经营周期的投资越少，营运资本需求就越少，流动性就越高。此外，公司营运资本需求不可预期变动的频率越低，公司流动性状况的波动就越小，就越容易管理。很明显，对公司营运资本需求数额和波动的控制是完善公司流动性管理的关键。

控制营运资本需求需要识别和了解影响营运资本需求的因素。五个项目构成了公司的营运资本需求：应收账款、存货、预付费用、应付款和应计费用。这五个项目的规模取决于以下三个基本因素：

（1）公司所在行业的性质；

（2）公司管理经营周期的效率；

（3）销售收入增长水平。

3.4.1 公司所在行业对营运资本需求的影响

公司经营活动的性质、使用的技术及其所在行业影响公司支持既定销售收入水平所需营运资本需求的数额。例如，为支持相同的销售收入水平，飞机制造商所需营运资本要多于百货商店。百货商店的经营系统使其能够以远低于具有相同销售收入水平的飞机制造商的应收账款和存货从事运营。正如前面所提到的，一些公司，例如大型超市连锁店，其营运资本需求甚至可能是负值。在这种情况下，公司经营周期是现金的来源，而不是资本的使用。

行业对营运资本需求的影响可以通过计算该行业中样本公司的营运资本需求与销售收入比率计算。表3-5列出了美国一些行业中样本公司的营运资本需求与销售收入比率。该比率较高行业中的公司，为创造一定量的销售收入，需要对其经营周期进行更多投资，这意味着这些行业中公司的经营周期更长。例如，2008年，平均而言，一家典型的设备制造公司需要投资于经营周期的资本数额是其销售收入的19%，而食品杂货店总体上没有对经营周期的净投资，因为2008年该行业的平均营运资本需求与销售收入比率为零。这种差异反映了一个事实，即一家典型的设备制造公司的经营周期要远远长于一家典型的食品杂货店的经营周期。值得注意的是，很少有行业的平均营运资本需求会超过25%，各行业的平均营运资本需求与销售收入比率为11%。

表3-5 2008年美国部分行业中样本公司营运资本需求与销售收入比率①

营运资本需求与销售收入的比率			(单位:%)
行业		行业	
宇航	22	饮料	10
纺织	21	肥皂和香水	10
皮革制造	20	化工	9
服装	19	造纸	9
钢铁	19	计算机	9
机械设备	19	非耐用品批发	8
电子元件	15	木材建筑	8
汽车	15	天然气运输	8
塑料及橡胶制品制造	13	石油和天然气	7
耐用品批发	13	出版（除互联网）	6
服饰店	11	供电	5
食品	11	零售	0
百货	10	航运	-3
印刷	10	食品杂货	-6
所有行业平均：11%			

①资料来源：Calculated by the authors using *Compustat data.*

表3-6显示，OS公司的营运资本需求与销售收入比率从2008年的15%上升到2010年的16%，表明OS公司这段时间的经营周期管理稍有恶化。另外，值得注意的是，OS公司的营运资本与销售收入比率高于表3-5报告的其所在行业（耐用品批发）的平均值13%，这说明该公司的营运资本的运营效率低于美国耐用品批发行业的平均水平。

表3-6 OS公司的经营周期管理

所有数据来自表3-1资产负债表和表2-2利润表　　　　(单位：100万美元)

比率	目标	2008年12月31日	2009年12月31日	2010年12月31日
营运资本需求①/销售收入	评价经营周期管理整体效率	$\frac{59}{390}$ = **15%**	$\frac{63}{420}$ = **15%**	$\frac{77}{480}$ = **16%**
销售成本/存货	评价存货管理效率	$\frac{328}{52}$ = **6.3次**	$\frac{353}{57}$ = **6.2次**	$\frac{400}{72}$ = **5.6次**
应收账款/日均销售收入②	评价应收账款管理效率	$\frac{44}{390/365}$ = **41天**	$\frac{48}{420/365}$ = **42天**	$\frac{56}{480/365}$ = **43天**
应付账款/日均购货额②③	评价应付账款管理效率	$\frac{37}{332/365}$ = **41天**	$\frac{40}{358/365}$ = **41天**	$\frac{48}{415/365}$ = **42天**

①营运资本需求数据取自表3-4。
②我们假设一年有365天。
③购货额等于销售成本加存货变动，见式（3-11）。2007年存货为48，因此2008年购货额=328+(52-48)=332；2009年购货额=353+(57-52)=358；2010年购货额=400+(72-57)=415。

3.4.2 管理效率对营运资本需求的影响

同一个行业中的公司不一定拥有相同的营运资本需求与销售收入比率。即使面临同样的约束条件，一些公司的营运资本管理也可能比其他公司做得更好。例如，如果公司不能控制存货和应收账款以及部门均值，那么它的营运资本需求与销售收入比率就会高于行业平均水平。

可以使用一些比率来估计公司对营运资本需求各组成部分的管理效率。这些比率的优点在于使用简便，需要的数据可以直接从资产负债表和利润表中得到。下面我们将对这些比率加以讨论，它们可为经理和分析师提供有关公司不同时期管理效率变动以及同行业不同公司间差异的良好信号。

1. 存货周转率

公司的**存货周转率**（inventory turnover 或 inventory turn）通常被定义为销售成本与期末存货的比率

$$存货周转率=\frac{销售成本}{期末存货} \tag{3-7}$$

对于一家分销公司而言，如果存货周转率等于6，意味着存货中的项目平均每年周转6次，或者说存货中的项目平均而言在公司仓库中存放两个月。存货周转率越高，公司对存货的投资就越少，公司管理存货的效率就越高。

计算存货周转率时，如果无法获得销售成本，常常使用销售收入作为替代，有时也使用当期平均存货代替期末存货。严格地说，式（3-7）给出的存货周转率定义只适用于产成品，如果要计算原材料存货的周转率，就要把式（3-7）中的销售成本换成购货额。

表3-6列示的比率表明，OS公司的存货周转率稍有恶化，从2008年年末的6.3次下降到2010年末的5.6次。

2. 平均收账期

平均收账期（average collection period）也称为**应收账款平均账龄**（average age of account receivable）或**应收账款周转天数**（day of sale outstanding，DSO），用天数表示，被定义为期末应收账款除以该期日均销售收入

$$平均收账期=\frac{应收账款_{期末}}{日均销售收入} \tag{3-8}$$

平均收款期是资产负债表日尚未收回的销售收入所涉及的期间，它是从公司发货或提供劳务到客户付款，公司必须等待的平均天数的估计值。账单回收越快，公司应收账款越少，公司管理应收账款的效率就越高，营运资本需求就越少。

该比率只是平均值，并不代表从销售到收回货款公司必须等待的实际天数。并非所有客户都会在相同的时间结算货款。有些客户付款比平均收款期时间早，有些客户付款比平均收账期时间晚。如果一些客户经常拖延付款，公司应该对他们单独监控。

表3-6的报告表明，OS公司的平均收账期稍有延长，从2008年年末的41天延长到2010年年末的43天。

3. 平均付款期

平均付款期（average payment period）与购货对应，正如平均收款期与销售对应一样。平均付款期被定义为期末应付账款与当期日均购货额的比率

$$平均付款期=\frac{应付账款_{期末}}{日均购货额} \tag{3-9}$$

平均付款期是资产负债表日尚未支付的购货额所涉及的期间。平均付款期越长，公司应付账款就越多，营运资本需求就越少。

计算日均购货额需要知道在截至资产负债表日的会计期间的总购货额。总购货额尽管不在公司财务报表中直接列示，但是可以间接通过资产负债表和利润表提供的数据获得。

首先，我们考察一家制造业公司。本期所生产商品的成本额等于购货额加生产成本，用这个合计数加上期初存货（原材料、在产品和产成品），当公司出售产成品时，存货的减少额为销售成本，这些交易的净影响是期末存货

$$期初存货+购货额+生产成本-销售成本=期末存货$$

把上述公式变形，就得到公司本期购货的计算公式，可以表示为销售成本、生产成本和存货变动的函数

$$购货额 = 销售成本 + 存货变动 - 生产成本 \tag{3-10}$$

其中，存货变动等于本期期末存货减去期初存货。

对于 OS 公司等没有生产成本的贸易公司而言，式（3-10）可以简化为

$$购货额 = 销售成本 + 存货变动 \tag{3-11}$$

式（3-11）可以直接得到，因为对于批发商而言，如果本期购货额大于本期销售额，两者的差额即为存货的增加额；如果本期销货额大于本期购货额，则两者的差额即为存货的减少额。

表 3-6 中报告的 OS 公司购货额是根据式（3-11）计算出来的。用这些购货额除以 365 可以得到每年的日均购货额。我们注意到，OS 公司的平均付款期稍有延长，从 41 天延长到了 42 天。

3.4.3 销售增长对营运资本需求的影响

假设预计某公司明年的销售收入将增长 10%，如果公司管理经营周期的效率没有变化（存货周转率、平均收账期和平均付款期不变），公司的营运资本需求会受到怎样的影响呢？即使效率不变，更高的销售收入也会要求公司对经营周期进行额外投资，因为公司将需要更多的存货、更多的应收账款和更多的应付账款来支持增加的销售收入。因此，公司的营运资本需求将增加。作为初步估计，可以预计营运资本需求与销售收入的增长幅度相同，也是 10%。

仍以 OS 公司为例。2010 年年末，OS 公司的营运资本需求是 7 700 万美元。如果预计 2011 年销售收入将增长 10%，而营运资本需求对销售收入的比率仍与 2010 年的相同，那么我们可以预计 2011 年 OS 公司的营运资本需求也将增长 10%，即 770 万美元。因此，OS 公司将需要 770 万美元现金来为营运资本需求的预计增长融资。如果 OS 公司没有或无法筹到 770 万美元资金，公司就会面临流动性问题。如果管理层能够提高公司经营周期的效率（通过更高存货周转率和更短应收账款收账期的综合运用），那么 OS 公司 2011 年需要的现金将少于 770 万美元。

正如这个例子所表明的，未计划或未预期的销售收入增长可能导致流动性问题。但是，如果管理层对公司经营周期保持严格控制，而且能够预计到公司营运资本需求未来变动将产生的融资需求，这些问题就可以得到缓解。经理把公司营运资本需求效率提高到什么程度，才能把积压在公司经营周期中的现金释放出来呢？越来越多的制造业公司已为自身设定了“零营运资本需求”运营的宏伟目标。

通货膨胀也会给公司营运资本需求带来压力。当价格水平上升时，即使销售量保持不变，公司销售收入的名义价值也会上升。销售收入的增加要求更高水平的应收账款，所以，除非管理层变得更高效，否则公司对经营周期的投资将会增加。

3.5 流动性的传统衡量指标

本节将回顾公司流动性的一些传统衡量指标，并分析为什么它们常常不是公司流动性的可靠指示器。

3.5.1 净营运资本需求

公司**净营运资本**（net working capital，NWC）的传统定义是公司流动资产与流动负债的差额。这个定义的原理在于，公司净营运资本越高，它在违约时就越有可能通过变卖流动资产来偿还流动负债。然而，我们要预计公司在持续经营情况下的现金偿债能力，而不是在违约情况下的偿债能力。因此，净营运资本的定义有局限性。

我们认为，有一种解释净营运资本的更好方法。我们可以把资产负债表等式写作

$$流动资产 + 固定资产净值 = 流动负债 + 长期融资$$

移项可得

$$流动资产 - 流动负债 = 长期融资 - 固定资产净值$$

使用净营运资本的定义，可以表示为

$$净营运资本 = 长期融资 - 固定资产净值 \tag{3-12}$$

比较式（3-12）与式（3-4），后者衡量可用作营运资本需求融资来源的长期融资净值。式（3-12）中的净营运资本与式（3-4）中的长期融资净值相同。换言之，可以用与解释长期融资净值相同的方法解释净营运资本。把净营运资本定义为长期融资与固定资产净值的差额具有更清楚的经济意义。它表明净营运资本是指在公司为长期固定资产战略投资筹足融资后，仍可用作公司经营周期资金来源的那部分长期融资数额。对净营运资本的这种定义比传统定义更有用，传统定义没有特别的管理意义。此外，使用净营运资本的传统定义可能得出一个结论，即净营运资本是由公司短期经营决策决定的，而我们知道事实并非如此。

表 3-7 分别使用上面提出的两种定义，报告了 OS 公司 2008 年年末、2009 年年末和 2010 年年末的净营运资本。净营运资本从 2008 年年末的 5 000 万美元上升到 2010 年年末的 6 200 万美元，这意味着，与 2008 年相比，2010 年 OS 公司有额外的 1 200 万美元长期融资可用于形成公司经营周期的资金来源。

表 3-7 OS 公司的净营运资本、流动比率和速动比率

所有数据来自表 3-1 的资产负债表 （单位：100 万美元）

	2008 年 12 月 31 日	2009 年 12 月 31 日	2010 年 12 月 31 日
净营运资本 =（流动资产 - 流动负债）①	104 - 54 = 50	119 - 66 = 53	137 - 75 = 62
净营运资本 =（长期融资② - 固定资产净值）③	(42 + 64) - 56 = 50	(34 + 70) - 51 = 53	(38 + 77) - 53 = 62
流动比率 = 流动资产/流动负债	104/54 = 1.93	119/66 = 1.80	137/75 = 1.83
速动比率 =（现金 + 应收账款）/流动负债	(6 + 44)/54 = 0.93	(12 + 48)/66 = 0.91	(8 + 56)/75 = 0.85

①这是净营运资本的传统定义。
②长期融资 = 长期负债 + 所有者权益
③根据这个定义，净营运资本等于净长期融资，见式（3-4）。

3.5.2 流动比率

流动比率（current ratio）等于公司流动资产与流动负债之比

$$流动比率 = \frac{流动资产}{流动负债} \tag{3-13}$$

通常认为，流动比率越高，公司流动性就越强，该比率至少应大于 1，接近 2 更理想。与净营运资本的传统定义相似，其背后的原理在于流动比率越高，公司就越容易用出售短期资产筹集的现金偿付流动负债。为使其成为可能，公司的流动资产应该至少等于流动负债。换言之，公司的流动比率应该至少等于 1。

但是，如果流动比率提高，流动性就提高，那么为什么不让客户尽可能延迟付款以增加公司应收账款？为什么不尽可能多地持有存货？为什么不尽早付款给供应商？前两项决策会显著增加公司流动资产，第三项决策会显著减少公司流动负债。这样，流动比率就会非常高。但是，公司的流动性提高了吗？当然没有。流动比率显然不是衡量公司流动性的可靠指标。

表 3-7 给出了 OS 公司 2008 年、2009 年和 2010 年年末的流动比率数值，从 2008 年较高的 1.93 下降到 2009 年较低的 1.8。

3.5.3 速动比率

有时，分析师会对流动比率加以修正，从公司流动资产中减去流动性较差的存货和预付费用，剩下的部分是流动性最强的两项资产——现金与应收账款之和，也称为**速动资产**（quick asset）。修正后的比率也称为**酸性实验比率**（acid test）或**速动比率**（quick ratio）

$$速动比率 = \frac{现金 + 应收账款}{流动负债} \tag{3-14}$$

速动比率是对流动比率的改进，但它对流动性的分析仍然强调清算视角而非基于持续经营视角。此外，公司存货的流动性并非总是比应收账款的流动性差。

表3-7报告了OS公司的速动比率数值，从2008年较高的0.93下降到2010年较低的0.85。债权人通常希望制造企业的速动比率接近1。

3.6 小结

公司的流动性是由资产负债表的结构决定的，也就是说，是由资产的性质、结构及其筹集方式决定的。

如果把标准资产负债表重构为管理资产负债表，会更易于分析流动性。管理资产负债表把公司投入资本分为三个组成部分：①现金和现金等价物；②营运资本需求；③固定资产净值。它把为投入资本筹措资金所需资金来源也分为三部分：①短期负债；②长期负债；③权益资本。营运资本需求可以衡量公司对其经营周期的投资，等于经营性资产（应收账款、存货和预付费用）与经营性负债（应付账款和预提费用）之差。

公司的流动性是指公司偿还经常性现金债务的能力，应该用长期融资净值与营运资本需求的比率来衡量。其中，长期融资净值等于权益资本与长期负债之和减去固定资产净值。这个比率越高，用长期资金支持的营运资本比例就越高，公司的流动性就越强。

没有用长期资金支持的那部分营运资本显然由短期负债支持，这些超过现金的短期借款称作短期融资净值。为把财务成本风险（未预期的短期利率变动）和再融资风险（未预期的可用短期负债削减）降到最低，大多数公司都应该用短期融资支持季节性短期营运资本需求，用长期资金支持永久性营运资本需求。这种融资方法称为匹配策略。

确保公司流动性的关键是管理好公司的营运资本周期，流动性危机通常是营运资本周期管理欠佳的表现。如果公司的营运资本需求增长失控，资金来源不能保证，流动性问题就会立刻显现出来。一般而言，优良的营运资本周期管理意味着两件事：首先，营运资本的两个重要组成部分——应收账款和存货，必须保持在相对于既定销售额的最低水平，从而可使公司节约为大量应收账款和存货融资所需现金；其次，由于营运资本需求本质上属于长期投资，因此当公司大部分营运资本由长期资金支持时，公司的流动性将会提高。

相对于传统的营运资本净值、流动比率或速动比率指标而言，长期融资净值对营运资本需求的比率能够更好地反映公司流动性状况。流动比率和速动比率能够很好地反映公司用出售流动资产筹集到的现金偿还流动负债的能力，但它们不是衡量公司持续经营基础上偿还现金债务能力的可靠指标。

附录3A 融资策略

由于用于支持公司投入资本的资金期限结构不同，因此公司可能会采取不同的融资策略。本章考察的匹配策略是最常见的一种融资策略，该策略要求资金来源的期限与投资的期限相匹配。然而，一些公司可能根据它们愿意承担的风险水平采用其他融资策略。如果想减小风险，可以选择**稳健策略**（conservative strategy）；如果准备好接受较大的风险，可以选择**积极策略**（aggressive strategy）。本附录以一家销售收入既呈整体增长又随季节波动的公司为例，考察这三种不同的策略。图3A-1、图3A-2、图3A-3对这三种策略进行了说明。

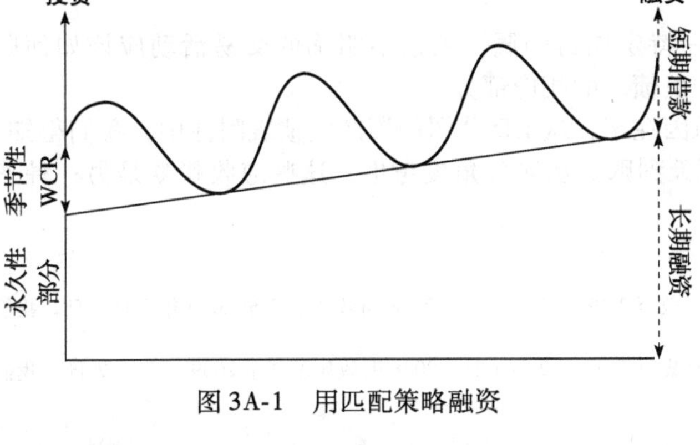

图3A-1 用匹配策略融资

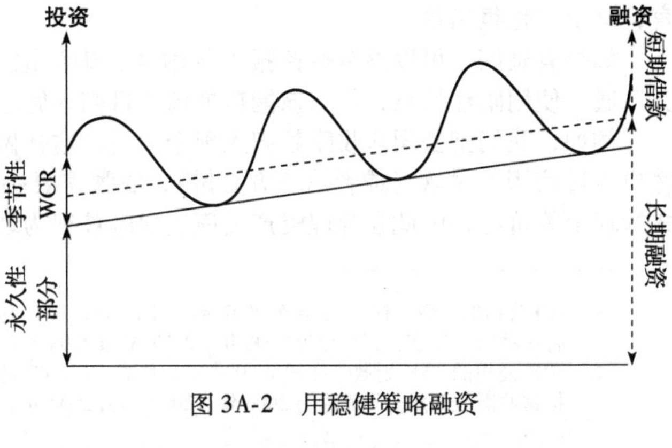

图3A-2 用稳健策略融资

如果一家公司的销售收入随季节波动，那么它的营运资本需求在该季节性周期中也会发生变动。如果销售收入增加，则营运资本需求增加；如果销售收入减少，则营运资本需求减少。如图3-3所示，营运资本需求可以分为永久性营运资本需求部分和短期季节性变动部分。短期营运资本需求通常是公司三项基本投资中唯一一项与季节性周期期间的销售收入变动直接相关联的。现金、固定资产净值与长期营运资本需求之和构成了公司的永久性投资。这些投资不会受到销售收入季节性波动的显著影响。公司投资的季节性波动部分和永久性部分在图3A-1、图3A-2、图3A-3的左侧列示，右侧反映融资政策的两个组成部分：长期融资（权益资本+长期负债）和短期借款。

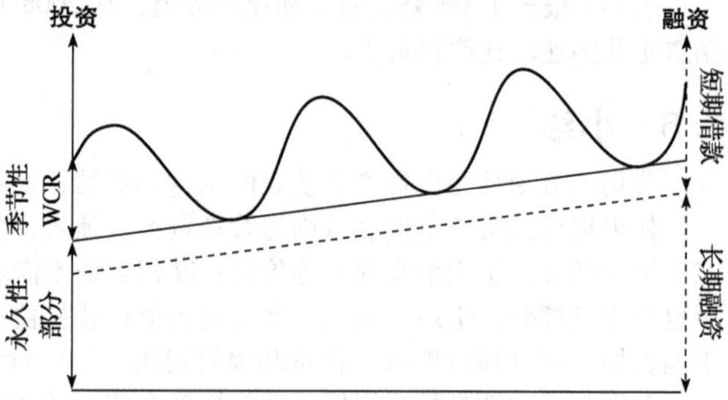

图3A-3 用积极策略融资

图3A-1解释了匹配策略：用长期资金支持永久性投资；用短期资金支持季节性投资。匹配策略的目标是最大限度地降低（但不是完全消除）资产负债表不匹配的风险。

图3A-2反映了采用稳健策略的结果：用长期资金支持全部永久性需求和部分季节性需求。在这种情况下，短期借款仅覆盖公司一部分季节性资金需求。有时，在周期的低谷期附近，公司会有一些富余的现金（负短期融资）。这个“安全边际”可用于满足不可预见的现金需求，而在匹配策略下它必须用短期借款的增加额支持。

图3A-3解释了积极策略，它意味着公司使用短期资金支持一部分永久性长期投资。这种策略比另外两种策略的风险更高，因为公司会承担更高的财务成本风险和再融资风险。财务成本风险源于投资期内债务成本的可能变动，再融资风险是指公司不能获得短期贷款展期来支持一部分永久性长期投资的可能性。

如果公司预期短期利率将下降，而且总体而言会低于投资期内当前的长期利率，那么公司可能会选择承担更多的财务成本风险和再融资风险。在一些情况下，公司可能被迫采用积极策略，如果公司获得长期资金的能力有限，而且严重依赖短期融资，这种情形就会发生。

附录3B HD公司的流动性和经营效率

为了分析HD公司的流动性，我们首先把第2章附录2A给出的公司资产负债表重构为管理资产负债表，该资产负债表涉及2006～2008年。[㊀]我们随后运用本章提到的方法考察该公司的流动性及其经营周期管理情况。为便于比较，我们运用同样的方法对劳氏公司（Lowe's Companies, Inc）进行分析并列示了分析结果。劳氏公司是世界上第二大家装用品零售商，也是HD公司的主要竞争对手。[㊁]

3B.1 HD公司的管理资产负债表

表3B-1列示了摘自HD公司年报的公司2006年年末、2007年年末和2008年年末资产负债表，表3B-2展示了我们如何将标准资产负债表中的项目分别归入管理资产负债表中的“投入资本”和“运用资本”项目。一般而言，这个过程很简单。

如果有疑问，可以参考财务报表的附注，确认记入某一特定项目归属，关系不明确的交易活动应该如何归类。通过使用附注信息，你应该能够把该项目归入管理资产负债表的相应部分。

例如，我们把公司应收账款归入现金项目，这样做的原因在于，从HD公司的资产负债表附注中，我们得知，客户通过信用卡付款（或者第三方支付），账款需要一到两天到账。从实务角度考虑，这些应收账款是另一种形式的现金等价物，因此在管理资产负债表中应被视为现金。

㊀ HD公司的2006财政年度截至2007年1月28日，2007财政年度截至2008年2月3日，2008财政年度截至2009年2月1日。我们将这些财务年度分别简称为2006年、2007年和2008年。

㊁ 劳氏公司的2006财政年度截至2007年2月2日，2007财政年度截至2008年2月1日，2008财政年度截至2009年2月2日。我们把这些财政年度分别简称为2006年、2007年和2008年。

表 3B-1 HD 公司合并资产负债表

数据来自 2007 和 2008 会计年度公司年报 （单位：100 万美元）

会计年度	2006	2007	2008
资产			
流动资产			
现金和现金等价物	600	445	519
短期投资	14	12	6
应收账款净值	3 223	1 259	972
商品存货	12 822	11 731	10 673
其他流动资产	1 341	1 227	1 192
流动资产合计	18 000	14 674	13 362
厂房和设备			
土地	8 355	8 398	8 301
建筑物	15 215	16 642	16 961
家具、装修和设备	7 799	8 050	8 741
租赁资产改良	1 391	1 390	1 359
在建工程	1 123	1 435	625
融资租赁	475	497	490
	34 358	36 412	36 477
减：累计折旧和摊销	7 753	8 936	10 243
厂房和设备净值	26 605	27 476	26 234
应收票据	343	342	36
商誉	6 314	1 209	1 134
其他资产	1 001	623	398
资产合计	**52 263**	**44 324**	**41 164**
负债与所有者权益			
流动负债			
短期负债	—	1 747	—
应付账款	7 356	5 732	4 822
应付工资和相关费用	1 307	1 094	1 129
应交销售税	475	445	337
预收收入	1 634	1 474	1 165
应交所得税	217	60	289
本年到期的长期负债	18	300	1 767
其他应计费用	1 924	1 854	1 644
流动负债合计	12 931	12 706	11 153
长期负债			
长期负债，不包括本年到期部分	11 643	11 383	9 667
其他长期负债	1 243	1 833	2 198
递延所得税	1 416	688	369

（续）

会计年度	2006	2007	2008
负债合计	27 233	26 610	23 387
股东权益			
普通股	121	85	85
股本溢价	7 930	5 800	6 048
留存收益	33 052	11 388	12 093
累计其他综合损益（损失）	310	755	-77
库存股	-16 383	-314	-372
	25 030	17 714	17 777
负债与所有者权益合计	**52 263**	**44 324**	**41 164**

表 3B-2　从 HD 公司的标准资产负债表到管理资产负债表

标准资产负债表	管理资产负债表
资产	
现金和现金等价物	现金
短期投资	现金
应收账款净值	现金
商品存货	营运资本需求
其他流动资产	营运资本需求
厂房和设备净值	固定资产净值
应收票据	固定资产净值
商誉	固定资产净值
其他资产	固定资产净值
负债与所有者权益	
短期负债	短期借款
应付账款	营运资本需求
应付工资和相关费用	营运资本需求
应交销售税	营运资本需求
预收收入	营运资本需求
应交所得税	营运资本需求
本年到期的长期负债	短期负债
其他应计费用	营运资本需求
长期负债，不包括本年到期部分	长期融资
其他长期负债	长期融资
递延所得税	长期融资
普通股	所有者权益
股本溢价	所有者权益
留存收益	所有者权益
累计其他综合损益	所有者权益
库存股	所有者权益

3B.2 HD公司的流动性状况

考察HD公司的管理资产负债表（见表3B-3），我们可以得出以下四个结论。

首先，资产负债表的规模在三年间显著下降，从2006年年末的522.63亿美元减少到2008年年末的411.64亿美元。2007年的下降尤为显著，其间所有者权益从期初的250.3亿美元减少到期末的177.14亿美元。2007年年报显示，公司花费108.15亿美元回购股份，所用资金来自出售其最大经营部门所得和多余的现金。值得注意的是，公司所持现金数额从2006年年末的38.37亿美元减少到2007年的17.16亿美元，减少了一半以上。考虑到当时的市场情况，公司在2008年暂停了股票回购计划。固定资产的减少也导致了资产负债表规模的下降。根据公司年报，一些业务活动的重新配置、一些业务活动的终止经营决策以及一些资产发生减值（尤其在2008年）导致了固定资产的减少。

其次，在这三年期间，公司投资于经营周期的资本比例几乎翻了三倍，从3%增加到8%，增长主要发生在2007年。

再次，在HD公司投入资本减少的同时，公司运用资本也减少了，主要原因是公司在2007年进行了股份回购。我们注意到，公司在这三年间的总债务（短期+长期）变动不大。事实上，2008年年末的债务数额（114.34亿美元=17.67亿美元+96.67亿美元）与2006年年末的债务数额（116.61亿美元=0.18亿美元+116.43亿美元）大体持平。

表3B-3 HD公司的管理资产负债表

所有数据来自表3B-1资产负债表 （单位：100万美元）

会计年度		2006年			2007年			2008年	
投入资本（资产净值）									
现金		3 837	10%		1 716	5%		1 497	5%
营运资本需求		1 250	3%		2 299	7%		2 479	8%
固定资产净值		34 263	87%		29 650	88%		27 802	87%
投入资本合计		**39 350**	100%		**33 665**	100%		**31 778**	100%
运用资本									
短期负债		18	0%		2 047	6%		1 767	6%
长期融资		39 332	100%		31 618	94%		30 011	100%
长期负债	11 643			11 383			9 667		
其他长期负债	2 659			2 521			2 567		
所有者权益	25 030			17 714			17 777		
运用资本合计		**39 350**	100%		**33 665**	100%		**31 778**	100%
长期融资净值①		5 069			1 968			2 209	
长期融资净值/营运资本需求②		4.06	406%		0.86	86%		0.89	89%

①长期融资减去固定资产净值。

②劳氏公司2006、2007和2008会计年度的流动性比率分别为1.63、0.62和0.77。

最后，我们注意到，表3B-3显示，公司的流动性比率（长期融资净值除以营运资本需求）从2006年年末的高值4.06骤降到2007年年末的低值0.86，随后略微回升到2008年年末的0.89，这表明公司流动性有所恶化。公司在2006年实行了非常稳健的融资策略（所有营运资本需求都由长期资金支持），但在2007年股份回购导致股东权益剧减后，公司的融资策略变得激进。在2007年年末公司14%（100%减去86%）的营运资本需求由短期资金支持，2008年年末公司11%（100%减去89%）的营运资本需求由短期资金支持。㊀

很有趣的是，我们注意到，劳氏公司的流动性比率（见表3B-3注释②）在2006年年末大于1，同样在随后

㊀ HD公司的流动性并没有数据表面上显示的那么危险。2008年年底的年报附注中提到，公司拥有32.5亿美元的信用贷款额度，期限可到2010年年底。当然，这些信用贷款同时会有相应的限制性条款，比如负债率维持在一定水平等。HD公司也表明，截至2008会计年度，该公司已遵守这些约定。

的两年中有所下降，2008 年年末下降到 0.77（意味着公司营运资本需求的 23% 由短期负债支持）。换言之，劳氏公司 2008 年年末的流动性状况要比 HD 公司更为恶劣。

3B.3 HD 公司的经营周期管理

表 3B-4 报告了 2006 年、2007 年、2008 年年末 HD 公司和劳氏公司与经营周期管理相关的三个比率。值得注意的是，该表格并未提供有关应收账款管理的任何信息。如前所述，HD 公司的应收账款反映处于信用机构清算过程中的付款，属于现金等价物。对于劳氏公司而言也是如此。

HD 公司的营运资本需求与销售收入净额比率从 2006 年年末的 1.6% 上升到 2008 年年末的 3.5%，增加了一倍多，这意味着公司为实现 1 美元销售收入，对经营周期进行的投资要达到原来的两倍多。在这两年中，公司的营运资本需求从 12.5 亿美元增长到 24.79 亿美元（见表 3B-3），而销售收入从 790.22 亿美元下降到 712.88 亿美元（见第 2 章附录中表 2A-2）。

劳氏公司的营运资本需求与销售收入净额比率也表现出与 HD 公司相同的模式，从 2006 年年末的 2.3% 上升到 2008 年年末的 3.3%。在 2008 年年末，劳氏公司为获取每 1 美元销售收入而对经营周期进行的投资要比 HD 公司更低，但两者相差不大（分别为 3.3% 和 3.5%）。

如表 3B-4 所示，HD 公司的存货周转率在这两年期间有所提高，从 4.1 次上升到 4.4 次。在年报中，公司将其归因于物流系统的持续升级，包括提高从配送中心和运输地点向外发货的速度。同样在这两年中，劳氏公司的存货周转率从 4.3 次下降到 3.9 次。在 2008 年年报中，公司指出对其存货管理不满意，并宣布将在下一年优化商品处理流程。

表 3B-4 HD 公司和 Lowe 公司的经营周期管理

会计年度	HD 公司			劳氏公司		
	2006	2007	2008	2006	2007	2008
营运资本需求/净收入（%）	1.6	3.0	3.5	2.3	3.1	3.3
销售成本/存货（次）	4.1	4.4	4.4	4.3	4.1	3.9
应付账款/日均购货额（天）①②	49.8	39.9	36.4	41.2	43.6	46.4

注：数据来源于公司利润表和管理资产负债表。

①按每年 365 天计算日均购货额。

②购货额等于销售成本加存货变动。

在这两年中，HD 公司的平均付款周期从 49.8 天显著下降到 36.4 天。13.4 天的差距代表公司“失去”了来自供应商大约 17 亿美元的信用额度，从而导致公司的营运资本需求增加了相同的数额。平均付款周期下降的部分原因在于 HD 公司处置了一个主要业务部门——HD 公司供应部门。正如公司 2008 年年报显示的，新战略联盟下的付款条件以及与选定供应商的独家合作关系影响了这项余额。与 HD 公司相反，劳氏公司平均付款周期从 41.2 天上升到 46.4 天。考虑到零售业供应商的信用额度规模，这两家公司在 2008 年年末平均付款周期的 10 天差距，可以解释为什么在存货周转率较低的情况下，劳氏公司的营运资本需求与销售收入净额比率仍然低于 HD 公司。

扩展阅读

1. Brealey, Richard, Stewart Myers, and Franklin Allen. *Principles of Corporate Finance*, 9th ed. McGraw-Hill, 2008. See Chapters 29 to 31.
2. Damodaran, Aswath. *Corporate Finance: Theory and Practice*, 2nd ed. John Wiley & Sons, 2001. See Chapter 13.
3. Damodaran, Aswath. *Damodaran on Valuation*, 2nd ed. John Wiley & Sons, 2006. See Chapter 10.
4. Koller, Tim, Marc Goedhart, and David Wessels. *Valuation: Measuring and Managing the Value of Companies*, 4th ed. John Wiley & Sons, 2005.
5. Ross, Stephen, Randolph Westerfield, and Jeffrey Jaffe. *Corporate Finance*, 8th ed. McGraw Hill Irwin, 2008. See Chapters 26 to 28.

自测题

3.1　评价管理绩效

Allied & Consolidated Clothier(ACC) 是一家服装生产商。2010 年，该公司实施了一项激进的营销计划，旨在使2010 年销售收入增长率比2009 年提升至少 50%。公司 2008 ~2010 年财务报表如下所示。利润表的跨度为 1 个日历年度，资产负债表截至每年 12 月 31 日。

资产负债表（单位：100 万美元）

年末	2008	2009	2010		2008	2009	2010
现金	100	90	50	短期负债	80	90	135
应收账款	200	230	290	应付账款	170	180	220
存货	160	170	300	应计费用	40	45	50
预付费用	30	30	35	长期负债	140	120	100
固定资产净值	390	390	365	所有者权益	450	475	535
资产合计	**880**	**910**	**1 040**	**负债与所有者权益合计**	**880**	**910**	**1 040**

利润表（单位：100 万美元）

	2008	2009	2010
销售收入净额	**1 200**	**1 350**	**1 600**
销售成本	860	970	1 160
销售和管理费用	150	165	200
折旧费用	40	50	55
息税前收益	**150**	**165**	**185**
净利息费用	20	20	25
税前收益	**130**	**145**	**160**
所得税费用	40	45	50
税后收益	**90**	**100**	**110**
股利	75	75	50

a. ACC 公司实现了营销目标吗？

b. 把 ACC 公司的资产负债表重构为管理资产负债表。营运资本需求是衡量什么的指标？它属于长期投资还是短期投资？

c. 考察根据题 b 编制的管理资产负债表中投入资本和运用资本的结构（把每个组成部分表示为总金额的百分比），你从中观察到了什么？

d. 比较 2008 年和 2010 年的资产负债表，它们是匹配的还是不匹配的？

e. 分析 ACC 公司 2008 ~2010 年的经营效率。计算并比较这三年的以下效率比率，你能从中得出什么结论？

（1）营运资本需求与销售收入比率；

（2）平均收账期；

（3）存货周转率；

（4）平均付款期（使用销售成本计算）。

f. 分析 ACC 公司 2008 ~2010 年的流动性状况。计算并比较这三年的以下流动性比率，你能从中得出什么结论？

（1）流动性比率（长期融资净值与营运资本需求之比）；

（2）流动比率；

（3）速动比率。

g. 通过分析，你能得出什么总体结论？

3.2　零售商的营运资本管理

下面给出了法国零售商家乐福 2007 年和 2008 年的合并财务报表。

利润表		（单位：100 万欧元）
	2007	2008
销售收入净额	**82 149**	**86 967**
销售成本	64 609	68 709
销售和管理费用	12 526	13 096
折旧、摊销和准备	1 723	1 816
财务收益，减费用后的净额	526	562
连属公司净利润	2 765	2 738
所得税费用	807	743
净利润①	**1 958**	**1 995**

资产负债表					（单位：100 万欧元）
年末	2007	2008		2007	2008
流动资产			**流动负债**		
现金和有价证券	4 164	5 317	短期借款	3 247	2 709
应收账款②	863	779	应付账款	17 077	17 276
存货	6 867	6 891	预提费用	2 848	2 947
其他流动资产③	6 231	6 190	其他流动负债④	4 866	4 800
			长期借款	11 542	12 725
非流动资产	33 224	32 232	**股东权益**	11 770	10 952
资产总计	51 349	51 409	**负债及股东权益总计**	51 349	51 409

①不包括非经常收益、非经常费用和终止经营。

②主要来自集团连锁加盟成员。

③应收供应商折扣和商业激励加短期消费信贷。

④主要是短期消费信贷再融资。

a. 计算2007年年末和2008年年末的营运资本需求，并对结果做出解释。

b. 计算营运资本需求与销售收入的比率。快速成长对家乐福的流动性状况有何影响？

c. 计算家乐福2007年和2008年的平均收账期、存货周转率和平均付款期（用销售成本计算），并说明它们对家乐福营运资本需求规模的影响。

d. 计算家乐福的流动比率和速动比率，并说明对于家乐福这样的零售商而言，这些流动性比率的可靠性如何？

复习题

1. 经济业务

说明以下经济业务对长期融资净值（NLF）、营运资本需求（WCR）、短期融资净值（NSF）以及净利润的影响。用“+”表示增加，“-”表示减少，“0”表示无影响。

	NLF	WCR	NSF	净利润
发行股票收到现金				
销售存货收到现金				
赊销存货				
以低于账面价值的价格出售固定资产				
以高于账面价值的价格出售固定资产				
支付公司所得税				
偿还应付账款				
通过短期银行贷款获得现金				
通过长期银行贷款获得现金				
宣告并发放现金股利				
收回应收账款				
赊购商品				
预付员工现金				
现金收购少数股东权益				
现金购入设备				

2. 编制管理资产负债表

根据以下劳氏公司合并资产负债表编制管理资产负债表。

（单位：100 万美元）

	2008 年年末
资产	
流动资产	
现金和现金等价物	245
短期投资	416
商品存货	8 209
递延所得税	166
其他流动资产	215
流动资产合计	9 251
厂房，减累计折旧	22 722
长期投资	253
其他资产	460
资产合计	**32 686**
负债与所有者权益	
流动负债	
短期借款	987
本年到期的长期负债	34
应付账款	4 109
应付薪酬和员工福利	434
保险债务	751
递延收入	674
其他流动负债	1 033
流动负债合计	8 022
长期负债	5 039
递延所得税，净额	660
其他负债	910
负债合计	14 631
所有者权益	
普通股	735
股本溢价	277
留存收益	17 049
累计其他综合损益	(6)
所有者权益合计	18 055
负债与所有者权益合计	**32 686**

3. 编制资产负债表

利用以下信息完成下面的资产负债表。

a. 收账期：40 天；

b. 存货周转率：6 次（用销售收入计算）；

c. 营运资本需求/销售收入：20%；

d. 负债/总资产：60%；

e. 现金周期：20 天；

f. 短期负债：占全部金融债务的 10%。

按一年 360 天计算。

资产负债表			（单位：美元）
现金	400 000	短期负债	
应收账款		应付账款	
存货			
流动资产合计		**流动负债合计**	
固定资产净值		长期负债	
		所有者权益	
资产合计	5 000 000	**负债与所有者权益合计**	

4. 经济业务对营运资本需求的影响

说明以下经济业务对营运资本需求的影响：

a. 更多客户用现金付款而不是赊购；

b. 购买原材料更多用现金付款；

c. 给客户提供更多的折扣；

d. 生产出更多产品以满足订货需要。

5. 流动性管理

判断以下论述是否正确：

a. 由于营运资本需求 = 长期融资净值 + 短期融资净值，因此可以通过股票回购减少长期融资或者通过减少短期融资来降低对经营周期的投资；

b. 营运资本需求越少，经营部门的流动性就越好，减少存货是降低营运资本需求的方法之一，通过对废旧存货计提减值可以减少存货金额；

c. 虽然可以通过延长客户付款期提高流动比率或速动比率，但这样做的结果可能导致经营部门的流动性下降；

d. 如果降低营运资本需求，就可以增加现金持有量，从而减少银行借款，但银行是通过放贷资金赚钱的，它们不希望这种情形发生。

6. 现金周期

Alrar 是一家分销公司，该公司的利润表和年末资产负债表如下所示：

（单位：美元）

利润表	
销售收入净额	**2 000 000**
销售成本	1 300 000
销售和管理费用	300 000
折旧费用	100 000
息税前收益	**300 000**
净利息费用	20 000
税前收益	**280 000**
所得税费用	50 000
税后收益	**230 000**
资产负债表	
现金	100 000
应收账款	500 000
存货①	400 000
其他流动资产	300 000
非流动资产	500 000
资产合计	**1 800 000**
短期负债	100 000
应付账款	600 000
应计费用	400 000
长期负债	300 000
所有者权益	400 000
负债与所有者权益合计	**1 800 000**

①年初存货金额为 350 000 美元。

请计算 Alrar 公司年末的现金周期。

7. 行业对营运资本需求的影响

下表选取了四家美国公司的会计数据：

（单位：100 万美元）

	公司 1	公司 2	公司 3	公司 4
收入	428	3 498	21 870	166 809
应收账款	78	63	5 385	1 341
存货	299	84	3 463	19 793
预付费用	4	100	—	1 366
其他流动资产	—	—	108	—
应付账款	25	196	2 272	13 105
应计费用	7	262	1 905	7 290
其他流动负债	14	741	2 037	—

a. 请分别计算每家公司的营运资本需求、营运资本需求与销售收入比率、平均收账期（假设按一年 365 天计算）和存货周转期（用销售收入代替销售成本计算）。

b. 这四家公司及其所属行业是：

公司	沃尔玛公司	罗伯特·蒙达维公司	陶氏化学公司	嘉年华游轮集团
行业	零售业（非食品业）	饮料业（酒精类）	化学制造业	娱乐业（游轮）

请将四家公司对号入座，并说明理由。

8. 融资策略

请辨别下列三家公司中哪家公司采用了匹配策略、稳健策略或积极策略，并说明理由（单位：美元）。

	A 公司	B 公司	C 公司
现金	—	10	—
应收账款	25	20	25
存货	25	20	25
固定资产净值	50	50	50
资产合计	**100**	**100**	**100**
短期负债	0	0	10
应付账款	25	25	25
长期负债	25	25	15
所有者权益	50	50	50
负债与所有者权益合计	**100**	**100**	**100**

9. 经营周期管理的财务影响

Sentec 是一家电器装置分销商，公司 2008 年、2009 年和 2010 年的财务报表如下所示：

利润表			（单位：1 000 美元）
	2008 年	2009 年	2010 年
销售收入净额	**22 100**	**24 300**	**31 600**
销售成本	17 600	19 300	25 100
销售和管理费用	3 750	4 000	5 000
折旧费用	100	100	150
息税前收益	**650**	**900**	**1 350**
净利息费用	110	130	260
税前收益	**540**	**770**	**1 090**
所得税费用	220	310	430
税后收益	**320**	**460**	**660**
股利	180	200	200

（续）

资产负债表			（单位：1 000美元）
	2008年12月31日	2009年12月31日	2010年12月31日
现金	600	350	300
应收账款	2 730	3 100	4 200
存货	2 800	3 200	4 300
预付费用	0	0	0
固定资产净值	1 200	1 300	1 450
资产合计	**7 330**	**7 950**	**10 250**
短期负债	300	500	1 900
应付账款	1 400	1 600	2 050
应计费用	200	260	350
长期负债	1 300	1 200	1 100
所有者权益	4 130	4 390	4 850
负债与所有者权益合计	**7 330**	**7 950**	**10 250**

a. 计算Sentec公司2008年、2009年和2010年年末营运资本需求。

b. 编制Sentec公司2008年、2009年和2010年年末管理资产负债表。

c. 计算Sentec公司2008年、2009年和2010年年末的长期融资净值和短期融资净值。对Sentec公司融资政策的变化做出评价。公司是变得更加稳健还是更加积极？是什么原因导致了这种变化？

d. 2010年，与Sentec处于相同行业的公司平均收账期是30天，平均付款期是33天，存货周转期是8天。假设Sentec的经营周期管理达到了行业标准，则该公司2010年12月31日的营运资本需求将为多少？在公司的管理资产负债表中，长期融资净值和短期融资净值将为多少？它们会对公司融资策略产生什么影响？

10. 季节性经营

Mars Electronics是全球电力公司（Global Electric Company，GEC）的分销商，是一家为大众消费者和机构生产电子和电器产品的大型制造商。下面是该公司最近三期的财务半年报：

a. 计算Mars Electronics公司2009年6月30日、2009年12月31日以及2010年6月30日的营运资本需求，并计算该公司以上日期的平均收账期、存货周转率和平均付款期（2009年6月30日的平均付款期是29天）。

b. 编制Mars Electronics公司2009年6月30日、2009年12月31日以及2010年6月30日的管理资产负债表。

c. 计算Mars Electronics公司2009年6月30日、2009年12月31日以及2010年6月30日的长期融资净值和短期融资净值。对Mars Electronics公司的融资策略做出评价。公司采取的是稳健策略，积极策略，还是匹配策略？

利润表			（单位：1 000美元）
	2009上半年	2009下半年	2010上半年
销售收入净额	**10 655**	**13 851**	**11 720**
销售成本	8 940	11 671	9 834
销售和管理费用	1 554	1 925	1 677
折旧费用	44	55	76
财务费用	62	90	70
所得税费用	23	44	26
税后收益	**32**	**66**	**37**
股利	5	44	1

（续）

资产负债表			（单位：1 000 美元）
	2009 年 6 月 30 日	2009 年 12 月 31 日	2010 年 6 月 30 日
现金	160	60	70
应收账款	1 953	2 616	2 100
存货	1 986	2 694	2 085
预付费用	80	42	25
固定资产净值	733	818	830
资产总计	**4 912**	**6 230**	**5 110**
短期负债	50	880	50
应付账款	1 450	1 950	1 650
应计费用	98	114	138
长期负债	800	750	700
所有者权益	2 514	2 536	2 572
负债与所有者权益合计	**4 912**	**6 230**	**5 110**

CHAPTER4

第 4 章 计算现金流量

如果一家公司的现金总是入不敷出，它将最终陷入困境。公司做出持续创造现金决策的能力对公司的长期生存至关重要。赚取利润有助于现金形成，但前提条件是利润应能快速转变为现金。供应商、银行和税务机构都要求公司用现金而非会计利润支付。在通往经营成功的道路上，遍布着很多破产公司，在最近公布的利润表中它们实际上拥有利润。大多数发达国家做出的统计显示，将近4/5的破产公司实际上是盈利的，它们倒闭并不是因为亏损，而是因为现金不足。

现金流量可以分为两类：**现金流入量**（cash inflow）和**现金流出量**（cash outflow）。现金流入量是流入企业的现金数量，现金流出量是流出企业的现金数量。成功的价值创造管理者必须对现金流量的来源、计量和管理有清楚的了解。

本章给出了分析现金流量以及现金流量与经营决策关系的基本框架。首先，我们基于公司的经营、投资和融资三项基本业务活动，构建初始现金流量表；然后，我们说明如何运用资产负债表和利润表计量会计期间内三种基本活动发生的现金流量；接下来，我们把全部信息整理编入详细的现金流量表中；最后，我们介绍公司编制现金流量表时经常使用的几种计算现金流量的方法。同第3章一样，本章仍然使用OS公司2008年、2009年和2010年的财务报表加以分析解释。学习完本章，你应该了解以下内容：

- 现金与现金流量的关系；
- 利润与现金流量的关系；
- 经营决策如何影响现金流量；
- 如何利用公司资产负债表和利润表计算公司经营、投资和融资活动产生的现金流量；
- 如何编制和解读现金流量表。

4.1 现金流量及其来源

在公司资产负债表的资产一方，可以找到公司在某一特定时点持有的现金数量。表4-1的OS公司资产负债表显示，公司在2008年年末拥有现金600万美元，2009年年末拥有现金1 200万美元，2010年年末拥有现金800万美元。**现金净流量**（total net cash flow）是公司一段时期内收到的现金总额（现金流入量）与支出的现金总额（现金流出量）之差。利用表4-1中的信息，很容易找到OS公司在2009年和2010年的现金净流量。OS公司每收入1美元，它的现金账户就会增加1美元；OS公司每花费1美元，它的现金账户就会减少1美元。在2008年12月31日到2009年12月31日期间，

OS 公司的现金持有量从 600 万美元增加到 1 200 万美元。因此，在 2009 年，公司各项活动一定已经创造了 600 万美元的正现金净流量，即 1 200 万美元与 600 万美元之差。在 2010 年，公司产生了 400 万美元的负现金净流量，因为当年现金由 1 200 万美元减少到 800 万美元。由此可见，公司现金净流量等于一段时期内公司现金状况的变动额。

表 4-1 OS 公司资产负债表 （单位：100 万美元）

	2008 年 12 月 31 日		2009 年 12 月 31 日		2010 年 12 月 31 日	
资产						
流动资产						
现金①		6.0		12.0		8.0
应收账款		44.0		48.0		56.0
存货		52.0		57.0		72.0
预付账款②		2.0		2.0		1.0
流动资产合计		**104.0**		**119.0**		**137.0**
非流动资产						
金融资产和无形资产		0.0		0.0		0.0
厂场设备						
原值③	90.0		90.0		93.0	
减：累计折旧	(34.0)	56.0	(39.0)	51.0	(40.0)	53.0
非流动资产合计		**56.0**		**51.0**		**53.0**
资产合计		**160.0**		**170.0**		**190.0**
负债与所有者权益						
流动负债						
短期负债		15.0		22.0		23.0
银行借款	7.0		14.0		15.0	
本年到期的长期负债	8.0		8.0		8.0	
应付账款		37.0		40.0		48.0
应计费用④		2.0		4.0		4.0
流动负债合计		**54.0**		**66.0**		**75.0**
非流动负债						
长期负债⑤		42.0		34.0		38.0
非流动负债合计		**42.0**		**34.0**		**38.0**
所有者权益⑥		**64.0**		**70.0**		**77.0**
负债与所有者权益合计		**160.0**		**170.0**		**190.0**

①包括库存现金和银行存款，公司持有用于满足经营活动需求，不产生利息收入。
②预付费用是预先交付的租金（在利润表中确认时，租金包括在销售和管理费用中）。
③2009 年，公司没有处置现有固定资产，也没有购置新的固定资产。然而，在 2010 年，公司为扩建仓库花费 1 200 万美元，并把原值为 900 万美元的现有固定资产按其账面净值 200 万美元出售。
④应计费用包括应付工资和应交税金。
⑤长期负债每年偿还 800 万美元。2009 年没有新长期负债。2010 年为扩建仓库，从银行取得抵押贷款（参见注释③）。
⑥三年间没有发行新股或回购股票。

现金净流量考虑了公司一段时期内从事的所有交易活动，然而，它是一个过于宽泛的指标，不能有效反映公司获取现金盈余的能力。我们想要了解一段时期内有助于公司现金状况改善以及导致公司现金状况恶化的特定业务活动。例如，我们想识别与下列交易相关的业务活动：公司从顾客那里收取了现金（营业活动产生的现金流入量），公司购买了一些新设备（投资决策产生的现金流出量），公司取得了银行借款（融资决策产生的现金流入量）。这些交易将会导致公司现金状况的变动。

一般而言，公司现金状况会因与三类业务活动相关的决策而改变：①经营活动；②投资活动；③融资活动。这些活动通常既是现金流入量的来源，也是现金流出量的来源。图 4-1 列出了与各项业务活动相关的典型交易。图 4-1 的上半部分列示了现金流入量的来源，下半部分列示了现金流出量的来源。每种业务活动都会产生现金净流量，经营活动产生的现金净流量称为**经营活动现金净流量**（net operating cash flow，NOCF），投资活动产生的现金净流量称为**投资活动现金净流量**（net cash flow from investing activity），融资活动产生的净现金流称为**融资活动现金净流量**（net cash flow from financing activity）。下面我们将说明如何计算图 4-1 中反映的现金流量数额。

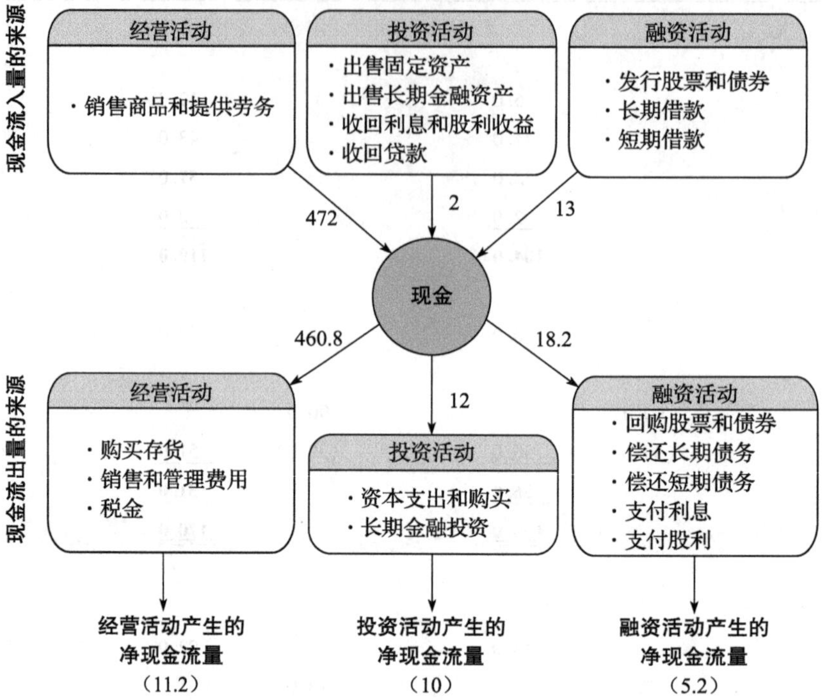

图 4-1 现金流入量和现金流出量的来源

金额为 OS 公司 2010 年现金流量（单位：100 万美元）。

表 4-2 是利用图 4-1 中信息制成的 OS 公司 2010 年初始现金流量表。报表中分别列示出公司经营、投资和融资活动引起的现金状况变化。公司年初持有 1 200 万美元现金（见表 4-1）。如图 4-1 所示，经营活动产生了 47 200 万美元现金流入量和 46 080 万美元现金流出量，因此经营活动产生的现金净流量等于 1 120 美元（=47 200 万美元 −46 080 万美元）。投资活动产生的现金净流量是 1 000 万美元现金流出量（=200 万美元 −1 200 万美元），融资活动产生现金净流量是 5 200 万美元现金流出量（=1 300 万美元 −1 820 万美元）。这些交易活动导致 OS 公司当年产生了 400 万美元现金赤字（=1 120 万美元 −1 000 万美元 −520 万美元）。OS 公司从现金账户中拿出 400 万美元来弥补这个赤字，因此 2010 年年末公司现金为 800 万美元（见表 4-1）。

表 4-2 OS 公司 2010 年初始现金流量表（单位：100 万美元）

2010 年 1 月 1 日现金①		**12**
经营活动产生的现金净流量	11.2	
+ 投资活动产生的现金净流量	(10.0)	
+ 融资活动产生的现金净流量	(5.2)	
2010 年现金净流量合计		**(4)**
2010 年 12 月 31 日现金		**8**

① 2010 年 1 月 1 日的现金与 2009 年 12 月 31 日的现金相同，见表 4-1 的资产负债表。

同一年度的现金净流量与净利润（税后收益）之间没有明显的关系。在 2010 年，OS 公司“损失”了 400 万美元现金，但创造了 10 200 万美元净利润（见表 4-3 的 OS 公司利润表）。

表 4-3 OS 公司利润表 (单位：100 万美元)

	2008 年	2009 年	2010 年
销售收入净额	**390.0**	**420.0**	**480.0**
销售成本	328.0	353.0	400.0
毛利	**62.0**	**67.0**	**80.0**
销售和管理费用	39.8	43.7	48.0
折旧费用	5.0	5.0	8.0
营业利润	**17.2**	**18.3**	**24.0**
非常项目	0.0	0.0	0.0
息税前收益	**17.2**	**18.3**	**24.0**
净利息费用①	5.5	5.0	7.0
税前收益	**11.7**	**13.3**	**17.0**
所得税费用	4.7	5.3	6.8
税后收益	**7.0**	**8.0**	**10.2**
股利	2.0	2.0	3.2
留存收益增加额	5.0	6.0	7.0

①没有利息收入，因此净利息费用等于利息费用。

4.2 编制详细的现金流量表

OS 公司截至 2009 年 12 月 31 日和截至 2010 年 12 月 31 日的详细现金流量表如表 4-4 所示。现金流入量和现金流出量的来源如图 4-1 所示。OS 公司现金净流量的三个组成部分——经营活动现金净流量、投资活动现金净流量和融资活动现金净流量的数额，是利用公司 2008 年年末、2009 年年末和 2010 年年末资产负债表以及公司 2009 年和 2010 年利润表计算得到的。下面将解释如何计算这些现金流量。

表 4-4 OS 公司现金流量表 (单位：100 万美元)

	2009		2010	
经营活动产生的现金流量				
（+）销售收入净额	420.0		480.0	
（-）销售成本	(353.0)		(400.0)	
（-）销售和管理费用①	(43.7)		(48.0)	
（-）税金费用	(5.3)		(6.8)	
（-）营运资本需求变动	(4.0)		(14.0)	
A. 经营活动产生的净现金流量		**14.0**		**11.2**
投资活动产生的现金流量				
（+）出售固定资产	0.0		2.0	
（-）资本支出和购买	0.0		(12.0)	
B. 投资活动产生的净现金流量		**0.0**		**(10.0)**
融资活动产生的现金流量				
（+）长期借款增加	0.0		12.0	
（+）短期借款增加	7.0		1.0	
（-）偿还长期负债	(8.0)		(8.0)	
（-）支付利息	(5.0)		(7.0)	
（-）支付股利	(2.0)		(3.2)	
C. 融资活动产生的净现金流量		**(8.0)**		**(5.2)**
D. 净现金流量合计（A+B+C）		**6.0**		**(4.0)**
E. 期初现金		**6.0**		**12.0**
F. 期末现金（E+D）		**12.0**		**8.0**

①不包括折旧费用。

要编制某一特定年度的现金流量表，需要当年利润表以及年初和年末两张资产负债表（年初资产负债表即上一年年末资产负债表）。例如，为编制2009年现金流量表，需要2009年利润表、2008年年末资产负债表和2009年年末资产负债表。需要注意的是，由于没有2007年年末资产负债表，因此无法编制出OS公司2008年现金流量表。

4.2.1 经营活动产生的现金净流量

经营活动产生的现金净流量（NOCF）是指一定期间公司经营活动产生的现金净流量

$$经营活动现金净流量 = 经营活动产生的现金流入量 - 经营活动产生的现金流出量$$

经营活动现金流量的来源是利润表中的经营收入和费用（见表4-3）。经营收入是销售收入净额，经营费用是销售成本（COGS）、销售和管理（SG&A）费用、折旧费用和税金的总和。然而，并非所有这些收入和费用都产生或耗用现金。折旧就是一个典型的例子，[㊀]它不是公司对外支付的费用，因此在计算 *NOCF* 时不包括折旧。此外，即使收入和费用最终形成了现金流入量或现金流出量，它们在利润表中也不这样记录。正如在第2章中所讨论的，收入一经确认就在利润表中反映，确认是指向客户发货时而非收到现金时。因此，收入的增加不一定反映为相应的现金流入量。同样，一些费用并非在支付时而是在创造收入时才在利润表中记录。例如，与分销商购买商品相关的费用是在商品销售时而非支付现金时才在利润表中记作销售成本。[㊁]因此，与销售收入相关的费用增加也不一定反映为相应的现金流出量。那么，我们怎样计量经营收入和经营费用产生的现金流量呢？

我们首先考虑销售商品和提供劳务产生的经营活动现金流入量。每次向客户发货后，公司会计人员都会记录销售量，同时在销售收入和应收账款中增加销售金额。当客户付款时，现金随后增加，会计人员会将这项交易记作公司现金增加和应收账款减少相应的付款金额。因此，通过追踪应收账款在一段期间的变动，我们可以预计这个期间销售收入产生的现金流入量。从期初开始，销售收入的实现带来应收账款增加，客户付款带来应收账款减少。我们可以表示为

$$应收账款（期末）= 应收账款（期初）+ 销售收入 - 销售产生的现金流入量$$

整理上式可得

$$销售产生的现金流入量 = 销售收入 - [应收账款（期末）- 应收账款（期初）]$$

上式可写成

$$销售产生的现金流入量 = 销售收入 - \Delta 应收账款$$

其中，Δ应收账款即为该会计期间应收账款的变动。

当应收账款在一段时期增加时（Δ应收账款为正），销售产生的现金流入量小于该期销售收入；当应收账款减少时（Δ应收账款为负），销售产生的相应现金流入量大于该期销售收入。因此，如果目标销售收入水平既定，使得销售产生的现金流入量更高的关键在于更快收回应收账款。

估计销售产生的现金流入量的步骤可以应用于涉及现金交易的各项经营费用中。如附录4A所示，通过调整利润表项目金额以及该期相应资产负债表项目变动金额，可以获得相应的现金流出量。但是，用于调整的资产负债表项目仅为那些与公司经营周期相关的项目，根据定义，即为构成公司营运资本需求的项目（见第3章）。如附录4A所示，根据资产负债表和利润表项目得出 *NOCF* 只是一个简单的公式

$$NOCF = 销售收入 - COGS - SG\&A 费用 - 税金 - \Delta WCR \quad (4\text{-}1)$$

其中，*NOCF* 为经营现金净流量；*COGS* 为销售成本；*SG&A* 费用为销售和管理费用；Δ*WCR* 为营运资本需求变动。

我们可以对式（4-1）做出直观的解释。公司经营活动产生的收入和费用被记录在利润表中，反映为公式右边的前四个项目。这些业务活动需要对公司经营周期进行投资，记录在资产负债表中，并可用该期营运资本需求

㊀ 当购买一项固定资产时，现金流出量等于资产的购买价格。当该资产在后续期间计提折旧时，公司不再发生任何与该资产购买相关的现金变动。

㊁ 这是第2章讨论的实现原则和匹配原则的应用。

的变动计量。营运资本需求将随应收客户现金数额的变动、支付存货现金数额的变动以及应付供应商和其他债权人现金数额的变动而变动。也就是说，营运资本需求的增加额代表公司用于支持经营活动投资增长的现金数额。由于公司得不到这笔现金，因此它减少了公司经营活动现金流量。

表4-5复制了第3章给出的OS公司管理资产负债表，利用该表数据，我们可以计算出OS公司2009年和2010年的营运资本需求变动

$$\Delta WCR_{2009} = WCR_{12/31/09} - WCR_{12/31/08} = 6\,300\text{ 万美元} - 5\,900\text{ 万美元} = 400\text{ 万美元}$$
$$\Delta WCR_{2010} = WCR_{12/31/10} - WCR_{12/31/09} = 7\,700\text{ 万美元} - 6\,300\text{ 万美元} = 1\,400\text{ 万美元}$$

表 4-5 OS 公司管理资产负债表

所有数据都来自表4-1OS公司资产负债表 （单位：100万美元）

	2008年12月31日		2009年12月31日		2010年12月31日	
投入资本						
现金		6.0		12.0		8.0
营运资本需求[1]		59.0		63.0		77.0
固定资产净值		56.0		51.0		53.0
投入资本合计		**121.0**		**126.0**		**138.0**
运用资本						
短期负债		15.0		22.0		23.0
长期融资						
长期负债	42.0		34.0		38.0	
所有者权益	64.0	106.0	70.0	104.0	77.0	115.0
运用资本合计		**121.0**		**126.0**		**138.0**

①营运资本需求 =（应收账款 + 存货 + 预付费用）-（应付账款 + 应计费用）

利用式（4-1）以及表4-3的利润表数据，我们可以计算出公司2009年和2010年的*NOCF*

$$NOCF_{2009} = 42\,000\text{ 万美元} - 35\,300\text{ 万美元} - 4\,370\text{ 万美元} - 530\text{ 万美元} - 400\text{ 万美元} = 1\,400\text{ 万美元}$$
$$NOCF_{2010} = 48\,000\text{ 万美元} - 40\,000\text{ 万美元} - 4\,800\text{ 万美元} - 680\text{ 万美元} - 1\,400\text{ 万美元} = 1\,120\text{ 万美元}$$

表4-4的上面部分给出了利用式（4-1）计算得出的2009年和2010年OS公司的*NOCF*，注意在这两年期间*WCR*对*NOCF*的贡献。2009年，*WCR*增加的400万美元在*NOCF*中的占比低于30%；2010年，*WCR*增加的1 400万美元在*NOCF*中的占比超过了120%。换言之，OS公司2010年*NOCF*相对于2009年而言减少，主要原因在于公司为支持销售收入增长，需要对经营活动增加投资（ΔWCR）。

还可以使用另外一种方法计算*NOCF*。息税前收益（EBIT）等于销售收入减去销售成本（COGS）、销售和管理（SG&A）费用与折旧费用（见表4-1）之和，可以表示为

$$EBIT + \text{折旧费用} = \text{销售收入} - COGS - SG\&A\text{ 费用} \tag{4-2}$$

用“*EBIT*+折旧费用”替换式（4-1）中的“销售收入 - *COGS* - *SG&A* 费用”，可以得到

$$NOCF = EBIT + \text{折旧费用} - \text{税金} - \Delta WCR \tag{4-3}$$

需要注意的是，在式（4-1）和式（4-3）中，税金直接摘自公司利润表中的所得税项目，因此公式要受到公司发生的所有应税交易的影响，不只涉及与公司经营活动相关的交易。例如，由于利息费用是可以抵税的，因此这两个公式中的税金都会受到公司借款决策的影响。更确切地说，公司所持债务越多，则它需要支付的利息费用越多，所需缴纳的税金越少。换言之，*NOCF*会受到公司融资决策的间接影响。对公司经营活动产生现金流量的更精确计量不会考虑融资决策的税收影响。在另外一个众所周知的现金流量衡量指标——自由现金流量（FCF）的定义中对此做出了调整，我们将在后面部分对这个指标加以考察。然而，大多数分析师和公司财务经理在分析

公司经营现金流量时，仍然使用式（4-1）或式（4-3）中定义的 *NOCF*。

对 OS 公司，我们可以得到

$$NOCF_{2009} = 1\,830 \text{ 万美元} + 500 \text{ 万美元} - 530 \text{ 万美元} - 400 \text{ 万美元} = 1\,400 \text{ 万美元}$$

$$NOCF_{2010} = 2\,400 \text{ 万美元} + 800 \text{ 万美元} - 680 \text{ 万美元} - 1\,400 \text{ 万美元} = 1\,120 \text{ 万美元}$$

如果注意到式（4-2）中的“*EBIT* + 折旧费用”等于在利息、税金、折旧和摊销前收益，则可以得到式（4-3）的简化形式。用“*EBITDA*”替换式（4-3）中的“*EBIT* + 折旧费用”，可以得到

$$NOCF = EBITDA - \text{税金} - \Delta WCR \tag{4-4}$$

OS 公司的 2009 年 *EBITDA* 为 2 330 万美元（ = 1 830 万美元 + 500 万美元），2010 年 *EBITDA* 为 3 200 万美元（ = 2 400 万美元 + 800 万美元）。

4.2.2 投资活动产生的现金净流量

公司在某一会计期间的投资状况并不直接在资产负债表和利润表中报告。资产负债表仅报告公司固定资产的账面净值，利润表仅报告该会计期间的折旧费用。幸运的是，公司通常以财务报表附注形式提供一些补充信息，通过这些信息可以估计该会计期间内与投资活动相关的现金流量。

例如，表 4-1 中 OS 公司资产负债表底部的注释③说明，公司在 2009 年没有出售或购买固定资产，但在 2010 年花费 1 200 万美元扩建了仓库，并以 200 万美元的账面价值出售了一批固定资产。因为 OS 公司没有长期金融资产，所以投资活动产生的现金流量仅与购买和处置固定资产有关，在表 4-4 现金流量表的第二部分列示。公司投资决策的净影响是：2009 年的现金净流量为 0 美元，2010 年的现金净流出量为 1 000 万美元。

我们可以核对一下，资产负债表中的固定资产净值项目与这个信息是一致的。值得注意的是，在一段时期内，当公司购买固定资产时，这些项目增加；当公司计提折旧和出售固定资产时，这些项目减少。因此

$$\text{固定资产净值}_{\text{期末}} = \text{固定资产净值}_{\text{期初}} + \text{购买固定资产} - \text{折旧费用} - \text{处置固定资产} \tag{4-5}$$

2009 年中，OS 公司没有购买或处置固定资产。2009 年利润表显示折旧费用为 500 万美元，2008 年资产负债表表明 2008 年年末固定资产净值为 5 600 万美元。因此

$$\text{固定资产净值}_{12/31/09} = 5\,600 \text{ 万美元} + 0 \text{ 美元} - 500 \text{ 万美元} - 0 \text{ 美元} = 5\,100 \text{ 万美元}$$

这个数额与 2009 年年末资产负债表中报告的固定资产净值相同。2010 年，OS 公司购买了 1 200 万美元新的固定资产，出售了 200 万美元旧的固定资产，折旧费用为 800 万美元。已知 2009 年年末固定资产净值为 5 100 万美元，我们可以得到

$$\text{固定资产净值}_{12/31/10} = 5\,100 \text{ 万美元} + 1\,200 \text{ 万美元} - 800 \text{ 万美元} - 200 \text{ 万美元} = 5\,300 \text{ 万美元}^{㊀}$$

4.2.3 融资活动产生的现金净流量

大多数公司在会计期间开展大量融资交易。一些交易为公司带来现金的增加，一些则带来现金的减少。图 4-1 列示了最常发生的财务交易，表 4-4 OS 公司详细现金流量表的第三部分也对它们进行了列示。我们可以运用表 4-1 OS 公司资产负债表和表 4-3 利润表中的数据，确定并计算出公司 2009 年和 2010 年与融资决策相关的现金流量。

表 4-1 的资产负债表表明，2009 年公司短期借款增加了 700 万美元，因为当年短期银行债务从 700 万美元增加到了 1 400 万美元。同期，公司偿还了 800 万美元长期负债（见表 4-1 的注释⑤）。2009 年利润表显示，公司支付了 500 万美元利息和 200 万美元股利。2010 年，短期借款从 1 400 万美元增至 1 500 万美元，增加了 100 万美元。公司长期负债增加了 1 200 万美元，主要用于扩建仓库（见表 4-1 的注释⑤）；同时，公司继续偿还了 800 万美元长期负债（见

㊀ 式（4-4）中处置资产的价值是资产的账面净值。如果售价与账面净值不同，其差额为异常利得（售价高于账面净值）或异常损失（资产以低于账面净值出售）。这些利得或损失在利润表中反映，而且影响公司的税后收益。

表4-1的注释⑤)。公司支付利息700万美元，支付股利320万美元。[⊖]总体来看，2009年融资活动产生的现金净流量为-800万美元，2010年融资活动产生的现金净流量为-520万美元，如表4-4的C行所示。

4.2.4 现金流量表

公司的现金净流量合计是一段期间内与公司经营、投资和融资活动相关的现金流量相加的结果。我们提到过，这个现金净流量必须等于当期公司现金状况的变动额。我们现在可以把2009年和2010年OS公司各项业务活动产生的现金流量与这两年间现金状况的变动额加以比较。

公司2009年年初现金余额为600万美元，如表4-4现金流量表的E行所示，它也是表4-1公司2008年年末资产负债表中列示的现金数额。2009年期间，营业活动创造了1 400万美元经营活动现金流量（A行）。公司2009年没有进行投资活动（B行），融资活动耗用了800万美元现金（C行）。因此，现金净流量合计为600万美元，即1 400万美元与800万美元的差额（D行）。由于2009年年初现金余额为600万美元，所以年末现金余额为1 200万美元，即初始值600万美元与本年度新创造的现金600万美元之和（F行），它是公司当日资产负债表中列示的金额。

2010年期间，公司现金净流出量合计为400万美元（营业活动产生现金1 120万美元，投资活动耗用现金1 000万美元，融资活动耗用现金520万美元）。OS公司年初持有现金1 200万美元，所以年末现金持有额为800万美元，即初始值1 200万美元减去当年耗用的400万美元。

前面已经指出，要想了解公司2009年创造了600万美元现金和2010年耗用了400万美元现金，并不需要现金流量表，因为从表4-1给出的资产负债表中就可以得到这个信息。OS公司2008年年末现金余额为600万美元，2009年年末现金余额为1 200万美元，2010年年末现金余额为800万美元。因此，2009年现金净流量合计为600万美元（=1 200万美元-600万美元），2010年现金净流量合计为-400万美元（=800万美元-1 200万美元）。既然可以轻易获得这一信息，现金流量表的用处是什么呢?

现金流量表的作用在于反映某一特定期间公司现金状况发生了怎样的变动以及变动的原因。我们可以从中获知公司的哪些决策创造了现金，哪些决策耗用了现金。序列历史现金流量表可以表明公司现金流量在一段时期内发生了改善还是恶化，以及这些改善或恶化是如何发生的，进而可以反映公司当前是处于健康的财务状况还是正在步入困境。

4.2.5 FASB框架下的现金流量表

监管当局要求公司提供的现金流量表中对公司现金流量的分类与我们在表4-4中所列出的**现金流量表**（statement of cash flow）不同。**财务会计准则委员会**（FASB）是美国负责制定会计准则的重要组织之一，它在1987年11月发布了第95号准则“现金流量表”。与表4-4列示的现金流量表相同，该准则中的现金流量表也按顺序提供与经营、投资和融资活动相关的现金流量信息，但这些现金流量的计算方式以及现金流量在三项业务活动间的分配发生了一些变化，通过把表4-6中的OS公司现金流量表与表4-4中的现金流量表加以比较就可以看到这一点。

表4-6 OS公司现金流量表：财务会计准则委员会（FASB）第95号准则（单位：100万美元）

	2009		2010	
经营活动产生的现金流量				
（+）税后收益	8.0		10.2	
（+）折旧费用	5.0		8.0	
（-）营运资本需求变动	(4.0)		(14.0)	
A. 经营活动提供的净现金流量		**9.0**		**4.2**

⊖ 支付利息和股利与利润表上数据相同，因为OS分销公司不存在预提应付红利的情况。在两年年末（2009年和2010年），公司支付该年度的利息费用和股利。

（续）

	2009		2010	
投资活动产生的现金流量				
（+）出售固定资产	0.0		2.0	
（-）资本支出和购买	0.0		(12.0)	
B. 投资活动产生的净现金流量		**0.0**		**(10.0)**
融资活动产生的现金流量				
（+）长期借款增加	0.0		12.0	
（+）短期借款增加	7.0		1.0	
（-）偿还长期负债	(8.0)		(8.0)	
（-）支付股利	(2.0)		(3.2)	
C. 融资活动产生的净现金流量		**(3.0)**		**1.8**
D. 净现金流量合计（A+B+C）		**6.0**		**(4.0)**
E. 期初现金		**6.0**		**12.0**
F. 期末现金（E+D）		**12.0**		**8.0**

1. 经营活动产生的现金流量

表4-6的现金流量表中报告的经营活动产生的现金净流量与表4-4中的经营活动现金净流量（NOCF）有两点区别：首先，表4-6中的经营活动现金净流量是根据**间接法**（indirect method）[⊖]估算出来的，间接法从税后净利润入手，在此基础上调整非付现项目以及与公司经营活动无关的交易；其次，公司经营活动包括利息费用，而我们的做法是把利息费用作为公司融资活动的一部分。

OS公司2010年的税后收益为1 020万美元（见表4-3），在此基础上加折旧费用800万美元（因为折旧费用是非付现费用），然后在1 820万美元的基础上调整公司营运资本需求变动1 400万美元，如表4-6所示，因此经营活动产生的现金净流量为420万美元（=1 820万美元－1 400万美元）。这个数值与表4-4中*NOCF*的差额为700万美元（=1 120万美元－420万美元）。毫无疑问，这个差额即为公司2010年的利息费用净额（见表4-3）。

2. 投资和融资活动产生的现金流量

与投资和融资活动相关的现金流量在FASB框架下现金流量表中的列示方法与我们现金流量表中的列示方法基本相同，仅存在两点差异：①利息费用没有列作融资活动；②金融投资收到的利息和股利没有列作投资活动。由于这些项目已经在税后收益中计算，因此已经包含在现金流量表的经营活动部分。这两种现金流量表之间的差异可以通过比较表4-6和表4-4看到。

4.3 来自资产的现金流量或自由现金流量

公司现金流量常常用公司资产产生的现金流量——即公司经营和投资活动创造的现金流量来衡量。换言之，它是衡量公司除融资交易外产生的现金净流量的指标，是衡量为公司业务活动提供融资的公司贷款人和公司股东（公司的资本供应商）可得现金流量的指标。我们将在第6章和第12章中提到，资产产生的**现金流量**（cash flow from asset，CFA）又称为**自由现金流量**（free cash flow，FCF），是评估投资项目和业务活动价值的关键输入变量。

假定资产产生的现金流量（或者自由现金流量）是衡量公司除融资活动外产生的现金净流量的指标，我们可以写作

⊖ 根据另外一种方法或直接法（direct method），与经营活动相关的现金收入和现金支出直接且分别报告。表4-4中的现金流量表就是使用这种方法编制的。

$$自由现金流量 = 经营活动产生的现金流量 + 投资活动产生的现金流量$$
$$= 息税前收益 + 折旧费用 - 所得税费用$$
$$- 营运资本需求变动 - 资本支出净值$$ ㊀

由于自由现金流量不包括融资交易，因此可将其视作公司没有借款情况下所产生的现金流量。在这种情况下，应税利润为 *EBIT*（因为没有利息费用）。如果公司所得税率为 T_C，则所得税费用为 $T_C \times EBIT$。在上式中提取 *EBIT*，可以得到

$$自由现金流量 = EBIT(1 - T_C) + 折旧费用 - \Delta WCR - 资本支出净值 \tag{4-6}$$

在该式中，$EBIT(1 - T_C)$ 常被称为**税后净营业利润**（NOPAT）或**净营业利润减调整税金**（net operating profit less adjusted tax，NOPLAT）。

将该式应用于 OS 公司（所得税率为 40%）案例中，我们得到

$$自由现金流量_{2009} = 1\,830 万美元 \times (1 - 0.40) + 500 万美元 - 400 万美元 - 0 美元 = 1\,200 万美元$$

$$自由现金流量_{2010} = 2\,400 万美元 \times (1 - 0.40) + 800 万美元 - 1\,400 万美元 - 1\,000 万美元 = -160 万美元$$

2009 年，OS 公司资产创造的自由现金流量为 1 200 万美元，而经营活动产生的现金流量为 1 400 万美元（见表 4-4 中的 *NOCF*）。在 2009 年公司资本支出净值为 0 美元的情况下，我们应该如何解释这 200 万美元差额呢？自由现金流之所以低 200 万美元，是因为它没有包括利息费用和相应的利息抵税，这称为**税盾效应**（interest tax shield）。2009 年，税盾等于 OS 公司的利息费用 500 万美元乘以税率 40%，即 200 万美元（=40% ×500 万美元）。我们将在第 8 章和第 12 章说明如何利用自由现金流量估计公司资产的市场价值。

4.4　管理含义

我们回到式（4-1）定义的 *NOCF*，它是反映公司从经营活动中创造现金能力的指标，它不反映公司通过销售资产创造的现金（投资活动产生的现金流量）和通过借款创造的现金（融资活动产生的现金流量）。*NOCF* 是公司现金净流量的关键组成部分，因为如果公司的经营活动现金流量持续减少，则公司无法存续下去：公司可以通过变卖资产或取得借款（假设贷款人可以提供现金）筹集现金而暂时弥补经营活动现金流量的不足，但是，只有强化经营活动产生的现金流量，公司才能持续存活下去。

通过把式（4-1）中的 *NOCF* 表示为盈余部分与投资部分之差，可以更好理解管理决策是如何影响经营现金流量的

$$经营活动现金净流量 = 盈余部分 - 投资部分 \tag{4-7}$$

盈余部分被定义为“销售收入 - 销售成本 - 销售和管理费用 - 税金费用”；投资部分是公司营运资本需求的变动。

表 4-7 列示了 2009 年和 2010 年 OS 公司 *NOCF* 的这两个组成部分。销售收入在 2009～2010 年增加了 14.3%，盈余部分增加了 40%。如果仅用利润贡献衡量 OS 公司经理人员业绩，那么他们 2010 年的业绩将是相当可观的。然而，为创造 2010 年的更高盈利，经理人员不得不把对公司经营周期（营运资本需求）的投资从 400 万美元增加到 1 400 万美元，年增长率达到 250%。这样做的最终结果并没有使 OS 公司的经营现金流量表更加好看。由于 *NOCF* 的投资部分增加得比盈利部分更快，因此公司的 *NOCF* 实际上减少了 20%。这个含义非常明显：如果在做出盈利决策时不考虑它们对公司营运资本需求的影响，结果将会使经营现金流量情况恶化。

式（4-6）表明，公司应该基于 *NOCF* 而非盈余来管理和监控经营活动。基于运营经理对 *NOCF* 增长的贡献监控他们的业绩，将促使他们在扩大公司盈余的同时，避免对经营周期（营运资本需求）的投资增长过快并进而抵消更高盈余对公司经营活动现金流量的贡献。最终的净影响将是公司经营活动现金流量的提高。

㊀　“资本支出净值”与“投资活动产生的现金流”相同，负号代表资本支出是现金净流出量。

表 4-7 OS 公司经营活动净现金流量的盈余部分和投资部分

	2009（美元）	2010（美元）	百分比变动（%）
销售收入	420.0	480.0	14.3
减：销售成本	(353.0)	(400.0)	
减：销售和管理费用	(43.7)	(48.0)	
减：税金费用	(5.3)	(6.8)	
=盈余部分	**18.0**	**25.2**	**40.0**
年初营运资本需求	59.0	63.0	
减：年末营运资本需求	63.0	77.0	
=投资部分	**(4.0)**	**(14.0)**	**250.0**
***NOCF*=盈余部分－投资部分**	**14.0**	**11.2**	**-20.0**

4.5 小结

如果用最简单的形式表示，可将公司视作“现金机器”。公司必须制定战略投融资决策，以使赚取的现金超过耗用的现金。战略投资决策包括建设厂房，购买设备以及收购其他企业；战略融资决策包括取得长期借款，支付股利和发行股票。本章介绍的各种现金流量表通过列示这些决策的结果，即公司赚取和花费现金的情况，提供了与这些决策相关的有用信息。

尽管战略决策是维持公司长期价值创造能力的关键，但它们并不保证这台“机器”能够永久地产生现金盈余。只有通过良好的经营决策，即对公司经营周期（机器的“引擎”）的有效日常管理，才能帮助公司在较长时期内创造现金盈余。

反映经营活动创造现金流量的相关指标是经营现金净流量，它是经营企业产生的现金净流量，不是出售资产或取得银行借款产生的现金净流量。

可以使用不同的方法计算公司的经营现金净流量，式（4-1）给出了其中一种方法。在这个公式中，经营现金净流量等于销售收入减去三个项目：营业费用（不包括折旧费用等非付现项目）、税金、公司营运资本需求变动额。式（4-3）给出了另一种方法。在这个公式中，经营现金净流量等于息税前收益加上折旧费用，再减去税金和营运资本需求变动余额。如果一家公司的营运资本需求增加（为正），则营运资本需求变动额代表公司对经营周期净投资增加融资使用的现金（见第3章）。融资活动使用的现金越多（例如，用于支持存货和应收账款的增加），公司的经营现金净流量就会越少。

还可以将经营活动现金净流量视作盈余部分与投资部分的差额。盈余部分是指公司的营业利润（销售收入减去除折旧外的营业费用），投资部分是指公司营运资本需求的变动额。

公司通常使用两种类型的现金流量表：一种区分公司经营活动产生的现金流量、投资活动产生的现金流量和融资活动产生的现金流量，另一种是由财务会计准则委员会推荐使用的现金流量表。

附录 4A 利用资产负债表和利润表计算经营现金净流量

经营活动现金净流量（*NOCF*）被定义为公司经营活动产生的现金流入量与现金流出量之差。本附录以估计OS 公司的 *NOCF* 为例，说明如何利用资产负债表和利润表来计算这些现金流量。

4A.1 计量经营活动产生的现金流入量

正如本章所说明的，销售收入产生的现金流入量可以通过追踪估计期间应收账款的变动情况来计量，等于调整该期应收账款变动以后的销售收入

$$销售收入产生的现金流入量 = 销售收入 - \Delta 应收账款 \quad (4A\text{-}1)$$

其中，Δ应收账款表示当期应收账款的变动额。

因此，可以利用一定时期的利润表以及期初和期末资产负债表计算销售收入产生的现金流入量。例如，OS公司2010年销售收入产生的现金流入量是多少？表4-1的资产负债表显示，2009年年末和2010年年末应收账款分别为4 800万美元和5 600万美元。因此

$$2010年\ \Delta 应收账款 = 5\,600万美元 - 4\,800万美元 = 800万美元$$

表4-4的2010年利润表显示，2010年销售收入为48 000万美元。根据式（4A-1）

$$销售收入产生的现金流入量_{2010} = 48\,000万美元 - 800万美元 = 47\,200万美元$$

即为图4-1中报告的金额。

4A.2 计量经营活动产生的现金流出量

经营活动产生的现金流出量包括：购买货物支付给供应商的现金，与销售和管理（SG&A）费用相关的现金支出（不包括非现金项目折旧费用），税金支出。我们写作

$$经营活动产生的现金流出量 = 购货产生的现金流出量 + 销售和管理费用以及税金产生的现金流出量$$

4A.2.1 购货产生的现金流出量

为确定支付给供应商的现金，我们采用与计算从顾客处收到的现金相同的办法。这里不再追踪估计期间应收账款的变动情况，而是追踪应付账款的变动情况。公司每次收到供应商的发货清单，应付账款就会增加相应的金额；公司每次支付货款时，应付账款就会减少相应金额。因此，我们可以写作

$$应付账款_{期末} = 应付账款_{期初} + 购货 - 购货产生的现金流出量$$

整理可得

$$购货产生的现金流出量 = 购货 + （应付账款_{期末} - 应付账款_{期初}）$$

也可以写作

$$购货产生的现金流出量 = 购货 - \Delta 应付账款 \quad (4A\text{-}2)$$

其中，Δ应付账款是指估计期间应付账款的变动额。

然而，与销售收入不同的是，购货并没有列示在利润表中，需要利用利润表和资产负债表提供的数据间接计算出来。对于一家经销商而言，期初存货会随当期购货成本的增加而增加，当公司销售商品时，这些成本转入销售成本项目。因此，我们可以写作

$$存货_{期初} + 购货 - COGS = 存货_{期末}$$

整理可得

$$购货 = COGS + \Delta 存货 \quad (4A\text{-}3)$$

其中，Δ存货表示当期存货变动额。

我们可以直接得到式（4A-3），因为对于一家经销商而言，如果当期购货额超过销货额，则存货项目将增加两者的差额。如果经销商的当期销货额大于购货额，则存货项目将减少两者的差额。

把式（4A-3）中给出的购货额代入到式（4A-2）中，可以得到公司购货产生的现金流出量

$$购货产生的现金流出量 = COGS + \Delta 存货 - \Delta 应付账款 \quad (4A\text{-}4)$$

利用OS公司2010年利润表以及2009年年末和2010年年末资产负债表中的数据，可以得到2010年经营活动产生的现金流出量

$$2010\text{年购货产生的现金流出量} = 40\,000\text{万美元} + (7\,200\text{万美元} - 5\,700\text{万美元}) - (4\,800\text{万美元} - 4\,000\text{万美元}) = 40\,700\text{万美元}$$

等式右边第一项是2010年的销售成本；第二项是2010年存货变动额，即2010年年末存货（7 200万美元）与2009年年末存货（5 700万美元）之差；第三项是2010年年末应付账款（4 800万美元）与2009年年末应付账款（4 000万美元）的变动额。

4A.2.2 销售和管理费用以及税金费用产生的现金流出量

为确定估计期间销售和管理（SG&A）费用以及税金费用的现金支出，必须调整预付费用和应计费用的变动。这种方法与调整应付账款变动对购货的影响以确定支付给供应商的现金类似。例如，当2010年OS公司的预付费用减少100万美元时（见表4-1），营业费用的现金支出（这里是指租金支出，如资产负债表注释②所示）比2010年利润表中报告的费用少100万美元。为把营业费用转换为现金支出，必须把减少的100万美元从费用中扣除。如果预付费用增加，则增加额应该已经加到了费用中。2009年，OS公司的应计费用增加了200万美元，这意味着营业费用的现金支出（这里是指支付的工资和税金，如资产负债表注释④所示）比2009年利润表中记录的费用少200万美元。因此，必须从营业费用中减去200万美元才能计算出现金支出。如果应计费用减少，则减少额应该已经加到了营业费用中。因此，如果用Δ预提费用和Δ预付费用表示它们各自的变化额，我们可以得到

$$\text{销售和管理费用以及税金费用产生的现金流出量} = SG\&A\text{费用} + \text{税金费用} + \Delta\text{预付费用} - \Delta\text{应计费用} \tag{4A-5}$$

将式（4A-5）应用于2010年OS公司，可以得到

$$\text{销售和管理费用以及税金费用产生的现金流出量}_{2010} = (4\,800\text{万美元} + 680\text{万美元}) + (100\text{万美元} - 200\text{万美元}) - (400\text{万美元} - 400\text{万美元}) = 5\,380\text{万美元}$$

第一个括号中的两项分别是销售和管理费用以及税金费用，来自表4-3的2010年利润表；第二个括号和第三个括号中的项目分别是预付费用的变动额和应计费用的变动额，来自表4-1的2009年年末和2010年年末资产负债表。

4A.3 经营现金净流量

现在我们可以推导出计算经营现金净流量的一般公式。用式（4A-1）表示的购货产生的现金流出量加上式（4A-5）表示的销售和管理费用以及税金费用产生的现金流出量，可以得到经营活动产生的现金流出量

$$\text{经营活动产生的现金流出量} = COGS + \Delta\text{存货} - \Delta\text{应付账款} + SG\&A\text{费用} + \text{税金费用} + \Delta\text{预付费用} - \Delta\text{应计费用}$$

整理可得

$$\text{经营活动产生的现金流出量} = COGS + SG\&A\text{费用} + \text{税金费用} + \Delta\text{存货} + \Delta\text{预付账款} - \Delta\text{应付账款} - \Delta\text{应计费用} \tag{4A-6}$$

对于OS公司而言，利用表4-1和表4-3中的资产负债表和利润表数据，可以得到

$$\text{经营活动产生的现金流出量}_{2010} = (40\,000\text{万美元} + 4\,800\text{万美元} + 680\text{万美元}) + (7\,200\text{万美元} - 5\,700\text{万美元}) + (100\text{万美元} - 200\text{万美元}) - (4\,800\text{万美元} - 4\,000\text{万美元}) - (400\text{万美元} - 400\text{万美元}) = 46\,080\text{万美元}$$

即图4-1中列示的金额。

现在我们可以通过式（4A-1）表示的经营活动产生的现金流入量与式（4A-6）表示的经营活动产生的现金

流出量之间的差额，计算出经营活动现金净流量（NOCF）

$$NOCF = (\text{销售收入} - \Delta\text{应收账款}) - (COGS + SG\&A\text{费用} + \text{税金费用} + \Delta\text{存货} + \Delta\text{预付费用} - \Delta\text{应计费用} - \Delta\text{应付账款})$$

整理可得

$$NOCF = (\text{销售收入} - COGS - SG\&A\text{费用} - \text{税金费用}) - (\Delta\text{应收账款} + \Delta\text{存货} + \Delta\text{预付费用} - \Delta\text{应付账款} - \Delta\text{应计费用})$$

第二个括号中的前三项计量公司经营资产的变动，后两项计量公司经营负债的变动。我们知道，公司经营资产与经营负债的差额代表公司对经营周期净投资的会计估计值，称为营运资本需求（WCR）。因此，第二个括号代表公司营运资本需求的变动，即 ΔWCR。从而，我们可以得到

$$NOCF = \text{销售收入} - COGS - SG\&A\text{费用} - \text{税金费用} - \Delta WCR$$

即式（4-1）。

附录 4B HD 公司的现金流量

表 4B-1 是摘自 HD 公司年报的 2007 年和 2008 年[⊖]现金流量表。通过对这些报表的分析，可以表明公司经营、投资和融资三大业务活动对公司这两年现金状况变动的影响。

表 4B-1 HD 公司的现金流量表

所有数据来自 2007 和 2008 会计年度公司年报（单位：100 万美元）

	2007	2008
经营活动产生的现金流量：		
净收益	4 395	2 260
将净利润调整为经营活动产生的净现金流量	1 332	3 268
经营活动提供的净现金	5 727	5 528
投资活动产生的现金流量：		
资本支出，净值	(3 558)	(1 847)
出售业务部门收入，净值	8 337	—
购买业务部门支出，净值	(13)	—
出售厂房和设备收入	318	147
购买投资	(11 225)	(168)
出售投资和投资到期收入	10 899	139
投资活动提供（使用）的净现金	4 758	(1 729)
融资活动产生的现金流量：		
取得（偿还）短期借款，净值	1 734	(1 732)
偿还长期负债	(20)	(313)
回购普通股	(10 815)	(70)

⊖ 2007 年和 2008 年分别指截至 2008 年 2 月 3 日和 2009 年 2 月 1 日的会计年度。

（续）

	2007	2008
发行新股收入	276	84
向股东支付现金股利	(1 709)	(1 521)
其他融资活动	(105)	(128)
融资活动提供（使用）的净现金	(10 639)	(3 680)
现金和现金等价物增加（减少）	(154)	119
汇率变动对现金和现金等价物的影响	(1)	(45)
期初现金和现金等价物	600	445
期末现金和现金等价物	445	519

4B.1 重构HD公司现金流量表

表4B-1中列示的现金流量表是根据财务会计准则委员会（FASB）第95号准则编制的。你应该记得，在根据该准则编制的现金流量表中，尽管利息费用属于融资而非经营活动，但它包含在经营活动提供的现金净流量中。此外，由于FASB并不要求公司提供有关三张报表（现金流量表、利润表和资产负债表）中个别项目所需调整的具体信息，因此如果没有公司年度报告提供的其他信息，很难根据利润表和期初期末资产负债表构建出现金流量表。

利用HD公司年报、表4B-2利润表以及表4B-3管理资产负债提供的信息，我们展示如何把HD公司现金流量表重构为表4B-4的形式，然后对重构的报表进行分析和解读。

表4B-2 HD公司合并利润表

所有数据来自第2章附录2A中的表2A-2 （单位：100万美元）

	2006	2007	2008
销售收入净额	**79 022**	**77 349**	**71 288**
销售成本	52 476	51 352	47 298
毛利	**26 546**	**25 997**	**23 990**
销售和管理费用	16 106	17 053	17 846
折旧费用	1 574	1 702	1 785
营业利润	**8 866**	**7 242**	**4 359**
非常项目①	495	185	(215)
息税前收益	**9 361**	**7 427**	**4 144**
净利息费用	364	622	606
税前收益	**8 997**	**6 805**	**3 538**
所得税费用	3 236	2 410	1 278
税后收益	**5 761**	**4 395**	**2 260**

①非常项目包括HD公司利润表中报告的投资减值和终止经营损益。

根据表4B-2 HD公司的利润表，公司2007年和2008年的利息费用分别是62 200万美元和60 600万美元。把它们与经营活动提供的净现金相加，可以消除它们对经营活动现金流量的影响。此外，我们注意到，表4B-1现金流量表展示了公司现金和现金等价物在两个会计年度的变动情况，没有包括作为公司管理资产负债表中现金定义那部分的短期投资和应收账款的变动，[⊖]而在现金流量表中，在将净利润调整为经营活动提供的净现金时，要把这些变动额从净利润中扣减。因此，也必须把它们与经营活动提供的净现金相加，以得到 HD 公司的经营现金净流量（*NOCF*）。表 2A－1HD 公司的资产负债表（参见第 2 章附录 2A）提供了计算这两个项目变动所需要的数据。2007 年短期投资的变动额为 200 万美元（ =1 200 万美元－1 400 万美元），2008 年短期投资的变动额为－600 万美元（ =600 万美元－1 200 万美元）。2007 年应收账款的变动额为－196 400 万美元（ =125 900 万美元－322 300 万美元），2008 年应收账款的变动额为－28 700 万美元（ =97 200 万美元－125 900 万美元）。在 2007 年经营活动提供的净现金 572 700 万美元的基础上，加上利息费用 62 200 万美元，减去短期投资变动额 200 万美元和应收账款变动额 196 400 万美元，可以得到 2007 年的 *NOCF* 为 438 300 万美元（ =572 700 万美元＋62 200 万美元－200 万美元－196 400 万美元）。在 2008 年做相同的调整，可以得到 2008 年的 *NOCF* 为 584 100 万美元。

表 4B-3　HD 公司的管理资产负债表

所有数据来自第 3 章附录 3B 中的表 3B-3　（单位：100 万美元）

	2007 年 1 月 28 日		2008 年 2 月 3 日		2009 年 2 月 1 日	
投入资本						
现金		3 837		1 716		1 497
营运资本需求		1 250		2 299		2 479
固定资产净值		34 263		29 650		27 802
投入资本合计		**39 350**		**33 665**		**31 778**
运用资本						
短期负债		18		2 047		1 767
长期融资		39 332		31 618		30 011
长期负债	11 643		11 383		9 667	
其他长期负债	2 659		2 521		2 567	
所有者权益	25 030		17 714		17 777	
运用资本合计		**39 350**		**33 665**		**31 778**

表 4B-3 HD 公司的管理资产负债表中的数据显示，公司的营运资本需求（WCR）在 2007 年增加了 104 900 万美元（ =229 900 万美元－125 000 万美元），在 2008 年增加了 18 000 万美元（ =247 900 万美元－229 900 万美元）。

现在，我们可以重构 HD 公司 2007 年和 2008 年的 *NOCF*，反映公司的盈余部分和投资部分，如表 4B-4 所示。

表 4B-4　HD 公司重构现金流量表　（单位：100 万美元）

	2007		2008	
经营活动产生的现金流量				
盈余部分	5 432		6 021	
投资部分				
营运资本需求减少（增加）	1 049		180	
A. 经营活动净现金流量		**4 383**		**5 841**
投资活动产生的现金流量				
资本支出减厂房设备出售收入后的净值	(3 240)		(1 700)	
出售业务部门取得的收入减处置费用后的净值	8 324		—	
其他	(326)		(29)	

⊖ 短期投资是指期限短于 1 年且可随时出售的投资，应收账款是指客户通过信用卡支付的正在金融机构中处理的款项。实际上，短期投资和应收款都是现金等价物，必须包含在管理资产负债表的现金项目中。

（续）

	2007		2008	
B. 投资活动产生的净现金流量		**4 758**		**(1 729)**
融资活动产生的现金流量				
支付股利	(1 709)		(1 521)	
回购普通股	(10 815)		(70)	
短期借款的变动，净值	1 734		(1 732)	
偿还长期负债	(20)		(313)	
利息支付，净值	(622)		(606)	
其他	170		(89)	
C. 融资活动产生的净现金流量		**(11 262)**		**(4 331)**
D. 净现金流量合计（A+B+C）		**(2 121)**		**(219)**
E. 期初现金		**3 837**		**1 716**
F. 期末现金（E+D）		**1 716**		**1 497**

投资部分是 *WCR* 的变动额：2007 年为 104 900 万美元，2008 年为 18 000 万美元。盈余部分是投资部分与 *NOCF* 之和，在 2007 年和 2008 年分别为 543 200 万美元（=438 300 万美元 +104 900 万美元）和 602 100 万美元（=584 100 万美元 +18 000 万美元）。㊀

表 4B-4 列出了对公司经营现金流量做出上述调整之后的现金流量表。下面，我们将对该表进行分析，以反映公司经营、投资和融资活动对公司现金状况的影响。

4B.2 HD 公司的经营活动现金流量

HD 公司的 *NOCF* 从 2007 年的 438 300 万美元增加到 2008 的 584 100 万美元，增长了 1/3。增加的 145 800 万美元源于盈余部分的改善和投资部分的减少。尽管产品市场状况并不乐观，与 2007 年相比，2008 年的盈余部分增加了 58 900 万美元（=602 100 万美元 -543 200 万美元），投资部分减少了 86 900 万美元（=104 900 万美元 -18 000 万美元）。

虽然 2008 年盈余部分增加，但营业利润大幅减少（见表 4B-2）。初看起来，这两者似乎是矛盾的，但实际上并非如此。对此的解释是，*NOCF* 中的盈余部分是以实际现金变动为基础的，而营业利润还包括折旧和资产减值等非付现费用。在 2008 年年报中，HD 公司提到了存在大量非付现费用。

投资部分的变动情况是，2007 年投资于公司经营周期中的现金为 104 900 万美元，2008 年仅为 18 000 万美元。㊁如何解释投资部分的减少？第 3 章附录 3B 中的表 3B-4 显示：WCR 与销售收入的比率从 2007 年年末的 3% 增加到 2008 年年末的 3.5%，这应该意味着经营周期耗用的现金有所增加。然而，公司销售收入从 2007 年的 7 734 900 万美元下降到 2008 年的 7 128 800 万美元（见表 4B-2）。销售收入的下降幅度超过了 WCR 与销售收入比率的上升幅度，从而 2008 年 *NOCF* 中投资部分的净增加额仅为 18 000 万美元。

4B.3 HD 公司的投资活动现金流量

HD 公司 2007 年投资活动产生的现金净流入量为 475 800 万美元，2008 年投资活动产生的现金净流出量为 172 900 万美元。

2007 年，公司以 832 400 万美元出售了其供应业务部，收入的现金远高于当年资本支出（324 000 万美元）和其他投资支出（32 600 万美元）的现金，从而产生现金盈余 475 800 万美元。

2008 年，由于市场状况低迷，公司将资本支出从 2007 年的 324 000 万美元大幅削减到 170 000 万美元。其他投资活动少量增加了投资现金流出，从而使得 2008 年投资活动产生的现金净流量为负 172 900 万美元。

㊀ 盈余部分不能直接通过表 4B-2 利润表计算得到，因为营业利润中包括很多我们不知道的非付现费用。

㊁ 第 3 章附录 3B 中提供了关于公司 WCR 变化的细节分析。

4B.4 HD 公司的融资活动现金流量

综合考虑经营和投资活动现金净流量，HD 公司在 2007 年创造了现金盈余 914 100 万美元（ = *NOCF* 438 300 万美元 + 投资活动产生的现金净流入 475 800 万美元），2008 年又创造了现金盈余 411 200 万美元（ =584 100 万美元 − 172 900 万美元）。

对 HD 公司 2007 年融资活动产生现金流量的分析显示，公司除支付股利 170 900 万美元外，还花费 1 081 500 万美元回购了一些普通股。报表还显示，公司短期负债增加了 173 400 万美元。

与此相对照，2008 年公司仅花费 7 000 万美元回购股票。该决策与 2008 年经济环境和市场状况低迷直接相关。同年，公司短期负债减少 173 200 万美元（换言之，公司偿还债务 173 200 万美元），与 2007 年新增短期借款数额（173 400 万美元）大体相当。公司还把股利支付额从 2007 年的 170 900 万美元小幅减少到 2008 年的 152 100 万美元。

总之，HD 公司的现金状况在 2007 年显著恶化，减少了 212 100 万美元（从 2007 年年初的 383 700 万元减少到年末的 171 600 万美元），如表 4B-4 中第 D ~ F 行所示。2007 年，公司回购股票 1 081 500 万美元，花费资本支出 324 000 万美元，支付股利 170 900 万美元，支付利息 62 200 万美元，总计 1 638 600 万美元。公司通过四种渠道为这些大额现金支出提供支持：①经营活动产生的现金盈余（438 300 万美元）；②出售 HD 公司供应业务部产生的净收入（832 400 万美元）；③增加短期贷款（173 400 万美元）；④现金项目中的现金（212 100 万美元 = 383 700 万美元 − 171 600 万美元）。这四项合计 1 656 200 万美元。[㊀]

2008 年，公司的现金进一步减少，但减少幅度远低于前一年。该年发生的酌量性费用主要包括大幅减少的资本支出 170 000 万美元，偿还短期借款 173 200 万美元，以及略有下降的股利支付 152 100 万美元，总计大约 500 000 万美元。这些以及其他不太重要的现金流出主要由公司经营活动产生的现金（584 100 万美元）和现金账户中的现金（21 900 万美元，从 171 600 万美元减少到 149 700 万美元）提供支持。

扩展阅读

1. Kieso, Donald, Jerry Weygandt, and Terry Warfield. *Intermediate Accounting*, 13th ed. John Wiley & Sons, 2010. See Chapters 4 and 5.
2. Stickney, Clyde, Roman Weil, Katherine Schipper, and Jennifer Francis. *Financial Accounting*, 13th ed. South-Western, 2010. See Chapter 5.

自测题

4.1 构建和解读现金流量表

服装制造商 Allied & Consolidated Clothier(ACC) 的财务报表如下所示。第 3 章分析了 ACC 公司的运营效率和流动性状况。利润表跨度为 1 年，资产负债表截至 12 月 31 日。

资产负债表				（单位：100 万美元，年末数据）			
	第 1 年	第 2 年	第 3 年		第 1 年	第 2 年	第 3 年
现金	100	90	50	短期负债	80	90	135
应收账款	200	230	290	应付账款	170	180	220
存货	160	170	300	应计费用	40	45	50
预付费用	30	30	35	长期负债	140	120	100
固定资产净值	390	390	365	所有者权益	450	475	535
资产合计	**880**	**910**	**1 040**	**负债与所有者权益合计**	**880**	**910**	**1 040**

㊀ 1 638 600 万美元现金净流出量与 1 656 200 万美元的现金净流入量并不完全匹配，因为我们忽略了表 4B-4 中列示的一些小项目。

（续）

利润表			（单位：100万美元）
	第1年	**第2年**	**第3年**
销售收入净额	**1 200**	**1 350**	**1 600**
销售成本	860	970	1 160
销售和管理费用	150	165	200
折旧费用	40	50	55
息税前收益	**150**	**165**	**185**
净利息费用	20	20	25
税前收益	**130**	**145**	**160**
所得税费用	40	45	50
税后收益	90	100	110
股利	75	75	50

a. 编制第2年和第3年标准现金流量表，并对结果加以解释。

b. 利用息税前收益（EBIT）计算第2年和第3年的经营活动现金净流量（NOCF）。这种方法与问题a中编制现金流量表的方法有何区别？

c. 用利息、税金、折旧和摊销前收益（EBITDA）计算第2年和第3年的经营现金净流量。这种方法与问题a和问题b中所用方法有何区别？

d. 利用经营活动产生的现金流入量与和经营活动产生的现金流出量之差计算NOCF（参考附录4A计量经营活动产生的现金流出量）。

e. 第2年和第3年的资产产生现金流量是多少？它们计量了什么？

f. 把第2年和第3年的NOCF区分为盈利部分和投资部分，你可以得出什么结论？

g. 根据FASB第95号准则编制第2年和第3年现金流量表。这种现金流量表与问题a中编制的现金流量表有何区别？

4.2 考察一家零售公司的经营现金流量

再来看一下法国零售商家乐福2007年和2008年的财务报表，我们在第3章的自测题3.2中考察过它的运营效率和流动性状况。

a. 2008年家乐福通过经营活动产生的现金流量是多少？

b. 把2008年经营活动现金净流量区分为盈利部分和投资部分，你怎样评价家乐福的成长战略？

复习题

1. 业务活动

说明以下业务活动对营运资本需求（WCR）、经营活动产生的现金流量（CF_{OPE}）、投资活动产生的现金流量（CF_{INV}）、融资活动产生的现金流量（CF_{FIN}）以及所有者权益的影响。用“+”表示增加，“-”表示减少，“0”表示无影响。

		WCR	CF_{OPE}	CF_{INV}	CF_{FIN}	所有者权益
1	发行股票收到现金					
2	销售存货收到现金					
3	以低于账面价值的价格出售固定资产					
4	付清公司所得税					
5	通过银行借款获得现金					
6	支付现金股利					
7	收到应收账款					
8	现金收购少数股东权益					

（续）

		WCR	CF_{OPE}	CF_{INV}	CF_{FIN}	所有者权益
9	固定资产折旧					
10	勾销废弃存货					
11	支付保险费					
12	赊购商品					
13	支付贷款利息					
14	收到子公司分发的股利					

2. 利润、损失和现金流量

a. 如何解释一家公司在创造利润的同时，经营活动产生的现金流量为负？

b. 如何解释一家公司在发生亏损的同时，经营活动产生的现金流量为正？

3. 折旧与现金流量

你同意折旧费用是公司最重要的现金来源之一的观点吗？

4. 编制现金流量表

根据下列财务报表和相关信息，计算 2010 年的以下数据：

a. 经营活动产生的现金流入量；

b. 经营活动产生的现金流出量；

c. 经营活动现金净流量（NOCF）；

d. 投资活动产生的现金净流量；

e. 融资活动产生的现金净流量；

f. 现金净流量合计。

利润表		（单位：1 000 美元）
		2010 年
销售收入净额		**320 000**
销售成本		(260 000)
材料成本	224 000	
人工成本	36 000	
销售和管理费用		(18 000)
折旧费用		(9 000)
息税前收益		**33 000**
净利息费用		(3 000)
税前收益		**30 000**
所得税		(10 800)
税后收益		**19 200**
股利		9 200

资产负债表		（单位：1 000 美元）
	2009 年 12 月 31 日	2010 年 12 月 31 日
现金	7 500	11 400
应收账款	32 000	38 400
存货	28 000	32 000
预付费用	1 500	2 200
固定资产净值	76 000	81 000
资产合计	**145 000**	**165 000**
短期负债	7 000	9 000
应付账款	30 000	38 000
应计费用	4 000	2 000
长期负债	23 000	25 000
所有者权益	81 000	91 000
负债与所有者权益合计	**145 000**	**165 000**

该公司是一家视频游戏经销商，相关信息如下：

(1) 预付费用是预付租金和保险费用；

(2) 2009 年年末公司应付职工薪酬（直接人工）为 400 万美元，2010 年年末为 200 万美元；

(3) 2010 年 12 月 15 日公司预付税金 10 800 000 美元；

(4) 2010 年公司没有出售固定资产；

(5) 2010 年公司没有新发行或回购股票；

(6) 2009 年年末长期负债余额为 2 700 万美元，2010 年偿还了其中的 400 万美元；

(7) 2010 年公司新增长期借款 600 万美元；

(8) 2009 年年末公司短期银行贷款余额为 300 万美元，2010 年为 500 万美元；

(9) 2010 年公司支付股利 9 200 000 美元。

5. 两种现金流量表

下面是 Allied Enterprises 公司 2010 年利润表以及 2009 年年末和 2010 年年末资产负债表：

a. 编制 Allied Enterprises 公司 2009 年年末和 2010 年年末管理资产负债表；

b. 编制 Allied Enterprises 公司 2010 年现金流量表，分别采用直接法和 FASB 第 95 号准则下的间接法计算经营活动现金净流量。

利润表	（单位：1 000 美元）
	2010 年
销售收入净额	**34 760**
销售成本	27 610
销售和管理费用	5 500
折旧费用	165
息税前收益	**1 485**
净利息费用	286
税前收益	**1 199**
所得税费用	473
税后收益	**726**
股利	220

资产负债表		（单位：1 000 美元）
	2009 年 12 月 31 日	2010 年 12 月 31 日
现金	385	330
应收账款	3 410	4 620
存货	3 520	4 730
预付费用	0	0
固定资产净值①	1 430	1 595
资产合计	**8 745**	**11 275**
短期负债	570	2 100
应付账款	1 760	2 255
应计费用	286	385
长期负债	1 300	1 200
所有者权益	4 829	5 335
负债与所有者权益合计	**8 745**	**11 275**

①公司 2010 年没有出售任何固定资产。

6. 从现金流量表（根据 FASB 第 95 号准则编制）到现金流量表（采用直接法编制）

根据以下 Lowe 公司现金流量表，构建采用直接法编制的现金流量表。2008 年公司的利息支出为 28 000 万美元。

（单位：100万美元）

	2008
经营活动产生的现金流量	
净收益	2 195
将净利润调整为经营活动产生的净现金流量	1 927
经营活动提供的净现金	**4 122**
投资活动产生的现金流量	
出售短期投资收入净值	221
购买长期投资，净值	(154)
其他长期资产增加	(56)
购买厂房，减处置后净值	(3 237)
投资活动使用的净现金	**(3 226)**
融资活动产生的现金流量	
短期借款净增加（减少）	(57)
偿还长期负债，净值	(558)
发行普通股收入	174
支付现金股利	(491)
回购普通股	(8)
基于股份支付的额外现金收益	1
融资活动使用的净现金	**(939)**
汇率变动对现金的影响	**7**
现金和现金等价物净增加（减少）	(36)
年初现金和现金等价物	**281**
年末现金和现金等价物	**245**

7. 现金流量估计的直接法和间接法

采用直接法编制的现金流量表与根据FASB第95号准则采用间接法编制的现金流量表有哪些主要差别？哪种现金流量表与财务分析更相关？

8. 另一种形式的现金流量表

编制Allied Enterprises公司的现金流量表（见复习题第5题），根据公司当年法律上应当达到的现金流量（非酌量性现金流量）和管理层可酌量控制的现金流量（酌量性现金流量）计算公司2010年经营活动产生的现金流量。哪些因素会使这种形式的现金流量表具有相关性？

9. 经营周期管理对公司现金流量的影响

下面是电气装置经销商Sentec公司2008年、2009年和2010年的财务报表。

	利润表		（单位：1 000美元）
	2008年	2009年	2010年
销售收入净额	**22 100**	**24 300**	**31 600**
销售成本	17 600	19 300	25 100
销售和管理费用	3 750	4 000	5 000
折旧费用	100	100	150
息税前收益	**650**	**900**	**1 350**
净利息费用	110	130	260
税前收益	**540**	**770**	**1 090**
所得税费用	220	310	430
税后收益	**320**	**460**	**660**
股利	180	200	200

（续）

资产负债表			（单位：1 000 美元）
	2008 年 12 月 31 日	2009 年 12 月 31 日	2010 年 12 月 31 日
现金	600	350	300
应收账款	2 730	3 100	4 200
存货	2 800	3 200	4 300
预付费用	0	0	0
固定资产净值①	1 200	1 300	1 450
资产合计	**7 330**	**7 950**	**10 250**
短期负债	300	500	1 900
应付账款	1 400	1 600	2 050
应计费用	200	260	350
长期负债	1 300	1 200	1 100
所有者权益	4 130	4 390	4 850
负债与所有者权益合计	**7 330**	**7 950**	**10 250**

①在 2009 年和 2010 年公司没有出售任何固定资产。

a. 编制 Sentec 公司 2008 年、2009 年和 2010 年管理资产负债表；

b. 用直接法编制 Sentec 公司 2009 年和 2010 年现金流量表；

c. 哪些因素导致了公司经营现金净流量在这两年间的变动？

d. 2010 年，Sentec 所处行业公司的平均收款期为 30 天，平均付款期为 33 天，存货周转期为 8 天。假设 Sentec 公司的经营周期管理达到了行业平均水平，2010 年 12 月 31 日公司的营运资本需求（WCR）应为多少？2010 年公司经营现金净流量应为多少？

10. 季节性业务

Mars Electronics 是全球电力公司（GEC）的经销商，GEC 是一家为大众消费者和机构生产电子和电器产品的大制造商。下面是 Mars Electronics 过去一年半的财务半年报：

a. 用直接法编制 Mars Electronics 公司截至 2009 年 6 月 30 日、2009 年 12 月 31 日和 2010 年 6 月 30 日的三个半年的现金流量表；

b. 哪些因素导致了公司现金流量在这三个期间的变动？

利润表			（单位：1 000 美元）
	2009 年上半年	2009 年下半年	2010 年上半年
销售收入净额	**10 655**	**13 851**	**11 720**
销售成本	8 940	11 671	9 834
销售和管理费用	1 554	1 925	1 677
折旧费用	44	55	76
净利息费用	62	90	70
所得税费用	23	44	26
税后收益	**32**	**66**	**37**
股利	5	44	1

（续）

资产负债表			（单位：1 000 美元）
	2009 年 6 月 30 日	2009 年 12 月 31 日	2010 年 6 月 30 日
现金	160	60	70
应收账款	1 953	2 616	2 100
存货	1 986	2 694	2 085
预付费用	80	42	25
固定资产净值①	733	818	830
资产合计	**4 912**	**6 230**	**5 110**
短期负债	50	880	50
应付账款	1 450	1 950	1 650
应计费用	98	114	138
长期负债	800	750	700
所有者权益	2 514	2 536	2 572
负债与所有者权益合计	**4 912**	**6 230**	**5 110**

①公司三年之内没有出售任何固定资产。

CHAPTER 5

第5章 诊断盈利能力、风险和成长

管理决策对公司的盈利能力有什么影响？初看起来，这似乎是一个简单的问题，要找到答案，只需要把今年和去年的净利润加以比较。如果净利润增加，表明经理人提高了盈利能力；如果净利润减少，则表明经理人没能使公司盈利能力提高。然而，这种直接比较可能无法反映全部情况。

例如，假设公司的高利润来自销售收入的增加，而销售收入的增加是通过给予客户更长的付款时间和将存货提高到不正常的水平，以便即时满足每位客户的需求获取的。在这种情况下，只看公司利润表中的利润不能反映全貌。销售收入和利润的增加是通过增加应收账款和存货，从而扩展资产负债表的规模来实现的，而更大的资产负债表规模意味着公司业务活动占用了更多的资本。由于资本是有代价的，更大的资产负债表规模可能对公司不利。你需要了解的不是利润是否增加，而是每 1 美元运用资本创造的利润有没有增加。

此外，假设利润的减少来自借款增加带来的利息费用的增加，这并不意味着财务经理做出了损害盈利能力的借款决策。借款在一定条件下对公司是有利的，否则，期望实现高水平盈利的公司就不会去借款了。我们认为，利润的增减，就其本身而言，并不能很好地反映公司的财务绩效。

本章介绍的整合盈利能力分析方法不仅考虑管理决策对利润表的影响，而且考虑管理决策对资产负债表的影响。例如，这种方法可以区分应收账款（一个资产负债表项目）增加伴随的利润增加与应收账款不变情况下利润增加的差异。我们还将表明，借款增加并不一定会降低盈利能力。本章将讨论几种盈利能力衡量指标并解释它们之间的关系。我们还将说明财务杠杆（衡量借款对公司盈利能力影响的指标）如何影响公司风险。最后，我们将考察自我可持续增长的概念及其在公司成长战略管理中的应用。与前几章一样，我们使用 OS 公司的财务报表进行分析说明。学习完本章，你应该了解以下内容：

- 如何衡量公司的盈利能力；
- 决定盈利能力的关键因素；
- 如何分析公司整体盈利能力的结构；
- 经营风险和债务融资的使用如何影响盈利能力；
- 如何评价公司为预计销售收入增长融资的能力。

5.1 盈利能力衡量指标

每位经理都有他偏好的盈利能力衡量指标。它通常是一个比率，通过①公司税后收益或净利润除以销售收入得到**销售利润率**（return on sale，ROS）；②公司税后收益或净利润除以资产总额得到

资产收益率[⊖]（return on asset，ROA）；③公司税后收益或净利润除以所有者权益得到**权益收益率**（return on equity，ROE）。销售利润率衡量每 1 美元销售收入产生的利润，通常用于评价经理通过销售创造利润的能力。资产收益率衡量每 1 美元资产产生的利润，用于评价经理利用公司资产创造利润的能力。权益收益率衡量每 1 美元权益产生的利润，它是评价股东投入公司权益资本盈利能力的标准指标。

经理选取的盈利能力衡量指标取决于其所在的职责领域：销售经理会关注销售利润率；运营部门经理负责管理部门资产，其会选择资产收益率；总经理关心公司为股东获利的能力，其会关注权益收益率。

这三个盈利能力衡量指标提出了很多问题：它们之间存在什么关系？哪个指标能够最为全面地反映盈利能力？风险如何影响盈利能力？经理可以采取哪些措施提高公司盈利能力？本章中我们将对这些问题做出回答。

5.2 权益收益率

权益收益率是衡量盈利能力的最全面指标，因为它是公司当年全部业务活动以及所做决策的最终结果。它不仅考虑了经营决策和投资决策，而且考虑了公司经理做出的融资和税收相关决策。下面说明如何计算 *ROE*，然后详细解释为什么 *ROE* 是衡量盈利能力的最全面指标。

5.2.1 计算权益收益率

权益收益率是站在为公司提供权益资本的所有者视角来衡量公司盈利能力的。他们得到的回报是公司的净利润，他们投资的回报率是税后收益（EAT）与所有者权益的比率

$$\text{权益收益率}=\frac{\text{税后收益}}{\text{所有者权益}} \tag{5-1}$$

作为盈利能力比率，分母的投资金额在这里是指所有者权益，可用税后收益产生当期的期初数或期末数计算。一般而言，使用期初和期末的平均数通常是最好的选择。在本章的例子中，所有盈利能力比率的计算都使用年末数，因为我们比较了 OS 公司财务报表的三年数据。

使用表 5-1 和表 5-2 中的利润和权益数据，可以计算出 OS 公司的权益收益率从 2008 年的 10.9%（税后收益 700 万美元/权益 6 400 万美元）上升到 2010 年的 13.2%（税后收益 1 020 万美元/权益 7 700 万美元）。公司哪些业务活动和决策导致了 *ROE* 的增长呢？要回答这个问题，我们必须首先弄清楚公司的经营和融资活动是如何影响权益收益率的。

表 5-1　OS 公司资产负债表　　（单位：100 万美元）

	2008 年 12 月 31 日		2009 年 12 月 31 日		2010 年 12 月 31 日	
资产						
流动资产						
现金①		6.0		12.0		8.0
应收账款		44.0		48.0		56.0
存货		52.0		57.0		72.0
预付费用②		2.0		2.0		1.0
流动资产合计		**104.0**		**119.0**		**137.0**
非流动资产						
金融资产和无形资产		0.0		0.0		0.0
厂场设备						
原值③	90.0		90.0		93.0	
减：累计折旧	(34.0)	56.0	(39.0)	51.0	(40.0)	53.0
非流动资产合计		**56.0**		**51.0**		**53.0**
资产合计		**160.0**		**170.0**		**190.0**

⊖ ROA 的变形是**投资收益率**（return on investment，ROI），其中投资是指公司的总资产或资产的子集。

（续）

	2008 年 12 月 31 日		2009 年 12 月 31 日		2010 年 12 月 31 日	
负债及所有者权益						
流动负债						
短期负债		15.0		22.0		23.0
银行借款	7.0		14.0		15.0	
本年到期的长期负债	8.0		8.0		8.0	
应付账款		37.0		40.0		48.0
应计费用④		2.0		4.0		4.0
流动负债合计		**54.0**		**66.0**		**75.0**
非流动负债						
长期负债⑤		42.0		34.0		38.0
非流动负债合计		**42.0**		**34.0**		**38.0**
所有者权益⑥		**64.0**		**70.0**		**77.0**
负债与所有者权益合计		**160.0**		**170.0**		**190.0**

①包括库存现金和银行存款，公司持有用于满足经营活动需求，不产生利息收入。
②预付费用是预先交付的租金（在利润表中确认时，租金包括在销售和管理费用中）。
③2009 年，公司没有处置现有固定资产，也没有购置新的固定资产。然而，在 2010 年，公司为扩建仓库花费 1 200 万美元，并把原值为 900 万美元的现有固定资产按其账面净值 200 万美元出售。
④应计费用包括应付工资和应交税金。
⑤长期负债每年偿还 800 万美元。2009 年没有新长期负债。2010 年为扩建仓库，从银行取得抵押贷款（参见注释③）。
⑥三年间没有发行新股或回购股票。

表 5-2 OS 公司利润表

（单位：100 万美元）

	2008 年	2009 年	2010 年
销售收入净额	**390.0**	**420.0**	**480.0**
销售成本	328.0	353.0	400.0
毛利	**62.0**	**67.0**	**80.0**
销售和管理费用	39.8	43.7	48.0
折旧费用	5.0	5.0	8.0
营业利润	**17.2**	**18.3**	**24.0**
非常项目	0.0	0.0	0.0
息税前收益	**17.2**	**18.3**	**24.0**
净利息费用①	5.5	5.0	7.0
税前收益	**11.7**	**13.3**	**17.0**
所得税费用	4.7	5.3	6.8
税后收益	**7.0**	**8.0**	**10.2**
股利	2.0	2.0	3.2
留存收益增加额	**5.0**	**6.0**	**7.0**

①没有利息收入，因此净利息费用等于利息费用。

5.2.2 经营决策对权益收益率的影响

一般而言，经营决策包括固定资产的购置和处置，以及公司经营资产（例如存款和应收账款）和经营负债（多指应付账款）的管理。销售利润率（ROS）和资产收益率（ROA）不是反映公司经营活动盈利能力的恰当指标，因为它们是用净利润（税后收益）计算得到的。净利润是从公司税前营业利润中扣除利息费用（融资决策的结果）之后得到的，因此 *ROS* 和 *ROA* 要受到融资决策的影响，而不仅仅反映经营决策的结果。下面给出在评估经营决策对公司整体盈利能力的特别贡献时通常作为 *ROS* 和 *ROA* 替代的三个比率。

1. 税前投入资本收益率

作为反映**经营活动盈利能力**（operating profitability）的相关衡量指标，分子应该是税前营业利润或息税前收益（EBIT），分母应该是为创造 EBIT 所做的投资。EBIT 列示在公司利润表中（见表 5-2），而恰当的投资额列示在第 3 章中介绍过的重组或管理资产负债表中（见表 5-3）。投资列示在管理资产负债表的上半部分，被称为**投入资本**（invested capital）。我们有下列公式

$$投入资本 = 现金 + 营运资本需求 + 固定资产净值 \tag{5-2}$$

表 5-3　OS 公司管理资产负债表

所有数据都来自表 5-1 OS 公司资产负债表　　（单位：100 万美元）

	2008 年 12 月 31 日		2009 年 12 月 31 日		2010 年 12 月 31 日	
投入资本						
现金		6.0		12.0		8.0
营运资本需求①		59.0		63.0		77.0
固定资产净值		56.0		51.0		53.0
投入资本合计		**121.0**		**126.0**		**138.0**
运用资本						
短期负债		15.0		22.0		23.0
长期融资						
长期负债	42.0		34.0		38.0	
所有者权益	64.0	106.0	70.0	104.0	77.0	115.0
运用资本合计		**121.0**		**126.0**		**138.0**

①营运资本需求 =（应收账款 + 存货 + 预付费用）-（应付账款 + 应计费用）

现金和固定资产净值与表 5-1 的标准资产负债表中列示的数值相同。营运资本需求是衡量公司对其经营周期净投资的指标，是经营资产（应收账款、存货和预付费用）与经营负债（应付账款和应计费用）之差。

因此，公司经营活动的盈利能力可用 EBIT 与投入资本的比率衡量。这个比率称为**税前投入资本收益率**（return on invested capital before tax，$ROIC_{BT}$㊀）

$$税前投入资本收益率 = \frac{息税前收益}{投入资本} \tag{5-3}$$

对经营活动盈利能力的定义，有几个方面值得注意。

第一，投入资本收益率既可在税前衡量（如上所示），也可在税后衡量。要得到税后的 ROIC，则式（5-3）中的分子息税前收益必须减去相应的税金（息税前收益 × 税率），因此，式（5-3）的分子就变成“息税前收益 ×（1 - 税率）”。我们将在第 15 章中说明，ROIC 是评估企业创造价值时的重要绩效衡量指标。

第二，式（5-3）中的比率还可以解释为每 1 美元**运用资本**（capital employed）的经营盈利能力。因为根据管理资产负债表（见表 5-3），投入资本等于运用资本，即用于支持公司投资的所有资本来源（包括债务和权益资本）之和。因此，$ROIC_{BT}$与**税前运用资本收益率**（return on capital employed before tax，$ROCE_{BT}$）相同。

第三，因为投入资本的定义中包括现金（见表 5-3），所以现金余额产生的利息收入应该包括在 EBIT 中。

第四，如果一个经营部门对现金没有控制权，要评价它的绩效，可以用 $ROIC_{BT}$的变化形式，即在投入资本中减去现金，在息税前收益中减去利息收入。这个经营活动盈利能力衡量指标可称为**税前经营资产收益率**（return on business asset before tax，$ROBA_{BT}$），其中，**经营资产**（business asset）被定义为营运资本需求与固定资产净值之和。

经营活动盈利能力的另一个衡量指标是**总资产收益率**（return on total asset，ROTA），它是 *EBIT* 与公司标准资产负债表中列示的总资产的比率。注意我们对 *ROTA* 与 *ROA*（资产收益率，return on asset）的区分：前者是 *EBIT*

㊀ 我们使用以下惯例来区分税前收益和税后收益：当衡量税后收益时，我们不加任何注脚；当衡量税前收益时，我们添加注脚 BT（$_{BT}$）。

与总资产的比率，而后者是 *EAT* 与总资产的比率。

在本章及后续各章中，我们使用税前投入资本收益率（$ROIC_{BT}$）衡量经营活动盈利能力。但应牢记，税前投入资本收益率（$ROIC_{BT}$）与税前运用资本收益率（$ROCE_{BT}$）是相同的。最后应注意一点，在后面的分析中，可以用税前经营资产收益率（$ROBA_{BT}$）或税前总资产收益率（$ROTA_{BT}$）取代税前投入资本收益率（$ROIC_{BT}$）而不失一般性。

表 5-4 的最后一列给出了 OS 公司的 $ROIC_{BT}$，它从 2008 年的 14.2% 增加到 2010 年的 17.4%。为了解增长发生的原因，我们需要知道经营活动盈利能力的驱动因素。

表 5-4 OS 公司税前投入资本收益率结构

所有数据都来自表 5-1 OS 公司的资产负债表和表 5-2 OS 公司的利润表（单位：100 万美元）

年份	营业利润率		资本周转率		税前投入资本收益率
	$\frac{EBIT}{销售收入}$	×	$\frac{销售收入}{投入资本}$	=	$\frac{EBIT}{投入资本}$
	$\frac{17.2}{390}$	×	$\frac{390}{121}$	=	$\frac{17.2}{121}$
2008	**4.4%**	×	**3.2**	=	**14.2%**
	$\frac{18.3}{420}$	×	$\frac{420}{126}$	=	$\frac{18.3}{126}$
2009	**4.4%**	×	**3.3**	=	**14.5%**
	$\frac{24}{480}$	×	$\frac{480}{138}$	=	$\frac{24}{138}$
2010	**5.0%**	×	**3.5**	=	**17.4%**

①投入资本 = 现金 + 营运资本需求 + 固定资产净值

2. 经营活动盈利能力的驱动因素

税前投入资本收益率（$ROIC_{BT}$）是税前营业利润（EBIT）与投入资本的比率，因此 $ROIC_{BT}$ 的提高一定是以下两种情形的结果：①投入资本不变，*EBIT* 增加；②*EBIT* 不变，投入资本减少。

为说明经营活动盈利能力的两个构成因素如何影响 $ROIC_{BT}$，我们可以把式（5-3）写成如下形式

$$ROIC_{BT} = \frac{EBIT}{投入资本} = \frac{EBIT}{销售收入} \times \frac{销售收入}{投入资本} \tag{5-4}$$

式（5-4）右边的第一个比率（*EBIT*/销售收入）称为公司的**营业利润率**（operating profit margin），第二个比率（销售收入/投入资本）称为**资本周转率**（capital turnover）。因此，公司的 $ROIC_{BT}$ 就是营业利润率和资本周转率的乘积

$$税前投入资本收益率 = 营业利润率 \times 资本周转率$$

例如，如表 5-4 所示，OS 公司 2008 年的营业利润率是 4.4%，这意味着公司当年每 100 美元销售收入平均可创造税前营业利润 4.4 美元；公司资本周转率为 3.2，这意味着平均而言，公司需要 100 美元投入资本来创造 320 美元的销售收入。

显然，公司的营业利润率和资本周转率越高，公司的经营活动盈利能力也就越强。为获得更高的营业利润率，这就需要使营业利润的增长快于销售收入的增长。例如，可以通过在不减少销售收入的前提下压缩营业费用，或者在不增加营业费用的前提下提高销售收入实现。而更高的资本周转率可以通过对支持公司销售活动所需资产的更有效使用获得，例如，可以通过提高存货周转速度，缩短应收账款回收期，以及减少销售占用的固定资产实现。

如表 5-4 所示，OS 公司的经营活动盈利能力从 2008 年的 14.2% 小幅上升到 2009 年的 14.5%，其原因在于资本周转率从 3.2 提高到 3.3。2010 年，经营活动盈利能力提升到 17.4%，是因为营业利润率从 4.4% 上升到 5.0%，同时资本周转率从 3.3 提高到 3.5。

如果提高经营活动盈利能力的关键在于提高营业利润率的同时加速资本周转，那么使得公司达成这个结果的基本要素有哪些呢？影响 $ROIC_{BT}$ 因素的相对重要性，只有通过实证考察大样本公司中的这些因素与税前经营活动

盈利能力的历史关系才能确定。已经进行过一项这种类型的研究，样本包括 3 000 多家经营分部，是从来自多个行业的大约 500 家公司（大多为北美和欧洲的公司）中抽取的。[㊀]

研究结果表明，经营活动盈利能力的主要决定性因素有三个：①公司的竞争地位，用相对于竞争对手的市场份额衡量；②客户所观察到的公司提供产品和服务的相对质量；③公司的成本和资产结构，即公司资产的构成和集中度、成本结构以及纵向一体化与资本利用程度。有证据表明，一般而言，更高的市场份额和更好的产品可以提升经营活动盈利能力，而过高的投资和固定成本会降低经营活动盈利能力。在研究样本中，拥有最高市场份额以及优质产品和服务经营部门的平均税前经营活动盈利能力为 39%，而那些拥有最低市场份额以及较差产品和服务经营部门的平均税前经营活动盈利能力仅为 9%。资本周转率较低的经营部门（每 1 美元销售收入占用的固定资产和固定成本相对较高）一般不能用较高的营业利润率弥补较低的资本周转率，因此，它们的税前经营活动盈利能力通常要低于那些具有较高资本周转率的经营部门。资本周转率低于 1.5 的经营部门的平均税前经营活动盈利能力为 8%，而资本周转率高于 3.3 的经营部门的平均税前经营活动盈利能力为 38%。

为什么资本周转率较低的经营部门通常不能实现较高的营业利润率呢？一种解释是，具有较低资本周转率的投资密集型业务部门通常具有相对较高的固定资产成本，其更倾向于运用会减少利润率的价格战和营销战。当经济状况不好时，这些经营部门会降低价格以维持较高的产能利用率。此外，由于这些经营部门有相对较高的资本投入经营活动，因此它们不能很轻易地退出经营（它们有很高的退出壁垒）。它们通常会努力驾驭不利的市场条件，以期望未来状况会好转。这种情况在航空业、冶炼业、商业纸浆和造纸业、造船业以及基础化学业中十分典型。

3. 权益收益率与经营活动盈利能力的联系

为便于理解权益收益率与经营活动盈利能力之间的联系，我们假定一种情况：一家公司没有借款，投资额全部来自权益资本，这家公司的权益收益率与投入资本收益率的关系是怎样的呢？因为公司没有借款，也就不存在利息费用，因此税前收益必然等于息税前收益。而且，由于公司的投资完全由权益资本筹集（这家公司没有借款），因此其投入资本一定等于所有者权益。换言之，如果一家公司没有借款，则它的投入资本收益率与权益收益率相等。

5.2.3　融资决策对权益收益率的影响

如果在一家没有借款的公司中，权益收益率与投入资本收益率相等，那么两者之间的任何差异一定产生于使用债务为公司投资融资。公司融资决策对权益收益率有怎样的影响呢？

我们考察一下当公司用等额债务代替部分权益资本时会出现什么情形。这种**资本重组**[㊁]（recapitalization）带来的债务融资比例增加会提高公司的**财务杠杆**（financial leverage or gearing）。没有借款的公司称为**无杠杆**（unlevered）公司，有借款的公司称为**杠杆**（levered）公司。负债相对于权益而言，比例越高，公司的财务杠杆就越高。较高的杠杆通过两种方式影响公司权益收益率：首先，公司的利息费用增加，税后收益减少，这将会降低 ROE，因为 EAT 是 ROE 的分子；其次，由于债务代替了部分权益，因此所有者权益减少，而这将会增加 ROE，因为所有者权益是 ROE 的分母。结论是：我们不能预测财务杠杆将如何影响公司 ROE。**财务成本效应**（financial cost effect）使 ROE 减少（EAT 因为利息费用提高而减少），同时**财务结构效应**（financial structure effect）使 ROE 增加（因为权益资本更低）。净影响取决于两者的作用强度，如果财务成本效应弱于财务结构效应，则较高的财务杠杆会提高公司 ROE；如果财务成本效应更强，则较高的财务杠杆会降低公司 ROE。下面介绍衡量这两种效应的比率。

1. 财务成本比率

财务成本效应反映在公司利润表中，用**财务成本比率**（financial cost ratio）衡量，即公司税前收益除以息税前收益

㊀ 分析单位不是整个公司，而是公司内部向可辨认客户群体销售具体产品或提供服务的经营分部。数据由 PIMS（营销战略的利润影响）项目收集。如果需要更多信息，可查看 Jagiello 和 Mandry（2004）的文章。

㊁ 资本重组是指用债务替代权益，而不改变公司资产。资本重组可以通过使用借款收入回购股东普通股的方式实现。

$$财务成本比率 = \frac{税前收益}{息税前收益} \tag{5-5}$$

在其他条件相同时，随着债务融资金额增加：①*EBT* 相对于 *EBIT* 而言减少；②财务成本比率下降；③公司权益收益率下降。如果公司全部为权益融资，则财务成本比率等于1，因为此时 *EBT* 等于 *EBIT*。1 是财务成本比率的最大值，只要公司存在借款，其财务成本比率就会小于1。

表5-5 的第四列给出了 OS 公司的财务成本比率。2008 年该比率为0.68，2009 年为0.73，2010 年为0.71。这些比率表明，OS 公司在三年中都有利息费用（三个比率都小于1），而且2008 年利息费用相对于税前营业利润（*EBIT*）而言最高（2008 年该比率最小）。

表5-5 OS 公司权益收益率结构

所有数据都来自表5-2 OS 公司利润表和表5-3 OS 公司资产负债表 （单位：100 万美元）

年份	权益收益率	=	经营活动盈利能力			×	财务杠杆乘数			×	税收效应
	ROE	=	营业利润率	×	资本周转率	×	财务成本比率	×	财务结构比率	×	税收效应比率
	$\frac{EAT}{所有者权益}$	=	$\frac{EBIT}{销售收入}$	×	$\frac{销售收入}{投入资本}$	×	$\frac{EBT}{EBIT}$	×	$\frac{投入资本}{所有者权益}$	×	$\frac{EAT}{EBT}$
			税前投入资本收益率				**财务杠杆乘数**				
	$\frac{7}{64}$	=	$\frac{17.2}{390}$	×	$\frac{390}{121}$	×	$\frac{11.7}{17.2}$	×	$\frac{121}{64}$	×	$\frac{7}{11.7}$
2008	**10.9%**	=	**4.4%**	×	**3.2**	×	**0.68**	×	**1.89**	×	**0.60**
			14.2%				**1.29**				
	$\frac{8}{70}$	=	$\frac{18.3}{420}$	×	$\frac{420}{126}$	×	$\frac{13.3}{18.3}$	×	$\frac{126}{70}$	×	$\frac{8}{13.3}$
2009	**11.4%**	=	**4.4%**	×	**3.3**	×	**0.73**	×	**1.80**	×	**0.60**
			14.5%				**1.31**				
	$\frac{10.2}{77}$	=	$\frac{24}{480}$	×	$\frac{480}{138}$	×	$\frac{17}{24}$	×	$\frac{138}{77}$	×	$\frac{10.2}{17}$
2010	**13.2%**	=	**5.0%**	×	**3.5**	×	**0.71**	×	**1.79**	×	**0.60**
			17.4%				**1.27**				

与财务成本比率相似的一个常用比率是**利息保障倍数**（times-interest-earned ratio or interest coverage ratio），用息税前收益除以利息费用表示

$$利息保障倍数 = \frac{息税前收益}{利息费用} \tag{5-6}$$

该比率反映公司税前营业利润相当于利息费用的倍数。例如：表5-2 OS 公司利润表显示，公司2010 年的 EBIT 为2 400 万美元，是利息费用700 万美元的3.4 倍（2 400 万美元/700 万美元）。该比率越大，公司偿付利息的能力越强。

2. 财务结构比率

财务结构效应反映在公司资产负债表中，用**财务结构比率**（financial structure ratio）衡量，也称为**权益乘数**（equity multiplier）。该比率用投入资本除以所有者权益表示

$$财务结构比率 = \frac{投入资本}{所有者权益} \tag{5-7}$$

在其他条件相同时，如果投入资本是一定的，则随着债务融资金额增加：①所有者权益减少；②财务结构比率提高；③公司权益收益率提高。如果公司的投入资本全部为权益融资，则投入资本等于所有者权益，财务结构比率等于1，这是财务结构比率最小值。从理论角度，随着公司债务融资的增加，财务结构比率可以达到很大的值。

表5-5的第五列给出了OS公司的财务结构比率。该比率从2008年的1.89下降到2010年的1.79，表明这段时间OS公司的投资中债务融资的比例下降，这一点可通过表5-3得到验证。

3. 财务杠杆的其他衡量方法

财务结构比率是用于衡量公司借款相对于权益融资程度而言的债务比率之一。其他常用的比率还包括**债务与权益比率**（debt-to-equity ratio）（债务/所有者权益）和**债务与投入资本比率**（debt-to-invested capital ratio）（债务/投入资本）。

利用表5-3中的数据，我们可以得到OS公司2010年的**债务比率**（debt ratio）。公司的债务与权益比率为79.2%(6 100万美元总债务/7 700万美元权益)，债务与投入资本比率为44.2%(6 100万美元总债务/13 800万美元投入资本)。我们将在第11章考察决定公司债务比率的因素。

5.2.4 税收对权益收益率的影响

公司*ROE*的第三个决定因素是公司税收的影响。公司税前收益使用的税率越高，ROE就越低。税收影响可以使用**税收效应比率**（tax-effect ratio）——税后收益对税前收益的比率衡量

$$\text{税收效应比率} = \frac{EAT}{EBT} = \frac{EBT \times (1-\text{实际税率})}{EBT} = 1-\text{实际税率} \tag{5-8}$$

我们注意到，由于$EAT = EBT \times (1-\text{有效税率})$，因此，税收效应比率等于1减去公司实际税率。

随着公司实际税率的提高，税收效应比率降低，公司会保留更小比例的税前收益，在其他条件不变时，公司的ROE将下降。考察OS公司，它的税前收益按照40%的税率纳税，因此它的税收效应比率为60%，如表5-5最后一列所示。

相关公司税率是公司支付的**实际税率**（effective tax rate），而不是**法定税率**（statutory tax rate）[⊖]。如果公司利润按照不同的税率纳税，实际税率可能显著低于税务机构征收的最大法定税率。例如，2008年美国的法定公司税率为35%，但处于同一行业的两家公司惠普公司（HP）和太阳计算机系统公司（Sun Microsystems，简称Sun公司）的数据，揭示出两家公司实际税率存在显著差异。如表5-6所示，2008年HP的实际税率为20.5%，显著低于Sun公司的33.9%。这对两家公司的ROE有什么影响呢？HP的税前ROE比Sun高出2.5倍，而税后ROE则比Sun高出3倍。换言之，由于实际税率较低，HP能够扩大相对Sun公司的ROE优势。

表5-6 2008年实际税率比较 （单位：1 000美元）

公司	*EBT*	*EAT*	权益	税前*ROE*	税后*ROE*	实际税率
HP	10 437	8 329	38 942	26.9%	21.4%	20.5%
Sun	610	403	5 588	10.9%	7.2%	33.9%

资料来源：Companies' annual reports.

HP的实际税率较低，这是由于公司经营所在的非美国辖区征收较低的税率。由此可见：公司应该尽早制订计划，以使其税收负债降到最低。例如，当评估一项投资提案时，公司应该考虑使投资项目位于能够提供显著税收优惠的国家和地区。通过有计划地降低公司实际税率来获得更高的*ROE*，可能是提升公司*ROE*最简单方法的之一。

5.2.5 综合分析：公司的盈利能力结构

前面几节指出了影响公司*ROE*的五个比率：①营业利润率（*EBIT*/销售收入）；②资本周转率（销售收入/投入资本）；③财务成本比率（*EBT/EBIT*）；④财务结构比率（投入资本/权益）；⑤税收效应比率（*EAT/EBT*）。这些比率与权益收益率之间的关系很简单，*ROE*就等于这五个比率的乘积

$$ROE = \frac{EAT}{\text{所有者权益}} = \frac{EBIT}{\text{销售收入}} \times \frac{\text{销售收入}}{\text{投入资本}} \times \frac{EBT}{EBIT} \times \frac{\text{投入资本}}{\text{所有者权益}} \times \frac{EAT}{EBT} \tag{5-9}$$

⊖ 有关经济合作与发展组织成员国的最新公司税率信息，可以查看 http://www.oecd.org 网站并参看 Table Ⅱ.1：*Taxation of Corporate and Capital Income*（表Ⅱ.1：公司税收与资本收益）。

式（5-9）右边五个比率的乘积等于 *EAT* 除以所有者权益。因为 *EBIT*、销售收入、投入资本和 *EBT* 同时在分子和分母上，故可以相互抵消，剩下的项目仅为分子中的 *EAT* 和分母中的所有者权益。

前两个比率反映了公司投资和经营决策对整体盈利能力的影响，它们的乘积等于用税前投入资本收益率（$ROIC_{BT}$，见式（5-4））衡量的公司经营活动盈利能力。第三个比率和第四个比率反映了公司融资决策对整体盈利能力的影响，我们把它们的乘积称为**公司财务杠杆乘数**（financial leverage multiplier）

$$财务杠杆乘数 = 财务成本比率 \times 财务结构比率 \tag{5-10}$$

最后一个比率反映了公司税收对权益收益率的影响，如式（5-8）所示，等于（1－实际税率）。因此，式（5-9）可以写成如下形式

$$ROE = ROIC_{BT} \times 财务杠杆乘数 \times (1 - 实际税率) \tag{5-11}$$

图 5-1 图示了支撑 *ROE* 的五个比率以及它们相互关联的方式。

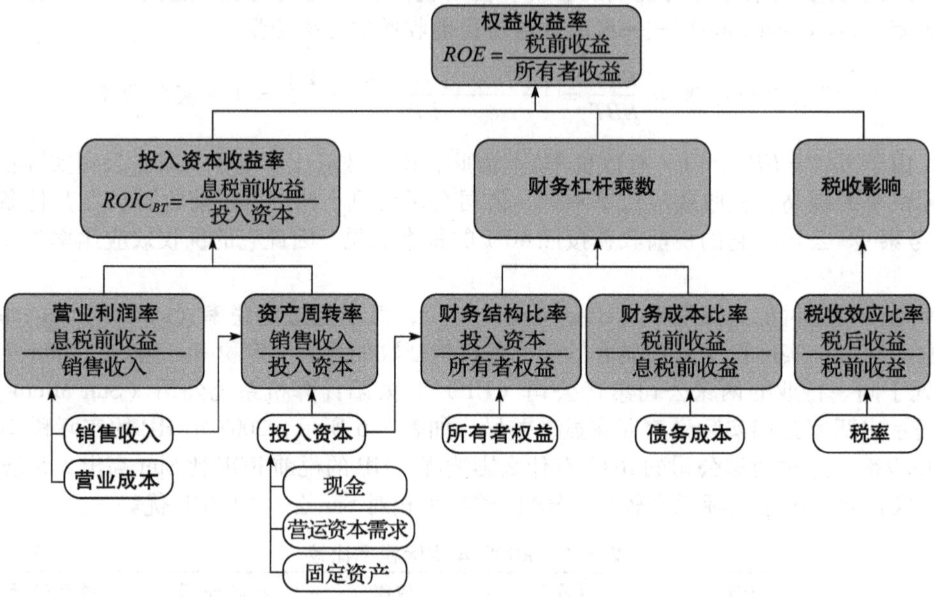

图 5-1 权益收益率的驱动因素

如果我们不考虑税收对盈利能力的影响而聚焦税前 *ROE*（ROE_{BT}），则式（5-11）可以写成如下形式

$$ROE_{BT} = ROIC_{BT} \times 财务杠杆乘数$$

显然，如果财务杠杆乘数大于 1，则 ROE_{BT} 大于 $ROIC_{BT}$；如果财务杠杆乘数小于 1，则 ROE_{BT} 小于 $ROIC_{BT}$。

现在我们考察 OS 公司的盈利能力结构，如表 5-5 所示。比较 2008 年 *ROE* 和 2010 年 *ROE*：*ROE* 从 2008 年的 10.9% 提高到 2010 年的 13.2%。这一整体业绩提升是由于运营管理的改善，财务杠杆乘数的提高，还是实际税率的下降？该表显示，*ROE* 的提升产生于营业利润率和资本周转率的提高。[㊀]这两个因素的作用促使经营活动盈利能力从 14.2% 提高到 17.4%。财务杠杆乘数从 1.29 轻微下降到 1.27，税收效应没有改变。

5.2.6 各行业权益收益率的结构

公司权益收益率的结构，在很大程度上取决于该公司所处行业的性质，以及公司能够长期获取的竞争优势。

为了说明这种现象，表 5-7 给出了五家公司 2008 年的 *ROE* 结构。这些公司包括一家美国制药公司、一家美国饮料公司、一家欧洲移动设备制造商、一家美国连锁零售店和一家美国软件公司。它们都是各自行业中的领先

㊀ 提取固定资产折旧会降低固定资产净值，从而带来公司资本周转率的提高。如果出现这种情况，则周转率的提高不能归因为对公司投入资本的管理有所改善。

者。在阅读下一部分之前，依据所给的*ROE*结构，试确定各公司分别属于哪个行业。

表5-7 五家不同行业公司的权益收益率构成（2008）①

公司②	营业利润率③ (1)	资本周转率④ (2)	投入资本收益率⑤ (3) = (1) × (2)	财务杠杆乘数⑥ (4)	税前权益收益率⑦ (5) = (3) × (4)	税收效应⑧ (6)	权益收益率⑨ (7) = (5) × (6)
1	37.2%	2.04	75.9%	0.82	62.3%	72.7%	45.3%
2	27.5%	0.95	26.1%	1.57	41.0%	80.5%	33.0%
3	20.8%	0.91	18.9%	1.72	32.5%	66.7%	21.7%
4	9.8%	2.86	28.0%	1.20	33.6%	77.4%	26.0%
5	5.6%	3.51	19.7%	1.60	31.5%	65.3%	20.6%

①由作者根据公司年报中的会计数据编制。
②公司名称参见正文。
③营业利润率 = 息税前收益/销售收入。
④资本周转率 = 销售收入/投入资本，其中，投入资本 = 现金 + 营运资本需求 + 固定资产净值。
⑤税前投入资本回报率 = 息税前收益/投入资本。
⑥财务杠杆乘数 = 税前权益收益率/税前投入资本收益率。
⑦税前权益收益率 = 税前收益/所有者权益。
⑧税收效应 = 税后收益/税前收益 = (1 - 实际税率)。
⑨权益收益率 = 税后收益/所有者权益。

公司1是微软，一家美国软件公司。它是这五家公司中盈利能力最强的，*ROE*为45.3%。原因在于这五家公司中，微软具有最高的营业利润率（其软件占据很高的市场份额且生产成本相对较低）和排在第三位的资本周转率2.04(软件生产不是资本密集型活动)。

公司2是可口可乐，一家美国饮料公司。它的权益收益率（33%）排在第二位，由排在第二位的营业利润率（强大的品牌使其具有定价能力并拥有非常高的市场份额）和较低的实际利率（它的实际税率仅为19.5%，是五家公司中最低的，因为公司大部分利润都是在美国以外赚取的）驱动。

公司3是百时美施贵宝，一家美国制药公司。尽管它的资本周转率和财务杠杆乘数与可口可乐并没有很大差别，但是它的*ROE*却明显低于可口可乐，原因在于它的营业利润率更低，而实际税率更高（33.3%）。

公司4是诺基亚，一家欧洲移动设备制造商。它的营业利润率在五家公司中排在倒数第二位，仅有9.8%。尽管诺基亚在行业中处于领先地位，但是移动电话市场激烈的全球竞争使其营业利润率相对较低。较高的资本周转率在一定程度上弥补了其较低的营业利润率，最终使得诺基亚的税后*ROE*排在第三位。

公司5是沃尔玛，一家美国连锁零售商。因为沃尔玛以价格竞争，所以它的营业利润率最低（5.6%），但它被最高的资本周转率（3.51）所补偿。沃尔玛的一半资产都是周转很快的库存商品。19.7%的经营活动盈利能力在五家公司中排倒数第二位，由于其财务杠杆乘数为1.6，最终使其税前*ROE*提高到31.5%。但是，34.7%的过高实际税率（很可能由于非美国业务相对较少）使得这家公司的*ROE*排名位于最后。

5.3 其他盈利能力衡量指标

以上讨论的盈利能力衡量指标都是基于公司利润表和资产负债表中列示的会计数据。一些其他常用的盈利能力相关比率把财务会计数据与金融市场数据结合在一起。这些比率包括公司**每股收益**（earning per share）、**市盈率**（price-to-earning ratio）和**市价对账面价值比率**（market-to-book ratio）。

5.3.1 每股收益

每股收益（EPS）是用公司税后收益除以全部流通在外股数

$$每股收益 = \frac{税后收益}{流通在外股数}$$

每股收益是财务分析师最常使用的，它本质上是公司税后收益的“标准化”指标。OS公司2010年流通在外股数为1 000万股（见第2章的表2-4），税后收益为1 020万美元，因此2010年OS公司的EPS为1.02美元（=1 020万美元/1 000万股）。

5.3.2 市盈率

市盈率（P/E 或 PER）又称为公司**收益乘数**（earning multiple），是财务分析师常用的另一个指标，可以表示为

$$市盈率 = \frac{每股价格}{每股收益}$$

假设 OS 公司的股票在股票市场中上市交易，如果每股价格是 14 美元，则 OS 公司的市盈率为 13.7（14 美元/1.02 美元）。换言之，OS 公司的股票正以其收益 13.7 倍的价格被交易（这也是公司市盈率被称作收益乘数的原因）。较高的市盈率意味着市场中的投资者正在为公司创造的当前每股收益支付更高的价格。第 12 章将考察公司市盈率的决定因素，并解释为什么不同公司的市盈率存在差异。

5.3.3 市价与账面价值比率

第三个比率是市价与账面价值比率，可以表示为

$$市价与账面价值比率 = \frac{每股价格}{每股账面价值}$$

其中，每股账面价值等于公司资产负债表中列示的所有者权益除以流通在外股数。

OS 公司 2010 年年末的每股账面价值为 7.7 美元（7 700 万美元账面权益价值/1 000 万股）。如果每股价格为 14 美元，则市价与账面价值的比率为 1.8（每股价格 14 美元/每股账面价值 7.7 美元）。换言之，OS 公司的股票正在市场中按照高于账面价值的溢价——账面价值的 1.8 倍被交易。OS 公司的股票按照溢价交易的事实意味着公司正在为股东创造价值。我们将在第 15 章具体说明。

5.4 财务杠杆与风险

企业的财务结构通过财务杠杆乘数影响权益收益率，那么财务杠杆是如何起作用的呢？考虑两家具有相同资产的公司，它们都拥有资本 1 亿美元，唯一的区别在于融资战略不同。一家公司的资产全部来自权益融资（无杠杆公司），另一家公司资产中的一半（5 000 万美元）来自权益融资，另一半（5 000 万美元）来自成本为 10% 的债务融资（杠杆公司）。为简便起见，假设这两家公司不交纳公司税（这个假设不影响结论）。

下面分析风险。当两家公司在年初构建**资本结构**（capital structure）时，它们并不了解年末税前营业利润（*EBIT*）会是多少。因此，假设它们依据对未来一年经济环境的不同预期，预测了三个 *EBIT* 的可能水平：如果经济环境好，*EBIT* 将达到 1 400 万美元；如果经济环境一般，*EBIT* 可达到 1 000 万美元；如果经济环境不好，则 *EBIT* 将为 800 万美元。公司会实现怎样的 *EBIT*，要到年末才能知道。这种情形就是我们所说的**经营风险**（business risk）。公司面临经营风险，是因为不能确切预知当前投资和经营决策的结果。公司的最佳选择是确定 *EBIT* 的各种可能结果及其发生的可能性。

两家公司投入的资本相同，而且面临相同的 *EBIT* 概率分布，因此它们具有相同的经营风险。那么融资战略的差异会对公司盈利能力产生什么影响呢？表 5-8 列示了三种可能 *EBIT* 水平下两家公司的盈利能力比率——投入资本收益率（$ROIC_{BT}$）和权益收益率（ROE_{BT}）。首先考察无杠杆公司的情形。该公司的经营活动盈利能力（$ROIC_{BT}$）从较高的 14%（=1 400 万美元 *EBIT*/投入资本 1 亿美元）变动到较低的 8%。公司的 ROE_{BT} 与 $ROIC_{BT}$ 相等，因为它没有负债也不需要交税（公司的财务杠杆乘数和税收效应比率都为 1）。

表 5-8 不同 EBIT 水平下融资对盈利能力的影响

税前营业利润的不同水平	100% 权益融资公司的盈利能力		50% 权益融资公司的盈利能力	
BEIT	$ROIC_{BT}$	ROE_{BT}	$ROIC_{BT}$	ROE_{BT}
1 400 万美元	14%	14%	14%	18%
1 000 万美元	10%	10%	10%	10%
800 万美元	8%	8%	8%	6%

杠杆公司的盈利能力如何呢？它的 $ROIC_{BT}$ 与无杠杆公司相同，因为两家企业具有相同的资产和营业利润。公

司不支付税金，利息费用为500万美元（5 000万美元债务的10%），权益资本为5 000万美元，因此ROE_{BT}为

$$ROE_{BT}=\frac{EBIT-\text{利息费用}}{\text{所有者权益}}=\frac{EBIT-500\text{万美元}}{5\,000\text{万美元}}$$

当$EBIT$为1 400万美元时，ROE_{BT}等于18%（=(1 400万美元－500万美元)/5 000万美元）。在这种情况下，杠杆公司的ROE_{BT}比无杠杆公司的高（18%相对于14%而言）。尽管杠杆公司的利息费用使所有者利润减少到900万美元（=1 400万美元$EBIT$－500万美元利息费用），但因为它的权益基数比无杠杆公司的小（5 000万美元而不是1亿美元），所以其权益利润率（ROE_{BT}）提高到18%。在这种情形下，财务杠杆对杠杆公司的所有者有利，因为正向的财务结构效应超过并抵消了负向的财务成本效应。

当$EBIT$为1 000万美元时，杠杆公司的ROE_{BT}是10%。在这种情形下，财务杠杆是中性的，因为杠杆公司的ROE_{BT}与无杠杆公司相同；当$EBIT$为800万美元时，杠杆公司的ROE_{BT}为6%。在这种情形下，财务杠杆对公司所有者不利，因为杠杆公司的ROE_{BT}比无杠杆公司的低（6%相对于8%而言）。注意一下财务杠杆（按照固定利率借款）是如何影响ROE的。随着$EBIT$发生相同程度的变动，无杠杆公司的ROE_{BT}从14%变动到8%，而杠杆公司的ROE_{BT}从18%变动到6%。因为$EBIT$的变动程度相同，所以两家公司面临相同的经营风险。然而，杠杆公司的ROE_{BT}变动范围要比无杠杆公司的大得多。换言之，财务杠杆（借款）放大了公司的经营风险。按照固定利率借款在公司已有的经营风险之上又增加了**财务风险**（financial risk）。杠杆公司的所有者要同时面对经营风险和财务风险，而无杠杆公司的所有者只需承担经营风险。杠杆公司的风险要高于无杠杆公司，并且会随借款水平的上升而增加。

5.4.1　财务杠杆的作用过程

为什么当$EBIT$为1 400万美元时，财务杠杆对公司所有者有利（他们获得的ROE_{BT}高于无借款公司），当$EBIT$为1 000万美元时对公司所有者是中性的（他们获得的ROE_{BT}与无借款公司相同），而当$EBIT$为800美元时对公司所有者不利（他们获得的ROE_{BT}比无借款公司低）？答案其实很简单。在第一种情况下，公司所有者按照10%的成本取得借款为资产融资，创造了14%的税前收益（在第一种情形下$ROIC_{BT}$为14%）。你不需要精通财务就会明白，按照10%的成本取得借款来获得14%的投资收益是有利可图的，财务杠杆会提升公司的整体盈利能力（ROE_{BT}）。在第二种情况下，公司按照10%的成本取得借款，取得了10%的$ROIC_{BT}$，财务杠杆是中性的，ROE_{BT}与公司没有借款的情况相同。在第三种情况下，公司按照10%的成本取得借款，仅取得了8%的$ROIC_{BT}$，这显然是一种不利的处境，在这种情况下，借款是一个较差的决策。

在借款成本、税率、债务与权益比率既定的条件下，公司税后ROE与税前$ROIC$的关系式如下

$$ROE=ROIC_{BT}(1-T_C)+(ROIC_{BT}-\text{债务成本})(1-T_C)\times\frac{\text{债务}}{\text{所有者权益}}$$

其中，T_C是公司的实际税率。对于任意给定的债务与权益比率而言，若$ROIC_{BT}$高于债务成本，则ROE大于$ROIC_{BT}$；若$ROIC$等于债务成本，则ROE等于$ROIC_{BT}$；若$ROIC_{BT}$低于债务成本，则ROE小于$ROIC_{BT}$。

为说明这种关系，我们回到前面的例子。在权益融资占50%的公司中，债务与权益比率是1(5 000万美元债务/5 000万美元权益)，债务成本为10%，公司不交税金（$T_C=0$）。三种情况分别如下：

（1）当$ROIC_{BT}=14\%$时，$ROE=14\%+(14\%-10\%)\times1=14\%+4\%=18\%$

（2）当$ROIC_{BT}=10\%$时，$ROE=10\%+(10\%-10\%)\times1=10\%+0\%=10\%$

（3）当$ROIC_{BT}=8\%$时，$ROE=8\%+(8\%-10\%)\times1=8\%-2\%=6\%$

尽管可以根据任意的$ROIC_{BT}$和债务与权益比率计算出公司的ROE，但这个公式并不能给出公司的最佳债务水平。我们将在第11章考察公司应该如何确定资本结构时回答这个问题。

5.4.2　两个相关说明：风险与创造价值的能力

从前面讨论中可以得出的一个明显结论是：假设公司想要提升ROE，如果$ROIC_{BT}$高于债务成本，公司应借款；如果$ROIC_{BT}$低于债务成本，则公司不应借款。然而，对于这个结论，有两个重要的相关说明。

第一，经理在借款为公司资产融资时，并不知道公司的未来$ROIC_{BT}$是多少，因此只能将债务成本与预期（风险）$ROIC_{BT}$比较，而这个预期值最终可能达到也可能达不到。在应用ROE公式时，不能忽视风险因素。高水平的

预期 $ROIC_{BT}$ 将带来高水平的预期 *ROE*，然而，必须将达到高水平 *ROE* 的预期与不能达到高水平 *ROE* 的预期风险权衡。(你希望得到 18% 的收益率，但最终可能只得到 6%，你并不知道什么情况会发生!)

第二个说明与第一个相关，即高水平 *ROE* 的预期不一定意味着公司正在为所有者创造价值。仍然考察债务与权益比率为 1，可以按照 10% 的成本取得借款的那家公司。假设公司购买的资产预计能够创造 14% 的 $ROIC_{BT}$，则如上所述，财务杠杆将对公司 *ROE* 起到正向推动作用，*ROE* 可达到 18%，但这并不意味着公司应该购买该资产。如果公司所有者预计收益率达到 25% 才可能补偿其投资的经营风险和财务风险怎么办？如果是这种情况，则购买资产预计能够获得的 18% 的收益率将不足以补偿给公司所有者。因为这项投资不能创造价值，公司不应该购买该资产。第 15 章将详细阐述这个问题。

5.5 自我可持续增长

如果没有一个可持续的利润水平，公司为未来增加融资的能力将受到限制。考察一下 OS 公司，2010 年销售收入从 42 000 万美元增加到 48 000 万美元，上升了 14.3%。假设 OS 公司预计下一年销售收入将增长 15%，随着销售收入增加，将产生更多的应收账款，需要更多的存货，而且公司最终需要投入更多的固定资产以支持更高的销售收入水平。资产的增长必须通过债务、权益或综合使用两种资金来源来融资。OS 公司的管理层如何预测预计销售收入增长对融资的影响呢？

公司可以通过两种方式为预期增长融资：①从内部通过利润留存（增加留存收益）融资；②从外部通过发放股票或取得借款融资。由于外部权益融资比内部权益融资的成本高[1]，公司通常尽量使用内部产生的权益（留存收益）为预期增长融资。出于这种原因，经理需要了解在不增加外部权益的情况下公司能够实现的最大增长。公司的**自我可持续增长率**（self-sustain growth rate，SGR）可以作为衡量指标，它是指公司在不发行新股，不改变经营政策（营业利润率和资本周转率保持不变）和融资政策（债务与权益比率和股利支付率保持不变）的条件下，能够实现的最大销售收入增长率。

可持续增长率是怎样确定的呢？我们首先预计一下 OS 公司 2010 年年末的这一比率。表 5-2 和表 5-3 的公司财务数据显示，2010 年年初公司 7 000 万美元的权益（与 2009 年年末相同）创造了 1 020 万美元的税后收益。公司的留存利润为 700 万美元，向股东发放股利 320 万美元。因此，所有者权益从 7 000 万美元增加到 7 700 万美元，增加了 10%。如果公司预计权益在下一年度会按照相同的比例增加，而且希望保持当前的债务与权益比率不变，那么公司债务也必须按照 10% 的比例增加。如果所有者权益和债务都增加 10%，则两者之和（等于公司投入资本）也将增加 10%。此外，如果公司资本周转率（销售收入/投入资本）不变，那么销售收入也将增加 10%。这个 10% 的销售收入增长率就是 OS 公司的可持续增长率，它等于公司权益的增长率的 10%，同时也是公司在不改变资本结构和经营政策，而且不通过发行股票筹集新权益资本的情况下，可以获得的最大销售收入增长率。

从这个例子中，我们可以得出计算公司自我可持续增长率的一般公式。我们把公司**利润留存率**（profit retention rate）定义为留存收益增加额与税后收益的比率

$$\text{利润留存率} = \frac{\text{留存收益增加}}{\text{税后收益}}$$

自我可持续增长率等于所有者权益增长率，因此可以写为

$$\text{自我可持续增长率} = \frac{\text{留存收益}}{\text{所有者权益}} = \frac{\text{利润留存率} \times EAT}{\text{所有者权益}}$$

$$\text{自我可持续增长率} = \text{利润留存率} \times \text{权益收益率} \tag{5-12}$$

其中，权益收益率是用当年的净利润或税后收益除以公司年初权益账面价值。

我们知道，权益收益率可以表示为营业利润率、资本周转率、财务杠杆乘数和税收效应比率（见式（5-9）和式（5-10））的乘积。因此，公司的自我可持续增长率可以表示为

$$\text{自我可持续增长率} = \text{利润留存率} \times \text{营业利润率} \times \text{资本周转率} \times \text{财务杠杆乘数} \times (1 - \text{实际税率})$$

[1] 若以发行股票筹集权益，则交易成本可能会使权益成本增加好几个百分点。更多内容将在第 11 章中叙述。

这个公式清楚地表明，在公司不筹集新权益资本的情况下，决定公司增长能力的五个因素。第二个因素和第三个因素反映了公司的营业政策（公司的营业利润率和资本周转率），第一个因素和第四个因素反映了公司的财务政策（公司的利润留存率和财务杠杆乘数），第五个因素反映了税前收益适用的实际税率。应该记住的关键是：如果这五个因素都保持固定不变，除非公司发行新股，否则公司销售收入增长率无法超过其自有可持续增长率。

让我们回到OS公司。表5-9列示了根据式（5-12）计算的2009年和2010年公司自我可持续增长率，以及公司这两年的销售收入增长率。OS公司的自我可持续增长率在2010年为10%，略高于2009年的9.4%。然而，2010年销售收入增长了14.3%，几乎是2009年的2倍（7.7%）。为什么OS公司在没有发行新股而且其自我可持续增长率与2009年几乎相同的情况下，2010年的销售收入却增长了14.3%呢？换言之，公司是从哪里筹集到使得销售收入增长率超过可持续增长率10%的那部分额外资本的呢？从OS公司的管理资产负债表（见表5-3）中可以找到答案。现金从2010年年初的1 200万美元减少到年末的800万美元，一年间降低了33%。由此可见，OS公司是用持有的现金为可持续增长率与销售收入增长率之间的差额融资的。

表5-9　OS公司的可持续增长率与销售收入增长率比较

年份	利润留存率	权益收益率	自我可持续增长率	销售收入增长率
2010	$\frac{7.0}{10.2}=0.69$	$\frac{10.2}{70.0}=14.6\%$	0.69×14.6%＝10%	14.3%
2009	$\frac{6.0}{8.0}=0.75$	$\frac{8.0}{64.0}=12.5\%$	0.75×12.5%＝9.4%	7.7%

这个例子说明了一个重要问题：如果公司销售增长率大于自我可持续增长率，则公司最终会经历现金短缺；如果公司销售收入增长率小于自我可持续增长率，则公司最终会创造现金盈余。图5-2说明了这种现象。位于中分线上的公司处于**财务平衡**（financial balance）状态，它们的自我可持续增长率等于销售收入增长率。销售收入增长率大于自我可持续增长率的公司位于线上部分，销售收入增长率小于自我可持续增长率的公司位于线下部分。现金短缺公司面临融资问题，现金盈余公司面临投资问题——它们创造的现金超过了投资需求。

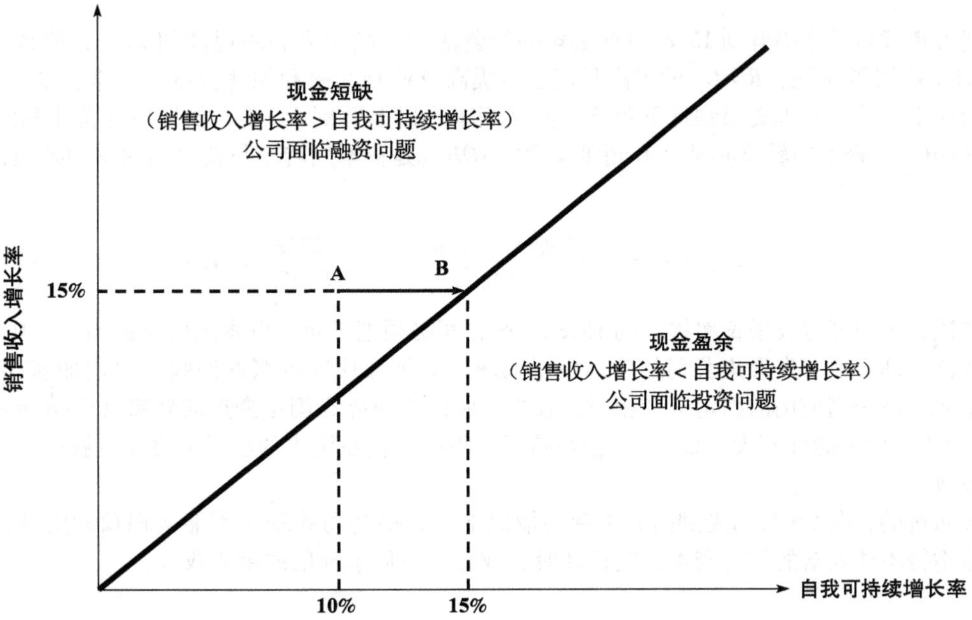

图5-2　销售收入增长和现金状况

如果销售收入增长率不可持续，即销售收入增长率超过公司自我可持续增长率，管理层应该做出怎样的反应呢？例如，假设OS公司预计下一年的销售收入将增长15%，如果OS公司的自我可持续增长率仍然保持在当前10%的水平（见图5-2中OS公司的最初位置A点），这个增长率显然是不可持续的。如果不增加新的权益资本，则OS公司管理层必须做出促使公司可持续增长率提升到15%的经营或融资决策（见图5-2中OS公司的理想最终位置B点）。否则，OS公司将在下一年经历持续的现金短缺，从而可能最终引发融资和流动性危机。

我们考察一下 OS 公司可以做出的一些选择。如果我们假设下一年的权益收益率与本年相同（14.6%），那么一种可能的选择是留存公司全部利润。如果利润留存率为 1，则公司的可持续增长率等于权益收益率。因此，这种选择意味着不支付股利，将使公司可持续增长率提高到 14.6%，接近公司 15% 的预计销售收入增长率。但是，公司所有者可能不会接受这种选择，他们或许会对公司管理层做出一些财务限制。我们假设：①他们不愿意把股利削减到利润的 20% 以下；②他们期望的债务与权益比率为 1。如果管理层满足了这些财务限制的要求，则公司只能通过改善经营活动盈利能力来提高可持续增长率。

那么，为使可持续增长率提升到 15% 的目标水平，OS 公司的经营活动盈利能力（用 $ROIC_{BT}$ 衡量）需要增加多少呢？为了回答这个问题，我们首先看一下 *ROE*。公司的可持续增长率等于利润留存率乘以 *ROE*。如果希望在利润留存率为 0.80（与股利支付率 20% 相对应）的情况下获得 15% 的自我可持续增长率，那么公司的 *ROE* 必须等于

$$ROE = \frac{\text{自我可持续增长率}}{\text{利润留存率}} = \frac{15\%}{0.80} = 18.7\%$$

要在利润留存率为 80% 的情况下实现 15% 的目标可持续增长率，OS 公司的 *ROE* 就必须提高到 18.7%。进而，要达到 18.7% 的 *ROE* 水平，财务杠杆和 $ROIC_{BT}$ 应该怎样组合呢？重新整理式（5-11）中的各项，我们可以得到

$$ROIC_{BT} = \frac{ROE}{\text{财务杠杆乘数} \times (1 - \text{实际税率})}$$

前面讲到过，财务杠杆乘数是财务结构比率（投入资本/权益）与财务成本比率的乘积。如果债务与权益比率为 1，则财务结构比率为 2。如果我们假定公司 2010 年的财务成本比率仍为 0.71，则财务杠杆乘数等于 2 乘以 0.71。如果期望的 *ROE* 为 18.7%，而且税率为 40%，则隐含的投入资本收益率（$ROIC_{BT}$）为

$$ROIC_{BT} = \frac{18.7\%}{2.0 \times 0.71 \times 0.60} = \frac{18.7\%}{0.85} = 22\%$$

因此，为使可持续增长率提升到 15%，OS 公司的经营活动盈利能力必须提高到 22%，那么，公司怎样才能使下一年的 $ROIC_{BT}$ 达到 22% 呢？$ROIC_{BT}$ 的提高只能通过提高营业利润率和加速资本周转来实现。假设在 OS 公司的上一次经理会议上，营销经理提出预计下年度营业利润率可以上升到 5.5%。如果预计营业利润率将为 5.5%，要达到 22% 的 $ROIC_{BT}$，资本周转率必须上升到多高呢？$ROIC_{BT}$ 是资本周转率与营业利润率的乘积，因此，我们可以得到

$$\text{资本周转率} = \frac{\text{税前投入资本收益率}}{\text{营业利润率}} = \frac{22\%}{5.5\%} = 4.0$$

现在我们知道，要使可持续增长率提升到 15%，OS 公司必须把下年度资本周转率提高到 4.0。怎样才能实现这个目标呢？运营经理必须首先聚焦公司的营运资本需求，必须加快应收账款回收并尽快加速存货周转。然而，由于属于分销行业，OS 公司使用的固定资产相对比较少，所以快速提高**固定资产周转率**（fixed asset turnover ratio，销售收入/固定资产）的可能性不大。如果 OS 公司希望在不增加权益资本的前提下提高自我可持续增长率，则它必将面临这种挑战。

结论是不容回避的：在 OS 公司受到财务限制的情况下，如果公司管理层不能实现预期的经营活动改善，那么公司所有者将不得不注入新的权益资本，发行新股，或者接受低于预期的销售收入。

5.6 小结

公司的盈利能力、风险和增长之间是相互联系的，必须采用一定的方式对它们加以管理，以使公司既能顺利发展，又不会损害其为所有者创造财富的能力。公司的权益收益率（*ROE*）衡量公司的整体盈利能力，要受到公司经营、投资和融资活动以及公司实际税率的影响。

经营和投资活动对 *ROE* 的影响可以用税前投入资本收益率（$ROIC_{BT}$）反映，$ROIC_{BT}$ 是用公司息税前收益（*EBIT*）除以投入资本（现金、营运资本需求与固定资产净值之和）得到的。$ROIC_{BT}$ 又等于公司营业利润率（*EBIT*/销售收入）乘以资本周转率（销售收入/投入资本）。经验证据表明，一家公司的 $ROIC_{BT}$ 本质上由公司的

竞争地位（市场份额）、公司产品和服务的相对质量，以及公司资产和成本的结构决定。

公司的融资战略对 *ROE* 也有影响。公司税前 *ROE* 等于经营活动盈利能力乘以财务杠杆乘数。财务杠杆乘数是衡量借款对公司盈利能力影响的指标。当经营活动盈利能力超过债务成本时，财务杠杆乘数大于1，财务杠杆对公司所有者是有利的；当经营活动盈利能力低于债务成本时，财务杠杆乘数小于1，财务杠杆对公司所有者是不利的。然而，由于经营风险（公司 *EBIT* 和经营活动盈利能力的不可预测波动）的存在，公司不容易利用有利的财务杠杆。换言之，当公司借款支持投资时，通常不能预测未来的经营活动盈利能力。财务杠杆在公司经营风险之上又增加了一层风险，这种额外的风险称为财务风险，其会影响公司绩效。

最后，税收影响 *ROE*。一些国家或地区为吸引投资提供税收减免和税收补贴政策。公司应尽可能利用这些条件，最小化公司税收对盈利能力的负面影响。

除 *ROE* 外，其他盈利能力衡量指标包括公司每股收益（税后收益/流通在外股数）、市盈率（股价/每股收益）、市价与账面价值比率（股价/每股账面价值）。

公司取得增长融资的能力取决于其自我可持续增长率。这个比率等于公司留存利润的比例（利润留存率）乘以 *ROE*。公司的自我可持续增长率能够表明，在不增加新权益资本，不改变公司经营政策（营业利润率和资本周转率保持不变）或融资政策（债务与权益比率和股利支付率保持不变）的情况下，公司能否为其预期销售收入增加融资。如果销售收入增长率高于其自我可持续增长率，则公司最终会经历现金短缺，如果不能通过提高利润留存率或 *ROE* 来提升自我可持续增长率，则消除现金短缺的唯一选择是发行新股；反之，如果销售收入增长率小于自我可持续增长率，则公司最终会发生现金盈余，面临这种情况的公司必须决定如何运用现金盈余为所有者创造价值。如果公司不能找到创造价值的投资机会，就应该通过股利支付或股票回购计划，把多余的现金返还给股东。

附录5A HD公司的盈利能力

在本章附录中，我们将分析 HD 公司在 2006 年、2007 年和 2008 年[㊀]的盈利能力。我们将使用权益收益率（*ROE*）的计算公式，即式（5-9），来说明公司的经营活动、融资政策和税收因素对公司盈利能力的影响，并将其与 HD 公司在家居零售行业众所周知的竞争对手劳氏公司进行比较。

HD公司的盈利能力结构

我们将式（5-9）应用于摘自 HD 公司利润表和管理资产负债表（见表 5A-1 和表 5A-2[㊁]）的数据，结果如表 5A-3 所示，它反映了 2006 年、2007 年和 2008 年 HD 公司的经营活动、融资活动和税收因素是如何影响 *ROE* 的。为了便于比较，我们还在同一张表中列出了劳氏公司相同期间[㊂]的盈利能力结构。

表 5A-1 HD公司合并利润表

数据来自第 2 章附录 2A 的表 2A-2　　（单位：100 万美元）

会计年度截止日[①]	2007年1月28日	2008年2月3日	2009年2月1日
销售收入净额	**79 022**	**77 349**	**71 288**
销售成本	52 476	51 352	47 298
毛利	**26 546**	**25 997**	**23 990**
销售和管理费用	16 106	17 053	17 846
折旧费用	1 574	1 702	1 785
营业利润	**8 866**	**7 242**	**4 359**
非常项目[②]	495	185	(215)
息税前收益	**9 361**	**7 427**	**4 144**
净利息费用	364	622	606

㊀ 2006 年、2007 年、2008 年分别指结束于 2007 年 1 月 28 日、2008 年 2 月 3 日、2009 年 2 月 1 日的会计年度。

㊁ HD 公司的利润表见第 2 章的附录 2A，管理资产负债表见第 3 章附录 3B。

㊂ 劳氏公司的 2006 年、2007 年和 2008 会计年度分别结束于 2007 年 2 月 2 日、2008 年 2 月 1 日和 2009 年 1 月 30 日。

（续）

会计年度截止日	2007 年 1 月 28 日	2008 年 2 月 3 日	2009 年 2 月 1 日
税前收益	**8 997**	**6 805**	**3 538**
所得税	3 236	2 410	1 278
税后收益	**5 761**	**4 395**	**2 260**

①会计年度截止日为 2009 年 2 月 1 日、2007 年 1 月 28 日，包括 52 周。会计年度截止日为 2008 年 2 月 3 日，包括 53 周。
②非常项目包括 HD 公司利润表中报告的投资减值和终止经营损益。

表 5A-2 HD 公司管理资产负债表

数据来自第 3 章附录 3B 的表 3B-3 （单位：100 万美元）

	2007 年 1 月 28 日		2008 年 2 月 3 日		2009 年 2 月 1 日	
投入资本						
现金		3 837		1 716		1 497
营运资本需求		1 250		2 299		2 479
固定资产净值		34 263		29 650		27 802
投入资本合计		**39 350**		**33 665**		**31 778**
运用资本						
短期负债		18		2 047		1 767
长期融资		39 332		31 618		30 011
长期负债	11 643		11 383		9 667	
其他长期负债	2 659		2 521		2 567	
所有者权益	25 030		17 714		17 777	
运用资本合计		**39 350**		**33 665**		**31 778**

表 5A-3 HD 公司和劳氏公司的权益收益率结构

所有数据都来自公司利润表和管理资产负债表

权益收益率 = 经营活动获利能力 × 财务杠杆乘数 = 税前权益收益率 × 税收效应

$$\frac{EAT}{\text{所有者权益}} = \frac{EBIT}{\text{销售收入净额}} \times \frac{\text{销售收入净额}}{\text{投入资本}} \times \frac{EBT}{EBIT} \times \frac{\text{投入资本}}{\text{所有者权益}} = \frac{EBT}{\text{所有者权益}} \times \frac{EAT}{EBT}$$

会计年度截至	权益收益率	EBIT/销售收入净额	销售收入净额/投入资本	税前投入资本回报率	EBT/EBIT	投入资本/所有者权益	财务杠杆乘数	税前权益收益率	税收效应
HD 公司									
2007 年 1 月 28 日	23.0%	11.8%	2.01	**23.8%**	0.96	1.57	**1.51**	35.9%	0.64②
2008 年 2 月 3 日	24.8%	9.6%	2.30	**22.1%**	0.92	1.90	**1.74**	38.4%	0.65②
2009 年 2 月 1 日	12.7%	5.8%	2.24	**13.0%**	0.85	1.79	**1.53**	19.9%	0.64②
Lowe 公司①									
2007 年 2 月 2 日	14.0%	7.8%	2.26	**17.7%**	0.93	1.36	**1.26**	22.3%	0.63②
2008 年 1 月 1 日	17.4%	9.7%	1.99	**19.4%**	0.96	1.50	**1.44**	28.0%	0.62②
2009 年 1 月 30 日	17.2%	11.0%	1.83	**20.1%**	0.97	1.42	**1.38**	27.7%	0.62②

①注意劳氏公司的报告期截止日期和 HD 公司不完全一致。
②使用该表中的数据，税前权益收益率与税收效应的乘积可能不刚好等于权益收益率，因为这些数据只保留一位或两位小数。

HD 公司的 *ROE* 从 2006 年的 23% 上升到 2007 年的 24.8%，然后大幅下降到 2008 年的 12.7%；在同一期间，劳氏公司的 *ROE* 从 2006 年的 14% 上升到 2007 年的 17.4%，然后小幅下降到 2008 年的 17.2%。是什么原因导致了两家公司 *ROE* 的变动及其差异呢？我们将在下面五个部分中，基于表 5A-3 的数据分析两家公司的 *ROE* 结构，对这个问题加以说明。

1. HD 公司的经营活动盈利能力对权益收益率的影响

HD 公司的税前投入资本收益率（$ROIC_{BT}$）连续三年呈下降趋势：从 2006 年的 23.8% 下降到 2007 年的 22.1%，再下降到 2008 年的 13%。正如公司的 *ROE* 一样，2008 年公司 $ROIC_{BT}$ 的降幅也很大。前面提到过，$ROIC_{BT}$ 由营业利润率和资本周转率驱动，鉴于此，我们看一看经营活动盈利能力的这两个驱动因素在 2006 ~ 2008 年是如何变动的。

2. 营业利润率对 HD 公司经营活动盈利能力的影响

我们注意到，HD 公司的营业利润率在三年间持续下降：2006 年为 11.8%，2007 年为 9.6%，2008 年为 5.8%。如表 5A-4 所示，营业利润率的下降不是因为较低的毛利率（毛利率显然稳定在 33.6%），而是因为公司的销售和管理（SG&A）费用从 2006 年占销售净额的 20.4% 上升到 2008 年占销售净额的 25%。

表 5A-4　HD 公司和劳氏公司的毛利率和 SG&A 费用与销售收入净额比率

数据来自公司利润表　　（单位：%）

会计年度截至	HD 公司			劳氏公司		
	2007 年 1 月 28 日	2008 年 2 月 3 日	2009 年 2 月 1 日	2007 年 2 月 2 日	2008 年 2 月 1 日	2009 年 1 月 30 日
毛利率	33.6	33.6	33.7	34.5	34.6	34.2
SG&A 费用与销售收入净额比率	20.4	22.0	25.0	21.1	22.1	23.2

因为构成零售企业销货成本大部分的是变动成本，如果在像 2008 年这样的经济衰退时期，零售企业没有通过大力打折来防止销售下降，则大部分零售企业（例如 HD 公司）都会预期毛利率稳定。

表 5A-1 显示，HD 公司的销售净额从 2006 年的 79 022 百万美元下降到 2008 年的 71 288 百万美元，两年间降幅达 9.8%。回到表 5A-4，我们发现 SG&A 费用占销售收入的比例从 2006 年的 20.4% 上升到 2008 年的 25%。上升的原因是，SG&A 费用在短期内大多是固定的，因此，固定成本在 SG&A 费用中所占比例越高，营业利润率就越低。2006 ~ 2008 年 HD 公司就存在这种现象。

在同样的三年期间，劳氏公司的营业利润率从 2006 年远低于 HD 公司（7.8% 相对于 11.8%）上升到 2008 年的 11%，几乎达到 HD 公司营业利润率的两倍（11% 相对于 5.8%）。劳氏公司的毛利率稍高于 HD 公司，在三年期间也保持稳定。然而，劳氏公司的销售收入从 2006 年的 46 927 百万美元上升到 48 230 百万美元（销售收入数据从公司年报中所得，这里没有列示），升幅为 2.7%。不过，正如表 5A-4 所示，劳氏公司 SG&A 费用占销售收入的比例从 2006 年的 21.1% 上升到 2008 年的 23.2%。劳氏公司在公司年报中指出，这个比率的上升与管理成本（例如员工退休计划和减值费用）增加有关。

3. 投入资本周转率对 HD 公司经营活动盈利能力的影响

2006 年，HD 公司每投入 1 美元可创造销售收入 2.01 美元，2007 年和 2008 年这个数值分别为 2.30 美元和 2.24 美元。表 5A-2 表明，固定资产净值是公司投入资本的最大组成部分，约占全部投入资本的 87%。再看表 5A-5，HD 公司的销售收入与固定资产比率从 2006 年的 2.31 上升到 2008 年的 2.56，而在同一时期，劳氏公司的该比率则从 2.41 下降到 2.06。我们似乎可以得出结论，HD 公司 2008 年固定资产的利用效率高于 2006 年，而且高于劳氏公司。然而，除利用效率外，其他原因也能对这个比率的增长做出解释。最重要的一个原因是固定资产账面价值下降（也称为资产减记或固定资产减值）所带来的影响，由此带来固定资产净值的下降，从而使销售收入与固定资产的比率提高。因为 HD 公司的 2007 年和 2008 年年报记录了重大的资产减值，所以销售收入与固定资产比率的提高，以及该比率相对劳氏公司的比率更高，不能完全归因于对固定资产创造销售收入的更有效利用。

表 5A-5 HD 公司和劳氏公司销售收入净额与固定资产比率

数据来自公司利润表和资产负债表

会计年度截至	HD 公司			劳氏公司		
	2007 年 1 月 28 日	2008 年 2 月 3 日	2009 年 2 月 1 日	2007 年 2 月 2 日	2008 年 2 月 1 日	2009 年 1 月 30 日
销售收入净额与固定资产比率	2.31	2.61	2.56	2.41	2.18	2.06

4. HD 公司的融资政策对权益收益率的影响

2006 年 HD 公司的财务杠杆乘数是 1.51（见表 5A-3），2007 年上升到 1.74，随后在 2008 年下降到 1.53，与 2006 年的水平大体一致。在同一期间，劳氏公司的财务杠杆乘数从 1.26 上升到 1.38，但始终低于 HD 公司。

2007 年 HD 公司财务杠杆乘数的提高与公司回购大量股票的决定有直接关系。表 5A-2 显示，所有者权益从 2006 年年末的 250.3 亿美元下降到 2007 年年末的 177.14 亿美元，从而解释了财务结构比率从 1.57 上升到 1.90 的原因。财务结构比率和债务与投入资本比率直接相关。表 5A-6 列示了 2006 ~ 2008 年 HD 公司和劳氏公司的债务与投入资本比率。

表 5A-6 HD 公司和劳氏公司的负债比率

数据来自公司管理资产负债表　　（单位:%）

会计年度截至	HD 公司			劳氏公司		
	2007 年 1 月 28 日	2008 年 2 月 3 日	2009 年 2 月 1 日	2007 年 2 月 2 日	2008 年 2 月 1 日	2009 年 1 月 30 日
负债总额/投入资本	29.6	39.9	36.0	20.8	19.8	23.6

HD 公司 2006 年年末的负债率为 29.6%，在股票回购之后上升到 2007 年年末的 39.9%，但 2008 年年末下降到 36%。负债率从 29.6% 上升到 39.9%，导致评级机构对公司优先债的评级下降。标准普尔将公司优先债的评级由 AA 级改为 BBB + 级，在 2008 年没有改变（见第 9 章关于债券评级的讨论）。劳氏公司的负债率在三年间变化不大，从 2007 年年末较低的 19.8% 上升到 2008 年年末较高的 23.6%。与 HD 公司相比相对较低的负债率表明，劳氏公司优先债的风险更低，这也反映在公司债务评级上，标准普尔在 2008 年对劳氏公司优先债的评级为 A + 级。由于这两个评级（A + 级和 BBB + 级）都意味着两家公司有足够的能力偿还利息和本金，因此它们都不会在 2008 年年末陷入突然和意外的财务困境。

5. 税收对 HD 公司权益收益率的影响

HD 公司的税前权益收益率在 2006 年和 2007 年保持相对稳定，分别为 35.9% 和 38.4%，但在 2008 年下降到 19.9%。这个显著下降可以归因于受到之前提及的营业利润率从 2007 年的 9.6% 下降到 2008 年的 5.8% 的影响。在这三年期间的前两年，HD 公司的税前盈利能力比劳氏公司高很多，主要可以归因于 HD 公司更高的营业利润率和更高的投入资本收益率。但是，2008 年劳氏公司的营业利润率上升到接近 HD 公司营业利润率的两倍（11% 相对于 5.8% 而言）。因此，尽管劳氏公司的投入资本收益率较低，但是由税前 ROE 衡量的劳氏公司的盈利能力比竞争对手要高（27.7% 相对于 19.9% 而言）。这个差异没有受到税收因素的显著影响，这三年期间两家公司的税率情况大体相同，税后 ROE 的变化范围在 62% ~ 65%，这意味着实际税率的范围大体在 35% ~ 38%。

扩展阅读

1. Jagiello, Kevin, and Gordon Mandry. "Structural Determinants of Performance: Insight from the PIMS Data Base." *The Handbook of Management*. Edited by D. F. Channon. Blackwell, 2004.
2. Rappaport, Alfred. *Creating Shareholder Value*. The Free Press, 2000. See Chapter 2.

自测题

5.1 盈利能力分析

服装制造商 ACC 公司的财务报表如下所示。第 3 章和第 4 章已经分析过 ACC 公司的运营效率、流动性状况和现金流量表。利润表为年度报表，资产负债表的日期为 12 月 31 日。所有数字的单位都是 100 万美元。

资产负债表（单位：100 万美元）

年末	2008	2009	2010		2008	2009	2010
现金	100	90	50	短期负债	80	90	135
应收账款	200	230	290	应付账款	170	180	220
存货	160	170	300	应计费用	40	45	50
预付账款	30	30	35	长期负债	140	120	100
固定资产净值	390	390	365	所有者权益	450	475	535
资产合计	**880**	**910**	**1 040**	**负债与所有者权益合计**	**880**	**910**	**1 040**

利润表（单位：100 万美元）

	2008	2009	2010
销售收入净额	**1 200**	**1 350**	**1 600**
销售成本	860	970	1 160
销售和管理费用	150	165	200
折旧费用	40	50	55
息税前收益	**150**	**165**	**185**
净利息费用	20	20	25
税前收益	**130**	**145**	**160**
所得税	40	45	50
税后收益	**90**	**100**	**110**
股利	75	75	50

a. 编制 ACC 公司的管理资产负债表。

b. 计算 ACC 公司 2008 年、2009 年、2010 年的税前和税后权益收益率（使用年末所有者权益）。

c. 使用年末数据以及本章给出的经营活动盈利能力的三个衡量指标：税前投入资本收益率、总资产收益率、经营资产收益率，计算 ACC 公司 2008 年、2009 年、2010 年的税前经营活动盈利能力。说明这三个指标的差别。为什么这些盈利能力衡量指标与资产收益率（被我们定义为净利润与总资产的比率）不同？

d. 税前运用资本收益率是多少？

e. $ROCE_{BT}$的驱动因素是什么？计算 2008 年、2009 年、2010 年这些驱动因素的数值。比较 ACC 公司 2010 年和 2008 年的经营活动盈利能力，能够得出什么结论？

f. 为什么税前 *ROE*（见问题 b）比税前 *ROIC* 高（见问题 c）？

g. 根据对问题 f 的回答，判断下面这种说法是否正确：只要 ACC 公司用借款为投资融资，就对股东有利，因为他们将获得更高的 *ROE*。

h. 用下列比率衡量 ACC 公司 2008 年、2009 年、2010 年的借款程度。简要比较这些财务比率所提供的信息：

（1）财务成本比率；

（2）利息保障倍数；

（3）财务结构比率；

（4）负债与权益比率；

（5）负债与投资资本比率。

i. 把2008年、2009年、2010年的*ROE*分解为五个基本的组成部分。对于ACC公司的盈利能力结构，你能得出什么结论？

j. 假设ACC公司的流通在外股份为5 000万股，2008年年末每股市价为20美元，2009年年末为24美元，2010年年末为30美元，计算ACC公司在上述日期的每股收益、市盈率、市价与账面价值比率。这些盈利能力衡量指标提供了哪些信息？

5.2 各行业的*ROE*结构

下面一页给出了三家公司的资产负债表和盈利能力结构。信息取自三家公司的2007年年报。这三家公司分别是：软件开发商微软、飞机制造商波音、亚洲航空公司国泰航空。辨别A、B、C分别代表上述哪家公司，并说明原因。

(单位:%)

资产负债表结构	公司A	公司B	公司C
现金和现金等价物	15	18	37
应收账款	10	4	18
存货	16	1	2
其他流动资产	5	5	7
固定资产	54	72	36
资产合计	**100.0**	**100.0**	**100.0**
短期负债	1	1	0
应付账款	10	5	5
应计费用和其他	42①	17	33
长期负债	13	13	0
其他长期负债	19	21	13
所有者权益	15	43	49
负债与所有者权益合计	**100.0**	**100.0**	**100.0**

①1/3代表收到客户交来的预付款。

盈利能力结构	公司A	公司B	公司C
总资产回报率=息税前收益/总资产	**10%**	**7%**	**32%**
利润率=*EBIT*/销售收入	9%	10%	39%
总资产周转率=销售收入/总资产	1.13	0.64	0.81
杠杆效应=税前*ROE*/*ROTA*	6.87	2.08	2.03
税前*ROE*=税前收益/所有者权益	**68%**	**14%**	**65%**
税收效应=税后收益/*EBT*=(1-税率)	0.66	0.89	0.70
税后*ROE*=*EAT*/所有者权益	**45%**	**12%**	**45%**

5.3 可持续增长分析

回到ACC公司，题目5.1中给出了公司财务报表。

a. 比较2010年公司销售收入增长率与同年可持续增长率，你能得出什么结论？

b. 假设ACC公司预计2011年销售收入将增长25%。

(1) 如果ACC公司不改变其融资政策和经营效率，需要增加多少权益资本支持未来增长？ACC公司将如何获得这些权益资本？

(2) 如果ACC公司不发行新股，不改变股利政策和经营效率，那么销售收入增长25%将对公司负债与权益比率产生什么影响？

(3) 如果ACC公司不发行新股，不改变负债与权益比率和经营效率，那么销售收入增长25%将对公司利润留存政策产生什么影响？

(4) 在不发行新股和不改变融资政策的情况下，要想实现销售收入增长25%，ACC公司应该怎样改变其经营效率？

c. 假设ACC公司预计2011年销售收入将增长10%。

(1) 如果ACC公司不改变融资政策和经营效率，那么销售收入增长10%将对公司现金状况产生什么影响？

(2) ACC公司可以怎样处置多余的现金？它应该怎样做？

复习题

1. 业务活动

说明以下业务活动对营业利润率、投入资本周转率和债务比率的影响。用“+”表示增加，“-”表示减少，“0”表示无影响。

	营业利润率	投入资本周转率	债务比率
1. 发行股票取得现金			
2. 现销商品取得利润			
3. 固定资产按账面价值出售取得现金			
4. 固定资产按高于账面价值出售			
5. 宣告并支付股利			
6. 通过银行贷款取得现金			
7. 收回应收账款			
8. 现金购买公司少数股东权益			
9. 固定资产计提折旧			
10. 注销过时存货			
11. 赊购商品			
12. 回购股票			

2. $ROIC_{BT}$、$ROCE_{BT}$、ROBA 和 ROTA

根据OS公司的资产负债表和利润表（表5-1、表5-2和表5-3），计算该公司2010年的税前投入资本收益率（$ROIC_{BT}$）、税前运用资本收益率（$ROCE_{BT}$）、经营资产收益率（ROBA）和总资产收益率（ROTA）。这些不同的收益衡量指标有什么差别？

3. 账面与市场权益收益率

权益收益率可以用财务报表数据（账面价值）或金融市场数据（市场价值）估计。某一会计期间的账面价值 *ROE* 等于税后收益除以所有者权益。市场价值 *ROE* 是投资者在相同会计期间实际获得的回报，等于期初期末股票价差与当期股利之和除以期初股票价格。为什么这两个比率会有所不同？如果市场价值 *ROE* 与投资者更相关，那么账面价值 *ROE* 的作用是什么？

4. 公司的盈利能力结构

a. 如果一家公司的权益收益率为15%，财务杠杆乘数为2，而且不纳税，那么这家公司的税前投入资本收益率是多少？

b. 如果一家公司的权益收益率为15%，财务成本效应为0.9，而且税前 *ROIC* 为10%，那么这家公司的负债与权益比率（总负债除以所有者权益）是多少？假设该公司不需要纳税。

c. 在什么情况下一家公司会同时拥有负的 $ROIC_{BT}$ 和正的 *ROE*？

5. 权益收益率结构的错误使用

举出错误的决策（例如会对公司市场价值带来负面影响的决策）反而会提高公司权益收益率的两个案例。

6. 财务杠杆

在什么情况下相对于权益而言的债务增加（不论短期负债还是长期负债）常常会提高公司的权益收益率？

权益收益率关系结构能否用于确定公司最优债务与权益比率？

7. 行业对权益收益率结构的影响

下面给出了美国三家公司的资产负债表和利润表。

利润表			（单位：100 万美元）
	公司 1	公司 2	公司 3
收入	166 809	7 132	22 956
息税前收益	10 105	1 419	10 937
税前收益	9 083	1 114	14 275
税后收益	**5 745**	**714**	**9 421**

资产负债表			（单位：100 万美元）
	公司 1	公司 2	公司 3
现金	1 856	485	23 798
应收账款	1 341	770	3 250
存货	19 793	223	0
预付费用	1 366	237	3 260
固定资产净值	45 993	13 816	21 842
资产合计	**70 349**	**15 531**	**52 150**
短期负债	5 408	890	0
应付账款	13 105	616	1 083
应计费用	7 290	158	8 672①
长期负债	18 712	8 205	1 027
所有者权益	25 834	5 662	41 368
负债与所有者权益合计	**70 349**	**15 531**	**52 150**

①大部分为预收收入。

a. 计算这三家公司的营运资本需求并编制其管理资产负债表。

b. 计算这三家公司的营业利润率、投入资本周转率、运用资本收益率、财务杠杆乘数和税收效应。这些比率与权益收益率之间有什么关系？

c. 这三家公司中有一家属于零售（非食品）行业，一家是公用事业公司，还有一家属于计算机（软件）行业。请问公司 1、公司 2 和公司 3 分别对应哪一家公司？

8. 经营周期管理对公司盈利能力的影响

下面是电气设备经销商 Sentec 公司过去三年的财务报表。

利润表			（单位：1 000 美元）
	第 1 年	第 2 年	第 3 年
销售收入净额	**22 100**	**24 300**	**31 600**
销售成本	17 600	19 300	25 100
销售和管理费用	3 750	4 000	5 000
折旧费用	100	100	150
息税前收益	**650**	**900**	**1 350**
净利息费用	110	130	260
税前收益	**540**	**770**	**1 090**
所得税	220	310	430
税后收益	**320**	**460**	**660**
股利	180	200	200

（续）

资产负债表			（单位：1 000 美元）
	第 1 年 12 月 31 日	第 2 年 12 月 31 日	第 3 年 12 月 31 日
现金	600	350	300
应收账款	2 730	3 100	4 200
存货	2 800	3 200	4 300
预付费用	0	0	0
固定资产净值①	1 200	1 300	1 450
资产合计	**7 330**	**7 950**	**10 250**
短期负债	300	500	1 900
应付账款	1 400	1 600	2 050
应计费用	200	260	350
长期负债	1 300	1 200	1 100
所有者权益	4 130	4 390	4 850
负债与所有者权益合计	**7 330**	**7 950**	**10 250**

①公司在第 2 年和第 3 年没有出售任何固定资产。

a. 计算 Sentec 公司第 1 年年末、第 2 年年末和第 3 年年末的营运资本需求，并编制管理资产负债表。

b. 计算 Sentec 公司第 1 年、第 2 年和第 3 年的营业利润率、投入资本周转率、运用资本收益率、财务成本比率、财务结构比率和税收效应。在这三年间，这些比率与 Sentec 公司的权益收益率之间有什么关系？

c. 这三年间公司 *ROE* 发生变化的原因是什么？

d. 在第 3 年，与 Sentec 处于同行业公司的平均收账期为 30 天，平均付款期为 33 天，平均存货周转期为 8 天。假设 Sentec 对于经营周期的管理处于行业平均水平，那么在第 3 年，公司的营运资本需求、管理资产负债表、营业利润率、投资资本周转率、运用资本收益率、财务成本比率、财务结构比率和税收效应将会是什么样的？公司的 *ROE* 呢？假设利息费用与息税前收益的比率为 4%，实际税率为 40%。

9. 季节性经营

火星电子（Mars Electronics）是通用电气公司（GEC）的一家经销商，GEC 是在消费者市场和机构市场提供电子产品的大型制造企业。下面是火星电子过去一年半的半年度财务报表。

a. 编制火星电子在 2009 年 6 月 30 日、2009 年 12 月 31 日和 2010 年 6 月 30 日的管理资产负债表。

b. 火星电子在截至 2009 年 6 月 30 日、2009 年 12 月 31 日和 2010 年 6 月 30 日的 6 个月的权益收益率（*ROE*）结构分别是怎样的？

c. 公司 *ROE* 发生变化的原因是什么？

利润表			（单位：1 000 美元）
	截至 2009 年 6 月 30 日的 6 个月	截至 2009 年 12 月 31 日的 6 个月	截至 2010 年 6 月 30 日的 6 个月
销售收入净额	**10 655**	**13 851**	**11 720**
销售成本	8 940	11 671	9 834
销售和管理费用	1 554	1 925	1 677
折旧费用	44	55	76
利息费用	62	90	70
所得税费用	23	44	26
税后收益	**32**	**66**	**37**
股利	5	44	1

（续）

资产负债表			（单位：1 000 美元）
	2009 年 6 月 30 日	2009 年 12 月 31 日	2010 年 6 月 30 日
现金	160	60	70
应收账款	1 953	2 616	2 100
存货	1 986	2 694	2 085
预付费用	80	42	25
固定资产净值①	733	818	830
资产合计	**4 912**	**6 230**	**5 110**
短期负债	50	880	50
应付账款	1 450	1 950	1 650
应计费用	98	114	138
长期负债	800	750	700
所有者权益	2 514	2 536	2 572
负债与所有者权益合计	**4 912**	**6 230**	**5 110**

①公司在这三年间没有出售任何固定资产。

10. 可持续增长率

Ambersome 公司已经决定不借款，所有资产都通过权益融资。而且，公司打算把股利支付率保持在 40% 的水平。公司的资产周转率为 0.9，利润率（定义为息税前收益除以销售收入）为 8%，利润要征收 40% 的所得税。公司的目标销售收入增长率为 5%。

a. 公司的目标增长率与其融资政策一致吗？

b. 如果不一致，为实现目标增长率，公司需要将资产周转率或利润率提高多大幅度？

c. 假设公司可以按照 10% 的利率取得借款，那么借款能够帮助公司实现目标增长率吗？

PART

3

第三部分

投资决策

CHAPTER6

第6章 使用净现值法则做出创造价值的投资决策

经理人能够做出的最重要决策之一是资本投资决策。这项关键的决策要求现在支出现金，购买作为未来现金流量来源的长期资产。成功的资本投资项目将对公司未来很多年的财务业绩做出积极贡献。公司经理人也会因具备辨别有潜力取得成功的项目并成功将其付诸实施的技能受到褒奖（我们交替使用项目、投资和计划这几个术语）。如果资本投资方案失败，公司业绩可能会在很多年受到不利影响。此外，公司的资金提供者——股东和债权人，可能会对公司经理人做出好的投资决策的能力失去信心，从而不愿意在将来提供额外的资金。

什么是好的投资决策？从财务管理的视角看，好的投资决策就是能够提高公司权益的当前市场价值，从而为公司所有者创造价值的决策。投资决策可以有其他的目标，但是如果经理人忽视了价值创造目标，就会危害公司的未来发展以及自身的职业前景。创造价值的投资决策必须能够提高市场价值，而非账面价值或会计利润。股东通过出售股票获取现金（而非会计利润），变现他们的投资。

资本预算涉及比较现在投资支付的现金与未来预计项目产生的现金流入量。由于未来现金流量分散在多个期间，所以不能与今天支出的现金直接比较。前面提到过，后期收到的 1 美元没有早期收到的 1 美元价值高，原因之一在于公司可以利用较早收回的现金流入量赚取利息。对“早期产生现金”的偏好称为货币时间价值。

折现就是将未来现金流量转换为今天等量价值的方法。换言之，折现就是根据货币时间价值对未来现金流进行调整。例如，如果公司能够从无风险储蓄存款中获得 10% 的存款收益，那么从现在起一年后能够得到的 1 100 美元无风险现金流入量的当前价值就是 1 000 美元（如果公司今天将 1 000 美元存入银行，利率为 10%，那么一年后它将得到 1 100 美元）。1 000 美元就是 1 100 美元未来现金流入量按照 10% 的折现率计算得到的现值或折现价值。本章说明如何计算在未来任何时间发生的现金流量的折现价值。

除时间外，与未来现金流量相关的风险也是一个关键问题。未来现金流量是有风险的，因为现金流量在未来实现的概率可能与预期不符。

同时考虑货币时间价值和投资现金流量风险的决策模型称为贴现现金流量模型（DCF）。本章介绍净现值（NPV）模型，并简要研究一个有用的变形指标——获利指数（PI）。第 7 章将介绍并比较其他贴现现金流量和非贴现现金流量模型，得出了用净现值法评价投资项目优于其他可选择方法的结论。

在贴现现金流量估值模型中有两个关键要素：一是项目预计现金流量的确认和计量，二是计算项目现值要求的恰当折现率。第 8 章阐述第一个问题，第 10 章说明第二个问题。在本章中，我们假设投资的预计现金流量与适当的折现率都是已知的，并展示如何计算投资的净现值，我们也将说明净现值的含义以及应该如何对其加以解读。

项目估值是资本投资过程中的关键因素，但不是唯一因素。因此，在说明如何进行净现值分析之前，我们首先考察资本投资决策涉及的主要步骤。学习完本章，你应该了解以下内容：

- 资本预算决策涉及的主要步骤；
- 怎样计算未来现金流量的现值；
- 净现值法则以及怎样将其运用于投资决策；
- 为什么项目的净现值能够衡量项目所创造的价值；
- 怎样使用净现值法则选择不同规模和不同寿命期项目；
- 如何借助管理期权描述项目的灵活性。

6.1　资本投资流程

资本投资决策（capital investment decision），又称**资本预算决策**（capital budgeting decision）或**资本支出决策**（capital expenditure decision），包括几个步骤，图 6-1 对此做了总结。首先公司要识别具有潜在投资价值的商业机会，这无疑是该流程中最重要的一步。因此，公司的管理层必须在公司内部营造出一种氛围，以利于引导成功长期投资理念的产生和机会的开发。

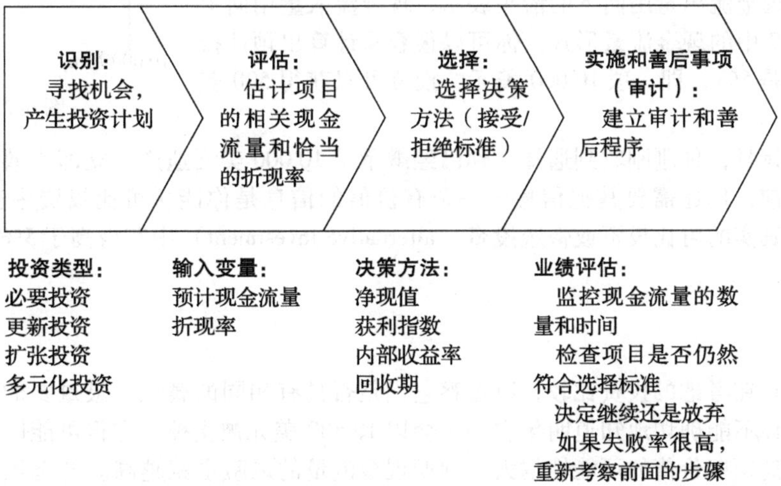

图 6-1　资本投资流程

找到投资计划后，必须进行财务评价。项目财务评价需要的输入变量包括：①项目预计寿命期；②项目在**寿命期**（useful life）内预计产生的现金流量；③计算项目预计现金流量现值所需要的恰当**折现率**（discount rate）。对计划投资方案财务分析中需要的参数进行估计并不是一项简单的工作，第 8 章（现金流量）和第 10 章（恰当的折现率）将详细说明这些评估程序。

通常根据财务评估所需关键参数的估计难易程度对投资项目分类。**必要投资**（required investment）是公司为符合安全、健康和环境规定必须进行的投资。在这种情况下，经理人想知道为符合这些规定所需支出现金的现值是否高于停业成本。如果答案是肯定的，就应该放弃这个项目。估计这种支出不应该太复杂，因为在大多数情况下，管理当局应该已经对它们做出了规定。**更新投资**（replacement investments）本质上是成本节约项目，不会产生额外的现金流入量。它们的未来现金收益（基本上是现金节约）来源于对预期成本的削减，经理人能够相对容易地对其加以确定。对**扩张性投资**（expansion investment）的财务评估更富于挑战性，因为这些项目要求公司估计扩张预期将产生的额外销售收入、毛利和营运资本。最后，对**多元化投资**（diversification investment）的财务评估通常是最困难的。这些投资计划预期可产生的现金流量可能是最难预测的，因为公司将要进入一个并不像对自身所处行业那样十分了解的行业。

在估计出投资计划的财务参数后，应该使用投资决策标准来决定是接受还是拒绝该投资。本章详细考察**净现值（NPV）准则**（net present value rule），同时简要介绍获利指数。第7章将考察内部收益率和回收期等其他常用的选择标准，并对获利指数进行更加详细的说明。

最后，接受的投资计划必须付诸实施。然而，资本投资流程到此并未结束。在项目整个寿命期内还应定期审计。随着项目的实施，必须监控项目现金流量的数量和发生时间，以确保它们与预算数据相符。如果未来现金流低于预期，则项目的获利性显然将低于预期。如果审计结果表明一项当前投资的预计剩余收益低于结束投资的成本，则公司应该放弃这项投资，放弃投资将比继续投资为公司所有者带来更大收益。此外，经理人还应该从定期审计发现的错误中吸取经验教训。这些信息有助于公司避免在未来项目中重复此类错误，从而能够改进公司资本预算流程。

我们现在来分析一个简单的投资决策，以说明如何计算项目的净现值，以及如何运用净现值决定应该接受还是拒绝一项投资计划。

6.2 你愿意买这块地吗

假设你的住所附近有一块地要出售，售价10 000美元。如果这块地今天卖不掉，就将会被从市场上撤销。这块地是理想的家用住宅地。令人遗憾的是，迄今为止，地方当局不允许在这块地上进行任何建设活动。但是，你刚刚获悉，明年他们就会改变主张。如果你现在买下这块地，预计明年拿到建筑许可后你就能以10 500美元的价格出售。这两笔现金流量的先后顺序如图6-2所示，现金流出量用向下的箭头表示，现金流入量用向上的箭头表示。给定图6-2中的现金流量形式，你可以很容易计算出预计投资回报率。投资回报率是5%，即一项10 000美元的投资可以获得500美元的预期收益。

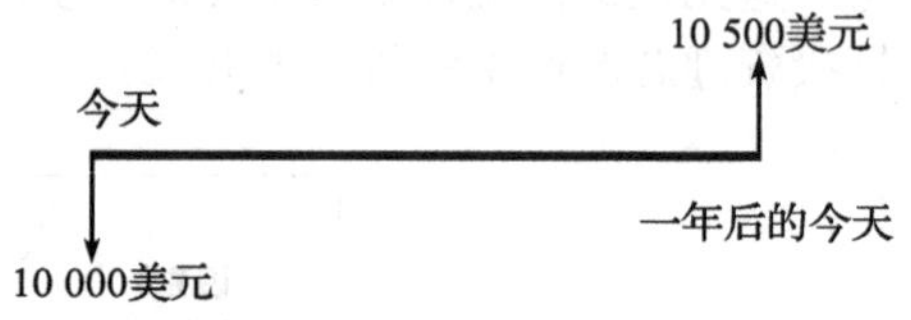

图6-2 土地的时间轴

假设今天是你的幸运日，你刚刚收到通知，你已经继承了10 000美元遗产，立即生效。你应该买下这块土地吗？在回答这个问题之前，你还需要其他信息。一条有价值的信息是你能从可比投资中获得的最高回报率是多少。显然，如果你能从真实的可比投资或**备选投资**（alternative investment）中获得高于5%的回报，你就不应该购买这块地。

6.2.1 备选投资

必须把备选投资与正在考虑的投资比较，以考察它们是否具有相同的属性。最重要的属性是风险。这块土地是一项风险投资，因为你不能确切地知道明年它一定会以10 500美元被卖掉，它很可能以高于或低于预期的价格出售。实际现金流量偏离预期价值的可能性越大，预期现金流量的风险也就越高。备选投资必须具有与这块土地相同的风险特征。用财务术语来说，就是它们应该属于相同的**风险等级**（risk class）。

另一个相关的投资特征是对投资预期利得的税收处理。两项投资的税收处理必须相同，因为投资者仅对税后投资回报率感兴趣。现在，为简便起见，我们假定你所在的国家不对投资收益课税。这样，备选投资与这块土地的税收处理相同。

投资的流动性，即以当前市场价格快速出售的能力，也是识别与这块土地类似的投资时需要考虑的属性。然而，风险与税收是这两项投资必须保证相同的最重要特征。

6.2.2 资本的机会成本

为了估计与这块土地具有相同风险等级的备选投资的回报率，我们应该观察市场上可比土地投资的回报情况。为了简化这个阶段的分析，我们假定计划投资对于你而言是无风险的。如果明年你以低于10 500美元的价格卖掉这块地，我们将付给你差额；如果你以高于10 500美元的价格出售，你将付给我们差额。所以无论明年这块土地的市场价格是多少，这笔交易都能够确保你得到10 500美元。这个项目现在是无风险的，备选投资是将你继承的10 000美元存入政府担保的银行账户中，当前可提供3%的回报率。它是无风险项目的预期回报率，也是如果你选择买这块地将放弃的回报率，因此被称为**项目的机会资本成本**（project's opportunity cost of capital），或简称为**项目的资本成本**（project's cost of capital）。你可以把项目的资本成本理解为如果你借入 10 000 美元来买这块地需要支付的利率。这个项目是无风险的，你应该能够以 3% 的利率借到 10 000 美元。换言之，这个项目的折现率就是为这个项目融资的成本。

现在，你应该买这块地吗？答案是肯定的，因为你将从这块地获得的 5% 回报率，高于你将从储蓄存款中获得的 3% 回报率。换句话说，你应该购买这块地，因为你从这项投资中获得的 5% 回报率高于 3% 的项目融资成本（机会资本成本）。

将项目的回报率与备选投资所能提供的回报率相比较，是投资分析的一种简单和直接方法。尽管这种方法对一期投资项目（例如这块土地的投资）很奏效，然而，当项目的现金流量分散在几个期间时，它有时可能会失效，我们将在第 7 章对此加以说明。不过，有一种项目评估方法能够处理各种类型的现金流量，它就是下面阐述的净现值法则。

6.3　净现值法则

前面部分讲述的投资分析方法是把两项投资——一块土地和储蓄存款的回报率进行比较。另外一种方法是把现在购买这块土地需要支付的 10 000 美元与为在一年后获得 10 500 美元现在必须投资于储蓄存款的金额比较。这种比较是净现值法则的基础。我们首先通过一期投资对其说明。[⊖]

6.3.1　一期投资

如果你想在一年后收到 10 500 美元，在利率为 3% 的情况下，你现在应该在银行账户中存入多少钱呢？答案是 10 194 美元。如果你现在投资 10 194 美元，在 3% 的回报率水平下，一年后你会得到 10 500 美元，即初始存入本金（10 194 美元）与一年后获得的利息（306 美元）之和

$$\$10\,194 + (\$10\,194 \times 3\%) = \$10\,194 + \$306 = \$10\,500$$

上面等式中的右边也可以写为

$$\$10\,194 + (\$10\,194 \times 3\%) = \$10\,194 \times (1 + 3\%) = \$10\,500$$

你将在一年后收到的 10 500 美元称为 10 194 美元按照 3% 的利率计算一年后的**终值**（future value）或**复利终值**（compounded value），(1 + 0.03) 称为利率为 3% 的一年期**复利终值系数**（compound factor），等于 1.03（= 1 + 利率 3%）。

我们最初是如何得到 10 194 美元的？我们只是用未来现金流量 10 500 美元除以一年期复利终值系数（1 + 0.03）

$$\frac{\$10\,500}{(1 + 0.03)} = \$10\,194$$

上面等式中的左边也可以写成

$$\$10\,500 \times \frac{1}{(1 + 0.03)} = \$10\,194$$

你现在应该投入储蓄存款账户的 10 194 美元称为一年后的 10 500 美元按照 3% 的利率计算的**折现价值**（discounted value）或**现值**（present value）。$\frac{1}{(1+0.03)}$称为利率为 3% 的一年期**复利现值系数**（discount factor，DF），等于 0.970 9，即在 3% 的折现率水平上，一年后将要收到的 1 美元的现值。换言之，如果折现率为 3%，一年后的 1 美元大体上等于现在的 0.97 美元。**折现**（discounting）使得 1 美元的价值“缩小”了大约 3%。

你可能已经注意到，复利现值系数是复利终值系数的倒数，折现是**复利**（compounding）的逆运算。复利是已知现值（10 194 美元）计算未来现金流量（10 500 美元），而折现是已知终值（10 500 美元）计算当前现金流量（10 194 美元）。换言之，在 3% 的利率水平上，你应该不会在意是现在收到 10 194 美元还是一年后收到 10 500 美

⊖　这个期间可以是任意连续时间段，在这个例子中，我们假设一期是一年。

元。在这个利率水平上，两个现金流量是等价的。

让我们回到土地与储蓄存款之间的比较。土地的取得成本是10 000美元，一年后可以获得10 500美元。为了在一年后得到10 500美元，需要在储蓄账户存入10 194美元。你更偏好哪一个呢？很明显，你会更青睐于投资土地，因为这两项投资一年后会产生相同的现金流入量，但土地要求的初始投资更少。

10 194美元（土地将于一年后产生的10 500美元未来现金流量在3%的利率水平下的现值）与10 000美元初始现金投资（土地成本）之间的差额，称为土地投资的净现值（net present value，NPV）。通常表示为

$$NPV(\text{土地}) = -(\text{初始现金支出}) + (\text{未来现金流量按照资本成本计算的现值})$$

$$NPV(\text{土地,利率为}3\%) = -(\$10\,000) + (\$10\,194) = \$194$$

净现值为正，所以你应该购买这块土地。这块土地未来现金流入量的现值高于现在的成本。如果净现值为负，你就应该投资于储蓄存款。总体而言，如果净现值为正，就应该接受投资；如果净现值为负，就应该拒绝投资。这就是净现值法则，如果净现值为零，你就不会在意是购买这块土地还是把钱存入存款账户。

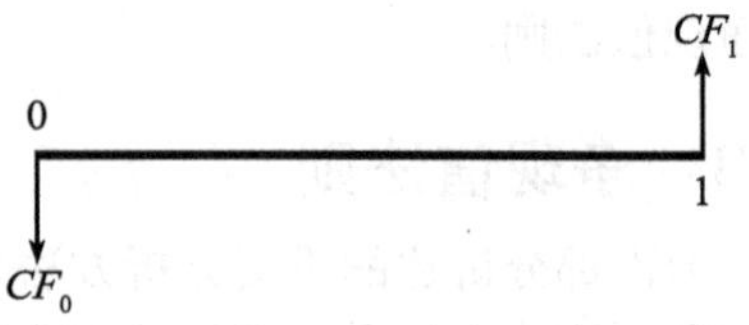

图6-3 一期投资的时间轴

在图6-3中，CF_0代表初始现金支出（在时点0的现金流量），CF_1代表一期项目的期末现金流量（在时点1的现金流量）。如果k代表机会资本成本，那么一期投资的净现值就可以写为

$$NPV(\text{投资}) = -CF_0 + \left[CF_1 \times \frac{1}{(1+k)^1}\right] = -CF_0 + (CF_1 \times DF_1)$$

其中$DF_1 = \frac{1}{(1+k)^1}$是指资本成本为k的一年期现值系数。对于土地项目而言，我们可以得到

$$\begin{aligned} NPV(\text{土地,利率为}3\%) &= -\$10\,000 + (\$10\,500 \times DF_1) \\ &= -\$10\,000 + \left[\$10\,500 \times \frac{1}{(1+0.03)^1}\right] \\ &= -\$10\,000 + (\$10\,500 \times 0.970\,9) \\ &= -\$10\,000 + \$10\,194 = \$194 \end{aligned}$$

6.3.2 不存在中间现金流量的两期投资

假设你将在两年而非一年后从这块土地中获得10 500美元的未来现金流量，其他条件都不变。现在现金流量的顺序如图6-4所示，你仍然应该购买这块土地吗？在做出决定之前，你需要考虑**货币时间价值**（time value of money）：两年后的10 500美元没有一年后的10 500美元价值高。为了在两年后获得10 500美元，你现在必须在利率为3%的储蓄存款账户中存入多少钱？换言之，如果机会资本成本为3%，两年后能够产生10 500美元的这块土地的现值是多少？这个值是9 897美元，因为在年利率3%的情况下，9 897美元的投资将会在两年后带来10 500美元。一年后，9 897美元会增长到9 897×（1+0.03）美元，在第二年这个金额又会增长（1+0.03）倍。我们可以写出以下等式

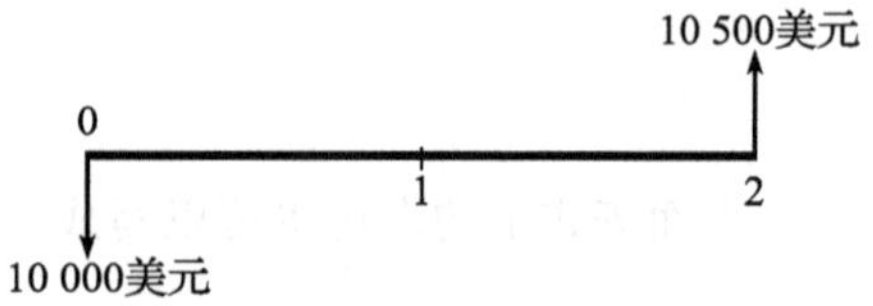

图6-4 不存在中间现金流量的两期投资的时间轴（无中间现金流量）

$$\begin{aligned} [\$9\,897 \times (1+0.03)] \times (1+0.03) &= \$9\,897 \times (1+0.03)^2 \\ &= \$9\,897 \times 1.060\,9 = \$10\,500 \end{aligned}$$

其中，$(1+0.03)^2$等于1.060 9，是利率为3%的两年期复利终值系数。现值9 897通过将终值10 500美元按3%的利率折现两次得到，即

$$\begin{aligned} PV(\$10\,500,\text{利率为}3\%) &= \$10\,500 \times \frac{1}{(1+0.03)(1+0.03)} = \$10\,500 \times \frac{1}{(1+0.03)^2} \\ &= \$10\,500 \times 0.942\,6 = \$9\,897 \end{aligned}$$

其中，0.942 6是利率为3%的两年期现值系数，即

$$DF_2 = \frac{1}{(1+0.03)^2} = 0.942\,6$$

为在两年后获得10 500美元，你只需现在将9 897美元存入储蓄账户，然而，要在相同的时间获得相同的金额，却需要在土地上投资10 000美元。储蓄显然是更好的投资，因为为在两年后产生相同的回报，它要求的初始现金支出更少。

现在，考察这种情况下这块土地产生的净现值。我们可以得到

$$\begin{aligned} NPV(\text{土地,利率为}3\%) &= -\text{初始现金支出} + 10\,500\text{美元按照}3\%\text{计算的现值} \\ &= -\$10\,000 + \$9\,897 = -\$103 \end{aligned}$$

净现值为负，前面提到的净现值法则仍然有效：如果净现值为正就接受投资，如果为负就拒绝投资。

6.3.3 存在中间现金流量的两期投资

给定前面部分的两年期土地投资，假设你能在这两年中出租这块土地。这块土地很肥沃，你应该能把它出租给一位蔬菜园丁或农民，每年租金1 000美元，在每年年末支付。现在，投资于这块土地的现金流量模式如图6-5所示。这项投资需要初始现金支出（CF_0）10 000美元，第一年产生1 000美元现金流入量（CF_1），第二年产生11 500美元终结现金流量（CF_2），即第二年的租金1 000美元与土地转让价值10 500美元之和。在这种情况下，你应该购买这块土地吗？如果资本成本为3%，这块土地未来现金流量（CF_1 = 1 000美元，CF_2 = 11 500美元）的现值为

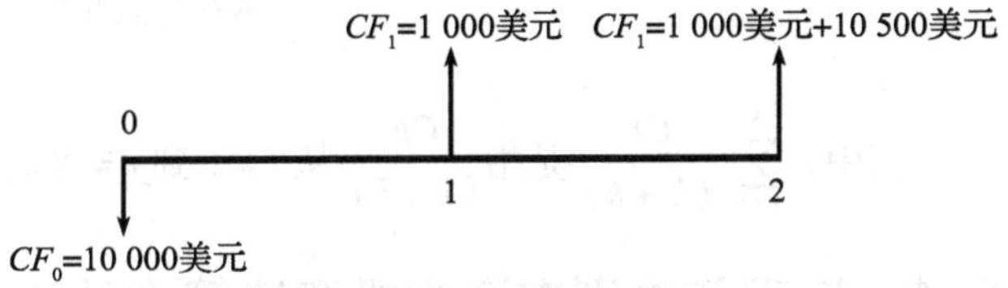

图6-5 存在中间现金流量的两期投资的时间轴

$$\begin{aligned} PV(CF_1, CF_2, \text{利率为}3\%) &= (CF_1 \times DF_1) + (CF_2 \times DF_2) \\ &= (\$1\,000 \times 0.970\,9) + (\$11\,500 \times 0.942\,6) \\ &= \$971 + \$10\,840 = \$11\,811 \end{aligned}$$

其中，$DF_1 = 0.970\,9$是利率为3%的一年期现值系数，$DF_2 = 0.942\,6$是利率为3%的两年期现值系数。这块土地未来现金流（11 811美元）的现值高于它的成本（10 000美元），所以你应该购买这块土地。这块土地的净现值就是11 811美元与10 000美元之间的差额

$$NPV(\text{土地}) = -\$10\,000 + \$11\,811 = \$1\,811$$

净现值为正，表明应该接受这项投资。净现值法则仍然是成立的：当净现值为正时接受投资，净现值为负时拒绝投资。

6.3.4 多期投资

我们可以很容易把两期投资情形分析扩展到存在若干中间现金流量的多期投资。预期现金流量持续的时间越长，计算期越长，但净现值法则仍然有效。企业投资方案总是能够简化为预计分期现金流量，因此净现值法则可以直接应用于任何资本支出分析。

我们把CF_t称为所需初始现金支出为CF_0的投资项目在第t年年末的预计现金流量。假设这项投资将在N期内产生现金流量，则这项投资的现金流量概况如图6-6所示。如前所述，这项投资的净现值是它的预计现金流量的现值与初始现金支出之间的差额。如果资本成本为k，在时点t发生的现金流量的现值$PV(CF_t)$为

$$PV(CF_t) = CF_t \times \frac{1}{(1+k)^t} = CF_t \times DF_t$$

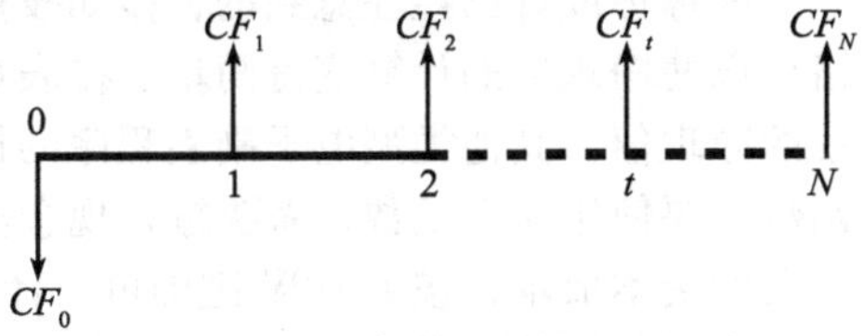

图6-6 多期投资的时间轴

其中，$DF_t=\frac{1}{(1+k)^t}$是资本成本为 k 的 t 期现值系数。DF_t就是在资本成本为 k 时，在时点 t 产生的 1 美元现金流量的现值。因此，现金流量 CF_t的现值一定等于 CF_t乘以 DF_t。

我们可以用 N 期现金流量和资本成本 k 来表示一项投资的净现值，如下所示

$$NPV(k,N)=-CF_0+(CF_1\times DF_1)+(CF_2\times DF_2)+\cdots+(CF_t\times DF_t)+\cdots+(CF_N\times DF_N)$$

前述决策准则仍然有效：如果净现值为正，应该接受投资；如果净现值为负，应该拒绝投资；如果净现值为零，你应该不会在意是接受还是拒绝投资。

在上面的等式中，用$\frac{1}{(1+k)^1}$代替 DF_1，$\frac{1}{(1+k)^2}$代替 DF_2，$\frac{1}{(1+k)^t}$代替 DF_t，$\frac{1}{(1+k)^N}$代替 DF_N，我们可以得到另一种我们熟悉的净现值表达式

$$NPV(k,N)=-CF_0+\frac{CF_1}{(1+k)^1}+\frac{CF_2}{(1+k)^2}+\cdots+\frac{CF_t}{(1+k)^t}+\cdots+\frac{CF_N}{(1+k)^N}$$

这个等式也可以写为

$$NPV(k,N)=-CF_0+\sum_{t=1}^{N}\frac{CF_t}{(1+k)^t}$$

其中，$\sum_{t=1}^{N}\frac{CF_t}{(1+k)^t}$是指$\frac{CF_t}{(1+k)^t}$从 $t=1$ 到 $t=N$ 时的合计数。

6.4 净现值法则在资本投资决策中的应用

如果所有相关输入变量都能够估计出来，将净现值法则应用于资本支出决策是非常简单的。输入变量即为项目寿命期内预计产生的现金流量和项目适用的资本成本。在估计出这些输入变量后，就可以通过把现金流量按照项目资本成本折现，计算出项目预计现金流量的现值。然后，用这个现值减去项目初始现金支出，就可以得到项目的净现值。如果净现值为正，就可以接受该项目；如果净现值为负，就应该拒绝该项目。我们用一个例子来说明这个过程。

阳光制造公司（SMC）在过去 20 年中一直成功从事各种电子设备的生产和销售业务，目前它正在考虑为现有生产线增加一种新产品——制图桌灯。公司现在必须支付 2 360 000 美元来开发这种新产品，预计 5 年后这种产品会陈旧过时。预计这项投资在第 1 年年末将产生 832 000 美元现金净流量，在第 2 年年末将产生 822 000 美元现金净流量，在第 3 年年末将产生 692 000 美元现金净流量，在第 4 年年末将产生 554 000 美元现金净流量，在第 5 年年末将产生 466 000 美元终结现金流量。终结现金流量包括用于生产该产品的设备的转让价值减去清算成本的净值。这个项目的预计资本成本为 7.6%。SMC 应该开发这种新产品吗？为回答这个问题，我们需要找出项目的净现值。

首先，要将每年的预计现金流量乘以对应年限下资本成本为 7.6% 的现值系数，得到每年预计现金流量的现值（见表 6-1 第 I 部分）。然后，用项目各年预计现金流量的现值之和减去初始现金支出 2 360 000 美元，就可以得到项目的净现值

$$NPV(\text{新产品},\text{资本成本为}7.6\%)=-\$2\,360\,000+\$2\,775\,083=\$415\,083$$

项目的净现值为正，所以 SMC 应该开发这种制图桌灯。

就像你或许已经注意到的，多期投资项目的净现值计算可能是冗长烦琐的。幸运的是，基于计算机的电子表格可以使净现值的计算变得简单。在表 6-1 的第 II 部分中，我们展示了如何使用 Microsoft Excel™计算制图桌灯项目的净现值。其他类型电子制表程序的指令是类似的。大多数电子财务计算器都附带一些财务函数，包括净现值函数。要使用这个函数，需要输入现金流量数值，从初始现金支出开始，到最后一期现金流量结束。然后，输入投资的资本成本，按下 NPV 键即可。计算器会计算预计现金流量的现值，并得出项目净现值。你也可以使用本书封面内页的现值系数表来计算净现值。这个表格列出了在 1% ~20% 的折现率下，20 期内的任一期期末支付或收

到 1 美元的现值。比计算净现值更加复杂而且更具挑战性的工作是估计执行该项计算的输入变量，即项目的预计现金流量和项目的资本成本。这两个问题会在第 8 章和第 10 章分别阐述。

表 6-1　SMC 公司制图桌灯项目的现值计算

第Ⅰ部分　使用计算器计算　　（单位：美元）

CF_1 的现值	=	832 000	×	$\frac{1}{(1+0.076)^1}$	=	832 000	×	0.929 37	= 773 234
CF_2 的现值	=	822 000	×	$\frac{1}{(1+0.076)^2}$	=	822 000	×	0.863 72	= 709 978
CF_3 的现值	=	692 000	×	$\frac{1}{(1+0.076)^3}$	=	692 000	×	0.802 72	= 555 483
CF_4 的现值	=	554 000	×	$\frac{1}{(1+0.076)^4}$	=	554 000	×	0.746 02	= 413 296
CF_5 的现值	=	466 000	×	$\frac{1}{(1+0.076)^5}$	=	466 000	×	0.693 33	= 323 092
现值合计（资本成本为 7.6%）									**2 775 083**
初始现金支出								–	–2 360 000
净现值								=	**415 083**

第Ⅱ部分　使用电子表格计算　　（单位：美元）

	A	B	C	D	E	F	G
1	时间轴	现在	第 1 年年末	第 2 年年末	第 3 年年末	第 4 年年末	第 5 年年末
2	现金流量	–2 360 000	832 000	822 000	692 000	554 000	466 000
3							
4	资本成本	7.60%					
5							
6	现金流入量的现值	2 775 083					
7							
8	**净现值**	**415 083**					
9							
10	单元格 B6 的公式 = NPV(B4，C2:G2)						
11	注意，尽管单元格 B6 的公式得出的是未来现金流量的现值而不是净现值，但该公式仍被定义为 NPV						
12	单元格 B8 的公式 = B2 + B6						
13	资本成本可以用绝对数或百分比表示						
14							

6.5　为什么净现值法则是一种好的投资决策准则

净现值法则是一种理想的投资决策准则，因为正如本节所述，它具有如下特征：

（1）它是价值创造的衡量指标：当项目净现值为正时，项目能够创造价值；当项目净现值为负时，项目会损害价值；

（2）它调整了项目预计现金流量的产生时间；

（3）它调整了项目预计现金流量的风险因素；

（4）它具有可加性。

前三个特性对于任何一个用于决定是接受还是拒绝资本投资的选择标准而言都是至关重要的。在第 7 章，净现值法则与其他选择标准的比较就是基于这些重要特性进行的。净现值法则的可加性特征仅仅意味着，如果一个项目的净现值为 100 000 美元，另一个项目的净现值为 50 000 美元，假设这两个项目是彼此独立的，那么同时采纳这两个项目，就可以产生 150 000 美元的合并净现值。这个特性具有很多有用的启示。

6.5.1 净现值是价值创造的衡量指标

在本章的开头，我们把好的投资决策定义为能够增加公司权益的市场价值的决策。接受净现值为正的项目是这样的决策吗？

再来考察一下那个一期地产投资的例子。回想一下，初始现金支出为 10 000 美元，预计现金流入量 10 500 美元按照 3% 利率计算的现值为 10 194 美元。假设你做了这项投资，而且你刚买完这块地，一位对这块地感兴趣的投资者就想从你的手中把它买走。

你最低应该向他要价多少？你不应该接受任何低于 10 194 美元的价格。如果你把它贱卖了，例如卖了 10 100 美元，可以采用的最佳备用投资是把 10 100 美元存入你的银行存款账户。一年之后，你会得到 10 403 美元（10 100 美元加上 10 100 美元的 3% 或 303 美元）。这比你一年后可以从这块土地中获得的 10 500 美元要少。显然，你不会愿意以低于 10 194 美元的价格卖掉这块土地。

这位感兴趣的投资者最高愿意为这块土地支付的价格是多少？对于这位投资者来说，愿意支付的最高价格也是 10 194 美元。因为这位投资者想要在一年后获得与投资于土地相同的回报，即现在所需投资于备用投资上面的金额。如果支付更高的买价，这位投资者就会比把钱投入备用投资上更加“贫穷”。

如果有一个价格可以使你和那位有兴趣的投资者都满意，那就是 10 194 美元。这也是在活跃的地产市场中你可以把这块地产出售给任何其他购买者的价格。因此，10 194 美元就是这块土地的市场价值。换言之，它的现值也就是它的市场价值。扩展开来，对于任何资本投资而言都是如此。实际上，项目预计现金流量按照资本成本计算的现值，就是在现存市场中该项目售价的估计值。换言之，任何投资的市场价值都是由该项投资预计将在未来产生的现金流量的现值决定的。

你只用 10 000 美元购买的这块土地的市场价值为 10 194 美元。这样，你的财富就因此增加了 194 美元（10 194 美元减去 10 000 美元）。这恰好与这项投资的净现值相同。扩展来看，投资项目的净现值代表如果项目被接受，公司所有者财富立即发生的变动。如果 *NPV* 为正，该项目能够为公司所有者创造价值；如果净现值为负，该项目会损害价值。从所有者的角度来看，投资于净现值为正的项目的决策显然是好的投资决策，它会增加所有者的现有财富。

尽管我们预计净现值为正的项目可以创造价值，但是净现值本身没有提供有关价值创造来源的任何迹象。公司能够产生净现值为正的项目，并为股东创造价值，可能是出于很多方面的原因。公司可能拥有优秀员工支持的富有创造性的经理人；公司可能在产品或服务市场上拥有强大的优势地位，使得新的进入者很难在平等的立足点上与其竞争。更为重要的是，一些项目不能轻易被竞争者复制，因为它们需要公司的专有技术，或者因为它们受到专利保护。出于这些原因，公司可能拥有一些投资项目，它们产生的现金流量的现值高于其投资成本。

6.5.2 净现值调整项目现金流量的产生时间

一个好的投资决策必须考虑投资的预计现金流量的产生时间。净现值法则能够做到这一点吗？项目的净现值是项目预计现金流量的现值与当前成本的差额。这些现金流量的现值可以通过将各期现金流量按照项目的资本成本折现得到。现金流量距离现在越远，它们对投资现值的贡献就越少，这是由于现值系数$\frac{1}{(1+k)^t}$的作用，因为在净现值计算公式中，现金流量要与现值系数相乘，而现值系数会随时间 t 的增加而减小。因此，净现值法则通过现值系数考虑了项目预计现金流量产生的时间。

为进一步说明，考察两个五年期投资项目 A 和 B。它们都需要 1 000 000 美元的初始现金支出，资本成本均为 10%。两项投资预计产生的现金流量如表 6-2 所示。

表 6-2 CF_0 = 1 000 000 美元且 k = 10% 的两项投资的现金流量

（单位：美元）

年末	投资 A	投资 B
1	CF_1 = 800 000	CF_1 = 100 000
2	CF_2 = 600 000	CF_2 = 200 000
3	CF_3 = 400 000	CF_3 = 400 000
4	CF_4 = 200 000	CF_4 = 600 000
5	CF_5 = 100 000	CF_5 = 800 000
现金流量合计	**2 100 000**	**2 100 000**

假设这两项投资是**互斥的**（mutually exclusive），这意味着如果选中一项，就必须放弃另一项（例如为了跨越一条河流，在架桥和挖隧道之间的选择）。面对这种选择，公司应该倾向于投资项目

A，因为投资项目 A 可以比投资项目 B 更快收回现金。使用净现值法则会得出同样的结论吗？为找到答案，我们先计算两个投资项目预计现金流量的现值，如表 6-3a 所示。两个项目的初始现金流出量均为 1 000 000 美元。因此，两个项目的净现值为

$$NPV(\text{A,资本成本为 }10\%) = -\$1\,000\,000 + \$1\,722\,361 = \$722\,361$$
$$NPV(\text{B,资本成本为 }10\%) = -\$1\,000\,000 + \$1\,463\,269 = \$463\,269$$

两个项目都值得投资，因为它们都具有正的净现值。然而，项目 A 的净现值大于项目 B 的净现值。换言之，净现值法则偏好能够更快收回现金的投资项目。

表 6-3b 列示了使用电子表格的计算结果。

表 6-3a 使用计算器计算的两个项目现金流的现值

数据来自表 6-2 （单位：美元）

年末	投资 A（机会资本成本 =10%）					
1	PV(800 000)	=	800 000	×	0.909 1	=	727 273
2	PV(600 000)	=	600 000	×	0.826 4	=	495 868
3	PV(400 000)	=	400 000	×	0.751 3	=	300 526
4	PV(200 000)	=	200 000	×	0.683 0	=	136 602
5	PV(100 000)	=	100 000	×	0.620 9	=	62 092
现值合计							**1 722 361**①
初始现金支出							-1 000 000
净现值							**722 361**
年末	**投资 B（机会资本成本 =10%）**						
1	PV(100 000)	=	100 000	×	0.909 1	=	90 909
2	PV(200 000)	=	200 000	×	0.826 4	=	165 289
3	PV(400 000)	=	400 000	×	0.751 3	=	300 526
4	PV(600 000)	=	600 000	×	0.683 0	=	409 808
5	PV(800 000)	=	800 000	×	0.620 9	=	496 737
现值总合计							**1 463 269**
初始现金支出							-1 000 000
净现值							**463 269**

①因为现值系数存在四舍五入误差，所以现值合计并不刚好等于列示的金额。

表 6-3b 使用电子表格计算的两个项目现金流的现值

数据来自表 6-2 （单位：美元）

	投资 A（机会资本成本 =10%）						
	A	B	C	D	E	F	G
1		现在	第 1 年年末	第 2 年年末	第 3 年年末	第 4 年年末	第 5 年年末
2	现金流量	-1 000 000	800 000	600 000	400 000	200 000	100 000
3							
4	资本成本	10.00%					
5							
6	**净现值**	**722 361**					
7							
8	单元格 B6 的公式 = B2 + NPV(B4，C2:G2)						
9							

（续）

投资B（机会资本成本=10%）							
	A	B	C	D	E	F	G
1		现在	第1年年末	第2年年末	第3年年末	第4年年末	第5年年末
2	现金流量	-1 000 000	100 000	200 000	400 000	600 000	800 000
3							
4	资本成本	10.00%					
5							
6	**净现值**	**463 269**					
7							
8	单元格B6的公式=B2+NPV(B4, C2:G2)						
9							

6.5.3 净现值调整项目现金流量的风险因素

净现值法则考虑项目的风险因素了吗？当然考虑了。风险调整是通过项目的折现率实现的。随着投资项目预计未来现金流量风险的提高，用于计算预计现金流量现值的折现率（机会资本成本）也应该提高。原因在于投资者都是**风险厌恶者**（risk averse），只有在预期能够获得补偿他们承担高风险的更高回报率的情况下，他们才会购买拥有高风险投资项目公司的股票[⊖]。通过将未来预期现金流量按照随风险而提高的折现率折现，净现值法则不仅调整了货币时间价值，而且调整了项目风险——项目的风险越高，折现率越高，净现值越低。换言之，项目的风险越高，项目的价值越低。

为了进一步说明，考虑两个五年期投资项目C和D，它们都需要1 000 000美元的初始现金支出。投资项目D的风险高于投资项目C，因此，D的机会资本成本为12%，而C的机会资本成本仅为8%。两个投资项目具有相同的预计现金流量，如表6-4所示。

表6-4 两项投资的现金流量，CF_0=1 000 000美元，K_C=8%，K_D=12% （单位：美元）

年末	投资C	投资D
1	CF_1=300 000	CF_1=300 000
2	CF_2=300 000	CF_2=300 000
3	CF_3=300 000	CF_3=300 000
4	CF_4=300 000	CF_4=300 000
5	CF_5=300 000	CF_5=300 000
现金流总和	**1 500 000**	**1 500 000**

再次假设两个投资项目是互斥的，公司只能从两者之中选择一个。代表风险厌恶者做出投资决策的经理人应该偏好投资C，它的预计现金流量与投资D相同，但风险更低。净现值法则也会偏好相同的投资吗？为找到答案，我们计算投资项目预计现金流量的现值，如表6-5所示，第Ⅰ部分利用计算器计算，第Ⅱ部分使用电子表格计算。

两个项目的初始现金流出量都是1 000 000美元，因此，两个项目的净现值为

$$NPV(\text{C,资本成本为}8\%) = -\$1\,000\,000 + \$1\,197\,813 = \$197\,813$$
$$NPV(\text{D,资本成本为}12\%) = -\$1\,000\,000 + \$1\,081\,433 = \$81\,433$$

低风险投资（投资C）具有较高的净现值，即净现值法则偏好的投资与公司将会选择的投资相同。项目预计现金流量的风险越高，对这些现金流量折现要求的机会资本成本越高，项目的净现值越低。换言之，净现值法则通过提高项目资本成本来反映项目预计现金流量的更高风险，从而调整项目的风险。这种调整的结果是降低了项

⊖ 投资者要求的收益率与他们愿意承担的风险之间的关系将在第10章中加以讨论。

目的净现值，从而削弱了项目对公司的吸引力。

表 6-5　两项投资现金流量的现值

数据来自表 6-4

第Ⅰ部分　使用计算器计算　（单位：美元）

年末	投资 C（机会资本成本 = 8%）						
1	PV(300 000)	=	300 000	×	0.925 93	=	277 779
2	PV(300 000)	=	300 000	×	0.857 34	=	257 202
3	PV(300 000)	=	300 000	×	0.793 83	=	238 149
4	PV(300 000)	=	300 000	×	0.735 03	=	220 509
5	PV(300 000)	=	300 000	×	0.680 58	=	204 174
现值合计							**1 197 813**
初始现金支出							−1 000 000
净现值							**197 813**

第Ⅱ部分　使用电子表格计算　（单位：美元）

	A	B	C	D	E	F	G
1		现在	第 1 年年末	第 2 年年末	第 3 年年末	第 4 年年末	第 5 年年末
2	现金流量	−1 000 000	300 000	300 000	300 000	300 000	300 000
3							
4	资本成本	8.00%					
5							
6	**净现值**	**197 813**					
7							
8	单元格 B6 的公式 = B2 + NPV(B4, C2: G2)						
9							

第Ⅰ部分　使用计算器计算

年末	投资 D（机会资本成本 = 12%）						
1	PV(300 000)	=	300 000	×	0.892 86	=	267 858
2	PV(300 000)	=	300 000	×	0.797 19	=	239 157
3	PV(300 000)	=	300 000	×	0.711 78	=	213 534
4	PV(300 000)	=	300 000	×	0.635 52	=	190 655
5	PV(300 000)	=	300 000	×	0.567 43	=	170 229
现值合计							**1 081 433**
初始现金支出							−1 000 000
净现值							**81 433**

第Ⅱ部分　使用电子表格计算

	A	B	C	D	E	F	G
1		现在	第 1 年年末	第 2 年年末	第 3 年年末	第 4 年年末	第 5 年年末
2	现金流量	−1 000 000	300 000	300 000	300 000	300 000	300 000
3							
4	资本成本	12.00%					
5							
6	**净现值**	**81 433**					
7							
8	单元格 B6 的公式 = B2 + NPV(B4, C2:G2)						
9							

6.5.4 净现值具有可加性

净现值法则的可加性特征对资本支出决策具有现实意义。考察前述的投资 A 和 B，现在假设它们不再是互斥的，公司可以选择都投资。因为净现值法则是可加的，这两项投资创造的价值等于它们的净现值之和[⊖]

$$NPV(\mathrm{A}+\mathrm{B}) = NPV(\mathrm{A}) + NPV(\mathrm{B})$$
$$NPV(\mathrm{A}+\mathrm{B}) = \$722\,361 + \$463\,269 = \$1\,185\,630$$

这样，为得到同时投资于两个项目的净现值，就没有必要计算它们的现金流量之和。按照 10% 的资本成本折现，再减去为开发这两个项目所需要的 2 000 000 美元初始现金支出即可。把两个项目的净现值加起来可以得到同样的结果。如果同时接受两个项目，应该能够使公司权益的市场价值提升大约 1 185 630 美元。

可加性还有其他有用的启示。假设对投资 B 的分析忽略了一种相关的经常性成本，而这项成本会使现金流量每年减少大约 50 000 美元。为了确定用修正后现金流量计算投资项目的净现值，只需计算被“忽略”的未来现金流出量（每年 50 000 美元）的现值，并把它加到最初计算的投资净现值上即可。我们的计算结果表明

$$NPV(-\$50\,000,5\text{ 年期，资本成本为 }10\%) = -\$189\,539$$

因此，修正后的净现值为

$$NPV(\text{修正后}) = NPV(\text{最初计算}) + NPV(\text{各年 }-\$50\,000)$$
$$= \$463\,269 - \$189\,539 = \$273\,730$$

净现值仍然是正的，项目仍然具有吸引力。但是，为了反映被忽略的成本，净现值的数额几乎减少了 41%。

如果投资项目预计现金流量的风险突然被修订调升，或者投资项目预计现金流量的数量突然被修订调低，可加性特征还可以帮助公司经理人确定投资所创造价值的变动。假设我们前面讨论过的投资项目 C 的风险被修订调高，反映投资项目更高风险的适当折现率不再是 8%，而是 12%。公司应该预期投资项目 C 的风险被修订调高，这会使公司权益的市场价值降低 116 380 美元，刚好等于额外风险的净现值

$$NPV(\text{额外风险}) = NPV(\mathrm{C},\text{资本成本为 }12\%) - NPV(\mathrm{C},\text{资本成本为 }8\%)$$
$$= \$81\,433 - \$197\,813 = -\$116\,380$$

要使投资项目 C 仍能获得相当于资本成本的收益，由于未来成本被忽略，初始成本超支，或者风险水平超出预期所导致的投资项目 C 的价值下降，最多可以是多少？要使投资项目 C 仍能获得等于资本成本 8% 的收益，它的价值最多减少 197 813 美元，即最初计算的投资净现值。项目风险的修订调高（导致资本成本上升到 12%）已经使项目的初始净现值减少 116 380 美元。如果被忽略的成本的现值超过 81 433 美元（197 813 美元减去 116 380 美元），项目的净现值就会变为负数，从而不能获取等于新资本成本 12% 的收益。换言之，只有当项目按照预算数据进行时，投资项目的正净现值才是为公司所有者创造价值的衡量标准。从公司经理人的视角来看，投资项目的正净现值是他们仍能获得相当于资本成本的收益条件下能够承受损失（由于项目现金流量被修订调低或项目风险被修订调高）的最大现值。进一步的“损失”会使项目的净现值变成负数，从而投资将变成损害价值的提案。

6.6 资本预算的特例

我们已经考察了在相同规模和相同寿命期下，预计现金流量的发生时间和风险是如何影响投资项目的净现值的。然而，投资项目通常具有不同的规模和寿命期。此外，公司的投资预算可能没有大到能够投资于所有具有正净现值的投资方案。当这些投资方案在规模上有很大差异时（用初始现金流出量衡量），经理人必须决定接受哪个具有正净现值的项目，拒绝哪个项目，这个过程称为**资本配置**（capital rationing）。经理人可能拥有更新陈旧设备的几种不同选择，每种选择都有各自不同的预计寿命期。下面说明如何使用净现值方法进行不同规模或不同寿命期情况下的投资项目选择。

⊖ 这里隐含的假设是项目的预计现金流量彼此独立，投资于一个项目不会对另一个项目的现金流量产生影响。

6.6.1 比较不同规模的项目

假设公司正在考虑三项投资，如表 6-6 所示。根据净现值法则，三个项目都应该接受，因为它们都具有正的净现值。该决策假定这三个项目不是互斥的，而且公司能够筹集到开发这三个项目所需要的 2 000 000 美元（三个项目初始现金支出之和）。

表 6-6　具有不同规模的三个投资项目的现金流量、现值和净现值（$k=10\%$）　（单位：美元）

	投资 E	投资 F	投资 G
（1）初始现金支出	1 000 000	500 000	500 000
第 1 年现金量	800 000	200 000	100 000
第 2 年现金流	500 000	510 000	700 000
（2）CF_1 和 CF_2 的现值（$k=10\%$）	1 140 496	603 306	669 421
净现值 =（2）-（1）	**140 496**	**103 306**	**169 421**

如果公司只能筹集到 1 000 000 美元怎么办？在这种情况下，选择范围就缩小到要么仅投资项目 E，要么同时投资项目 F 和项目 G。投资项目 F 和 G 显然是更好的选择，因为它们具有创造 272 727 美元（它们的净现值之和）价值的潜力，而投资项目 E 仅能创造 140 496 美元。因此，如果可用于投资的资本总额有限，公司就不能仅选择具有最高净现值的项目。[⊖]公司必须首先确定每 1 美元初始现金支出产生未来现金流量现值最高的投资项目组合，这可以通过计算投资项目的**获利指数**（profitability index，PI）实现。投资项目获利指数的定义为投资项目预计现金流量的现值与初始现金支出的比率。投资项目 E、F 和 G 的获利指数如表 6-7 所示。

表 6-7　具有不同规模的三项投资的获利指数

数据来自表 6-6

	投资 E	投资 F	投资 G
（1）初始现金支出（美元）	1 000 000	500 000	500 000
（2）未来现金流量的现值（美元）	1 140 496	603 306	669 421
（3）获利指数 $=\frac{(2)}{(1)}$	$\frac{1\,140\,496}{1\,000\,000}=1.14$	$\frac{603\,306}{500\,000}=1.21$	$\frac{669\,421}{500\,000}=1.34$

投资的获利指数等于收益 - 成本比率。如果投资项目的净现值为正，那么它的收益（表 6-7 第 2 行）就一定会超过它的成本（表 6-7 的第 1 行），它的获利指数也就大于 1；如果投资项目的净现值为负，那么它的成本就一定会超过收益，获利指数也会小于 1。投资项目 E、F、G 都具有正的净现值，因此它们的获利指数都大于 1。项目 E 可以从每 1 美元初始投资中获得 0.14 美元净现值，项目 F 可从每 1 美元初始投资中获得 0.21 美元净现值，而项目 G 可从每 1 美元初始投资中获得 0.34 美元净现值。

如果公司只有有限的资金可用于投资，它应该首先根据获利指数将三个项目降序排列（首先是 G，其次是 F，最后是 E）。然后，公司应该顺序选择获利指数最高的那些项目，直至根据每个项目所需的初始投资分配完所有的资金。在我们的例子中，在总投资额为 1 000 000 美元的情况下，按照这种配置原则，我们应该先选择项目 G，然后选择项目 F。

遗憾的是，根据获利指数将有限的资金分配给一组项目并不能完全解决规模问题，因为这种方法处理的是考察项目当年资本支出受限的情形。在我们的例子中，1 000 000 美元的限制仅适用于第一年。下一年情况会怎样呢？

假设 1 000 000 美元的资本限制在下一年仍然适用，有一个成本为 1 800 000 美元，净现值为 400 000 美元的项目 H 可以投资。公司能够为项目 H 提供资金吗？公司最多将有 1 300 000 美元用于投资：1 000 000 美元资本预算加上项目 F 和 G 在第一年年末产生的 300 000 美元现金流量（回忆一下，公司上一年选择了项目 F 和 G，它们第

⊖ 这个问题的出现只是因为三个项目具有不同的初始规模。如果它们具有相同的初始规模，那么就应该按照净现值的大小对三个项目降序排列，优先选择具有最大净现值的项目。

一年创造的合并现金流量是300 000美元，如表6-6所示)。项目H需要投资1 800 000美元，因此1 300 000美元的资金不够投资于它，只能放弃该项目。结论是：因为公司上一年投资于项目F和G，所以它现在就必须放弃一个可以带来400 000美元净现值的项目。

如果公司去年选择了投资项目E，它就有能力为投资项目H提供资金。投资项目E在第一年年末能够产生800 000美元，再加上1 000 000美元的资本预算，就能够提供投资于项目H要求的资金。投资项目E和H可创造的净现值合计为540 496美元（=140 496美元+400 000美元)，高于投资项目F和H创造的净价值合计（=103 306美元+169 421美元)，即使在调整投资项目H的净现值以考虑它发生在一年以后的事实，情况依然如此。[⊖]

因此，在资本受限情况下经营的公司在做出当前投资决策时，必须考虑未来可能进行的投资。然而，在实践中做到这一点是很困难的，因为现在可能很难获取有关未来投资项目的信息。如果公司没有有关未来潜在投资项目的充足信息，那么基于当前可得信息使用获利指数做出的最优决策就可能成为次优方案。下一章将会更详细地讨论获利指数，并重新考察它作为备选投资选择准则的可靠性。

6.6.2 比较不同寿命期的项目

我们现在来考察必须在寿命期不同的两个投资项目之中做出选择的一家公司。假设公司必须决定购买机器A还是机器B。机器A的成本为80 000美元，使用寿命是两年，每年的维修成本是4 000美元，假定运营两年后无残值；机器B的成本为120 000美元，使用寿命是四年，每年的维修成本是3 000美元，四年之后也无残值。机器B比机器A贵50%，但使用寿命是机器A的两倍，每年的维修成本也更低，预计两台机器能够产生相同的年度现金流量。公司经理人想要弄清楚公司应该购买哪台机器。

如果两台机器能够产生相同的未来年度现金流入量，那么应该优先选择总成本现值更低的机器，因为它的净现值会更高。问题在于两台机器具有不同的寿命期：机器A可以使用两年，而机器B可以使用四年。除非两台机器的运营时间相同，否则它们之间的比较就是毫无意义的。因此，我们假定第二年年末公司将买入一台新机器A，可以使用两年。使用这种方法，我们可以将两台总共可持续使用四年的机器A与一台也能够持续使用四年的机器B做比较。

我们假定这种类型的成本分析适用的恰当资本成本为10%。两台机器A和一台机器B的相关现金流出量以及它们按照10%的资本成本计算的现值如表6-8所示（第Ⅰ部分使用计算器计算NPV，第Ⅱ部分使用电子表格计算NPV)。在使用寿命期相同的情况下，连续使用两台机器A的总成本的现值（158 795美元）高于单独使用一台机器B的总成本的现值（129 510美元)。尽管机器B更贵，公司也应该购买机器B。单独购买一台机器A的总成本的现值仅为86 924美元（在表6-8中列示)，如果公司将这个成本与机器B的成本（129 510美元）相比较，就会发现机器A更便宜，从而做出错误的购买决策。

表6-8 两个具有不同寿命期的投资项目的现金流出量和成本现值 （单位：美元）

第Ⅰ部分 使用计算器计算						
连续使用两台机器A					使用一台机器B	
	现金流					
年末	机器1	机器2	合计	现值（10%）	现金流	现值（10%）
现在	-80 000		-80 000	-80 000	-120 000	-120 000
1	-4 000		-4 000	-3 636	-3 000	-2 727
2	-4 000	-80 000	-84 000	-69 422	-3 000	-2 479
3		-4 000	-4 000	-3 005	-3 000	-2 255
4		-4 000	-4 000	-2 732	-3 000	-2 049
			成本现值	**-158 795**	成本现值	**-129 510**

⊖ 如果按照10%的公司资本成本折现，投资项目H的400 000美元净现值仅相当于1年前的363 636美元。

（续）

第Ⅱ部分 使用电子表格计算 （单位：美元）

	A	B	C	D	E	F
1				连续使用两台机器 A		
2		现在	第1年年末	第2年年末	第3年年末	第4年年末
3	机器1	-80 000	-4 000	-4 000		
4	机器2			-80 000	-4 000	-4 000
5	现金流量	-80 000	-4 000	-84 000	-4 000	-4 000
6						
7	资本成本	10.00%				
8						
9	**成本现值**	**-158 795**				
10						
11	单元格 B9 的公式 = B5 + NPV(B7，C5:F5)					
12						
13				使用一台机器 B		
14		现在	第1年年末	第2年年末	第3年年末	第4年年末
15	现金流量	-120 000	-3 000	-3 000	-3 000	-3 000
16						
17	**成本现值**	**-129 510**				
18						
19	单元格 B17 的公式 = B15 + NPV(B7，C15:F15)					
20						

在我们刚刚考察过的情况下，连续使用两台机器 A 相当于单独使用一台机器 B。举例来说，如果机器 B 的使用寿命为五年，而机器 A 的使用寿命仅为三年，我们就需要将连续使用五台机器 A 与连续使用三台机器 B 相比较，得到两个相同的 15 年寿命期序列。幸运的是，有一条捷径可以使我们避免这些烦琐的计算。我们可以把每台机器的总现金流出量转换为与其具有相同现值的等量年度现金流量序列（称为**固定年度等量现金流量**（constant annual-equivalent cash flow）或等量年金现金流量），然后，我们只需要比较年金的大小即可。公司应该选择具有最低等量年金现金流量的机器。附录 6A 说明了如何计算这些固定年度等量现金流量。最初案例的等量年金现金流量如表 6-9 所示。

表 6-9 两个具有不同寿命期的投资项目的初始现金流量和等量年金现金流量

数据来自表 6-8 和附录 6A （单元：美元）

	机器 A		机器 B	
年末	初始现金流量	等量年金现金流量	最初现金流量	等量年金现金流量
现在	-80 000		-120 000	
1	-4 000	-50 096	-3 000	-40 855
2	-4 000	-50 096	-3 000	-40 855
3			-3 000	-40 855
4			-3 000	-40 855
现值（10%）	**-86 942**	**-86 942**	**-129 509**	**-129 509**

机器 A 产生的总现金流出量的两年期等量年金现金流出量为 50 096 美元，机器 B 产生的总现金流出量的四年期等量年金现金流出量为 40 855 美元。因为 40 855 美元低于 50 096 美元，所以应该选择机器 B。机器 B 可以由年成本为 40 855 美元的无限期连续使用的机器 B 代替，而机器 A 也可以由年成本为 50 096 美元的无限期连续使用的机器 A 代替。

6.7 净现值法则的局限

尽管可以对净现值法则进行调整，以处理诸如比较不同规模或不同寿命期的两个项目等特殊情形，但在一些情况下，对净现值法则所做的调整非常复杂，很难实施。在大多数情况下，这些状况会出现是因为净现值法则是一种要么采纳要么放弃的准则，它仅仅是基于估计净现值时所能得到的信息。因此，净现值法则忽略了随着时间的流逝和更多信息的获取而对项目做出改变的机会。

净现值是根据项目产生的预期现金流量按照项目资本成本折现估计出来的，而项目资本成本取决于项目的风险。现金流量及其相应资本成本的估计都依赖于计算净现值时可以获得的信息。这些信息包括产品的适销性、售价、陈旧过时风险、生产产品使用的技术，以及经济、管制和税收环境等因素。

当这些因素发生重大变化时，它们能够以较低的成本调整，而且比较容易调整的项目可以给公司创造出比净现值所显示出来的更高的价值，也比具有相同净现值但不能轻易调整而且以较低成本改变的备选投资项目更具价值。项目的柔性，即项目适应环境变化进行调整的能力，通常被称为**管理期权**（managerial option），可在项目寿命期内实施以用于改变项目。

6.7.1 隐含在投资项目中的管理或实物期权

下面讨论两个重要的管理期权——技术转换期权和项目放弃期权。我们使用阳光制造公司（SMC）的制图桌灯项目来阐明这些概念。

1. 技术转换期权

假设在项目预计的五年寿命期内，SMC可以使用两种不同类型的机器生产这种制图桌灯：一种是多功能标准化机器，另一种是SMC的研究部门专门为这个项目开发的单一功能、未经检验的数控设备。假定使用何种机器不会显著影响项目净现值。尽管SMC的工程师都很有信心地认为新型机器将被证明更可靠，项目经理仍然认为新型机器不能满足大量生产的严格数量和质量要求，从而可能不得不被废弃或由标准化机器取代。如果选择标准化机器，那么在新型机器成功通过额外的可靠性测试，经过短暂的生产过程中断和调整后，可以很容易用新型机器取代标准化机器。然而，反过来却并非如此，因为如果用标准化机器取代新型机器，将需要把生产线全部重建。换言之，尽管管理层拥有项目运营过程中的机器转换期权，但这种期权在选择标准化机器时具有更高的价值。

一些行业中的公司很早就认识到了这种技术乃至生产设施转换期权的重要性和价值。例如，一些日本汽车生产商已经在美国和欧洲建立了制造工厂，以便生产汽车的相关成本发生变化时，能够把生产从一个地方转移到另一个地方。如果日元相对于美元或欧元通货升值，在美国或欧洲生产的汽车就会被出口到日本，从而获得比日本当地生产汽车更高的销售毛利。

2. 项目放弃期权

假设SMC的制图桌灯是一个失败的产品，根本卖不出去。尽管执行这个项目的决策暗含的假定是它将持续五年，但SMC的管理层通常拥有在较早时间放弃项目的选择权。这种选择权能为项目415 083美元的净现值增加价值吗（见表6-1）？

为了回答这个问题，我们假定在项目投产后一年内，SMC就更多地了解到这种制图桌灯的前景。依据桌灯是成功的项目还是失败的项目，剩余年份（从第2~5年）的预计现金流量将会发生变化，如表6-10所示。如果制图桌灯项目是成功的，剩余年份的现金流量按照项目资本成本7.6%计算的现值为2 382 629美元。如果项目是失败的，现值将为1 620 618美元。假定可以在第1年年末放弃该项目，而且可以从清算中获得1 650 000美元净收入，那么SMC在项目投产一年后应该怎么做呢？

表6-10 SMC制图桌灯项目第二年到第五年的预计现金流量及其在成功和失败情况下的现值

（单位：美元）

	第2年	第3年	第4年	第5年	净现值（7.6%）
根据初始估计确定的预计现金流量	822 000	692 000	554 000	466 000	—
如果项目成功的预计现金流量	890 000	783 000	612 000	520 000	2 382 629
如果项目失败的预计现金流量	662 000	480 000	420 000	340 000	1 620 618

如果制图桌灯项目是成功的，SMC 应该继续进行这个项目，因为剩余年份现金流量的现值（2 382 629 美元）高于项目清算带来的净收益（1 650 000 美元）。但是，如果制图桌灯项目是失败的，剩余年份现金流量的现值（1 620 618 美元）低于项目清算带来的净收益（1 650 000 美元），SMC 就应该放弃这个项目。因此，一年后，这项投资的价值将为 2 382 629 美元（成功情况下）或 1 650 000 美元（失败情况下）。如果项目失败的可能性为 30%，成功的可能性为 70%，那么项目一年后的期望值将为 2 162 840 美元（1 650 000 美元的 30% 加上 2 382 629 美元的 70%）。

考虑到项目一年后被放弃的可能性，现在我们重新计算项目的净现值。初始现金流出量（2 360 000 美元）和第一年的预计现金流量（832 000 美元）不变，但是第二年到第五年的现金流量现在由项目在第一年年末的价值（2 162 840 美元）取代。[⊖]对第一年的现金流量和项目在第一年年末的价值按照 7.6% 的项目资本成本折现，就可以得到考虑放弃期权的净现值

$$NPV_{考虑放弃期权} = -\$2\,360\,000 + \frac{\$832\,000 + \$2\,162\,840}{1 + 0.076} = \$423\,309$$

如果不考虑放弃期权，项目的净现值为 415 083 美元。因此，一年后放弃该项目的期权将增加 8 226 美元价值（423 309 美元减去 415 083 美元）。虽然 8 226 美元仅为制图桌灯项目原有净现值的 2%，而且不会影响投资决策，但事实可能并非总是如此。例如，当考虑放弃期权时，由于净现值为负而被拒绝的投资项目可能转变为正净现值项目，从而应该被接受。

6.7.2 处理管理期权

技术转换期权和放弃项目期权内含在大多数投资项目中。然而，管理期权并非仅限于此。随着环境变化，经理人有许多机会在项目寿命期内增加其价值。与放弃项目期权对应的是扩展项目期权。例如，假设制图桌灯项目取得了重大成功，而且项目急需扩展以满足日益增长的需求。除选择用于生产桌灯的机器外，SMC 的管理层还有扩展生产线的选择权。但是，与前述情况相反的是，我们不清楚这种选择权的价值是否会因机器的不同而不同，因为我们没有理由相信使用一种机器会比使用另一种机器更容易提高桌灯产量。然而，事实并非经常如此，能够扩展的项目比不能扩展的项目更有价值。

投资通常可以延期，因此另一个重要的管理期权是递延投资期权。这种期权在矿井开采和石油提炼行业中特别有价值，在这些行业中，产品（矿产品或石油）的价格特别容易波动。例如，根据对未来石油价格的当前市场预期，一块油田的净现值可能是负值。然而，由于可以延迟对油田的开发，有时甚至可以延迟很多年，所以开始石油提炼所需的资本支出也可以推迟到市场价格上升时。石油价格波动越剧烈，这块油田的净现值变为正值的可能性就越高，推迟开发这块油田的期权价值也就越高。

制图桌灯的例子解释了如何估计放弃期权。然而，我们的结论很大程度上依赖于：①项目成功或失败的可能性；②确认成功或失败的日期。遗憾的是，我们很难对这些不确定的结果做出可靠的估计。另一种方法是使用最初开发出来用于金融证券期权估值的期权估值模型，但是这些模型要求的数据通常很难获取而且通常是不可靠的。此外，正如前面提到的，投资项目拥有大量内含期权，对所有这些期权加以辨认和评估几乎是不可能的。

在缺乏对这些期权进行估值可以使用的简单实用方法的情况下，我们的建议是要牢记做出投资决策不应该仅仅基于一个数字，即项目的净现值。在做出决策前，经理人应该进行敏感性分析，以确认内含在项目中的最重要期权，像处理放弃期权一样尝试对其估值，并做出合理的判断。内含在项目中的期权或者没有价值，或者具有正值。因此，项目的净现值总是会低估投资项目的价值。内含在项目中的期权数量越大，项目的价值对不断变化的环境敏感的可能性就越高，这些期权的价值越大，投资项目的价值也就越高。

6.8 小结

评估投资项目可以通过估计项目净现值（NPV）进行。根据净现值法则，如果投资项目的净现值为正（负），

⊖ 在项目净现值最初的估计中，预期现金流量大小等于成功方案的预期现金流量与失败方案的预期现金流量的平均值，这两个方案以成功的机会（70%）和失败的风险（30%）两个值为权重。例如，在第三年，最初的现金流量（692 000 美元）等于 783 000 美元（如果这种灯确实是个好产品时的现金流量）的 70% 再加上 480 000 美元（如果这种灯是重大失败的情况下的现金流量）的 30%。

它就创造（损害）了价值，因而应该接受（拒绝）。净现值法则是一种好的投资决策准则，因为它调整了投资项目预计现金流量的产生时间和风险，而且还具有方便的可加性特征。最重要的是净现值法则具有评估投资项目创造价值潜力的能力。此外，投资项目的净现值是对接受项目后该项目将会创造或损害当前价值的估计。

图 6-7 概括了使用净现值法则评估投资项目涉及的步骤。计算项目净现值需要两个输入变量：①项目将在寿命期内产生的预计现金流量；②反映预计现金流量风险的适当资本成本。资本成本是项目的未来现金流量需要根据折现以便将现值与投资成本进行比较的利率。第 8 章将说明如何估计项目的预计现金流量，第 10 章将说明如何估计适当的风险调整资本成本。

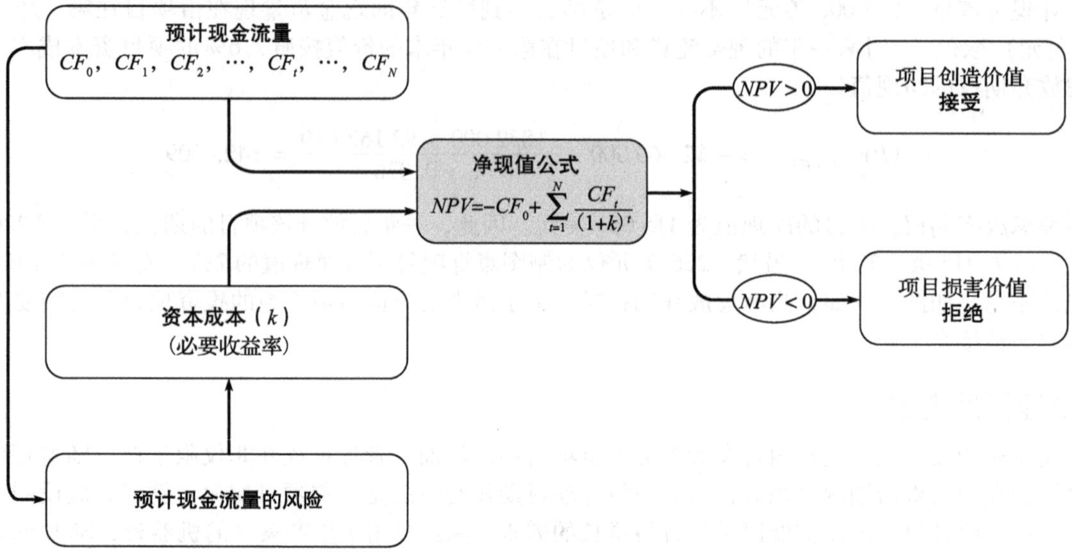

图 6-7 应用净现值法包含的步骤

在估计出这些输入变量后，可以使用财务计算器或者配有电子表格应用程序的计算机计算出项目的净现值。如果净现值为正，则项目能够创造价值，因而应该被采纳。在这种情况下，预计项目未来现金流量的现值能够超过对投资成本的补偿。如果项目的净现值为负，则项目会损害价值，因而应该被拒绝。在这种情况下，预计项目未来现金流量的现值不能弥补投资成本。

净现值法则可用于具有不同初始规模或者不同寿命期限的投资项目选择。如果公司可用于投资新项目的资金有限，可能就没有能力采纳所有可以获得的正净现值项目。如果备选项目具有不同的初始现金支出（不同规模），那么就可以使用项目的获利指数来选择能够创造最大价值的项目组合。然而，如果可用于投资的资金每年都受限，而不仅限于第一年，则使用获利指数可能会导致选择次优的投资决策。如果项目具有不同的寿命期限，就需要假设项目可以重复实施从而将其放到相同的期间来比较。如果比较项目的等量年金现金流量，计算就会变得更加简单。我们应该选择具有最低等量年金成本或最高等量年金收益的项目。

大多数项目具有管理期权，即在项目投产后改变进程的选择权，它在标准净现值分析中是被忽略的。这些期权提供的附加价值很难估计。尽管敏感性分析不是一种非常完美的替代方法，但它可以辨别内含在项目中的最重要期权，从而为最终的接受或拒绝决策提供有价值的信息。

附录 6A 计算年金现值和项目等量年金现值

6A.1 *N* 期年金的现值

如果一个现金流量序列由延续 N 期的等额连续定期现金流量组成，则这个现金流量序列称为 N 期**年金**（annuity）。考察这样一个项目，在未来五年中预计每年年末可产生相同的 20 000 美元年度现金流量。预计现金流序列由等额连续定期现金流量组成，因此是年金。如果项目的资本成本是 12%，这项年金的现值（$PV_{年金}$）是多少？它是五个 20 000 美元年度现金流量的现值之和

$$PV_{年金}=\frac{\$20\,000}{1+0.12}+\frac{\$20\,000}{(1+0.12)^2}+\frac{\$20\,000}{(1+0.12)^3}+\frac{\$20\,000}{(1+0.12)^4}+\frac{\$20\,000}{(1+0.12)^5} \quad (6A\text{-}1)$$

使用财务计算器计算，可以得出 $PV_{年金}=72\,096$ 美元。因此，一个在未来五年中每年年末产生 20 000 美元的项目，按照 12% 的资本成本计算，在今天的价值是 72 096 美元。如果项目的初始现金支出少于 72 096 美元，该项目就应该被接受。

没有必要去计算每个现金流量的现值，再把它们相加起来确定现值，有计算年金现值的更简单公式。我们先在式（6A-1）的两边同乘（1 +0. 12）

$$(1+0.12)\times PV_{年金}=\$20\,000+\frac{\$20\,000}{1+0.12}+\frac{\$20\,000}{(1+0.12)^2}+\frac{\$20\,000}{(1+0.12)^3}+\frac{\$20\,000}{(1+0.12)^4}$$

用该式减去式（6A-1），可以得到

$$(1\times 0.12)\times PV_{年金}-PV_{年金}=\$20\,000-\frac{\$20\,000}{(1+0.12)^5}$$

可以改写为

$$0.12\times PV_{年金}=\$20\,000-\frac{\$20\,000}{(1+0.12)^5}$$

两边同除以 0. 12，把 20 000 美元作为公因数提取出来，可以得到

$$PV_{年金}=\$20\,000\times\frac{1-\frac{1}{(1+0.12)^5}}{0.12}=\$20\,000\times 3.604\,8=\$72\,096$$

概括而言，任何 N 期年金的现值都可以使用下面的公式计算

$$PV_{年金}=年金现金流\times\frac{1-\frac{1}{(1+k)^N}}{k} \quad (6A\text{-}2)$$

其中，k 是折现率。

分式$\frac{1-\frac{1}{(1+k)^N}}{k}$被称为**年金现值系数**（annuity discount factor，ADF）。

如果 DF 是指第 N 期年金现值流量的现值系数，我们可以得到

$$ADF=\frac{1-DF}{k}$$

在我们的例子中

$$DF=\frac{1}{(1+0.12)^5}=0.567\,4$$

而且

$$ADF=\frac{1-0.567\,4}{0.12}=\frac{0.432\,6}{0.12}=3.604\,8$$

如果知道 DF 的值，就很容易计算出相应的 ADF 的值。

正如你可能猜测到的，只要提供输入变量，电子表格就会直接立即给出整个年金的现值。在 Microsoft Excel

中，年金现值的计算公式是 PV(资本成本，期数 N，年金值)，或者 $PV(k, N, \text{annuity})$。你也可以使用财务计算器或者本书提供的年金现值表计算，年金现值表给出了当折现率为1% ~20%时，在20期内每期期末支付或者收到1美元年金的现值。

6A.2 无限期年金或永续年金的现值

作为对式（6A-2）的特殊应用，让我们来确定**永续年金**（perpetuity）的现值，永续年金是指 N 为一个无穷大数字时的年金。如果 N 为无穷大，分式 $\frac{1}{(1+k)^N}$ 就可以被视作等于零，式（6A-2）就可以简化为年金现金流量除以折现率

$$PV_{\text{永续年金}} = \frac{\text{年金现金流}}{\text{折现率}} \qquad (6A\text{-}3)$$

例如，如果年金20 000美元是永续年金，折现率是12%，它的现值将为166 667美元，即20 000美元除以0.12。

6A.3 等量年金现金流量

机器B的现金流序列及其等量年金现金流量作为表6-9的一部分列示，而且在表6A-1中再次列示。我们是怎样得出40 855美元的等量年金现金流量的？等量年金现金流序列必须与初始现金流序列具有相同的现值，资本成本为10%时的四年期年金现值系数 ADF 等于3.169 9。我们现在可以写作

$$\$129\,509 = \text{等量年金现金流} \times 3.1699$$

因此

$$\text{等量年金现金流} = \frac{\$129\,509}{3.1699} = \$40\,855$$

概括而言，我们可以得到

$$\text{等量年金现金流} = \frac{\text{初始现金流的现值}}{\text{年金现值系数}} \qquad (6A\text{-}4)$$

表6A-1 机器B的初始现金流量和等量年金现金流量

数据来自表6-9　　（单位：美元）

年末	初始现金流量	等量年金现金流量
现在	120 000	
1	3 000	40 855
2	3 000	40 855
3	3 000	40 855
4	3 000	40 855
现值（10%）	**129 509**	**129 509**

扩展阅读

1. Amran, Martha, and Navil Kulatikala. *Real Options: Managing Strategic Investments in an Uncertain World*. Harvard Business School Press, 1999.
2. Brealey, Richard, Stewart Myers, and Franklin Allen. *Principles of Corporate Finance*, 9th ed. McGraw-Hill, 2008. See Chapters 2, 3, 6, 10, 11, and 23.
3. Copeland, Tom, and Peter Tufano. "A Real-World Way to Manage Real Options." Harvard Business School Publishing

Corporation, March 2004.
4. Damodaran, Aswath. *Corporate Finance: Theory and Practice*, 2nd ed. John Wiley & Sons, 2001. See Chapters 3 and 10.
5. Luehrman, Timothy. "Investment Opportunities as Real Options: Getting Started on the Numbers." *Harvard Business Review*, July-August 1998.
6. Ross, Stephen, Randolph Westerfield, and Jeffrey Jaffe. *Corporate Finance*, 8th ed. McGraw-Hill Irwin, 2008. See Chapters 4 and 8.

自测题

6.1　现值和资本成本

说明下面各项陈述的含义。

a. "一个投资项目预计产生的未来现金流量的现值是 20 000 000 美元。"

b. "一个投资项目的净现值是 10 000 000 美元。"

c. "一个项目的资本成本是 10%。"

6.2　管理期权

什么是内含在投资项目中的管理期权？请举一些例子。

6.3　净现值

Blaker 公司正在考虑是否接受一个项目，预计该项目可产生如下现金流序列：

（单位：美元）

	预计现金流量
现在	-100 000
第 1 年年末	50 000
第 2 年年末	50 000
第 3 年年末	50 000

a. 如果该项目的资本成本是 12%，项目预计现金流序列的现值是多少？

b. 项目的净现值是多少？

c. 项目的获利指数是多少？

d. 应该接受该项目吗？请说明理由。

6.4　在两个具有不同成本和不同寿命期的设备之间选择

Perfect 染料公司（PCC）属于染色材料行业。由于业务高速发展，公司正在考虑购买一台新的彩色印染机。目前市场上有两种印染机可供选择：印染机 X 需要花费 50 000 美元，每年所需的运营成本是 5 000 美元，使用期限是两年；印染机 Y 需要花费 60 000 美元，每年所需的运营成本是 7 000 美元，每三年需要更换一次。PCC 公司的资本成本为 10%。

a. 这两台印染机在其使用期限内所需花费的全部成本的现值是多少？

b. 为什么这两个现值是不可比的？

c. 每一台印染机的年度等量成本是多少？

d. PCC 应该购买哪种印染机？

6.5　用一台新机器取代现有机器

Pasta Uno 正在使用一台陈旧的 Pasta 生产机器，预计该机器的寿命期不超过两年。在这两年时间内，预计机器每年能够产生 20 000 美元现金流入量。该设备可以由一台成本为 150 000 美元的新机器取代。新机器比当前的这台旧机器效率更高，因此预计将在未来三年内每年产生 75 000 美元净现金流量。Pasta Uno 的管理层正在考虑是现在更新旧机器还是再等一年后更新旧机器。Pasta Uno 的资本成本是 10%。

a. 假设这台旧机器的当前变卖价值为零，新机器未来的变卖价值也将为零，那么使用新机器的年度等量现金流量是多少？

b. Pasta Uno 的管理层应该怎么做？请说明理由。

复习题

1. 终值

假设你在第 1 年将 1 000 美元存入银行，第 2 年将 2 000 美元存入银行，第 3 年将 4 000 美元存入银行。假定利率一直为 4%。

a. 第 5 年你将会有多少钱？

b. 假设你计划在第 4 年取出 1 500 美元，而且提前支取没有罚金，那么第 5 年你将会有多少钱？

2. 现值

一位篮球运动员刚刚签署了一项价值 3 000 万美元的合约，约定效力 3 年。她将收到 500 万美元作为即时现金奖金，在第 1 年年末收到 500 万美元，在第 2 年年末收到 800 万美元，在合同结束时收到剩余的 1 200 万美元。假定折现率是 10%，那么这一系列收入的现值是多少？

3. 现值

你可以投资于一台成本为 500 000 美元的机器。预计在未来 5 年中，不考虑维修成本，每年年末你都可以得到 150 000 美元的现金净收入。你将把维修成本以每年 20 000 美元的价格转包出去，并在每年年初支付。在第 5 年年末，出售机器可以得到 100 000 美元。所有收入或成本都是税后的，税后资本成本为 10%。你应该购买这台机器吗？

4. 买一辆汽车

你正打算购买一辆汽车。No Better Deals 公司会在 10 000 美元的标价基础上给你 500 美元的折扣。

a. 你可以从 Best Deals 公司购买相同的汽车，条件是现在支付 4 000 美元定金，剩余价款在第 2 年年末支付。如果利率是 12%，你应该在哪家公司购买这辆汽车呢？

b. Best Deals 公司刚刚修改了支付条件。你可以现在支付 2 000 美元定金，在第 1 年年末支付 3 000 美元，第 2 年年末支付 5 000 美元。如果利率仍为 12%，你应该在哪家公司购买这辆车呢？

c. 接下来，No Better Deals 公司提供了新的支付条件。你需要支付 10 000 美元，但是你可以按照 0.5% 的月利率向经销商借到这笔款项，期限为 36 个月，而当前市场月利率为 1%，在汽车交付使用时支付第一笔款项。如果你接受这个付款条件，那么①你每月的支付额将为多少？②这辆汽车对你而言的成本是多少？

注意：这个练习的目的并不是学习如何使用现值表格或者电子表格的净现值功能，而是明确辨别隐含在不同选择中的财务决策。

5. 为大学储蓄

你预计 10 年后你的女儿将要上大学。考虑到通货膨胀因素，你预计在她上大学期间共需要 160 000 美元。假设存款账户的利率为 4%。为了在 10 年后得到 160 000 美元，在接下来的 10 年里，你需要在账户中存入多少钱？

6. 为退休储蓄

假设你已经决定设立个人养老基金以满足退休后的生活需要。你刚到 25 岁，你预计会在 65 岁退休，并且认为退休后至少还要生活 20 年是合理的。此外，你希望从 65 岁退休开始，每年可以获得 100 000 美元收益，而且在收到第 20 次收益时，资本总额分配完毕。你的财政顾问给你提供了两个投资计划：①“激进的”多角化权益投资组合，平均收益率为 12%；②“保守的”政府债券组合，平均收益率为 6%。

a. 从现在开始直到退休，你必须在每个储蓄计划中投资多少钱才能够保证退休后每年收到 100 000 美元退休收益？

b. 你推荐哪个投资策略？

7. 金融交易

5 年前，你最喜欢的阿姨中了 1 000 000 美元彩票。奖金在接下来的 20 年每年支付 50 000 美元。遗憾的是，由于发生了一场交通事故，你的阿姨现在需要 250 000 美元现金来支付她和你叔叔的医疗费用。当地的一家财务公司提出可以给她提供 250 000 美元现金来换取未来 9 年每年 50 000 美元的奖金收入。

a. 这家当地财务公司的提议中隐含的利率是多少？

b. 你会给阿姨什么建议？

8. 公司的价值

Hellenic Vultures 公司预计会在明年产生 100 000 美元净现金流量，后年产生 120 000 美元净现金流量，并在随后 3 年产生 150 000 美元净现金流量。预计在第 5 年年末，公司能够以 500 000 美元的价格被出售。Hellenic Vultures 公司的所有者愿意出售公司，他们坚信对公司的投资应该产生 10% 的回报，那么出售这家公司的最低价格应该是多少？

9. 相互竞争的投资项目

Lolastar 公司正在评估两个相互竞争的投资项目。它们都需要 2 500 万美元的投资。公司这类项目的资本成本是 10%。预计现金流量如下所示：

（单位：100 万美元）

	项目 I	项目 II
第 1 年年末	3	12
第 2 年年末	5	9
第 3 年年末	8	7
第 4 年年末	10	4
第 5 年年末	13	3
现金流合计	39	35

a. 你推荐两个项目中的哪一个？为什么？

b. 不论资本成本是多少，你的选择都相同吗？

10. 比较具有不同经济寿命的项目

Rollon 公司正在比较两种设备的营运成本。标准化设备需要花费 50 000 美元，使用期限为 4 年，预计每年的营运成本为 4 000 美元；高级设备需要花费 90 000 美元，使用期限为 6 年，预计每年的营运成本为 2 500 美元。这两种设备具有相同水平的产量和质量，并且能够产生相同的现金收益。Rollon 公司的资本成本为 8%。

a. 计算两种设备在使用期限内发生的现金成本的现值。

b. 这两个现值可以比较吗？如果不可以，为什么？

c. 每种设备的年度等量成本是多少？

d. 公司应该购买哪种设备？请说明理由。

CHAPTER7

第7章

净现值法则以外的备选投资决策法则

净现值（NPV）法则并不是评价资本投资方案的唯一可用标准。你可能也熟悉回收期、内部收益率（IRR）或其他标准。本章考察并说明如何使用净现值法则之外的五个备选投资决策法则：回收期法则、折现回收期法则、内部收益率法则、获利指数（PI）法则和平均会计利润率法则。图7-1显示了大样本公司做出资本预算决策时使用的标准，其中净现值法则和内部收益率法则较常用，平均会计收益率法则和获利指数法则较不常用。我们分析除净现值法则以外的这五个法则是否满足好的投资决策法则的条件。

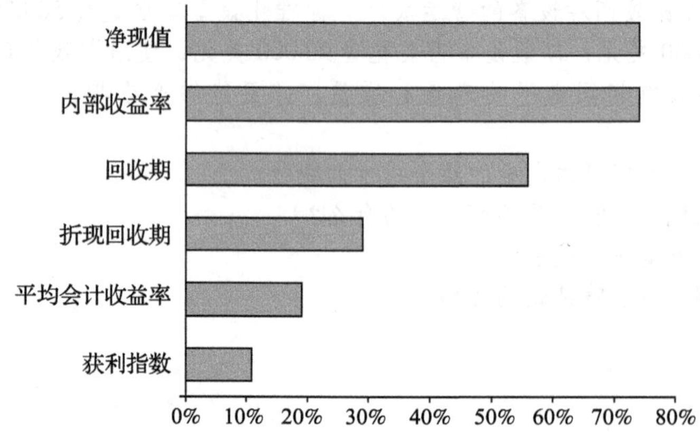

图7-1　不同资本预算技术的使用情况：公司使用百分比

资料来源：John R. Graham, Campbell R. Harvey. *The Journal of Applied Corporate Finance*, Vol. 14, No. 4, 2002.

前面提到过，一个好的投资决策法则必须考虑项目预计现金流量产生的时间和项目的风险。此外，公司应该选择能够提高公司权益市场价值的项目。

在分析备选投资决策法则时，我们发现在很多案例中，使用这些方法会导致做出与净现值法则冲突的决策。我们说明了为什么会产生这些冲突，以及为什么一些公司仍然使用这些技术筛选投资方案。我们使用六个项目来阐明通常如何将除净现值法则以外的五个备选法则应用于投资决策，并将它们的评估绩效与净现值法则做比较。学习完本章，你应该了解以下内容：

- 项目的回收期、折现回收期、内部收益率、获利指数和平均会计利润率以及如何计算这些指标；

- 如何运用五个投资决策法则选择投资方案；
- 五个投资决策法则的主要缺点；
- 尽管五个投资决策法则没有净现值法则那样可靠，为什么仍然被使用？

7.1　回收期

项目**回收期**（payback period）是指使得项目预计现金流量之和等于项目初始现金流出量所需要的时间（通常用年数表示）。换言之，回收期是指公司收回初始投资所需要的时间。考虑项目 A，其特征如表 7-1 所示，预计现金流量和累计现金流量如表 7-2 所示，投资回收期是公司收回初始现金支出 100 万美元所需要的时间。

表 7-1　备选投资项目的预计现金流量、资本成本和净现值

所有投资的期限均为 5 年，所需初始现金支出均为 100 万美元　　（单位：美元）

项目 A 和项目 B		
年末	项目 A	项目 B
1	600 000	100 000
2	300 000	300 000
3	100 000	600 000
4	200 000	200 000
5	300 000	300 000
现金流合计	**1 500 000**	**1 500 000**
资本成本	**10%**	**10%**
净现值	**191 399**	**112 511**
项目 C 和项目 D		
年末	项目 C	项目 D
1	250 000	250 000
2	250 000	250 000
3	250 000	250 000
4	250 000	250 000
5	250 000	250 000
现金流合计	**1 250 000**	**1 250 000**
资本成本	**5%**	**10%**
净现值	**82 369**	**-52 303**
项目 E 和项目 F		
年末	项目 E	项目 F
1	325 000	325 000
2	325 000	325 000
3	325 000	325 000
4	325 000	325 000
5	325 000	975 000
现金流合计	**1 625 000**	**2 275 000**
资本成本	**10%**	**10%**
净现值	**232 006**	**635 605**

表 7-2　项目 A 的预计现金流量和累计现金流量

预计现金流量来自表 7-1　　（单位：美元）

年末	预计现金流量	累计现金流量
1	600 000	600 000
2	300 000	900 000
3	100 000	1 000 000
4	200 000	1 200 000
5	300 000	1 500 000

如表7-2所示，我们假设现金流量发生在每年年末，项目A的回收期为3年，因为项目累计现金流量达到等于初始现金流量100万美元刚好需要3年时间。

有时，项目的回收期不是一整年。例如，项目E需要初始现金流出量100万美元，3年后累计产生现金流量97.5万美元，4年后累计产生现金流量130万美元（见表7-3）。项目的回收期在3~4年，等于3年加上回收初始投资所需剩余现金流量在第4年现金流量（32.5万美元）中所占的比重

$$\text{回收期(E)} = 3\text{年} + \frac{\text{初始现金流量} - \text{前3年累计现金流量}}{\text{第4年现金流量}}$$
$$= 3\text{年} + \frac{1\,000\,000\text{美元} - 975\,000\text{美元}}{325\,000\text{美元}}$$
$$= 3\text{年} + 0.08\text{年} = 3.08\text{年}$$

表7-3以项目E为例展示了如何使用电子表格技术计算回收期。表7-1中各投资项目的回收期如表7-4所示。

表7-3 使用电子表格技术计算项目E的回收期

预计现金流量来自表7-1（单位：美元）

	A	B	C	D	E	F	G
1		0	1	2	3	4	5
2	现金流量	-1 000 000	325 000	325 000	325 000	325 000	325 000
3	累计现金流量		325 000	650 000	975 000	1 300 000	1 625 000
4							
5	回收期		—	—	—	3.08	—
6							
7	0是现在，1，2，3，…，是年末						
8	单元格C3的公式=C2，D3的公式=C3+D2。然后把单元格D3的公式复制到第3行的后面单元格						
9	C5的公式=IF(OR(C3<=-B2，B3>-B2)，“-”，B1+(-B2-B3)/C2)。然后把单元格C5的公式复制到第5行的后面单元格						
10							

表7-4 表7-1中6个项目的回收期

项目	A	B	C	D	E	F
回收期（年）	3.00	3.00	4.00	4.00	3.08	3.08

7.1.1 回收期法则

根据**回收期法则**（payback period rule），如果项目的回收期短于或者等于称为**取舍期**（cutoff period）的一个特定期间，则项目可以接受。如果是在回收期都短于取舍期的几个互斥项目之间做选择，则应该选择回收期最短的项目。

如果正在审核项目A~F的公司选择的取舍期为4年，那么全部6个项目都可以接受，因为它们的回收期都没有超过公司的取舍期4年（见表7-4）。如果需要在项目A和B，项目C和D，或者项目E和F之间选择，那么每一对中的每个项目都与另一个项目同样好，因为它们具有相同的回收期；如果需要在项目A、C和E之间做选择，那么应该选择项目A，因为它具有最短的回收期。

1. 回收期法则调整现金流量的产生时间了吗

考察项目A和项目B。两个项目要求有相同的初始现金流出量、相同的经济寿命，承担同样的风险（它们的资本成本一样），它们的回收期也一样。但是，两个项目的现金流序列不一样。项目A最大的现金流量（60万美元）产生在第1年年末，项目B产生在第3年年末。这样，回收期法则没有考虑现金流量的时间性，只是简单地把每年的现金流量累加而忽略了货币的时间价值。

2. 回收期法则调整风险了吗

现在，考察项目C和项目D。它们都是5年期项目，具有相同的初始现金支出和250 000美元的预计年度现金

流量。尽管项目 D 的预计现金流量的风险比项目 C 更高（因为投资项目 D 的资本成本高于投资项目 C），但它们的回收期是相同的（都是 4 年）。因此，回收期法则忽略了风险因素。

3. 回收期法则最大化公司权益价值了吗

忽略项目预计现金流量的产生时间和风险因素的投资决策法则不可能系统地选择出最大化公司权益市场价值的项目。而且，当经理人使用回收期法则时，必须确定“正确”的取舍期。遗憾的是，没有任何客观的理由能够令人相信存在与公司权益市场价值最大化一致的特定取舍期。取舍期的选择常常是主观的。

这个缺陷带来的一个后果可以通过比较项目 E 和项目 F 来说明。因为这两个项目具有相同的回收期 3.08 年，因此根据回收期法则，这两个项目没有区别。但是，公司经理人当然会偏好投资于项目 F，因为其他条件都相同，而项目 F 在第 5 年年末预计产生的现金流量是项目 E 的 3 倍。显然，回收期法则忽略了取舍期后预计产生的现金流量。就公司而言，这些现金流量仅为无关现金流量。换言之，回收期决策法则对长期投资存在偏见。

7.1.2 为什么经理人使用回收期法则

尽管回收期法则存在着一些众所周知的缺陷，但很多经理人仍然使用它。所有调查经理人做出投资决策所使用技术的研究发现，回收期法则的使用者占有相当大的比例。[⊖]回收期法则具有哪些可以弥补其缺陷的特质，从而能够说明它得到经理人普遍使用的原因呢？

回收期法则的最大的优点是简单和易于使用。大公司的经理人要对具有典型现金流量模式的许多规模小且重复发生的投资做出接受或拒绝决策。随着时间的推移，这些经理人对于确定能够使投资获得净现值的适当取舍期可能形成了良好的直觉。在这种情况下，使用回收期法则偶尔做出错误决策的“成本”要低于使用更加复杂耗时的决策法则的“成本”。

经理人使用回收期法则的另一个原因是回收期法则偏好“快速回收”，从而有助于选择加强公司整体现金可用性的项目。对于主要依靠内源资金为经营活动提供支持的小公司而言，这是一个非常重要的考虑因素，因为它们不容易通过银行或金融市场筹集到长期资金。

有时，两个项目具有相同的净现值，但回收期不同。在这种情况下，应该选择具有最短回收期的项目。为了进一步说明，我们比较表 7-1 中的项目 A 和项目 G。项目 G 要求与项目 A 具有相同的初始现金支出（100 万美元），与项目 A 具有相同的资本成本（10%），预期产生的现金流量如表 7-5 所示。在 10% 的资本成本下，两个项目具有相同的净现值 191 399 美元。但是，项目 A 的回收期是 3 年，而项目 G 的回收期要长一年。依据净现值法则，公司对两个项目的选择没有区别，但回收期法则显然偏好项目 A，因为项目 A 的回收期更短（主要因为该项目的第 1 年现金流入量为 600 000 美元）。

表 7-5 具有相同净现值和不同回收期的两个项目的比较

（单位：美元）

年末	项目 A	项目 G
现在	-1 000 000	-1 000 000
1	600 000	200 000
2	300 000	200 000
3	100 000	300 000
4	200 000	300 000
5	300 000	666 740
净现值（$k=10\%$）	**191 399**	**191 399**
回收期	**3 年**	**4 年**

最后，因为回收期法则相对于长期项目而言往往更偏好短期项目，因此常常在未来事件难以量化（例如项目面临政治风险）时使用。假设公司需要在另一个国家的两个项目之间选择，一个项目的回收期是 3 年，另一个项目的回收期是 10 年。在这个国家，每 4 年要进行一次选举，新政府对外国投资的政策可能变得强硬。估计这种事件发生的可能性以及量化这种事件对项目预计现金流量规模和资本成本的影响是非常困难的。因此，即使长期项目的正净现值要高于短期项目，公司经理人也会选择回收期为 3 年的项目。许多风险厌恶的经理人相信这种权衡是相关的。

7.2 折现回收期

项目**折现回收期**（discounted payback period），也称为**经济回收期**（economic payback period），是指使得项目

⊖ 然而，大多数回收期法则使用者在使用其他法则（例如净现值法则或内部收益率法则）的同时使用这种法则。回收期法则很少单独用于评估大型项目。

预计现金流量的现值之和等于项目初始现金流出量所需要的时间，通常用年数表示。为了进一步说明，我们计算项目 A 的折现回收期。在 10% 的资本成本水平，预期现金流量的累计现值如表 7-6 所示，项目 A 的折现回收期稍微短于 4 年（前面提到过，投资 A 需要的初始现金流出量为 100 万美元）。表 7-1 中列示的投资项目的折现回收期如表 7-7 所示，我们发现项目 A 的折现回收期是 3.96 年。表 7-8 以项目 E 为例，展示了如何使用电子表格技术计算折现回收期。

表 7-6 项目 A 的折现回收期计算

预计现金流量来自表 7-1

年末	预计现金流量（美元）	利率为 10% 的折现系数①	现值（美元）	累计现金流量现值（美元）
1	600 000	0.909 1	545 455	545 455
2	300 000	0.826 4	247 934	793 389
3	100 000	0.751 3	75 131	868 520
4	200 000	0.683 0	136 603	1 005 123
5	300 000	0.620 9	186 276	1 191 399

①折现系数的估计值为 4 位小数，但现值是基于更精确的估计值计算的。

表 7-7 表 7-1 中 6 个项目的折现回收期

项目	A	B	C	D	E	F
折现回收期（年）	3.96	4.40	4.58	超过 5	3.86	3.86

表 7-8 使用电子表格技术计算投资 E 的折现回收期

预计现金流量来自表 7-1 （单位：美元）

	A	B	C	D	E	F	G
1		0	1	2	3	4	5
2	现金流量	-1 000 000	325 000	325 000	325 000	325 000	325 000
3							
4	资本成本	10.00%					
5							
6	折现现金流量		295 455	268 595	244 177	221 979	201 799
7	累计折现现金流量		295 455	564 050	808 227	1 030 206	1 232 005
8							
9	**折现回收期**		—	—	—	**3.86**	—
10							
11	0 是现在，1，2，3，…，是年末						
12	单元格 C6 的公式 = C2/（1 +B4）^C1。然后把单元格 C6 的公式复制到第 6 行的后面单元格						
13	单元格 C7 的公式 = C6。单元格 D7 的公式 = C7 + D6。然后把单元格 D7 的公式复制到第 7 行的后面单元格						
14	单元格 C9 的公式 = IF(OR(C7 <= -B2, B7 > -B2), "-", B1 + (-B2 - B7)/C6)。然后把单元格 C9 的公式复制到第 9 行的后面单元格						
15							

折现回收期要比前面计算的普通回收期更长（比较表 7-7 与表 7-4 中的数据），这不足为奇，因为计算折现回收期所使用的折现现金流量要小于计算普通回收期所使用的不折现现金流量。还应注意到，根据折现回收期确定的投资顺序与根据普通回收期确定的投资顺序有所不同。此外，我们注意到，项目 A 与项目 B 以及项目 C 与项目 D 不再具有相同的回收期。

7.2.1 折现回收期法则

与普通回收期法则一样，**折现回收期法则**（discounted payback period rule）指出，如果项目的折现回收期短于或者等于称为取舍期的一个特定期间，则项目可以接受。如果是在几个项目之间做选择，则应该选择折现回收期最短的项目。

如果取舍期仍保持在 4 年，则只有项目 A、E 和 F 是可接受的。根据普通回收期法则，所有 6 项投资都可以接受。

1. 折现回收期法则调整现金流量的产生时间了吗

考察表 7-1 中的项目 A 和项目 B。除第 1 年和第 3 年现金流量交换了次序之外，两个项目的其他条件都相同。项目 A 的最大现金流量 600 000 美元发生在第 1 年年末，而项目 B 的最大现金流量 600 000 美元发生在第 3 年年末。折现回收期法则考虑了这个差异，因为项目 A 的折现回收期（3.96 年）要比项目 B 的（4.40 年）更短。因此，折现回收期法则考虑了货币的时间价值，但仅限于折现回收期之前发生的现金流量，它仍然没有考虑回收期之后发生的现金流量。

2. 回收期法则调整风险了吗

考察项目 C 和项目 D。它们具有相同的现金流序列，但项目 C 的风险要小于项目 D。项目 C 的折现回收期（4.58 年）比项目 D 的（5 年多）更短。因此，折现回收期法则考虑了项目预计现金流量的风险，但是与前面例子一样，它仅限于考虑折现回收期之前发生的现金流量，没有考虑折现回收期之后发生的现金流量及其风险。

3. 回收期法则最大化公司权益价值了吗

根据折现回收期法则，折现回收期之前产生的项目预计现金流量的现值等于项目初始现金流出量。换言之，如果我们计算项目折现回收期之前产生的现金流量的净现值，会发现净现值等于 0。这意味着项目的折现回收期等于项目的“保本”期。例如，项目 A 的折现回收期为 3.96 年，只有当期限超过 3.96 年时才能够创造价值。如果我们把折现回收期后产生的预计现金流入量包括进来，则项目的净现值将为正。因此，如果项目的取舍期比折现回收期长，那么使用取舍期产生的现金流量估计的净现值通常为正。

但是，我们不能就此得出结论，认为使用折现回收期法则可以系统地选出最大化公司权益市场价值的项目。必须确定“正确的”取舍期，但这是一个主观决策。考虑项目 E 和项目 F，它们的折现回收期相同，都是 3.86 年。与普通回收期法则一样，折现回收期法则也不能分辨这两个项目的优劣，因为它们都忽略了第 5 年的现金流量，而项目 F 的第 5 年现金流量是项目 E 的 3 倍。因此，折现回收期法则忽略了取舍期后产生的现金流量，对长期投资存有偏见。

7.2.2 折现回收期法则与普通回收期法则的比较

折现回收期法则相对于普通回收期法则而言有两个主要优点：它考虑了货币的时间价值，而且考虑了投资预计现金流量的风险。然而，它对这些好的投资法则应该具备的条件的考虑仅局限于折现回收期之前产生的预计现金流量。作为回收项目初始现金流出量所需时间的指示器，折现回收期法则肯定优于普通回收期法则，因为它考虑了资本的机会成本。但是，它比普通回收期法则的计算更加复杂。实际上，它要求与净现值法则相同的输入变量，即项目的使用寿命、预计现金流量和资本成本，这就可以解释为什么折现回收期法则没有普通回收期法则使用频繁，对于需要经常做出接受或拒绝项目决策的经理人而言尤其如此。

7.3 内部收益率

项目**内部收益率**（internal rate of return，IRR）是指使得项目的净现值等于 0 的折现率。例如，要计算项目 A 的回报率，我们可使 $NPV(\text{A})$ 等于 0，然后找到满足条件的折现率。这个折现率就是该项投资的 IRR

$$NPV(\text{A}) = 0 = -\$1\,000\,000 + \frac{\$600\,000}{(1+IRR)^1} + \frac{\$300\,000}{(1+IRR)^2} + \frac{\$100\,000}{(1+IRR)^3} + \frac{\$200\,000}{(1+IRR)^4} + \frac{\$300\,000}{(1+IRR)^5}$$

令人遗憾的是，没有计算现金流序列回收期的简便方法，除非项目为一期投资或年金[⊖]的极少数情形。例如，如果一个项目要求的初始投资是 10 000 美元，1 年后将产生的预计现金流量为 12 000 美元，那么它的内部收益率就等于 20%。对于具有较长期限的投资，我们可以使用试错法设法找到其 *IRR*：我们可以首先猜测一个折现率，

⊖ 年金是指具有相等年度现金流量的现金流序列。年金现值的计算在附录 6A 中说明。

使用它计算出项目的 *NPV*，然后逐步调整该折现率，直至找到可使 *NPV* 等于 0 的折现率。可以想象，这是一个冗长且耗时的运算过程，如果我们想要得到精确的数字尤其如此。幸运的是，任何财务计算器或者计算机电子表格应用程序都有 IRR 函数。两者都是通过试错法寻找 *IRR*，但两者都能够做得更快更准确。表 7-9 展示了如何使用电子表格技术计算项目 E 的 *IRR*，表 7-10 列示了表 7-1 中各项投资方案的 *IRR*。

表 7-9 使用电子表格技术计算项目 E 的内部收益率

预计现金流量来自表 7-1 （单位：美元）

	A	B	C	D	E	F	G
1		0	1	2	3	4	5
2	现金流	-1 000 000	325 000	325 000	325 000	325 000	325 000
3							
4	内部收益率	18.72%					
5							
6	0 是现在，1，2，3，…，是年末						
7	单元格 B4 的公式 = IRR(B2：G2，.1)，其中.1 或 10% 是 IRR 的估计值						

表 7-10 表 7-1 中 6 个项目的内部收益率

项目	A	B	C	D	E	F
内部收益率（%）	19.05%	13.92%	7.93%	7.93%	18.72%	28.52%

概括而言，如果一项 *N* 期投资的初始现金流出为 CF_0，CF_1，CF_2，…，CF_N，此为预计现金流序列，那么这项投资的 *IRR* 可以通过下面的等式计算得出

$$0 = CF_0 + \frac{CF_1}{(1 + IRR)^1} + \frac{CF_2}{(1 + IRR)^2} + \cdots + \frac{CF_t}{(1 + IRR)^t} + \cdots + \frac{CF_N}{(1 + IRR)^N}$$

计算一项投资的内部收益率所需要的仅为预计投资将要产生的现金流序列。实际上，一项投资的 IRR 用单一收益率概括了预计现金流序列。这个比率之所以称为“内部”收益率，是因为它只考虑了与投资相关的预计现金流量，并不取决于备选投资能够获得的收益率。

7.3.1 内部收益率法则

考察项目 A。它的内部收益率是 19.05%，资本的机会成本是 10%。前面提到过，项目 A 的资本机会成本是指公司投资于与项目 A 具有相同风险的备选投资可以获得的最高回报率。[㊀]公司是否应该接受项目 A？应该，因为它的 *IRR*（19.05%）高于公司投资于具有相同风险水平的其他投资可以获得的最高回报率（10% 的资本机会成本）。

根据**内部收益率法则**（internal rate of return rule），如果一项投资的 *IRR* 高于资本成本，应该接受该投资；如果一项投资的 *IRR* 低于资本成本，应该拒绝该投资；如果投资的 *IRR* 等于资本成本，公司接受或拒绝项目没有区别。

项目的内部收益率可以解释为在考虑项目资本成本前衡量项目预计现金流量获利能力的指标。因此，如果项目的 *IRR* 低于资本成本，则该项目赚取的收益低于资本成本，应该拒绝；如果项目的 *IRR* 高于资本成本，则该项目赚取的收益高于资本成本，应该接受。[㊁]

当用于与 *IRR* 比较时，投资的资本机会成本通常被称为**门槛收益率**（hurdle rate）、**最低必要收益率**（minimum required rate of return）或投资的必要收益率。换言之，如果项目的 *IRR* 低于必要收益率，应该拒绝该项目；如果项目的 *IRR* 高于必要收益率，应该接受该项目。

1. 内部收益率法则调整现金流量的产生时间了吗

考察表 7-1 中的项目 A 和项目 B，正如前面所指出的，项目 A 要优于项目 B，因为它的最大现金流量（60 万

㊀ 投资的资本机会成本的定义参见第 6 章。

㊁ 不应该把内部收益率与平均会计收益率混淆，平均会计收益率有时也用于评估投资方案，相关内容将在本章后面部分讨论。

美元）产生的时间更早。内部收益率法则也显示出相同的偏好，因为项目 A 的内部收益率（19.05%）高于项目 B 的内部收益率（13.92%）。因此，内部收益率法则考虑了货币时间价值。

2. 内部收益率法则调整风险了吗

比较表 7-1 中的项目 C 和项目 D。它们具有相同的预计现金流序列，但项目 D（资本成本为 10%）的风险高于项目 C（资本成本为 5%）。两个项目具有相同的内部收益率 7.93%。内部收益率法则考虑两项投资的风险了吗？是的，它确实通过比较投资的内部收益率和资本成本间接考虑了风险。项目 C 的内部收益率（7.93%）高于这种类型投资的最低必要收益率 5%，因此应该接受。应该拒绝项目 D，因为它的内部收益率（7.93%）低于公司想从相同风险水平投资中赚取的门槛收益率 10%。

虽然投资的风险没有直接反映在内部收益率的计算中，但内部收益率法则确实考虑了投资风险，因为它将项目的内部收益率与衡量投资风险的最低必要收益率进行了比较。

3. 回收期法则最大化公司权益价值了吗

项目的内部收益率是通过使得项目 NPV 等于 0 确定的，因此我们可以预期项目净现值与项目内部收益率相关。为了进一步说明，我们计算项目 E 在各种折现率下的净现值，如表 7-11 所示。

表 7-11　项目 E 在各种折现率下的净现值

折现率	0%	5%	10%	15%	20%	25%	30%
净现值（E）（美元）	625 000	407 080	232 006	89 450	−28 050	−125 984	−208 440

根据表 7-11 中的数据，我们可以绘制图形来反映项目 E 的净现值随折现率变动而发生的变动。该图形称为项目的 **NPV 曲线**（NPV profile），如图 7-2 所示，横轴为折现率，纵轴为投资 E 的净现值。

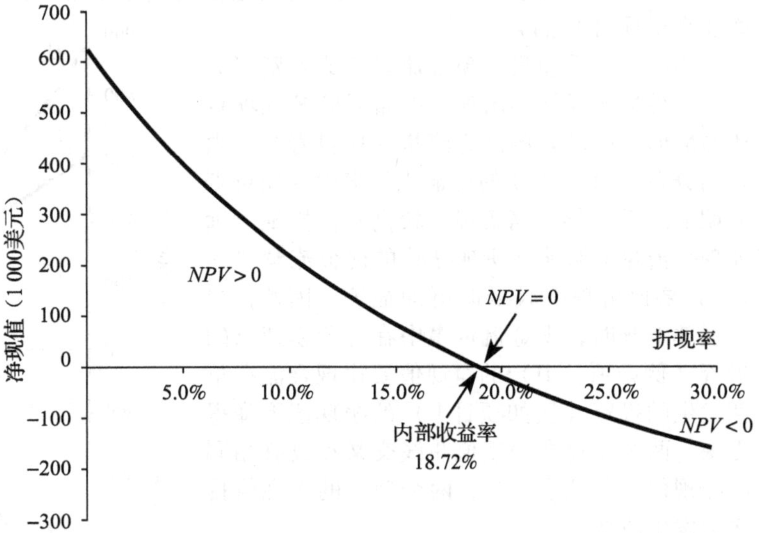

图 7-2　项目 E 的净现值曲线

该曲线反映了项目 E 的净现值与折现率的反向变动关系。当折现率上升时，项目 E 的净现值下降，因为项目的预计现金流量在按照逐渐升高的利率折现。在净现值曲线与横轴的交点处，项目 E 的净现值等于 0。在这一点，用于计算项目 E 净现值的折现率一定等于项目 E 的内部收益率，因为内部收益率是使得净现值等于 0 的折现率。这一折现率是 18.72%（见图 7-2）。

根据内部收益率法则，如果资本成本低于内部收益率 18.72%，应该接受项目 E；如果资本成本高于内部收益率 18.72%，应该拒绝项目 E。图形表明：当折现率（资本成本）低于 18.72% 时，项目的 *NPV* 为正；当折现率高于 18.72% 时，项目的 *NPV* 为负。换言之，图形表明，当 *NPV* 为正时，内部收益率高于资本成本；当 *NPV* 为负时，内部收益率低于资本成本。因此这两个法则得出的结论是相同的。因为净现值法则与公司权益价值最大化相一致，所以内部收益率法则也是如此。

7.3.2　内部收益率法则可能不可靠

当①公司考察两项互斥投资（公司不能同时投资于两个项目，如果接受一个，必须放弃另一个）以及②项目现金流量符号的变化超过一次（未来现金流序列至少包括一次由正现金流量向负现金流量的变化）时，内部收益率法则有时可能导致错误的投资决策。

1. 互斥投资情形

当两个项目**互斥**（mutually exclusive）时，在一些情况下，内部收益率法则和净现值法则可能会选择不同的投资方案。假设我们比较表 7-1 中的项目 E 和表 7-12 中的项目 H。它们具有相同的使用期限（5 年）、相同的初始现金流出量（100 万美元）和相同的资本成本（10%）。项目 E 的内部收益率为 18.72%，项目 H 的内部收益率为 16.59%。

表 7-12 具有不同现金流量和内部收益率的两项互斥投资的比较

使用寿命 = 5 年；初始现金流出 = 100 万美元；资本成本 = 10%（单位：美元）

年末	项目 E	项目 H
1	325 000	100 000
2	325 000	100 000
3	325 000	100 000
4	325 000	150 000
5	325 000	1 500 000
内部收益率	**18.72%**	**16.59%**

两项投资的内部收益率都高于资本成本 10%，因此根据内部收益率法则都应该被接受。然而，投资是互斥的，因此公司只能接受一个。应该选择哪一个呢？直觉告诉我们应该选择项目 E，因为它的内部收益率要高于项目 H。遗憾的是，直觉并不总能导致正确的决策。根据净现值法则，项目 H 优于项目 E，因为当资本成本为 10% 时，项目 H 的净现值为 282 519 美元，而项目 E 的净现值仅为 232 006 美元（见表 7-1）。

图 7-3 中项目 E 和项目 H 的净现值曲线显示了为什么内部收益率法则与净现值法则得出的结论不一致。图形显示，当折现率高于 12.94%（两条净现值曲线相交时的折现率）[⊖]和低于 18.72% 时，净现值法则和内部收益率法则都偏好项目 E。当折现率高于 18.72% 时，两项投资都应该被拒绝，它们的净现值都为负，折现率都高于内部回报率；当折现率低于 12.94% 时，净现值法则偏好项目 H，但内部收益率法则仍偏好项目 E（它的内部收益率要高于项目 H 的）。

当两个互斥项目的现金流量模式差别很大时，这种情况通常会出现，正如项目 E 和项目 H 的情形。项目 E 的现金流量在项目寿命期内均匀分布，而项目 H 的现金流量集中在项目寿命期的最后一年。当折现率较高时，折现对远期现金流量的影响（折现导致的现金流量“缩水”）要比折现率较低时更加显著。因此，当折现率上升时，现金流量集中在寿命期期末的投资（例如项目 H）的净现值要比现金流在早期发生的投资（例如项目 E）的净现值下降得更快。两个项目在净现值曲线交叉点具有相同的净现值，在该点前后，两个项目的净现值排序会发生改变。

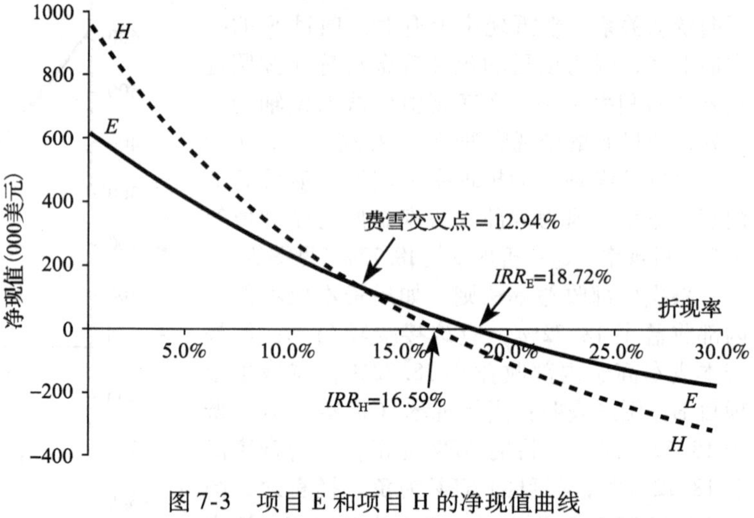

图 7-3 项目 E 和项目 H 的净现值曲线

当资本成本为 10% 时，项目 H 是更好的投资，因为它的净现值大于项目 E 的，从而可以为公司所有者创造更多价值。因为内部收益率法则会得出相反的选择，所以它也会具有相反的效果。一般而言，当公司想要根据项目对公司权益价值的贡献来对项目排序时，应该使用净现值法则而非内部收益率法则。

2. 具有一些负未来现金流量的投资情形

当项目的预计现金流量包括负现金流量时，内部收益率法则可能是不可靠的。当投资要求在将来不同时期建造一些设施时，负现金流量就会发生。在建造新设施的年份，原有设施产生的现金流量可能不足以弥补新设施的成本，结果是该年项目的总现金流量为负。如果项目结束时需要发生一笔重要的资本支出，例如露天采矿项目，项目也可能具有负未来现金流量。在项目寿命期结束时关闭矿区以及恢复景观原貌可能会使项目的终结现金流量为负。

⊖ 交叉收益率常常被称为**费雪交叉点**（Fisher's intersection），以经济学家欧文 · 费雪命名。费雪是最先研究这种现象的学者之一。

当负现金流量产生时，项目可能具有多个内部收益率，也可能根本不存在内部收益率。我们使用一个两年期项目来说明这种现象，该项目的资本成本为20%，预计现金流量的模式如表7-13所示。

项目具有5%和40%两个内部收益率（如果你检验一下，就会发现项目的净现值在折现率为5%和40%时都为0）。如果项目的资本成本为20%，那么当内部收益率为5%时应该拒绝该项目，当内部收益率为40%时应该接受该项目。应该选择哪一个并不明显，在这种情况下公司经理人应该怎么做？他们应该忽略内部收益率法则，相反，使用净现值法则。在资本成本为20%时，项目具有正净现值20 833美元，应该接受。

表7-13 具有负现金流量，资本成本=20%的项目的预计现金流量、*IRR*和*NPV*（单位：美元）

年末	现金流
现在	-1 000 000
1	+2 450 000
2	-1 470 000
IRR	5%和40%
NPV(20%)	20 833

7.3.3 为什么经理人常常愿意使用内部收益率法则而非净现值法则

尽管内部收益率法则有缺陷，但经理人仍然愿意使用它。一个原因可能在于项目内部收益率的计算只需要一个输入变量，即项目预计产生的现金流序列，没有必要估计项目的资本成本，而项目净现值的计算既要估计预计现金流序列，又要估计资本成本。然而，内部收益率法则的应用需要同时考虑两个输入变量。为了决定是否投资，经理人必须比较项目的内部收益率和资本成本。这样，尽管不需要知道项目资本成本就可以计算出内部收益率，但当决定是否接受项目时仍然需要使用资本成本。如果两种方法在选择项目时都需要相同的输入变量，那么使用内部收益率法则的优点是什么？

优点可能在于当项目资本成本不确定时（内部收益率的计算不需要知道资本成本），估计项目内部收益率比估计项目净现值更容易。接下来，在确定合适的必要收益率后，要做出接受还是拒绝项目的决策。[⊖]我们认为经理人偏好内部收益率法则只是出于一个简单的理由：使用内部收益率法则比使用净现值法则可以使其更容易传递项目潜在获利能力信息。在“营销”投资方案时，指出项目具有35%的潜在收益率当然比指出项目具有4 531 284美元的净现值更有说服力。经理人通常对投资“应该获得的收益率”有很好的理解（部分原因在于他们已经习惯使用销售收益率和资产收益率等指标来衡量经营绩效）。把这个隐含的“应该获得的收益率”与项目的内部收益率比较非常简单直接，如果与项目净现值比较就没有那么明显了。

我们的建议是：估计净现值需要的信息与应用内部收益率法则所需要的信息相同，因此两个指标都应该计算。当两个法则得出同样的建议时，提及项目的内部收益率而非净现值；当分析结果表明两种方法存在冲突时，应该相信净现值法则。

7.4 获利指数

项目**获利指数**（profitability index，PI）等于项目预计现金流序列的现值与初始现金流出量（CF_0）的比率

$$PI(\text{项目}) = \frac{(CF_1 \times DF_1) + (CF_2 \times DF_2) + \cdots + (CF_t \times DF_t) + \cdots + (CF_N \times DF_N)}{CF_0}$$

其中，DF_t是使用项目资本成本k计算的折现因子。获利指数是收益-成本比率，因为它是从投资中获得的收益（预计现金流量按照一定资本成本计算的现值）与投资成本（初始现金流出量）的比率。

应用定义计算表7-1中项目A的获利指数（所有财务数据的单位为1 000美元），我们可以得到

$$PI(\text{A}) = \frac{(\$600 \times 0.909\,1) + (\$300 \times 0.826\,4) + (\$100 \times 0.751\,3) + (\$200 \times 0.683\,0) + (\$300 \times 0.620\,9)}{\$1\,000}$$

$$PI(\text{A}) = \frac{\$1\,191}{\$1\,000} = 1.19$$

⊖ 如果公司对一些难以评估的项目使用资本预算的“自下而上”决策方法，这种情况常常会发生。按照这种方法，各部门把附有内部收益率的项目提交给投资委员会，投资委员会在收集好所有提交项目并将其内部收益率与它们确定的风险调整必要收益率比较后，做出投资决策。

表 7-14 以项目 E 为例，展示了如何使用电子表格技术计算获利指数。表 7-15 列示了表 7-1 中各个投资方案的获利指数。

表 7-14 使用电子表格技术计算项目 E 的获利指数

预计现金流量来自表 7-1 （单位：美元）

	A	B	C	D	E	F	G
1		0	1	2	3	4	5
2	现金流量	-1 000 000	325 000	325 000	325 000	325 000	325 000
3							
4	资本成本	10.00%					
5							
6	**获利指数**	**1.23**					
7	0 是现在，1，2，3，…，是年末						
8	单元格 B6 的公式 = NPV(B4，C2:G2)/ - B2						
9							

表 7-15 表 7-1 中 6 个项目的获利指数

项目	A	B	C	D	E	F
获利指数	1.19	1.11	1.08	0.95	1.23	1.64

7.4.1 获利指数法则

根据获利指数法则，如果项目的获利指数大于1，应该接受该项目；如果项目的获利指数小于1，应该拒绝该项目；如果投资的获利指数等于1，公司接受还是拒绝该项目应该没有差别。根据该法则，除项目 D 以外的所有项目都应该被接受（见表 7-15）。

1. 获利指数法则调整现金流量的产生时间了吗

获利指数法则考虑了货币时间价值，因为项目预计现金流量按照资本成本折现了。与净现值法则和内部收益率法则一样，获利指数法则也偏好选择项目 A 而不是项目 B（见表 7-15），这两个项目的唯一差别在于各自预计现金流量产生的时间不同。

2. 获利指数法则调整风险了吗

获利指数法则考虑了投资的风险，因为它使用资本成本（反映预期现金流序列的风险）作为折现率。与净现值法则和内部收益率法则一样，获利指数法则选择项目 C 而不是风险更高的项目 D，尽管这两项投资具有相同的预计现金流序列。

3. 获利指数法则最大化公司权益价值了吗

当项目的获利指数大于 1 时，项目预计现金流量的现值大于初始现金流出量，项目的净现值为正；相反，如果获利指数小于 1，那么项目的净现值为负。这样看来，似乎获利指数法则可以替代净现值法则，根据获利指数法则可以选择出对提高公司市场价值贡献最大的项目。

遗憾的是，当把获利指数法则应用于具有不同初始现金流出量的两个互斥项目时，可能导致错误的决策。为了进一步说明，我们比较表 7-1 中的项目 A 与项目 K，它们具有相同的寿命期（5 年）和相同的资本成本（10%），但项目 K 要求的初始现金流出量是项目 A 的 2 倍，而且两个项目具有不同的现金流序列。两项投资的现金流序列、净现值和获利指数如表 7-16 所示。

表 7-16 具有不同初始现金流出量和预计现金流量的两项互斥投资的比较 （单位：美元）

年末	项目 A	项目 K
现在	-1 000 000	-2 000 000
1	600 000	100 000
2	300 000	300 000
3	100 000	600 000
4	200 000	200 000
5	300 000	2 100 000
NPV(10%)	**191 399**	**230 169**
获利指数	**1.19**	**1.12**

项目 A 的获利指数（1.19）高于项目 K(1.12)。在得出项目 A 优于项目 K 的结论前，我们应该首先比较投

资的净现值。项目 A 的净现值要低于项目 K，因此获利指数法则选择的是为公司所有者创造较小价值的投资。结论是：在对两个具有不同初始现金流出量规模的互斥项目进行选择时，获利指数法则与公司市场价值最大化不一致。

7.4.2　获利指数法则的应用

尽管在对具有不同投资规模的互斥项目进行选择时会产生一些问题，获利指数法则仍可作为净现值法则的有用替代。与内部收益率一样，使用获利指数传递一个投资项目的潜在获利能力比使用净现值更容易，原因在于获利指数和内部收益率都是衡量投资价值的相对指标，而净现值是绝对指标。获利指数表明项目每 1 美元投资预计产生的现实收益，而净现值是指扣除项目初始成本后的收益现值。[⊖]

7.5　平均会计收益率

尽管很多**平均会计收益率**（average accounting return，AAR）衡量指标被应用于投资项目，它们通常被定义为项目预计产生的平均会计利润与项目在寿命期内预计使用的平均资产的比率。最常见的平均会计收益率的定义为

$$\text{平均会计收益率} = \frac{\text{项目预计产生的平均税后收益}}{\text{项目的平均账面价值}}$$

例如，假定项目 P 需要 1 000 000 美元初始现金支出来购置一台设备，预计设备的使用年限是 5 年，则该项投资在使用期内的年折旧额将为 200 000 美元。预计项目第 1 ~ 5 年分别会产生 100 000 美元、80 000 美元、60 000 美元、40 000 美元和 20 000 美元的税后收益。从而，平均预计税后收益为

$$\frac{\$100\,000 + \$80\,000 + \$60\,000 + \$40\,000 + \$20\,000}{5} = \$60\,000$$

该投资的期初账面价值为 1 000 000 美元，期末账面价值为 0。因此，该投资的平均账面价值为 500 000 美元，项目的平均会计收益率为

$$\text{平均会计收益率} = \frac{\$60\,000}{\$500\,000} = 12\%$$

7.5.1　平均会计收益率法则

根据平均会计收益率法则，如果项目的平均会计收益率高于目标平均收益率，则该项目是可以接受的。

1. 平均会计收益率法则调整现金流量的产生时间了吗

平均会计收益率法则基于并非现金流量的税后收益和投资账面价值等会计数字。与回收期法则相同，它没有考虑货币的时间价值。然而，与回收期法则不同的是，回收期法则可以加以改进，通过按照资本成本对现金流量折现来考虑现金流量的产生时间，而平均会计收益率法则没有调整收益的产生时间。

2. 平均会计收益率法则调整风险了吗

在折现现金流法则（例如 NPV 法则或 IRR 法则）中，项目风险用资本成本衡量。扩展开来，我们会预计目标收益率中考虑了平均会计收益率法则的风险。情况可能如此，但是不存在调整目标收益率以考虑项目风险的客观方法。

3. 平均会计收益率法则最大化公司权益价值了吗

平均会计收益率法则不太可能总是选择能够最大化股东价值的投资项目，因为它是基于会计数据（而不是现金流量）的，它不考虑货币的时间价值，而且只是临时考虑风险。

既然平均会计收益率法则有如此严重的缺陷，为什么在图 7-1 列示的调查中还有 20% 的首席财务官使用它呢？我们认为有两个原因：首先，这条法则易于应用，因为它使用通常可立即获取的会计数据；其次，因为在薪酬和奖励系统中使用的大多数业绩衡量指标仍是基于会计数据的，管理者想要考察投资项目的会计收益率情况是合乎情理的。

⊖ 第 6 章说明了如何使用获利指数法则比较不同规模投资（具有不同现金流出量的投资）。

7.6 小结

我们对净现值法则以外的备选投资决策法则的分析表明，净现值法则是选择理想投资方案（预计能够提高公司权益的市场价值，从而增加公司所有者财富）的最佳标准。然而，这个结论并不意味着应该放弃本章介绍的其他备选投资决策法则。项目的获利指数、内部收益率、回收期与平均会计收益率可以为经理人提供有用的信息，常常比净现值更容易解释和传递。

如图7-1所示，公司很少依赖单一的方法筛选投资方案。大多数使用净现值法则的公司也使用其他决策标准。但这个调查结果不应该偏离一个事实，即净现值法则以外的所有备选投资决策法则都存在很多缺点，一些方法在评估项目的价值创造能力方面甚至存在严重缺陷。

表7-17总结了五个备选投资决策法则的特性。我们最后建议：当决策法则得出相互矛盾的结论时，基于价值创造的经理人应该相信净现值法则。

表7-17 备选投资决策法则的特性

评估方法	需要的输入变量（计算/决策）		决策法则（接受/拒绝）		该法则调整现金流量的发生时间和风险了吗		该法则与公司权益价值最大化一致吗
净现值（NPV）	现金流量/资本成本（*k*）	*NPV*	*NPV*>0	*NPV*<0	是	是	是，项目净现值是衡量项目创造或损害价值的指标
获利指数（PI）	现金流量/资本成本（*k*）	*PI*	*PI*>1	*PI*<1	是	是	是，但当项目互斥时，可能无法选出具有最高净现值的项目
内部收益率（IRR）	现金流量	*IRR*/资本成本（*k*）	*IRR*>*k*	*IRR*<*k*	是	是	是，但当项目互斥/现金流量的符号变动超过一次时，可能失败
贴现回收期（DPP）	现金流量/资本成本（*k*）	*DPP*/取舍期	*DPP*<取舍期	*DPP*>取舍期	仅在*DPP*内	仅在*DPP*内	仅在项目折现回收期短于取舍期时
回收期（PP）	现金流量	*PP*/取舍期	*PP*<取舍期	*PP*>取舍期	否	否	否

扩展阅读

1. Damodaran, Aswath. *Corporate Finance: Theory and Practice*, 2nd ed. John Wiley & Sons, 2001. See Chapter 10.
2. Ross, Stephen, Randolph Westerfield, and Jeffrey Jaffe. *Corporate Finance*, 8th ed. McGraw-Hill Irwin, 2008. See Chapter 6.

自测题

7.1 回收期的缺点

回收期法则的缺点是什么？为什么尽管回收期法则存在这些缺点，很多公司仍然将其作为投资决策的重要输入变量？

7.2 内部收益率与资本成本

项目资本成本与内部收益率的区别是什么？

7.3 内部收益率与投入资本收益率

内部收益率与投入资本收益率的区别是什么？

7.4 内部收益率法则与获利指数法则的缺点

在哪些情况下，内部收益率法则与获利指数法则会导致错误的投资决策？

7.5 使用备选决策法则评估两个项目

两个项目的预计现金流量（单位：美元）如下所示。两个项目具有相同的风险特征，资本成本都为10%。

	项目A	项目B
现在	-2 000 000	-2 000 000
第1年年末	200 000	1 400 000
第2年年末	1 200 000	1 000 000
第3年年末	1 700 000	400 000

a. 计算每个项目的净现值。根据净现值法则，如果两个项目是独立的，应该接受哪个项目？如果两个项目是互斥的呢？

b. 计算每个项目的回收期和折现回收期。如果两个项目是互斥的，应该接受哪个项目？

c. 计算每个项目的内部收益率。如果两个项目是独立的，应该接受哪个项目？如果两个项目是互斥的呢？

d. 计算每个项目的获利指数。如果两个项目是独立的，应该接受哪个项目？如果两个项目是互斥的呢？

e. 根据你对问题a～d的回答，如果项目是独立的，依据哪个法则可以做出最佳的投资决策？如果项目是互斥的呢？

复习题

1. 投资标准

全球化学公司（The Global Chemical Company，GCC）使用以下标准做出资本投资决策：

（1）对每股盈余的影响（必须为正）；

（2）投资回收期（必须少于6年）；

（3）内部收益率（必须高于12%）；

（4）净现值（按照12%的折现率计算必须为正）。

a. 每个指标的优缺点分别是什么？

b. GCC综合使用各种指标而非仅用其中一个指标做出投资决策，你认为原因是什么？

2. 投资标准之间的关系

有一个项目，现在需要发生现金流出量，未来会产生正的预计现金流量和正的净现值。根据这个信息，项目的折现回收期、内部收益率、获利指数和平均收益率应该是怎样的？

3. 净现值与回收期

有一个项目，现在需要发生现金流出量，未来会产生正的预计现金流量，回收期短于经济寿命期，该项目的净现值应为正还是为负？请说明理由。

现在假设折现回收期短于项目的寿命期，净现值应为正还是为负？请说明理由。

4. 互斥项目的内部收益率

下图绘制了项目A和项目B在不同折现率下的净现值（NPV）。两个项目具有相同的风险，而且是互斥项目。

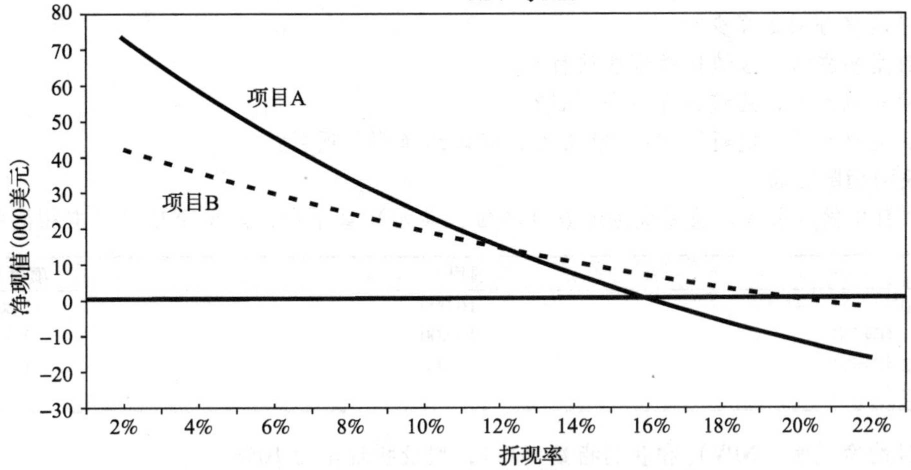

a. 图中两条线交点的含义是什么？
b. 图中两条线与 NPV 为 0 的坐标轴的交点的含义什么？
c. 不同折现率下净现值不同的可能原因是什么？
d. 你会推荐哪个项目？为什么？

5. 多个内部收益率的情形

国际实业公司（The International Industrial Company）有一个投资项目，项目现金流量（单位：美元）如下：

	现金流量	现金流量类型
现在	-200	购买设备
第1年年末	600	项目产生的现金收益
第2年年末	-400	项目产生的现金收益减去清理费用

a. 当折现率分别为0、25%、50%和100%时，这些现金流量的净现值是多少？
b. 该项目的内部收益率是多少？
c. 在什么情况下应该接受该项目？

6. 净现值法则与内部收益率法则

你必须在以下两个项目中做出选择，项目现金流量（单位：美元）如下所示。两个项目具有相同的风险。

	项目A	项目B
现在	-12 000	-2 400
第1年年末	7 900	2 500
第2年年末	6 850	950

a. 计算两个项目的内部收益率和净现值，假设贴现率为10%。
b. 根据这两种法则，哪一个项目更好？
c. 如何解释净现值法则与按照内部收益率法则对项目排序之间的差异？
d. 哪一种方法是正确的？为什么？
e. 计算项目增量现金流量（项目A减项目B）的内部收益率。当折现率低于该内部收益率时，哪一个项目更好？当折现率高于该内部收益率时，哪一个项目更好？这个答案与你对问题d的答案是否一致？

7. 内部收益率法则与净现值法则

考虑A、B、C三个项目，资本成本为12%，项目预计现金流量（单位：美元）如下：

	项目A	项目B	项目C
现在	-150 000	-300 000	-150 000
第1年年末	120 000	200 000	110 000
第2年年末	80 000	180 000	90 000

a. 三个项目的内含报酬率分别是多少？
b. 三个项目的净现值分别是多少？
c. 如果三个项目是独立的，应该接受哪些项目？
d. 如果三个项目是互斥的，应该选择哪个项目？
e. 如果三个项目的总预算不能超过450 000美元，应该选择哪些项目？

8. 净现值法则与获利指数法则

你必须在两个项目中做出选择，项目现金流量（单位：美元）如下所示。两个项目具有相同的风险。

	项目A	项目B
现在	-16 000	-3 200
第1年年末	10 500	3 300
第2年年末	9 100	1 260
第3年年末	3 000	600

a. 计算两个项目的净现值（NPV）和获利指数（PI），假设折现率为10%。

b. 根据这两种法则，哪一个项目更好？
c. 如何解释净现值法则与按照获利指数法则对项目排序的差异？
d. 哪一种方法是正确的？为什么？

9. 平均收益率

阿尔法打印公司（The Alpha Printer Company）正在考虑购买一台 200 万美元的打印机。预计打印机的经济周期为 5 年，而且 5 年后没有转卖价值。该机器将在第 1 年为公司带来 200 000 美元额外税后收益，随后该收益将按照每年 10% 的比率增长。该公司采用直线法对厂场设备计提折旧。这项投资的平均会计收益率是多少？如果公司对该投资要求的目标平均会计收益率是 20%，那么公司应该购买这台机器吗？你觉得基于这种资本投资法则做出决策合适吗？请说明理由。

10. 投资标准

大东方玩具公司（The Great Eastern Toys Company）正在评估一种新产品。该产品在预期 5 年寿命期内预计产生的现金流量（单位：美元）如下所示。需要注意的是，最后一年的现金流量包括将在项目结束时回收的营运资本 2 000 美元。

	现金流量
现在	−18 000
第 1 年年末 ~ 第 4 年年末	5 200
第 5 年年末	7 200

a. 请计算以下指标：
(1) 回收期；
(2) 折现回收期（折现率为 10%）；
(3) 净现值（折现率为 10%）；
(4) 内部收益率；
(5) 获利指数。
b. 应该接受这个项目吗？

CHAPTER8

第8章 识别和估计项目现金流量

第6章和第7章阐述了有助于经理人做出资本投资决策的法则。所有这些法则都要求估计投资未来预计产生的现金流序列。本章说明如何识别和估计与投资决策相关的现金流量。

实际现金流量原则以及接受/不接受原则为确定项目现金流量提供了一些指导。根据第一条原则，现金流量必须在实际发生时计量，即在实际收到或支付现金期间计量。根据第二条原则，与投资决策相关的现金流量仅为如果接受投资将会改变公司整体现金状况的那部分现金流量。

我们首先提出并解释这些原则，然后说明如何应用它们。我们使用阳光制造公司（Sunlight Manufacturing Company）制图桌灯项目来说明我们的方法，该项目的净现值在第6章首次计算得出。学习完本章，你应该了解以下内容：

- 实际现金流量原则和接受/不接受原则以及如何应用它们做出资本投资决策；
- 如何识别项目的相关现金流量；
- 沉没成本和机会成本；
- 如何估计项目的相关现金流量。

8.1 实际现金流量原则

根据**实际现金流量原则**（actual cash-flow principle），投资的现金流量必须在实际发生时计量。例如，假设一项投资预计将于明年产生一笔税金费用，这笔税金费用将在后年支付。现金流出量必须在实际支付税费的那一年考虑，而不是在公司利润表上记录税费的那一年考虑。

投资方案常常由从预计利润表中获得的数据支持，这些数据表明了项目对公司会计收益的预计影响，但是，与税金费用相同，利润表中报告的收入和费用通常不是现金流量数据。因此，使用投资对公司会计收益的贡献作为现金流量的代理变量是不正确的。本章说明为了做出正确的投资决策，如何把会计收益转换为现金流量。

实际现金流量原则的另一个含义是，项目未来现金流量的美元价值必须用预计未来发生的价格和成本计算，而不是用现在的价格和成本计算。换言之，如果预计与项目相关的价格和成本将因通货膨胀而上升，则应该预计**名义现金流量**（nominal cash flow），即考虑预计通货膨胀因素的现金流量。此外，如果投资决策是基于项目净现值（NPV）或内部收益率（IRR）做出的，那么用于计算项目净现值或与项目内部收益率比较的资本成本也必须考虑预计通货膨胀率因素。

如果未来通货膨胀率对项目现金流量的影响很难估计出来，例如在恶性通货膨胀或通货膨胀率剧烈波动的国家，可以通过估计项目预计**实际现金流量**（real cash flow）来代替项目预计名义现金流量。实际现金流量是假设价格和成本不受预期通货膨胀影响而计算的现金流量价值。在这种情况下，项目资本成本的估计也不能考虑预期通货膨胀的影响。也就是说，在评估项目时，我们对通货膨胀的处理必须保持一致。如果现金流量中没有考虑通货膨胀因素，那么资本成本中也不能考虑通货膨胀因素；如果考虑通货膨胀因素，那么在项目预计现金流量和资本成本中都应该考虑通货膨胀因素。

最后，项目的预计现金流量必须使用同种货币计量。当投资决策涉及用外币计价的价格或成本时，必须使用预期未来汇率把这些变量转换为等值本国货币价值，这就要求必须预测未来汇率。我们将在第 14 章讨论这个问题。

8.2 接受/不接受原则

估计投资现金流量的第二条指导原则是**接受/不接受原则**（with/without principle）。根据该原则，与投资决策相联系的**相关现金流量**（relevant cash flow）仅为那些由于投资决策引起、将会改变公司整体未来现金状况的现金流量。换言之，相关现金流量是**增量现金流量**（incremental cash flow）或**差量现金流量**（differential cash flow），[⊖]等于做出投资决策（公司“接受”项目）情况下公司预计现金流量与拒绝投资（公司“不接受”项目）情况下公司预计现金流量之间的差额。如果 CF_t 表示在第 t 期发生的现金流，则有

$$\text{项目的 } CF_t = \text{公司增量 } CF_t = \text{公司的 } CF_t(\text{接受项目}) - \text{公司的 } CF_t(\text{拒绝项目})$$

为了进一步说明，考察试图做出开车上班还是搭乘公共交通工具上班的决定。假设你现在是开车上班（这是你不接受项目的情形）。上个月，你是乘火车上班，你发现乘火车没有开车那么累。火车月票的成本是 140 美元。你想知道定期乘火车上下班（这是你接受项目的情形）是否会比开车更便宜。与你的车相关的每月现金支出包括：

（1）车辆保险费	120 美元
（2）公寓附近的车库租金	150 美元
（3）办公室附近的停车费	90 美元
（4）上下班发生的汽油费和汽车服务费	110 美元

如果你乘火车，每月全部现金支出将包括火车票费用，以及你仍然需要支付的车辆保险费和车库租金（假定你不卖掉你的车）

$$\begin{aligned}\text{现金流量(接受项目)} &= \text{现金流量(乘火车)}\\ &= -\text{车辆保险费} - \text{车库租金} - \text{火车票成本}\\ &= -\$120 - \$150 - \$140\\ &= -\$410\end{aligned}$$

如果你开车，每月全部现金支出将包括办公室外的停车费、汽油和汽车服务费、车辆保险费和车库租金。因此

$$\begin{aligned}\text{现金流量(不接受项目)} &= \text{现金流量(开车)}\\ &= -\text{车辆保险费} - \text{车库租金} - \text{办公室外停车费} - \text{汽油与汽车服务费}\\ &= -\$120 - \$150 - \$90 - \$110\\ &= -\$470\end{aligned}$$

如果你乘火车，每月全部现金流出量为 410 美元；如果你自己开车，每月全部现金流出量为 470 美元。因此，该项目的月增量现金流量为 60 美元

$$\text{项目现金流量} = \text{增量现金流量} = \text{现金流量(乘火车)} - \text{现金流量(开车)} = (-\$410) - (-\$470) = \$60$$

如果你能够识别出这四项费用中哪些与乘火车上下班相关，哪些与乘火车上下班无关，就可以直接确定 60 美元的增量现金流量。**相关成本**（relevant cost）是指那些将增加你每月总费用或全部费用的现金支出，**无关成本**（irrelevant cost）是指那些不会影响你每月总费用或全部费用的现金支出。前两项成本（保险费和车库租金）与你的决策无关，因为无论你是否乘火车，它们都会发生。换言之，它们是**不可避免成本**（unavoidable cost）。第三项和第四项成本（办公室外停车费以及汽油和汽车服务费）是相关成本，因为如果你决定乘火车，它们就不必发

⊖ 经济分析中使用的一个类似概念是边际成本。边际成本与增量成本的差别在于前者常常是指多生产 1 个单位产品的额外成本，而后者是指接受项目产生的额外总成本。

生，它们是**可避免成本**（avoidable cost）。它们每月共计 200 美元（=90 美元+110 美元）。因为火车月票成本为 140 美元，所以火车是更便宜的交通方式。每个月你能节省 60 美元，即 200 美元与 140 美元之间的差额，恰好是我们前面得出的项目月增量现金流量。与前面方法的差别在于我们没有考虑车辆保险费（120 美元）和车库租金（150 美元）这两项共同费用，因为它们与决策无关。

上个月试验搭乘火车而支付的 140 美元与你的决策无关。那笔钱已经花掉了，不管你决定未来是开车还是乘火车上班都不能再收回来。这种类型的成本称为**沉没成本**（sunk cost）。

现在，让我们为乘火车还是开车上班的选择增加一些复杂情形。假设如果开车上班，你每周会顺便带一位同事去上班两次，而他每个月会花费 35 美元为你的油箱加满油一次。这是你做出如何上下班决策的相关成本吗？是的，因为如果你乘火车，你就不会收到 35 美元。在这种情况下，乘火车而非开车上班的收益就会降到每月 25 美元（=60 美元-35 美元）。我们刚刚描述的成本被称为**机会成本**（opportunity cost）。它是相关的，因为它代表了如果选择乘火车所损失掉的收益。沉没成本和机会成本将在本章后面的阳光制造公司制图桌灯项目中详细讨论。

到现在为止，我们的假设是你的车仍停在车库里。但是既然车是可用的，如果你的女儿决定每周开车去上学两次会怎么样？如果每个月花在这些旅程上的成本（汽油和停车费）超过 25 美元，那么乘火车上下班就要比自己开车贵了。这个例子说明了一个重要问题。在估计项目的增量现金流量时，必须识别出所有方面的影响。对于许多投资项目来说，这可能是极具挑战性的工作。但是，如果没有考虑到所有相关成本和收益，就无法正确估计出项目的预计现金流量。

最后说明一点：与项目相联系的相关收益和成本并非都很容易量化。例如，我们的分析表明，上下班开车比乘火车要贵。但是可能你会发现，开车更方便而且更能节省时间。虽然很难用货币来衡量这些收益的价值，但由于它们可以证明开车上班的合理性，我们必须这么做。

我们现在转向分析一个复杂案例——制图桌灯项目。我们已经在第 6 章计算出了该项目的净现值。

8.3 制图桌灯项目

前面提到过，阳光制造公司（SMC）在过去 20 年中一直成功地生产和销售电子设备，目前正在考虑扩展现有生产线。公司总经理最近建议 SMC 进入相对高边际利润、高质量的制图桌灯市场。本部分描述该项目的具体特征，如表 8-1 所示。

表 8-1 制图桌灯项目的数据汇总

项目	相应的单位或价值	类型	时间
1. 预计年销售量	45 000；40 000；30 000；20 000；10 000	收入	第 1 年~第 5 年年末
2. 单价	第 1 年 40 美元，之后每年上涨 3%	收入	第 1 年~第 5 年年末
3. 咨询费	30 000 美元	费用	已经发生
4. 标准桌灯的损失	110 000 美元	净现金损失	第 1 年~第 5 年年末
5. 对外出租建筑物的租金	10 000 美元	收入	第 1 年~第 5 年年末
6. 设备成本	2 000 000 美元	资产	现在
7. 直线折旧费	400 000 美元(=2 000 000 美元/5)	费用	第 1 年~第 5 年年末
8. 设备的变卖价值	100 000 美元	收入	第 5 年年末
9. 单位原材料成本	第 1 年 10 美元，之后每年上涨 3%	费用	第 1 年~第 5 年年末
10. 原材料存货	7 天的销售额	资产	现在
11. 应付账款	4 周（或 28 天）的购货额	负债	现在
12. 应收账款	8 周（或 56 天）的销售额	资产	现在
13. 在产品和产成品存货	16 天的销售额	资产	现在
14. 单位直接人工成本	第 1 年 5 美元，以后每年上涨 3%	费用	第 1 年~第 5 年年末
15. 单位能源成本	第 1 年 1 美元，以后每年上涨 3%	费用	第 1 年~第 5 年年末
16. 间接费用	销售收入的 1%	费用	第 1 年~第 5 年年末
17. 融资费用	资产账面净值的 12%	费用	第 1 年~第 5 年年末
18. 所得税费用	税前收益的 40%	费用	第 1 年~第 5 年年末
19. 资本收益税费用	税前资本利得的 40%	费用	第 5 年末
20. 税后资本成本	7.60%（见第 10 章）	不是现金流量	

SMC 聘请了一家咨询公司对这种产品的潜在市场进行初步研究。报告表明，SMC 在项目第 1 年能够卖掉 45 000盏灯，第 2 年、第 3 年、第 4 年和第 5 年分别能够卖掉 40 000、30 000、20 000 和 10 000 盏灯，随后项目结束。第 1 年每盏灯可卖 40 美元，此后每年售价上涨不超过 3%，等于项目 5 年寿命期内的预计通货膨胀率。咨询公司向 SMC 收取 30 000 美元研究费，SMC 公司于 1 个月后支付。

SMC 的销售经理担心新产品会降低公司标准桌灯的销售额。她害怕潜在的顾客会从购买标准桌灯转向购买新式制图桌灯，而且估计 SMC 的潜在损失会使公司税后经营现金流量每年减少 110 000 美元。

如果 SMC 决定生产制图桌灯，它将使用一幢公司拥有的未用大楼。最近，SMC 收到附近百货商店副总裁的来信，他想知道 SMC 是否愿意将该大楼作为仓库出租。SMC 的会计部门指出，依照当前市场价格，该大楼可以按照每年 10 000 美元出租 5 年。

工程部门已经确定，生产桌灯所需设备的成本为 2 000 000 美元，包括运输费和安装费。出于税收方面的考虑，该设备将在未来 5 年采用直线折旧法计提折旧，也就是说，每年折旧 400 000 美元（=2 000 000 美元/5）。如果在项目第 5 年年末将设备出售，估计变卖价值为 100 000 美元。

在咨询了一些供应商之后，采购部门指出，生产这种制图桌灯所需的单位原材料成本在项目第 1 年将为 10 美元，并极有可能按照 3% 的预计年通货膨胀率增长。为了避免供货中断，SMC 需要储备可使用 7 天的原材料存货。公司一般在收到原材料后 4 周（28 天）向供应商付款，一般在产品发出后 8 周（56 天）收到客户付款。

生产部门预计，项目必要的在产品和产成品存货价值相当于 16 天的销售额。此外，在项目的第 1 年，SMC 的单位直接人工成本将增加 5 美元，单位能源成本将增加 1 美元。这些成本将在项目寿命期内按照 3% 的预计年通货膨胀率增长。由于预计公司当前的人员和组织结构能够支持新产品的销售，公司不会发生额外的销售和管理费用。

为弥补 SMC 的间接费用（公司固定成本），会计部门对新项目收取等于项目销售收入 1% 的标准费用。此外，还要对新项目收取一笔额外的费用以弥补支持项目所用资产的融资成本，融资费用等于运用资产账面（会计）价值的 12%。

如果设备在项目终结时账面价值为零，税法允许在 5 年期限内采用直线折旧法对价值 200 万美元的设备全额计提折旧。如果终结账面价值或残值高于 0，则被视作资本利得。SMC 的收益和资本利得适用的税率都是 40%。

公司财务经理现在必须估计出项目的预计现金流量，并弄清楚该投资能否创造价值。我们将在后面说明，SMC 对与制图桌灯类似项目使用的税后资本成本为 7.6%。

8.4　识别项目的相关现金流量

在本章前述的乘车上下班例子中，项目的相关现金流量比较容易确定，因为替代方案已经明确界定出来了：继续开车上班。但是，对于许多投资项目而言，备选方案（如果不采纳该项目，公司的未来状况）不能明确界定。这会使得识别项目的相关现金流量变得复杂，下面使用制图桌灯项目加以说明。

8.4.1　沉没成本

沉没成本是一种已经付出的成本，在做出接受或拒绝项目的决策时没有其他用途。运用接受/不接受原则进行投资分析时，不必考虑沉没成本，因为它们与投资决策无关，公司已经支付了这笔费用。对于制图桌灯项目而言，支付给咨询公司的 30 000 美元咨询费（见表 8-1 第 3 项）就是沉没成本，它不会影响生产和开发新型灯的决策。大多数沉没成本是与研究和开发以及做出投资决策前进行市场调查相关的成本。

为了进一步阐明这一点，假设制图桌灯项目的净现值为 10 000 美元，其中不包括税后咨询费 18 000 美元（=30 000 美元×(1−40%)）。在这种情况下，SMC 的经理人应该怎么做？他们是应该因项目净现值不能弥补税后咨询费（考虑咨询费后的净现值为 −8 000 美元）而拒绝该项目，还是继续实施该项目？正确的决策是继续实施该项目，因为即使拒绝该项目，咨询费也不能得到补偿。考虑咨询费就意味着计算了两次：一次是支付时，再一次是冲减项目未来现金流量时。接受项目不会减少 8 000 美元价值，而能够创造 10 000 美元价值。

8.4.2　机会成本

基于对沉没成本的讨论，忽略与将要在其中安装设备的未用大楼的使用相关的任何成本似乎是合乎逻辑的，因为 SMC 已经支付了大楼价款。然而，如果这幢大楼不用来生产新产品，它能够以每年 10 000 美元的价格出租出去（见表8-1第5项）。换言之，接受制图桌灯项目的决策意味着SMC必须在未来五年中放弃10 000美元的年租金收入。这种潜在现金“损失”是接受项目的直接结果。根据接受/不接受原则，它代表10 000美元的年现金流量减少额。

如果公司不接受项目，则公司可以运用一些资源创造现金流量，与这些资源相关的成本称为机会成本。这些成本不涉及现金流入或流出公司，但是，它们没有作为一项交易记入公司账簿的事实并不意味着它们应该被忽略，如果公司不接受项目可以获得的现金收入等于如果公司接受项目可能发生的现金损失。

识别和量化机会成本并不总是很容易。在未用大楼的例子中，SMC有一个出租大楼的机会，而且租金的市场价格能够确定下来。但是，如果由于没有允许外部人士进入大楼而又不会影响SMC正常运营的可行方法，致使大楼不能出租怎么办？在这种情况下，仍然存在机会成本。如果制图桌灯项目占用大楼，那么将来出现的其他项目就不能使用它，从而不得不建造新的设施。估计这种潜在替代方案的价值并不容易，然而这必须要做，把空置大楼无偿分配给制图桌灯项目会低估项目的真实成本。

8.4.3 潜在销售额减损的隐含成本

前面提到过，SMC的销售经理担心开发制图桌灯项目可能带来的标准桌灯潜在销售额损失（见表8-1第4项）。在这种情况下，新型桌灯预计产生的现金流量必须减去标准桌灯销售额减损带来的预计现金流量损失。这看起来像另一种机会成本的例子，与如果开发项目导致的潜在租金收入损失类似。

然而，销售额减损要比租金收入损失复杂得多，因为销售额减损可能由SMC自身引起，也可能由竞争公司引起。只有当损失的销售额与SMC生产新型桌灯的决策直接相关时，才应该作为相关成本考虑。如果即使没有开发这种新型桌灯，SMC的当前标准桌灯销售额也会发生损失怎么办？这怎么可能呢？如果竞争对手决定开发与SMC标准桌灯直接竞争的新型制图桌灯，这种情况就会发生。在这种情况下，销售额损失无论如何都会发生，那么销售额减损就不应该在开发新产品决策中作为相关成本考虑。它是无关成本，因为它是“SMC不接受项目”情况的一部分。如果这种情况发生，销售额减损就不再与机会成本相似，而是相当于沉没成本。

SMC的经理人必须回答的问题是：如果公司不开发制图桌灯，公司未来的现金流量会是怎样的情况？换言之，如果SMC不接受该项目（“不接受”情况），会是什么样的情况？如果SMC的经理人认为一定的销售额减损将会发生，那么就应该忽略相应的现金流量损失，在这种情况下，它们类似于沉没成本。我们的观点是，如果公司不了解在不投资的情况下会发生什么，就不能对投资做出恰当评估。当我们估计制图桌灯项目的净现值时，会回到销售额减损问题。

8.4.4 已分配成本

像许多公司一样，SMC使用标准分配方法将间接费用分摊到各个项目中。但是，根据接受/不接受原则，这些分配来的成本是不相关的，因为即使该项目不被接受，公司也必须支付它们。只有该项目带来的间接现金费用增加才应该作为考虑因素。该项目不必支付当前已经发生的间接费用的一部分，因为制图桌灯项目预计不会带来间接费用的增加，像会计部门要求的那样向该项目收取销售额1%的费用（见表8-1第16项）是不正确的。

8.4.5 折旧费用

如果SMC决定购买价值2 000 000美元的设备，将会发生2 000 000美元初始现金流出量。该设备将作为固定资产列入SMC资产负债表，并按照每年400 000美元计提折旧（见表8-1第7项）。前面提到过，折旧费用不涉及任何现金流出量，它不支付给任何人，因此与投资决策无关。

然而，公司必须支付税金，尽管折旧不影响税前现金流量，但它影响税后现金流量。当公司支付税金时，折旧就变为与决策相关的因素，因为它会减少公司的应税利润。应税收益越低，公司支付的税金量就越少，从而可以节约等额现金。如果公司所得税率为40%（见表8-1第8项），SMC就可以从每1美元折旧费中节约0.4美元。[⊖]

⊖ 折旧费用产生的税金节约必须使用税收当局允许的折旧费用金额计算，这个金额不一定与公司在利润表中报告的金额相同（见第2章）。

8.4.6 税金费用

如果投资能够获利，公司就必须交纳更多税金。根据接受或不接受原则，由于公司接受项目而必须支付的额外税金是相关现金流出量。为了计算额外的纳税额，我们首先必须估计采纳项目预计可产生的增量息税前收益（*EBIT*）。项目对公司纳税总额的贡献等于增量息税前收益乘以税前收益增加额所适用的公司税率。这个税率称为边际公司税率。我们有

$$项目税金 = 项目息税前收益 \times 边际公司税率$$

其中

$$项目息税前收益 = 项目收入 - 项目经营费用 - 项目折旧$$

我们使用项目的息税前收益计算项目税金，因此我们考虑了项目资产折旧产生的税金节约。然而，项目的息税前收益是扣除利息费用前的增量利润。因此，我们似乎忽略了扣除为项目融资而借入资金的利息费用所导致的公司税金减少。事实并非如此。虽然我们在现金流量中忽略了它，但如下文所示，我们在资本成本中考虑了它，资本成本是基于税后计算的。换言之，由于利息费用扣除而产生的税金节约不在项目现金流量中考虑，而是在项目预计税后资本成本中考虑。

如果 SMC 下一年发生了亏损，从而不需要支付税金，又会是怎样的情况呢？在这种情况下，折旧和利息费用扣除产生的税金节约将无法获得。为获得税金节约，SMC 必须首先支付一些税金。如果没有支付税金，那么也不可能有节约。幸运的是，大多数国家的税务当局允许公司将税金节约移前递减或移后递减。这意味着在当前税收年度不能利用税金节约的公司（因为没有利润）可以通过在前 3 ~ 5 年利润中列支（**移前递减法**，carry back method）或在未来 3 ~ 5 年利润中列支（**移后递减法**，carry forward method）利用税金节约。

8.4.7 融资成本

在决定是否投资时，因为投资而产生的融资成本当然是相关成本。但融资成本是为项目提供资金的投资者的现金流量，而不是项目产生的现金流量。如果使用净现值法则分析项目，项目的预计现金流序列就要按照项目的资本成本折现。项目的资本成本是为项目提供资金的投资者要求的回报率。因此，资本成本就是项目的融资成本。如果从项目预计现金流序列中减去融资成本，净现值计算中就把它们计算了两次——一次是在预计现金流量时，第二次是在现金流量折现时。因此，在估计项目的相关现金流量时，应该忽略融资成本。它们会在项目的资本成本中考虑。

为了说明必须区分项目产生的现金流量（投资相关现金流量）和资金提供者的现金流量（融资相关现金流量），考察一个一年投资的情形。该投资需要 1 000 美元初始现金流出量，能产生 1 200 美元未来现金流入量。假设用于投资的 1 000 美元是以 10% 的利率取得的贷款。公司从银行借入 1 000 美元（初始现金流入量）为项目提供资金，在年末偿还 1 100 美元（年末现金流出量）。与投资和融资决策相关的现金流序列、现金流量合计以及净现值如表 8-2 所示。

表 8-2 与投资和融资相关的现金流序列 （单位：美元）

现金流序列的类型	初始现金流量	终结现金流量	按 10% 计算的净现值
投资相关现金流量	−1 000	+1 200	+91
融资相关现金流量	+1 000	−1 100	0
现金流量合计	**0**	**+100**	**+91**

与融资决策相关的现金流量的净现值为零。因此，项目的净现值与同时考虑投资决策和融资决策现金流量的总净现值相同。从项目的 1 200 美元未来现金流量中减去 100 美元的融资费用（1 000 美元的 10%），再将差额按照 10% 的资本成本折现，就会导致前面提到过的双重计算。

我们怎样才能估算出制图桌灯项目的恰当资本成本呢？在前面的例子中，投资所需资金全部来自债务，所以债务的成本就是资本成本。第 10 章将阐明，制图桌灯项目所需资金的 30% 来自利率为 6.8% 的借入负债，剩余的

70%是由SMC股东提供的权益资金，股东预计的权益投资回报率为9.1%。SMC股东预计的9.1%回报率即为SMC的权益资本成本。

给定融资结构和成本，制图桌灯项目的总资本成本是多少？它是项目税后债务成本（因为利息费用可以抵税）与项目权益成本的加权平均。对于公司而言，股东收到的股利不能抵税，因此权益成本不是基于税后衡量的。在计算中使用的权重是负债资金与权益资金的比例。税前债务成本为6.8%，税率为40%，债务融资比例为30%，权益资本成本为9.1%，权益融资比例为70%，项目的加权平均资本成本 k 可以表示为

$$\text{项目资本成本}(k) = [6.8\% \times (1-0.4) \times 30\%] + (9.1\% \times 70\%) = 7.6\%$$

项目的恰当资本成本为7.6%，而不是SMC会计部门应用于项目资产账面价值的12%（表8-1第17项）。有两方面理由：首先，融资成本不应该影响项目预计现金流量，它影响项目折现率或资本成本；但更重要的是，12%是对项目资本成本的不恰当估计，因为它是已分配的财务费用，不能反映为项目融资所需资金的实际机会成本。

8.4.8 通货膨胀

预计项目寿命期内3%的年通货膨胀率将会影响项目的几个变量。预计桌灯的价格（表8-1第2项）、原材料成本（第9项）、人工和能源成本（第14项和第15项）都会按照3%的预计通货膨胀率增长。SMC的管理层不能控制原材料、能源和人工成本的预期增长，除非SMC能够对供应商施加压力并阻止工资上涨，但在既定的市场竞争压力下这是不可能的结果。但是，如果竞争对手保持产品价格不变，SMC的管理层就可以做出桌灯价格不按3%的年通货膨胀率上涨的决定。

通货膨胀也体现在管理层无法施加影响的另一项成本中。公司7.6%的资本成本完全由金融市场决定，它应该包含了市场的3%预计通货膨胀率。资本供应者显然要求对价格上涨导致的潜在购买力受损予以补偿。

3%的预计通货膨胀率将如何影响项目评估呢？如果资本成本已经包括了市场预计通货膨胀率，那么一致性要求项目预计产生的现金流序列中也包含通货膨胀率。换言之，项目现金流量应该用包含通货膨胀的名义币值计量。现金流量中唯一不需要包含3%的预计通货膨胀率的部分是桌灯的售价。[㊀]出于竞争原因，管理层可能决定保持40美元的价格不变。在下面对制图桌灯项目的分析中，我们首先假设灯的价格会按3%的预计通货膨胀率上涨，然后再考察如果价格保持40美元不变，项目的获利能力会发生怎样的变化。

8.5 估算项目的相关现金流量

我们用 CF_t 代表项目在第 t 年年末的相关现金流量。[㊁]那么，CF_0 表示项目的初始现金流出量，CF_1 到 CF_{N-1} 代表项目从第1年到第 $N-1$ 年间的现金流量，CF_N 代表**终结现金流量**（terminal cash flow），即项目最后一年——第 N 年年末的现金流量。如第6章所示，项目的净现值可以表示为

$$NPV(\text{项目}) = CF_0 + \frac{CF_1}{(1+k)^1} + \frac{CF_2}{(1+k)^2} + \cdots + \frac{CF_t}{(1+k)^t} + \cdots + \frac{CF_N}{(1+k)^N} \tag{8-1}$$

其中，k = 项目的资本成本；$\frac{CF_t}{(1+k)^t} = CF_t$ 按照项目资本成本 k 计算的现值；N = 项目的**经济寿命**（economic life）或**使用寿命**（useful life），即项目预计能为公司所有者提供收益的年数。

前面提到过，如果项目的净现值为正，则它能够创造价值，应该接受；如果项目的净现值为负，应该拒绝。为了说明，我们使用5年的经济寿命（$N=5$）估计制图桌灯项目的净现值，与项目的**会计寿命**（accounting life）或项目固定资产的折旧年数（见表8-1第7项）相同。然而，项目的经济寿命或使用寿命可能长于5年，这意味着5年过后项目仍能产生正的净现金流。如果这种情况发生，若项目在第5年年末的净现值高于当时终结项目产生的净现金流量，项目就应该继续。

㊀ 可能不受通货膨胀影响的项目现金流量的另外一个组成部分是折旧费用产生的税金节约。在大多数国家，会计惯例不允许公司通过改变折旧费用来补偿通货膨胀对资产价值的影响。

㊁ 做出这个假设是出于计算方便的原因，因为折现要求现金流量在特定时点发生。如果这个假设对于正在分析的项目而言是不现实的，应该把现金流量期间的长度缩短到6个月或更短。

8.5.1　衡量项目产生的现金流量

根据接受/不接受原则，如果项目被接受，则项目在第 t 年产生的现金流 CF_t 等于公司在第 t 年总现金流的变动，可用下面的一般公式计算得出（详见第 4 章）

$$CF_t = EBIT_t \times (1 - Tax_t) + Dep_t - \Delta WCR_t - Capex_t \tag{8-2}$$

式中　CF_t——项目在第 t 年产生的增量现金流量，假设在年末发生；

$EBIT_t$——项目在第 t 年产生的增量息税前收益或税前营业利润，等于第 t 年的销售收入 - 第 t 年的营业费用 - 第 t 年的折旧费用；

Tax_t——第 t 年的增量息税前收益适用的边际公司税率；

Dep_t——与支持项目所用固定资产相关的第 t 年折旧费用；

ΔWCR_t——第 t 年所需的增量营运资本，用于支持项目预计在下一年产生的销售收入；[一] WCR_t 等于项目的经营性资产（主要是应收账款和存货）减去经营性负债（主要是应付账款）；

$Capex_t$——第 t 年的资本支出或固定资产增量投资。

CF_t 是项目产生的现金流量，不包括与项目融资相关的所有现金流量变动，例如借款产生的现金流入量或者与向债权人和股东支付利息及股息相关的现金流出量。如前所述，这些融资成本会在项目加权平均成本中考虑。

因为我们想从项目现金流量中扣除融资成本，式（8-2）中的第一项是项目经营活动产生的税后收益。它是按照公司税率调整后的息税前收益（$EBIT$）：$EBIT_t \times (1 - Tax_t)$。[二] 随后通过三项调整把税后营业利润转换为税后现金流量（详见自测题 8.2）：

（1）加回折旧费（Dep_t），因为它不是现金费用；[三]

（2）减去为支持项目销售额所需营运资本增长（ΔWCR_t）融资使用的现金；

（3）减去购置开发项目所需固定资产以及保持其在使用期内持续运营使用的现金（$Capex_t$）。

下面部分以制图桌灯项目为例，考察了项目初始、中间和终结现金流量的估计。估算过程的汇总如表 8-3a 和表 8-3b 所示。

表 8-3a　使用计算器估算制图桌灯项目产生的现金流（数据来自表 8-1）（单位：1 000 美元）

	现在	第 1 年年末	第 2 年年末	第 3 年年末	第 4 年年末	第 5 年年末
Ⅰ. 收入						
1. 预期销售量（千）		45	40	30	20	10
2. 单价，每年上涨 3%		40.00	41.20	42.44	43.71	45.02
3. 总销售收入（行 1 × 行 2）		**1 800**	**1 648**	**1 273**	**874**	**450**
Ⅱ. 营业费用						
4. 单位材料成本，每年上涨 3%		10.00	10.30	10.61	10.93	11.26
5. 材料总成本（行 1 × 行 4）		450	412	318	219	113
6. 单位人工成本，每年上涨 3%		5.00	5.15	5.30	5.46	5.63
7. 人工总成本（行 1 × 行 6）		225	206	159	109	56
8. 单位能源成本，每年上涨 3%		1.00	1.03	1.06	1.09	1.13
9. 能源总成本（行 1 × 行 8）		45	41	32	22	11
10. 租金收入损失（机会成本）		10	10	10	10	10
11. 折旧费用（2 000/5）		400	400	400	400	400
12. 营业费用合计（行 5 + 行 7 + 行 9 + 行 10 + 行 11）		**1 130**	**1 069**	**919**	**760**	**590**

[一] WCR 是在整个年度内逐渐积累的。在年初而非年末确认营运资本的变动将导致项目净现值减少，因为营运资本的变动会使现金流量减少。这样做要比在后期确认投资并高估项目净现值更好。

[二] 公司必须支付的实际税金是用公司税率乘以扣除利息费用后的利润求得。然而，如前所述，用税率乘以息税前收益没有忽略利息费用及其带来的相应税金减少，在项目资本成本中考虑了这两个因素。

[三] 折旧费用包括在息税前收益中。在我们用税率乘以息税前收益计算出税金费用后，必须加回折旧费用，以消除它对现金流量的影响。我们仅在计算项目产生的税金负债时需要折旧费用。

（续）

	现在	第1年年末	第2年年末	第3年年末	第4年年末	第5年年末
Ⅲ. 营业利润						
13. 税前营业利润（行3－行12）		670	579	354	115	(140)
14. 减40%的税金费用（当为正时，是所得税贷项）		(268)	(232)	(142)	(46)	56
15. 税后营业利润（行13＋行14）		**402**	**347**	**212**	**69**	**(84)**
Ⅳ. 项目产生的现金流量						
16. 税后营业利润（行15）		402	347	212	69	(84)
17. 折旧费用（行11）		400	400	400	400	400
18. 营运资本需求（下一年销售额的20%）	360	330	255	175	90	0
19. 营运资本需求变动（与上一年比较）	360	(30)	(75)	(80)	(85)	(90)
20. 资本支出	2 000	0	0	0	0	0
21. 设备税后净残值的回收						60
22. 项目产生的现金流量（行16＋行17－行19－行20＋行21）	**(2 360)**	**832**	**822**	**692**	**554**	**466**

表8-3b 使用电子表格估算制图桌灯项目产生的现金流（数据来自表8-1）（单位：1 000元）

	A	B	C	D	E	F	G
1		现在	第1年年末	第2年年末	第3年年末	第4年年末	第5年年末
2							
3	**Ⅰ. 收入**						
4	预期销售量（千）		45	40	30	20	10
5	价格增长率			3.0%	3.0%	3.0%	3.0%
6	单价		40.00	41.20	42.44	43.71	45.02
7	**总销售收入**		**1 800**	**1 648**	**1 273**	**874**	**450**
8							
9	第4行和第5行的值是数据						
10	单元格C6的值是数据。单元格D6的计算公式＝C6＊(1＋D5)。然后把单元格D6的计算公式复制到第6行的其他单元格。						
11	单元格C7的计算公式＝C4＊C6，然后把单元格C7的计算公式复制到第7行的其他单元格。						
12							
13	**Ⅱ. 营业费用**						
14	单位材料成本增长率			3.0%	3.0%	3.0%	3.0%
15	单位材料成本		10.00	10.30	10.61	10.93	11.26
16	材料总成本		450	412	318	219	113
17	单位人工成本增长率			3.0%	3.0%	3.0%	3.0%
18	单位人工成本		5.00	5.15	5.30	5.46	5.63
19	人工总成本		225	206	159	109	56
20	单位能源成本增长率			3.0%	3.0%	3.0%	3.0%
21	单位能源成本		1.00	1.03	1.06	1.09	1.13
22	能源总成本		45	41	32	22	11
23	租金收入损失		10	10	10	10	10
24	折旧费用		400	400	400	400	400
25	**营业费用合计**		**1 130**	**1 069**	**919**	**760**	**590**
26							
27	第14、17、20和23中的值是数据						
28	单元格C15、C18和C20中的值是数据						
29	单元格C24的计算公式＝SLN(2000，0，5)，其中2000是设备成本。然后把单元格C24的计算公式复制到第24行的其他单元格						
30	单元格D15、D18和D21的计算公式分别＝C15＊(1＋D14)，＝C18＊(1＋D17)和＝C21＊(1＋D20)。然后把单元格D15、D18和D21的计算公式分别复制到第15、18和21行的其他单元格						
31							
32							

（续）

	A	B	C	D	E	F	G
		现在	第 1 年年末	第 2 年年末	第 3 年年末	第 4 年年末	第 5 年年末
33	Ⅲ. 营业利润						
34	税前营业利润		670	579	354	115	(140)
35	所得税		40.0%	40.0%	40.0%	40.0%	40.0%
36	所得税影响		(268)	(232)	(142)	(46)	56
37	**税后营业利润**		**402**	**347**	**212**	**69**	**(84)**
38							
39	单元格 34 的计算公式 = C7 − C25。然后把单元格 C34 的计算公式复制到第 34 行的其他单元格						
40	第 35 行的值是数据						
41	单元格 C36 的计算公式 = C34 * C35。然后把单元格 C36 的计算公式复制到第 36 行的其他单元格						
42	单元格 C37 的计算公式 = C34 − C36。然后把单元格 C37 的计算公式复制到第 37 行的其他单元格						
43							
44	Ⅳ. 项目产生的现金流量						
45	营运资本需求/销售收入$_{t+1}$		20.0%	20.0%	20.0%	20.0%	
46	营运资本需求	360	330	255	175	90	0
47	营运资本需求变动	360	(30)	(75)	(80)	(85)	(90)
48	资本支出	2 000	0	0	0	0	0
49	设备税后净残值的回收						60
50	**项目产生的现金流量**	**(2 360)**	**832**	**822**	**692**	**554**	**466**
51							
52	第 45 行和第 48 行的值是数据						
53	B46 中的营运资本需求来自教材。单元格 C46 的计算公式 = C45 * C7。然后把单元格 C46 的计算公式复制到第 46 行的其他单元格						
54	单元格 G49 的计算公式 = 100 * (1 − G35)，其中 100 是设备的转卖价值						
55	单元格 C50 的计算公式 = C37 + C24 − C47 − C48 + C49。然后把单元格 C50 的计算公式复制到第 50 行的其他单元格						

8.5.2 估算项目初始现金流出量

项目的初始现金流出 CF_0 包含以下项目：

（1）开发项目所需资产的成本；

（2）准备成本，包括运输和安装成本；

（3）支持项目预计第 1 年产生销售额所需额外营运资本；

（4）政府为鼓励公司投资提供的税收抵免；

（5）当项目涉及更新资产决策时，由于出售现有资产产生的现金流入量和相关税金。

这些成本都必须是现金成本，而且不应该包括沉没成本，在做出接受或拒绝项目决策前发生的研发或市场调研成本等属于沉没成本。

对于制图桌灯项目而言，初始现金流出量等于以下项目之和：

（1）200 万美元设备购置和安装成本（表 8-1 第 6 项）；

（2）为支持项目预计第 1 年产生销售额所需初始营运资本。

我们可以根据表 8-1 报告的信息，估计出项目的营运资本需求。营运资本需求通常表示为销售额的一定比例。换言之，如果我们知道第 t 年的预计销售额，就能够估计出为支持这些销售额而在年初需要的营运资本数额。对于制图桌灯项目而言

$$营运资本需求 = 应收账款 + 存货 - 应付账款$$

应收账款等于 56 天的销售额（表 8-1 第 12 项），存货等于 23 天的销售额（表 8-1 第 10 项和第 13 项）。应付账款等于 4 周的购货额，相当于 1 周（7 天）的销售额，因为原材料成本 10 美元是桌灯的价格 40 美元的 1/4，而 4 周的 1/4 是 1 周。因此，项目的营运资本需求等于 72 天的销售额（ =56 天的应收账款 + 23 天的存货 − 7 天的应付账款），这相当于年销售额的 20%（72 天的销售额除以 360 天的年销售额）。

下一步是估计第1年年末销售额。根据表8-1中的第1项和第2项可以得出

$$第1年年末销售额 = 45\,000件 \times \$40 = \$1\,800\,000$$

这个数字列示在表8-3a中“第1年年末”纵列下的第3行。营运资本需求等于销售额的20%

$$初始营运资本需求 = 20\% \times \$1\,800\,000 = \$360\,000$$

因此，开发该项目所需全部初始现金支出为

$$CF_0 = \$2\,000\,000 + \$360\,000 = \$2\,360\,000$$

360 000美元初始营运资本需求和2 360 000美元初始现金流量合计分别列示在表8-3a中“现在”纵列下的第19行和第22行。值得注意的是，CF_0可以作为一般现金流量式（8-2）的一种特例计算得出。对于CF_0而言，*EBIT*和折旧费用都为零（没有初始利润和折旧费用），营运资本需求的变动为360 000美元（更准确地说，是360 000美元减去0美元，因为360 000美元是对营运资本的初始投资），资本支出为2 000 000美元。

8.5.3 估算项目中间现金流量

制图桌灯项目中间现金流量（$CF_1 \sim CF_4$）的估计是基于表8-1中的信息，使用项目现金流量公式，即式（8-2），计算出来的。表8-3a列示了输入变量，并汇总了现金流量估计值。

我们说明了项目预计第1年产生的现金流量CF_1的计算过程。正如前面所计算的，总销售收入为1 800 000美元（表8-3a第3行）。

营业费用合计为1 130 000美元（第12行），包括材料总成本（第5行）、人工总成本（第7行）、能源总成本（第9行）、租金收入的损失（第10行）和折旧费用（第11行），不包括支付给咨询公司的费用30 000美元（沉没成本）、销售额1%的间接费用（预计SMC的间接费用不会因接受项目而增加），以及会计部门要求承担的12%融资费用（融资成本为项目7.6%的加权平均资本成本）。营业费用也不包括销售额减损，这个项目将在后面考察。

由于销售额为1 800 000美元，营业费用总额为1 130 000美元，因此项目的税前营业利润（*EBIT*）为670 000美元（第13行）。减去40%的税金费用（第14行），我们得到税后营业利润402 000美元（第15行）。在表8-3a的第Ⅳ部分，通过在税后营业利润基础上加回折旧费用400 000美元（第17行），减去营运资本需求变动30 000美元（第19行），就可以将其转换为现金流量（第18行显示营运资本从360 000美元下降到330 000美元）。因此，项目在第1年年末产生的现金流量为832 000美元（第22行），因为第1年没有额外的资本支出（$Capex_1 = 0$）。使用式（8-2）可以得到

$$CF_1 = (\$1\,800\,000 - \$1\,130\,000) \times (1 - 40\%) + \$400\,000 - (-\$30\,000) - \$0$$
$$CF_1 = \$402\,000 + \$400\,000 + \$30\,000 = \$832\,000$$

营运资本在第1年后下降，因为销售额在第1年后下降，而营运资本需求是以下一年销售额为基础计算的。从而，SMC需要投资于经营周期以支持项目销售额的现金数额逐渐减少。因此，第1年到第5年的营运资本需求变动为负。需要注意的是，项目寿命期内营运资本需求变动的合计数必须等于零，因为公司在项目持续期内可以回收初始营运资本投资。对制图桌灯项目，我们可以得到

$$营运资本需求变动合计数 = \$360\,000 - \$30\,000 - \$75\,000 - \$80\,000 - \$85\,000 - \$90\,000 = \$0$$

8.5.4 估算项目终结现金流量

任何项目最后一年的增量现金流量，也即终结现金流量，应该包括以下项目：

（1）预计项目将产生的最后一期净增量现金流量；

（2）项目增量营运资本需求的回收；

（3）与项目相关前期所购实物资产的税后变卖价值；

（4）与项目终结相关的资本支出和其他成本。

在项目结束时，与项目相关的存货会卖掉，应收账款会收回，应付账款会支付。换言之，项目投放在公司营运

资本需求上的现金价值会收回。对于制图桌灯项目而言，将在第 5 年年末回收的营运资本需求的价值为 90 000 美元。

在项目结束时，项目的一些固定资产可能具有变卖价值。这些资产的出售会产生现金流入量，在调整与销售相关的税收影响后必须记入项目的终结现金流量。资产的变卖价值又称为**残值**（residual value）或**剩余价值**（salvage value），当它与资产账面价值不同时，会影响公司总税金；如果变卖价值高于账面价值，项目终结将产生应税资本利得（等于变卖价值与账面价值之差），从而增加公司的总税金。如果变卖价值等于账面价值，不会影响税金；如果变卖价值低于账面价值，则项目终结会产生资本损失，从而减少公司的总税金。

对于制图桌灯项目而言，初始设备在第 5 年年末的预计残值为 100 000 美元（见表 8-1 第 8 项），账面价值为 0（见表 8-1 第 7 项）。因此，预计该资产的出售会产生 100 000 美元资本利得，将按照 40% 的税率交纳税金（见表 8-1 第 19 项）。因此，项目的终结现金流量 CF_5 应该增加 60 000 美元（= 100 000 美元 - 100 000 美元 × 40%），等于设备的预计税后变卖价值。

将形成项目终结现金流量的各个项目综合起来，我们可以得到

$$CF_N = EBIT_N \times (1 - Tax_N) + Dep_N - \Delta WCR_N + \text{税后残值}_N$$

把这个公式应用于制图桌灯项目，如表 8-3a 最后一列所示，可以得到终结现金流量合计（CF_5）466 000 美元

$$CF_5 = -\$84\,000 + \$400\,000 - (-\$90\,000) + \$60\,000 = \$466\,000$$

项目最后 1 年的营业“利润”（见表 8-3a 第 13 行）实际上是损失 140 000 美元。这个金额将从 SMC 的应税总收益中扣除，从而带来 56 000 美元的税收节约（140 000 美元的 40%），因此可以得出项目的税后营业损失为 84 000 美元。尽管税后净收益为负，但项目产生的净现金流量为正，投资决策应该基于现金流量而不是利润。

表 8-3a 中的数据是使用计算器计算得出的，在表 8-3b 中我们使用电子表格技术进行了同样的计算分析。

8.6　SMC 应该开发这种新产品吗

我们已经识别并估算了制图桌灯项目在未来 5 年预计产生的全部现金流序列，列示在表 8-3a 的最后一行。项目的资本成本是 7.6%（见表 8-1 第 20 项）。根据式（8-1）对项目净现值的计算如表 8-4 所示。第Ⅰ部分列示了使用计算器进行的计算，第Ⅱ部分列示了使用电子技术表格进行的计算。

表 8-4　计算 SMC 制图桌灯项目的净现值　（数据来自表 8-3a 和表 8-3b）

第Ⅰ部分　使用计算器						
初始现金支出 CF_0	=					-$2 360 000
CF_1 的现值	=	$\$832\,000 \times \frac{1}{(1+0.076)^1}$	=	$832 000 × 0.929 37	=	$773 234
CF_2 的现值	=	$822\,000 \times \frac{1}{(1+0.076)^2}$	=	822 000 × 0.863 72	=	709 978
CF_3 的现值	=	$692\,000 \times \frac{1}{(1+0.076)^3}$	=	692 000 × 0.802 72	=	555 483
CF_4 的现值	=	$554\,000 \times \frac{1}{(1+0.076)^4}$	=	554 000 × 0.746 02	=	413 296
CF_5 的现值	=	$466\,000 \times \frac{1}{(1+0.076)^5}$	=	466 000 × 0.693 33	=	323 092
按照 7.6% 计算的净现值						**$415 083**

第Ⅱ部分　使用电子表格

	A	B	C	D	E	F	G
1		**现在**	**第 1 年年末**	**第 2 年年末**	**第 3 年年末**	**第 4 年年末**	**第 5 年年末**
2							
3	现金流量	-$2 360 000	$832 000	$822 000	$692 000	$554 000	$466 000
4							
5	资本成本	7.6%					
6							
7	**净现值**	**$415 083**					
8							
9	单元格 B7 的计算公式 = B3 + NPV(B5, C3:G3)						
10							

制图桌灯项目具有正的净现值415 083美元，所以SMC应该开发这种新产品。[一]然而，在得出结论之前，我们应该对项目的净现值进行敏感性分析，因为415 083美元忽略了两个重要因素：①SMC可能不能把这种新灯的价格提高到40美元以上；②SMC可能因标准桌灯销售额减损带来的公司销售额潜在减少而产生每年100 000美元的净现金流失（见表8-1第4项）。我们在前面的分析中没有考虑潜在的销售额减损，因为我们假设无论SMC是否开发这种新型灯它都会发生。然而，如果销售额减损只在开发这种新型灯的情况下发生，那么在项目净现值的计算中必须考虑它。

8.6.1 净现值对新型桌灯价格变动的敏感性分析

如果SMC不能按照3%的预计年通货膨胀增长率提高新型桌灯的价格，项目的净现值会发生怎样的变化呢？如果SMC保持40美元的价格不变，而成本按照3%的比率增加，项目净现值就会下降27%，[二]从415 083美元下降到304 190美元。但是，因为净现值仍然为正，项目仍然是值得采纳的。

通过使用如表8-3b所示的电子表格技术，可以快速有效地进行敏感性分析。只需要改变预计会在很大程度偏离期望值的变量的价值就可以实现。电子表格将自动更新，列示出各种情境下的项目净现值。

8.6.2 净现值对销售减损的敏感性分析

连续5年中每年110 000美元的净现金流失按照7.6%计算的净现值等于443 872美元。[三]如果我们把这个金额从项目的净现值415 083美元中扣除，就可以得到

$$NPV(\text{销售额减损项目}) = NPV(\text{销售额未减损项目}) - NPV(\text{销售额减损})$$
$$= \$415\,083 - \$443\,872 = -\$28\,789$$

因此，如果存在每年110 000美元的销售额减损，制图桌灯项目就不再是一个创造价值的项目。然而，该项目可以接受一定的销售额减损而仍然具有正净现值。如果项目年净现金流量减少额为102 866美元，就能够保持盈亏平衡。[四]换言之，如果未来5年年终预计销售额减损会使SMC的净现金流量减少额超过102 866美元，那么项目就不再是可接受的；如果年销售额减损少于102 866美元，那么项目具有正净现值，仍然是可以接受的。

以上分析清楚地表明，由于销售额减损带来的潜在年销售额和净现金流量减少的规模，必须由SMC的经理人在决定是否开发制图桌灯项目前确定下来。换言之，SMC的经理人在评估新产品的价值创造潜力之前，必须对公司在标准桌灯市场的竞争地位有清楚的了解。

竞争对手会带着将损害SMC在市场中竞争地位的竞争性产品进入标准桌灯市场吗？如果答案是肯定的，那么就可以忽略销售额减损对项目现金流量的影响，由于销售额减损无论如何都会发生，因而与生产制图桌灯决策无关。在这种情况下，项目的净现值为正，SMC应该开发新产品。如果答案是只有当SMC开发新型桌灯时才会发生销售额减损，那么就应该仔细估计和考虑销售额减损对公司净现金流量的影响。如果预计销售额减损将使公司年净现金流量减少额低于102 866美元，那么项目仍然是值得采纳的，因为它的净现值仍为正；如果管理层认为销售额减损将使年现金流量减少额超过102 866美元，那么应该拒绝项目。

敏感性分析是处理项目不确定性的有用工具。通过说明净现值对基本假设变动的敏感程度，敏感性分析可以识别出对项目价值具有最大影响的变量，并表明在做出决策前在哪些环节还需要更多信息。

8.7 小结

经理人可以使用很多原则和方法来识别和估算与投资决策相关的现金流量。相关现金流量是指那些应该按照

[一] 项目的内部收益率（IRR）等于14.8%，超过了资本成本7.6%，因此该项目是能够创造价值的。

[二] 除桌灯的价格仍然为40美元外，估算程序与表8-3a所列示的程序相同。然而，需要注意的是，在这种情况下营运资本需求将低于销售额的20%。应付账款将高于1周的销售额，因为原材料成本提高了3%，而桌灯的价格仍然保持不变。在我们的计算中，我们使营运资本需求保持在销售额的20%。更低的营运资本需求比率会导致更大的现金流量和更高的净现值。

[三] 这个现金流序列是年金。附录6A说明了年金现值等于固定的现金流量乘以年金现值系数（ADF），其中ADF等于（1－复利现值系数）/k。如果$k=7.6\%$，$N=5$，则$ADF=(1-0.693\,3)/0.076=4.035\,2$，110 000美元年金的现值为$\$110\,000\times4.035\,2=\$443\,872$。

[四] 当项目净现值等于年金现值时，就可以得到盈亏平衡点。我们使得$\$415\,083=\text{年金}\times ADF$。当$ADF$等于4.035 2时，年金等于$\$415\,083/4.035\,2$，即$\$102\,866$。

项目预计资本成本折现，以获得项目净现值（MPV）或应该用于计算项目内部收益率（IRR）的现金流量。做出是否投资的决策应该仅使用相关现金流量。

当估计项目现金流量时，需要记住两个基本原则。第一个是实际现金流量原则，根据该原则，项目的相关现金流量必须在实际发生时计量。相关现金流量不包括与项目相关的融资成本，因为在估算项目加权平均资本成本时已经考虑了这些成本。加权平均资本成本是将项目预计未来现金流序列转换成等量现值必须使用的折现率。从现值中减去项目初始投资就是估计的项目净现值。如果净现值为正，项目就是能够创造价值的，应该接受。

第二个是接受/不接受原则，根据该原则，项目的相关现金流量是指那些如果采纳项目预计会增加或减少公司总体现金状况的现金流量。例如，沉没成本就是应该忽略的现金流出量，它们在估算项目净现值之前就已经发生了。这些成本不能收回，因此应该忽略。要求项目弥补它们意味着公司对这些成本支付了两次。

机会成本是与项目不直接相关但必须考虑的现金流量的典型例子。这些机会成本通常是指如果接受项目公司必须放弃的现金流入量。沉没成本相对比较容易确定，因为它们已经支付过了，与之相反，机会成本通常很难确定，因为它们涉及的是潜在的未来现金流量，而不是实际的过去现金流量。

最难识别的一种成本是竞争对手可能对公司现有和潜在的产品或服务的影响。例如，考虑新产品开发的公司经理人必须弄清楚新产品是否会减损公司现有产品销售额。为了做出恰当的投资与否的决策，经理人必须首先预测如果公司不接受这个项目（公司没有这个项目）的未来发展情况。然后，他们必须将公司接受项目的未来前景与不接受项目的未来前景做比较。如果即使公司不开发新产品，销售额减损预计也会发生，那么现有产品的销售额减损就与是否开发新产品的决策无关。

扩展阅读

1. Damodaran, Aswath. *Corporate Finance: Theory and Practice*, 2nd ed. John Wiley & Sons, 2001. See Chapter 9.
2. Ross, Stephen, Randolph Westerfield, and Jeffrey Jaffe. *Corporate Finance*, 8th ed. McGraw-Hill Irwin, 2008. See Chapter 7.

自测题

8.1　利息支付与项目现金流量

为什么为投资项目筹措资金而举借债务的利息不包括在与项目评估相关的现金流量估计中？

8.2　理解现金流量公式的构成

项目现金流量的估计通常基于公式：现金流量 = *EBIT*(1 − *Tax*) + 折旧费用 − Δ*WCR* − *Capex*，其中 *EBIT* 为息税前收益，*Tax* 为边际税率，Δ*WCR* 为营运资本需求的变动，*Capex* 为支持项目所需资本支出。*EBIT* 和折旧费用都不是现金流量项目，为什么它们会出现在现金流量公式中？

8.3　估计项目现金流量的替代公式

现金流量公式：现金流量 = *EBIT*(1 − *Tax*) + 折旧费用 − Δ*WCR* − *Capex* 有时会被现金流量 = *EBITDA*(1 − *Tax*) + (*Tax* × 折旧费用) − Δ*WCR* − *Capex*，其中 *EBIT*、*Tax*、Δ*WCR* 和 *Capex* 在自测题 8.2 中定义，*EBITDA* 是利息、税金、折旧费用和摊销前收益。请说明这两个公式是等价的。

8.4　识别项目的相关现金流量

你的公司 Printers 正在考虑投资于一个新工厂，以生产公司研发部门开发的新一代打印机。请对下面概述的项目分析做出评论。

(1) 项目的使用寿命：公司预计工厂可经营 5 年。

(2) 资本支出：600 万美元，其中包括建筑成本，机器设备的购买和安装成本。工厂将建在公司自有的一块停车场空地上。

(3) 折旧：按照税法要求，建筑物和设备将在 10 年内使用直线法计提折旧。

(4) 收入：公司预计第 1 年可出售 5 000 台打印机，第 2 年可出售 10 000 台打印机，之后每年可出售 20 000 台打印机。预计每台打印机售价为 800 美元。

(5) 研究和开发成本：上一年和本年花费了1 000 000美元。
(6) 间接成本：正如公司手册中所规定的，为项目收入的3.75%。
(7) 营业成本：预计每生产一件产品的直接成本和间接成本为500美元。
(8) 存货：对原材料、在产品和产成品存货的初始投资预计为1 500 000美元。
(9) 融资成本：正如公司手册中所规定的，为每年资本支出的10%。
(10) 税率：40%（包括联邦和州所得税）。
(11) 折现率：8%，是Printers公司的当前贷款利率。
(12) 现金流序列和净现值（数据以1 000美元为单位；第1年至第5年数据为年末数据）：

	现在	第1年	第2年	第3年	第4年	第5年
1. 资本支出	-6 000					
2. 存货	-1 500					
3. 研究和开发费用	-1 000					
4. 收入		4 000	8 000	16 000	16 000	16 000
5. 间接成本		-150	-300	-600	-600	-600
6. 营业成本		-2 500	-5 000	-10 000	-10 000	-10 000
7. 折旧费用		-600	-600	-600	-600	-600
8. 息税前收益		750	2 100	4 800	4 800	4 800
9. 息税前收益×(1-税率)		450	1 260	2 880	2 880	2 880
10. 加折旧费用		1 050	1 860	3 480	3 480	3 480
11. 净现金流量	-8 500	1 050	1 860	3 480	3 480	3 480
12. 折现率	8%					
13. 净现值	1 755					

8.5 估计项目的相关现金流量和净现值

假设你拥有自测题8.4所描述投资项目的下列附加信息，项目的净现值是多少？你应该接受该项目吗？
(1) 第5年年末的残值为300万美元。
(2) 资本利得的税率为20%。
(3) 营运资本需求与销售额的比率为30%。
(4) 出于竞争压力，预计打印机的售价将按如下速度减少：第1年减少800美元，第2年减少700美元．之后每年减少600美元。
(5) 固定性营业成本为每年800 000美元。
(6) 变动性营业成本为每件产品400美元。
(7) 间接成本不会受到项目的重大影响。
(8) Pinters公司必须为员工租用停车场地，预计每年成本为50 000美元。
(9) 预计通货膨胀率为3%。预计通货膨胀只影响营业成本，可以假定营业成本按照通货膨胀率增加。
(10) 资本成本为12%。

复习题

1. 考虑一项投资建议

你姐夫为你提供了一个机会，把15 000美元投资于一个项目，他承诺年末返还17 000美元。因为你只有3 000美元现金，必须从银行借入12 000美元。银行要收取12%的利息费用。经过考虑，你决定放弃该项目，因为你发现净回报仅为15 560美元（17 000美元减去支付给银行的利息1 440美元）。当你的姐夫询问原因时，你告诉他因为银行贷款利率高达12%，他希望你投资于一个收益率低于4%的高风险项目简直是荒谬的。请对此做出评论。这个投资建议真的是荒谬的吗？

2. 通货膨胀对投资决策的影响

在分析资本投资项目时，公司财务经理和会计对如何恰当考虑通货膨胀因素产生了分歧。会计在估算和预计未来现金流量时，包含了对物价水平变动的估计。他将政府公布的GDP平减指数（每年5%）作为对未来通货膨胀率的最佳估计值。因此他认为，公司的折现率应该考虑通货膨胀因素，为了避免分析偏差和项目净现值的高估，应该在原来使用的12%折现率基础上增加5%。但是财务经理不同意，认为会计的提议会低估项目净现值，因为12%的贴现率中已经考虑了公司预计为10%的银行借款利率，15%的权益成本，以及25%的所得税率。在这场争论中谁是正确的？请做出解释。

3. 更换设备（不考虑税收因素）

情形1：Clampton公司正在考虑是否购置一台新设备，以取代当前使用的另一种效率较低的设备从事运营活动。新设备的购买价格是110 000美元，包含运输和安装成本。Clampton的一位生产工程师预计，与当前的设备相比较，新设备每年会为公司节省人工和其他直接成本30 000美元。他估计新设备的经济寿命为5年，残值为0。当前设备运营状况很好，从实物形态看至少还能使用10年。公司对这种类型投资要求的税前收益率最低为10%。不考虑税收因素。

a. 假设当前设备的账面价值和变卖价值都为0，公司应该购置新设备吗？

b. 假设当前设备正在按照10%的直线折旧率计提折旧，即当前账面价值为40 000美元（成本80 000美元，累计折旧40 000美元），当前变卖价值为0，公司应该购置新设备吗？

情形2：Clampton决定购买新设备，后面称为A设备。两年后，市场上将出现更好的设备（称为B设备），从而使得其他设备完全过时，不存在任何变卖价值。B设备的成本为150 000美元，包含运费和安装成本。预计B设备相对A设备将带来40 000美元的年营运成本节约。预计B设备的经济寿命为5年，并将按照20%的直线折旧率计提折旧。

c. 公司应该采取什么样的行动？

d. 公司决定购置B设备，但犯了一个错误，因为仅购买了2年的好设备被废弃了。这种错误是怎样发生的呢？

4. 更换设备的决策（考虑税收因素）

假设在第3题中，Clampton公司预计要支付40%的所得税，设备出售或处置损失被视作普通的减项，可以带来40%的税金节约。Clampton公司想要获得8%的税后投资收益率。根据税法要求，按照直线法计提折旧。

a. 如果其他条件如第3题中的情形1所述，Clampton公司应该购置设备吗？

b. 如果其他条件如第3题目中的情形2所述，Clampton公司应该购置设备吗？

5. 投资于玩具生产

The Great Eastern玩具公司的管理层正在考虑投资于一种新产品。该项投资需要购置一台16 000 000美元的设备，如果进行常规保养，设备的运营寿命为10年。预计设备的残值为800 000美元。预计产品的经济寿命为5年，在此期间的预计年收入为10 800 000美元。新产品的原材料单位成本为95美元，需要保持相当于1个月产量（3 000件）的原材料存货。预计直接生产成本为每月130 000美元。在产品和产成品存货将增加150 000美元。根据税法要求，固定资产必须按照直线法计提折旧。公司所得税率和资本利得税率均为40%，公司的资本成本为12%。

a. 基于以上数据，列示项目预计现金流量。

b. 项目的净现值是多少？

6. 应收账款、应付账款、间接费用、融资成本对投资决策的影响

在考察下表中一个新投资项目的现金流量预测时，Avon公司的财务经理注意到预测中没有提及投资对公司应收账款和应付账款的任何影响。预计新产品的平均收账期为50天，原材料的平均付款期为36天。此外，他指出，按照新项目销售收入1%计算的标准费用，以及按照项目所用资产账面价值10%计算的年度融资费用都没有提及。如果考虑下列因素对Avon公司的影响，该项目的盈利性会受到何种影响？

a. 应收账款和应付账款；

b. 间接成本；

c. 财务费用。

（单位：1 000 美元）

	现在	第 1 ~4 年	第 5 年
1. 收入		12 000	12 000
2. 原材料成本		4 000	4 000
3. 直接成本		1 000	1 000
4. 折旧费		4 000	4 000
5. 税前营业利润		3 000	3 000
6. 税率		40%	40%
7. 税后营业利润		1 800	1 800
8. 存货增加	400	0	-400
9. 资本支出	20 000	0	0
10. 设备税后变卖价值			0
11. 项目现金流量	-20 400	5 800	6 200
12. 项目净现值（资本成本为 11%）	1 274		

7. 折旧的税收影响

根据美国税法中规定的折旧的修正加速成本回收制度，汽车和计算机等资产必须按照以下方式计提折旧：

第 1 年	第 2 年	第 3 年	第 4 年	第 5 年	第 6 年
20.00%	32.00%	19.20%	11.52%	11.52%	5.76%

a. 如果购买 50 000 元的汽车，资本成本为 10%，税率为 34%，那么购买产生的利息税盾的现值是多少？

b. 如果税法中将折旧由修正加速成本回收法改为直线折旧法，会产生怎样的影响？

8. 利润侵蚀效应

尽管 Avon 公司的 CEO 最初对新产品显而易见的盈利性很满意，但他认为财务经理在分析中遗漏了项目其他方面的问题并对此感到担忧。首先，他担心新项目会侵蚀公司现有产品的销售收入。他认为在最差的情况下，可能会对税后现金流量带来 650 000 美元的负面影响。其次，公司拥有但并未使用的一幢大楼将被用于生产新产品。他们最近已经收到毗邻商业想要以每年 100 000 美元租赁该幢大楼的请求。最后，公司已经承诺并支付给咨询公司 500 000 美元新产品的市场调研费用。如果把这些项目包含在第 6 题表格中列示的现金流量预测中，该项目的盈利性会受到怎样的影响？

9. 盈亏平衡分析

假设 Snowmobile 公司正在考虑是否开发一种新的雪地摩托。预计该产品在未来 5 年中能以 10 000 美元的价格出售，每年可以出售 100 辆。雪地摩托的单位可变成本为 5 000 美元，年固定成本为 125 000 美元。初始投资将为 1 000 000 美元，将在未来 5 年中按照直线法计提折旧，残值为 0。Snowmobile 公司的资本成本为 10%，公司税率为 40%。该项投资不需要显著增加公司营运资本需求。

a. 该项投资的净现值是多少？

b. 公司需要销售多少辆雪地摩托才能达到盈亏平衡（即项目净现值为 0）？

c. 在盈亏平衡时，项目的折现回收期和内部收益率是多少？

10. 投标价格

Maintainit 公司被要求参与在未来 5 年为一个房地产开发项目提供树木浇水服务的投标。Matintainit 公司必须花费 100 000 美元购置新设备，并把 30 000 美元投资于营运资本需求。设备将在未来 5 年中按照直线法计提折旧，残值为 0。人工成本和其他成本合计为每年 80 000 美元，税率为 40%，Maintainit 公司的资本成本为 10%。Maintainit 公司的最低投标价格应该是多少？

PART 4

第四部分

融资决策

CHAPTER9

第9章 融资与评估证券价值

公司需要现金来满足固定资产和营运资本新投资对资金的需求。对于大多数公司而言，主要的资金来源是它们从经营活动中产生的现金减去偿还现有债务（支付利息费用和偿还贷款）、交税以及向股东支付股利使用的现金之后的净值。当内部产生的现金不足以维持现有资产以及为所有可创造价值的新投资机会提供资金时，公司就必须以债务资本或权益资本形式从外部渠道筹集额外资金。借入资金的来源渠道包括银行贷款、租赁，以及向投资者出售债务证券；权益的外部来源渠道包括向现有股东和新股东出售优先股和普通股。本章将对这些资本来源渠道进行考察。与前面的章节一样，资金、筹资和资本这几个词可以互相替代。

尽管新筹资金通常用于支持资产增长，公司也可能通过借入资金来调整资本结构，即偿还部分现有债务或回购部分流通在外股票。第 11 章将说明公司想要改变资本结构的原因。本章重点阐述公司可以使用的各种形式债务资本和权益资本，筹集这些资金使用的方法，以及对公司可以发行的最常见证券的估值。学习完本章，你应该了解以下内容：

- 如何估计公司为支持自身成长所需外部资金数额；
- 金融体系如何运作以及执行什么功能；
- 各种债务资本和权益资本来源之间的区别；
- 公司如何在金融市场上筹集资本；
- 如何为公司发行的证券估值。

9.1 预计所需外部资金的数额

为了确定所需外部资金数额，例如下一年的资金需求，公司必须预计：①公司投资在下一年的预计增加额；②公司预计下一年产生的内部资金数额。如果**内生资金**（internally generated fund）少于公司资产预计增加额，差额就是公司需要筹集的外部资金数额。

在第 3 章我们提到过，公司的投资包括现金及现金等价物（例如有价证券）、营运资本需求（WCR，衡量公司对经营周期净投资的指标）和固定资产。公司需要为这些投资的预期增长筹集资金。当然，任何增长的减少都将成为资金的来源。更确切地说，我们有

$$\text{资金需求} = \Delta\ \text{现金} + \Delta\ \text{营运资本需求} + \Delta\ \text{固定资产}$$

其中，Δ 现金为公司持有的现金及现金等价物的变动；Δ 营运资本需求为营运资本需求的变动（存货、应收账款和预付账款的变动减去应付账款和应计费用的变动）；Δ 固定资产为新的资本支出和购置新固定资产减去通过现有固定资产出售（处置和剥离）筹集的现金。

内生资金的来源是公司的留存收益，即公司净利润中没有被作为股利分配的部分。虽然折旧费用从公司的净利润中扣除，但它们不是付现费用，因此必须加回到留存收益中才能得到公司的内生资金。[㊀]一般而言，我们有

$$内生资金 = 留存收益 + 折旧费用$$

我们现在可以得到

$$外部资金需求 = (资金需求) - (内生资金)$$

又可以写作

$$外部资金需求 = (\Delta 现金 + \Delta 营运资本需求 + \Delta 固定资产) - (留存收益 + 折旧费用) \quad (9\text{-}1)$$

任何支付当前债务利息和股东股利所需要的资金都已经包含在式（9-1）中了，因为留存收益是从营业利润中扣除利息费用和股利支付后计算得来的。

表 9-1　OS 公司 2009 年 12 月 31 日资产负债表　（单位：100 万美元）

投入资本		
• 现金		12.0
• 营运资本需求①		63.0
• 固定资产净值		51.0
原值	90.0	
累计折旧	(39.0)	
投入资本合计		**126.0**
运用资本		
• 短期负债		22.0
• 长期负债②		34.0
• 所有者权益		70.0
运用资本合计		**126.0**

①营运资本需求 =（应收账款 + 存货 + 预付费用）-（应付账款 + 应计费用）。
②长期负债每年偿还 800 万美元。

为进一步说明式（9-1），我们再次考察曾在第 2 ~ 5 章分析的 OS 公司。假定现在是 2009 年年末，我们想要估计 OS 公司 2010 年需要从外部筹集的资金数额。表 9-1 列示了公司 2009 年年末管理资产负债表（见第 3 章）。表 9-2 列示了公司 2010 年年末预计资产负债表的资产部分和 2010 年预计利润表。从预计利润表中，我们可以看到，OS 公司预计在 2010 年产生 700 万美元留存收益，加上利润表中报告的 800 万美元折旧费用，我们得出的结论是，OS 公司预计将在 2010 年从内部产生资金 1 500 万美元。

OS 公司 2010 年的**资金需求**（funding need）是多少？比较 2010 年年末和 2009 年年末资产负债表（见表 9-1 和表 9-2）可知，OS 公司的投入资本应该从 1.26 亿美元增长到 1.38 亿美元：现金持有应该减少 400 万美元（从 1 200 万美元到 800 万美元），营运资本需求应该增加 1 400 万美元（从 6 300 万美元到 7 700 万美元），固定资产净值应该增加 200 万美元（从 5 100 万美元到 5 300 万美元）。然而，资产负债表中报出的固定资产净值是扣除折旧费用后的净值，因此固定资产净值增加额 200 万美元并不是固定资产的预计增加额，后者的数字是 1 000 万美元：扩建仓库的 1 200 万美元减去预计通过现有资产出售获得的 200 万美元（见表 9-2 中资产负债表的注释①）。总体来看，OS 公司 2010 年的资金需求预计将为 2 000 万美元：1 400 万美元用于满足营运资本需求的增加，加上 1 000 万美元用于满足固定资产的增加，再减去 400 万美元的现金减少。

综上，OS 公司预计 2010 年将从内部产生资金 1 500 万美元，而在此期间公司的资金需求预计将为 2 000 万美元。为了弥补这个缺口，OS 公司必须筹集 500 万美元的资金。

如果 OS 公司与大多数公司一样，它将会通过借款筹集所需要的 500 万美元资金。[㊁]世界最大经济体中非金融

㊀ 如果其他非付现费用从公司净利润中扣除（例如坏账准备），也应该加回到留存收益中。

㊁ 你可以通过考察第 2 章表 2-1 的 OS 公司 2010 年年末资产负债表来核对一下，情况确实如此。你会看到公司增加了 100 万美元短期借款和 400 万美元长期借款。

类公司资金结构的合计数字表明，新投资所需资金的半数以上由公司自身经营活动产生，余下部分大都通过借款筹集。我们在图9-1中展示了1965～2008年大样本美国非金融类公司各种筹资来源的相对比重（负净资产意味着回购权益多于发行权益）。在这段期间，大多数非金融类公司主要依赖借入资金来弥补现金赤字，造成这种结果的可能原因将在第11章中考察。其他统计数字表明，全部可用资金的60%～80%用于满足资本支出的需要，其余部分用于满足营运资本和现金持有需求。

表9-2 OS公司2010年预计财务报表 （单位：100万美元）

预计资产负债表投入资本方		
		2010年12月31日
投入资本		
• 现金		8.0
• 营运资本需求		77.0
• 固定资产净值		53.0
原值①	93.0	
累计折旧	(40.0)	
投入资本合计		**138.0**
预计利润表		
		2010年
• **销售收入净额**		**480.0**
销售成本	(400.0)	
• **毛利**		**80.0**
销售和管理费用	(48.0)	
折旧费用	(8.0)	
• **营业利润**		**24.0**
非常项目	0	
• **息税前收益**		**24.0**
净利息费用②	(7.0)	
• **税前收益**		**17.0**
所得税	(6.8)	
• **税后收益**		**10.2**
股利		3.2
• 留存收益增加额		7.0

①在2010年，为扩建仓库花费1 200万美元，并把原值为900万美元的现有固定资产按其账面净值200万美元出售。
②没有利息收入，因此净利息费用等于利息费用。

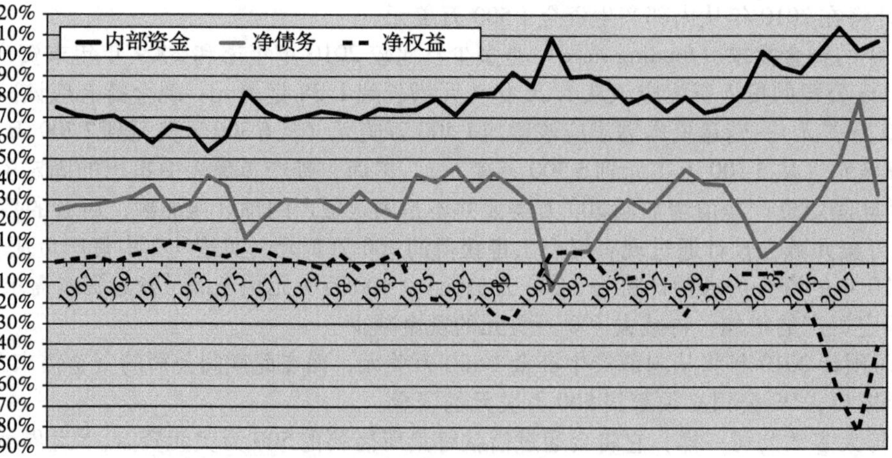

图9-1 美国非金融类公司的资金来源：1965～2008年

资料来源：Board of Governors of the Federal Reserve System, *Flow of Funds Accounts* (www.federalreserve.gov/releases/Z1). 净债务等于发行的长期负债和短期负债金额减去债务偿还金额。净权益等于发行的权益金额减去回购的权益金额。负的净权益意味着当年回购的权益高于当年发行的权益。

本章其余部分说明公司如何通过金融体系筹集外部资金，我们从阐述金融体系的结构及其执行的功能开始。

9.2　金融体系：结构和功能

金融体系的基本作用是充当一个通道，“储蓄者”的现金盈余通过它传递给需要资金的公司。能够有效（便宜、快速和安全）执行现金转移任务的金融体系是公司持续发展的主要驱动力量。如果没有金融体系，企业家们将只能使用自己的储蓄存款和公司内生资金为其经营活动提供资金。金融体系通过允许存在现金短缺为公司利用经济中的现金盈余部门提供了另一种选择。大多数现金盈余是由**家庭部门**（house sector）提供的，总体而言，个人储蓄多于个人消费。此外，暂时拥有多余现金的公司可以在短期内将其多余现金借给现金赤字公司。但是，家庭部门的储蓄不会全部流入现金短缺的公司。这些公司通常还需要与需要资金来弥补预算赤字的政府竞争。

图9-2描述了金融体系的各个组成部分以及它们相互作用的方式。想要筹集资金的现金赤字公司在右边（我们没有把现金赤字政府包括在内，因为我们聚焦于公司的筹资行为）；资本的供给者在左边，绝大多数是家庭部门。便利资金在这两个团体之间转移的机构和流程构成了我们所说的金融体系。为了解金融体系是如何运作的，我们考察两种可供选择的融资渠道——**直接融资**（direct financing）和**间接融资**（indirect financing），现金盈余部门的多余资金通过这两个渠道转移到资金短缺公司。

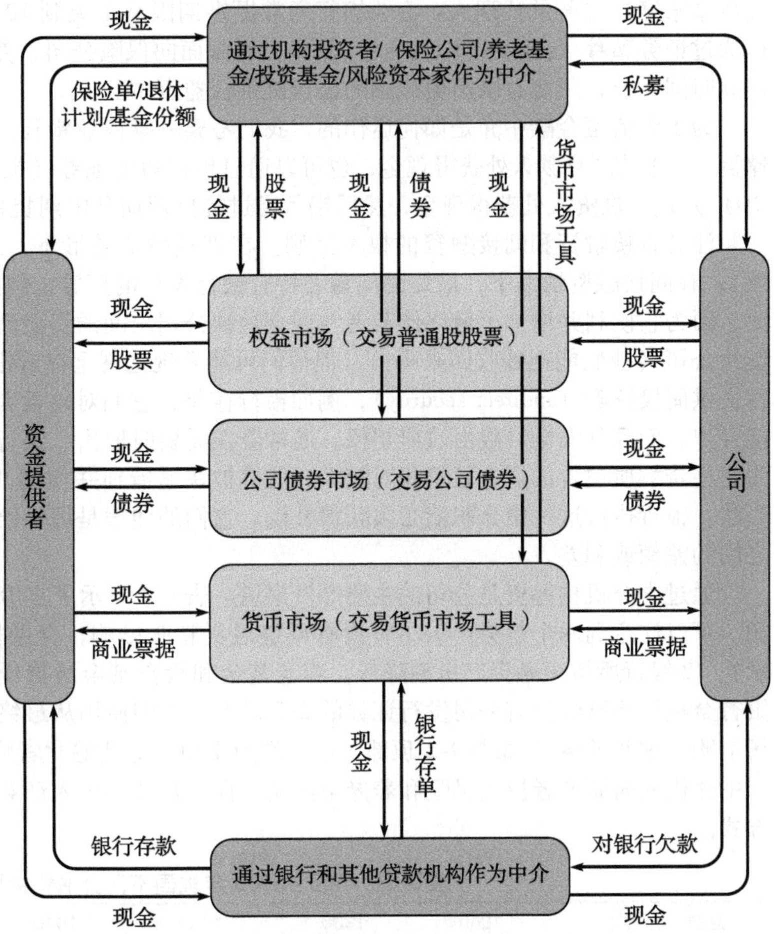

图9-2　金融体系

9.2.1　直接融资

对于想要筹集资金的公司而言，最显而易见的方式是通过直接向储蓄者出售证券获取现金。**证券**（security）是公司发行的一种凭证，详细规定公司获取资金的条件。权益证券又称为**股票**（stock），是确认购买者在公司所有者地位的凭证。它为持有者提供对公司收益和资产的剩余求偿权（在所有合约求偿权结算后），并赋予持有者在股东大会上对所提事项（例如公司董事会的选举等）的表决权。债务证券又称为**债券**（bond），是确认购买者作为公司债权人身份的凭证。它为持有者提供对公司收益和资产的优先索偿权（位于股东之前）。债券凭证规定借款的条件和条款，包括借款金额、借款期限、公司必须支付的利率、对资金使用的限制，以及当公司对债务违约时债权人拥有的权利等。当证券**可转让**（negotiable）时，它可以在**证券市场**（securities market）上交易，如图9-2中间部分所示，后面部分还会对它进行详述。公司可以使用的将证券出售给潜在购买者的方法将在后面部分考察。

9.2.2　间接融资或中介融资

尽管直接融资具有很重要的意义，但很多公司无法进入金融市场直接向投资者出售证券。对于很多新成立的公司以及由于规模太小而无力发行大量证券以吸引投资者的公司而言，情况就是这样。投资者一般不愿意购买不知名公司或股份数量相对较少公司发行的证券，或是因为很难评估证券发行人的风险，或是因为证券的**流动性**

(liquidity) 较差，这意味着这些证券不能以接近于可感知的公允价值的价格快速出售。这些公司必须依靠间接融资或中介融资来筹集权益和债务资本。有时候，信誉很好的大公司也依靠间接融资，尤其筹集短期资金时。

间接融资是指通过**商业银行**（commercial bank）、保险公司、养老基金和风险投资公司等**金融中介**（financial intermediary）机构来筹集资本，这些中介机构作为最终的资金接受者（现金短缺公司）和最终的资金提供者（现金盈余家庭）之间的代理人。商业银行通常提供期限从1天到10年的短期和中期贷款。长期负债和权益资本可以通过证券**私募**（private placement）获得，通常面向保险公司、养老基金或风险投资公司。风险投资公司专门为成立时间不长，只有有限历史记录的公司提供权益资本。

为了弄清楚金融中介是如何运作的，我们考察一家商业银行。如图9-2底部所示，银行可以通过支票账户和储蓄账户形式从存款人处获得现金，也可以通过出售短期证券（又称为**可转让存单**，negotiable certificate of deposit，CD）方式从投资人处获得现金，然后银行通过提供短期和中期贷款把资金借给公司。

注意直接融资和间接融资的根本区别。在直接融资情形下，最终的储蓄者持有公司发行的证券（债券和股票）；在间接融资情形下，最终的储蓄者持有银行发行的证券，例如支票、储蓄账户和CD。银行中介融资非常重要，因为它便利并增加了最终储蓄者与现金短缺公司之间的资金流动。个人储蓄者可能不愿意把多余的现金直接借给公司（他们能把钱收回来吗?），但他们可能发现把现金存入银行很方便，银行可以随后将其出借给公司。银行提供**间接证券**（indirect security），例如银行存单，它们对储蓄者很具吸引力，因为只需相对较少数量的资金就能开户，而且其安全一般由政府担保，通常能在需要时取出。银行向公司提供贷款，对于公司而言非常便利，因为这些贷款所包含的资金数量相对较大，能够被快速借到并使用几年时间，当公司遇到困难时还可以重新协商。当然，银行执行这一中介职能必须获得补偿。它们的回报是提供给存款者的利率与向接受贷款公司索要更高利率之间的差额或利差。

通过中介机构筹资是公司的主要筹资渠道。表9-3列示了自1860年以来美国不同金融机构持有资产的相对份额。可以注意到两个趋势：①尽管没有调整通货膨胀影响，金融机构所持金融资产价值上升（如表9-3底部所示）；②银行所持金融资产份额降低，养老基金和投资基金所持份额相应上升。从20世纪90年代初期以来，非银行金融机构已经持有公司发行证券的2/3以上。它们使用从最终储蓄者处收到的现金，直接从公司或在证券市场上购买这些证券。[⊖]如图9-2顶部所示，作为交换，这些储蓄者将收到保险单、退休计划和投资基金份额。非银行中介机构向储蓄者提供保险和养老金产品，投资基金是进入证券市场，分散风险和进行投资管理的方便廉价的方式。

表9-3 1860~2008年美国不同金融机构持有资产的相对份额①

金融中介类型	1860	1900	1939	1970	1980	1990	2000	2008
银行②	89%	81%	65%	58%	56%	43%	29%	37%
保险公司③	11	14	27	19	16	16	14	13
养老基金	0	0	2	13	17	23	26	19
投资基金	0	0	2	4	4	10	22	21
其他	0	5	4	6	7	8	9	10
	100%	100%	100%	100%	100%	100%	100%	100%
合计（10亿美元）	1	16	129	1 328	4 025	11 503	28 570	43 226

①1860~1980年的数据来自Kaufman and Mote，*Economic Perspectives*(pp. 2-21，May/June 1994)，Federal Reserve Bank of Chicago. 1990~2008年的数据来自the Board of Governors of the Federal Reserve System，*Flow of Funds Accounts*。

②包括商业银行和储蓄银行。

③包括人寿保险、财产保险和意外伤害保险公司。

如果一家公司能向非银行金融机构或个人投资者出售债务证券，它为什么还要从银行借钱呢？这个问题涉及银行执行的一项微妙功能——监控。为了理解这项功能能够取得的效果，可以想一想投资者考虑购买债券时面临的问题。他们想知道发行公司是否已经告诉他们有关公司偿债能力的所有信息。如果公司隐瞒了表明公司偿还借

⊖ 除英国外，银行在金融机构中的主导地位在其他国家通常比在美国更加显著。然而，在美国观察到的趋势在世界范围内的其他工业国家同样存在。

入资金存在潜在困难的信息怎么办？投资者试图通过在债券发行者与资金出借者之间签订的书面合同中增加限制性保护**条款**（covenant）来保护自己，这种书面合同被称为**契约**（indenture）。例如，这些限制性保护条款可能要求公司保持一个最低的营运资本额，并限制公司出售资产，支付股利或发行新债的能力。但是，限制性保护条款不如内部人士有效，内部人士可以直接监督经理人的行为，阻止他们采取对**债券持有者**（debt holder）不利的行动。银行可以成为这种内部人士。在执行这项任务时，银行起到监控作用，可为债券购买者提供额外保护。换言之，尽管大公司可以直接向投资者出售债务证券，它们还是愿意从银行借入资金，支付更高的利率以使潜在的债券购买者放心。这种情况下，公司不是在从银行借款还是发行债务证券之间选择，公司可能需要取得一些银行借款，从而为公司进入债券市场提供便利。

9.2.3 证券市场

我们现在转向阐述证券市场，上市证券（例如债务和权益证券）在这个市场中发行，然后在投资者之间交易。如图 9-2 中间部分所示，证券市场可以从几个维度分类：是一级市场还是二级市场，是权益证券交易市场还是债务证券交易市场，是国内市场（在一国内）还是国际市场（超出国内监管范围）。

1. 一级市场与二级市场

一级市场是新发行证券首次出售给投资者的市场。当公司首次向公众出售权益证券时，这种发行被称为**首次公开发行**（initial public offering，IPO）。[㊀]当公司回到市场再次进行权益证券的公开发行时，通常是在几年以后，这个过程被称为**增发**（seasoned issue）。不应该将增发与**二次公开发行**（secondary public offering）或**二次分销**（secondary distribution）混淆，后者是指投资者把较早期间直接从公司购入的相对较大数量的权益证券出售给公众。二次公开发行的一个例子是福特基金会（the Ford Foundation）把它最初从福特汽车公司收到的大量股份公开销售。

在证券发行之后，会在**二级市场**（secondary market）中交易。投资者在二级市场中买卖这些证券，这些交易不再为发行公司提供现金，这些证券按照供求均衡所确立的价格在投资者之间交易，在这个过程中，市场执行两个重要功能：使得证券报价能够反映所有公开可得的信息；提供便利交易所要求的**流动性**（liquidity）。这些功能是通过证券基于**公允价格**（fair price）在投资者之间连续交易执行的，而公允价格是指在开市期间能够观察到的价格，可使潜在的买方和卖方迅速交易证券并按照相对较低的成本完成交易结算。

确切地说，公允价格究竟是什么？对这个问题的回答很容易写出一章内容来。简单地说：大量累计经验证据表明，发达市场经济具有相当有效的**证券市场**（efficient security market），这意味着这些市场中的证券价格反映了与发行证券公司相关的所有公开可得信息。换言之，公允价格在某种意义上是指它们提供了对公司证券真实但不可观测价值的最佳估计。二级市场的存在对公司发行证券的交易至关重要，因为当投资者知道他们不久以后就能将证券在活跃而有效的二级市场中出售时，他们会更愿意在一级市场中购买这些证券。

2. 权益市场与债务市场

权益证券或公司股票在权益市场或**股票市场**（stock market）交易。如图 9-2 中间部分所示，这些市场既可以是有组织的**证券交易所**（organized stock exchange），也可以是**场外交易市场**（over-the-counter，OTC）。前者是有监管的市场，只有在公司满足很多严格的条件时才允许其证券挂牌上市。[㊁]在场内股票交易中，股票是通过**交易所会员**（members of the exchange）交易的，交易所会员可能为**交易商**（dealer）或**经纪人**（broker）。交易商交易他们自己拥有的股票，而经纪人代表第三方交易，本身不拥有被交易的股票。**非上市证券**（unlisted security）通常是小公司的股票，在场外交易市场交易。这些市场不要求公司满足场内交易市场的上市要求。在场外交易市场中，股票通过由电话和计算机网络连接的交易商交易，而不是在场内交易市场实地交易。

在大多数工业国家，股票市场上的大量交易是由**机构投资者**（institutional investor）完成的。机构投资者的活动提供了另一种金融中介的例子，如图 9-2 的顶部所示：保险公司或养老基金以保险单或养老合同形式向最终储

㊀ IPO 是昂贵且复杂的过程。除存在进入股票市场以及遵守所有 IPO 规则和监管规定的困难外，还存在定价问题。在 IPO 中确定恰当的发行价格不是一件容易的事情：如果定价过高，投资者可能不愿意购买，从而可能导致发行取消；如果定价过低，公司现有股东将失去股票真实价值与发行价格的差异部分。实证研究表明，IPO 常常定价严重偏低。我们将在第 12 章说明公司权益估值的不同方法。

㊁ 它们必须具有最低可接受数量的公开持股、最低资产规模和股利支付记录，而且必须公布财务报告，以提供相关和及时的信息。

蓄者发行间接证券，然后将收到的资金投资于现金赤字公司发行的证券。这些证券既可以在金融市场上买到，也可以直接从发行公司购得。后一种渠道称为私募，如图9-2右上部所示，将在下一部分讨论。

债务证券在债务或**信贷市场**（credit market）交易。信贷市场通常根据在其中交易的债务证券的到期时间来识别。**原始期限**（original maturity）不超过1年的债务证券称为**货币市场工具**（money market instrument），在**货币市场**（money market）发行和交易。**公司票据**（corporate note）的期限在1~5年，**公司债券**（corporate bond）的期限超过5年。这些证券在**债券市场**（bond market）中交易。[㊀]两种货币市场票据如图9-2所示：①银行发行的存单，我们在之前讨论金融中介时提到过；②**商业票据**（commercial paper），由具有很高信用等级的公司发行，从市场中筹借短期负债，作为从银行借入短期资金的一种替代方式。1970年、1980年、1990年、2000年以及2008年美国金融市场中发行证券的数量在表9-4中列示。注意1990年之后发行证券数量的增长以及债务证券超过普通股、优先股和可转换证券占据的统治地位。[㊁]

表9-4 美国市场发行的债券 （单位：10亿美元）

证券类型	1970	1980	1990	2000	2008
债务工具	23	37	108	1 243	1 548
普通股	4	13	20	169	166
优先股	0	2	4	12	51
可转换债券	3	4	5	16	21
合计	**30**	**56**	**137**	**1 440**	**1 786**

资料来源：*Securities Data Corporation Platinum.*

3. 国内市场与国际市场

信誉卓著的大公司可以通过在其他国家的当地市场出售其证券，从本国金融市场之外筹集资金。这些外国证券既可以用外币标价，也可以用发行公司本国货币标价。例如，美国公司可以在日本公司债券市场出售用日元标价或用美元标价的**外国债券**（foreign bond）。[㊂]

或者，公司也可以在**欧洲市场**（Euromarket）[㊃]出售债券，欧洲市场是不受发行者所在国直接控制和司法管辖的市场。例如，一家美国公司可以向德国、法国和日本投资者同时出售以美元标价（**欧洲美元债券**，Eurodollar bond）或以日元标价（**欧洲日元债券**，Euroyen bond）的欧洲债券。在这种情况下，一些国际银行作为英国投资账户和欧洲债券等的销售代理人，这些债券在持有人居住国之外出售，是**不记名债券**（bearer bond），而且不受影响国内发行的法律、税收和监管规定约束。[㊄]因此，公司可以按照低于在本国市场或其他国家市场出售同样应税债券的利率发行欧洲债券。

公司如果发行以外币标价的债券，将会面临外币价值发生不可预期波动的风险，称为**外币风险**（currency risk）或**汇率风险**（foreign exchange risk）。这种风险将在第14章中详细考察。

除外国债券和欧洲债券外，国际市场中的其他证券还包括外国股票（在外国出售的股票）、欧洲股票（在欧洲市场出售的股票）和**欧洲商业票据**（EuroCP）。前两个是相当于外国债券和欧洲债券的权益证券，第三个是国内商业票据在欧洲市场的变形。

9.3 公司怎样发行证券

公司在大多数情况下可以通过**公开发行**（public offering）方式向公众出售其债务和权益证券，也可以通过私募方式向**合格的投资者**（qualified investor，满足监管当局制定的一些最低标准的个人和金融机构）出售债务和权

㊀ 术语“金融市场”通常是指所有证券市场，而术语“资本市场”通常仅指长期证券（期限超过1年的权益和债务证券）市场。因此，金融市场可以分为资本市场和货币市场，而资本市场又可分为权益市场和债券市场。

㊁ 这些证券将在本章后面考察。

㊂ 如果债券以日元标价，称为武士债券（Samurai bond）；如果债券以美元标价，称为将军债券（Shogun bond）；由在美国的外国公司发行的债券（用美元或其他货币标价）称为扬基债券（Yankee bond）。

㊃ “欧洲市场”（Euromarket）和“欧洲证券”（Eurosecurity）的前缀欧洲（Euro）意味着“在本国市场之外”，并不是指一些欧洲国家使用的货币“欧元”。

㊄ 持有者姓名不出现在不记名债券上。本国债券通常是记名债券（registered bond），能识别持有者姓名。

益证券。这两种分销渠道通常都要受到监管。在美国，监管机构是**证券交易委员会**（Securities and Exchange Commission，SEC）。大多数具有发达证券市场的国家都有执行类似功能的机构。下面将讨论一些公司选择私募方式的原因以及证券公开发行采用的机制。

9.3.1 私募

选择私募发行证券的公司可使发行适应特定需求，例如发生未预期事件时可以选择重新协商发行问题。此外，与公开发行不同的是，私募不需要到政府部门注册登记，而这是一个成本高昂的过程。显然，私募为公司提供了一种灵活、周到和快速的筹资方式。私募的缺点在于，私募发行证券缺少有组织的交易，这使得认购这些证券的投资者很难顺利将其转售。因此，在绝大多数情况下，对于公司而言，私募要比公开发行更加昂贵。即便这样，这可能是不知名公司筹集资金的唯一方式。

9.3.2 公开发行

规模相对较大的公司在向批准证券发行和分销，以及监管证券随后在公开市场交易的政府机构登记注册之后，可以向公众发行证券。为使公开发行过程顺利进行，公司将利用**投资银行**（investment bank）提供的服务。[⊖]在最初阶段，投资银行对公司应该发行证券的类型和数量提出建议。然后，投资银行寻求所有政府监督机构的批准，确定证券的合适售价（既能被公司接受又对购买者具有吸引力的价格），并确定发行的最佳时期。最后，投资银行通过在发行中激起投资者的广泛兴趣确保证券被购买。最后一个步骤涉及证券向公众的营销和分销，是投资银行在公开发行中执行的最重要功能。

我们使用一个新股发行的例子来阐述这个过程，如图9-3所示。除私募外，公司还可以通过**公开增发**（general cash offering）的方式将股票发行给任何感兴趣的购买者，也可以通过**配股发行**（right offering）仅将股票发行给现有股东。

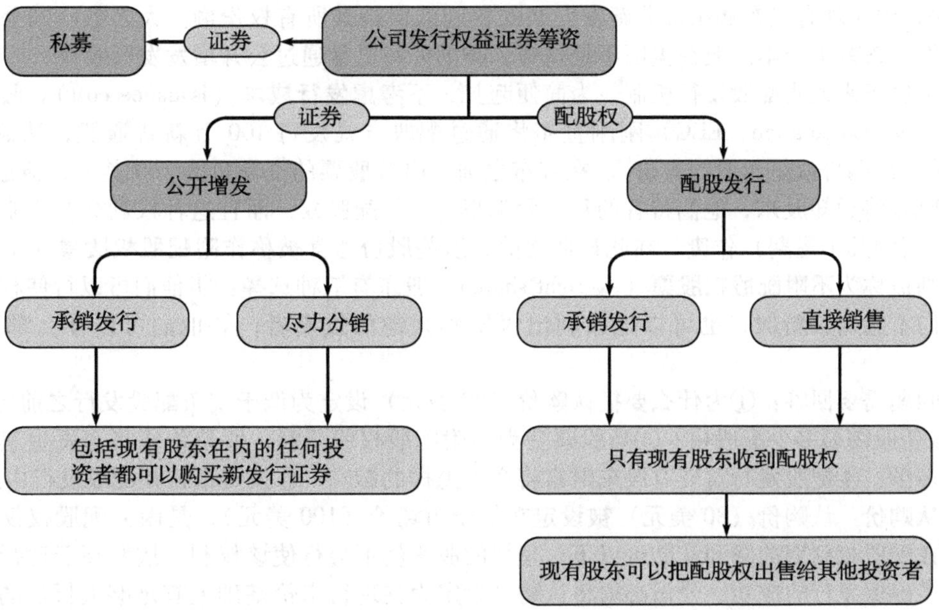

图9-3　公司及其投资银行分销权益证券使用的替代方法

1. 公开增发

在公开增发中，投资银行既可以尽力代表公司出售证券，也可以先买下证券然后自担风险转卖给公众。在第一种情况下，投资银行担当公司的代理人，按照“**尽力基础**”（best efforts basis）分销证券。在“尽力基础”交易中，如果投资银行没能在特定期间内分销出事先确定的最低数量股票，发行就会被取消。

⊖ 公司也可能利用投资银行的服务帮助它们进行证券私有化。

在第二种情况下，投资银行的作用是**担任承销商**（underwriter）。当一项发行为承销发行时，银行从公司手中买入证券，以便再以更高的价格将其转卖给公众。银行出售证券给公众的价格与银行支付给发行公司的价格之间的**价差**（spread）就是银行获得的补偿。美国权益证券承销发行的研究表明，差价为证券价值的2%～8%，取决于证券的规模和质量以及当时的市场条件。为了降低证券不能按照一定利润水平出售的风险，并尽可能使证券发行被更多的潜在购买者所了解，发起交易的投资银行（又称为**发起人**，originating house；**主承销商**，lead manager或**账簿管理人**，book runner）与其他投资银行一起成立**承销辛迪加**（underwriting syndicate）。[⊖]然后，发起人把一些证券出售给辛迪加成员，再由辛迪加成员出售给公众。为了进一步扩大和加速分销，也会成立**销售集团**（selling group），吸收其他同意销售所分配证券以获取相应手续费的投资银行（销售集团成员不担任承销商）。如果需要，在分销期间，承销辛迪加成员也可以在公开市场上购买证券以支持其价格并确保发行成功。差价在各类中介之间是如何分配的？在典型的交易中，发起人收取差价的15%～20%，承销辛迪加成员得到20%～30%，剩余部分作为**销售减让**（selling concession）支付给销售集团成员。

尽管权益证券和债务证券的新发行通常采用承销方式，但在很多情况下，证券还是按照“尽力基础”分销。通过这种方式销售证券通常分为两种极端的情况：一种涉及首次向公众发行证券的高风险小公司，投资银行不愿意承担承销风险；另一种涉及声誉卓著的大公司，其实力和声誉使其不需要通过承销发行证券，从而可以节省承销佣金和相关费用。

承销证券发行的投资银行提供的不仅仅是证券发行机制，它也在告知市场它相信证券具备足够高的质量，否则它不会承销。换言之，银行也发挥了**鉴证作用**（certification role）。显然，顶级质量公司可能不需要这种正式认可。另一方面，银行也可能不愿意为高风险公司的证券提供“鉴证”，它们担心如果发行失败，自己的信誉会受到损害。

2. 配股发行

当公司仅向新投资者出售普通股时，显然会降低现有股东所持公司权益份额。防止这种财产权**稀释**（dilution）的一种方法是给予现有股东购买部分新发股票的权利以保持其所有权份额。大多数欧洲公司的章程要求它们只能通过配股发行来筹集资本。但在美国不是这样，美国公司通常通过公开增发发行股票。

我们通过一个例子来说明配股发行机制，为简便起见，不考虑**发行成本**（issuance cost）。假设欧洲发动机公司（Eunopean Engines Corporation，EEC）刚刚宣布将通过配股方式发行100万新普通股，**认购价**（subscription price）为80美元（认购价就是新股的售价）。在宣布之前，EEC股票的交易价为100美元，流通在外股票为400万股。接下来，EEC将通知股东，他们持有的每一股都享有一份配股权，而且这种权利会在未来的某一特定日期（通常是在发行日后的几个星期）作废。在此日期之前，这些股份通常被称作**附配股权股票**（right-on share），而在此日期之后，则被称为**不附配股权股票**（ex-right share）。股东有三种选择：①他们可以行使权利，认购发行的股票；②如果他们不想购买新股，也可以把权利出售给感兴趣的投资者；③他们可以什么都不做，任由权利作废。

现在有几个问题需要回答：①为什么要把认购价（80美元）设定为低于宣布配股发行之前的市场价（100美元）？②购买一股新股需要多少配股权？③当股票变为不附配股权股票时，股票价格将会发生怎样的变化？一份配股权的价值是多少？④配股发行对现有股东财富将产生怎样的影响？⑤投资银行在配股发行中发挥什么作用？

制定恰当的认购价 认购价（80美元）被设定在低于市场价（100美元），是因为配股权仅在几个星期内有效。如果市场价在配股权到期前降到认购价以下，理智的股东就不会行使该权利，按照高于现行市价的价格购买股票。因此，为了确保发行的成功，公司必须将认购价设定为在现行市价基础上有足够大折价的价格，以降低市场价有可能在配股权有效期内下降到认购价以下的风险。

购买1股新股票所要求的配股权数量 在该次发行宣布之前，流通在外股份为400万股，因此EEC授予的配股权将为400万份。这就代表每股新发行的股票有4份配股权（400万“老”股份除以100万新股份）。换言之，包括现有股东在内的任何投资者都将需要拥有4份配股权才能购买1股新股票。概括而言，如果N_0是老股份的数量，N_n是新股份的数量，那么为获得1股新股份所需要的配股权数量$N = N_0/N_n$。

⊖ 需要指出的是，在美国，承销风险并不是很高，因为发行价格通常在配股发行前一天设定。在此之前的价格风险实际上由发行者而不是投资银行承担。然而，在英国，承销风险要更高，因为价格是在配股发行交易之前的几周发布。

不附配股权的每股价格和每份配股权的价值 在宣布配股之前，拥有4股股票的股东持有股票的价值为400美元（100美元的4倍）。因为她持有4份配股权，所以她现在就有机会以80美元取得第5份股票。如果她买了这股股票，她将拥有5股EEC股票，价值480美元（=400美元+80美元）。于是可以得出，在行使配股权后每股股票的价格将不再是100美元，而是96美元（=480美元/5）。100美元的股票与96美元的股票之间的唯一差别在于前者是附配股权股票（股票上面附有一份权利），后者是不附配股权股票（股票上面不再附有权利）。因此，两者之间4美元的价差代表每份配股权的价格。

为了对这些结果加以概括，如果用N代表购买1股新股票所需配股权数，不附配股权的股票价格可用以下公式计算得出

$$\text{不附配股权的股票价格} = \frac{N \times \text{附配股权的股票价格} + \text{认购价格}}{N+1} \tag{9-2}$$

每份配股权的价值是附有认股权的股票价格与不附认股权的股票价格之间的差额[⊖]

$$\text{每份认股权的价值} = \text{附有认股权的股票价值} - \text{不附认股权的股票价格} \tag{9-3}$$

配股发行对现有股东财富的影响 配股权是公司向现有股东发行的一种选择权，赋予他们在固定的期间内（配股权的期限）按照固定的价格（认购价格）购买公司股票的权利（而不是义务）。这种权利被称为**看涨期权**（call option）。正如前面提到的，获得这种权利的股东可以行使权利，按照认购价格购买新发股票，也可以将权利出售给其他投资者，还可以放弃这些权利。

不管股东是通过购买新股行使期权还是出售期权，他最初的财富都不会发生变化，如表9-5所示。一个投资者从最初持有480美元价值（包括4股EEC股票和80美元现金）开始，会以同等金额的财富结束。只有当股东任由他的配股权过期时（通常由于疏忽或因为在他能行使或出售配股权之前已到期），他的财富才会因发行受到影响，因为配股权随后就毫无价值了。

表9-5 配股权发行对现有股东财富的影响

初始财富	决策	最终财富
	情形1：	5股（$96） =$480
4股（$100）=$400	使用4份配股权，	现金 = 0
现金 = $80	以$80购买1股新股	合计 $480
合计 =$480	**情形2：**	
	出售4份配股权，每份$4，得到$16	4股（$96） =$384
		现金（$80+$16）= $96
		合计 =$480

投资银行在配股发行中的作用 在配股发行中，公司可以把股票直接出售给股东（而且一些公司确实是这么做的），但是，总是存在市场价格低于认购价格或者一些投资者不行使配股权购买新股的可能性。为了避免出现这种情况，公司可以与投资银行组成的承销辛迪加签订**报销协议**（standby agreement）。辛迪加同意按照认购价减去**接收费**（take-up fee）后的价格买下在配股有效期内没有卖掉的所有股票。在这种情况下，投资银行仅承销配股发行中的未售部分，相应获得**报销费**（standby fee）。

3. 公开发行的发行成本

数据表明，如果用筹资总额的一定比例计量公开发行的发行成本，那么少量发行的成本要高于大量发行的成本。而且，配股发行要比承销发行便宜，不附加备用协定的配股发行是公司筹集新权益资本最便宜的方法。

9.4 债务资本：特征和估值

我们现在来考察公司可以使用的债务融资渠道，并且说明怎样为公司发行的债务证券估值。对于大多数公司

⊖ 使用式（9-2）给出的不附配股权价格计算公式，每份配股权的价值为

$$\text{每份配股权的价值} = \frac{\text{附有配股权的股票价格} - \text{认购价格}}{N+1} = \frac{\$100 - \$80}{4+1} = \frac{\$20}{5} = \$4$$

而言，借入资金的最主要来源渠道是银行贷款。租赁合约可以作为银行贷款的补充，具有高信誉的大公司也可以通过发行商业票据和公司债券作为银行贷款的补充。

9.4.1 通过银行借入资金

银行贷款，尤其是短期贷款，是债务资本的主要来源。如果公司无法进入公司债券市场，那么银行贷款（短期、中期、长期）就是借入资金的唯一来源。

1. 短期银行贷款

需要为营运资本需求的季节性增长筹集资金的公司通常会使用短期银行贷款。这些贷款被描述为**自我清偿贷款**（self-liquidating loan），因为银行预期公司会使用后续营运资本需求减少所释放出来的现金偿还。例如，一家销售玩具的公司需要借入资金以满足假期前存货增加对资金的需求。在产品销售出去之后，回笼的现金就会被用于偿还银行贷款。这些贷款可以被延长几个月，在此之后必须偿还或续借一段时间。银行如何确保借入短期贷款的公司不将贷款用于长期投资项目呢？为了保护自己，银行通常会强加一条**清理条款**（cleanup clause）：要求公司在一年中至少有一个月完全没有银行债务。

短期银行贷款通常是**无抵押贷款**（unsecured loan），这意味着如果发生违约，公司不需要提供任何资产做**抵押品**（collateral）。当短期贷款是抵押贷款时，应收账款和存货等资产就要被抵押作为担保品。无抵押贷款的常用形式有三种：①**交易贷款**（transaction loan），是一种一次性贷款，用于为特定的非经常性需求筹集资金；②**信贷限额**（line of credit），是一种非约束性合同，银行在一段固定（但可续约）的时期（通常是一年）内，借给公司一笔固定金额的资金；③**周转信贷协定**（revolving credit agreement），除银行要在法律上承诺借出这笔钱外，与信贷限额相似，由于提供了担保，银行要对未使用的信贷限额部分收取承诺费。

这些贷款都是按照**银行优惠利率**（bank prime rate）（对向本国借款人提供的贷款定价而使用的参考利率）加上反映借款公司特定风险的差价提供的。例如，如果优惠利率是5%，那么被收取3%差价的公司将按照8%的利率取得借款。

2. 中长期贷款

中长期贷款可由银行和保险公司提供，被称为**定期贷款**（term loan）。它们的期限在1～10年之间，通常需要分期等额偿还贷款本金利息。这种偿还计划被称为**年金**（annuity）。与大多数短期贷款不同的是，定期贷款由抵押品支持，从而意味着公司必须向贷款人提供资产以保证贷款的安全。例如，**房屋抵押贷款**（mortgage loan）要用房地产做担保，而**设备融资贷款**（equipment financing loan）（通常由设备制造商**所辖财务子公司**（captive finance subsidiany）提供）通常要用设备做抵押。这类贷款也称为**资产抵押贷款**（asset-based borrowing）。定期贷款的一种常用替代方式是**融资租赁**（lease financing）。

9.4.2 通过租赁合同借入资金

租赁是另外一种债务资本来源，可使公司获得计算机、复印机、卡车、实用运输工具和飞机等资产的使用权，却不必实际拥有它们。据估计，通过租赁方式获得的设备融资与通过其他资本来源方式获得的设备融资几乎一样多。

租赁是在被称为**出租人**（lessor）的资产所有者与被称为**承租人**（lessee）的资产使用者之间签订的合同。合同指出承租人拥有资产的使用权，作为交换，要定期向出租人支付租金。出租人可以是制造商、金融机构，或独立的租赁公司。当出租人不是制造商时，资产由制造商出售给出租人，出租人转而再租给承租人。当合同到期时，资产返还给出租人。或者，如果合同给予承租人购买资产的选择权，承租人也可以决定将其买下。

这部分阐述两种最常见的租赁方式：**经营租赁**（operating lease）和**融资租赁**（financial lease）。㊀在指出长期租赁不过是借入资金购买租赁资产的另外一种方式后，我们以长期设备租赁为例说明“租赁还是借款”决策的分析过程。

㊀ 会计人员将租赁分为资本租赁或经营租赁。资本租赁按照相同的金额（等于未来租赁付款额的现值）同时记录在资产负债表的资产方和负债方。经营租赁不记录在资产负债表中，但与租赁相关的信息必须在公司年度报告的其他部分披露。

1. 经营租赁

经营租赁是一种短期租赁，通常（但并非总是）具有如下特征：首先，合同的期限短于资产的使用期限，这意味着出租人在合同到期时必须将资产再出租或出售，才能收回全部成本；其次，尽管资产出租出去了，出租人仍要承担资产的维修费和保险费；最后，承租人有权在租赁合同到期前将其撤销，当租赁资产属于会随技术飞速发展很快陈旧过时的设备时，这种选择权对于承租人而言尤其有价值。但是，如果终止合同，承租人可能必须支付撤销费。

2. 融资租赁

融资租赁是一种长期租赁，与经营租赁存在很大差异。与经营租赁不同的是，其租期通常为资产使用寿命的大部分，承租人（而非出租人）支付维修费和保险费，而且通常不能撤销。

大多数融资租赁属于下面的一种：**直接租赁**（direct lease）、**售后租回**（sale and lease back）或**杠杆租赁**（leveraged lease）。直接租赁是承租人与资产所有者之间签订合同。所有者可以是资产的制造商，也可以是为了租赁资产的目的从制造商处购买资产的租赁公司。在售后租回情况下，拥有资产的公司将其出售给租赁公司，租赁公司再立即将其返租给公司。杠杆租赁是指租赁公司以租赁合同和资产残值作为担保，通过承担大笔负债的形式购置资产。**残值**（salvage value）是指资产在租赁合同结束时的价值。

3. 租赁作为借入资金的替代方式

假设一家公司决定更换工厂中使用的10台铲车，正在考虑租赁新车而不是重新购买。因为工厂还将经营很多年，租赁一定是长期租赁或融资租赁。租赁或购买决策不会影响这些铲车的使用方式、使用寿命及维修费和保险费。因此，租赁与购买之间的差别仅在于财务方面。如果公司决定租赁，就不会发生购买设备的初始大笔现金流出量。取而代之的是，它必须每年向租赁公司支付租金。如果公司决定购买铲车，将会发生相当于新铲车购买价的一大笔初始现金流出量。在这种情况下，如果这笔投资是通过权益筹得的，则公司必须向股东支付股利；如果这笔投资是通过负债筹得的，那么公司必须向银行和债券持有人支付利息。

租金与利息一样，是固定的义务。因此，相关的比较就是在租赁融资与债务融资（而非租赁融资与权益融资）之间进行。换言之，融资租赁只是借入资金购买这些（租赁）资产的替代方式。这就是财务分析师在计算公司债务比率时把融资租赁算作负债的原因。

4. 决定是租赁还是借款

第6章阐明了最佳管理决策是指具有最高净现值（NPV）的决策，因为这些决策会使公司权益价值最大化。将净现值法则应用于“是租赁还是借款购买”决策的一种方法是计算租赁与购买之间现金流量差额的净现值。这个净现值被称为**租赁净收益**（net advantage to leasing，NAL）。如果租赁净收益为正，应该采用租赁方式；如果租赁净收益为负，则应该采取购买方式。

为进一步说明，我们仍以需要更换10台铲车的公司为例。更新决策具有正的净现值。问题在于公司是应该租入设备还是借款买入设备。如果购买，成本为每台铲车10 000美元，共计100 000美元。这笔支出将在设备的5年使用寿命期内通过借入相同期限的100 000美元贷款筹得。贷款的利率为5%，出于会计核算目的，这些铲车将在未来5年采用直线法计提折旧。换言之，每台铲车的年折旧费用将为2000美元（=10 000美元/5），或者全部铲车的年折旧费用将为20 000美元（=2 000美元×10）。预计每辆铲车的税后余值或残值为1 000美元，这意味着5年后公司应该通过铲车的出售获得10 000美元（=1 000美元×10）。公司税率为40%。

如果公司租入铲车，租赁条款要求每辆车的年租金为1 500美元，或者所有车的年租金为15 000美元。租金将在年初支付。不管公司是租赁还是购买设备，都要承担铲车的维修费和保险费。

表9-6概括了租入铲车产生的现金流量与购买铲车产生的现金流量之间的差额。这些现金流量存在四个差异：首先，在税后年租金中，第一项是立即支付的（在表9-6中的“现在”一列中），税率为40%，因此税后年租金为9 000美元（=15 000美元×60%）；其次，由于这些铲车将租入使用，公司不能按照税收目的计提折旧，因此将会失去在拥有设备情况下可以通过折旧方式得到的税金节约，由于年折旧费用扣除产生的年税金节约为8 000美元（=20 000美元×税率40%，它是公司如果能够对资产计提折旧可以节约的税金）；再次，公司在第5年年末不会得到这些铲车的10 000美元税后残值，因为它并不拥有这些车辆；最后，如果这些铲车是租入的，公司将不必支付100 000美元购买它们。

表 9-6 当铲车是租赁而非购买时的现金流量差异概述 （单位：美元）

租赁与购买的比较	现在	第 1 年	第 2 年	第 3 年	第 4 年	第 5 年
税后租金	-9 000	-9 000	-9 000	-9 000	-9 000	
与折旧相关的税金节约损失		-8 000	-8 000	-8 000	-8 000	-8 000
税后残值损失						-10 000
由于铲车并非购买而节约的现金	+100 000					
差量现金流量合计	**91 000**	**-17 000**	**-17 000**	**-17 000**	**-17 000**	**-18 000**

初始差量现金流量为正，但第 1～5 年的差量现金流量为负。这反映了一个事实，即租入这些铲车可使公司用后续 5 年的现金流出量交换 100 000 美元的购买价。因为是将租赁与借款比较，相关折现率仅为税后债务成本，即 3%（=5%×(1-0.4)）。用 3% 对全部差量现金流量折现，[一]我们可以得到正的净现值（或正的租赁净收益）12 282 美元。结论是：租赁比借款更“便宜”，公司应该租入（而不是借款买入）这些铲车。

9.4.3 通过发行短期证券借入资金

如前所述，高信用的大公司可以通过在国内货币市场发行商业票据（CP）以及在欧洲市场发行欧洲商业票据来筹集短期资金。商业票据通常是无担保的，也就是说，如果发行公司违约，持有者对公司的收益和资产没有索偿权。但是，商业票据的发行几乎总是由银行信贷限额支持，这意味着如果公司在商业票据到期日不能按照优惠条件发行新证券来偿付到期票据，银行将同意借钱给公司偿付。

商业票据通常面额较大（500 万美元或更高），以低于面值的折价出售，在美国市场的期限为 2～270 天，在欧洲市场最长可达 360 天。[二]这种票据既可以直接向投资者发行，也可以通过专门从事商业票据分销的经纪人发行。一般而言，能够进入商业票据市场的公司会发现，这种债务证券要比短期银行贷款更加便宜和灵活。

9.4.4 通过发行公司债券借入资金

除银行贷款和租赁协议外，公司还可以通过以向公众发行或私募发行公司债券的方式筹措中长期资金。公司债券是公司发行的长期证券，可在 5～100 年筹集债务资本，但大多数公司债券的期限在 5～30 年。正如前面所指出的，期限长于 1 年但短于 5 年的债券通常被称为公司票据。为简便起见，在以下的讨论中，我们不再区分债券和票据，把任何期限长于 1 年的公司债务证券都称为债券。

发行公司具有一项契约性义务，需要在债券寿命期内向债券持有人支付固定金额的**年利息**（coupon payment），并在**债券到期日**（maturity date）偿还本金（利息有时半年支付一次）。以美元标价的公司债券通常按照 1 000 美元的**票面价值**（par value）或**面值**（face value）发行，它是公司在到期日必须偿还的金额（债券的票面价值也称为**名义价值**，nominal value；**赎回价值**，redemption value 或**本金**，principal）。

假设联合设备公司（AEC）发行面值为 1 000 美元，期限为 5 年，**票面利率**（coupon rate）为 5% 的债券 50 000 张。每张债券的购买者每年都将会收到 50 美元的利息支付（1 000 美元的 5%），在第 5 年年末还会收到 1 000 美元。如果将债券持有至到期日，持有人将会获得相当于 5% 票面利率的年收益率，因为购买债券相当于把 1 000 美元存入银行账户，5 年中每年的年利率都为 5%，而且在第 5 年年末可以取出 1 000 美元。如果债券按照面值定价，AEC 将会收到 5 000 万美元（1 000 美元乘以 50 000 股）减去债券**发行成本**（flotation cost）的金额。如果债券折价出售，AEC 将收到低于 5 000 万美元的金额。例如，如果债券折价为 2%，债券将以每张 980 美元的价格出售（低于面值 2%），AEC 将收到 4 900 万美元减去债券发行成本的金额。值得注意的是，债券价格通常按照票面价值的一定比例标价，因而 AEC 的债券将以 98% 标价，相当于每份面值 1 000 美元的债券售价为 980 美元。我们将在后面解释为什么 AEC 折价发行债券。

[一] 如果残值不确定，应该按照更高的利率折现以调整额外风险。

[二] 折价、面值和到期日这些术语将在后面公司债券部分解释。

1. 担保、优先权、偿债基金和提前赎回条款

公司债券的发行通常附加很多条款，这些条款为债券购买者或发行公司提供特定的权利。购买者受到债券担保、优先权和偿债基金条款的保护。提前**赎回条款**（call provision）可使发行公司在利率降低时受到保护。

担保　担保债券（secured bond）的发行人为借款人提供担保。例如，发行**抵押债券**（mortgage bond）的公司用出售债券筹集资金购买的财产作为抵押。如果公司无力偿付债券，借款人可以通过他们的**委托管理人**（trustee）取得该财产并将其转售出去。**无担保债券**（unsecured bond），有时又称为**信用债券**（debenture），仅由发行公司的资信支持。[1]

优先权　优先债券（senior bond）对公司资产的索偿权（在清算情况下）优先于**次级债券**（junior）或**信用债券**（debenture），这两种债券的索偿权又优先于公司股东。

偿债基金条款　偿债基金条款（sinking fund provision）要求债券发行人定期把现金存入特定的委托账户中。这笔现金在债券寿命期内积累起来，可使公司在到期日**赎回债券**（redeem the bond），或在到期日前赎回部分流通在外债券。因为委托账户在法律上是与发行人的资产分离的，偿债基金条款降低了发行人无法在到期日赎回债券的风险。

提前赎回条款　可赎回债券（callable bond）的发行人拥有在到期日之前**赎回债券**（redeeming the bond）的选择权。例如，假设AEC按照面值（1 000美元）发行利率为5.25%的5年期债券，可以在2年后的任何时间以高于面值2%(1 020美元）的价格赎回（在这种情况下，该债券有**递延赎回条款**（deferred call provision)。提前赎回条款赋予AEC以高于面值2%的**赎回价格**（call value）从持有者手中购买债券的权利)。

对于持有人而言，可赎回债券的价值显然低于同类不可赎回债券。当发行人能以更低的利率发行新债券时，极有可能赎回债券，从而迫使持有人将原来的债券换成票面利率较低的债券。因此，发行人必须用超过面值的赎回价值和更高的票面利率对持有人提供补偿（AEC可赎回债券的票面利率为5.25%，而同类不可赎回债券的票面利率为5%)。从发行人的角度看，提前赎回条款是有价值的，因为如果市场利率下降，它将赋予公司赎回债券并以更低的利率再融资的选择权。但是，这种选择权对于发行人而言代价很高，因为可赎回债券的票面利率要高于同类不可赎回债券。

2. 当债券价格已知时计算债券的收益率

我们来看AEC的不可赎回债券发行，并假设债券按照低于1 000美元面值的980美元出售。尽管债券以低于面值的**折价**（discount）发行，它们仍然为购买者提供与按照面值发行相同的现金流量。如果将债券持有至到期日，预计每份债券的持有人将在随后4年中每年收到50美元，并在第5年收到1050美元（包括最后一笔50美元利息和1 000美元面值)。因此，债券的预计回报率高于5%的票面利率，因为当债券在5年后被赎回时，持有人将实现20美元（1 000美元减去980美元）资本利得。债券持有人的预计收益率是什么？它是使得债券价格等于债券未来现金流量现值的利率。这个利率被称为债券的**市场收益率**（market yield)、**到期收益率**（yield to maturity）或**赎回收益率**（redemption yield)。[2]

AEC债券预计产生的现金流量包括未来5年的每年50美元和第5年的1 000美元本金。如果y代表债券的到期收益率，现金流量的现值为

$$\text{债券预计产生现金流量的现值} = \frac{\$50}{(1+y)^1} + \frac{\$50}{(1+y)^2} + \frac{\$50}{(1+y)^3} + \frac{\$50}{(1+y)^4} + \frac{\$1\,050}{(1+y)^5}$$

设定预计现金流量的现值等于债券的价格980美元，我们得到

$$\$980 = \frac{\$50}{(1+y)^1} + \frac{\$50}{(1+y)^2} + \frac{\$50}{(1+y)^3} + \frac{\$50}{(1+y)^4} + \frac{\$1\,050}{(1+y)^5}$$

使用试错法或者如下的电子表格技术，可以求出该式的解：

---

[1] 这是在美国使用的术语，在英国，debenture是指担保债券。

[2] 债券的到期收益率就是债券投资的内部收益率（IRR），正如第7章中所定义的那样。因此，按照市场收益率计算的债券的净现值一定为0，因为内部收益率是使得净现值为0的利率。所以，按照市场价格购买债券是一项净现值为0的投资。

	A	B	C	D	E	F	G
1	期数	5					
2							
3	利息支付	\$50					
4							
5	市场价格	\$980					
6							
7	本金支付	\$1 000					
8							
9	**到期收益率**	**5.47%**					
10							
11	单元格 B9 的计算公式 = RATE(B1, B3, -B5, B7)						
12							

电子表格的计算结果表明，到期收益率为 5.47%。这意味着投资者以 980 美元购买债券并将其持有至到期日，预计可以获得 5.47% 的收益率。这也意味着 AEC 公司的实际借款成本为 5.47%，而不是票面利率 5% 或债券**当前收益率**（current yield）5.1%（债券利息 50 美元除以价格 980 美元）。债券的市场收益率（5.47%）高于票面利率（5%），因为债券是以低于债券面值（1 000 美元）的价格（980 美元）发行的。到期日的 20 美元资本利得就是到期收益率高于票面利率的原因。

为什么 AEC 会折价发行债券？为什么不以面值发行，从而以 5% 的票面利率而不是更高的 5.47% 的市场利率借入资金？AEC 不能以面值发行债券，是因为公司不能为其债券设定收益率——市场才能确定。5.47% 的收益率是投资者为弥补因持有 AEC 发行的 5 年期、票面利率为 5% 的债券所承担的风险而要求的收益率。如果 AEC 将票面利率设定为 5.47%，就可以按照票面价值发行债券。

3. 债券收益率由风险决定

债券持有人面临两种主要风险，这些风险越高，发行公司出售债券的收益率就越高。**市场风险**（market risk；又称为**价格风险**，price risk，或**利率风险**，interest risk）之所以发生，是因为债券价格会随利率水平的不可预期变动发生无法预测的波动，我们将在后面部分加以讨论。**信用风险**（credit risk；又称为**违约风险**，default risk）之所以发生，是因为发行公司可能无法偿还债券（公司可能无法按期支付承诺的利息并在到期日偿还债券本金）。

想要向公众出售债券的公司通常需要首先从债券评级机构（例如穆迪公司或标准普尔公司）获得**信用评级**（credit rating），以提供对债券信用风险的全面评估。采用标准普尔指标，财务实力最雄厚的大公司发行的债券被赋予 AAA 等级，其后是 AA 级、A 级和 BBB 级。具有这四种高等级之一的债券被称为**投资级债券**（investment grade bond）。较低等级的债券（BB 级、B 级和 CCC 级）被称为**投机级债券**（speculative grade bond）或**垃圾债券**（junk bond）。[⊖]它们的价格对公司财务状况的不可预期变动更为敏感，因此它们的风险更高，投资者为持有它们会要求更高的收益率。

投资者要求的收益率取决于债券评级以及政府借入相同期限资金的利率。政府借入资金的利率通常是既定期限下的最低利率，因为严格来说，政府不会对本国货币标价的债券违约（政府总能印出钞票来偿还投资者）。

在表 9-7 给出了一个 20 年期债券信用风险构成的例子。信用风险越高，**债券评级**（bond rating）越低，债券的市场收益率越高。值得注意的是，债券评级越低，它与相同期限政府债券的**收益率价差**

表 9-7 2010 年 1 月 13 日的债券评级和市场收益率

20 年期美国政府和工业债券[①]

债券评级	市场收益率	与政府债券价差
政府债券	4.23%	—
AAA 级债券	5.17%	0.94%（94 个基点）
AA 级债券	5.51%	1.28%（128 个基点）
A 级债券	6.11%	1.88%（188 个基点）
BBB 级债券	6.69%	2.46%（246 个基点）

①20 年政府债券的收益率来自收益率曲线。

资料来源：www.bondsonline.com.

⊖ 养老基金和保险公司等机构投资者通常受到相关规定限制，仅能购买投资级债券。

（yield spread）或**信用价差**（credit spread）就越大（一个**基点**（basis point）相当于一个百分点的百分之一）。这个差额的大小显然不是固定的，它会随着市场条件和前景的变动而在一定时期内发生变动。

4. 当收益率已知时计算债券的价格

假设 AEC 发行 5 年期，票面利率为 5% 的债券已有一年时间，因此债券的当前期限是 4 年。进一步假设 1 年前你以 980 美元的价格购买了一张债券，而且你希望现在将其出售。你不能把它卖回给发行人，不得不通过债券交易员将其出售给另一位投资者。如果不考虑**交易成本**（transaction lost），你预计能从债券出售中收回多少钱？答案取决于当前发行的相似新公司债券的收益率。相似债券是指期限为 4 年，与 AEC 发行的债券具有相同风险的债券。我们假定新发行的与 AEC 债券具有相同信用风险的 4 年期公司债券正在按照面值（1 000 美元）和 4.5% 的票面利率发行。因此，投资者可以从与 AEC 债券相似的新发行 4 年期公司债券中获得 4.5% 的收益率。但是你的债券可以提供 5% 的更高票面利率，因此比新发行的 4.5% 收益率债券更有价值。你应该能够以高于 1 000 美元的价格将其出售，而这个价格应该可以使购买者从票面利率为 5% 的债券上获得 4.5% 的收益率。实际上，如果购买者为这张债券支付的价格超过 1 000 美元，到期时他就会产生一笔资本损失，从而使债券收益率下降到 4.5%。

在前面的分析中，我们知道债券的价格（980 美元），想求出收益率（我们求得的收益率为 5.47%）。现在，我们知道债券的收益率（4.5%），想求出价格。债券的价格必定等于剩余的 4 期 50 美元利息与第 4 年年末偿还的 1 000 美元本金的现值

$$\text{债券价格}=\frac{\$50}{(1+0.045)^1}+\frac{\$50}{(1+0.045)^2}+\frac{\$50}{(1+0.045)^3}+\frac{\$50}{(1+0.045)^4}=\$1\,017.94$$

如下所示，债券价格 1 017.94 美元可以通过使用电子表格的 *PV* 函数计算得出：

	A	B	C	D	E	F	G
1	期数	4					
2							
3	利息支付	$50					
4							
5	市场利率	4.50%					
6							
7	本金支付	$1 000					
8							
9	**债券价格**	**$1 017.94**					
10							
11	单元格 B9 的计算公式 = PV(B5，B1，B3，B7)						
12							

因为当前的债券收益率低于票面利率，所以债券的价格与 1 000 美元的票面价值相比有 17.94 美元的**溢价**（premium）。回想一下，当债券价格与票面价值相比有 20 美元的**折价**（discount）时，它的收益率 5.47% 高于票面利率 5%。一般而言，当收益率低于票面利率时，债券价格相对票面价值有溢价；收益率高于票面利率时，债券价格相对票面价值有折价。

5. 零息债券

顾名思义，**零息债券**（zero-coupon bond）不支付利息。债券持有者完全通过资本利得（债券发行价格与面值之间的差额）获得投资收益。为说明这种债券是如何定价的，考察一家想要发行 10 年期零息债券的公司。[⊖]如果投资者对持有这种类型的债券要求 5% 的收益率，当债券票面价值为 1 000 美元时，债券应该以什么价格发行？债券的价格一定等于 10 年后的 1 000 美元按照 5% 的折现率计算的现值

⊖ 在美国市场中首次零息债券公开发行是由 JC Penney 公司（一家百货商店）在 1981 年 4 月进行的。同年 6 月，Pepsico Overseas 公司按照面值 67.25% 的价格发行了 3 年期零息欧洲债券，以获取 14.14% 的收益率。

$$零息债券的价格 = \frac{\$1\,000}{(1+0.05)^{10}} = \$613.91$$

债券价格 613.91 美元也可以使用电子表格的 *PV* 功能计算得出：

	A	B	C	D	E	F	G
1	期数	10					
2							
3	利息支付	$0					
4							
5	市场利率	5%					
6							
7	本金支付	$1 000					
8							
9	**债券价格**	**$613.91**					
10							
11	单元格 B9 的计算公式 = PV(B5，B1，B3，B7)						
12							

或者，我们也可以使用本书最前面的现值表找到 10 年后的 1 美元按照 5% 的折现率计算的现值为 0.613 91 美元，即利率为 5% 的 10 年期折现系数。因此债券的价格是 613.91 美元（ = 1 000 美元 × 0.613 91）。公司必须按照面值的 38.61%（1 000 美元减去 613.91 美元，再除以 1 000 美元）作为折价发行债券。如果公司想要筹集到 1 亿美元（扣除发行成本前），必须出售 162 890 张债券（1 亿美元除以 613.91 美元）。

一般而言，零息债券的价格可以写作

$$零息债券价格 = \frac{票面价值}{(1+y)^N} = 票面价值 \times DF(y,N) \tag{9-4}$$

其中 $DF(y, N)$ 是市场利率为 y、期数为 N 期的折现系数。

6. 永续债券

永续债券（perpetual bond）是没有到期日的债券，发行者将永远持续支付利息。这就提出了一个直接问题：发行实体是否会永远经营下去？由于这种不确定性，不可赎回永续债券通常仅由政府发行，例如英国政府和加拿大政府等，但银行等一些非政府实体过去也发行过这种债券。

假设一家公司想通过发行票面利率为 5%，面值为 1 000 美元的永续债券筹集资金。如果投资者对这种类型债券要求的收益率为 6%，那么发行价格应该是多少？一定是**永续年金**（perpetuity）的现值。在第 6 章的附录 6A 中，我们说明了永续年金的现值等于永续年现金流量（在这里是年利息支付额 50 美元，即 1 000 美元的 5%）除以市场利率（在这里市场利率为 6%）。因此，永续债券的价格计算如下

$$永续债券的价格 = \frac{5\% \times \$1\,000}{6\%} = \frac{\$50}{0.06} = \$833.33$$

一般而言，我们可以写作

$$永续债券的价格 = \frac{票息率 \times 票面价值}{市场利率} \tag{9-5}$$

尽管永续债券很少发行，很多公司发行过期限为 100 年的债券。[⊖]

⊖ 在 20 世纪 90 年代，包括 IMB 在内的 40 多家美国公司发行了所谓的**世纪债券**（century bond）。

7. 市场收益率的变动如何影响债券价格

通过把债券价格作为期限、票面利率和市场收益率的函数对它进行计算，我们可以说明市场收益率的变动如何影响债券价格。为了说明这一点，我们来考察图 9-4 列示的三种债券的价格表现，这些债券的价格都是使用前面部分列示的电子表格计算出来的。第一种是票面利率为 10% 的 10 年期债券，第二种是 10 年期零息债券，第三种是利率为 10% 的永续债券。债券的票面价值都为 1 000 美元。我们可以从图 9-4 中得出几个一般性的结论。

（1）债券价格与市场收益率反向变动，如第一张图所示：当市场收益率上升时，所有债券的价格都会下降；当市场收益率下降时，所有债券的价格都会上升。

（2）债券的期限越长（其他条件相同），债券价格对市场收益率的变动越敏感。为了说明这一点，比较第二张图中票面利率为 10% 的 10 年期债券与利率为 10% 的永续债券：两者具有相同的票面利率（10%），但永续债券具有更长的期限，其价格对市场收益率的变动更敏感。

（3）债券的票面利率越低（其他条件相同），债券价格对市场收益率的变动越敏感。为了说明这一点，比较第二张图中票面利率为 10% 的 10 年期债券与 10 年期零息债券：两者具有相同的期限（10 年），但零息债券具有更低的票面利率，其价格对市场利率的变动更敏感。

因此，当债券的期限增加或债券的票面利率降低时，反映债券价格对市场收益率变动敏感性的债券市场风险增加。如果图 9-4 所示的三种债券具有相同的信用风险（假设它们都由同一家公司发行），那么永续债券的市场风险高于零息债券，而零息债券的市场风险高于票面利率为 10% 的债券。

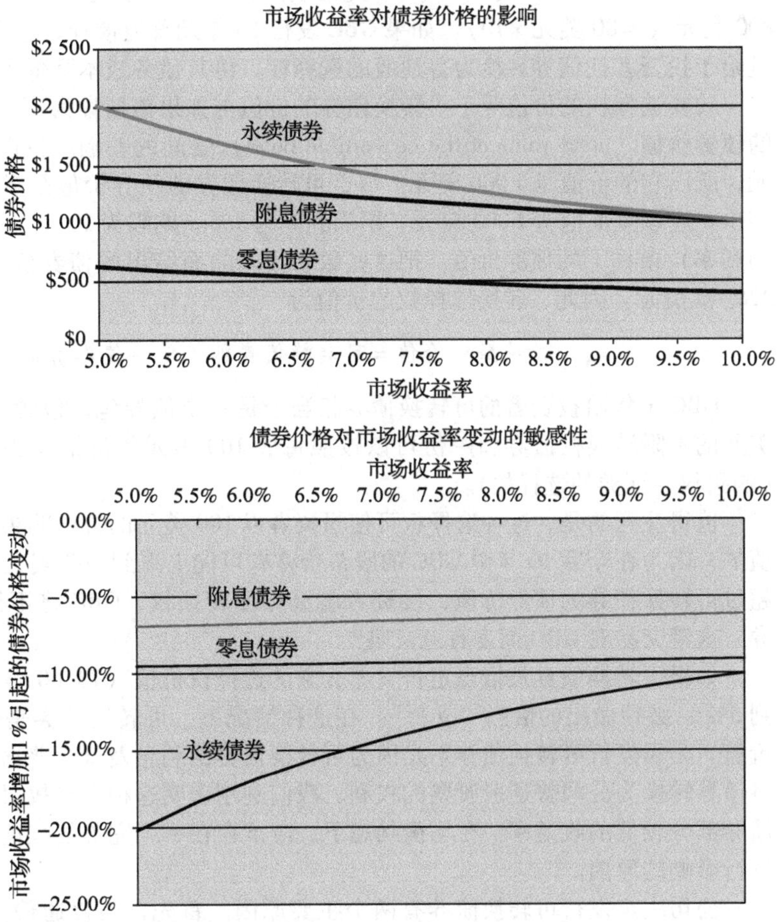

图 9-4　不同类型债券的市场收益率和债券价格之间的关系

8. 浮动利率债券和变动利率债券

一些公司债券被称为浮动利率债券，因为它们的票面利率是浮动的，与另一种称为**参考利率**（reference rate）或**基准利率**（benchmark rate）的利率相关，后者通常每 6 个月变动一次。参考利率通常为各国际银行之间借出美元的利率，称为**伦敦银行间同业拆借利率**（London Interbank Offering Rate，LIBOR）。为了进一步说明，假设 AEC 想要发行 5 年期债券，但又不想在今后 5 年中支付固定的债券利息，因为它预期未来利率会下降。**浮动利率**（floater）债券可以解决这个问题。AEC 在今后 5 年的 10 个连续 6 个月中，将要支付的票面利率为每期期初的 6 个月伦敦银行间同业拆借利率，再加上一个固定的**利差**（spread），例如 85 个基点（LIBOR + 0. 85%）。这个 5 年期浮动利率债券可使 AEC **消除再融资风险**（refinancing risk，在 5 年期间不能更新贷款的风险），但仍承担利率变动风险。

不应该把浮动利率债券与**变动利率债券**（variable rate bond）相混淆。后者是指在有效期内具有不止一个票面利率的债券。例如，一个 15 年期的债券，可能在最初 5 年票面利率为 0，而在剩下的 10 年票面利率为 10% 。这种利息支付方式对计划投资于预计在前面 5 年不会产生正现金流量的长期项目具有吸引力。

9. 可转换债券

顾名思义，**可转换债券**（convertible bond）可以根据债券持有者的选择转换为公司的普通股股票。这种转换选择权称为“**甜味剂**”（sweetener）或**准权益条件**（equity kicker），可使这些债券对投资者更具吸引力。与此同时，公司可以按照低于普通债券的利率发行它们。为了阐明这一点，假设通用饮料公司（GBC）发行10年期、票面利率为5%、面值为1 000美元的债券，可以按照每股100美元的价格（这是**转换价格**，conversion price）转换为GBC的10股股票（这是债券的**转换比率** conversion ratio）。GBC股票的当前交易价是80美元，因此**转换溢价**（conversion premium）为25%（100美元减去80美元，再除以80美元），债券的**转换价值**（conversion value）是800美元（=80美元×10）。如果GBC发行10年期普通债券，它将必须按照6%的利率支付利息。因此，GBC通过给予投资者把债券转换为普通股的选择权，将其债务成本降低了整整一个百分点。

转换选择权的价值等于可转换债券的价值与如果该债券为不可转换债券情况下的价值（称为这种**可转换债券的债券价值**，bond value of the convertible bond）之间的差额。我们知道，GBC可转换债券的发行价格是1 000美元，所以它的价值是1 000美元。那么可转换债券的债券价值是多少，也就是说，如果不能转换，债券的价值是多少？应该是面值为1 000美元、票面利率为5%、期限为10年、市场收益率为6%（如果债券不能转换应该具有的利率）条件下的债券价值。把这些数字代入前面给出的债券价格计算的电子表格中，可以得到债券的价值为926.40美元。因此，转换选择权的价值为

$$\text{选择权价值} = \text{可转换债券的价值} - \text{债券价值} = \$1\,000 - \$926.40 = \$73.60$$

GBC出售给投资者的可转换债券相当于是一个债券包，包含一份10年期、票面利率为5%、价值为926.40美元的不附转换权债券和一份可以按照每股100美元的价格购买10股GBC股票，价值为73.60美元的选择权（购买权益证券的选择权）。

值得注意的是，这种选择权可使投资者以100美元的价格购买当前价值为80美元的股票。这种选择权是有价值的，因为在今后10年中GBC的股票价格有可能上涨到100美元以上。如果情况确实如此，而且如果股票价格超过可转换债券的债券价值，投资者就会行使转换权，GBC将不得不以100美元的价格发行股票来交换这些债券。这笔交易对GBC而言有意义吗？

如果可转换债券被恰当定价，那么它的选择权价值（73.60美元）就是公司为降低债务融资的成本（从6%到5%）必须做出的恰当“支付”。在这种情况下，可转换债券是一笔公平交易，它既不会降低也不会提升公司价值。公司发行可转换债券不是因为可转换债券的利息费低于普通债券的利息费。内含的选择权给予债券持有者将债券转换为公司普通股股票的权利，我们刚刚表明这种选择权对债券持有者是有价值的。因此，他们愿意接受债券部分较低的收益率。在均衡状态下，应该存在一个完美的权衡，从而可以解释公司价值不应受到可转换债券发行影响的原因。

公司决定发行可转换债券有两个主要原因。首先，与普通债券相比，可转换债券的票面利率更低，对高成长、高风险、现金短缺公司可能更具吸引力。对于这些公司而言，经营活动产生的现金流量可能满足不了大型资本支出计划的资本需求。而且，它们的风险水平也可能要求较高的利率。通过发行票面利率低于普通债券的可转换债券，公司现金流量承受的压力会有所缓解，而且在一定程度上会转换成为投资者创造资本利得的压力。

其次，可转换债券可能会对那些发现很难评估发行公司风险，或担心公司管理层不会按其最佳利益行事的债券持有者具有吸引力。可转换债券包的普通债券部分要求公司支付利息和偿还本金，可为债券持有者提供公司经营不善情况下的一些保护，而把债券转换为公司股票的选择权，又可使他们分享公司经营优良情况下的公司价值提升。

9.5 权益资本：特征和估值

外部权益资本来自两个渠道：**普通股**（common stock）和**优先股**（preferred stock）。表9-8概括了它们的特征比较。相对于普通股股东而言，优先股股东在股利支付方面具有优先权，当公司发生清算时也具有对公司资产的优先索偿权（如果在支付债权人后仍有资产剩余）。优先股股东通常没有投票权，但可能拥有**或有投票权**（contingent voting right），例如当公司已经有几个季度没有支付股利时，他们可能具有选举董事会成员的权利。与债券一样，优先股可能具有偿债基金条款，可以被赎回，也可以被转换成普通股。

表 9-8　普通股与优先股的特征比较

特征	普通股	优先股
控制权和投票权		
	普通股股东具有完全的控制权和投票权	优先股股东没有控制权，但当公司在特定期间没有支付股利时享有一定的投票权
股利支付		
优先权	只有在优先股股东被支付后才能得到股利支付	在普通股股东之前得到股利支付，但在债券持有人得到利息支付之后
可以累计吗①	不可以	大多数优先股可累计
可以变动吗	可以，依据公司股利支付政策	可以，支付通常与货币市场利率相联系
有最高支付额度吗	没有	通常有一个上限
能为发行公司抵税吗	不能	不能
条款		
有偿债基金条款吗	没有	有些优先股有偿债基金条款
公司可以赎回吗	不能被赎回	有些优先股是可赎回的
可以转换成其他类型证券吗	不能转换	有些优先股可以转换为普通股
通常出于什么原因在何时发行		
	为了筹集永久性权益资本以提供公司成长所需资金	可使所有者在不失去控制权条件下筹集准权益资本，经常在购买另一家公司时用作支付
定价		
	参见附录 9A 中的普通股估值	普通优先股定价与永续债券相同（固定的股利除以市场收益率），参见式（9-6）
对发行公司的灵活性		
	公司能发行的最有灵活性证券	比债券灵活，但不如普通股灵活
风险		
	高于优先股和债券	比债券风险高，比普通股风险低

①可累计股利意味着如果公司在一段期间没有支付股利，则它必须在重新支付股利前把未支付股利（称为**积欠股利**，arrearage）全部支付。

9.5.1　优先股的估值

因为普通优先股支付固定的永续股利，所以它们的定价与永续债券相同。为了进一步说明，假设两年前联合汽车公司（CMC）发行了普通优先股股票，每股支付 6 美元固定股利。一家与 CMC 处于同行业而且具有相同风险水平的公司刚刚以 50 美元的价格发行了普通优先股，允诺每股支付 4 美元固定股利。假如 CMC 与这家情况相似的公司都以 100 美元的票面价值为基础确定股利支付额，那么每股 CMC 优先股的当前价格是多少？相似优先股的市场收益率为 8%（4 美元除以 50 美元），这是投资者对持有 CMC 优先股要求的收益率。前面提到过，优先股的价值与永续债券的价值一样，应为永续年金的现值（在我们的例子中，即为年股利支付额 6 美元），根据式（9-5），CMC 优先股的价格为

$$\text{优先股价格} = \frac{\text{年股息支付额}}{\text{市场利率}} = \frac{\$6}{0.08} = \$75 \tag{9-6}$$

如果优先股既是可赎回的，又可以转换为普通股，那么 75 美元的价格就必须减去回购权的预计价值（持有者实际上已经卖给 CMC），加上转换为普通股的选择权的预计价值（持有者实际上已经从 CMC 购买）。

9.5.2　普通股的估值

假设国际制造公司（IMC）预计将在年末向普通股股东支付 2 美元现金股利（DIV_1 = 2 美元），在同一天，每股 IMC 股票的价格为 30 美元（P_1 = 30 美元）。如果投资者对持有 IMC 普通股要求的收益率为 12%（$k_E = 0.12$，E 代表权益），那么预计每股普通股今天应该具有的价值是多少？与债券的情形相同，普通股的价值是持有该证券并在 1 年后将其出售预计产生现金流量的现值。在年末，每股 IMC 普通股持有者预计可以收到 DIV_1 加上 P_1。如果折现率为 k_E，那么该年年末现金流量的现值为

$$P_0 = \frac{DIV_1 + P_1}{1 + k_E} = \frac{\$2 + \$30}{1.12} = \frac{\$32}{1.12} = \$28.57$$

我们可以将这个公式扩展到下一期，第 2 年的预计现金股利为 DIV_2，第 2 年年末的预计股票价值为 P_2，我们可以得到

$$P_0 = \frac{DIV_1}{1 + k_E} + \frac{DIV_2 + P_2}{(1 + k_E)^2}$$

如果我们按照这种逻辑扩展到无限长的期间，可以得到

$$P_0 = \frac{DIV_1}{1 + k_E} + \frac{DIV_2}{(1 + k_E)^2} + \cdots + \frac{DIV_N}{(1 + k_E)^N} + \cdots = \sum_{t=1}^{\infty} \frac{DIV_t}{(1 + k_E)^t}$$

其中，$\sum_{t=1}^{\infty}$ 是从第 1 年（$t=1$）到无穷期产生的现金股利的现值之和。这个权益估值公式被称为**股利折价模型**（dividend discount method，DDM）。

1. 固定成长股利折现模型

为了使用股利折现模型求出股票价值，我们需要知道公司预计将在未来支付的现金股利序列。正如我们可以想象到的，公司的未来股利序列并不容易预测，从而使得股利折现模型难以应用。为了方便起见，我们可以假定预计现金股利将永远按照固定的年利率 g 增长。在这种情况下，股利折现模型就简化为下一年的股利与必要收益率 k_E 和固定年增长率 g 之差的比值（参见附录 9A）

$$P_0 = \frac{DIV_1}{k_E - g} \tag{9-7}$$

式（9-7）被称为**固定成长股利折现模型**（constant growth dividend discount model）。尽管它是对现实情况的极端简化，它仍然是我们将在第 10 章和第 12 章使用的一个方便公式。

为了进一步说明，假设联合公用事业公司预计将在下一年支付每股 2.60 美元现金股利，预计现金股利将永远以 3% 的固定年利率增长，那么联合公用事业公司普通股的每股现值为

$$P_0 = \frac{\$2.6}{0.10 - 0.03} = \frac{\$2.6}{0.07} = \$37.14$$

对估值公式中使用的增长率有两点值得注意。第一点与该公式的理论有效性有关：增长率必须低于股东要求的收益率，否则公式就会变得没有意义（不过，如果股利按照固定的比率下降，增长率可以为负）。第二点与该公式的实际应用有关：增长率不应超过公司经营所处经济的平均预计增长率，否则公司有一天会像经济体一样庞大。我们将在第 12 章回到这些议题上来。

2. 市场效率与权益定价

如果投资者总体而言具有相同的必要收益率，而且对公司预计股利支付序列具有相同的预测，那么可观测到的每股市价就应该与根据估值公式推算出来的股票价值相同。在这种情况下，市场是有效率的，因为股票在市场上的交易价格反映了投资者对预计可从投资中收到的未来现金流量的一致预测。因此，在有效市场中，可观测到的股票价格是对每股价值的最佳估计。一般来说，你所支付的正是股票的价值。

9.5.3 追踪股

追踪股（tracking stock）是一种特殊的普通股，对公司特定分部（例如子公司、分部或事业部）的现金流量享有索偿权。[⊖]追踪股的持有者收到与分部业绩相关联的股利，但他们在法律上并不拥有这些资产，也没有完全的

⊖ 第一次著名的追踪股发行发生在 1984 年通用汽车（GM）公司收购电子数据系统公司时。为了为这笔交易融资，GM 发行了可以追踪新收购（而非所有 GM 子公司和事业部）业绩的股票。这种现象在 20 世纪 90 年代末和 21 世纪初有所增加。例如，在 2000 年，AT&T 公司为其无线集团发行了 106 亿美元追踪股，是美国历史上规模最大的公开发行之一。

投票权。多角化经营公司使用追踪股释放特定业务活动的价值，以满足那些更愿意对业务活动拥有直接权益索偿权而非与公司其他部门分享索偿权的投资者的利益。

9.5.4 股本认股权证

认股权证（warrant）是公司出售的一种选择权，给予持有者在认股权证有效期内以固定的价格（执行价格）购买特定数量普通股股票的权利。换言之，这些工具是看涨期权（购买选择权）。认股权证通常由公司作为附加在债券或优先股上面的一种“甜味剂”发行，但也有公司发行不依附于任何证券的“纯”认股权证。

附认股权证的普通债券发行与可转换债券发行相似。两者都兼具普通债券和公司普通股选择权的特征，都是适用于高成长、高风险、现金短缺公司的融资工具。然而，它们之间也有一些区别。可转换债券不允许持有者将债券与转换选择权分离开来，而认股权证可与债券分离开来并单独出售。而且，当投资者将可转换债券转换成股票时，公司的总资本并没有改变，因为公司发行权益证券来取代债务证券。但当投资者实施认股权证时，需要发行权益证券（作为现金的交换），而债务不会自动清偿。

9.5.5 期待价值权

期待价值权（contingent value right，CVR）是公司出售的选择权，给予持有者在期待价值权有效期内以固定的价格向发行公司出售固定数量股票的权利。这种期权型工具被称为**看跌期权**（put option）。对于相信发行公司的股票价格当前被高估，以及预计股票价格在期待价值权到期日之前会下跌到执行价格以下的投资者而言，这种选择权是非常有价值的。

为什么公司想要发行这种类型的融资工具？一个原因是筹集资金；另一个原因是向市场传递公司不认为股价被高估的信号（如果公司认为它的股票价格被高估了，就不会发行 CVR）；第三个原因是当 CVR 与发行股票一起出售时，它们就是给予认购者的一种保险。认购者所购股票的价值不会低于 CVR 的执行价格，因为他们可以按照该价格将股票回售给发行公司（至少在 CVR 到期之前）。

9.6 小结

大多数公司成长所需资金是由其内部经营活动创造的。当公司发生现金短缺时，必须筹集外部资金。外部资金通常通过银行贷款和发行债务证券筹集，然而有时也需要通过新发权益证券作为补充。

内生资金主要来源于留存收益，在此基础上调整折旧等非付现费用。公司所需外部融资数额等于内生资金与公司营运资本需求和固定资产投资的预期增长之间的差额。

外部资金通过金融体系来筹集，金融体系充当了将储蓄者的过剩现金传递给需要现金公司的渠道。资金可以直接从储蓄者转移给公司，也可以间接通过金融中介转移给公司。在第一种情况下，公司以股票或债券的形式把证券出售给储蓄者。在第二种情况下，银行等中介机构通常以存款形式从储蓄者那里吸收资金，然后再以贷款形式把这些资金借给公司。公司可以通过私募方式向保险公司和养老基金等金融机构销售债务和权益证券，也可以在证券市场上出售证券，使其在投资者之间交易。

一级市场的功能是确保新证券成功发行，二级市场的功能是确保投资者按照能够反映所有公开可得信息的公允价格购买和出售现有证券。除一级市场和二级市场之间的区分外，证券市场还可以依据是有组织的交易场所还是场外交易市场，是股票市场还是债券市场，以及是国内市场还是国际市场分类。

公司既可以通过私募方式也可以通过公开方式发行股票和债券。对于权益发行而言，公司既可以通过公开认购也可以通过配股发行筹集资本。在配股发行中，现有股东被赋予购买新股的认购权；在公开认购中，股票主要是面向公众发行，现有股东和其他投资者之间没有区别。公司可以使用的债务融资来源包括银行贷款、租赁协议和债券发行。

除普通股和普通债券外，公司还可以发行很多其他种类的证券，包括可转换债券、永续债券、优先股、认股权证和期待价值权。我们说明了公司发行这些证券的原因以及它们吸引投资者的理由。最后，我们讨论了可用于对有效市场中交易的证券进行定价的各种估值公式。

附录 9A 固定增长股利模型的估值公式

根据固定增长股利模型，当前股价（P_0）等于预计股利支付序列（DIV_t）按照股东要求的收益率折现的价值（k_E），假设未来股利支付序列将永远按照固定的比率（g）增长，我们可以得到

$$P_0 = \frac{DIV_1}{1+k_E} + \frac{DIV_2}{(1+k_E)^2} + \frac{DIV_3}{(1+k_E)^3} + \cdots$$

因为预期年股利支付额按照固定的比率 g 增长，我们可以得到

$$DIV_2 = DIV_1(1+g)$$
$$DIV_3 = DIV_2(1+g) = DIV_1(1+g)(1+g) = DIV_1(1+g)^2$$

从而，我们可以得到

$$P_0 = \frac{DIV_1}{1+k_E} + \frac{DIV_1(1+g)}{(1+k_E)^2} + \frac{DIV_1(1+g)^2}{(1+k_E)^3} + \cdots$$

上式乘以（$1+k_E$），再除以（$1+g$），可以得到

$$\frac{1+k_E}{1+g} \times P_0 = \frac{DIV_1}{1+g} + \frac{DIV_1}{1+k_E} + \frac{DIV_1(1+g)}{(1+k_E)^2} + \cdots$$

用第二个式子减第一个式子，可以得到

$$\frac{1+k_E}{1+g} \times P_0 - P_0 = \frac{DIV_1}{1+g}$$

然后，乘以（$1+g$），可以得到

$$(1+k_E)P_0 - (1+g)P_0 = DIV_1$$

重新安排各项，可以得到式（9-7），即本章所示的固定增长股利估值模型

$$P_0 = \frac{DIV_1}{k_E - g}$$

扩展阅读

1. Brealey, Richard, Stewart Myers, and Franklin Allen. *Principles of Corporate Finance*, 9th ed. McGraw-Hill, 2008. See Chapters 14, 15, and 16.
2. Damodaran, Aswath. *Corporate Finance: Theory and Practice*, 2nd ed. John Wiley & Sons, 2001. See Chapters 15 and 16.
3. Ross, Stephen, Randolph Westerfield, and Jeffrey Jaffe. *Corporate Finance*, 8th ed. McGraw-Hill Irwin, 2008. See Chapters 5, 14, 19, 20, and 21.
4. Smith, Roy, and Ingo Walter. *Global Banking*. Oxford University Press, 2003. See Chapters 1, 8, 9, 10, and 11.

自测题

9.1 金融市场的构成和特征

简要解释下面各对概念之间的区别：

a. 直接融资和间接融资；

b. 一级市场和二级市场；
c. 有组织的交易所和场外交易市场；
d. 国内证券和国际证券；
e. 国内证券和外国证券；
f. 私募和公开发行。

9.2 估计外部资金需求

OS 公司想要基于表 9-2 中的可得数据，以及有关 2011 年的如下信息和假设，估计公司在 2011 年需要的外部资金：

- 现金需求：与 2010 年相同；
- 营运资本需求：提高 10%；
- 资本支出：1 000 万美元，年折旧费用 100 万美元；
- 现有资产的折旧费用：与 2010 年相同；
- 净利润：提高 10%；
- 保留盈余率：与 2010 年相同。

a. OS 公司 2011 年的预计总资金需求是多少？
b. OS 公司 2011 年的预计内生资金是多少？
c. OS 公司 2011 年的预计外部资金需求是多少？
d. OS 公司应该怎样做才能满足外部资金需求？

9.3 租赁

你同意以下说法吗？
a. 承租人与出租人之间的不同税率可能影响租金金额；
b. 租赁可以减少不确定性；
c. 与债务融资不同的是，经营租赁可以减少公司负债。

9.4 半年计息债券

美国发行的债券通常每年支付两次利息。例如，如果一份普通 10 年期，面值 1 000 美元的半年计息债券的票面利率为 8%，债券持有人将在这 10 年中每半年收到 40 美元利息，每年共计 80 美元（1 000 美元乘以 8%）。假设这种债券的市场利率是 9%，即每半年 4.5%，请回答以下问题：
a. 债券价格是多少？
b. 如果债券持有人可以提前半年收到各期利息，那么债券的实际到期收益率是多少？

9.5 普通股估值

国家设备公司（NEC）拥有流通在外普通股，NEC 刚刚支付每股 2 美元股利。
a. 假设预计 NEC 的每股股利将在未来 3 年中每年增长 8%，随后永远保持 4% 的固定增长率。如果这种投资要求的收益率是 12%，那么 NEC 普通股的估计价值是多少？
b. 假设 NEC 股票的当前交易价为 29.12 美元，你如何解释估计价值与观测到的市场价值之间的差异？

复习题

1. 金融市场的构成与特征

简要解释下面各对概念之间的区别：
a. 配股发行与公开增发；
b. 承销发行和“尽力基础”分销；
c. 发起人与销售集团；
d. 增发与二次分销；
e. 信用风险和市场风险；
f. 投资级债券和投机级债券。

2. 配股发行

微电子公司（MEC）刚刚宣布，它将通过配股方式发行1 000万份股票，每股认购价格为20美元。在公告之前，MEC的股价为26美元，流通在外股数为5 000万股。

- MEC将给予现有股东多少配股权？
- 每位投资者购买1股新股需要多少配股权？
- 公告配股发行后，MEC的股价将如何变动？
- 1份配股权的价值应该是多少？

3. 租赁与借款

OS公司需要一辆新卡车。它可以花24 000美元购买一辆，在4年期间计提折旧，每年折旧费用为6 000美元，为此需要取得利率为10%的4年期贷款，4年后卡车可以以5 000美元卖掉。作为替代方案，公司也可以租入卡车，4年中每年支付6 500美元租金（支付在每年年初进行）。OS公司的税率是40%，而且无论租赁还是购买，公司都要承担卡车的维修费和保险费。

a. OS公司应该租赁还是购买卡车？

b. 要使购买和租赁对于OS公司而言没有差别，4年后卡车的转卖价值应为多少？

4. 租赁

Thorenberg公司正在考虑从Hydraulic工程公司（HECO）购买一台机器，用来制造金属片。这种机器需要花费100 000美元，可以取代当前使用的机器。预计新机器可以每年节约60 000美元，在适当的保养下预计可以持续使用5年。出于税收目的，机器将按照直线法计提折旧，税率为36%。作为购买机器的替代方案，Thorenberg公司也可以从Foster租赁公司租入机器，在5年中每年支付租金25 000美元，在每年年初完成支付。机器的所有保险、保养和运营成本都由Thorenberg承担。Thorenberg可按8%的利率取得中长期借款。

a. 对于Thorenberg公司而言，购买机器和租用机器的现金流量是多少？公司应该选择租赁机器还是购买新机器？

b. Foster租赁公司购买机器后租给Thorenberg公司使用的税后现金流量是多少？为什么它们与Thorenberg公司的现金流量刚好相反（假设两家公司具有相同的实际公司税率）？

c. 如果承租人（Thorenberg）的现金流量与出租人（Foster）的现金流量刚好相反，租赁为什么还会发生？

5. 债券估值

考察以下三种债券，面值均为1 000美元：

债券A：10年期，票面利率为10%的债券；

债券B：10年期，零息债券；

债券C：20年期，票面利率为10%的债券。

当市场利率从0变动到14%时，计算三种债券各自的市场价值。你如何解释债券市场价格与利率之间的反向变动关系。

6. 债券估值

Thalin公司决定扩大当前生产线，为了给该项目融资，公司正在考虑发行10年期，票面价值为1 000美元，票面利率为10%的债券。公司已经公告，在可预见的未来不会改变其30%的目标债务权益比率。2年前公司发行过12年期，票面价值为1 000美元，票面利率为10%的债券为类似项目融资。债券的当前市价为1 065美元。公司应该按照什么利率发行新债券？

7. 债券估值

考虑下面的四种债券：

	附息债券	零息债券	永续债券	可转换债券
期限	5年	5年	无穷	5年
票面利率	6%	0	6%	5%

a. 如果市场收益率为7%，前三种债券的价值是多少（假设面值为1 000美元）？

b. 为什么这些债券的价值低于面值？

c. 为什么可转换债券的票面利率低于不可转换附息债券？
d. 如果可转换债券的交易价为1 040美元，转换选择权的价值是多少？
e. 假设市场收益率上升到7.5%，这些债券的价值是多少？解释债券价值变动存在差异的原因。

8. 普通股估值

经济分析师预计Theron公司的收益和股利将在未来3年将按照16%的比率增长，第4年和第5年按照12%的比率增长，随后按照6%的固定比率增长。Theron公司刚刚支付每股1.2美元股利。如果该股票的预计收益率为12%，那么今天该股票的价格是多少？

9. 成长型股票和收益型股票

Therol公司没有负债，投入资本产生5美元的每股收益，而且所有收益都作为股利支付。

a. 假设Therol公司股东要求10%的投资收益率，如果公司的每股收益保持在5美元，而且公司的股利政策在可预见的未来不会发生改变，那么Therol的股票价格应该是多少？
b. 假设Therol公司把当前投入资本产生收益的60%作为股利支付，剩余40%投资于新工厂和设备，预计可以获得10%的投资收益率，那么将会对Therol公司的股票价格产生什么影响？与问题a中计算出来的股价进行比较并加以解释。
c. 如果对新工厂和设备的投资收益率为15%而不是10%，会对股价产生什么影响？你如何解释股价的差异？

10. 优先股和普通股估值

东港公司（EHC）同时拥有流通在外优先股和普通股，EHC刚刚支付每股4美元优先股股利和每股3.5美元普通股股利。

a. 假设优先股股利是固定的，而且与EHC优先股具有相似风险的优先股的收益率为8.6%，那么EHC优先股的估计价值是多少？
b. 假设EHC优先股的当前交易价为48.68美元，你如何解释估计价值与观察到的市价之间的差别？
c. 假设预计EHC的普通股每股股利将在未来3年中按照每年8%的比率增长，随后永远按照4%的固定比率增长。如果对这种类型投资要求的收益率为12%，EHC普通股的估计价值是多少？
d. 假设EHC普通股的当前交易价为53.24美元，你如何解释估计的价值与观察到的市价之间的差别？

CHAPTER10

第10章 估算资本成本

公司需要为其投资项目筹集资金，通常情况下，这部分资金由公司内部经营活动创造。如果内生资金不足，公司就会向外部投资者（贷款人和股东）筹集额外资金，第9章说明了公司如何从外部筹集资金。无论资金从哪里来，都不能无偿使用，公司要为之付出代价，即公司使用投资者资金的成本，当这种成本被表示为投资者提供资金期望获得的收益率时，就称之为资本成本。第6章表明，资本成本就是将项目未来现金流量折现，以估计净现值（NPV）并决定是否值得采纳项目（是否有潜力创造价值）时所使用的折现率。第7章指出，它也是必须用来与项目内部收益率（IRR）进行比较以决定接受或拒绝项目的收益率。

本章说明如何估算在净现值法则、内部收益率法则以及投资项目分析使用的其他现金流量折现法则中使用的资本成本。这种资本成本被称为项目资本成本，不能与公司资本成本相混淆。公司资本成本是指投资者预计可从公司购买和管理的所有资产中获取的收益率。

正如第6章所提到的，投资者要求的项目收益率就是他们投资于与该项目具有相同风险水平的替代投资预计可以获得的收益率。因此，要估算特定项目的资本成本，我们首先需要确定投资者可以获得的类似投资项目。但问题在于，投资者通常并不直接投资于项目，而是投资于实施项目的公司。这样，挑战就在于确定与正在考察的项目具有相同风险特征的公司。这些可比公司被称为代表公司或单一业务公司。

在确定替代公司后，我们必须首先估计持有替代公司发行证券（股票和债券）的投资者的期望收益率。这些投资者对替代公司资产创造的现金流量具有要求权，这种要求权因所持证券的种类不同而存在差异。同一家公司的债权人和股东对公司资产创造的相同现金流量具有要求权，但是债权人对这些现金流量具有优先和固定要求权，从而承担的风险要低于股东。因此，持有债权的期望收益率要低于持有同一家公司股票的期望收益率。本章说明如何利用金融市场数据估算两种最常用的金融工具——普通债券和普通股股票的期望收益率。

公司购买和管理的资产产生的期望收益率，属于为这些资产提供融资的投资者，而不属于其他人。因而，这个收益率应该等于债权人和股东期望的收益率按照他们各自投资于这些资产的比例加权得到的合计数。换言之，公司的资本成本应该等于来自不同渠道资金成本的加权平均数。在第1章中首次提到的资本成本称为公司的加权平均资本成本（WACC）。尽管我们不能直接计算投资者期望从公司管理资产中获得的收益率，但我们可以使用公司的WACC作为替代。我们将说明如何估算公司的WACC以及如何基于替代公司的WACC计算项目的资本成本。

我们以在第6章提出并在第8章详细分析的阳光制造公司（SMC）制图桌灯项目为例，说明如何估算资本成本。因为该项目的风险水平与SMC的整体风险相同，在这种情况下，该项目的资本成本与公司的资本成本相同。我们还将讨论另外一个例子，以阐明当项目风险与实施项目的公司风险不同时，如何估算项目的资本成本。

我们应该记住，资本成本、投资者要求的收益率、投资者的期望收益率等术语具有相同的含义，因而可以相互替换。公司的权益成本是持有公司股票的投资者的期望收益率；公司的债务资本成本是持有贷款和公司发行债券的投资者的期望收益率。学习完本章，你应该了解以下内容：

- 如何估算债务资本成本；
- 如何估算权益资本成本；
- 如何综合不同来源资金成本以获得项目加权平均资本成本（WACC）；
- 公司的资本成本与项目的资本成本的差别。

10.1 确定代表公司或单一业务公司

在估算**项目的资本成本**（project's cost of capital）时，确定与项目具有相同风险的替代投资是第一步，也是最关键的一步。这些投资的数据是估计项目的资本成本使用模型的输入变量。不管模型的复杂程度如何，估计资本成本的可靠性通常取决于估计所选择的输入变量的质量（记住 GIGO：错入，错出）。

当项目与想要实施该项目公司所从事的业务属于同一类型时，换言之，当项目的风险与公司的风险相似时，代表公司就是公司本身。第8章讨论的制图桌灯项目就是这种情况，因为想要实施该项目的阳光制造公司专门从事小型照明设施的生产。

当项目的风险与想要从事该项目公司的风险不同时，我们需要确定**代表公司**或**单一业务公司**（proxy or pure-play firm）。这些公司从事单一业务，与所考察的项目处于同一行业，而且在相同的投入和产出市场上竞争。单一业务公司通常利用根据业务类型识别公司的行业分类代码选择。令人遗憾的是，这些分类系统并不完美。样本公司必须经过严格审查，仅应选择那些与投资项目业务极为相近的公司。当然，完全相同是不可能的，我们常常必须在一个较小的可比性较强公司样本和一个更大的可比性较弱公司样本之间选择。

在小样本中，代表公司更能代表项目所属业务，但如果一些代表公司的数据有很大的计量误差，在用代表公司的数据计算平均值时，样本可能太少以至于无法消除这些误差。在大样本中，代表公司与项目的可比性可能较差，但在计算平均值的过程中计量误差的影响可能被大大消除。

我们已经说明了如何识别代表企业，下面部分将表明如何估算投资者期望通过持有公司发行的债务证券（债券）和普通股（股票）获得的收益率。这些收益率分别是**债务成本**（cost of debt）和**权益成本**（cost of equity）的估计值。

10.2 估算债务成本

公司可以通过贷款方式从银行举债。在这种情况下，公司的债务成本就是银行向公司收取的利息率。或者，如果公司规模足够大，它也可以通过发行债券方式直接向投资者借款（债券就是第9章阐述的债务证券）。在这一部分，我们将以 SMC 为例（正在考虑投资于制图桌灯项目的公司），说明如何使用公司债券的市场价格估计公司债务成本。

假设5年前SMC公开发行了100 000份10年期债券，这意味着债券将在5年后偿还（它们当前或剩余期限是5年）。债券的面值为1 000美元，每年支付利息80美元，即债券的票面利率为8%（80美元除以1 000美元）。债券的当前市价为1 050美元，债券的预计收益率（也称为**市场到期收益率**，market yield to maturity）就是SMC的债务成本的估计值。我们如何计算这个比率呢？

一位现在购买 SMC 债券并计划将其持有至到期日的投资者预计在今后5年中每年可从 SMC 收到80美元，并可在第5年年末收到1 000美元。正如在第9章表明的，在良好运转的债券市场中，债券的价格1 050美元必然等于债券持有人在今后5年中预计能够收到的未来现金流量的现值（或折现值）。我们可以写作

$$\$1\,050 = \frac{\$80}{1+k_D} + \frac{\$80}{(1+k_D)^2} + \frac{\$80}{(1+k_D)^3} + \frac{\$80}{(1+k_D)^4} + \frac{\$1\,080}{(1+k_D)^5} \quad (10\text{-}1)$$

其中，k_D是债权持有人的期望收益率，也是公司的预计债务成本。为计算估值公式中的 k_D，我们使用如下电子表格：

	A	B	C	D	E	F	G
1	年数	5					
2							
3	利息支付	\$80					
4							
5	市场价格	\$1 050					
6							
7	本金支付	\$1 000					
8							
9	**到期收益率**	**6.79%**					
10							
11	单元格 B9 的计算公式 = rate(B1, B3, −B5, B7)						
12							

我们的计算结果表明，k_D为6.8%(由6.79%进位得出)。

总之，如果我们知道了债券价格、票面利息和面值，就可以使用估值公式求出投资者持有证券要求的收益率。这个收益率就是发行者债务成本的估计值。为什么债券的市场收益率（债券的预计收益率）6.8%是债务的相关成本，而8%的票面利率或7.6%的当前收益率（债券的当期收益率是用利息80美元除以价格1 050美元计算出来的）不是呢？原因很简单：SMC的债务成本是如果公司决定今天向投资者发行新债券所必须支付的利息率，而这个利息率即为市场收益率6.8%。票面利率和当前收益率都是基于5年前最初发行债券时设定的利率。如果SMC今天发行期限为5年的新债券，它必须支付给投资者6.8%的收益率，而不是8%（以前发行债券的票面利率）或7.6%(以前发行债券的当期收益率)。

如果公司没有流通在外债券，可以通过在具有相同期限的政府债券的当前市场收益率的基础上，加上公司信用风险价差的预计值估算出给定期限的债务成本

$$\text{债务成本} = \text{政府债券的市场收益率} + \text{预计信用风险价差} \tag{10-2}$$

为进一步说明，假设你要估算联合分销商店（ADS）的10年期债务成本。如果在分析当时，10年期政府债券的市场收益率为4.2%，与ADS具有相似信用风险的公司平均而言可按高于政府债券收益率3%的利率借入资金，那么ADS的预计债务成本为7.2%(=4.2%+3%)。

不管使用哪种方法估算公司债务成本，都需要调整公司税收的影响。因为利息费用可以在税前扣除，公司的**税后债务成本**（after-tax cost of debt）要低于税前债务成本。例如，如果SMC的边际税率为40%，那么每1美元利息费用可使公司税金减少0.4美元，税后利息费用仅为0.6美元（=1美元−0.4美元税收节约）。如果SMC的税前债务成本（k_D）为6.8%，边际税率（T_C）为40%，那么税后债务成本为4.1%

$$\text{税后债务成本} = k_D \times (1 - T_C) = 6.8\% \times (1 - 40\%) = 4.1\% \tag{10-3}$$

需要注意的是，只有当①公司盈利能力足够强，可以全额利用利息费用的减税好处；②公司当期盈利状况不好，但税务当局允许公司从当期或未来利润中扣除当期利息费用（称为**移前抵减法**，carry back method，或**移后抵减法**，carry forward method）时上述关系才有效。

10.3 使用股利折现模型估算权益成本

权益证券是给予持有者一定比例公司资产所有权的金融工具。权益证券的标准形式是普通股（我们在第9章讨论过）。普通股的所有者对公司支付所有义务（包括债务利息和本金）后的留剩现金具有剩余求偿权。公司向股东支付**现金股利**（cash dividend），作为对股东投资的回报。

我们用DIV_1，DIV_2，DIV_3，…，DIV_t，…来表示投资公司1股股票预计可以获得的未来年现金股利，用k_E表示每股的期望收益率。我们知道期望收益率k_E是股票发行公司的权益成本。根据**股利折现模型**（dividend discount model，DDM，参看第9章），股票的价格应该等于股东预计可以收到的现金股利的现值（或折现价值）

$$P_0 = \frac{DIV_1}{1+k_E} + \frac{DIV_2}{(1+k_E)^2} + \cdots + \frac{DIV_t}{(1+k_E)^t} + \cdots \quad (10\text{-}4)$$

这个公式没有明确考虑股票的未来价格。正如第 9 章所解释的，这并不意味着不考虑未来股票价格。估值公式中隐含考虑了未来股票价格，例如两年后的股价可以表示为两年后将会收到的预计现金股利的函数。

如果我们知道公司股票价格和预计支付的股利，就可以使用式（10-4）估算公司的权益成本。这个过程与估算债务成本相似。遗憾的是，尽管我们知道债券的预计利息（因为它们是契约规定的），却无法知道股票的预计股利。如果我们对未来股利增长率做出一些简化的假设，就可以避免这个难题。下面部分将考察预计股利永远按照固定比例增长的特殊情形。

10.3.1 当股利按照固定比率增长时估算权益成本

假设公司预计下一年支付的股利 DIV_1将永远按照固定的比率 g 增长，那么 DDM 可以简化为

$$P_0 = \frac{DIV_1}{k_E - g}$$

这个估值公式最早出现在第 9 章，称为固定增长股利折现模型。可以重新整理公司各项，把预计权益成本 k_E 表示为下一年股利、当前股价和预计固定增长率的函数[⊖]

$$k_E = \frac{DIV_1}{P_0} + g \quad (10\text{-}5)$$

式（10-5）表明，公司预计权益成本是两部分之和：第一部分是公司预计**股利收益率**（dividend yield），即为公司预计每股股利除以当前股价；第二部分是未来股利的预计增长率。

为进一步说明，我们考察 All Bearing 公司（ABC）的情形。公司股票现价为 50 美元，预计下一年支付每股 3 美元股利，而且预计每股股利永远按照每年 3% 的比率增长。根据式（10-5），ABC 以及与 ABC 具有相同风险水平的所有公司的预计权益成本为

$$k_E = \frac{\$3}{\$50} + 3\% = 9\%$$

10.3.2 估算权益成本：股利折现模型可靠吗

式（10-4）所示的股利折现模型的一般形式并不是很有用，因为它需要预测无限期股利值。如果对公司股利未来增长率做出一些简化的假设，就可以把这个模型简化得更加易于使用。遗憾的是，这些假设是不现实的。[⊜]对普通股支付股利序列的不定期观察表明，股利既不是永远保持固定不变的，也不会在很长时间按固定比率增长，甚至有些公司根本不发放股利，或者至少在一定时期内不发放股利。对于这些公司而言，我们除了需要估计股利的规模以及股利的未来增长率之外，还必须估计股利的支付日期——这是一件极富挑战性的工作。

简化形式的股利折现模型，即式（10-5），仅在应用于一小部分公司时是可靠的，即适用于定期支付股利而且股利增长十分稳定的公司，例如公用事业公司（utility company）。对于大多数公司而言，作为简化形式股利折现模型基础的简单且不现实假设是不可接受的。

下面部分给出了另外一种估值模型，直接把证券的预计收益率与证券的风险联系起来。当把该模型（称为**资本资产定价模型**，capital asset pricing model，CAPM）应用于普通股时，可以提供对公司权益资本成本的最佳估计，因为它并不依赖于对未来股利模式的预测。

10.4 使用资本资产定价模型估算权益成本

我们知道，投资者要求的投资收益率取决于投资的风险：项目的风险越高，投资者预期的收益率就越高。但

⊖ 价格公式的左右两边同乘（$k_E - g$），同除 P_0，然后把 g 从等式左边移到等式右边。

⊜ 优先股股利属于例外情况，优先股股利是固定的而且没有到期日。在这种情况下，我们也可以使用式（10-5），增长率为 0。例如，如果一份优先股的价格为 10 美元，每股支付股利 1 美元，则该优先股的预计收益率为 10%（1 美元/10 美元）。

是，风险的本质是什么？如何测量风险呢？在这部分我们将考察这些话题，同时研究预期收益率与风险之间的关系。这种关系被称为资本资产定价模型，可用于估算权益资本成本。

10.4.1 多元化可以降低风险

假设加勒比海有一个岛屿，岛上一半时间阳光明媚，一半时间阴雨连绵。岛上有两家公司：一家是 Sun Cream 公司，销售防晒霜；一家是 Umbrella 公司，销售雨伞。这两家公司的股票都在当地股票交易所交易。对两家公司历史月收益率的分析表明，它们的平均收益率均为 15%。如图 10-1 所示，两种股票的实际月收益率变动很大，这意味着投资于任何一种股票都有很高的风险。值得注意的是，两种股票收益率的变动幅度和变动频率相同，换言之，它们波动性相同，从而风险也是相同的。

假设你有 1 000 美元，可以投资于两家公司股票，你应该采用什么投资策略呢？你会因为它们具有相同的平均收益率和风险而只购买其中一种股票吗？如果你这样做了，那么你将会成为“气候风险”的牺牲品。如果你购买 Sun Cream 公司的股票，那么当阳光灿烂时你的投资收益会很好，但当阴雨连绵时你的投资收益就不会好；如果你购买了 Umbrella 公司的股票，那么相反的情况就会发生：阴雨连绵时投资收益会好，阳光灿烂时投资收益不会好。根据“不要把所有的鸡蛋放在一个篮子里”的原理，明智的策略应该是各买两家公司价值 500 美元的股份。这样不管什么天气出现，一种股票的损失将被另一种股票的利得抵消。换言之，如图 10-1 底部所示，无论天气状况如何，该策略都会锁定 15% 的无风险收益率，即投资于两种股票中任何一种的预计收益率。

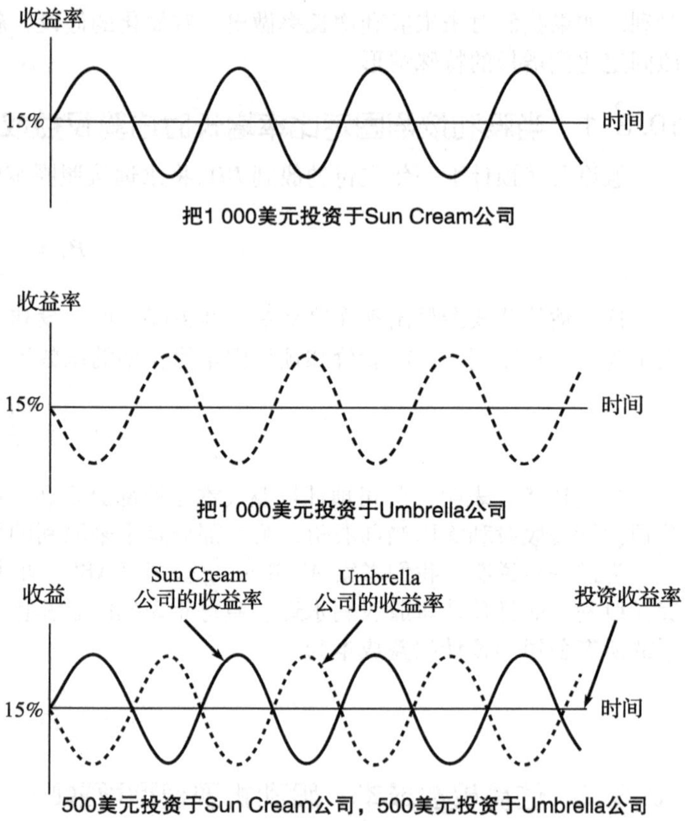

图 10-1 SUN CREAM 和 UMBRELLA 投资的风险和收益

这个例子显然并不现实，因为不可能找到收益率变动方向完全相反而且变动比例完全相同的两项投资。尽管如此，它确实说明了一个重要的现象：多元化可以降低风险。当通过多角化投资组合持有不同公司的股票时，这些股票的收益率变动就会趋于平均化，投资组合的风险会迅速下降。多元化对组合风险影响的研究表明，随机抽取 20 种股票构成投资组合的风险非常低，相当于构成组合证券平均风险的 20%。此外，投资于 20 种股票的成本并不会显著高于把等量资金投资于单种股票的成本，因此投资组合多元化几乎没有成本。所以，任何不喜欢风险的理性投资者都会选择持有多元化股票投资组合，而不是把全部财富投资于单一资产中。

上述分析的一个重要含义是，持有单一股票的风险可以分为两种：一种风险可以通过投资组合多元化消除，另一种风险不会因多元化的风险降低特性而发生变化。第一种风险称为**可分散风险**（diversifiable risk）或**非系统性风险**（unsystematic risk），第二种风险称为**不可分散风险**（undiversifiable risk）或**系统性风险**（systematic risk）。现在，我们可以把股票的总风险表示为

$$总风险 = 系统性风险 + 非系统性风险$$

非系统性风险是由公司特定事件引起的，可能对股价产生积极或消极影响。积极或有利事件的例子包括：未预料的债务官司胜诉，开发出新产品，公告高于预期的收益等。消极或不利事件的例子包括：工人罢工，临时关闭主要生产设施的事故，未预料的债务诉讼等。这些事件不大可能对多元化投资组合的收益率产生重大影响，因为一些股票有利事件的积极影响与另一些股票不利事件的消极影响会相互抵消，投资组合的非系统性风险将接近于零。

系统性（或不可分散）风险产生于对整个经济而非某一只股票产生影响的事件，包括经济增长率、通货膨胀率和利息率的变动，以及政治和社会环境的变化。这些市场事件会以相同方式对所有股票的价格产生影响。例如，如果市场预期中央银行会提高利率（通常被解读为股票市场不利事件），那么绝大多数股票的价格应该下降，因为这种风险会以同样的方式影响大多数股票，被称为系统风险。由于不能通过持有多元化投资组合加以降低或消除，所以又被称为不可分散风险。然而，需要注意的是，一些股票的系统性风险要高于（或低于）其他股票，因为它们对市场事件的变化更加（或者更不）敏感。

总之，股票的总风险由两部分组成：一部分称为非系统性风险，可以通过低成本的多元化加以降低或消除；另一部分称为系统性风险，不能通过持有多元化投资组合加以降低或消除。将风险区分为系统性风险和非系统性风险对于确定股东要求的收益率而言具有重要意义。

因为非系统性风险可以通过多元化消除，实际上不需要付出很大成本，所以金融市场不会给予它补偿。换言之，金融市场只会对投资者无法避免的风险——系统性风险或不可分散风险给予补偿。我们已经多次指出，金融资产的必要收益率取决该资产的风险。我们现在可以说：在确定金融资产的必要收益率时，唯一相关的风险是该资产的系统性风险。这一点非常重要，需要重申：金融资产的必要收益率仅取决于该资产的系统性风险。这就引出下一个问题：如何衡量系统性风险？

10.4.2　用 β 系数测量系统性风险

单只股票的系统性风险通常用称为**市场组合**（market portfolio）的基准组合来衡量。从理论上讲，市场组合包括世界上所有资产——不仅包括股票，还应包括债券、国内和国外资产、货币，甚至房地产。它是确保最大程度实现多元化从而最大程度降低风险的组合，该投资组合收益率的变动只反映引起系统性风险的市场事件的影响。实际上，即使有可能，构造这样的投资组合也是一项艰巨的任务。作为替代，当估计单只股票的系统性风险时，分析师通常使用足够全面的国内股票市场指数，例如美国的标准普尔综合指数（S&P 500）和英国的金融时报所有股票指数（FT-A）。

衡量单只股票相对于市场组合的系统性风险可以简化为衡量股票收益率对全面的股票市场指数收益率变动的敏感性。对敏感性的衡量被称为股票的**贝塔系数**（beta coefficient）或简称**贝塔**（β）。我们以阳光制造公司（SMC）为例，说明如何估计股票的 β 系数。

图 10-2 列示了从 2004 年 1 月到 2008 年 12 月的 5 年间基于 S&P 500 的月收益率绘制的 SMC 股票月收益率。SMC 股东 60 个月的月收益率 r_{SMC} 的计算如下

$$r_{\text{SMC}} = \frac{\text{月末股价} + \text{股利(如果有的话)} - \text{月初股价}}{\text{月初股价}}$$

使用同样的方法计算股票市场指数的对应月收益率。图中的每个点代表一对月收益率（一个是 SMC 股票的月收益率，另一个是 S&P 500 指数的月收益率）。例如，如图 10-2 所示，在 2006 年 8 月，SMC 的股票价格上升了 3.6%，而 S&P 500 上升了 2.4%。

我们在图 10-2 中画了一条与所有点距离最近的直线，这条线被称为证券的**特征线**（characteristic line）。[⊖]特征线的斜率为 1.09，表明一般而言，S&P 500 每提高（或降低）1%，SMC 股票的收益率就提高（或降低）1.09%。换言之，特征线的斜率衡量 SMC 股票的收益率对市场指数收益率变动的敏感性。因此，它是 SMC 股票 β 系数的估计值。

市场指数收益率衡量股票市场对经济事件的反应。例如，在 2006 年 8 月，这些事件对市场具有积极影响，因为指数提高了 2.4%。同月，SMC 股票的收益率提高了 3.6%。SMC 股票的收益率可以分为两部分，一部分反映经济事件对 SMC 股票的影响，另一部分反映 SMC 特有事件的影响，例如营销活动成功或新产品开发成功。每种事件对 2006 年 8 月实现的 3.6% 收益率有多大贡献呢？积极经济事件贡献了 2.6%（市场收益率 2.4% 乘以 β 系数 1.09），有利的 SMC 特有事件贡献了剩余的 1%（总收益率 3.6% 减去经济事件贡献的 2.6%）。第一部分波动是 SMC 股票的系统性风险，而第二部分波动是 SMC 股票的非系统性风险，可以通过多元化加以消除。

⊖　在统计上，特征线被称为回归线。大多数电子表格包含通常被称为回归分析的功能，可用于绘制特征线。

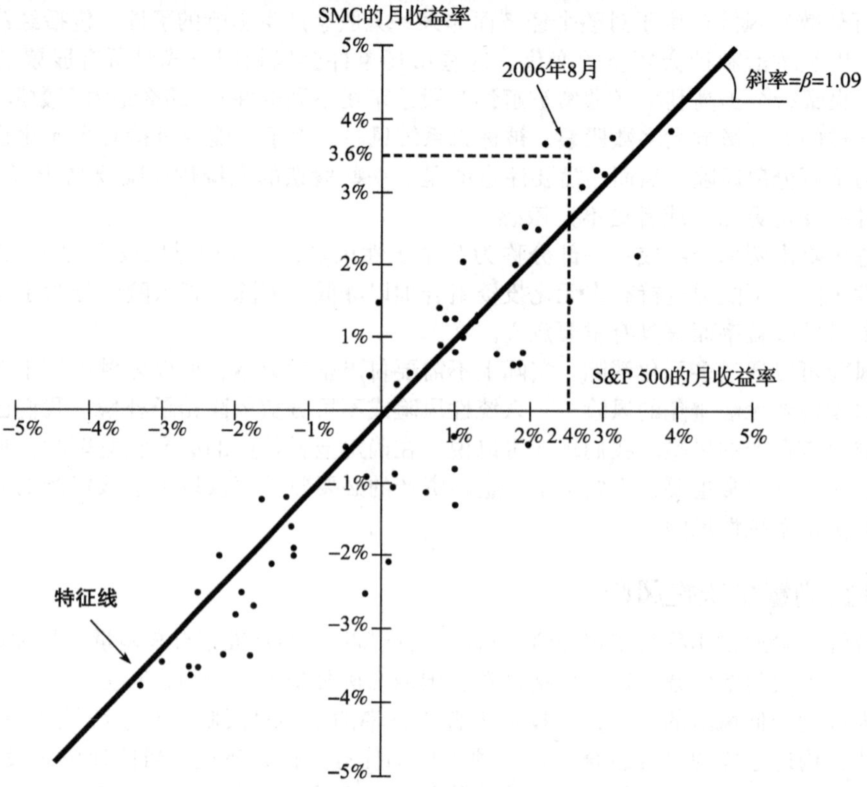

图 10-2 SMC 的月收益率与 S&P 500 的月收益率

每只股票都有自身的β值，可以把它看作一个识别代码，用来衡量经济事件给股票带来的系统性风险。一般而言，如果股票的β值等于1，那么它的波动性与衡量其变动所依据的市场指数相同，因为按照定义，市场指数的β值为1；如果股票的β值大于1，那么它对经济事件比市场指数更加敏感；如果股票的β值小于1，那么它对经济事件没有市场指数敏感。表 10-1 列示了一些不同国家上市公司的股票β系数。值得注意的是，与金融机构（高盛集团和花旗集团）等具有较高经营风险的公司相比较，公用事业公司（美国电力公司）和消费品公司（可口可乐和联合利华）等具有相对较低经营风险公司的β值明显更低。

表 10-1 国际股票样本的β系数及其上市股票交易所

公司名称	β	交易所	公司名称	β	交易所
惠而浦公司	1.77	纽约证券交易所	惠普公司	0.94	纽约证券交易所
通用电气	1.51	纽约证券交易所	丰田汽车公司	0.88	东京证券交易所
高盛集团	1.47	纽约证券交易所	新加坡航空公司	0.80	新加坡证券交易所
花旗集团	1.43	纽约证券交易所	沃达丰集团	0.78	伦敦证券交易所
法国航空	1.32	巴黎证券交易所	沃尔格林公司	0.75	纽约证券交易所
百得公司	1.31	纽约证券交易所	家乐福	0.70	巴黎证券交易所
波音公司	1.25	纽约证券交易所	卜蜂集团（正大集团）	0.68	曼谷证券交易所
诺基亚公司	1.22	赫尔辛基证券交易所	道达尔公司	0.66	巴黎证券交易所
德州仪器公司	1.21	纽约证券交易所	雀巢公司	0.62	苏黎世证券交易所
英特尔公司	1.20	纳斯达克证券交易所	陶氏化学公司	0.58	布鲁塞尔证券交易所
巴斯夫公司	1.19	法兰克福证券交易所	威瑞森电信公司	0.58	纽约证券交易所
中国银行	1.17	香港证券交易所	可口可乐公司	0.55	纽约证券交易所
安海斯 - 布希公司	1.06	布鲁塞尔证券交易所	美国电力公司	0.55	纽约证券交易所
西南航空公司	1.06	纽约证券交易所	埃克森美孚公司	0.54	纽约证券交易所
思科系统公司	1.04	纳斯达克证券交易所	联合利华	0.47	阿姆斯特丹证券交易所

资料来源：由作者利用电子表格回归技术以及来自 Datastream 的 5 年（2004 年年中 ~2009 年年中）月股价数据计算得出。β系数是利用股票上市所在市场指数和公告日前最多 5 年的月收益率，调整异常股价波动后估计得出。

经理人不需要估计β值，世界上大多数上市公司的β值可以从一些信息服务公司获得。这些公司使用市场数据估计β值，定期对其更新，而且常常通过订阅服务使其可以在线获取。

10.4.3 借款对公司股票β值的影响

大多数公司同时使用债务和权益资本为业务活动融资。债权人和股东都对公司资产创造的现金流量有要求权，而且都要受到这些现金流量波动或风险的影响。这种产生于公司资产的风险被称为**经营风险**（business risk）。然而，债权人对公司现金流量的要求权要优于股东（他们在股东收到股利之前获得利息支付），因此股东承担的风险要高于债权人。这种产生于借款决策的额外风险被称为**财务风险**（financial risk）(参见第1章和第5章的详细说明)。当公司提高债务与权益资本的比率时，财务风险就会提高。结论是：公司的β系数将会同时受到经营风险和财务风险的影响，而且这些风险越高，公司的β系数就越大。我们怎样衡量经营风险和财务风险各自对β系数的影响呢?

当公司为完全股权融资时，我们用**资产**β(asset beta）或**无杠杆**β(unlevered beta)(用$\beta_{资产}$代表）来表示股票的β。在这种情况下，公司所有者仅面临经营风险，因为没有负债，所以不存在财务风险。因此，公司的资产β或无杠杆β反映公司的经营风险。当企业存在负债时，我们用**权益**β(equity beta)、**杠杆**β(levered beta）或**市场**β(market beta)(用$\beta_{权益}$代表）来表示股票的β。在这种情况下，公司所有者同时面临经营风险和财务风险，公司的权益β或杠杆β反映这两种风险。公司的无杠杆β或资产β与杠杆β或权益β之间的关系可以表示为

$$\beta_{权益} = \beta_{资产}\left[1 + (1 - 税率)\frac{债务}{权益}\right] \tag{10-6}$$

其中，负债和权益用市场价值而非账面价值或会计价值衡量。当借款额相对权益融资增加时，公司的债务与权益比率上升，公司财务风险加大，公司的权益β或杠杆β提高。

重新整理式（10-6）各项，把资产β表示为权益β的函数，可以得到

$$\beta_{资产} = \frac{\beta_{权益}}{\left[1 + (1 - 税率)\dfrac{债务}{权益}\right]} \tag{10-7}$$

考察SMC，公司当时的债务与权益比率为3∶7，边际税率为40%。前面估算的杠杆β或权益β为1.09，因此，公司的无杠杆β或资产β为

$$\beta_{资产,SMC} = \frac{1.09}{\left[1 + (1 - 0.40)\dfrac{3}{7}\right]} = 0.87$$

我们注意到，SMC的β值中有略低于80%(0.87/1.09）产生于经营风险，剩余20%产生于财务风险。

10.4.4 资本资产定价模型

表10-2列示了1900~2008年美国、英国和世界其他国家三种证券——普通股、长期政府债券和短期国库券的年均收益率。

表10-2 美国、英国和世界其他国家普通股、政府债券和国库券的年均收益率①

	美国1900~2008	英国1900~2008	世界其他国家②1900~2008
年均收益率			
普通股	9.2%	9.2%	7.9%
政府债券	5.2%	5.4%	4.2%
国库券	4.0%	5.0%	4.0%
平均市场风险溢价：股票收益率-政府证券收益率			
股票-国库券	5.2%	4.2%	3.9%
股票-政府债券	4.0%	3.8%	3.7%

①资料来源：Elroy Dimson，Paul Marsh，and Mike Staunton，*Credit Suisse Global Investment Returns Sourcebook* 2009.

②“世界其他国家”包括16个国家（12个欧洲国家、澳大利亚、日本、南非和加拿大），将这些国家的收益转换为美元。美国以外国家的风险溢价从最低的西班牙的2.1%变动到最高的澳大利亚的5.9%。

毫无疑问，普通股提供最高的收益率，随后是长期政府债券和短期国库券。这三种资产具有不同的收益率，原因在于它们具有不同的风险。正如我们所预期的，一种证券的风险越高，它的收益率就越高。

普通股能够产生最高的平均收益率，因为它们是风险最高的证券：普通股无法承诺固定的股利支付，股东在所有债权人都得到偿付后收到剩余部分。政府债券的风险要低很多，因为它们承诺向债权人定期支付政府担保的利息而且到期偿还借款本金。一般而言，国库券的收益率要低于政府债券，因为国库券是期限非常短的证券，对通货膨胀率变动的敏感性要低于长期债券。在考虑所有因素后，国库券是可以获得的最安全投资。这就是国库券收益率通常被作为**无风险利率**（risk-free rate）替代的原因。

根据表 10-2 中的美国数据，普通股的平均收益率（9.2%）与国库券的平均收益率（4%）之间的差额 5.2%，代表选择投资于最高风险等级资产（普通股）而非最安全资产（国库券）的投资者收到的历史平均补偿。换言之，从历史上看，美国股票高于国库券的平均市场风险溢价为 5.2%。在英国和世界其他国家也存在同样的现象，英国股票高于国库券的历史平均市场风险溢价为 4.2%，在世界其他国家更低一些，为 3.9%。

总体而言，债券或股票等证券的期望收益率与无风险利率之间的差额就是证券的**风险溢价**（risk premium）

$$证券的风险溢价 = 证券的期望收益率 - 无风险利率$$

重新整理等式各项，可以得到

$$证券的期望收益率 = 无风险利率 + 证券的风险溢价 \tag{10-8}$$

当计算所有现有普通股构成的组合的风险溢价时，称为股票市场风险溢价，或简称为市场风险溢价

$$市场风险溢价 = 市场组合的期望收益率 - 无风险利率 \tag{10-9}$$

表 10-2 中报告的历史市场风险溢价是在足够长的期间（108 年）衡量出来的，可使我们有信心将其用作估计市场风险溢价的预测值。因此，我们可以假定 5.2% 是美国预期或未来市场风险溢价（高于国库券）的较好估计值。对于其他国家而言，如果我们不能获得该国的实际数据（要获取 16 个国家的实际数据，可参见表 10-2 底部的参考资料），可以使用 4%（3.9% 四舍五入到 4%，参见表 10-2）作为市场风险溢价值。[⊖]

我们知道证券的 β 值可以衡量该证券相对市场投资组合的风险，因此证券的风险溢价一定等于市场风险溢价乘以证券的 β 系数

$$证券的风险溢价 = 市场风险溢价 \times 证券的 \beta 系数$$

现在，我们可以把式（10-8）写作

$$证券的期望收益率 = 无风险利率 + 市场风险溢价 \times 证券的 \beta 系数$$

用符号表示，我们可以得到

$$R_i = R_F + (R_M - R_F) \times \beta_i \tag{10-10}$$

其中，R_i 是证券 i 的期望收益率，R_F 是无风险利率，β_i 是证券的 β 系数，R_M 减 R_F 是式（10-9）所表示的市场风险溢价。这个公式把证券的期望收益率与它的系统性风险或 β 联系起来，称为资本资产定价模型（CAPM）。它的含义一目了然，它指出任何证券的期望收益率都是两个因素之和：①无风险利率，衡量无风险投资的补偿；②承担系统性风险的期望回报，等于市场风险溢价乘以证券的 β 系数。

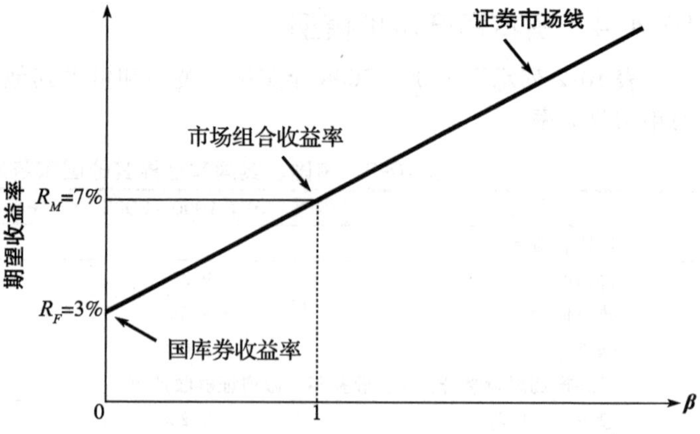

图 10-3 资本资产定价模型

资本资产定价模型反映了期望收益率与风险之间的线性关系，如图 10-3 所示。根据 CAPM，绘制既定

⊖ 不同国家的风险溢价存在差异，原因在于市场条件、对风险的态度以及金融市场的结构和组织在所有国家都不相同。

β的期望收益率，无风险利率被设定为等于国库券利率，假定在画图时为3%，直线起始于代表对国库券投资的该点。这项投资没有风险，所以它的β值为0。然后，该直线通过代表市场投资组合的点。根据定义，市场投资组合的β值为1，因此期望收益率为7%，无风险利率3%与市场风险溢价4%之和。这条直线被称为**证券市场线**（security market line，SML），斜率为正。这并不奇怪，因为β值越大，系统性风险越大，期望收益率也就越高。

10.4.5 使用资本资产定价模型估算SMC的权益成本

我们已经能够识别股票的相关风险，知道怎样测量这种风险，而且知道如何把这种风险同股票的必要收益率联系起来。现在我们要估算公司的权益成本。如果用$k_{E,i}$代表公司i的权益成本，用$\beta_{权益,i}$代表该公司的权益β，那么根据CAPM，可以得到

$$k_{E,i} = R_F + (R_M - R_F) \times \beta_{权益,i} \tag{10-11}$$

然而，式（10-10）表示的CAPM适用于短期，因为无风险利率由国库券收益率衡量，而国库券的期限短于1年。因此，式（10-10）推导出的公司权益成本仅与短期（例如1年）相关。由于公司的经营活动会在很多年持续，所以在理论上我们需要根据未来每一年的预计国库券收益率估算权益成本。在实践中，由于估计未来国库券收益率的困难性，通常只估算一种权益成本。这种权益成本是预计未来权益成本平均数的估计值，可以从CAPM的一种形式中获取，在该形式中用政府债券收益率来代替国库券收益率。因此，式（10-11）中的相关市场风险溢价（$R_M - R_F$）等于市场组合收益率与政府债券收益率的差额。对于美国股票而言，如表10-2所示，该平均溢价等于4%，是股票市场收益率9.2%与政府债券平均收益率5.2%之差。对于非美国股票而言，我们也使用4%，是通过将表10-2中所示数据四舍五入得到的（要获取16个国家的实际数据，可参见表10-2底部的参考资料）。

为进一步说明，我们计算SMC的权益成本$k_{E,\text{SMC}}$。我们知道SMC的权益β值是1.09，相对于政府债券的市场风险溢价是4%。如果我们假设长期政府债券的收益率在分析当时是4.7%，那么SMC的估计权益成本为

$$k_{E,\text{SMC}} = 4.7\% + (4\% \times 1.09) = 4.7\% + 4.4\% = 9.1\%$$

10.5 估算公司的资本成本

我们把项目的资本成本定义为投资者可以从具有相同风险水平的相似投资中获得的收益率。令人遗憾的是，进行类似投资的代表公司并不公布它们的收益率，因此我们只能使用公开可得的信息来估算代表公司的资本成本。在这一部分，我们将讨论如何估算公司的资本成本，而将项目的资本成本的估算留到后面部分。

10.5.1 什么是公司的资本成本

假设公司正在考虑一个1年期的项目，该项目需要初始投资3 000万美元，其中2/3将用权益筹得（2 000万美元），1/3将用债务筹得（1 000万美元）。如果项目的风险与公司的风险相同，那么公司债权人对该投资债务部分要求的收益率应该等于公司的债务成本，股东对该投资权益部分要求的收益率应该等于公司的权益成本。如果公司的负债成本是6%，权益成本是12%，那么预计公司下一年要向债权人支付1 060万美元（1 000万美元初始投资+1 000万美元×6%），要向股东支付2 240万美元（2 000万美元初始投资+2 000万美元×12%）。

只有当项目3 000万美元初始投资产生的收益能够创造至少3 300万美元（1 060万美元+2 240万美元）净现金流量时，才能满足债权人和股东的预期。这相当于10%的收益率（3 000万美元+3 000万美元×10%）。这个收益率是项目的资本成本或项目的**加权平均资本成本**（weighted average cost of capital，WACC），是项目为了满足资金提供者的预期而必须创造的最低收益率。而且，因为我们假设项目的风险与公司的风险相同，所以该比率也是**公司的资本成本**（firm's cost of capital）（或公司的加权平均资本成本）。从这个例子出发，概括而言，如果公司使用权益E和债务D为其经营活动融资，那么项目的加权平均资本成本一定为

$$(E + D) \times (1 + WACC) = D \times (1 + 债务成本) + E \times (1 + 权益成本)$$

可以写作

$$WACC = 债务成本 \times \frac{D}{E + D} + 权益成本 \times \frac{E}{E + D}$$

如果考虑利息费用的抵税效应，那么债务成本必须按照税后基础计算。根据式（10-3），税后债务成本为 $k_D(1-T_c)$，其中 k_D是税前债务成本，T_c是公司的边际税率。如果与前面一样，我们仍用 k_E代表公司权益成本，那么任何同时使用债务和权益为投资项目融资的公司的加权平均资本成本为

$$WACC = k_D(1 - T_c)\frac{D}{E + D} + k_E\frac{E}{E + D} \tag{10-12}$$

式（10-12）考察了仅用债务和权益融资的公司，很容易将其扩展到也使用其他资金来源的公司，例如使用资本成本等于 k_{PR}的优先股 PR 融资，在这种情形下，可以写作

$$WACC = k_D(1 - T_C)\frac{D}{E + D + PR} + k_E\frac{E}{E + D + PR} + k_{PR}\frac{PR}{E + D + PR} \tag{10-13}$$

在后面部分，我们只考虑混合使用负债和权益进行融资的公司。因此，为根据式（10-12）估算公司加权平均资本成本，我们需要四个输入变量：

（1）债务与权益比率$\frac{D}{E+D}$和$\frac{E}{E+D}$；

（2）债务成本 k_D；

（3）公司边际税率 T_c；

（4）权益成本 k_E。

10.5.2 公司的目标资本结构

在估算公司加权平均资本成本时，使用的债务和权益混合体必须反映公司为投资项目融资打算使用的债务和权益的相对比例，我们把这个混合体称为公司的**目标资本结构**（target capital structure）。在本章中，这些比例是给定的，第 11 章将讨论公司如何确定目标资本结构。然而，在估算加权平均资本成本公式（式（10-12））中债务和权益的相关比例时，有两个需要注意的问题。

首先，公司当前资本结构可能不是目标资本结构。发行证券的成本很高，因此当公司筹集资金时，通常不会同时发行债券和股票。例如，公司可能今天发行债券，从而使公司偏离了目标资本结构。为使资本结构恢复到目标值，公司必须在后面期间发行股票。由于这个过程，公司的资本结构会不断发生改变，我们在某一特定时点观察到的资本结构可能不是公司的目标资本结构。在计算加权平均资本成本时，必须使用长期目标资本结构。

其次，加权平均资本成本公式中使用的负债和权益融资比例，应该使用债务和权益的市场价值而非会计价值或账面价值估算。公司按照市场价值而非账面价值发行债券和股票，所以公司债务和权益的当前账面价值是不相关的。为了说明这一点，我们仍以 SMC 为例。表 10-3 所示的公司管理资产负债表[⊖]表明，公司的权益和负债分别为 1.5 亿美元和 1 亿美元，所以该公司的权益融资和负债融资占总融资的比例分别为 60% 和 40%。

为了估计债务和权益的市场价值比率，我们需要公司债务和权益的市场价值。SMC 的唯一债务是 100 000 份债券（见表 10-3）。前面提到过，每份债券的市场价值是 1 050

表 10-3 SMC 的管理资产负债表（单位：美元）

投入资本		
• 现金		5 000 000
• 营运资本需求①		75 000 000
• 固定资产净值		170 000 000
投入资本合计		**250 000 000**
运用资本		
• 长期负债②		100 000 000
100 000 份债券，面值 1 000 美元		
• 所有者权益		150 000 000
25 000 000 股，每股面值③2 美元	50 000 000	
留存收益	100 000 000	
运用资本合计		**250 000 000**

①营运资本需求 =（应收账款 + 存货 + 预付费用）-（应付账款 + 应计费用）。
②SMC 没有短期负债。
③普通股的面值是普通股最初发行时任意分配给股票的固定价值。

⊖ 管理资产负债表是第 3 章提到的标准资产负债表的变形。该资产负债表的上面部分报告公司对现金、经营活动（营运资本需求）和固定资产的投资，下面部分反映为支持这些投资使用的资本金额（借入资金和所有者权益）。

美元，因此SMC债券的市场价值为10 500万美元（=1 050美元×100 000）。SMC的当前股价为9.8美元（给定），流通在外股票2 500万份（见表10-3），因而SMC权益的市场价值是24 500万美元（=9.8美元×25 000 000）。基于以上市场价值，可以得出债务比率

$$\text{按照市场价值计算的债务比率} = \frac{\$105\ 000\ 000}{\$105\ 000\ 000 + \$245\ 000\ 000} = 30\%$$

因此，权益比率为70%。当用账面价值计算时，债务比率为40%；当用市场价值计算时，债务比率为30%。同样，当用账面价值计算时，权益比率为60%；当用市场价值计算时，权益比率为70%。在实践中，这么大的差异很常见。

显然，估算负债和权益的市场价值比率需要知道公司负债和权益的市场价值。当公司的股票公开交易时，正如上面的例子一样，权益的市场价值就是股票价格乘以流通在外股票数量。债务市场价值的估计更加复杂，因为大多数公司的债务证券并不公开交易。一种解决办法是将债券估值公式（见式（10-1））应用于公司每次债务发行，然后把这些价值相加以得到公司债务的市场价值合计。

在实践中，很多分析师只使用债务的账面价值作为不可获取市场价值的替代。当公司股票不公开交易时，权益的账面价值被用作市场价值的替代。这些估计不能令人满意，因为基于市场价值计算的比率与基于账面价值计算的比率可能会相差很大。作为替代方法，我们建议使用拥有公开交易债券和股票的代表公司的市场价值比率。

10.5.3 公司的债务和权益成本

前面部分给出了可用于估算公司债务和权益成本的一些模型，现在简单总结一下：

（1）可以使用债券估值公式，即式（10-1），或信用风险价差公式，即式（10-2），估算债务成本k_D。回忆一下，我们如果知道债券价格、承诺利息支付和票面价值，就可以利用估值公式，即式（10-1），算出k_D。当我们把这种方法应用于SMC时，可以得到k_D等于6.8%。

在实务中，公司不需要进行这些计算。我们既可以使用信用风险利差估计，即式（10-2），也可以直接向银行索要这些数据。实际上，银行和其他金融机构会不断追踪债券价格和市场利率的变动。因此，估计k_D的一条省时捷径是询问银行，银行会在你需要时为你提供利率数据。对于那些没有公开交易债券，从而不能估计最近债务成本的公司而言，这种方法尤其有用。

（2）可以使用式（10-11）的资本资产定价模型估算权益成本k_E。为估算k_E，我们需要当前政府债券的市场收益率、市场风险溢价和公司的权益β值。政府债券的市场收益率会在各种日报的商业版面定期公布。在美国，高于政府债券的历史市场风险溢价为4%（见表10-2）。在绝大多数拥有活跃股票市场的工业国家，历史市场风险溢价在3%~6%之间。对于公开交易股票的β系数，企业可以很容易从信息服务机构获得。

使用政府债券收益率4.7%和权益β值1.09，可以得到SMC的估计权益成本9.1%。回忆一下，在估算β值时，我们需要股票价格。然而，即便无法获得股票价格，即在公司股票没有公开交易情形下，CAPM也仍然适用，在这种情况下，可以使用代表（相似）公司的β值。这种方法将在本章后面讨论。

10.5.4 公司加权平均资本成本计算小结

表10-4总结了估算公司加权平均资本成本所需要的四个步骤。前面三步中的每一步都对应加权平均资本成本的特定部分。对于每一步而言，该表都表明了如何估算价值，而且列示了SMC的估算结果。最后一步就是利用式（10-12）计算加权平均资本成本。SMC的市场价值融资比率为30%债务和70%权益。税前债务成本为6.8%，权益成本为9.1%，税率为40%。应用式（10-12），我们可以得到

$$WACC_{SMC} = [6.8\% \times (1-0.40) \times 30\%] + (9.1\% \times 70\%) = 7.6\%$$

这是SMC对与公司具有相同风险的项目做出投资决策时应该使用的折现率。任何与SMC具有相似风险，但预计创造的收益率达不到7.6%的项目，都应该被拒绝。这是我们在第8章评估SMC制图桌灯项目时使用的折现率，因为这个项目与SMC具有相同的风险。

表 10-4 公司加权平均资本成本（WACC）的估算，包括在阳光制造公司（SMC）的应用

步骤	做法	SMC
步骤 1： 估算公司债务与权益融资的相对比例： $\frac{D}{E+D}$和$\frac{E}{E+D}$	• 使用公司债务和权益的市场价值 • 使用债券估值公式，即式（10-1），基于流通在外债券数据计算债务的市场价值 • 权益的市场价值等于股票价格乘以流通在外股票数量 • 如果公司的证券没有公开交易，那么使用代表公司的市场价值比率	\$105 000 000 \$245 000 000 $\frac{D}{E+D}=0.3$　$\frac{E}{E+D}=0.7$
步骤 2： 估算公司税后债务成本：$k_D\times(1-T_C)$	• 如果公司拥有公开交易的流通在外债券，使用式（10-1）来估算 k_D • 也可使用信用风险价差式（10-2）或向银行咨询 • 使用公司边际税率作为 T_c	$K_D=6.8\%$ $T_C=40\%$ $K_D\times(1-T_C)=6.8\%\times(1-0.4)=4.1\%$
步骤 3： 估算权益成本：k_E	• 使用资本资产定价模型，即式（10-11） • 无风险利率是当前政府债券收益率 • 市场风险溢价为 4%（历史平均） • 使用公司股票 β 值，如果公司股票没有公开交易，根据代表公司估计 β 值	4.7% 4% 1.09 $k_E=4.7\%+(4\%\times1.09)=9.1\%$
步骤 4： 计算公司加权平均资本成本	• $WACC=k_D(1-T_C)\ \frac{D}{E+D}+k_E\ \frac{E}{E+D}$	$WACC=(4.1\%\times30\%)+(9.1\%\times70\%)$ $=7.6\%$

10.6 估算项目的资本成本

项目的资本成本主要由项目风险决定。项目风险可以分为两类。第一类涉及与实施项目公司具有相似风险特征的项目，SMC 的制图桌灯项目属于这一类。

第二类涉及与实施项目公司具有不同风险特征的项目。为说明这类项目，我们以一家虚拟食品加工公司 Fine Foods 为例。Fine Foods 的经理认为通过垂直一体化进入快餐行业会使公司受益，正在考虑以“Buddy's”为名创办类似麦当劳的快餐连锁店。Buddy's 快餐店项目属于第二种类型，因为将要实施该项目的 Fine Foods 公司属于食品加工行业，而不是快餐店行业。

下面部分说明如何估计这两种类型项目的资本成本。

10.6.1 项目风险与公司风险相似

如果项目风险与公司风险相同，那么公司就是项目的恰当代表企业，项目的加权平均资本成本就是公司的加权平均资本成本。公司加权平均资本成本的估算过程在前面部分已做说明，而且在表 10-4 中进行了总结。因为制图桌灯项目与 SMC 具有相同的风险，所以 SMC 的加权平均资本成本 7.6% 就是项目的恰当加权平均资本成本，它是我们在第 6 章估计项目净现值时使用的折现率。

10.6.2 项目风险与公司风险不同

当项目风险与将要实施项目的公司风险不同时，例如 Buddy's 快餐店项目的情形，公司就不再是项目的恰当代表企业，因为投资者要求项目的资本成本反映项目风险，而不是反映公司风险。正如本章开始时所指出的，投资者期望从项目中获得的收益率，至少应该等于它们从代表公司获得的收益率。

在这种情况下，应该如何估算项目的资本成本呢？应该把它设定为等于代表公司加权平均资本成本的平均值吗（其中每家代表公司的 *WACC* 都像前面部分那样估算出来）？这种方法的一个潜在问题是项目可能具有与代表公司不同的目标负债和权益比例，另一个问题是将要实施项目公司的边际税率可能与代表公司不同。解决这些问题的一种方法是在假设代表公司没有债务融资的情况下估算其资本成本，然后对这些估计加以调整，以反映项目的目标资本结构和特定税率。我们以 Buddy's 快餐项目为例来说明这个计算过程。

1. 项目的目标资本结构

第 11 章说明了影响公司资本结构的诸多因素，其中包括公司拥有的资产类型。因为代表公司与项目处于相

同的经营部门，而且预计拥有与项目相似的资产，所以一般假设它们的资本结构是投资者对项目要求财务杠杆水平的较好估计值。换言之，可以把项目的融资比例设定为等于代表公司融资比率的平均数。

为了估算代表公司的融资比例，使用与公司自身（SMC）就是代表公司情况相同的方法。前面提到的两个注意事项仍旧有效：首先，应该使用市场价值而非账面价值；其次，某一特定代表公司观察到的资本结构可能不是公司的目标资本结构。然而，使用代表公司融资比率的平均数应该能够减小大部分测量误差的影响。

表10-5列出了Buddy's快餐店代表公司的融资比例。从美国快餐业选出的这三家代表公司分别是在纽约证券交易所上市的麦当劳、CKE和在纳斯达克上市的玩偶匣（Jack in the Box）。

表10-5　Buddy's快餐项目的代表公司

结束于2008会计年度①

	权益β值	负债/权益	税率	资产β值②
麦当劳	0.67	0.22	30%	0.58
玩偶匣	0.91	0.82	36%	0.60
CKE	1.19	1.30	41%	0.65
代表企业的平均β值	0.92			0.61

①资料来源：权益β值、负债比率和税率来自Yahoo! *Finance*。债务用账面价值计量，权益用市场价值计量。
②资产β值是利用表中数据根据式（10-7）计算得来。

2. 项目的债务和权益成本

正如前面提到的，债务成本和权益成本都取决于公司的负债比例。负债比例越高，公司的财务风险越大，股东和债权人要求的回报率就越高。因此，如果我们想要使用代表公司的债务和权益成本估算项目的资本成本，那么我们必须首先调整这些成本以考虑代表公司与项目的负债比率差异。然而，实际上，我们假设债务成本对财务杠杆变动的敏感性低于权益成本，[一]因此我们只调整权益资本以考虑资本结构差异的影响。

3. 估算Buddy's快餐项目的债务成本

为了估算三家代表公司的借款利率，我们需要知道它们的信用评级和相应的利率。[二]2009年年初，根据标准普尔信用评级，麦当劳被评为A级，另外两家公司被评为BB级。在当时，评级为A级的公司可以按照6.6%的利率取得长期贷款，而评级为BB级的公司在2009年早期很难进入债券市场。[三]由于Fine Foods的信用评级比另外两家公司更接近麦当劳，因此我们把6.6%作为Fine Foods为该项目融资所需支付利率的估计值。假定Fine Foods的边际税率为35%，那么该项目的税后债务成本为

$$k_D(1-T_c) = 6.6\% \times (1-0.35) = 4.3\%$$

在实践中，公司不需要计算必要利息率，因为这些利率可以从银行和其他金融机构得到。然而，银行通常会为公司整体而不是特定项目提供数据。只要项目风险与公司风险差别不大，我们就可以用这个数据。但是，如果情况不是这样，银行应该提供代表公司而不是该公司的利率。

4. 估算Buddy's快餐项目的权益成本

之前我们讨论过，公司的β系数会随财务杠杆的提高而增大。因此，如果我们使用资本资产定价模型来估算项目的权益成本，我们想要确保我们使用的β系数能够反映项目目标资本结构的影响。如果代表公司的资本结构与项目的目标资本结构不同，就需要对代表公司的β系数进行调整以考虑这种差异的影响。调整包括两个步骤：第一步，要对每个代表公司的权益β系数“去杠杆”，这意味着使用式（10-7）计算相应的无杠杆或资产β系数；第二步，使用式（10-6）将“无杠杆”β系数的均值按照项目的目标资本结构“重新杠杆化”，以获得项目的权益β系数。这就是根据资本资产定价模型估算项目权益成本应该使用的β系数。

我们以Buddy's快餐项目为例说明这个计算过程。代表公司的无杠杆或资产β系数如表10-5所示。它们是使用式（10-7）计算出来的，而且每家代表公司的信息都报告在表10-5中。这些β系数的均值是0.61。我们注意

[一] 至少对财务杠杆并非极高的公司是这样。
[二] 信用评级及其提供者——评级机构在第9章中讨论。
[三] 这三家公司、它们的评级和相应利率的信息是公开可得的。这些信息在穆迪和标准普尔等主要评级机构的网站上每天都会更新。

到，资产β系数的估计值之间要比权益β系数的估计值之间更为接近，因为这三家代表公司具有相似的资产，但负债比率和税率有所差异。这就是我们想要消除负债和税收对代表公司权益β系数的影响，再按照 Buddy's 快餐项目的负债权益比率和税率把平均资产β系数 0.61 重新调整为杠杆β系数的原因。

Fine Foods 应该采用什么作为 Buddy's 快餐项目的目标负债权益比率呢？代表公司的负债权益比率从较低的 0.22（麦当劳）变动到较高的 1.3(CKE)。由于 CKE 拥有很高的杠杆，它的负债权益比率不适合作为快餐店财务风险的代表。因此，我们应该去掉 CKE，使用另外两家代表公司的平均负债权益比率 0.52(= (0.22 + 0.82)/2) 作为 Fine Foods 的目标负债权益比率，相当于使用34%负债融资和66%权益融资。[⊖]

我们现在需要把平均资产β系数 0.61 重新调整为目标负债权益比率为 0.52 条件下的杠杆β系数。使用式（10-6）和 Fine Foods 的公司税率35%，我们可以得到

$$\beta_{权益,Buddy's} = 0.61 \times [1 + (1 - 0.35) \times 0.52] = 0.82$$

估算的项目权益β系数0.82与表10-5中列示的平均权益β系数0.92相差很大，这就说明了经过所有所需步骤以获得项目权益β系数的恰当估计值的重要性。当代表公司的负债比率和税率与项目相差很大时，仅使用代表公司的平均权益β计算不会得到恰当的估计值。

项目的权益β系数是0.82，无风险利率是4.7%（这是分析当时长期政府债券的收益率），市场风险溢价是4%，代入式（10-11）表示的 CAPM 中，我们可以得到 Buddy's 快餐项目权益成本的估计值

$$k_{E,Buddy's} = 4.7\% + (4\% \times 0.82) = 8\%$$

5. 估算 Buddy's 快餐项目的加权平均资本成本

表10-6总结了当项目风险与公司风险不同时估算资本成本所需的步骤。每一个步骤都列示了其在 Buddy's 快餐项目中的应用。前面提到过，Buddy's 的目标负债权益比率为52%，这意味着它的目标融资比率是34%负债和66%权益。它的税前负债成本为6.6%，权益成本为8%，税率为35%，使用式（10-12）的 *WACC* 公式，我们可以得到

$$WACC_{Buddy's} = [6.6\% \times (1 - 0.35) \times 0.34] + (8\% \times 0.66) = 6.74\%$$

这就是 Fine Foods 公司经理应该用于决定是否开设 Buddy's 快餐连锁店的最合适利率。

表 10-6 当项目风险与公司风险不同时项目加权平均资本成本的估算，包括在 Buddy's 快餐项目中的应用

步骤	做法	Buddy's 快餐项目
步骤 1： 估算项目负债融资和权益融资的相应比例： $\frac{D}{E+D}$和$\frac{E}{E+D}$	• 使用代表公司负债和权益的市场价值 • 使用债券估值公式，即式（10-1），基于流通在外债务数据计算负债的市场价值 • 权益的市场价值等于股价乘以流通在外股数 • 计算代表公司比率的均值	$\frac{D}{E+D}=0.34$　$\frac{E}{E+D}=0.66$
步骤 2： 估算项目的税后负债成本： $k_D \times (1 - T_C)$	• 使用代表公司的信用评级和相应的借款利率 • 计算代表公司借款利率的均值 • 使用公司边际税率作为 T_C	$k_D = 6.6\%$ $T_C = 35\%$ $k_D(1 - T_C) = 6.6\% \times (1 - 0.35) = 4.3\%$
步骤 3： 估算项目的权益成本：k_E	• 使用资本资产定价模型，即式（10-11） • 无风险利率是政府债券的当前收益率 • 市场风险溢价为4%（历史平均） • 使用式（10-7）去除代表公司权益β的杠杆以获得无杠杆资产β值 • 使用式（10-6），按照项目的目标负债权益比率，把代表公司的资产β值的均值重新调整为杠杆β值 • 将项目的权益β值代入资本资产定价模型，以得到项目的权益成本 k_E	4.7% 4% 0.61 0.82 $k_E = 4.7\% + (4\% \times 0.82) = 8.0\%$
步骤 4： 计算项目的加权平均成本	• $WACC = k_D(1 - T_C)\frac{D}{E+D} + k_E\frac{E}{E+D}$	$WACC = 4.3\% \times 0.34 + 8\% \times 0.66\% =$ **6.74%**

⊖ 注意，$\frac{D}{E+D} = \frac{D/E}{1+(D/E)} = \frac{0.52}{1+0.52} = 34\%$。

10.6.3 估算项目的资本成本时应该避免的三个错误

在本章最后我们讨论在估算项目的资本成本时常犯的三个错误。这些错误揭示了对项目的资本成本的确切含义和正确估算方法具有危害性的误解。

1. 错误1

因为项目将全部采用负债融资，所以相关资本成本就是负债的利息率。

或者

因为项目将全部采用权益融资，所以相关资本成本就是权益成本。

假设SMC缺少资金，决定以6.8%的利率（与前面使用的利率相同）或4.08%［6.8%×(1－0.40)］的税后利率借入200万美元为制图桌灯项目融资。如果我们机械地套用WACC的计算公式，即式（10-12），项目的资本成本就会是4.08%，因为在这种情形下没有权益融资。如果你认为有什么地方不对，那么你是正确的。让我们来看一下原因。

首先，公司可以按照6.8%的利率借入200万美元，并不是由于项目本身的优点，而是因为公司有足够的权益和其他有价值的资产，可以作为对贷款人的担保。尽管SMC作为一个整体可以借到200万美元，但银行或其他潜在贷款人不会愿意仅靠项目资产作为担保而出借资金。其次，更为根本的是，这样没有正确使用WACC的计算公式。我们提到过，制图桌灯项目的资本成本是项目为了满足投资者的预期收益率需要创造的收益率。因为项目风险与公司相同，所以项目的相关资本成本一定等于SMC的资本成本。后者可以通过将WACC公式应用于SMC估算出来，我们知道，SMC并不是100%通过负债融资的。

2. 错误2

尽管项目风险与公司风险不同，公司的相关资本成本应该等于公司的加权平均资本成本，因为公司股东和债权人是从公司创造的现金流量而非项目创造的现金流量中得到支付。

的确是这样，股利和利息都从公司创造的现金流量中支付，但这并不意味着公司实施的任何项目的资本成本都一定等于公司的资本成本。不管投资者当前从公司获得的收益率是多少，投资者想要从项目中获得的收益率等于他们可从具有相同风险特征的替代投资中获得的收益率。例如，Buddy's（快餐连锁店）将要实施项目的资本成本应该等于Fine Foods公司（食品加工公司）的资本成本吗？答案是否定的，因为投资者对在快餐行业投资的看法与对在食品加工行业投资的看法不一样。需要记住的是：决定项目的资本成本的不是公司的资本成本，而是正好反过来。每一个项目都有自己的资本成本，公司的资本成本只是公司实施各种项目的资本成本的加权平均数。

遗憾的是，很多公司仍然将整个公司的资本成本（通常称为**门槛收益率**，hurdle rate）无差别地应用于公司所有项目。除非这些项目具有相同的风险，否则这样做是不正确的。

为了进一步说明这一点，我们考察MultiTek——一家使用公司加权平均资本成本评估公司所有项目的公司。为简要说明，假设MultiTek没有负债，而且β值等于1。进一步假设政府债券的收益率是5%，市场风险溢价是4%。根据式（10-11）表示的资本资产定价模型，MultiTek的权益成本（由于公司没有负债，因此也为公司*WACC*）等于

$$k_{E,\text{MultiTek}} = WACC_{\text{MultiTek}} = 5\% + (4\% \times 1) = 9\%$$

需要注意的是，市场组合的预计收益率也是9%，因为MultiTek的β系数等于1。由于Multitek使用WACC评估投资项目，所以它将接受收益率高于9%的项目，而拒绝收益率低于9%的项目。图10-4说明了这一决策法则，其中9%是公司接受和拒绝项目的分水岭。

我们已经绘制出了证券市场线，它提供了在项目β系数给定条件下的项目预计收益率。它以当时的无风险利率5%作为起点，通过点M——市场预计收益率9%。如果MultiTek使用项目β系数而非公司β系数评估投资项

目，那么它就会拒绝任何处于证券市场线下方的项目，接受任何处于证券市场线上方的项目，因为SML代表投资项目的预计收益率与投资项目对应的β系数之间的关系。图10-4显示，对所有项目使用单一比率作为判断标准，可能导致Multitek错误地接受一些高风险项目或错误地拒绝一些低风险项目。

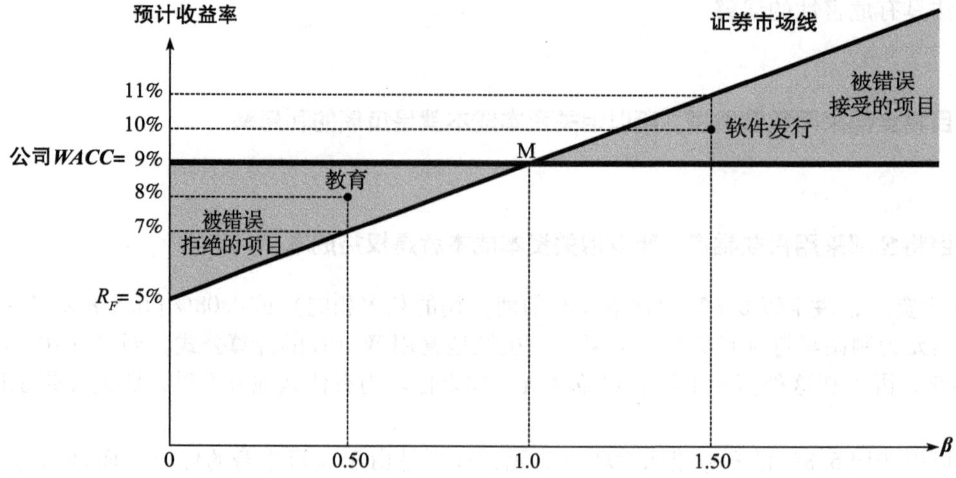

图10-4 公司整体资本成本与项目预计收益率

为说明这种情况发生的原因，假设MultiTek拥有两个部门：属于教育行业的低风险部门和属于软件发行行业的高风险部门。假设教育行业代表公司的平均资产β系数是0.5，而软件发行行业代表公司的平均资本β系数是1.5。由于MultiTek没有任何负债，所以每个部门的资本成本就是它的权益成本。使用资本资产定价模型来估算每个部门的资本成本，我们可以得到

$$k_{E,\text{Education}} = 5\% + (4\% \times 0.50) = 7\%$$
$$k_{E,\text{Spftware}} = 5\% + (4\% \times 1.50) = 11\%$$

如果教育部门正在考虑一项内部收益率为8%的投资（见图10-4），那么应该接受这个项目，因为它为MutiTek股东带来的收益率高于必要收益率7%。如果软件发行部门拥有一个内部收益率为10%的项目（见图10-4），那么应该拒绝这个项目，因为它的内部收益率低于MultiTek股东要求的收益率11%。然而，如果按照MultiTek使用的决策法则判断，第一个项目会被拒绝，因为它的预计收益率低于整个公司的加权平均资本成本9%，而第二个项目会被接受，因为它的预计收益率高于公司加权平均资本成本。如果MultiTek继续使用加权平均资本成本9%作为所有投资的取舍收益率，那么公司有时就会接受不盈利的高风险项目，而拒绝有盈利的低风险项目。因此，公司的风险会随时间推移而上升，公司的风险调整盈利能力将下降，公司的价值也将下降。

3. 错误3

当项目风险与公司风险不同时，应该降低项目的资本成本以考虑多元化给公司带来的风险降低。

的确，如果一个项目的收益变动与公司当前投资的收益变动不同，那么这个项目可以通过多元化降低公司的整体风险。例如，你会认为通过多元化方式进入快餐行业可以降低Fine Foods的总风险，因为两个行业的收益变动不同步。当食品加工行业的盈利上升（或下降）时，快餐行业的收益可能也会上升（或下降），但上升（或下降）的比例不一定相同。因此，如果Fine Foods决定投资于快餐业，那么它的收益波动将变得平稳，因此你可能断定，使用快餐连锁店作为Buddy's的代表公司而不考虑这种风险降低影响是不正确的。

尽管投资于快餐店，公司的总风险确实会降低，但这种影响与公司股东无关，因为他们可以通过购买麦当劳、玩偶匣和CKE的股票而直接获得同样的风险降低。因此，他们肯定不会接受降低他们对项目要求的收益率，因为他们不需要Fine Foods经理的帮助就可以通过自己的投资组合实现风险分散。

4. 如何避免出错

估算项目资本成本时出现错误就会导致资本在项目之间的不合理分配，并最终带来价值减损，就像公司不考

虑它所评估项目的系统性风险（β）而使用整个公司的资本成本的情形一样。存在疑问时，请记得一个项目的资本成本是由金融市场而不是经理决定的。你所能做的和必须做的，就是使用市场数据（例如市场利率、β系数和代表公司的资本结构）确定市场预期可从评估项目中获得的收益率。你不应该做的是基于内部产生的数据（例如会计数据）设定加权平均资本成本，这样做可能会对你的评估结果产生错误影响。

10.7 小结

公司的资本成本就是投资者预计可从公司投入资本中获得的收益率。当项目风险与实施项目的公司风险相同时，项目的资本成本与公司的资本成本相同。但是，当项目风险与公司风险不同时，公司的资本成本就不再是恰当的项目的资本成本。在这种情况下，必须确定与项目具有相同风险的代表公司或单一业务公司，用代表公司的资本成本来评估项目。

遗憾的是，公司的资本成本不能直接被观测到，必须通过投资者预计可从投入公司资本中获得的收益率推断出来。这个预计收益率可以利用公司发行证券的数据估算出来。我们说明了如何使用债券价格计算债务成本，以及如何使用股利折现模型或资本资产定价模型估算权益成本。股利折现模型仅适用于定期支付固定股利的公司，而资本资产定价模型应用更加广泛，它是估计权益成本的标准模型。

为确定总资本成本，我们只需求出负债成本和权益成本的加权平均数，其中权重是公司为投资所筹负债和权益的比例。这个总资本成本称为加权平均资本成本。

当项目风险与公司风险相同时，公司的加权平均资本成本也是项目的资本成本；当项目风险与公司风险不同时，公司的加权平均资本成本不再代表投资者对项目要求的收益率。我们说明了在这种情形下，如何利用与项目具有相同风险的代表公司的权益成本和负债成本来估算项目的加权平均资本成本。

最后，本章讨论了在估算项目资本成本过程中常犯的三个错误。这些错误源于对项目的资本成本的一些误解，只要记住项目的资本成本是由金融市场而非经理决定，这些错误就很容易避免。

扩展阅读

1. Brealey, Richard, Stewart Myers, and Franklin Allen. *Principles of Corporate Finance*, 9th ed. McGraw – Hill, 2008. See Chapters 8 to 10.
2. *Yearbook*, 2009. Credit Suisse Global Investment Returns, 2009.
3. Damodaran, Aswath. *Corporate Finance: Theory and Practice*, 2nd ed. John Wiley & Sons, 2001. See Chapter 6.
4. Koller, Tim, Marc Goedhart, and David Wessels. *Valuation: Measuring and Managing the Value of Companies*, 4th ed. John Wiley & Sons, 2005. See Chapter 10.
5. Ross, Stephen, Randolph Westerfield, and Jeffrey Jaffe. *Corporate Finance*, 8th ed. McGraw-Hill Irwin, 2008. See Chapters 9, 10, and 12.

自测题

10.1 负债成本与权益成本

当我们指出一家公司、一个部门或一个项目的权益资本成本是10%，负债成本是8%时，我们想说明什么？为什么负债成本低于权益成本？

10.2 债券和股票的现金流量

什么是债券相关现金流量？什么是普通股相关现金流量？这些现金流量与债券市场价值有什么关系？与普通股每股市价有什么关系？

10.3 资本资产定价模型

资本资产定价模型的含义是什么？

10.4 公司的资本成本

Vanhoff Line 公司的权益β系数为1.16，负债与权益比率为1，预计市场组合收益率为10%，政府债券利率为5%。Vanhoff Line 公司能以6%的利率取得长期借款。公司税率为40%。

a. Vanhoff Line 公司的权益成本是多少？

b. Vanhoff Line 公司的资本成本是多少？

10.5 估算资本成本

你的公司——PacificCom 生产通信设备和通信软件。你刚刚收到一份咨询公司的报告，强烈建议只有当投资方案的内部收益率高于 8% 时才能被接受。8% 被提出作为 PacificCom 的加权平均资本成本（WACC），它的计算过程如下

$$WACC = [5.78\%(1-40\%)\times 40\%] + [11\% \times 60\%] = 7.99\%\text{，四舍五入到 }8\%$$

其中，$k_D = 5.78\%$，是 PacificCom 的银行借款利率；$T_c = 40\%$，是公司的边际税率；$[D/(E+D)] = 40\%$ 和 $[E/(E+D)] = 60\%$ 是 PacificCom 的融资比例，D 和 E 是公司最新资产负债表中的负债和权益金额；$k_E = 11\%$ 是 PacificCom 的权益成本，是按照无风险利率为 5% 的政府债券利率，市场风险溢价为 5%，公司 β 系数为 1.2，使用资本资产定价模型计算出来（$k_E = 5\% + 1.2 \times 5\% = 11\%$）。

你赞同咨询公司对 PacificCom 资本成本的估算吗？

复习题

1. 历史收益率

下表列示了美国证券 1994～2007 年已实现的年化收益率：股票市场（S&P 500）、公司债券、政府债券和国库券。每一期间的年通货膨胀率在最后一栏列示。

（单位：%）

期间	S&P 500	公司债券收益率	政府债券收益率	国库券收益率	通货膨胀率
1994	1.31	-5.76	-7.77	3.90	2.67
1995	37.43	27.20	31.67	5.60	2.54
1996	23.07	1.40	-0.93	5.21	3.32
1997	33.36	12.95	15.85	5.26	1.70
1998	28.58	10.76	13.06	4.86	1.61
1999	21.04	-7.45	-8.96	4.68	2.68
2000	-9.11	12.87	21.48	5.89	3.39
2001	-11.88	10.65	3.70	3.83	1.55
2002	-22.10	16.33	17.84	1.65	2.38
2003	28.70	5.27	1.45	1.02	1.88
2004	10.87	8.72	8.51	1.20	3.26
2005	4.91	5.87	7.81	2.98	3.42
2006	15.80	3.24	1.19	4.80	2.54
2007	5.49	2.60	9.88	4.66	4.08
年算术平均数：					
1994～2007	11.96	7.48	8.20	3.97	2.64
1926～2007	12.30	6.20	5.80	3.80	3.10

资料来源：Ibbotson Associates，2008 *Yearbook*。

a. 理论表明，投资项目风险越高，预期收益率也越高，上表数据可以在多大程度上说明这一点？

b. 如何解释公司债券和政府债券年收益率相对较高的波动？

c. 从 1994～2007 年，S&P 500 每年的市场风险溢价是多少？在 1994～2007 年和 1926～2007 年，S&P 500 的市场风险溢价是多少？通过观察你能得出什么结论？

2. 风险和收益

你同意以下的观点吗？请给出解释。

a. 过去10年股票市场历史收益率的平均数是对未来收益率的最佳预测。

b. 因为从长期来看股票的收益率高于债券，因此所有理性的投资者都应该更愿意购买股票。

c. 由于政府债券被视作无风险，因而意味着所有投资者都永远不会有损失。

3. 权益成本和负债成本

你们公司首席运营官的以下观点正确吗？

a. 我们当前的股价为60美元，每股股利为6美元，这意味着我们使用股东投资的成本为10%（=\$6/\$60）。

b. 根据资产负债表，我们的负债为80 000 000美元；根据利润表，我们的利息费用为5 000 000美元。因此，我们的负债成本为6.25%（=\$5 000 000/\$80 000 000）。

4. 负债成本

Cordona公司拥有将于12年后到期的流通在外债券，这些债券的当前市为面值的110%，面值为1 000美元，每年支付80美元利息，Cordona的负债成本是多少？

5. 权益成本

Onogo公司当前每股股利2美元，假设按5%的年利率持续增长，股价为50美元，β系数为1.08，市场风险溢价为5%，无风险收益率为4%，你对Onogo公司权益成本的最佳估计值是多少？

6. 资本资产定价模型的实际应用

根据资本资产定价模型

$$R_i = R_F + (R_M - R_F) \times \beta_i$$

其中，R_i为证券i的预计收益率，等于无风险投资的收益率R_F加上因持有证券承担风险要求的超过无风险利率的预计额外收益率（$R_M - R_F$）$\times\beta_i$；β_i衡量证券收益对市场指数收益率变动的相对敏感性；R_M是市场指数的预计收益率；（$R_M - R_F$）是预计市场收益率与无风险利率之差，又称为市场风险溢价。

最近几年，对市场风险溢价的大小有相当多的争议。大多数教科书（包括本书）给出的市场风险溢价范围在4%~6%。然而，一些主要投资银行在并购或其他交易中对公司估值而计算资本成本时，所使用的市场风险溢价却低至3%。

如何证明3%这么低的比率是合理的呢？投资银行可能做出何种解释？如果你正在并购另一家公司，你会同意使用这么低的比率吗？如果你是被并购方呢？

7. 计算加权平均成本

假设Tale公司的目标资本结构如下：50%股票，40%负债，10%优先股。公司的权益成本为10%，负债成本为6%，优先股成本为4.5%，税率为35%。

a. Tale的资本成本是多少？

b. 由于优先股的成本低于负债的成本，Tale公司应该使用更多优先股融资吗？

8. 估算公司资本成本

你被要求估算CAT公司的资本成本。公司有流通在外股票400万股，面值1 000美元的债券125 000份。此外，公司拥有短期银行借款20 000 000美元。目标资本结构为55%权益，40%长期负债，5%短期负债。当前资本结构与目标资本结构暂时稍有差异。

公司股票的当前交易价为50美元，β系数为1.03，股票面值为16美元。债券的年利率为9%，交易价为面值的108%，将于10年后到期。短期负债的利息率为3.5%，10年期政府债券的当前收益率为5.2%，市场风险溢价为5%，公司适用税率预计为35%。

基于这些数据，计算CAT公司的资本成本。

9. 估算部门的资本成本

FarWest公司制造电信设备和通信软件。设备部门请求财务部估算资本成本。FarWest的长期借款利率为7%，公司税率为40%，目标负债率（负债/总融资额）为30%，β系数为1.05。当前的政府债券收益率为5.2%，市场风险溢价为5%。

财务部确定了与 FarWest 设备部具有类似业务的三家单一业务公司，它们的 β 系数和负债权益比率如下所示：

	A 公司	B 公司	C 公司
权益 β 系数	0.70	1.00	1.02
负债权益市值比率	1.00	0.80	0.70

如果设备部的目标负债权益比率是 1.20，如何估算该部门的加权平均资本成本？

10. 估算拆分的资本成本

作为重组方案的一部分，一家多元化公司计划出售一个分部，该分部是由前任管理层收购的一家当地航空公司。首席执行官（CEO）要求财务部门在与投资银行谈论前，估算出认为的合适价格。首席财务官（CFO）打算基于未来现金流量的现值估算对分部估值，他同意 CEO 对可能影响现金流量主要假设的看法，但是不认同 CEO 选择的适当贴现率。CEO 认为他们应该使用公司当前加权平均资本成本 6.4% 作为贴现率，计算过程如下：

- 负债权益比率（D/E）=0.5，负债成本（k_D）=6%，无风险利率（R_F）=5%，公司税率 =30%，市场风险溢价 =5%，公司 β 系数 =0.5；
- 权益成本 k_E

$$k_E = R_F + (R_M - R_F) \times \beta$$

其中 R_F =5%，为无风险收益率；$(R_M - R_F)$ =5%，为市场风险溢价；β=0.5，为公司 β 系数。因此

$$k_E = 5\% + 5\% \times 0.50 = 7.50\%$$

- $WACC = k_D(1 - T_C)\ \dfrac{D}{E+D} + k_E + \dfrac{E}{E+D} = 6\% \times (1-0.3) \times \dfrac{1}{3} + 7.50\% \times \dfrac{2}{3} = 6.4\%$

CFO 不同意使用 *WACC* 作为贴现率，他认为航空公司的业务类型与公司完全不同，因为设备购买金额巨大而比其他分部承担了更多负债。因此，公司 *WACC* 完全不适合用于估算航空公司分部现金流量的价值，他们应该基于航空行业的特定资本成本进行估值。为此，CFO 取得了单一业务航空公司样本的以下数据：

	航空公司 A	航空公司 B	航空公司 C	航空公司 D	航空公司 E
权益 β 系数	1.20	0.95	1.35	1.45	1.55
负债权益市值比	1.25	1.85	1.35	1.70	3.40
平均负债成本	6%	7%	7.50%	7.25%	8.50%

a. 该分部的借款成本和负债权益比率将被设定为表中所示航空公司的平均值。根据表中所示可比数据，无风险收益率 5%，市场风险溢价 5%，税率 30%，估算该分部的 *WACC*。

b. 如果使用公司 *WACC* 而非刚刚算出的分部 *WACC*，会对估值产生什么影响？

第11章 设计资本结构

CHAPTER11

广义而言，经理需要做出两个主要决策。他们需要决定哪些投资项目能够创造最大价值，也需要决定哪种资本来源组合能够更好地为公司投资项目融资。前面几章说明了经理应该如何选择能够创造价值的项目，本章将说明经理应该如何设计能够创造价值的资本结构。需要牢记的是，通过改变负债与权益资本组合的方式来创造价值的机会要比通过选择更好的投资项目获得的机会有限得多。

使用借入资金为公司部分资产融资的决策具有重要的管理意义。如果公司发现过度举债导致越来越难以偿还债务（支付利息和偿还借入资金），管理层将面临做出对股东不利决策的压力。例如，管理层可能不得不快速低价出售一些能够创造价值的资产，以筹集偿还公司债务所需资金。相反，具有较少债务的公司可能失去通过税收节约（公司支付的利息越多，需要支付的税金就越少，因为利息支付可以减少应税收益）减少税收支出和提高价值的机会。用负债代替权益，公司就可以从应税所得中抵扣更多利息费用，从而节约本将用于支付税金的同样金额的现金。如果负债过多对公司有害，而负债过少又导致税收的低效率，那么恰当的负债金额是多少？这是我们将在本章回答的问题。

经理可以从众多资金来源渠道中选择，从而为其经营活动融资。大多数资金来源渠道是两种基本类型资本的组合：负债（例如银行贷款和债券）和权益（包括留存收益和普通股）。本章考察经理应该如何综合运用负债和权益融资，以构建能够最大化公司资产和权益价值的资本结构。公司的资本结构通常可以通过负债比率识别，例如负债与权益比率（借款金额/权益金额）或负债与资产比率（公司资产中通过借入资金融资的部分）等。这两个负债比率常常可以交替使用。

公司的最优资本结构是使得公司资产的市场价值最大的负债比率。我们将表明，使得公司资产的市场价值最大通常与使得公司权益的市场价值最大以及使得公司资本成本最小相同。最优负债比率取决于很多因素，一些容易识别和计量，另一些则不然。为了找到这些因素并弄清楚它们对公司盈利能力和价值的影响，我们将分析公司负债比率的变动如何影响：①公司的盈利能力，用每股收益（*EPS*，税后收益/流通在外股票数量）衡量；②公司资产的市场价值；③公司的股票价格；④公司的资本成本。

学习完本章，你应该了解以下内容：

- 资本结构的变动如何影响公司的每股收益、资产价值、权益价值、股票价格和资本成本；
- 资本结构决策中隐含的权衡；
- 企业税和财务拮据成本如何影响资本结构决策；
- 为什么不同行业和不同国家的公司具有不同的资本结构；

- 除税金和财务拮据成本外，公司在建立最优资本结构时必须考虑的其他因素，包括代理成本以及经理与外部投资者之间存在的信息不对称。

11.1 不存在税收和财务拮据成本条件下的资本结构决策

本节考察当公司不需要支付所得税而且不存在**财务拮据成本**（financial distress costs，由于过度借款产生，会影响公司有效运营的能力并降低公司价值的成本）时，资本结构变动如何影响公司的盈利能力、资产及权益的市场价值、股票价格和资本成本。在接下来的章节中将考虑这两个限制条件。在开始分析时不考虑税收和财务拮据成本等复杂情况，将使得后面提出的更一般模型更加易于理解。

11.1.1 借款对公司盈利能力的影响（不存在税收和财务拮据成本）

在物理学中，杠杆是指使用杠杆带来的力量增加。在财务学中，**杠杆**（leverage 或 gearing）是指使用负债融资可以带来的盈利能力（通常用每股收益（*EPS*）衡量）增加。[⊖]为了说明借款为什么以及如何影响 *EPS*，我们考察 Jolly Bear 公司（JBC）。JBC 当前为完全股权融资公司，流通在外股票 200 万股，每股价值 100 美元，因此公司权益价值为 2 亿美元（100 美元 ×200 万股）。由于公司没有负债，所以资产价值等于权益价值（2 亿美元）。JBC 的财务总监约翰逊女士正在考虑以 10% 的利率借入 1 亿美元，并用这些资金按照每股 100 美元的价格回购公司的一半股票（我们将在后面解释为什么股票价格不会受到回购的影响），她想知道 JBC 资本结构的这种变化会对公司 *EPS* 产生怎样的影响。

表 11-1 说明了在未来经济的三种可能情境——衰退、预期和繁荣下，这种**资本重组**（recapitalization）决策对 *EPS* 的影响。公司的营业利润（息税前收益，earnings before interest and tax，EBIT）不会受到借款决策的影响。无论约翰逊女士决定举债多少，衰退情境下的营业利润都为 1 000 万美元，预期情境下的营业利润为 3 000 万美元，繁荣情境下的利润为 4 000 万美元。

表 11-1 不存在税收情况下，JBC 当前和计划资本结构下的每股收益 （单位：美元）

当前资本结构：没有负债，每股 100 美元的股票 200 万股			
	衰退	**预期**	**繁荣**
息税前收益	10 000 000	30 000 000	40 000 000
减：利息	0	0	0
减：所得税	0	0	0
净收益	10 000 000	30 000 000	40 000 000
除以：股票数	2 000 000	2 000 000	2 000 000
每股收益	**5**	**15**	**20**
计划资本结构：以 10% 的利率借入 1 亿美元，并使用这笔资金按照每股 100 美元的价格回购 100 万股股票			
	衰退	**预期**	**繁荣**
息税前收益	10 000 000	30 000 000	40 000 000
减：利息	(10 000 000)	(10 000 000)	(10 000 000)
减：所得税	0	0	0
净收益	0	20 000 000	30 000 000
除以：股票数	1 000 000	1 000 000	1 000 000
每股收益	**0**	**20**	**30**

首先考察预期情境的情况。因为没有负债（表 11-1 的上面部分），不用支付利息和税金，所以净收益为 3 000 万美元，与息税前收益相等。公司有流通在外股票 200 万股，每股收益等于 15 美元（=3 000 万美元/200 万股）。如果公司以 10% 的利率借入 1 亿美元（表 11-1 的下面部分），利息支付为 1 000 万美元，净收益会下降到 2 000 万美元。在做出借款具有负面影响的结论之前，我们应该考察它对每股收益的影响。因为在股票回购后公司只有

⊖ 借款对另外一种盈利能力指标——公司权益收益率的影响已经在第 5 章中详细考察。

100 万股股票，所以每股收益为 20 美元（=2 000 万美元/100 万股）。因此，负债融资可使预计每股收益从 15 美元提高到 20 美元。**财务杠杆**（financial leverage）似乎与物理学世界中的杠杆具有相同的效果。

在繁荣情境下，财务杠杆也对股东有利，因为每股收益从 20 美元提高到了 30 美元，增长了 50%（见表 11-1）。然而，在衰退情境下，在公司没有负债的情况下每股收益为正值，在有借款的情况下每股收益为 0。

通过绘制当前和计划资本结构下 *EPS* 与 *EBIT* 的关系图，我们可以图示这种现象，如图 11-1 所示。无负债 *EBIT-EPS* 线起始于坐标原点，因为当 *EBIT* 为 0 时，*EPS* 也为 0。当 *EBIT* 增加时，*EBIT* 每上升 100 万美元，*EPS* 增加 0.5 美元。当公司拥有 1 亿美元负债时，*EBIT-EPS* 线的起始点为 *EPS* = −10 美元，因为在该点，*EBIT* 为零，但 *JBC* 仍然需要支付 1 000 万美元利息费用。结果为损失 1 000 万美元，除以 100 万股，得到每股损失 10 美元。当 *EBIT* 增加时，有负债情况下 *EPS* 的增加速度是无负债情况下的 2 倍，即 *EBIT* 每上升 100 万美元，*EPS* 增加 1 美元。原因很清楚：当公司借入 1 亿美元回购权益时，流通在外股数下降了一半。

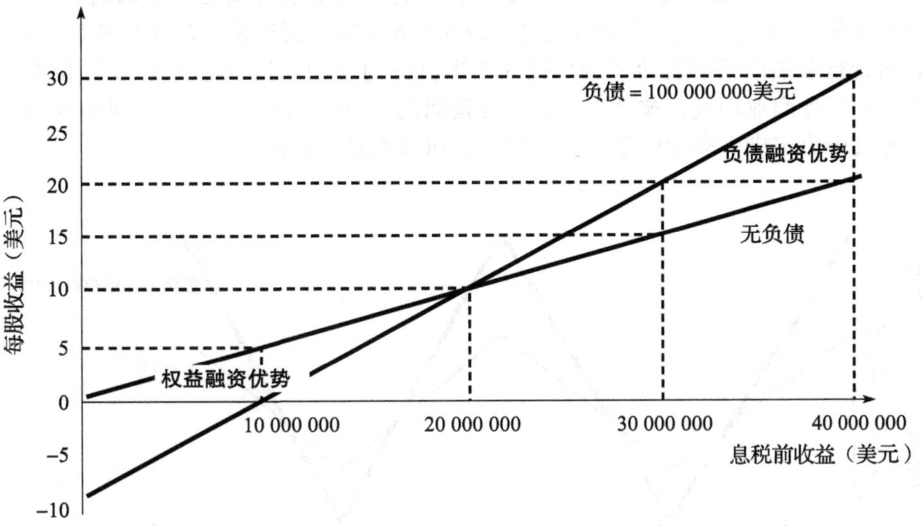

图 11-1 不同资本结构下 JBC 的每股收益

现在考察两条直线的交叉点：当 *EBIT* 低于交叉点 *EBIT* 时，如果 *JBC* 选择完全股权融资资本结构，其 *EPS* 会更高。在交叉点处，两种融资方式下的 *EPS* 相同。当 *EBIT* 高于交叉点 *EBIT* 时，债务融资下的 *EPS* 更高。我们基于以下事实来确定交叉点的 *EBIT* 和 *EPS*：在该点，无负债情况下的 *EPS* 等于负债为 1 亿美元情况下的 *EPS*。在无负债情况下，*EPS* 等于 *EBIT* 除以 200 万流通在外股数，如下面等式的左边所示。当公司有 1 亿美元负债融资时，*EPS* 等于 *EBIT* 减去 1 000 万美元利息支出，再除以 100 万股数，如等式右边所示。在交叉点，两者是相等的

$$EPS = \frac{EBIT}{2\,000\,000} = \frac{EBIT - \$10\,000\,000}{1\,000\,000}$$

可以得到

$$EBIT = \$20\,000\,000$$

$$EPS = \frac{\$20\,000\,000}{2\,000\,000} = \$10$$

因此，当 *EBIT* 等于 2 000 万美元时，两种资本结构下的 *EPS* 均为 10 美元。值得注意的是，当 *EBIT* 为 2 000 万美元时，JBC 的资产收益率为 10%（*EBIT* = 2 000 万美元/资产 2 亿美元），恰好等于负债的利息率。只要 JBC 的资产收益率高于负债成本，公司股东就会从负债融资中获益。[⊖]根据这些分析，约翰逊女士得出以下结论：

（1）资本结构决策影响以 *EPS* 衡量的公司盈利能力；

⊖ 第 5 章得出了相同的结论。然而，需要记住我们在第 5 章提到的两个限制条件：那里的讨没有考虑风险，也没有考察更高的杠杆是否伴随着公司价值的增加。这些问题将在本章后面讨论。

（2）只要 *EBIT* 高于 2 000 万美元（资产收益率高于债务成本 10%），财务杠杆就会带来 *EPS* 的提高；

（3）当预计 *EBIT* 为 3 000 万美元时，无负债情况下的 *EPS* 为 15 美元，有 1 亿美元负债融资情况下的 *EPS* 为 20 美元。

显然，在预期情境下，借款会使 JBC 的股东受益。然而，约翰逊女士知道，她不能基于单一情境做出决策。经济有可能进入衰退，在这种情况下，借款将对股东造成伤害，而非使股东受益。在做出决策之前，她必须考虑 *EBIT* 和资产收益率分别低于门槛值 2 000 万美元和 10% 情况下的风险。

11.1.2 获利能力与风险之间的权衡

借款与风险的关系如图 11-2 所示。这两条线分别表示了前面一节两种资本结构——无负债融资和 1 亿美元负债融资情况下 JBC 的 *EPS* 随时间变动的情况。*EPS* 是根据在衰退与繁荣情境之间变动的 *EBIT*(1 000 万 ~ 4 000 万美元）计算出来的。如表 11-1 所示，在没有负债时，*EPS* 在 5 ~ 20 美元变动。*EPS* 的变动产生于一般经济状况的变动以及影响 JBC 所处行业的因素的变动（例如投入产出价格的变动、技术的变更和竞争的加强等）。这些变动带来的风险产生于公司所处商业环境，被恰当地称为**经营风险**（business risk）。这种风险与 JBC 的资本结构无关，换言之，无论约翰逊女士决定借入多少资金，公司的经营风险都是相同的。

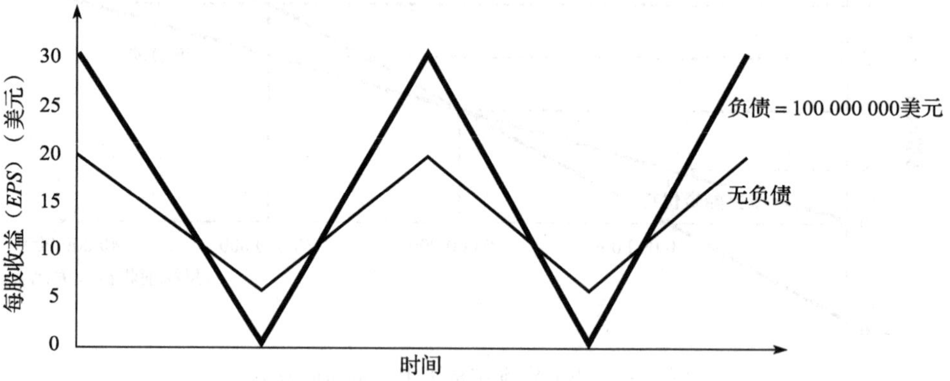

图 11-2 借款与风险

在存在负债情况下，*EPS* 在 0 ~ 30 美元变动。图 11-2 清楚地表明了债务融资对 *EPS* 变动的放大作用。与这种放大作用相关的额外风险称为**财务风险**（financial risk）。如果约翰逊女士决定使用负债为 JBC 的部分资产融资，JBC 股东承担的风险就会增大。因此，约翰逊女士面临以下权衡：

（1）她可以利用负债来增加 JBC 的期望 *EPS*，但公司股东将必须承担更多风险；

（2）她可以保持完全股权融资以降低风险，但 JBC 的股东只能得到较低的期望 *EPS*。

遗憾的是，这些分析到现在为止还没有告诉我们应该怎么做。为了解决这个问题，我们必须确定债务融资是如何影响公司价值而并非仅仅影响 *EPS* 的。能够为公司带来最高价值的方案将是最好的方案。那么，在不考虑税收和财务拮据成本的情况下，负债融资是如何影响公司价值的？资本结构的**比萨理论**（pizza theory）将为我们提供答案。

11.1.3 借款对公司资产价值和股票价格的影响（不考虑税收和财务拮据成本）

从烹饪的角度看，所谓的比萨理论是指没有人能够通过分割比萨来增加它的尺寸。从公司财务的角度看，我们可以把公司资产的市场价值看作一个巨大的比萨，公司的股东和债权人对比萨片具有要求权，而比萨片代表资产产生的现金流量。比萨理论指出，如果这些现金流量不需要交税，改变公司股东和债权人的现金流量（比萨片）分配比例，不能增加公司资产（比萨）的市场价值。换言之，公司资产的市场价值仅由资产创造的现金流量决定，不受用于为资产融资的负债和权益资本的相应比例的影响。

为说明这种现象，假设约翰逊女士决定借入 1 亿美元并回购公司 200 万股票的一半，考察这种资本重组对

JBC 股东财富的影响。在资本结构改变之前，由于公司没有负债，股东对 JBC 资产的要求权为整个公司的市场价值（2 亿美元）。在 JBC 提高杠杆后，股东对资产的 2 亿美元要求权减少了 1 亿美元，这 1 亿美元代表 JBC 公司现在拥有的负债的价值。但是这种价值的减少刚好被股东通过向公司回购 100 万股股票收到的 1 亿美元抵消。公司调整资本结构并没有改变股东的财富（他们的总财富仍然是 2 亿美元）。因此，资本结构的改变不应该对 JBC 的股价产生任何影响。

在诺贝尔获得者弗兰科·莫迪利安尼（Franco Modigliani）和默顿·米勒（Merton Miller）（MM）分别于 1985 年和 1961 年发表的两篇影响深远的论文中，给出了对公司资本结构的变动不会影响公司总市值和股票价格理论的正式论证。该理论背后的直觉是很简单的：公司资产的价值仅由经理运用资产创造现金流量的能力决定。仅靠重新配置这些现金流量的纸面要求权不会增加或减少公司资产的价值，也不会影响公司的股票价格。换言之，不管你如何分割比萨，它的价格不会受到影响。

让我们把 MM 的推理应用于 JBC 的资本结构。如果 JBC 借入 1 亿美元，在衰退情境下 *EPS* 为 0，在预期情境下 *EPS* 为 20 美元，在繁荣情境下 *EPS* 为 30 美元。在表 11-2 的上面部分重新进行了计算，还列示了用 *EPS* 除以每股价格 100 美元得到的相应股东权益投资收益率。在衰退情境下该收益率为 0，在预期情境下为 20%，在繁荣情境下为 30%。

表 11-2　公司杠杆与自制杠杆

JBC 借入 1 亿美元情况下股东每 100 美元投资的收益率			
	衰退	预期	繁荣
有负债条件下 JBC 的净收益（来自表 11-1）	$0	$20 000 000	$30 000 000
除以：股数	1 000 000	1 000 000	1 000 000
等于：每股收益	$0	$20	$30
投资收益率（*EPS*/100 美元）	**0%**	**20%**	**30%**
当 JBC 仍然保持完全股权资本结构时股东每 100 美元净投资的收益率。投资者买入 2 股 JBC 股票，1 股用自己的钱买入，1 股用借入的钱买入。			
	衰退	预期	繁荣
无负债条件下 JBC 的净收益（来自表 11-1）	$10 000 000	$30 000 000	$40 000 000
除以：股数	2 000 000	2 000 000	2 000 000
等于：每股收益	$5	$15	$20
两股总收益	10	30	40
减：利息支出（$100 的 10%）	(10)	(10)	(10)
等于：净收益	$0	$20	$30
投资收益率（净收益/100 美元）	**0%**	**20%**	**30%**

假设现在约翰逊女士决定不改变 JBC 的资本结构（她没有借入 1 亿美元，JBC 仍保持最初的无负债资本结构）。如果你是一名拥有 1 股股票的股东，肯定更希望公司借入 1 亿美元，因为你喜欢经济繁荣带来的更高 *EPS*。你能怎么做呢？你可以尝试说服约翰逊女士改变主意，但除非你拥有大量股票，否则可能会浪费时间。其实，你不必去打扰约翰逊女士，即使 JBC 仍然没有负债，你也可以得到你想要的资本结构。这怎么可能呢？诀窍就是自制你的个人财务杠杆，复制在约翰逊女士决定借入 1 亿美元条件下 JBC 能够提供的收益率。

你必须做的是以 10% 的利率借入 100 美元，使用这笔钱买入 JBC 的另外一股。你现在有 2 股，原来已有的 1 股和刚刚买入的 1 股。这些交易已经创造了**自制杠杆**（homemade leverage），即与公司财务杠杆相对应的个人财务杠杆。表 11-2 的下面部分说明了如何使用完全股权融资情况下 JBC 的 *EPS* 计算三种情境下你的投资收益率（见表 11-1）。因为你有 JBC 的 2 股，在三种情境下你的收益都是每股收益的 2 倍。然而，在每种情境下你的收益都会减少因借入 100 美元必须支付的 10 美元利息支出（100 美元的 10%）。表 11-2 的最后一行列示了你 100 美元投资的净收益率（尽管你有 2 股，你的个人投资在扣除借款后仅为 100 美元）。这些收益率与公司决定资本重组情况下你将获得的收益率刚好相同。换言之，无论是公司借入资金形成资产的杠杆融资还是投资者借入资金形成股票持有的杠杆融资都无关紧要。公司对资本结构的调整，投资者自己也可以复制。因此，如果公司改变了资本结构，投资者既不会奖励公司也不会惩罚公司。在那些情况下，公司的股票价格一定保持不变。

你可能已经注意到了，得到这个结论必须有两个严格的假设：第一个假设是资本结构的变动必须发生在无税条件下，第二个假设是投资者的借款利率与公司相同（在 JBC 的案例中为 10%）。在本章后面部分，我们将考察如果没有第一个假设，即如果资本结构变动发生在有税条件下将会发生什么情况。你可能认为第二个假设是不现实的，因为个人借款利率通常高于公司借款利率。但投资者不必直接借款来构造自制杠杆，为了解原因，回忆前面提到过的投资者可以多样化他们的投资。他们不会只购买一家公司的股票，他们也会购买其他公司的股票（见第 10 章）。因此，投资者的组合中所有公司的财务杠杆（而不仅仅是组合中某一特定公司的财务杠杆）都是相关的。由于存在可以提供各种负债比率的大量公开交易公司，投资者可以很容易通过使其组合的平均负债比率等于他们想要获得的负债比率的方式构造组合，以达到任何财务杠杆水平。他们不需要通过借款来达到这个目的，他们组合中的公司已经完成了借款。

资本结构的 MM 理论（the MM theory of capital structure）没有提及风险。但在前面的章节中我们已经表明，公司负债比率的提高会增大股东承担的风险。为什么当公司决定借入 1 亿美元带来风险增加时，JBC 的股票价格没有因此降低呢？答案非常简单：风险的增加刚好被股东期望从更高财务杠杆中获得的 *EPS* 的增加所抵消。在不考虑税收的情况下，约翰逊女士面临的风险与更高预计 *EPS* 之间的权衡实际上并不存在。无论她选择何种负债比率，JBC 的股价都不会改变，因为股东刚好因承担更高风险而得到更高预计 *EPS* 的补偿。然而，股东预期可从对 JBC 权益投资中获得的收益率——JBC 的权益成本，将会上升以反映更高的风险。我们将在下面部分说明这个问题。

11.1.4 负债对公司资本成本的影响（不考虑税收和财务拮据成本）

如果 JBC 的资本结构仍然没有负债，那么股东对公司投资的预期收益率（公司的权益资本成本）等于公司资产的预期收益率，因为在这种情况下股东对公司资产创造的现金流量具有唯一要求权。如果 r_A 表示公司资产的预期收益率，k_E^V 表示当公司没有借款时公司的权益成本（称为无杠杆权益成本），那么，在不存在负债和税收情况下，这两个比率是相等的（$r_A = k_E^V$）。

如果公司决定用负债取代部分权益，债权人也将对公司现金流量拥有要求权。换言之，r_A 将被分为当公司有借款时股东的预期收益率（称为杠杆权益资本成本，k_E^L）和债权人要求的收益率（用 k_D 表示）。它们对公司资产收益率的要求权将与它们对公司资产融资的各自贡献成比例。如果用 E 表示权益融资金额，D 表示负债融资金额，那么它们对 JBC 总资产融资的相对贡献分别为 $\frac{E}{E+D}$ 和 $\frac{D}{E+D}$。我们可以写作

$$r_A = k_E^L \frac{E}{E+D} + k_D \frac{D}{E+D} \tag{11-1}$$

等式的右边是公司的加权平均资本成本（*WACC*），在第 10 章讨论过。假设公司负债的利率是固定的（k_D），那么式（11-1）意味着权益与负债融资比例的任何变动必须由权益成本（k_E^L）的变动补偿，因为资产收益率（r_A）不会受到收益率在股东和债权人之间分配方式的影响。为了说明当**负债与权益比率**（debt-to-equity ratio）上升时权益成本如何变动，我们可以重新整理式（11-1）的各项，把 k_E^L 表示为 r_A、k_D 和负债比率的函数，可以得到

$$k_E^L = r_A + (r_A - k_D)\frac{D}{E} \equiv k_E^U + (k_E^U - k_D)\frac{D}{E} \tag{11-2}$$

注意式（11-2）中两种恒等形式的杠杆权益成本。在右边的形式中，我们仅用 k_E^U 替换 r_A，因为它们是相同的。为举例说明，我们考察预期情境下的 JBC。JBC 的预期资产收益率 r_A 为 15%（=3 000 万美元 *EBIT*/2 亿美元资产），负债成本 k_D 为 10%。表 11-3 列示了在两种不同的负债与权益比率 0.25（20% 负债和 80% 权益）和 1.00（50% 负债和 50% 权益，约翰逊女士计划的资本结构）下，JBC 的权益成本和 *WACC*。当负债与权益比率为 0.25 时，JBC 股东要求的收益率为 16.25%，即 JBC 的权益成本。当负债与权益比率为 1.00 时，股东要求 20% 的收益率以补偿杠杆增加带来的额外财务风险。然而，值得注意的是，无论负债与权益比率如何变动，公司的 *WACC*（预计资产收益率）均为固定的 15%。

表 11-3 两种负债与权益比率下 JBC 的权益成本和 *WACC*

负债与权益比率	$\frac{负债}{权益}=\frac{0.20}{0.80}=0.25$	$\frac{负债}{权益}=\frac{0.50}{0.50}=1.00$
由式（11-2）得到的权益成本	15% + [(15% − 10%) ×0.25] = **16.25%**	15% + [(15% − 10%) ×1.00] = **20%**
由式（11-1）右边得到 *WACC*	(16.25% ×0.80) + (10% ×0.20) = **15%**	(20% ×0.50) + (10% ×0.50) = **15%**

图 11-3 反映了当负债与权益比率提高时，资产收益率（r_A）、*WACC*、权益成本（k_E^L）和负债成本（k_D）是如何变动的。当公司没有负债时，它的权益成本和 *WACC* 均为 15%，与公司资产的预期收益率相同；当公司用负债取代权益时，股东承担的财务风险增大，因而期望获得更高的投资收益率而公司的 *WACC* 仍然等于公司资产的预期收益率 15%。

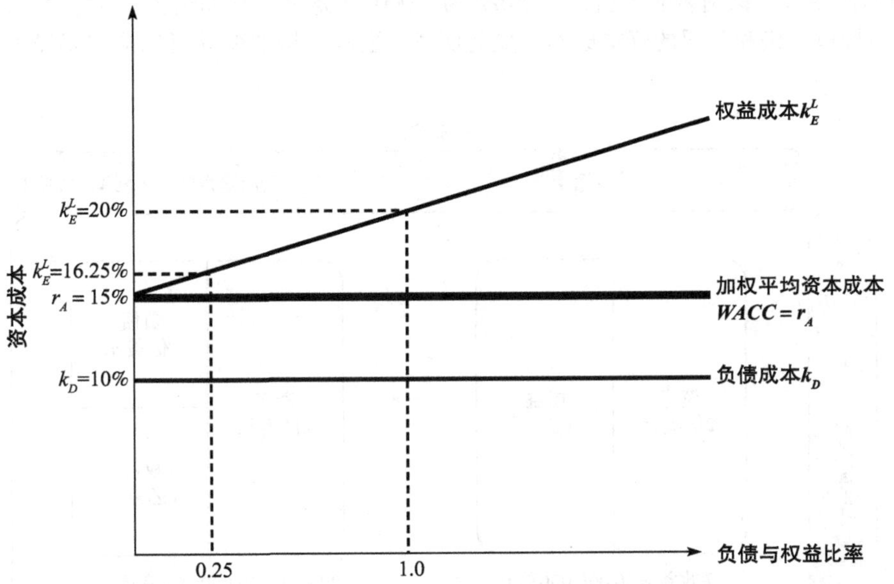

图 11-3 根据不存在税收条件下的 MM 理论把资本成本作为负债与权益比率的函数

权益成本的提高与股票价格的固定不变并不矛盾。股东期望从高风险中获得高收益，而且，如前所示，他们可以通过高预期 *EPS* 来获取。因此，公司的股票价格没有发生变化。如表 11-4 所示，它仍保持在 100 美元。当资本结构中没有负债时，公司不承担任何财务风险，公司资产的市场价值（2 亿美元）也是公司权益的市场价值。公司拥有流通在外股票 200 万股，每股价格即为 100 美元。当使用负债融资的资产比例上升时，财务风险也会增加。如果公司想要使用负债为 20% 的资产融资，那么它必须借入 4 000 万美元（2 亿美元的 20%），并以每股 100 美元的价格回购 40 万股股票。当资本重组结束后，公司的权益为 1.6 亿美元（ = 2 亿美元 − 回购股票的价值 4 000 万美元），流通在外股数为 160 万股（ = 200 万股 − 40 万股回购股票），从而得到每股价格 100 美元（ = 1.6 亿美元/160 万股股票）。将同样的方法应用到公司使用负债为 50% 的资产融资的情形，结果表明股价仍为 100 美元。

表 11-4 不同资本结构下 JBC 的股票价格

资本结构	财务风险	资产的市场价值 (1)	负债融资金额 (2)	权益的市场价值 (1) − (2) = (3)	股数 (4)	每股价格 (3)/(4)
无负债	无	$2 亿	无	$2 亿	2 000 000	$100
20% 负债	低	$2 亿	$0.4 亿	$1.6 亿	1 600 000	$100
50% 负债	更高	$2 亿	$1 亿	$1 亿	1 000 000	$100

总之，在不存在税收和财务拮据成本的情况下，资本结构的 MM 理论认为，公司的**财务结构决策**（financial structure decision）不会影响公司资产的市场价值、股票价格和加权平均资本成本。我们将在后面的章节说明，如果在分析中考虑税收因素，这个结论就不再是正确的。

11.2 考虑公司所得税但不考虑财务拮据成本情况下的资本结构决策

到现在为止，我们的分析都没有考虑公司所得税。如果公司收益的所得税率为50%，JBC的利润、资产市场价值和股价会发生怎样的变化？为了回答这个问题，我们必须再次回到资本结构的MM理论，但这次是在考虑公司所得税的条件下。首先考察JBC为完全股权融资的情形。表11-1上面部分报告的*EPS*将下降50%：在衰退情境下从5美元下降到2.5美元，在预期情境下从15美元下降到7.5美元，在繁荣情境下从20美元下降到10美元。在*EPS*下降一半的同时，JBC的股票价格和市场价值由于税收的作用也将下降50%；股票价格将从100美元下降到50美元，资产市场价值将从2亿美元下降到1亿美元（200万股股票现在每股价值50美元）。

图11-4总结了在两种税收体制（无公司所得税和公司所得税率为50%）下资本结构从无负债融资情形改变为50%负债融资情形的结果。该图表明了当预计*EBIT*为3 000万美元（预期情景）时，所得税如何影响公司资产与权益价值、公司股票价格和公司的资本成本。如前所述，资本结构的变动可以通过借款并使用借入资金回购股票实现。

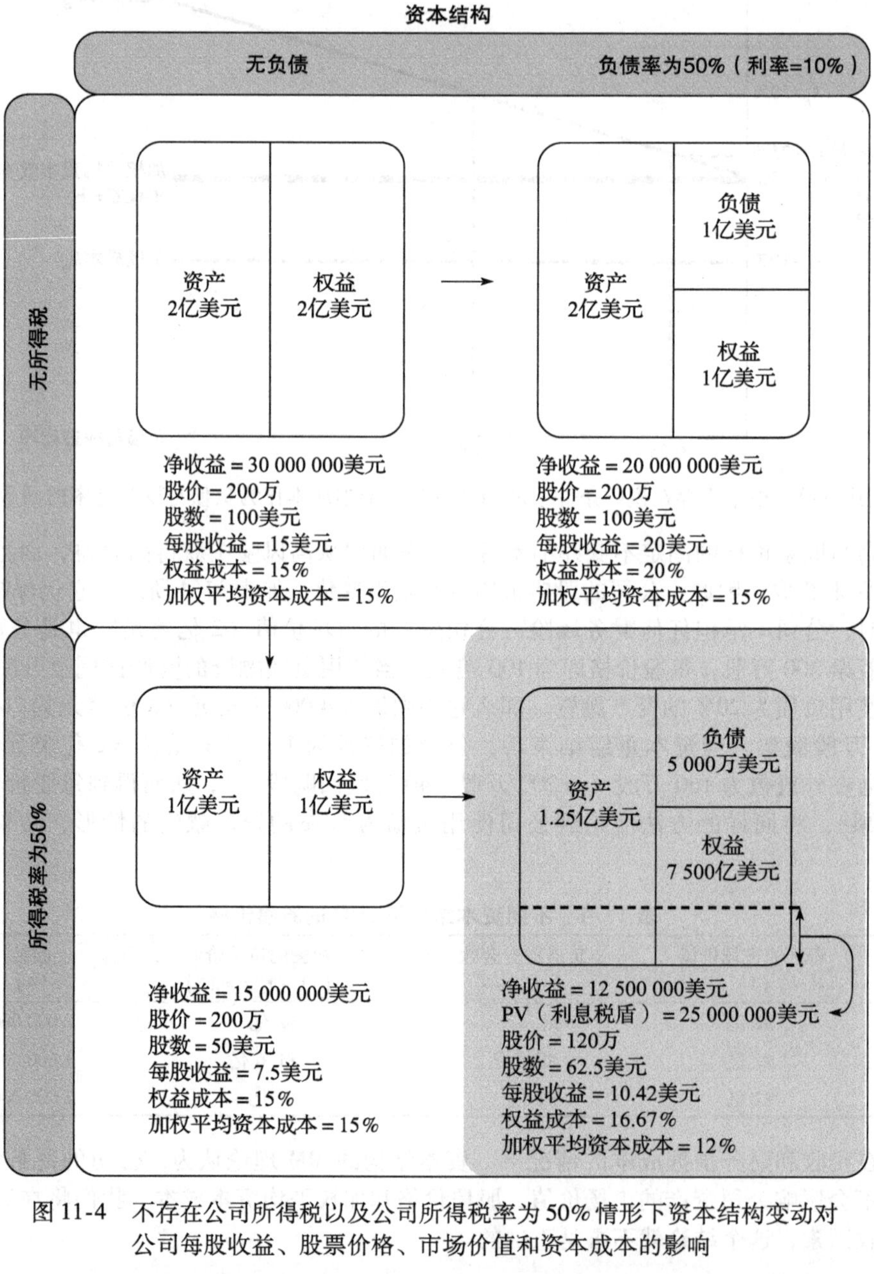

图11-4 不存在公司所得税以及公司所得税率为50%情形下资本结构变动对公司每股收益、股票价格、市场价值和资本成本的影响

图 11-4 的上面部分复制了我们以前的分析结果（无税情形），左下部分列示了当公司没有负债融资，公司所得税率为 50% 条件下的结果，如上所述。权益成本和 *WACC* 仍为 15%，与无税情形相同。这是 JBC 股票价格和市场价值降低一半的原因。公司资产的经营风险不受税率的影响，因此投资者仍然想要获得 15% 的收益。由于利润和 *EPS* 为原来金额的一半，为使投资者在征税后购买股票仍能获得 15% 的收益，JBC 的股价和市场价值必须下降 50%。显然，在征税前持有 JBC 股票的投资者将损失投资价值的 50%。

现在我们想知道，如果约翰逊女士决定通过借入 5 000 万美元（资产价值的一半）回购等额股票来改变 JBC 的资本结构，会对 JBC 的资产价值、权益价值、股票价格和资本成本带来什么影响。JBC 的资产价值和公司股价仍将与无税情形下相同吗？答案是否定的。当存在公司所得税时，随着公司资产负债表中负债取代权益，公司的资产价值和股票价格都将上升，如图 11-4 右下部分所示。在下面章节中，我们将解释这种情况出现的原因。

11.2.1 借款对公司资产价值的影响（考虑公司所得税，不考虑财务拮据成本）

公司税法支持债务融资，因为公司向债权人支付的利息是可以抵税的费用，而股利和留存收益不能抵税。用债务融资取代权益可以减少 JBC 必须支付的税金，从而增加公司资产创造的税后现金流量。来自资产的更高现金流量可以提高资产的市场价值。

为了举例说明税收对资产价值的影响，我们估计如果约翰逊女士决定以 10% 的利率借入 5 000 万美元并用这笔资金回购股票，JBC 将可以节约多少税金。JBC 每年将支付 500 万美元利息，应税收益将下降到 2 500 万美元（ = 3 000 万美元 *EBIT* − 500 万美元利息费用）。因此，公司将支付 1 250 万美元所得税（2 500 万美元的 50%）。如果公司没有借款，预计年税金支付额将为 1 500 万美元（ = 3 000 万美元预计 *EBIT* × 50%）。从而，通过以 10% 的利率借入 5 000 万美元，JBC 可以每年节约 250 万美元税金（ = 1 500 万美元 − 1 250 万美元），公司资产创造的年现金流量也会增加相同的金额。因为应税收益减少的金额等于利息费用金额，仅用利息费用金额乘以公司所得税率就可以直接计算出年度税金节约额。在我们的案例中，用 500 万美元乘以 50% 就等于 250 万美元的税金节约额。一般而言，如果用 k_D 表示负债成本，T_C 表示公司所得税率，D 表示负债金额，那么债务融资带来的年度税金节约（通常称为年度**利息税盾**，interest tax shield，*ITS*）可以表示为

$$\text{年度利息税盾} = T_C \times k_D \times D \tag{11-3}$$

利息税盾将如何影响公司资产的价值呢？我们知道，如果公司借款，那么公司资产创造现金流量的每年增加额就等于年度利息税盾。因此，如果公司借款，那么公司资产当前的价值为两部分之和：①公司没有借款条件下资产的价值；②公司负债将会产生的所有未来年度利息税盾的现值。如果 V_L 是用负债为资产融资时公司资产的市场价值（杠杆公司的价值），V_U 是无负债时公司资产的市场价值（无杠杆或完全股权融资公司的价值），PV_{ITS} 是未来利息税盾的现值，我们可以得到

$$V_L = V_U + PV_{ITS} \tag{11-4}$$

换言之，使用负债融资的公司资产价值（V_L）等于仅用权益融资的公司资产价值（V_U）加上预计负债融资将在未来产生的利息税盾的现值（PV_{ITS}）。[⊖]

我们可以把这个估值公式应用于 JBC。我们知道，当公司所得税率为 50% 时，V_U 是 1 亿美元（见图 11-4 左下部分），我们想找到 JBC 借入 5 000 万美元用于回购 5 000 万美元权益情况下 V_L 的值。我们知道 5 000 万美元的负债将循环产生 250 万美元的年度利息税盾。如果我们假设利息税盾与负债本身具有相同的风险，那么利息税盾的现值 PV_{ITS} 就是永续年金（每年 250 万美元直至永远）按照负债利率贴现的现值。

永续现金流量的现值等于循环产生的现金流量除以贴现率（见附录 6A 中的式（6A-3））。JBC 以 10% 的利率借入 5 000 万美元，公司的年度利息税盾为 250 万美元，因此全部未来利息税盾的现值为

$$PV_{ITS} = \frac{T_C \times k_D \times D}{k_D} = \frac{0.5 \times 0.10 \times \$50\,000\,000}{0.10} = \frac{\$2\,500\,000}{0.10} = \$25\,000\,000$$

⊖ 我们的结果没有考虑投资者个人所得税的影响，我们将在本章后面部分对此加以讨论。

因此，每年永续产生的250万美元利息税盾的现值为2 500万美元。[⊖]根据式（11-4）

$$V_L = \$10\,000\text{万} + \$2\,500\text{万} = \$12\,500\text{万}$$

使用负债取代价值5 000万美元的权益，约翰逊女士可使JBC的资产价值增加2 500万美元，如图11-4的右下部分所示。值得注意的是，JBC的借债越多，利息税盾的现值越大，公司的资产价值就越高。这种现象在表11-5的前四行中进行了报告，而且在图11-5的图形上升部分进行了举例说明。当JBC增加借款时，公司资产的价值上升。这种情况之所以发生，是因为随着借款金额的增加，公司的利息税盾增加，税金支付减少。因为税金支付减少，所以公司的资产价值增加。

表11-5 当公司税率为50%时，借款对JBC的资产价值、权益价值和股票价格的影响

借款额（1）	利息税盾现值 (2)=50%×(1)	无杠杆公司的资产价值（3）	杠杆公司的资产价值 (4)=(2)+(3)	杠杆公司的权益价值 (5)=(4)−(1)	无杠杆公司的股数 (6)
0	0	$10 000万	$10 000万	$10 000万	2 000 000
$2 000万	$1 000万	$10 000万	$11 000万	$9 000万	2 000 000
$10 000万	$2 500万	$10 000万	$12 500万	$7 500万	2 000 000
$10 000万	$5 000万	$10 000万	$15 000万	$5 000万	2 000 000
无杠杆公司的股价 (7)=(3)/(6)	**每股 *ITS* 的现值 (8)=(2)/(6)**	**杠杆公司的股价 (9)=(7)+(8)**	**要购买的股数 (10)=(1)/(9)**	**剩余股数 (11)=(6)−(10)**	**杠杆公司的权益价值 (12)=(9)×(11)**
$50.00	0	$50.00	0	2 000 000	$1亿
$50.00	$5.00	$55.00	363 636	1 636 364	$9 000万
$50.00	$12.50	$62.50	800 000	1 200 000	$7 500百万
$50.00	$25.00	$75.00	1 333 333	666 667	$5 000百万

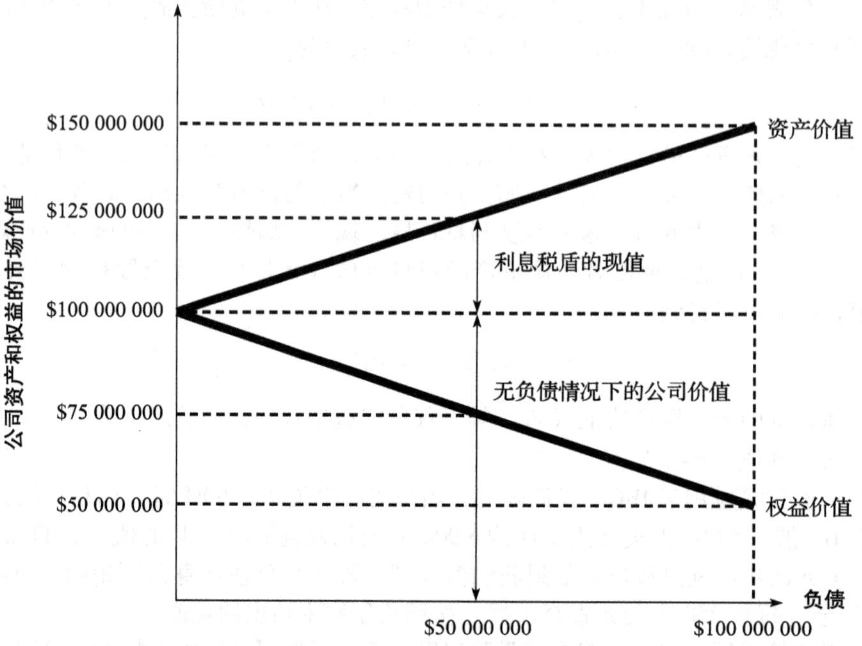

图11-5 当公司税率为50%时，JBC的资产和权益价值作为公司借款的函数

考察JBC计划资本重组的结果：通过借入5 000万美元为公司资产融资，约翰逊女士可使资产的价值提高25%，尽管它们即为公司借款前拥有的资产。资产价值更高的原因在于重组减少了作为公司所得税支付的现金流量。通过使用负债为JBC的资产再融资，约翰逊女士可以做出能够创造价值的融资决策。

⊖ 当利息税盾为永续年金时，PV_{ITS}等于T_C乘以负债。在我们的例子中，PV_{ITS} = 50% ×$5 000万 = $2 500万。

还有另外一种考察财务杠杆影响的方法。假设另一家公司想要购买 JBC 的资产并计划使用 5 000 万美元负债收购融资。该公司需要准备好支付 1.25 亿美元购买 JBC 的资产：1 亿美元用于购买这些资产创造营业现金流量的能力（式（11-4）中的 V_U），另外 2 500 万美元用于支付可以通过 5 000 万美元负债融资节约的税金现值（式（11-4）中的 PV_{ITS}）。

11.2.2　借款对公司权益市场价值的影响（考虑公司所得税，不考虑财务拮据成本）

由于 JBC 增加借款并用这笔资金回购股票，公司的权益减少。如果我们用 E_L 表示权益价值（当公司有借款时），可以写作

$$E_L = V_L - D \tag{11-5}$$

其中 V_L 仍为当公司借款时公司资产的价值，D 为借款金额。当公司借款增加时，JBC 的权益价值下降，如表 11-5 第五列所示，并由图 11-5 中的下行直线表现出来。

11.2.3　借款对公司股价的影响（考虑公司所得税，不考虑财务拮据成本）

在这里你可能会问：如果结果会导致公司权益价值减少，公司为什么应该借款？这种融资政策会对公司股东有利吗？回答是肯定的，因为股东看重的并非权益的总价值，而是每股价格。当公司借款回购股票时，股数显然会减少，但正如我们将表明的，每股价格都将提高。

我们可以利用 JBC 的案例解释这个现象。当公司没有负债时，股价为 50 美元，如图 11-4 左下部分和表 11-5 第七列所示。如果约翰逊女士决定借入 5 000 万美元来回购股票，JBC 的股价将会发生什么样的变化呢？重组决策一旦公布，JBC 的股价将会上升以反映公司资产价值的增加。我们知道，资产价值的增加额将等于利息税盾的现值，即为 2 500 万美元（5 000 万美元借款的 50%，如表 11-5 第二列所示）。由于 JBC 拥有 200 万股股票，每股股价将会上升 12.50 美元，等于利息税盾（PV_{ITS}）的现值 2 500 万美元除以 200 万股。如果我们用 P_L 表示有借款情况下的股价（杠杆公司的股价），用 P_U 表示没有借款情况下的股价（无杠杆公司的股价），用 N_U 表示资本重组前的股数，那么可以写作

$$P_L = P_U + \frac{PV_{ITS}}{N_U} \tag{11-6}$$

在 JBC 的案例中，可以写作

$$P_L = \$50 + \frac{\$25\ 000\ 000}{2\ 000\ 000} = \$50 + \$12.5 = \$62.5$$

如图 11-4 右下部分和表 11-5 第 9 列所示。JBC 使用借入的 5 000 万美元能够买入多少股票？如果发布公告后每股股价会上升到 62.50 美元，它就是 JBC 必须支付的每股价格。因此，公司能够购买的股票数量等于 5 000 万美元除以 62.5 美元，即为 80 万股，如表 11-5 第 10 列所示。在股票回购后股东手中仍然持有的股票数量为 120 万股（=200 万股 - 80 万股），如表 11-5 第 11 列所示。我们知道，回购股票之后权益的总价值为 7 500 万美元（见表 11-5 第 5 列）。现在你可以检查一致性：如果你用回购后的股票数量（120 万股）乘以它们的股价（62.50 美元），应该得到 7 500 万美元。这实际上就是表 11-5 第 12 列和图 11-4 右下部分显示的情形。

到现在为止，我们已经表明，当 JBC 增加借款时，有杠杆的 JBC 公司的资产价值（V_L）及其股价（P_L）一直在上升。这个过程会持续多久？当我们把负债融资的逻辑运用到极致时，就会出现一个问题：因为希望最大化公司资产价值和股票价格的经理将被建议最大限度地取得借款。必须重新考察这个建议，因为过度使用负债将会产生很多我们尚未考虑的问题。在这样做之前，我们需要考察公司所得税如何影响资本成本。

11.2.4　借款对资本成本的影响（考虑公司所得税，不考虑财务拮据成本）

当公司没有负债而且支付所得税时，股东权益投资的预计收益率——公司的无杠杆权益成本（k_E^U），仍然等于公司的资产收益率（r_A）。然而，当公司资本结构中有负债而且必须支付所得税时，我们必须考虑利息费用抵扣带来的税金减少。在这种情形下，将 r_A 与杠杆权益成本（k_E^L）和负债成本（k_D）关联起来的式（11-1）将不再

适用。必须将其替换为下面的公式，以反映税收的影响

$$r_A = k_E^L \frac{E}{E + D(1 - T_C)} + k_D(1 - T_C) \frac{D}{E + D(1 - T_C)}$$

其中 T_C是公司所得税率。重新整理上式中的各项，把杠杆权益成本表示为其他变量的函数，我们可以得到

$$k_E^L = r_A + (r_A - k_D)(1 - T_C)\frac{D}{E} \equiv k_E^U + (k_E^U - k_D)(1 - T_C)\frac{D}{E} \tag{11-7}$$

注意式（11-7）中两种恒等形式的杠杆权益成本：在右边的形式中，我们用 k_E^U替换 r_A，因为它们是相同的。此外，由于利息费用的税金递减作用。现在的相关负债成本为税后负债成本，即 k_D（$1 - T_C$），从而税后 *WACC* 变为

$$WACC = k_E^L \frac{E}{E + D} + k_D(1 - T_C)\frac{D}{E + D} \tag{11-8}$$

图 11-6 显示了根据考虑公司所得税情况下的 MM 资本结构理论，当负债与权益比率增加时，式（11-7）中的权益成本（k_E^L）和式（11-8）中的加权平均资本成本如何发生变动。与不考虑公司所得税的情形相同，权益成本（k_E）随负债增加而上升，因为负债融资会带来财务风险。当公司借款增加时，*WACC* 会下降，因为利息税盾带来的额外收益以及更低的税后负债成本会抵消掉更高负债水平带来的更高财务风险。

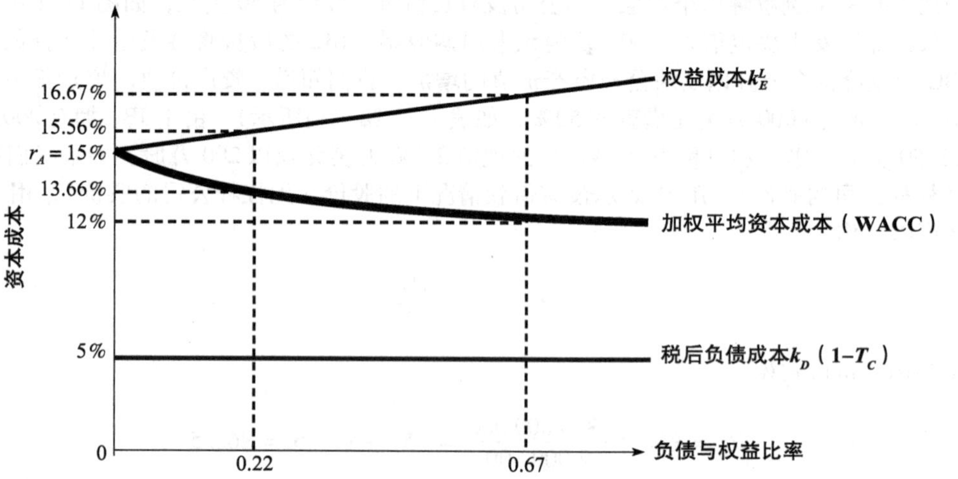

图 11-6 根据 MM 理论，公司税率为 50% 的情况下，资本成本作为负债与权益比率的函数

为举例说明，我们再次考察 JBC，预计资产收益率为 15%（与无杠杆权益成本相同），负债成本为 10%，公司所得税率为 50%。前面的分析表明，当负债为 2 000 万美元时，JBC 权益的市场价值为 9 000 万美元；当负债为 5 000 万美元时，JBC 权益的市场价值为 7500 万美元。表 11-6 中列示了这种情况下 JBC 的权益成本和 *WACC*。随着杠杆的增加，权益成本会上升，但 *WACC* 会下降，如图 11-6 所示。

表 11-6 两种负债与权益比率下 JBC 的权益成本和 *WACC*（r_A = 15%，k_D = 10%，T_C = 50%）

权益价值来自表 11-5

借款金额	$2 000 万	$5 000 万
权益价值	$9 000 万	$7 500 万
负债与权益比率	$2 000 万/$9 000 万 = 0.22	$5 000 万/7 500 万 = 0.67
$\frac{D}{D+E}$	$2 000 万/$11 000 万 = 0.18	$5 000 万/12 500 万 = 0.40
来自式（11-7）的权益成本	15% + [(15% − 10%) × (1 − 50%) × 0.22] = **15.56%**	$15% + [(15% − 10%) × (1 − 50%) × 0.67] = **16.67%**
来自式（11-8）的加权平均资本成本	(15.56% × 0.82) + (5% × 0.18) = **13.66%**	(16.67% × 0.60) + (5% × 0.40) = **12.00%**

表 11-7 给出了存在公司所得税时，有借款和无借款条件下的估值公式表（被称为 MM 估值公式）。

表 11-7 存在公司所得税时无借款和有借款条件下的 MM 估值公式汇总

	无借款①公司资产为无杠杆资产（下标 U 是指无杠杆）	有借款（D）公司资产为杠杆资产（下标 L 是指有杠杆）
资产价值②,③（V）（见式（11-4））	（1）$V_U = P_U \times N_U$ （2）$V_U = EBIT(1-T_C)/K_U$	$V_L = V_U + PV_{ITS}$ $V_L = V_U + (T_C \times D)$
权益价值④（E）（见式（11-5））	$E_U \equiv V_U$	$E_L = V_L - D$
股票价格⑤（P）（见式（11-6））	$P_U = E_U/N_U$	$P_L = P_U + PV_{ITS}/N_U$
负债成本⑥（k_D）（见式（10-3））	$k_D^{BT} = 0$	$k_D^{AT} = k_D^{BT}(1-T_C)$
权益成本⑦（k_E）（见式（11-7））	$k_E^U \equiv r_A$	$k_E^L = k_E^U + (k_E^U - k_D^{BT})(1-T_C)(D/E_L)$
加权平均资本成本⑧（见式（11-8））	$WACC_U = k_E^U$	$WACC_L = k_E^L \frac{E}{E+D} + k_D^{BT}(1-T_C)\frac{D}{E+D}$

① “无借款”是“有借款”的特例，为得到“无借款”情形下的公式，只需要把“有借款”公式中的税率（T_C）、借款金额（D）和负债成本（k_D）设定为 0。

② V_U 是无杠杆资产价值，根据图 11-4，我们知道 V_U = \$1 亿。我们可以用股票价格 50 美元（P_U）乘以 200 万股（N_U）得到，也可以假设是永续估值问题，用净收益（$EBIT$）1 500 万美元除以无杠杆权益成本（k_E^U）15% 得到。

③ PV_{ITS} 是利息税盾的现值，根据图 11-4，我们知道 $PV_{ITS} = T_C \times D$ = \$2 500 万（\$5 000 万的 50%）。

④ E 是公司权益的市场价值，根据图 11-4，我们知道 E_U = \$1 亿，E_L = \$7 500 万（= \$12 500 万 − \$5 000 万）。

⑤ P 是股票价格，根据图 11-4，我们知道 P_U = \$50，P_L = \$62.50（= (\$50 + \$2 500 万) /200 万股）。

⑥ k_D^{BT} 是税前负债成本（10%），k_D^{AT} 是税后负债成本（5%）。

⑦ k_E^U 是无杠杆权益成本，r_A 是无杠杆资产收益率，k_E^L 是杠杆权益成本，根据图 11-4，我们知道 $k_E^U = r_A$ = 15%，k_E^L = 16.67%（见表 11-6）。

⑧ $WACC_U$ 和 $WACC_L$ 分别是无杠杆加权平均资本成本和杠杆加权平均资本成本，根据图 11-4，我们知道 $WACC_U$ = 15%，$WACC_L$ = 12%（见表 11-6）。

根据 MM 资本结构理论，当考虑税收因素时，公司的融资决策会影响公司的资产价值、股票价格和资本成本。当公司资本结构中越来越多的负债取代权益时，公司的资产价值和股票价格会上升，但 $WACC$ 会下降。我们知道，这背后面隐含的意义令人不解但非常明确：当考虑所得税时，能够最大化公司资产价值和股票价格的资本结构是接近 100% 的负债融资。然而，这个结论与我们在实践中观察到的情况不一致：绝大多数公司不会持有大量负债。我们将在本章后面部分讨论原因。

11.3 当财务拮据成本很高时的资本结构决策

负债给公司增加了压力，因为利息和本金支付是公司必须承担的合同义务。如果公司发现越来越难偿还债务，它将面临被称为“财务拮据”的情形，从而可能最终走向破产。正如下文所描述的，财务拮据会产生成本，减少公司资产的预计现金流量。根据资本结构的比萨理论，我们可以表明财务拮据成本会使比萨变小，留给投资者（债权人和股东）的部分更少。随着比萨的缩小，公司价值和股票价格会下降。因为债权人对变小的比萨具有优先和固定求偿权，绝大部分财务拮据成本将由股东承担。

直接财务拮据成本（direct cost of financial distress）是指如果公司依法破产发生的实际成本。**破产**（bankruptcy）是一个法律过程，公司将其对资产的所有权转移给债权人。在转移过程中会发生法律和管理成本、律师费、顾问费等。

在公司依法宣布破产之前，可能已经发生了大量**间接财务拮据成本**（indirect cost of financial distress）。随着公司不得不宣布破产的可能性日益增加，公司会陷入难以高效运营的情境。如果需要偿还的负债过多，公司可能不得不放弃有价值的投资机会，削减研发业务或者减少营销费用以保存现金和避免破产；客户可能对公司长期提供可靠商品和服务的能力产生怀疑，从而决定转向其他公司；供应商可能不愿意提供商业信用；有价值的员工可能会离开公司。经理、股东、债权人和员工之间的利益冲突可能上升，每一个团体都将努力追求不同的自我保护策略。所有这些间接成本都会给公司价值带来负面影响，当公司负债上升时，这些成本会变得愈发显著。

前面部分表明，当公司资本结构中的负债比例上升时，公司价值也会上升，因为会产生更多的利息税盾。然而，当存在高昂的财务拮据成本时，这些税收相关利得最终会被预计财务拮据成本抵销。式（11-4）反映的杠杆公司价值（V_L）、无杠杆公司价值（V_U）和利息税盾现值（PV_{ITS}）之间的关系需要修改，以考虑这种抵销的影响。如果用 PV_{CFD} 表示预计财务拮据成本的现值，我们可以调整估值公式，以反映这些成本带来的价值减少

$$V_L = V_U + PV_{ITS} - PV_{CFD} \tag{11-9}$$

预计财务拮据成本的现值（PV_{CFD}）是多少呢？这个问题只能用经验数据回答。证据表明，这些成本并非很

大。在申请破产的前几年，财务拮据成本能够达到公司资产价值的 10% ~15%。

图 11-7 反映了公司资产价值的上升（图中直线在图 11-5 中首次出现），我们从中扣除了财务拮据成本的现值。当负债处于中低水平时，发生财务拮据的可能性可以忽略不计，公司能够获得全部利息税盾价值。当越来越多的负债取代权益时，发生财务拮据的可能性就会增大，相关成本的现值就会以递增的比率增加。当负债达到某一水平时（用 D^* 表示），每 1 美元负债增加带来的财务拮据成本现值的增加刚好抵销利息税盾现值的增加。在该点，公司达到了**最优资本结构**（optimal capital structure）。这是公司最佳资本结构，因为它能够最大化公司资产价值和股票价格。

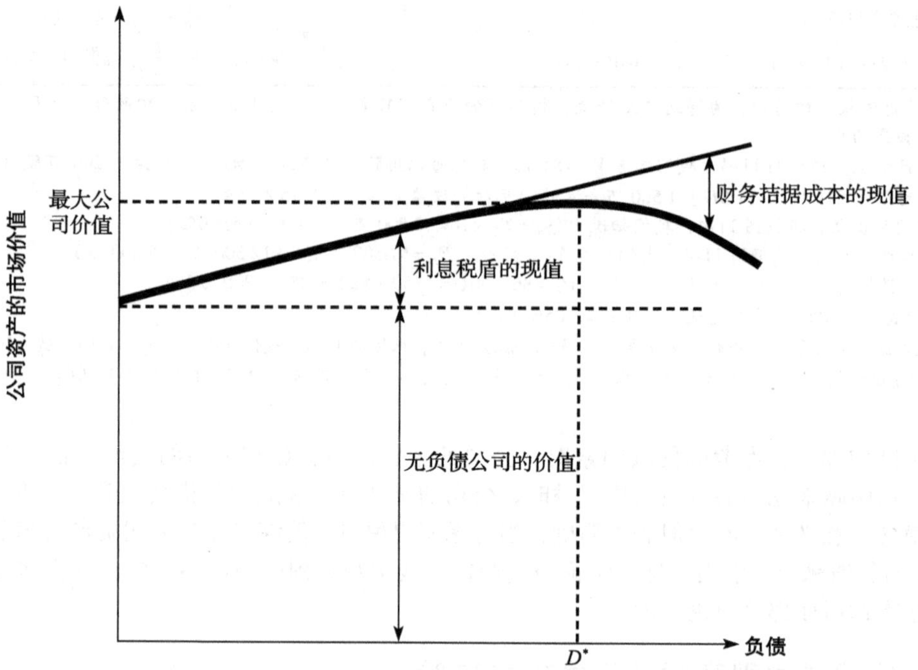

图 11-7 当存在公司所得税和财务拮据成本时公司价值作为借款的函数

图 11-8 图示了当存在财务拮据成本时，资本结构变动对公司资本成本的影响。正如前面图 11-6 所示，当不存在财务拮据成本时，公司权益成本随负债与权益比率上升成正比例增加。当财务拮据成本的现值变得很大时，权益成本开始以更大的比率增加。同理，负债成本在某点之后也开始增加。当利息税盾的收益被预计财务拮据对权益和负债成本的负面影响抵销时，加权平均资本成本开始下降。在这一点，公司达到了最优资本结构：公司的加权平均资本成本达到最小值，负债与权益比率达到最优值 $(D/E)^*$，企业资产价值和股票价格都达到最大值。这个债务融资模型被称为**资本结构的权衡模型**（trade-off model of capital structure）。

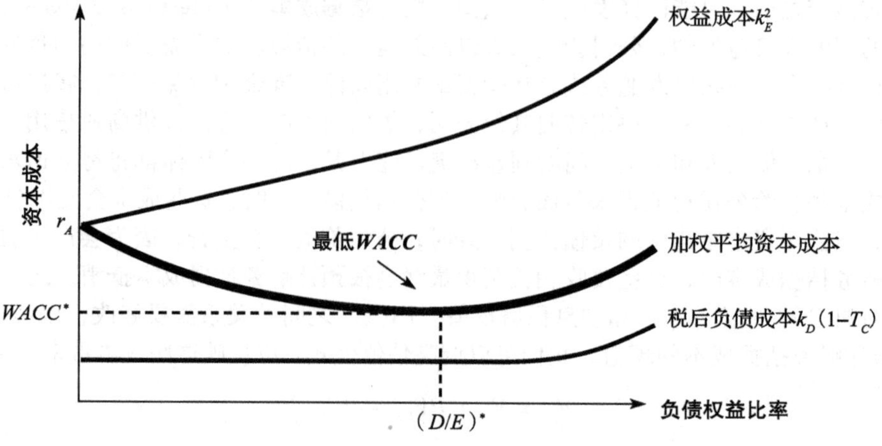

图 11-8 当存在公司所得税和财务拮据成本时，资本成本作为负债与权益比率的函数

结论是至少在理论上存在最优资本结构，即在利息税盾的收益与增加使用负债融资产生的财务拮据成本之间权衡的结果。遗憾的是，我们不能告诉你如何确定最优负债比率，因为不可能准确估计出财务拮据成本。然而，这并不意味着本章内容对经理没有用。相反，正如下面将展示的，它为公司经理制定公司资本结构政策提供了有效的理论框架。

11.4 制定资本结构政策

前面对资本结构权衡模型的分析考察了公司借款决策的两个主要决定因素：利息费用减税的价值创造作用以及财务拮据成本的价值减损作用。本节通过考察对制定资本结构决策有影响的其他因素扩展基本的权衡模型。我们首先研究与权衡模型相关的两个问题：

（1）投资者在收到公司收益时必须支付的个人所得税如何影响利息税盾的大小？

（2）哪种类型的公司更有可能陷入财务拮据境地？

然后我们考察超越标准资本结构权衡模型的一些问题，以便阐明构成公司资本结构的基础变量：

（1）如果负债不能带来税收节约，公司是否存在借款的其他理由？

（2）如果债务融资不会带来财务拮据成本，公司是否存在放弃借款的其他理由？

（3）为什么公司更倾向于使用内部资金（留存收益）而非外部资金为其经营活动融资？

对这些问题的回答能够提供对影响公司资本结构决策因素的深入见解，并帮助经理和公司所有者建立适合的公司资本结构。

11.4.1 对资本结构权衡模型的仔细考察

本节考察与资本结构权衡模型的主要决定因素相关的两个问题：首先，我们想确定个人所得税如何影响公司利息费用减税的价值创造作用；其次，我们想弄清楚哪种类型的公司更容易受到财务拮据成本价值减损作用的影响。

1. 个人所得税的影响

式（11-3）给出的利息税盾没有考虑债权人和股东收到对公司投资收益时必须支付个人所得税的问题。债权人会收到利息支付。股东可以收到现金股利，在以高于买价的价格卖掉股票时还可以获得资本利得。如果利息收益的个人所得税率为 T_D，权益收益（股利和资本利得）的平均个人所得税率为 T_E，则这种情况下的利息税盾为

$$\text{利息税盾} = \left[1 - (1 - T_C) \times \frac{(1 - T_E)}{(1 - T_D)}\right] \times k_D \times D \tag{11-10}$$

当负债和权益收益的个人所得税率相等时（$T_D = T_E$），式（11-10）就简化为 $T_C \times k_D \times D$，即不考虑个人所得税条件下的年利息税盾，见式（11-3）。但是，权益收益的个人所得税率通常低于利息收益的个人所得税率，因为资本利得税率通常低于利息收益税率。这种情形下的年利息税盾要低于不考虑个人所得税情形下的年度利息税盾。

为举例说明，考察一家拥有5 000万美元负债，负债成本为10%，公司税率为50%，利息收益的个人所得税率为50%，权益收益的个人所得税率为25%的公司。根据式（11-10）计算的利息税盾为

$$\text{利息税盾} = \left[1 - (1 - 0.50) \times \frac{(1 - 0.25)}{(1 - 0.50)}\right] \times 0.10 \times \$5\,000\text{ 万} = \$125\text{ 万}$$

这时的利息税盾是负债收益与权益收益的个人所得税率相等时的利息税盾的一半（$T_C \times k_D \times D = 50\% \times 10\% \times \$5\,000$ 万 $= \$250$ 万）。因此，不考虑权益收益的个人所得税率可能低于负债收益的个人所得税率，很可能会高估债务融资的真实税收利益。

2. 影响财务拮据风险和财务拮据成本的因素

当公司增加借款时，也增加了其陷入财务拮据困境和产生降低公司价值的（财务拮据）成本的可能性。但并非所有公司都面临相同的财务拮据风险或承担相同的财务拮据成本。一些公司可能在负债比率低于其他公司时就已经达到了财务拮据状态。在本节中，我们将找出一些容易增加公司陷入财务拮据困境可能性的公司特有因素。我们预计具有较高财务拮据风险的公司会具有相对较低的负债比率，从而使得图11-7中的公司最优负债融资金额

移向左边。

公司营业利润的波动性 在具有相同负债比率的情况下，营业现金流量波动剧烈且具有周期性的公司（高经营风险公司）要比具有稳定营业现金流量的公司面临更大的陷入财务拮据困境的可能性。这就是软件开发公司和半导体制造公司等高经营风险公司比纺织品公司和自来水公司等具有更低负债比率的原因，如表11-8所示。公用事业公司通常能够产生更稳定和更可预测的营业利润和现金流量，因此具有相对较低的经营风险。换言之，低经营风险公司可以比高经营风险公司承担更高的财务风险（更高的负债比率）。弄清楚公司是否能够充分利用利息税盾的简单方法是绘制一张如图11-1所示的税后EPS-EBIT图，只需查看EBIT降低到盈亏临界点之下的可能性是否可以忽略不计。

表 11-8 挑选出的美国各行业的负债比率①

（单位：%）

负债与负债加权益比率较高的行业		负债与负债加权益比率较低的行业	
纺织业	53	软件开发业	19
建筑业	50	半导体制造业	16
房地产业	47	教育服务业	15
造纸业	47	互联网公司②	14
酒店业	44	制药业③	14
海上运输业	43	手术器械制造业	11
自来水公用事业	43	采矿业	11
钢铁制造业	40	非金融无形资产租赁业④	9

① 负债比率用负债除以负债与权益之和计算。负债用账面价值衡量，权益用市场价值衡量。表中的行业负债比率是2004～2007年的四年按照会计年末数计量的行业中单个公司负债比率的平均数，由作者使用来自*Compustat North America*的数据计算。

② 包括互联网发行和广播以及门户网站。

③ 这个行业包括主要从事旨在用于内外消费的药剂形式的体内诊断物质和药物制剂（例如针剂、药片、胶囊、药水、药膏、粉末、溶剂、悬浮剂等，不包括生物制剂）制造的公司。

④ 这个行业包括主要从事赋予资产权利（例如专利权、商标权、品牌和/或向资产持有人支付特许权使用费或专利技术使用费的特许使用权协议）的公司。

公司持有财产的类型 当公司发生财务拮据时，债权人通常不愿意对有形资产很少的公司（例如软件公司、教育服务公司和互联网公司）延长贷款，而更愿意对清算时资产价值更高的公司（房地产公司和酒店公司）延长贷款。因此，在人力资本、研究开发、品牌和其他无形资产上具有较大投资的公司，要比那些具有同样负债比率，但在土地、建筑物和类似可在破产时出售的有形资产上具有较大投资的公司面临更高的财务拮据成本。与具有相对较高比例有形资产和流动资产的公司相比，具有相对较高无形资产比例的公司可以降低借款带来财务拮据的可能性。这就可以解释软件公司、教育服务公司和互联网公司与房地产公司和酒店公司相比具有较低负债比率的原因，如表11-8所示。

公司提供产品和服务的类型 当公司出售的产品和提供的服务可以从其他渠道获取时，顾客通常并不关心他们的供应商是否会破产，因为总有其他企业可以填补空缺。然而，当公司提供的产品和服务非常独特时，顾客就会关心供应商陷入财务拮据的后果。因此，当负债比率相同时，一般商品供应商要比独特商品和服务供应商面临更低的财务拮据成本。前者可以承担相对较高的负债比率，而不会使其顾客恐慌；后者却更愿意保持相对较低的负债比率，以使客户消除对公司未来生存能力会因过度债务负担恶化的疑虑（同样可比较表11-8中的公共事业公司和软件开发企业）。

然而，即使产品是一般商品，顾客也可能关心产品是否需要后续服务或维修。例如，如果你确信一家汽车制造商将要破产，你可能就不会购买它生产的汽车。但如果一家食品公司面临破产，你可能仍会购买它的产品，因为这些产品不需要维护和返修。

国家金融体系的结构 公司陷入财务拮据的风险不仅与公司或公司所处行业的特定因素相关，还要受到公司经营所处金融体系结构的影响。与银行属于私有部门而且必须将经营活动限定在贷款的国家相比，在银行由国家拥有或控制或者允许银行拥有公司股份的国家，公司的负债比率要更高。

如果银行由国家拥有而且可以成为同一家公司的股东和债权人，那么它们更愿意帮助公司避免破产，在公司规模很大时尤其如此。如果国家想让公司继续经营，国有银行会继续向公司提供贷款。如果银行可以拥有公司股票，那么银行可能会接受将过度负债转换为公司股权。这就可以解释法国、德国、意大利和日本等国大公司的负债率通常高于美国和英国大公司的原因。

11.4.2 除税收以外可能倾向于借款的因素

负债融资的主要好处是利息费用抵扣带来的税收节约。如果与负债相关的税收节约不再可以获得（由于税务当局否决或公司无法利用），那么公司所有者还有动机借款吗？答案是肯定的，公司所有者可能出于很多原因希望取得借款，而并非只是基于负债融资可以带来税收好处这一点。

1. 负债是有助于减少所有权和管理权分离产生的代理成本的工具

经理可能并不总是按照股东的最佳利益行事。他们有时会做出对自己有利但会减少公司价值的决策。假设一家公司由于当年业绩特别好，已经创造了大量现金盈余。经理可能倾向于不明智地将这些现金用于并不真正需要的、昂贵且常常无用的在职消费上，或者用于可使公司增加收入和扩大规模但不能创造价值的“构造帝国”投资中。

这种行为说明了什么是所谓的**代理问题**（agency problem）。它产生于所有权和控制权的分离。当经理代表股东经营一家公司时（他们作为股东的代理人），可能并不总是做出对股东有利的决策。他们可能做出可以提高自身舒适度和满意度但会降低公司价值的决策。例如一位高管为公司买了一架专用飞机，这项决策除了可以提高高管的身份外，不能给公司带来任何可确定的收益。这位高管带来的公司价值减少等于飞机的税后成本。这种价值减少被称为**权益融资的代理成本**（agency cost of equity financing）。

考察另外一个与资本结构决策直接相关的例子。经理的收入和财富通常并不像股东那样多样化。经理的收入、工作职位以及大部分财富都依赖于雇佣他们的公司，而大多数股东仅将总财富的很小部分投资于某一家公司。由于收入和财富难以多样化，经理要比多元化投资的股东面临更高的风险。因此，他们可能会采用更稳健的负债政策，而不是采用能够使公司价值最大化的负债决策。稳健负债政策下的公司价值与使用更多负债融资情况下的公司潜在最大价值之间的差异是权益融资的代理成本的另一个例子。

减少代理成本的一种方法是通过给予经理公司股票，或者按照事先确定的价格购买股票的期权把他们转变为股东。然而，经理拥有的股票或者期权的数量必须足以促使他们把最大化股东价值作为最关注的事情。如果股东不愿意把大量的股票或期权分配给管理者怎么办？

负债融资可以成为解决代理问题的另一种方法。发行负债并使用这笔资金回购股票可以通过两种方式减少权益的代理成本：首先，由于股票数量减少，流向股东的那部分公司现金流量减少，而流向债权人的现金流量增加，因为经理现在必须把公司大部分现金流量用于偿还负债，这就意味着经理可用于浪费在诸如购买飞机等事情上面的现金流量减少；其次，如果经理已经拥有了公司的一些权益，那么公司增加负债后经理拥有的公司所有权份额将会上升，因为即使他们拥有的权益资本总额没有改变，他们此时在公司总权益中拥有了更大的份额。这两种负债影响应该能够促进经理人按照股东利益行事，它们对经理人的作用就像谚语中比喻的大棒和胡萝卜一样。因此，负债融资通过把经理人和股东的利益联系在一起，成为有助于减少代理成本的方法。

在这种情况下，借款可以通过两种明确的渠道提高公司的市场价值和股票价格。一种是通过负债融资产生税收利得，另一种是通过减少权益的代理成本。后者产生于更高负债水平给经理人带来的更多关注和约束，以及重组前持有股份的经理人拥有更高公司所有权份额带来的更强激励。

2. 负债是使当前所有者保有对公司控制权的工具

选择负债而非新权益可能受到当前所有者保持公司控制权愿望的支配。新投资者提供的新权益会降低原有股东控制的公司权益资本份额，但负债融资可以避免这种**稀释**（dilution）作用。因此，如果公司需要外部资金而且当前所有者希望保持控制权，那么不管税收影响如何，他们都会更倾向于公司取得借款而非发行新股。

如果发行负债而非权益决策的动机是出于控制权的考虑，那么我们可以预期公司股票会折价交易，因为这样会大大降低外部人士接管公司的能力。如果为保持控制权发行负债产生的税收利得的现值小于加强控制权带来的市场折价，那么净影响将是降低权益价值。但这并不意味着股东一定会遭到损失，因为控制权可能给股东带来非金钱利益，这要比市场价值损失对他们更有价值。

3. 负债是有助于解决经理人和外部投资者之间信息不对称问题的工具

当管理层比外部投资者（股东和债权人）更加了解公司未来前景时，**信息不对称**（Asymmetric information）

就存在了。当使外部投资者了解公司当前状况和未来前景对于公司而言非常昂贵时，信息不对称就会发生。当管理层不想让未来计划成为公共信息（因为这种信息可能对公司竞争者有价值）时，也会产生信息不对称。让我们看一下为什么信息不对称的存在会促使管理层偏好负债融资。

假设 JBC 已经决定投资于一个需要进行外部融资的新项目。约翰逊女士既可以按照当前市场价值每股 70 美元发行股票，也可以发行债券。假设约翰逊女士确信公司未来前景要好于金融市场预期，她认为 JBC 的权益被低估了，JBC 的股票价格至少应为 90 美元。她该怎么做呢？如果她按被低估的价格发行股票，就相当于送给新股东一份礼物：新股东只需支付 70 美元就可以买到她估值为 90 美元的股票，从而会损害到现有股东的利益。因此，关心公司当前股东利益的约翰逊女士更愿意发行债券。现在考察相反的情形，约翰逊女士认为 JBC 的股票被高估了，根据公司未来发展前景，60 美元更符合她的预期。如果发行债券，当她应该把全部注意力集中于改善公司未来发展前景时，必要的利息和本金支付可能给她带来额外的负担。因此，她应该发行股票。如果她能够按照接近股票当前价格 70 美元的价格发行新股，她会以牺牲新股东利益为代价给现有股东带来意外收益。

然而，还要考虑另外一个方面。如果投资者意识到只有当经理人认为公司权益被高估时公司才会发行股票，那么当公司宣布发行新股意图时，他们将会调低预期并给出低价。似乎有证据支持这个观点：在公司宣布发行新股意图的当天，当前股价通常下降。经理人通常不愿意看到公司股价下降，因此无论发现公司股价被高估还是被低估，他们都不愿意发行股票。这也可以解释为什么对于大多数公司而言，无论能否获得税收利益，负债都是受欢迎的外部融资方式。

11.4.3 除财务拮据成本外可能阻碍借款的因素

尽管负债融资可以提供有价值的税收减让，但借款的增加最终会带来随负债比率上升的财务拮据成本。那么，问题在于当财务拮据成本对公司影响不大时，公司是否还会增加借款？即使财务拮据成本不大或不存在，一些公司也可能故意决定避免借款，因为公司为利用税收节约发行的负债可能带来很多所有者和经理人认为非常昂贵的限制条件。如果负债融资的这些预期成本高于潜在的税收利益，公司可能决定不发行额外的负债。

1. 过度负债可能阻止公司充分利用利息税盾

为了利用利息费用带来的税收节约，公司需要创造相对较高的营业利润，以便能够全额抵扣利息费用。在资本密集型行业中经营的公司可以通过加速折旧法减少税收负债。因此，它们可能没有充足的税前营业利润，以便从高负债水平产生的利息费用带来的额外税收节约中充分受益。

2. 过度负债可能引起股东与债权人之间代价高昂的利益冲突

过度负债可能会引发股东与债权人之间代价高昂的利益冲突，从而影响公司的资本结构决策。我们用一个极端的例子来说明这个问题。假设管理层根据股东的指示以 10% 的利率借入 800 万美元投资于一个 1 000 万美元的高风险项目。此外，假设贷款人并不完全了解项目的风险性。一年后，该项目既可能创造 3 000 万美元的收益，也可能一无所获，两种情况发生的可能性相同。如果项目成功，股东将支付 880 万美元（800 万美元贷款加上 10% 的利息）给债权人，自己留下剩余的部分（2 120 万美元）；如果项目失败，各方都会发生损失，但贷款人的损失会大于股东，因为他们为项目提供了 80% 的融资。这就是所谓的“赌光”贷款人的钱。贷款人当然会预期到这种行为，并努力通过对公司如其所愿使用借入资金的能力施加限制以保护自己的投资。换言之，贷款人提高了股东筹集债务资金的成本。

负债提供者要求的保护以**限制性保证条款**（restrictive covenant）的形式列示在借款公司与债权人之间的正式契约中。例如，这些保证条款可能限制公司可以支付股利的金额，公司可以举借额外负债的金额，公司可以购买或出售资产的类型。公司已经拥有的负债越多，与额外借款相关的保证条款的限制条件就越多。换言之，额外负债的成本会越来越高，不仅由于贷款人可能要求更高的利息支付，而且涉及管理弹性的丧失。负债成本最终会抵消利息税盾的收益。

这些**绑定和监督成本**（bonding and monitoring cost），也被称为**负债融资的代理成本**（agency cost of debt financing），因为它们是另一种代理问题的结果。在这种情况下，股东是债权人的代理人，因为他们决定怎样使用债权人提供的资金。你可以认为负债的代理成本实际上也是一种财务拮据成本。与其他财务拮据成本一样，它们也会阻止公司过度借款。

负债融资的代理成本和权益融资的代理成本对公司价值具有相反的影响。当公司增加借款时，负债的代理成本会上升，公司的资产价值和股票价格会下降（额外负债成本更高）。与此同时，权益的代理成本会下降，公司的资产价值和股票价格会上升。净影响取决于两种类型代理成本的相对规模。

3. 过度负债可能限制公司支付固定股利的能力

经理通常倾向于采用**固定股利政策**（stable dividend policy）。他们努力定期分配股利，而且努力稳步增加股利支付金额，以便与公司股价的增长保持同步，这样可以保持被证券市场接受的**股利收益率**（dividend yield，每股股利除以每股股价）。这样做的目的通常是保持股利支付的连续记录。当公司面临暂时性流动性问题时，他们会尽力不削减股利。缩减或停止股利支付会被市场解读为公司正面临重要现金流量问题，从而在可遇见的未来难以支付股利的信号，市场反应可能是公司股票的大幅下跌。为了避免这些负面的**信号效应**（signaling effect），除非面临严重的现金流量问题而且除削减股利外别无选择，公司都会努力追求固定股利政策。

资本结构决策的含义很明显：过度负债的公司可能无法保持固定股利政策。考察表11-1报告的JBC的替代资本结构。假设公司支付每股5美元股利。当公司资本结构中没有负债时，即使最差的情境发生，JBC仍能支付股利。如果衰退情境到来，每股收益将为5美元，足以支付5美元股利。但当公司负债额为1亿美元时，如果衰退情境发生，JBC将无法支付股利。在支付1 000万美元负债利息后，公司将没有任何现金可用于支付股利。

如果公司采用固定股利政策，与此同时，市场又倾向于接受固定股利政策，那么公司价值就应该上升。但是，这种潜在的价值上升将被不举债损失的税收收益抵消。只有当固定股利政策带来的收益超过负债融资的税收利益时，公司的资产价值和股票价格才会上升。

4. 过度负债可能降低公司财务弹性并影响公司信用评级

一些公司在经营状况良好时会试图积累现金。这种现金积累（通常被称为**财务宽松**，financial slack）可能是有价值的，因为如果发现能够创造价值的投资机会，这些现金可以立即投入使用。此外，现金积累也有助于提高公司的**负债能力**（debt capacity），即如果出现未预期到的资金需求可以迅速筹借债务的能力。很明显，过度负债的公司将不具备这种灵活性。**财务弹性**（financial flexibility）可能对经理有价值，但能为股东创造价值吗？这个问题很难回答。持有现金和减少负债应该会对公司价值产生负面影响，因为现金不会带来高额收益，而减少负债意味着失去有价值的税收节约。只有当迅速利用投资机会带来的预期收益超过这些负面影响时，对价值的净影响才会为负。

对为何财务弹性可能导致资本结构中的负债低于最优负债水平的另一种解释是管理者希望保持或提高公司负债的**信用评级**（credit rating）。发行债券的公司需要从**信用评级机构**（credit rating agency）获得评级。评级反映评级机构对公司负债质量的评价（具体内容见第9章）。如果评级机构降低了公司负债的等级，那么公司的负债成本将会上升，公司迅速举债的能力可能受到损害，从而公司的财务弹性会降低。出于这个原因，即使增加负债对公司有意义，绝大多数经理也会尽量避免借款超过可能导致信用降级的金额。同样，对股票价格的净影响并不明显。

11.4.4 经理偏好使用留存收益吗

经理似乎显著倾向于使用留存收益而非外部融资，无论是负债还是发行新股。我们如何解释这种对外部融资的谨慎态度呢？它对资本结构决策有什么影响？

1. 与证券不同，留存收益没有发行成本

与股票和债券发行不同，留存收益没有任何**发行成本**（flotation或issue cost），因此比股票发行更便宜。发行成本包括管理成本（例如申请费、法律费、印刷费等）、税金，以及使用投资银行服务（把公司证券出售给公众）的成本（见第9章）。这些成本绝大多数是固定的，因此大量发行时债券和股票出售总成本的占比要低于少量发行时。这可以解释为什么公司倾向于不频繁筹集大量外部资金而非经常筹集小额资金（当发行规模相同时，权益融资的成本要高于负债融资的成本）。

2. 公司在选择融资时有优先顺序吗

有证据表明，公司通常按照**优先顺序**（pecking order）融资，即首先依靠留存收益，然后如果需要外部融资，则选择负债融资，最后采用权益融资。公司选择举借负债而非发行股票的一些理由已经在前面部分回顾过，包括当前所有者保持控制权的愿望、负债作为降低权益代理成本机制的作用，以及经理与外部投资者之间的信息不对

称导致的市场对新股发行的负面反应。公司可能倾向于发行负债而非发行股票，但它们为什么倾向于内部融资（留存收益）而非外部融资呢？

一个原因是留存收益没有发行成本，而任何外部融资方式都涉及很高的成本；另一个原因是公司不必像发行新股或发行新债那样，向外部人士提供大量信息以证明利润留存是合理的。这种观点的支持方认为，需要阻止竞争对手获得公司的有价值信息，但这通常不被股东接受，股东把它解读为公司不能向其提供有价值信息的借口。这是股东对**透明度**（transparency）的要求所带来的困境。更高的透明度应该能够增加公司价值，但如果竞争对手把这些信息为其所用也会可能给公司造成损害。

优先顺序假设的一个含义是：公司可能不存在特定的目标负债比率，即使存在，也不会始终保持不变。当公司有投资机会时，它们会首先使用留存收益。如果内部资金不能满足投资需要，企业会首选负债融资，之后才会使用权益融资，从而公司资本结构会随投资机会不断发生变化。

11.4.5 汇总

我们想要提供一个公式，以把所有影响公司资本结构和市场价值的因素联结在一起，而且可以识别公司的最优负债比率。令人遗憾的是，这种公式并不存在。我们只有一个基本框架，它告诉我们当额外负债带来的税收利益刚好被额外负债产生的预计财务拮据成本的现值抵消时，公司就达到了最优资本结构。从这一点出发，我们必须做出调整，以反映可以证明更低或更高负债与权益比率合理性的很多因素的影响。我们在表 11-9 中对这些因素进行了总结。

表 11-9 影响资本结构决策的因素

支持负债的因素	
首要因素	
公司所得税	负债是可使公司减少所得税的工具，因为利息费用可以抵税，而股利和留存收益不能。然而，公司的利息税盾可能受到个人所得税的影响而减少
次要因素	
权益的代理成本	负债是有助于降低权益代理成本的工具，权益的代理成本产生于经理并不总是按照股东的最佳利益行事的倾向。负债可以提高公司价值，因为负债的偿还会给经理带来更多关注和约束，从而使其不大可能“浪费”股东的资金
保持控制权	负债可使当前所有者保持对公司的控制权。然而，这个因素可能会降低股票价格，因为当公司所有权并不分散时，外部人士不能接管公司
信息不对称	使用负债而非权益融资可使公司避免通常伴随新股发行的股价下跌。股价下跌之所以会产生，是因为外部股东认为，只有当经理认为公司股价被高估时，他们才会发行新股票
阻止（过度）负债的因素	
首要因素	
财务拮据成本	过度负债会增加公司陷入财务拮据的可能性。发生财务拮据的可能性越大，与财务拮据相关的预期成本现值越大，公司价值就越低。面临较高财务拮据可能性的公司包括税前营业利润具有周期性和波动性的公司、拥有相对较大金额无形和非流动资产的公司，以及具有独特产品和服务或者产品需要售后服务和维修的公司
次要因素	
负债的代理成本	额外借款附加严格的限制。贷款人在新的债务契约中增加了更具约束性和成本更高的保护性条款，以便在经理人代表股东利益对借入资金进行错误配置时保护自身利益
股利政策	过度负债可能限制公司采纳固定股利政策的能力
财务弹性	过度负债可能降低公司的财务弹性，即公司快速抓住能够创造价值投资机会的能力

我们无法实际精确估算所有这些因素对公司最优资本结构和市场价值的综合影响。在确定合适的资本结构时，必须实施很多判断。在做出判断时，同行业类似公司的平均负债比率是最佳的分析起点。随后，这些行业比率（如表 11-8 所示）必须被调高或调低，以反映针对本节所考察的因素公司所表现出的特定状况和情形。

公司确定想要的**目标资本结构**（target capital structure）后，就应该做出与目标资本结构相一致的融资决策。这并不意味着公司的实际负债比率必须总是等于目标值。如果公司需要外部资金，它也不一定需要按照资本结构给定的比例筹集负债和权益资金。此外，金融市场环境有时可能偏好某一种融资方式。这意味着公司可能必须暂时偏离目标负债比率。我们的目标是确保公司一段时期内的平均负债比率接近目标值。而且，如果导致选择某一特定目标负债比率的经营和财务环境发生了变化，公司也应该调整目标资本结构以反映新环境。

最后，我们给出有关美国公司负债使用情况的两张图表。图 11-9 反映了 1945 ~ 2007 年大样本非金融公司负债比率的变动。值得注意的是，权益融资在总融资中的占比从 20 世纪 40 年代末的大约 75% 下降到 20 世纪 90 年代之后的接近 50%。

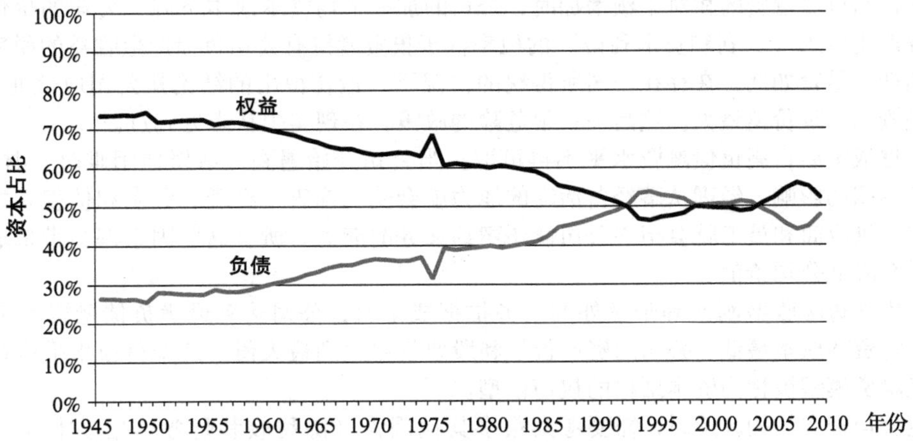

图 11-9 美国非金融性公司的资本结构

资料来源：The Board of Governors of the Federal Reserve System, *Flow of Funds Account.*

图 11-10 显示了针对首席财务官的一份调查结果，表明了他们在确定公司负债水平时参考的最重要因素：财务弹性和避免信用降级似乎更优于利息支出的税收利益和财务拮据成本。

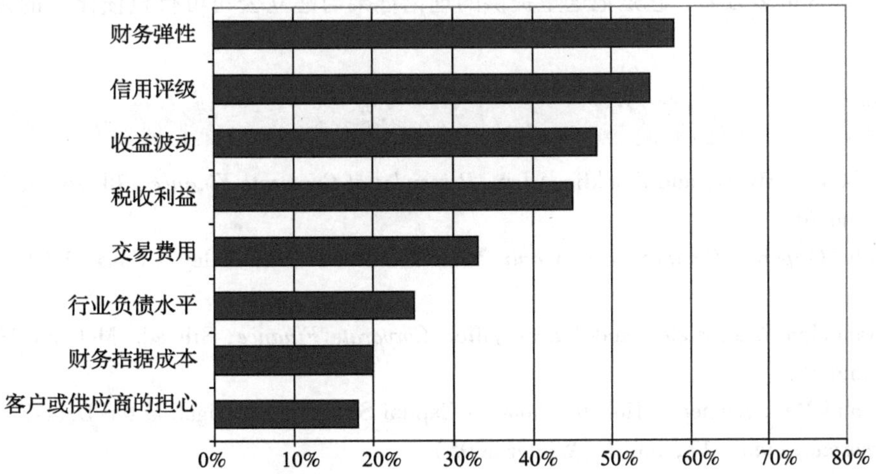

图 11-10 公司如何决定其负债水平

资料来源：Graham, John R., and Campbell R. Harvey. "How do CFOs make capital budgeting and capital structure decisions?" *The Journal of Applied Corporate Finance* 14, No.4(2002).

11.5 小结

公司为项目融资所用资金的选择非常重要，在设计最优资本结构时需要考虑一些因素。最优资本结构即为能使公司价值和股票价格最大化的资本结构。我们对资本结构决策进行分析的起点是公司的负债与权益比率如何影响公司的盈利能力，公司的盈利能力用每股收益衡量。通过增加财务杠杆（更高的负债比率），公司可以增加预计每股收益，但必须承担更高负债水平带来的更高财务风险（每股收益的更大范围波动）。令人遗憾的是，资本结构的 *EPS* 方法尽管提供了有关资本结构决策的深入见解，但不能实现在更高预计每股收益和更大范围 *EPS* 波动之间的理想权衡。我们需要了解负债如何影响公司价值。

资本结构的 MM 理论为理解负债融资如何影响公司价值提供了起点。该理论指出，就像无论采用什么方式分割比萨都不会改变比萨的大小一样，在不考虑公司所得税的情况下，改变公司资本结构中负债和权益的比例不能提高公司价值和股票价格。根据米勒和莫迪利安尼提出的该理论，当公司提高财务杠杆时，更高预计 *EPS* 带来的应该归属于股东的额外收益是对杠杆带来的额外风险的补偿。尽管权益成本会随财务杠杆提高而增加，但公司的加权平均资本成本和公司资产的价值不会改变。

在考虑公司所得税的情况下，负债融资显然要优于权益融资，因为利息费用减税产生的年度利息税盾为股东带来了价值。同样，当负债融资的相对金额增加时，公司的加权平均资本成本下降，公司的价值上升。然而，如果投资者权益投资产生收入（股利和资本利得）的税率低于投资者持有公司负债产生收益的税率，那么年度利息税盾可能会低于预期。尽管如此，在存在公司所得税的情况下，最初得出的结论是公司应该通过使用接近 100% 的负债为其资产融资以实现价值最大。这是一种很危险的政策，在现实中从未见到过。

在考虑财务拮据成本后，高负债融资水平不再可取。当公司开始遇到一些偿债困难时，财务拮据就会产生。一旦公司受到财务拮据的影响，经理从事经营活动的能力就会受到损害，经理、股东和债权人之间尖锐的利益冲突就会产生，客户、供应商和员工就会担心公司偿还契约义务的能力。所有这些因素都会带来成本的增加，当公司负债比率上升时会降低公司价值。

当利息税盾产生的边际收益刚好等于额外的财务拮据成本时，公司达到最优负债融资水平。在这个负债水平，公司的加权平均资本成本最低，公司的资产价值和股票价格达到最大值。这个负债水平应该是公司的目标负债比率。这个最优融资模型被称为资本结构的权衡模型。

最后，在制定公司资本结构政策时，需要考察很多其他因素（除税收和财务拮据成本外）。这些因素包括：公司营业利润的波动性（换言之，即为公司经营风险）、公司持有资产的类型、公司销售产品和服务的类型、与权益和负债融资相关的代理成本的存在、股利政策强加的限制、经理与外部投资者之间信息不对称的重要性，以及融资方式选择优先顺序的存在。

令人遗憾的是，没有公式能把所有这些因素整合起来，以便为经理人提供公司最优负债比率。设计恰当的资本结构要比应用公式包含更多方面，它是把这里提供的理论框架与建立公司可行负债比率的判断、见解和时间结合起来的艺术。

扩展阅读

1. Brealey, Richard, Stewart Myers, and Franklin Allen. *Principles of Corporate Finance*, 9th ed. McGraw-Hill, 2008. See Chapters 18, 19, and 20.
2. Damodaran, Aswath. *Corporate Finance: Theory and Practice*, 2nd ed. John Wiley & Sons, 2001. See Chapters 17, 18, and 19.
3. Ross, Stephen, Randolph Westerfield, and Jeffrey Jaffe. *Corporate Finance*, 8th ed. McGraw-Hill Irwin, 2008. See Chapters 15, 16, and 30.
4. Shivdasani, Anil, and Mark Zenner. "How to Choose a Capital Structure: Navigating the Debt-Equity Decision." *Journal of Applied Corporate Finance* 17, no. 1 (Winter 2005).

自测题

11.1 借款对股票价格的影响

负债的增加会使权益面临更高风险，因为每股收益的波动性会随着负债增加而加大。假设不存在税收和财务拮据成本。这一定意味着当公司负债增加时股价必然下降吗？如果存在税收和财务拮据成本，又应如何回答这个问题呢？

11.2 负债的风险、权益的风险和公司的风险

增加负债融资会使公司权益的风险加大，增加负债融资也会使公司负债的风险加大，因为公司违约的可能性会随负债增加而加大。由于权益和负债的风险都增加，公司整体的风险也应该增加，对吗？

11.3 影响最优负债与权益比率的因素

假设 Alternative Solution 公司的负债与权益比率是最优的，那么为仍旧保持最优状态，在下面哪种情况下应该改变该比率？

a. 公司税率提高；
b. 个人资本利得税率提高；
c. 该公司（专门从事软件产品开发）购买一座办公大楼；
d. 管理层强烈认为公司股价被严重低估；
e. 公司的营运资本需求（投资于经营周期的金额）不断减少；
f. 公司被竞争对手接管。

11.4 息税前收益与税金：每股收益分析

Albine 公司没有负债，它有流通在外普通股 10 000 股，每股市价 100 美元。公司正在考虑两个备选资本重组方案：低负债方案要求举债 200 000 美元，而高负债方案要求举债 400 000 美元。在两种情形下，负债成本均为 10%，公司不支付任何税金。

a. 预计息税前收益（EBIT）分别为 90 000 美元和 170 000 美元。在两个重组计划下，两种情境中 Albine 的每股收益（EPS）分别是多少？假设两种情境发生的可能性相同，预计 EBIT 为 130 000 美元，那么预计 EPS 将为多少？
b. 如果 EBIT 为 100 000 美元，那么在两个重组计划下的预计 EPS 是多少？它们为什么相等？

11.5 利息税盾的价值

Ilbane 公司没有负债，公司权益的市场价值为 1 亿美元。公司可以以 5% 的利率举债。如果公司税率为 35%，假设公司借入以下金额资金并用以回购股票，那么 Ilbane 公司的价值将为多少？

a. 2 000 万美元；
b. 8 000 万美元。

复习题

1. 息税前收益与税金：每股收益分析

Chloroline 公司拥有 200 万流通在外股票，没有负债。预计正常环境下的息税前收益为 1 500 万美元，经济衰退情境下的息税前收益为 500 万美元，经济扩张时的息税前收益为 2 000 万美元。Chloroline 正在考虑以 8% 的利率发行 5 000 万美元债券，并用所得资金按照每股 50 美元的当前市价回购 100 万股股票。公司税率为 40%。

a. 分别计算发行新债前和资本重组后，两种情境下 Chloroline 的每股收益和投资收益率（*EPS* 除以股价）。
b. 根据以上计算结果，你会建议 Chloroline 进行资本重组吗？

2. 不存在税收情况下的公司价值和资本结构

假设公司税率为 0。因为公司权益和负债的风险都会随负债融资增加而提高，那么当公司使用更多负债时公司价值应该减少，对吗？

3. 自制杠杆

Alberton 公司是一家完全股权融资设备制造商，已经宣布将把资本结构变为拥有 30% 负债，并用举债所得资金回购股票。公司拥有流通在外股票 100 万股，每股价格 60 美元。预计公司的营业利润或息税前收益在可预见的未来将保持在当前的 400 万美元水平。将要发行负债的利率为 10%，公司不支付任何税金。此外，Alberton 的股利支付率为 100%，即公司收益全部用于支付股利。

a. 罗伯特先生拥有 140 000 股票，在当前资本结构下，他每年将从 Alberton 收到多少股利？
b. 假设罗伯特先生保留所有股票，在新资本结构下，他的现金流量将为多少？
c. 为什么罗伯特先生在新资本结构下收到的现金流量比当前资本结构下少？为了避免这种现金损失并继续从他对 Alberton 的投资中获得相同的现金流量，他可以怎么做？

4. 负债成本与权益成本

由于负债成本低于权益成本，公司必须尽可能多地使用负债以提高公司价值。你对此有何看法？

根据第 10 章提出的资本资产定价模型，你将如何说明权益成本会随负债的使用发生变动？

5. 资本结构和资本成本的变动

Starline 公司没有负债，权益成本为 14%。公司可以按照 8% 的利率举债。公司税率为 40%。

a. 如果Starline决定借入相当于公司当前权益25%、50%、70%和100%的资金，计算公司的权益成本和加权平均资本成本。借入资金将用于回购公司股票。

b. 画图说明Starline的权益成本、债务成本和*WACC*是如何随负债与权益比率的变动而变动的。

c. 基于你的计算结果，你建议Starline改变资本结构吗？

6. 权益成本、加权平均资本成本和财务杠杆

Albarval公司预计资产收益率将稳定在12%，假设目标资本结构为80%权益和20%负债，公司在各种资本结构下的借款利率均为8%。

a. 假设Albarval不支付任何税金。Albarval的权益成本是多少？提示：参考式（11-2）。如果目标资本结构为50%权益和50%负债，Albarval的权益成本将为多少？说明在两种资本结构下，公司的加权平均资本成本相等且为12%。

b. 现在假设公司税率为40%。两种资本结构下的权益成本和*WACC*是多少？提示：参考式（11-7）和式（11-8）。为什么两种资本结构下的权益成本和*WACC*不同？

7. 利息税盾的价值

Lannion公司是一家没有流通在外负债的制造企业。公司正在考虑以8%的利率借入2 500万美元并用所得资金回购股票。公司权益的市场价值为1亿美元，公司利润按照35%的税率纳税。

a. 如果该负债永久存在，那么利息税盾的现值将为多少？如果负债的期限为5年呢？

b. 如果在债券发行后利率提高到9%，利息税盾的现值又将为多少？

8. 行业对资本结构的影响

如果对预计负债比率进行降序排列，你将如何排列以下三家公司：生物技术公司、汽车配件公司、电力公司。请解释原因。

9. 董事会和管理层

为什么董事会力量较弱的公司愿意采用低杠杆资本结构（它们使用的负债将低于可以发行的最优金额）？

10. 代理成本

股东可以如何侵占债权人的财富？

PART

5

第五部分

经 营 决 策

CHAPTER12

第12章 企业估值与企业并购

应该用更新、更高效的设备取代当前设备吗？应该建立一家工厂开发新产品吗？应该收购竞争对手吗？只有在对这些投资可以提高公司市场价值充满信心时，你才应该去做。只有当已购买资产的预计价值高于购买价格时，才会提高公司市场价值。本章将说明如何对企业估值。被评估对象既可以是整个公司，也可以是公司的一部分，例如公司的一个分部。在评估整个公司的价值时，我们必须区分公司资产价值和公司权益价值，其中权益价值代表股东对公司资产的要求权。这两个价值显然是相关的，因为公司权益价值等于公司资产价值与公司负债价值的差额，而分部的价值仅为分部资产的价值。

企业估值的最常见应用是估计公司股票的购买价格。例如，在一个收购中，一家公司（投标公司）想要购买另一家公司的全部或部分股份，需要确定应该按照什么价格购买目标公司。目标公司既可能是股票在证券交易所交易而且有公开报价的公众公司，也可能是没有公开报价的私有公司。为了确定并购能否创造价值，投标公司需要确定目标公司股票对自身的价值。如果目标公司股价为每股 20 美元，而投标商的估价为 30 美元，那么按照低于 30 美元的价格购买目标公司股票就是价值创造决策。在这种情况下，该项收购就是能够创造价值的投资，因为对于投标公司而言，这些股票对投标公司的价值高于投标公司必须支付的价格。如果收购价格高于每股 30 美元，那么该项收购就是损害价值的，因为股票对投标公司的价值低于投标公司必须支付的价格。

首次公开发行（IPO）是需要评估公司权益价值的另外一种典型情形。在 IPO 中，私有公司考虑首次向公众发行股票，必须估计出能够确保股票向公众成功发售的发行价格。当国有公司私有化（出售给公众）时，类似情形也会发生。

在简要介绍主要估值方法后，本章聚焦最常用的方法。首先，我们介绍比较估值法，即使用与我们想要估值公司相似公司的股票市场数据对公司估值。为举例说明，我们将这种方法应用于 OS 公司的估值，我们曾在第 2 ~ 5 章分析过这家公司。然后，我们介绍折现现金流量法（DCF），即通过对预计资产产生的未来现金流量折现对公司资产估值。公司权益的预计价值就是公司资产的预计价值与公司负债的预计价值之差。我们将说明如何通过估计 OS 权益的两种不同价值——公司单独存在的价值和公司作为收购目标的价值（公司的目标价值）使用这种方法。我们将仔细考察并购中价值创造的来源，并说明如何对其加以估计。我们还将阐明为什么混合并购（不相关企业整合）不大可能创造价值。最后，我们介绍调整现值法（APV），它是 DCF 法的一种变形。我们再次以 OS 公司为例说明这种方法的使用，OS 公司在这里是作为杠杆收购（LBO）的目标，这意味着公司将使用异常高比例的负债为公司资产融资。学习完本章，你应该了解以下内容：

- 可用于企业估值的各种方法，以及如何在实践中应用它们估计公司价值；
- 为什么一些公司会收购其他公司；
- 如何对潜在并购估值；
- 为什么很多并购通常不会为收购公司的股东带来收益；
- 杠杆收购交易以及它们是如何组织的。

12.1 各种估值方法

假设你打算购买一套面积为2 000平方英尺（约186平方米）的房子，要价为220 000美元，你想知道该价格是否公允。有两种基本方法可用来估算房子的价值。首先，你可以找到类似房子的售价。一家房产中介告诉你，上周相同街区一套1 500平方英尺（约140平方米）房子的售价为150 000美元，你会得出什么结论呢？该可比房屋的售价为每平方英尺100美元（=150 000美元/1 500平方英尺）。按照这个价格，你想要购买房子的价值应为200 000美元（=2 000平方英尺×100美元每平方英尺），比要价220 000美元低20 000美元。你估计房子价值使用的这种方法称为**比较估值法**（valuation by comparable）。通过把一家公司与同行业的类似公司比较，可以使用相同的程序对该公司进行估值。

估算房子价值的第二种方法是确定它的租赁价值。房产中介告诉你，这个房子的预计年租金净收入为21 000美元。你需要把这个金额与你不购买房子情况下可以从储蓄中获得的收益做比较。你认为拥有这套房子的风险与投资于长期高级公司债券的风险相同，公司债券的年收益率为10%。为获得相同的10%收益率，在21 000美元年租金收入基础上，你应该为这套房子支付多少钱？答案是210 000美元（因为210 000美元在10%的年利率下可以产生每年21 000美元收益）。你估计房子价值使用的这种方法是**折现现金流量法**（discounted cash-flow valuation, DCF法）。如果出租，这套房子将产生21 000美元固定年现金流量，按照10%的必要收益率对该现金流量折现，可以得到折现现金流量价值210 000美元，这个估计价值比要价220 000美元低10 000美元。

前面已经算出，比较估值法得到的估计价值是200 000美元。不同的估值方法通常会导致不同的估值，但差异不应该太大。如果不同方法得出的估计价值相差很大（例如，超过20%），就应该检查各种方法前提假设的有效性以及估值过程中使用数据的可靠性。例如，位于相同街区的房子应该与你想购买的房子尽可能相似（最理想的情形是它们完全相同），而且长期高级公司债券的收益率10%应该是你出租房屋所要求收益率的合适替代（这两种投资应该具有相同的风险特征）。如果输入的估计数据质量很差，将导致估计值不可靠（记住GIGO，“输入是垃圾，产出也是垃圾”）。

最后，你应该为这个房子出价多少？根据以上估算结果，出价在200 000～210 000美元应该是合理的。如果出价过高，就会超过估算价值，投资的净现值（NPV）就会为负，即投资的价格高于估算价值。当然，能以可能的最低价格购买房子将是最好的。但是，如果房地产市场是很有效的，那么讨价还价的余地就很小。

尽管比较估值法和DCF法是企业估值的最常用方法，但并非只有这两种方法，另外两种可能的估算价值是公司资产的**清算价值**（liquidation value）和**重置价值**（replacement value）。公司资产的清算价值是单独出售公司各项资产（应收账款、存货、设备、土地和建筑物）可以获得的现金数额。公司资产的重置价值是现在使用类似资产取代这些资产，开办一家与你想要购买的公司具有相同盈利能力的新公司将要花费的成本。很明显，公司的清算价值是你预计将为公司资产支付的最低价格。如果你能以低于清算价值的价格买入这些资产，并立即按清算价值再出售，你一定会赚取利润，这是在正常运作的市场中不大可能发生的情形。尽管有形资产（例如建筑物）的重置价值是你将支付的最高价格——你购买建筑物支付的价格不会超过建造一幢相同建筑物花费的成本，但如果公司拥有一些对你有价值而且无法重置的无形资产（例如专利或商标），你可能就会愿意支付更高的价格购买公司。

12.2 使用可比公司评估公司权益价值

OS分销公司是一家非上市私有公司，我们在第2～5章分析过该公司的财务业绩。OS公司是国内一家办公设备和办公用品分销商，公司2008年、2009年和2010年年末资产负债表列示在表12-1中，2008年、2009年和2010年利润表列示在表12-2中。我们想要估算OS公司在2011年1月初的权益价值（我们假定2011年1月的权益价值与2010年12月月底的权益价值相同）。

表 12-1 OS 公司资产负债表 （单位：100 万美元）

	2008 年 12 月 31 日		2009 年 12 月 31 日		2010 年 12 月 31 日	
资产						
流动资产						
现金①		6.0		12.0		8.0
应收账款		44.0		48.0		56.0
存货		52.0		57.0		72.0
预付费用②		2.0		2.0		1.0
流动资产合计		**104.0**		**119.0**		**137.0**
非流动资产						
金融资产和无形资产		0.0		0.0		0.0
厂场设备						
原值③	90.0		90.0		93.0	
减：累计折旧	(34.0)	56.0	(39.0)	51.0	(40.0)	53.0
非流动资产合计		**56.0**		**51.0**		**53.0**
资产合计		**160.0**		**170.0**		**190.0**
负债及所有者权益						
流动负债						
短期负债		15.0		22.0		23.0
银行借款	7.0		14.0		15.0	
本年到期的长期负债	8.0		8.0		8.0	
应付账款		37.0		40.0		48.0
应计费用④		2.0		4.0		4.0
流动负债合计		**54.0**		**66.0**		**75.0**
非流动负债						
长期负债⑤		42.0		34.0		38.0
非流动负债合计		**42.0**		**34.0**		**38.0**
所有者权益⑥		**64.0**		**70.0**		**77.0**
负债与所有者权益合计		**160.0**		**170.0**		**190.0**

①包括库存现金和银行存款，公司持有用于满足经营活动需求，不产生利息收入。
②预付费用是预先交付的租金（在利润表中确认时，租金包括在销售和管理费用中）。
③2009 年，没有处置现有固定资产，也没有购置新的固定资产。然而，在 2010 年，为扩建仓库花费 1 200 万美元，并把原值为 900 万美元的现有固定资产按其账面净值 200 万美元出售。
④应计费用包括应付工资和应交税金。
⑤长期负债每年偿还 800 万美元。2009 年没有新长期负债。2010 年为扩建仓库，从银行取得抵押贷款（参见注释③）。
⑥三年间没有发行新股或回购股票。

表 12-2 OS 公司利润表 （单位：100 万美元）

	2008 年	2009 年	2010 年
销售收入净额	**390.0**	**420.0**	**480.0**
销售成本	328.0	353.0	400.0
毛利	**62.0**	**67.0**	**80.0**
销售和管理费用	39.8	43.7	48.0
折旧费用	5.0	5.0	8.0
营业利润	**17.2**	**18.3**	**24.0**
非常项目	0.0	0.0	0.0
息税前收益	**17.2**	**18.3**	**24.0**
净利息费用①	5.5	5.0	7.0
税前收益	**11.7**	**13.3**	**17.0**
所得税费用	4.7	5.3	6.8
税后收益	**7.0**	**8.0**	**10.2**
股利	2.0	2.0	3.2
留存收益增加额	5.0	6.0	7.0

①没有利息收入，因此净利息费用等于利息费用。

2010 年年末资产负债表表明，公司权益的会计或账面价值为 7 700 万美元。这个价值在资产负债表底部被记作“所有者权益”，衡量公司股东从公司最初成立开始投入公司的净累计权益资本。它是衡量截至资产负债表日的期间内投入公司的净权益资本合计数的指标，不是衡量股东预期能够通过出售股票获取收益的指标，也不是衡量如果公司在股票市场上市公司权益价值将为多少的指标。

公司近期记录表明，利润和股利支付稳定上升，而且这个趋势很可能将在未来持续。因此，OS 公司权益的市场价值（它的售价）应该高于账面价值 7 700 万美元。因为拥有公司权益中 1 股股票，就可以赋予股东收取未来股利支付额以及 1 份公司价值未来增值的权利。对于投资者而言，重要的是权益的市场价值而不是账面价值。权益的账面价值反映过去的收益业绩和股利支付状况，仅在能够提供有关公司未来业绩的一些有用信息方面是相关的。

12.2.1 基于可比公司权益价值直接估算公司权益价值

如果 OS 公司在股票市场上市，公司的权益价值应该为多少呢？估算该价值的一种方法是使用股票在证券交易所上市的可比公司的数据。第一步是找到这些公司，GES 公司就是其中之一。GES 也是一家办公设备和办公用品分销商，规模要比 OS 公司大，但资产和成本结构与 OS 公司相似。⊖

表 12-3 列示了两家公司的可比会计和金融市场数据。第 1 ~ 8 项来自公司财务报表；第 9 项和第 10 项是在每股基础上重述第 7 项和第 3 项；第 11 项是 2011 年 1 月月初的股票市价，只能得到 GES 公司数据。

表 12-3 OS 公司与可比公司 GES 的会计和市场数据

	GES 公司	OS 公司
会计数据（2010）		
资产负债表数据		
1. 现金	\$7 000 万	\$800 万
2. 负债	\$43 000 万	\$6 100 万
3. 权益的账面价值	\$31 800 万	\$7 700 万
4. 流通在外股数	5 000 万股	1 000 万股
利润表数据		
5. *EBIT*①	\$10 200 万	\$2 400 万
6. 折旧费用	\$3 300 万	\$800 万
7. *EAT*②	\$4 000 万	\$1 020 万
8. *EBITDA*③ = *EBIT* + 折旧费用	\$13 500 万	\$3 200 万
以每股为基础		
9. 每股收益（EPS）= [(7)/(4)]	\$0.80	\$1.02
10. 每股权益账面价值 = [(3)/(4)]	\$6.36	\$7.70
市场数据（2011 年 1 月）		
11. 股价	\$20	无法得到
12. 市场资本化价值④ = [(11) × (4)]	\$100 000 万	无法得到
13. 企业价值（EV）= [(12) + (2) − (1)]	\$136 000 万	无法得到
乘数		
14. 市盈率（P/E）= [(11)/(9)]	25.00	无法得到
15. 股价与账面价值比率（*P/B*）= [(11)/(10)]	3.14	无法得到
16. 企业价值与 *EBITDA* 比率[(13)/(8)]	10.10	无法得到

①*EBIT* = 息税前收益
②*EAT* = 税后收益（与净利润相同）
③*EBITDA* 是对公司资产产生现金流量的估算（见第 4 章）。
④市场资本化价值是某一特定日期公司权益的总市值，它等于当日的股价乘以该公司发行在外的总股数。

根据该信息，我们可以计算出 GES 公司的以下两个比率（在表 12-3 中的第 14 项和第 15 项）：

⊖ 如果我们无法找到与 OS 足够相似的公司，就会将其与批发商品行业进行比较。

$$市盈率 = \frac{股价}{每股收益} = \frac{\$20}{\$0.8} = 25$$

$$股价与账面价值比率 = \frac{股价}{每股账面价值} = \frac{\$20}{\$6.36} = 3.14$$

这两个比率取决于 GES 的股价，而股价由市场决定，因此这两个比率又被称为**市场乘数**（market multiple）或**权益乘数**（equity multiple）。**市盈率**（price-to-earning ratio，P/E ratio）为 25 倍，又被称为 GES 的**收益乘数**（earning multiple），表明 GES 在 2011 年 1 月初的股票交易价格等于公司最近期**每股收益**（earning per share，EPS）的 25 倍（25 ×\$0.8 =\$20）。股价与**账面价值比率**（price-to-book ratio，P/B ratio）为 3.14，又被称为 GES 的**账面价值乘数**（book-value multiple），表明 GES 公司在 2011 年 1 月初的股票交易价格等于 GES 最近期每股账面价值的 3.14 倍（3.14 ×\$6.36 =\$20）。

我们可以用股价除以每股息税前收益（EBIT）构造其他市场乘数吗？这样做有意义吗？没有，因为这个比率仅将公司的经营贡献与股价关联起来（前面提到过，EBIT 是计量经营收益的指标），但我们知道，股价还受非经营决策（例如财务决策）的影响。值得注意的是，上面讨论的两个乘数具有一致性，因为它们被定义为股价与包含影响公司股价的所有公司决策的会计数据的比率——每股税后收益（EAT，权益持有者的净利润）或每股权益的账面价值。

这些市场乘数被称为**历史或拖曳乘数**（historical or railing multiple），是根据历史收益和账面价值计算出来的。如果我们能够预测出下一期的收益或账面价值，就可以计算出**预期乘数或未来乘数**（expected or prospective multiple）。

我们现在可以基于 GES 的可比市场乘数来估算 OS 公司的权益价值。根据这种方法，可比公司应该按照相同的市场乘数（历史或预期）交易。换言之，如果 OS 公司与 GES 公司相似，而且在股票市场上市，那么我们就可以使用 GES 公司的市场乘数来估算 OS 公司的权益价值。[⊖]这与我们在上一节中使用可比房屋的单价来估算房屋价值是相同的程序。对于 OS 公司来说，我们可以得到以下两个权益估计值

$$\begin{aligned} \text{OS 公司的预计权益价值} &= \text{OS 公司的税后收益} \times \text{GES 公司的市盈率} \\ &= \$1\,020\text{ 万} \times 25 \\ &= \$25\,500\text{ 万} \end{aligned}$$

$$\begin{aligned} \text{OS 公司的预计权益价值} &= \text{OS 公司的账面价值} \times \text{GES 公司的股价与账面价值比率} \\ &= \$7\,700\text{ 万} \times 3.14 \\ &= \$24\,200\text{ 万} \end{aligned}$$

OS 公司的这两个权益估计值是基于 GES 公司的历史市场乘数计算的。最高值是 25 500 万美元，最低值是 24 200万美元。正如前面所指出的，不同评估方法通常产生不同的估计值。估价不是一个精确的过程，只要差异在一个合理的范围内，就不用担心。OS 公司的最高估计值（25 500 万美元）比最低值（24 200 万美元）高 5.4%，差异相对较小。

某一个乘数比另一个乘数更恰当吗？一些分析师建议使用特定乘数评估特定类型的企业，例如，建议对工业企业使用收益乘数，对金融服务公司（例如银行和保险公司）使用账面价值乘数。

那么我们应该使用哪个估计值作为 OS 公司的权益价值呢？在使用两种其他估值方法估计 OS 公司的权益价值后，我们将回答这个问题。在此之前，我们首先考察能够解释收益乘数大小的因素，例如，为什么 GES 公司的市盈率等于 25，而不是更高或更低呢？

12.2.2 决定收益乘数的因素

这部分回顾影响市盈率的因素（第 15 章考察股价与账面价值比率，见附录 15B）。

公司价值既受一般市场环境（例如当前利率水平）的影响，也受公司特定因素（例如公司预计增长率以及公司未来收益的可观测风险）的影响。如果公司具有较高的预计收益增长率和较低的收益可观测风险（收益不会偏

⊖ 没有两家公司是完全相同的。我们知道 GES 公司要比 OS 公司大很多。此外，GES 公司是市场知名的上市公司，而 OS 公司不是。这意味着 OS 公司的（不可观测）乘数很可能与 GES 公司不同。把 GES 公司的乘数应用于 OS 公司的收益和账面价值数据可以得到估算价值。

离期望值很多），那么公司通常具有相对较高的价值，从而可以按照较高的乘数交易。原因很简单：相对于低增长和高风险而言，投资者更偏好高增长和低风险，所以高增长低风险公司比低增长高风险公司具有更高的价值。本章后面部分对这种现象进行了说明。除收益的增长和风险外，影响市盈率的另一个因素是利率水平：在其他条件相同的条件下，利率越低，市场乘数越高，因为投资者可以按照有吸引力的利率借入资金来购买公司股票。

会计准则和税收法规也会影响乘数。为说明对市盈率的影响，考察表 12-4 列示的股票市场乘数，它们是 2010 年 1 月三个国家证券市场上市公司的市盈率。哪些因素可以说明东京市场的收益乘数明显高于纽约或伦敦市场的原因呢？日本市场的预计收益增长率和利率水平与美国或英国市场差别很小，不能解释这些国家市场乘数之间存在的较大差异。发挥作用的因素是会计准则和税收法规。

表 12-4　2010 年 1 月 21 日美国、英国和日本股票市场的收益乘数①

	美国	英国	日本
市盈率②	22.2	12.3	35.9

①资料来源：*ThomsonReuters*（reported in the *Financial Times*, January 25, 2010）.
②基于每个市场的股票样本计算，这些样本的市场资本化价值至少为各个市场资本化总值的 75%。计算市盈率时剔除了损失。

公司报告的税后收益大小会受到会计准则和税收法规的影响。在一些国家，例如日本，公司可以加速计提资产折旧并对潜在损失计提充足准备，而美国和英国的税法不能提供类似的有利条件，结果必然会导致日本公司具有更低的税后收益和更高的收益乘数（前面提到过，收益乘数等于股价除以每股净利润）。在比较不同国家的公司价值时，分析师通常会努力消除国家间会计准则和税收法规差异带来的歪曲。否则，比较将是没有意义的。我们将在下面部分给出能够部分解决这些问题的另一种估值比率。

12.2.3　根据可比公司企业价值间接估算公司权益价值

在前面部分，我们给出了根据可比公司的两种不同权益乘数直接估算的公司权益价值估计值。还有另外一种估计公司权益价值的间接方法：我们首先得到公司资产价值的估计值，从中减去公司负债的价值，以间接得到公司权益的价值。我们首先使用表 12-3 中 OS 公司及其可比公司 GES 公司的数据说明这种方法，然后说明间接法的逻辑及其相对直接法的优势。

第一步是估算可比公司经营资产的价值。它是不包括现金和公司持有的其他金融资产在内的公司资产价值，称为公司的**企业价值**（enterprise value，EV）。下面的式（12-1）和表 12-5 说明了如何计算公司的企业价值

$$\text{企业价值}(EV) = \text{权益价值} + \text{负债} - \text{现金和其他金融资产} \quad (12\text{-}1)$$

在 GES 公司的案例中，权益价值（也称为**市场资本化价值**，market capitalization）为 100 000 万美元（表 12-3 中的项目 12），负债为 43 000 万美元（表 12-3 中的项目 2），现金为 7 000 万美元（表 12-3 中的项目 1）。利用式（12-1），我们可以计算出 GES 公司的企业价值是 13.6 亿美元（表 12-3 中的项目 13）。

第二步是计算 GES 公司的**利息、税金、折旧和摊销前收益**（earning before interest，tax，depreciation，and amortization；EBITDA）。*EBITDA* 等于 *EBIT* 加折旧和摊销费用（见第 4 章）。在 GES 公司的案例中，没有摊销费用，因此它的 *EBITDA* 为 13 500 万美元，等于 *EBIT* 加折旧费用（表 12-3 中的项目 8）。

第三步是计算 GES 公司的企业价值与 *EBITDA* 之比，又称为 *EBITDA* 乘数

表 12-5　基于表 12-3 中数据计算的 GES 公司市场价值

GES 公司的市场价值资产负债表（单位：100 万美元）

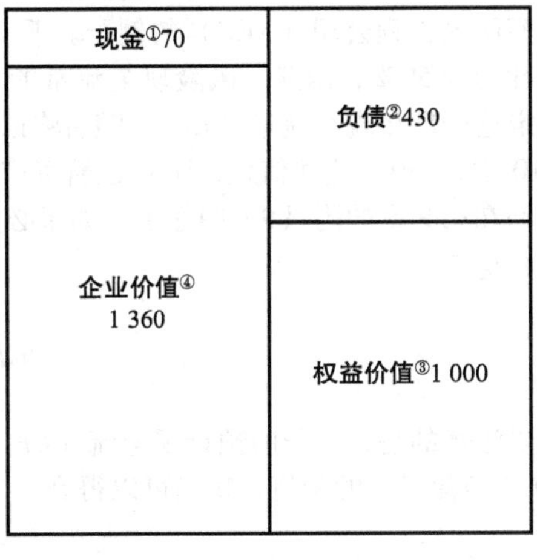

①GES 公司拥有的唯一金融资产是现金，见表 12-3 中的项目 1。
②附息负债的市场价值等于账面价值，见表 12-3 中的项目 2。
③权益价值是 GES 公司的市场资本化价值，见表 12-3 中的项目 12。
④企业价值是不包括现金和其他金融资产的资产价值。我们可以写作：企业价值 = 权益价值 + 负债 − 现金 = 13.6 亿美元。

$$EBITDA\ 乘数 = EV/EBITDA = \$136\,000\ 万/\$13\,500\ 万 = 10.1$$

第四步是用这个资产乘数乘以OS公司的 *EBITDA*（3 200万美元，表12-3中的项目8），以得到OS公司企业价值的估计值

$$\begin{aligned} OS\ 公司的企业价值 &= OS\ 公司的\ EBITDA \times GES\ 公司的\ EBITDA\ 乘数 \\ &= \$3\,200\ 万 \times 10.1 = \$32\,300\ 万 \end{aligned}$$

最后一步是将现金和其他金融资产加入企业价值中，再减去负债价值，以间接得到公司权益价值的估计值

$$权益价值 = 企业价值 + 现金和其他金融资产 - 负债 \tag{12-2}$$

把式（12-2）应用于OS公司的案例，我们可以得到下式（数据来自表12-3）

$$OS\ 公司的权益价值 = \$32\,300\ 万 + \$800\ 万 - \$6\,100\ 万 = \$27\,000\ 万$$

OS公司权益价值的间接估计值要高于直接法下得到的公司权益估计值，但仍在可接受的范围内。它比我们前面得到的两个直接权益价值中的最低者（24 200万美元，基于GES公司的账面价值乘数计算）高12%。

与市盈率等权益乘数相比，使用企业价值与 *EBITDA* 比率等资产乘数有哪些优势呢？假设你想要比较具有不同负债比率和不同实际税率的一些电信公司的价值。在这种情况下，市盈率法可能无法提供对权益价值的更好估计，因为这个比率假设公司具有相似的负债比率和税率（前面提到过，市盈率中的收益用支付利息和税金后的收益计量）。然而，在这种情况下，由于企业价值与 *EBITDA* 比率不考虑负债和税率（*EBITDA* 是用支付利息和税金前的收益计量），它可以提供更可靠的估计。

12.3 使用折现现金流量法估算公司经营资产和权益的价值

在用折现现金流量（DCF）法估算OS公司的价值之前，我们先用一个更简单的例子来说明DCF法的内在逻辑，并确定得到公司经营资产的DCF价值（公司的企业价值）和权益的DCF价值所需要的数据。

12.3.1 估算公司经营资产的 *DCF* 价值（公司的企业价值）

根据DCF法，资产的价值由资产创造未来现金流量的能力决定。当购买者买入公司资产时，他购买了这些资产预计将在未来创造的全部现金流量。换言之，拥有一项资产与拥有该项资产预计将在未来创造的全部现金流量是相同的。那么，如何预计这些现金流量并对它们估值呢？

考察国家工程公司（NEC）的例子。下一年公司经营资产将创造110美元或90美元现金流量，每种情况发生的可能性均为50%，因此，风险现金流量的平均值或期望值为100美元（=110美元×50%+90美元×50%）。我们假定这个期望现金流量（CF_1）随后将以4%的固定年利率（g）永续增长，而且NEC的加权资本成本为8%（见第10章）。根据这些信息，NEC经营资产的当前价值应为多少？

我们在第9章的附录9A中显示，如果必要收益率为 k，则按照 g 永续增长的现金流量 CF_1 的现值（与 *DCF* 价值相同）为[1]

$$DCF\ 价值(固定增长) = \frac{CF_1}{k-g} \tag{12-3}$$

需要注意的是，分子的预计现金流（CF_1）是预计将在每年年末产生的现金流量。应用这个固定增长公式来估算NEC经营资产的价值，我们可以得到

$$NEC\ 资产的\ DCF\ 价值(企业价值) = \frac{CF_1}{k-g} = \frac{\$100}{0.08-0.04} = \$2\,500$$

其中，必要报酬率（k）为NEC的加权资本成本8%（我们将在后面说明）。

---

[1] 为使公式成立，增长率 r 必须小于 k。如果 g 大于 k，现金流量的增长率就会高于将其折算为现值的比率 k。在这种情况下，公司的价值将变为无穷大。

1. 现金流量的增长率对其 *DCF* 价值的影响

假定 NEC 的现金流量增长率为 0，而不是 4%。在这种情形下，NEC 的企业价值将为多少？当增长率为 0 时，NEC 经营资产的 *DCF* 价值由 2 500 美元下降到 1 250 美元

$$\text{NEC 的企业价值(零增长)} = \frac{CF_1}{k} = \frac{\$100}{0.08} = \$1\,250$$

因此，如果增长率从 4% 降到 0，会使 NEC 的企业价值下降 50%（从 2 500 美元降到 1 250 美元）。这显示了现金流量的 *DCF* 价值对预计未来增长率的敏感性。总体而言，现金流量的增长率越大，现金流量的 *DCF* 价值就越大。我们将在本章后面对 OS 公司估值时回到这个问题。

2. 现金流量的风险对 *DCF* 价值的影响

现在假设 NEC 的现金流量（CF_1）可能是 120 美元或 80 美元（而不是 110 美元和 90 美元），发生的概率各为 50%，那么现金流量的期望值仍为 100 美元（=120 美元 ×50% +80 美元 ×50%）。然而，现在风险更高，因为这两种结果与它们的平均值相差更大。换言之，现金流量的变动范围或波动性更大。由于现在现金流量的风险更高，所以投资者（股东和负债持有者）要求更高的收益率来补偿他们承担的更高风险。因此，如果我们假定折现率（k）上升到 9%（从 8%）以反映更高的风险，按照这个比率，NEC 资产的 *DCF* 价值为

$$\text{NEC 的企业价值} = \frac{CF_1}{k-g} = \frac{\$100}{0.09-0.04} = \$2\,000$$

当预计现金流量的风险更高时，现金流量的 *DCF* 价值会降低 20%（2 000 美元而不是 2 500 美元）。总之，现金流量的风险越大，它的 *DCF* 价值越低。

3. 估算公司企业价值的一般公式

公司经营资产创造的现金流量通常不会按照固定的比率永续增长。我们需要给出适用于任何增长模式的未来现金流量现值的估值公式。我们曾在第 6 章用这个公式估算投资的现值，它可以表示为

$$DCF\text{ 价值} = \frac{CFA_1}{1+k} + \frac{CFA_2}{(1+k)^2} + \cdots + \frac{CFA_t}{(1+k)^t} + \cdots \qquad (12\text{-}4)$$

其中，CFA_1，CFA_2，…，CFA_t，…是公司经营资产预计创造的现金流量，k 是投资于这些资产要求的收益率。这些现金流量又称为**自由现金流量**（free cash flow，FCF），但由于分析师对自由现金流量有不同的定义，我们倾向于使用一个更清晰的术语——**经营资产创造的现金流量**（cash flow from business asset，CFA）。公司预计未来经营资产创造的现金流量的现值就是公司的企业价值。第 4 章说明了对这些现金流量的估计，第 10 章说明了对风险调整折现率（k）的估计。我们将在后面部分简要回顾这些问题。

4. 估计经营资产创造的现金流量

CFA 是公司基于资产的业务活动创造的现金流量，产生于公司经营和投资活动。这种现金流量不包括与公司筹资活动相关的项目，例如利息或股利支付。我们在第 4 章指出（见式（4-5）），这种现金流量表示为

$$CFA = EBIT(1-T_C) + \text{折旧费用} - \Delta WCR - \text{净资本支出} \qquad (12\text{-}5)$$

其中，*EBIT* 是息税前收益，T_C 指公司所得税率，ΔWCR 是营运资本需求的变动额（见第 3 章），是公司经营性资产（=应收账款+存货+与经营活动有关的预付费用）与公司经营性负债（=应付账款+与经营活动有关的应计费用）之差。

我们可以使用式（12-5）得到 NEC 经营资产创造的现金流量。假设下一年的 *EBIT* 预计为 180 美元，税率为 40%，折旧费用为 20 美元，*WCR* 的变动额为 4 美元，净资本支出为 24 美元。在这种情形下，我们可以得到

$$CFA = \$180(1-40\%) + \$20 - \$4 - \$24 = \$100$$

这是我们在式（12-3）中使用的 CF_1 的价值。

5. 估算折现现金流量所需的收益率

我们在第 10 章表明，对经营资产创造的现金流量折现应该使用的最低收益率一定等于这些资产的融资成本。

例如，如果资产的融资成本为8%，对这项投资的要求收益率至少应为8%，否则投资将无法补偿融资成本。那么，资产的融资成本应为多少呢？这个成本取决于运用资本的来源（权益资本和借入资金）以及各自的比例和成本，即为**加权平均资本成本**（weighted average cost of capital，WACC），在第10章对其进行了详细分析。加权平均资本成本可以定义为

$$WACC = \left(\frac{权益}{权益+负债} \times k_E\right) + \left(\frac{负债}{权益+负债} \times k_D(1-税率)\right) \qquad (12\text{-}6)$$

其中，k_E 是预计权益成本，k_D 是预计税前负债成本，权数是为资产融资所用权益和负债的各自比例。

假设NEC经营资产的66%是用权益资本筹得，预计权益资本为10%；34%来自负债，预计负债成本为7%（银行要求的利率）。如果税率为40%，NEC的 *WACC* 为

$$WACC = (66\% \times 10\%) + [34\% \times 7\%(1-40\%)] = 8\%$$

我们使用第10章讨论过的资本资产定价模型（CAPM），预计NEC的权益资本成本为10%。根据CAPM，权益投资者要求的收益率（与公司的权益成本相同）等于他们投资于无风险政府债券（R_F）可以获得的收益率加上能够补偿他们持有公司股票风险的风险溢价。风险溢价是用公司 β 系数（β）[⊖]乘以市场风险溢价（整个股票市场的风险溢价）估算出来的

$$k_E = R_F + (市场风险溢价 \times \beta) \qquad (12\text{-}7)$$

假设10年期政府债券的收益率为4.8%，历史市场风险溢价为4%，这意味着在过去，平均而言，市场收益率要比政府债券收益率高4%。如果NEC的预计 β 为1.3，把这三个数据（R_F =4.8%，市场风险溢价 =4%，β = 1.3）代入CAPM模型，即式（12-7），就可以得到NEC的权益成本估计值。我们可以写作

$$k_E = 4.8\% + (4\% \times 1.3) = 4.8\% + 5.2\% = 10\%$$

这是我们为得到NEC的 *WACC*（8%）在式（12-6）中使用的权益成本。

12.3.2 估算公司权益的 *DCF* 价值

前面的分析通过按照8%的 *WACC* 对经营资产创造的下一年预计现金流量（CF_1）100美元折现并假设固定增长率为4%，得到NEC的企业价值为2 500美元。然而，购买公司资产与购买公司权益不同。假设NEC拥有100美元现金，900美元尚未偿还负债。如果一家公司从当前股东手中购买了NEC的权益，它将拥有NEC的资产（包括NEC持有的100美元现金），并将承担NEC的当前负债900美元（意味着负债将成为收购公司的债务）。由于公司的现金和负债现在都由购买公司拥有，公司权益的预计 *DCF* 价值仅为1 700美元，即公司总资产的价值（=2 500美元+100美元现金）与公司尚未偿还负债（900美元）的价值之差。根据式（12-2），我们可以得到

$$\text{NEC}权益的\ DCF\ 价值 = 企业价值 + 现金 - 负债 = \$2\,500 + \$100 - \$900 = \$1\,700$$

12.4 估算OS公司的企业价值和权益价值

我们已经回顾了估计公司经营资产和权益价值需要的各种因素，可以转向估计OS公司在2011年1月月初（与2010年12月31日相同）的价值了。在这个部分，我们假设OS公司保持当前状况，即公司的经营效率仍然与2010年（数据可得的最近年份）相同。换言之，我们要估算公司的**独立价值**（stand-alone value）。获得这个价值所需的四个步骤概括如下：

⊖ 公司的 β 系数是衡量公司股票收益对整个市场变动敏感性的指标。根据定义，市场的 β 为1。股票收益波动高于整个市场波动的公司要比市场的风险更高，从而 β 大于1；股票收益波动小于整个市场波动的公司要比市场的风险更低，因而 β 小于1（见第10章）。例如，如果公司的 β 为1.50，意味着平均而言，当市场上升（下降）1%时，公司股价将提高（降低）1.5%。

步骤1	使用式（12-5）估计公司经营资产创造的预计未来现金流量（*CFA*）
步骤2	估计把经营资产创造的现金流量折算成现值必须使用的折现率。这个折现率是 *WACC*，可以使用式（12-6）估计，其中权益成本使用式（12-7）给出的资本资产定价模型估计
步骤3	把公司经营资产创造的预计现金流量（*CFA*）按照等于公司 *WACC* 的折现率折现，计算公司经营资产的 *DCF* 价值
步骤4	为得到公司权益的 *DCF* 估计值，用公司的企业价值加上持有的现金和其他金融资产再减去尚未偿还负债，如式（12-2）所示

可以想象，将 *DCF* 模型用于估计公司经营资产价值，尤其是用于估计这些资产创造的预计现金流量的价值，需要大量重复性的计算。使用电子表格技术进行这些计算可以节省时间，而且正如我们将在本章后面看到的，还可以使 *DCF* 价值对估值输入变量变动的敏感性分析变得更加容易。出于这些原因，本章后面说明估值案例的图表将使用电子表格形式列示，我们列示的格式也可用于财务计算器计算。

12.4.1　步骤1：估计经营资产创造的现金流量

在估计公司经营资产的 *DCF* 价值时，通常使用的预测期是5年。然而，我们应该把公司作为持续经营的主体（假设公司永续运营）来估值，因此需要计算5年之后发生的现金流量。我们通过预计公司经营资产在预测期末的 *DCF* 价值来实现这个目的。对**终结价值**（terminal value）的估计是基于公司经营资产预计将在预测期后创造的现金流量。我们使用这种方法对OS公司估值，首先预测公司在2011～2015年的5年期间现金流量，然后预测2016年现金流量，以用于估计公司在2015年年末的终结价值。

1. 估计截至2016年经营资产创造的现金流量

我们对OS公司经营资产预计在2011～2016年创造的现金流量进行的预测如表12-6所示。在说明如何做出这些预测之前，我们回顾一下OS公司的历史绩效。第5～8行概括了公司的历史效率比率（2008～2010年）。2009年销售收入增长了7.7%，2010年销售收入增长了14.3%。经营费用（表示为在销售收入中的占比）在这段时间下降，销售成本从2008年占销售收入的84.1%下降到2010年占销售收入的83.33%。同样，销售和管理费用占销售收入的比例在这段时间从10.21%下降到10%。然而，公司管理经营周期的效率（用 *WCR* 占销售收入的比例衡量）变差。在2008年，OS公司每创造100美元销售收入需要使用15.13美元营运资本，两年后这个数字上升到16.04美元。

现在考察我们使用的预测方法的内在逻辑，尤其关注第1年（2011年）的预测结果。第9行给出了基于第5行的假设增长率做出的年度销售预测。需要注意的是，我们假设增长率将平稳下降，从2010年达到的最高值14.3%下降到第5年后的终结比率3%。换言之，在2015年之后，假设销售收入将按照3%的固定比率永续增长。2010年实现的较高增长率是由特定环境决定的，预计将来不会再发生。这些对销售增长率的假设是非常关键的，因为后面的预测都是基于这些假设的增长率做出的。如果它们不符合实际情况，那么预计 *DCF* 价值也将是不现实的（我们曾在前面观察到，*DCF* 价值对假定的现金流量增长率非常敏感）。

那么对增长率的现实假设应该是怎样的？除非你有确凿的证据和充分的信心认为公司的销售收入增长率将在很多年内按照非常高的比率增长，否则你应该假设增长率最终会下降到不超过几个百分点的终结水平。我们可以这样想：任何公司的增长率都不可能永远高于整个经济的增长率。如果确实存在这样的公司，那么它将最终超越经济的发展。发达经济的长期实际发展率约为2%～3%，加上2%～3%的长期通货膨胀率（在绝大多数发达国家这是一个合理假设）㊀，可以得到长期名义增长率为4%～6%。假设公司终结增长率显著高于4%～6%将是不现实的。很多分析师持有最保守的观点，假设预测期后的增长率为零。在这种情形下，假定预测期后的现金流量永远保持不变，实际上这意味着在把预计通货膨胀率考虑进去后，预测期后的现金流量的实际价值会下降。如果你需要对预计将在5年后保持高于平均增长率的公司估值，怎么办？在这种情况下，你应该把预测期延长到8～10年，而不是假定更高的终结增长率。

在估计销售增长率之后，计算各种费用占销售收入的比例，如表12-6所示。这些比例取决于OS公司管理经营活动的效率。因为正在对“保持当前状况”的公司估值，所以我们假设经营效率比率等于最近期的历史数据（在本章后面部分，我们将根据对公司经营效率的其他假设重新估算OS公司的价值）。因此，在2011～2016年，销售成本占销售收入的83.33%，销售和管理费用占销售收入的10%，*WCR* 占销售收入的16.04%。

㊀ 例如，在1926～2008年，美国消费者价格指数的平均年增长率为3.15%。

表12-6 2011年1月月初OS公司权益的折现现金流量（*DCF*）价值 （单位：100万美元）

	A	B	C	D	E	F	G	H	I	J
1			历史数据				2016年前预计现金流量			
2										
3		2008	2009	2010	2011	2012	2013	2014	2015	2016
4										
5	销售收入增长率		7.70%	14.30%	10.00%	8.00%	7.00%	5.00%	4.00%	3.00%
6	*COGS*①占销售收入比例	84.10%	84.05%	83.33%	83.33%	83.33%	83.33%	83.33%	83.33%	83.33%
7	*SG&A*①占销售收入比例	10.21%	10.40%	10.00%	10.00%	10.00%	10.00%	10.00%	10.00%	10.00%
8	*WCR*①占销售收入比例	15.13%	15.00%	16.04%	16.04%	16.04%	16.04%	16.04%	16.04%	16.04%
9	销售收入	390.0	420.0	480.0	528.0	570.2	610.2	640.7	666.3	686.3
10	减：*COGS*	(328.0)	(353.0)	(400.0)	(440.0)	(475.2)	(508.4)	(533.9)	(555.2)	(571.9)
11	减：*SG&A*	(39.8)	(43.7)	(48.0)	(52.8)	(57.0)	(61.0)	(64.1)	(66.6)	(68.6)
12	减：折旧费用	(5.0)	(5.0)	(8.0)	(8.0)	(8.0)	(7.0)	(6.0)	(6.0)	(6.0)
13	等于：*EBIT*①	17.2	18.3	24.0	27.2	30.0	33.7	36.7	38.5	39.8
14	**EBIT×(1－税率40%)**	**10.3**	**11.0**	**14.4**	**16.3**	**18.0**	**20.2**	**22.0**	**23.1**	**23.9**
15	**加折旧费用**	**5.0**	**5.0**	**8.0**	**8.0**	**8.0**	**7.0**	**6.0**	**6.0**	**6.0**
16	年末 *WCR*	59.0	63.0	77.0	84.7	91.5	97.9	102.8	106.9	110.1
17	减：Δ*WCR*((16)的变动)		(4.0)	(14.0)	(7.7)	(6.8)	(6.4)	(4.9)	(4.1)	(3.2)
18	减：净资本支出		0.0	(10.0)	(8.0)	(8.0)	(7.0)	(6.0)	(6.0)	(6.0)
19										
20	**等于经营资产创造的现金流量**			**(1.6)**	**8.6**	**11.2**	**13.8**	**17.1**	**19.0**	**20.6**
21										
22	**2015年年末经营资产的终结价值**								**412.9**	
23										
24	**2011年年初**									
25										
26	*WACC*①	8.00%								
27	**经营资产的DCF价值（折现率为8%）**	**335**								
28	加：现金	8								
29	减：负债的账面价值	(61)								
30	**等于权益的DCF价值**	**282**								
31										
32	第5～8行，第12行、15行、18行、26行、28行、29行加上单元格B9是数据									
33	单元格C9的公式＝B9＊(1＋C5)。然后将单元格C9复制到第9行的其他单元格									
34	单元格B10的公式＝－B6＊B9。然后将单元格B10复制到第10行的其他单元格									
35	单元格B11的公式＝－B7＊B9。然后将单元格B11复制到第11行的其他单元格									
36	单元格B13的公式＝sum(B9：B12)。然后将单元格B13复制到第13行的其他单元格									
37	单元格B14中公式＝B13＊(1－.4)。然后将单元格B14复制到第14行的其他单元格									
38	单元格B16的公式＝B8＊B9。然后将单元格B16复制到第16行的其他单元格									
39	单元格C17的公式＝－(C16－B16)。然后将单元格C17复制到第17行的其他单元格									
40	单元格D20的公式＝D14＋D15＋D17＋D18。然后将单元格D20复制到第20行的其他单元格									
41	单元格I22的公式＝J20/(B26－J5)									
42	单元格B27的公式＝NPV(B26，E20：I20)＋I22/(1＋B26)^5									
43	单元格B30的公式＝B27＋B28－B29									
44										

①*COGS*＝销售成本；*SG&A*＝销售和管理费用；*WCR*＝营运资本需求；*EBIT*＝息税前收益；*WACC*＝加权平均资本成本。

基于这些假设，可以使用式（12-5）估计 2011 年 OS 公司资产创造的预计现金流量

$$CFA = EBIT(1 - T_C) + \text{折旧费用} - \Delta WCR - \text{净资本支出}$$

为了估计 2011 年的 *EBIT*，我们用销售收入 52 800 万美元（第 9 行）减去销售成本（第 10 行）、销售和管理费用（第 11 行）及折旧费用（第 12 行，假设为 800 万美元，与 2010 年相同），得到 *EBIT* 等于 2 720 万美元（第 13 行）。调整税金之后的 *EBIT* 为 1 630 万美元（第 14 行）[㊀]。然后，我们加回 800 万美元折旧费用（第 15 行），再减去 *WCR* 变动额（第 17 行）。2011 年 *WCR* 增长额 770 万美元是 2011 年年末 *WCR* 与 2010 年年末 *WCR* 之差。2011 年年末的 8 470 万美元 *WCR* 是用第 9 行的销售收入乘以第 8 行的 *WCR* 与销售收入比率计算出来的；2010 年年末的 7 700 万美元 *WCR* 是直接根据表 12-1 的资产负债表计算出来的。最后，我们减去 2011 年的预计净资本支出 800 万美元（第 18 行），得到 2011 年的预计 *CFA* 为 860 万美元。

因为我们正在对"保持当前状况"的 OS 公司估值，所以我们假设每年净资本支出等于折旧费用（比较第 18 行和第 12 行）。因此，我们预计除维持现有资产外，公司没有其他重大投资，而且我们假设资产的维持成本刚好等于年折旧费用。尽管我们假设 2011 年和 2012 年的折旧费用与 2010 年的 800 万美元历史数据相同，但我们预计 2013 年折旧费用会下降到 700 万美元，2014 年折旧费用会下降到 600 万美元，而且以后会继续保持在该水平。折旧费用的下降与销售收入增长率和资本支出的下降是一致的。保持我们假设的一致性很重要。如果公司的业务活动减慢，那么它的资本支出和折旧费用也会下降。[㊁]在后面 5 年使用相同的方法可以得到第 20 行列示的截至 2016 年的预计现金流量。现在我们需要基于 2016 年预计现金流量估计 OS 公司的资产在 2015 年年末的终结价值。

2. 估计 2015 年年末经营资产的终结价值

为了估计 2015 年年末 OS 公司经营资产的终结价值，我们需要得到两个信息。首先，我们需要知道公司资产创造的现金流量在 2016 年后的永续增长率。我们曾在前面指出，应该假定接近整个经济增长率的一个固定增长率。对于 OS 公司而言，我们假设这个增长率为 3%，与销售收入增长率相同。[㊂]我们还需要估计公司的加权平均资本成本，根据该比率将 2010 年后的现金流量折现到 2010 年。然后，我们可以根据固定增长 *DCF* 公式，即式（12-3），来估计经营资产的终结价值[㊃]

$$\text{2015 年年末经营资产的终结价值} = \frac{\text{2016 年现金流量}}{WACC - \text{增长率}}$$

根据销售收入增长率 3%，2016 年预计现金流量为 2 064.5 万美元（第 20 行，第 J 列）。[㊄]下面部分表明 OS 公司的预计 *WACC* 为 8%。我们把这些估计值代入上面的估值公式，可以得到 2015 年年末经营资产的终结价值

$$\text{2015 年年末资产的终结价值} = \frac{\$2\,064.5\text{ 万}}{0.08 - 0.03} = \$41\,290\text{ 万}$$

12.4.2　步骤 2：估计加权平均资本成本

对经营资产创造的现金流量折现使用的相关比率是式（12-6）中的 *WACC*。*WACC* 反映为资产融资所使用的负债和权益的比例以及它们各自的成本。我们首先估计负债资本和权益资本的成本，然后说明为得到 OS 公司的 *WACC* 我们应该使用的恰当负债和权益比例。

负债成本是新借款（短期和长期）的税后成本。如前所述，负债的相关成本必须是税后成本，因为利息支出可以减免税金的费用。OS 公司可以按照 7% 的平均成本（估计负债成本的细节见第 10 章）借入资金，假设税率

㊀ 假设公司税率与历史数据相同。除非你知道该税率预计将发生变动，否则使用历史公司税率是标准假设。正如前面所指出的，税金是基于 *EBIT* 计算的，因为经营资产创造的现金流量不考虑反映融资活动的利息费用。

㊁ 预计未来资本支出有各种模型，大部分模型把资本支出与销售预测关联在一起。一种常用的模型使用本年资本支出与上一年销售收入比率，并将其应用于未来年度销售收入，以获得理想的估计值。

㊂ 如果销售收入增长率是固定的，而且资本支出等于折旧费用，那么现金流量的增长接近销售收入的增长（即使固定经营成本不相等）。我们假设在 2016 年后，现金流量与销售收入的增长率相同。

㊃ 注意，为得到终结价值的估计值，我们需要估计 6 年的现金流序列，因为终结价值取决于第 6 年的现金流量（在我们的案例中是 2016 年），而第 6 年的现金流量取决于前面 5 的年现金流量。

㊄ 表 12-6 总的估计数字已经进行了四舍五入，保留到小数点后 1 位数字。

为40%，则OS公司的税后负债成本为4.2%（=7%×(1-40%)）。

权益成本是筹集新权益资金的成本，可以使用CAPM模型（式（12-7））估计。我们需要以下数据：①长期政府债券的收益率（假设2011年1月为4.8%）；②市场风险溢价（我们使用历史平均值4%）；③OS公司的估计β系数。

因为OS公司不是上市公司，所以我们无法得到它的β系数。但是，我们在比较估值法部分使用的可比公司GES的估计β系数为1.20，我们可以使用这个数字作为OS公司的不可观测β系数。使用CAPM公式，我们可以写作

$$\text{权益成本}(k_E) = 4.8\% + (4\% \times 1.20) = 4.8\% + 4.8\% = 9.6\%$$

权益和负债融资的恰当比例必须基于权益和负债的市场价值，而不是会计价值或账面价值计算（见第10章）。遗憾的是，由于OS公司的负债和权益都不在证券交易所交易，因此我们无法观测到它们的市场价值。我们没有选择，只能采取使用股票在证券交易所上市的可比公司GES数据的方法。

2011年1月月初GES权益的市场价值为10亿美元（GES有5000万股股票，每股平均价格为20美元，见表12-3），公司2010年12月月末的资产负债表（这里没有提供）显示全部负债为43000万美元[⊖]，因此我们可以得到

$$\text{权益比例} = \frac{\text{权益的市场价值}}{\text{权益的市场价值} + \text{负债价值}} \tag{12-8}$$

$$= \frac{\$100\,000\text{万}}{\$100\,000\text{万} + \$43\,000\text{万}} = \frac{\$100\,000\text{万}}{\$143\,000\text{万}} = 70\%$$

而负债比例为30%。

现在我们已经得到了根据式（12-6）估计OS公司*WACC*需要的所有要素

$$\text{OS公司的}\ WACC = (70\% \times 9.6\%) + (30\% \times 4.2\%) = 7.98\%\text{（四舍五入为}8\%\text{）}$$

这就是表12-6中第26行列示的*WACC*。它是OS公司经营资产创造现金流量的必要收益率的估计值。

12.4.3 步骤3：估计经营资产的*DCF*价值

我们现在可以使用一般估值公式，即式（12-4），来估计OS公司经营资产的价值。公式给出了公司经营资产预计创造现金流量的现值。对于OS公司而言，我们得到的2011～2015年现金流量预测值，包括2015年年末资产的终结价值（如表12-6第20行和22行所示）。恰当的折现率是OS公司的*WACC* 8%，我们可以得到（以100万美元为单位）

$$\text{OS公司经营资产的}\ DCF\ \text{价值（企业价值）}$$

$$= \frac{\$8.6}{(1+0.08)} + \frac{\$11.2}{(1+0.08)^2} + \frac{\$13.8}{(1+0.08)^3} + \frac{\$17.1}{(1+0.08)^4} + \frac{\$19.0}{(1+0.08)^5} + \frac{\$412.9}{(1+0.08)^5}$$

$$= \$7.96 + \$9.60 + \$10.95 + \$12.57 + \$12.93 + \$281.01 = \$335$$

它就是表12-6第27行列示的数字。

需要注意的是，终结价值相较各年现金流量估计值的规模。终结价值按照8%的利率计算的现值为28100万美元，占到OS公司经营资产*DCF*价值33500万美元的84%。这样的高比例并不少见，在预测期内的增长率并非特别高而且预计会在未来永续稳定下降的情况下尤其如此。这就是我们坚持在估计预测期之后的永续增长率时需要格外小心的原因。

12.4.4 步骤4：估算权益的*DCF*价值

OS公司权益的估计值可以使用式（12-2）计算得到。它等于公司的预计企业价值（33500万美元）加上公

⊖ 我们应该按照市场价值而非账面价值估计GES的负债。然而，如果我们假设OS公司过去的平均借款利率接近当前市场利率，那么市场价值与账面价值将不会有很大差别。负债的市场价值与利率之间的关系在第9章说明。

司现金持有额（800万美元）减去2010年负债6 100万美元（表12-1中的短期负债和长期负债之和）

$$\text{OS 公司权益的 } DCF \text{ 价值} = \$33\,500 \text{ 万美元} + \$800 \text{ 万} - \$6\,100 \text{ 万} = \$28\,200 \text{ 万}$$

12.4.5 比较DCF估值法和比较估值法

现在我们得到了OS公司权益价值的四个估计值，按照由低到高排序为：24 200万美元（基于账面价值乘数3.14计算得到）、25 500万美元（基于收益乘数25计算得到）、27 000万美元（基于*EBITDA*乘数10.1计算得到）、28 200万美元（*DCF*价值）。最高估计值（28 200万美元）比最低估计值（24 200万美元）高17%，因此这些估计值都在可接受的范围内。

我们可以得出结论，如果OS公司在证券交易所上市交易，那么位于24 000万~28 000万美元范围内的数据将是公司权益价值的合理估计值。如果OS公司拥有1 000万股流通在外股票（见表12-3），那么每股价格应在24~28美元之间。如果你拥有OS公司而且想要将其卖掉，你的要价将至少为24 000万美元。如果你是买方，那么你显然会希望支付不超过24 000万美元的价格。交易发生时的价格将是谈判过程的结果，可能在预计的价格范围内，也可能不在。

12.5 估计OS公司的收购价值

OS公司的权益价值28 200万美元是公司保持当前状况下的权益估计值，没有把公司管理方式的潜在改进考虑进去。如果你收购OS公司并能够提高绩效，那么公司对你的价值显然会超过28 200万美元。

假设通过一些改进可使OS公司的预计*DCF*权益价值提高到34 000万美元，这代表着潜在的价值创造为5 800万美元（34 000万美元减去28 200万美元）。按照低于34 000万美元的价格收购公司是一项净现值（*NPV*）为正的投资，因为价格低于预计价值。假设你最终支付30 000万美元收购OS公司，这意味着你支付了超出公司独立价值28 200万美元的**收购溢价**（takeover premium）1 800万美元（=30 000万美元-28 200万美元）。在这种情况下，这笔收购的净现值是潜在的价值创造与收购溢价之间的差额

$$NPV(\text{收购}) = \text{潜在的价值创造} - \text{收购溢价} = \$5\,800 \text{ 万} - \$1\,800 \text{ 万} = \$4\,000 \text{ 万}$$

需要注意的是，在支付很高的收购溢价购买公司之后（潜在的价值创造），不要把将要创造的大部分未来价值给予OS公司的股东。一般而言，潜在的价值创造相对于收购溢价而言越高，收购的净现值就越大。

为了估计OS公司的收购价值，我们必须首先确定在收购中的潜在价值创造来源。然后我们说明当这些潜在的价值创造来源不存在时（例如当混合购并中包含不相关业务时），这种收购就不大可能创造价值。在考察混合购并后，我们将提供对OS公司预计收购价值的完整分析。

12.5.1 确定收购中的潜在价值创造来源

识别收购中潜在价值创造来源的最简单方式是考察*DCF*价值是如何确定的。在预计将产生按照固定比率增长的**永续现金流序列**（perpetual cash-flow stream）的简单企业案例中，估值公式，即式（12-3）表明，*DCF*价值等于下年*CFA*除以*WACC*与现金流量的增长率之差

$$\text{经营资产的 } DCF \text{ 价值} = \frac{\text{下一年 } CFA}{WACC - \text{增长率}}$$

其中，*CFA*由式（12-5）给出，*WACC*由式（12-6）给出。因此，为了创造价值，即为了提高目标公司资产的*DCF*价值，在其他条件相同的情况下，一项收购必须实现下列三点之一：[⊖]

（1）提高目标公司经营资产创造的现金流量；

（2）提高目标公司的销售收入增长率；

（3）降低目标公司的*WACC*。

⊖ 严格地说，如果合并后公司在购并后的价值高于合并前单个公司价值之和，那么购并创造了价值。在这里，仅关注购买方可以通过提高目标公司业绩实现的潜在价值创造。

如果收购公司不能对目标公司做出一项或多项上述改变，就不应该进行该项收购。如果下面两个条件之一或两个条件全部得到满足，这些变化就将发生：

（1）目标公司当前并非处于最有效的管理水平（它的成本过高而且资产使用效率很低），销售收入增长率没有处于最高水平，资本结构也没有处于最优水平（负债融资比例过小或过大），而且收购公司的管理层认为他们能把目标公司经营得更好。这种情况通常被称为对收购动因的**无效管理**（inefficient management）解释。在这种情况下，实际上不一定需要为了提升价值而收购。如果目标公司的当前管理者有意愿和所需要的技能，他们是能够改善公司业绩的。这就是管理层经常被建议把公司视作潜在的收购目标那样去经营的原因；

（2）把目标公司与收购公司合并在一起可以形成**规模经济**（economies of scale），从而带来成本和市场协同效应。这种情况被称为对收购动因的**协同效应**（synergy）解释。例如，如果目标公司的成本和投资能够减少，就可以实现管理、营销和分销的**成本协同**（cost synergy），因为这些业务活动可以按照更低的合并成本被全部或部分执行。通常，这意味着消除管理冗余，简化管理信息系统和减少销售人员。例如，为增加销售收入，可以通过使用购买公司的销售渠道销售目标公司的产品来实现**市场协同**（market synergy）。

无效管理和潜在协同效应共同构成了证实收购合理性的最有力理由。其他说服力稍差的理由还包括**价值低估假设**（undervaluation hypothesis）和**市场力量假设**（market power hypothesis）。根据价值低估假设，收购公司具有高超的技能，能够发现可以低价买入的价值被低估公司。市场力量假设认为，在收购之后，收购公司占有更高的市场份额，使它能够提高产品或服务价格，从而增加公司现金流量和价值（当然，假设政府不会出于反竞争原因阻碍合并）。尽管这些是解释一些收购发生原因的貌似合理假设，有间接经验证据（来自美国和世界其他股票市场）表明，它们并不是大多数收购背后的主要价值创造来源。[⊖]我们现在考察前面列示的收购中的三种特定价值创造来源。

1. 提高目标公司资产创造的现金流量

销售成本与销售和管理费用的降低将会扩大目标公司的营业毛利，并进而提高它的营业利润（*EBIT*）。根据式（12-5），*EBIT* 的增加将增加公司现金流量，税收费用的减少也将具有同样的效果。

需要特别讨论一下税收费用。假设收购公司的税前收益为 1 亿美元，目标公司的税前亏损为 4 000 万美元，它们的合并利润将为 6 000 万美元，收购方在收购后支付的税金将比基于合并前税前收益 1 亿美元支付的税金更少。然而，公司很少仅仅出于减少税金负债的原因收购，因为税金减少通常是一次性利得，它的大小很少能够证明收购的合理性。而且，在大多数国家，如果收购的唯一目的是减少税金，那么税收当局不会允许税金负债的减少。支持收购的必须是“商业理由”。

提高目标公司资产创造现金流量的另外一种方法是更加有效地使用资产。对资产的更加有效使用，将带来每 1 美元运用资产的更高销售收入和更高现金流量。对资产的更加有效使用可以通过几种方式实现。应该把过度投资（尤其是对现金和 WCR 的过度投资）迅速减少到公司当前经营活动和近期发展证明的合理水平。应该通过**股票回购计划**（share repurchase program）或特别股利支付把不能投资于价值创造项目中的多余现金返还给股东。如果公司持有过多 *WCR*，不能被公司当前和预期经营水平证明是合理的，就应该通过加速应收账款回收和存货周转（参见第 3 章）将其减少到理想的水平。如果长期资产当前没有得到充分利用，而且在近期不具备支持公司价值创造活动的可辨认用途，也适用同样的逻辑。

2. 提高销售收入增长率

假设目标公司在投标公司的管理下正在创造价值或将要创造价值，那么，在其他情况相同的条件下，销售收入的更快增长将创造额外价值。这可以通过提高目标公司销售产品和提供服务的数量，或者通过利用更高明的市场营销技巧和战略提高商品和服务的价格（不会带来销量的相应减少）实现。更有效的广告运动、更好的产品组合、更宽广或差异化的营销网络、与顾客的更密切关系，以及国内外新市场的开发都是值得考察的一些改善目标公司成长前景的机会。

⊖ 如果价值低估假设是有效的，那么如果收购没能发生，股价在收购宣告时上涨的目标公司（因为市场开始意识到它们被低估）应该保持它们的高价值。经验证据表明，如果收购不成功，目标公司的股价通常会降到公告前水平，这是一种与价值低估假设不一致的行为。如果市场力量假说是有效的，那么同行业中所有公司的股价都应该在特定收购的宣告日上涨，因为同行业所有公司都应该从产品或劳务价格的潜在上升中受益，而并非只有合并公司可以受益。经验证据表明实际情况通常并非如此。

3. 降低资本成本

如果目标公司的资本结构与其最优水平相差很大（与最优负债率相比，借款过少或过多），那么改变公司资本结构应该可以降低 *WACC* 并提高公司价值。如第 11 章所示，负债筹资的主要好处是可使公司减少税金（因为利息费用是纳税的扣除项），从而提高公司税后现金流量和价值。但是，过度使用负债将会使公司陷入财务困境，甚至可能破产，代价很高。因此，存在一个最优资本结构，即为负债融资的边际税收利益刚好被边际财务困境和破产成本抵销的那一点。因此，如果目标公司资本结构中的负债过少或过多，负债融资相对于权益融资比例的变动将降低公司 *WACC* 并提高公司价值。

如果在合并后，目标公司和**投标公司**（bidder）的权益成本和负债成本低于合并前，那么它们的 *WACC* 也会降低。并购不大可能导致权益成本的降低（见下文的讨论），但是通常认为，如果债权人觉得合并后公司作为一个整体失败的可能性会小于作为单独个体失败的可能性（通常被称为**共同保险效应**，coinsurance effect），那么它们的合并后负债成本原则上也应该降低。然而，更低的负债成本应该伴随着权益成本的提高。权益风险此时更高，因为股东实际上已经为债务持有人提供了更高的避免失败保证。权益成本的提高应该与负债成本的降低保持平衡，从而使得公司的 *WACC* 保持不变。

12.5.2　为什么混合并购不能通过收购创造持久价值

混合并购是两个或多个不相关（或独立）企业之间的合并，不存在明显的协同效应。通过混合并购获得成长的公司不可能为其股东创造持久的价值，因为把不相关企业加入现有企业中，既不会增加公司现金流量（增加的现金流量不会超过目标公司现金流量），也不会降低公司资本成本。在一些情况下，混合并购可能会提高联合大企业的每股收益（*EPS*），但 *EPS* 的增长不可能伴随着股东价值的持久上升。

1. 收购不相关企业不能创造持久价值

假设一家个人电脑（PC）公司（简称 PC 公司）购买了一家人寿保险公司，因为电脑公司认为，通过业务活动的多元化，合并将提供降低合并后公司经营风险的机会。人寿保险公司创造的常规可预测收入将平滑 PC 公司创造的周期性收入。由此带来的风险降低，原则上会降低联合大企业的权益成本，从而提高公司权益的市场价值，使其超过合并前两家公司权益的市场价值之和。

尽管从个人电脑公司管理者的角度看，这种多元化战略可能是有意义的，但它不可能带来市场价值的预期增加。原因在于投资者可以通过把 PC 公司股票和保险公司股票加入他们自己的投资组合，实现同样的多元化。而且我们可以认为这种**自制多元化**（homemade diversification）要比 PC 公司的多元化战略更胜一筹，因为它的实施成本更低，而且可使投资者设定自己的持有比例。因此，很难相信投资者会愿意为多元化公司支付更高的价格。所以，金融市场对合并后公司的估值不大可能会高于它们合并前的价值之和。

正如前面所指出的，唯一一种可能创造持久价值的企业合并是那些能够带来管理提升或协同收益的企业合并。这种合并的一个例子是**水平合并**（horizontal merger，两个同行业公司把资源整合在一起）。即便**垂直合并**（vertical mergers，例如一家小汽车制造商与其主要供应商或主要分销商的整合）也不大可能实现持久的价值创造。没有明显的理由表明，在竞争环境下，垂直合并将带来销售收入提高和成本降低。这解释了大多数成功的价值创造公司聚焦于单一业务的原因，它们已经开发出一套独特的技能，当前潜在的竞争者很难模仿。正是这些“难以复制”的技能成为公司持续提升市场价值的源泉。

2. 通过混合并购提高每股收益不能创造持久价值

一些联合大企业通过持续购买市盈率低于联合大企业市盈率的公司迅速成长起来，前提是市场对合并后公司的估价要高于合并前各公司价值之和。考虑表 12-7 中所描述的混合并购。收购公司的最近期 *EAT* 为 3 亿美元，而目标公司的 *EAT* 为 2 亿美元（第 1 行）；收购公司流通在外股数为 1.5 亿股，目标公司流通在外股数为 1 亿股（第 2 行）。所以两家公司的 *EPS* 相同，都等于 2 美元（第 3 行）。收购公司的市盈率为 20，而目标公司的市盈率仅为 10（第 4 行），反映市场预期收购公司的成长率高于目标公司。收购公司相应的股票价格和权益市场总价值分别为 40 美元和 60 亿美元，目标公司相应的股票价格和权益市场总价值分别为 20 美元和 20 亿美元（第 5 行和第 6 行）。

假设收购公司能够按照当前市场价值 20 亿美元购买目标公司，并且通过用自己的股票（每股价值 40 美元）

交换目标公司的股票（每股价值20美元）完成这项收购。为筹集20亿美元，收购公司必须发行5 000万股股票（=20亿美元/40美元）。当这项收购完成时，目标公司的股票将不再存在，收购公司将持有2亿股股票，即原来的1.5亿股加上为支付这项收购另外发行的5 000万股。

表12-7 基于提高 EPS 的一项混合并购的数据

	收购公司	目标公司
1. 税后收益	3亿美元	2亿美元
2. 股数	1.5亿	1亿
3. 每股收益=(1)/(2)	2.00美元	2.00美元
4. 市盈率（P/E）	20	10
5. 股价=(3)×(4)	40美元	20美元
6. 总价值=(2)×(5)	**60亿美元**	**20亿美元**
	市场分配给合并后公司的市盈率符合以下条件时合并后公司的价值	
	价值中立	超越价值中立
1. 税后收益	5亿美元	5亿美元
2. 股数	2亿	2亿
3. 每股收益=(1)/(2)	2.50美元	2.50美元
4. 市盈率（P/E）	16	18
5. 股价=(3)×(4)	40美元	45美元
6. 总价值=(2)×(5)	**80亿美元**	**90亿美元**

如果收购只是不会创造任何价值的简单合并，即如果合并是“价值中立”的，那么合并后公司必须拥有①总市场价值80亿美元，收购公司与目标公司的合并前价值之和；②总利润5亿美元，收购公司与目标公司的合并前利润之和；③每股价格40美元，与收购公司合并前的价格相同。

在收购完成后，收购公司的*EPS*是多少？因为股数为2亿股，总利润为5亿美元，所以得到的*EPS*为2.50美元（5亿美元除以2亿股）。收购方把*EPS*由合并前的2美元提高到合并后的2.50美元，提升了25%。价值中立收购看起来不错，但不要被蒙蔽了。较高的*EPS*并不能使合并后公司的价值提高到超过80亿美元，因为市场给出的市盈率为16，从而使得股价保持不变（2.50美元×16=40美元）。

但是，如果市场被蒙蔽了，给出超过16的市盈率会怎样？在这种情况下，收购方的股票价格将上升到超过40美元。例如，如果合并后的市场乘数为18，那么合并后的股票价格将为45美元（=2.5美元×18）。收购方随后可以使用更高的股票价格进行一次接一次的其他收购，直到泡沫崩裂。20世纪60年代在美国市场发生过这种现象。

12.5.3 OS公司的权益收购价

我们现在回到DCF估值上。与比较估值法或乘数法相比，这种估值方法的最大优点是能够提供由特定管理行为创造的潜在价值的估计。提高OS公司销售收入，降低每1美元销售收入所包含的营业费用，以及加强*WCR*管理或降低加权平均资本成本所创造的潜在价值可以通过修改表12-6中的原始预测值和重新计算OS公司权益的*DCF*价值确定。然而，第一步必须确定OS公司的当前绩效可以提升。如果确实有提升的空间，就应该构想一个可靠的重组计划。

在水平合并中，确定能否提升目标公司绩效的显而易见的起点是将其与收购公司绩效相比较。很明显，如果目标公司的绩效相对于收购公司而言更差，可以找到使其绩效达到收购公司水平的方法。此外，如果在收购完成后还存在协同收益的空间，那么目标公司的绩效就不仅仅能够通过更好的管理得到提升。

我们假定你的公司（与OS公司处于同一行业）正在考虑收购OS公司。在对OS公司的当前绩效仔细分析并与你的公司比较之后，你认为将更好的管理与在市场营销、分销和管理上的巨大规模经济的实现结合起来，能够为OS公司的未来绩效带来以下改进（不会带来你公司绩效的重大改变）：

（1）OS公司的销售成本下降一个百分点（从销售收入的83.33%下降到销售收入的82.33%）；

（2）OS公司的销售和管理费用（尤其是间接费用）降低半个百分点（从销售收入的10%下降到销售收入的9.5%）；

（3）OS 公司的 *WCR* 从当前占销售收入的 16.04% 下降到销售收入的 13%；

（4）2011～2015 年 OS 公司的销售收入增长率比表 12-6 中第 5 行列示的数字高 2%，在 2015 年之后没有增加。

对于你的公司而言，这些未来绩效变化在今天的价值是多少？如果你能回答这个问题，你就会知道你的公司应该支付多少钱去收购 OS 公司，从而仍能保持正的收购净现值。回答这个问题所需要的分析如表 12-8 和 12-9 所示。第一张表反映了销售成本（*COGS*）、销售和管理（*SG&A*）费用以及营运资本需求（*WCR*）降低所产生的独立影响。第二张表反映了更高销售收入增长率产生的效应，以及经营效率提升与销售收入更快增长的累计影响。*DCF* 价值都使用与表 12-6 相同的电子表格计算得出，使用的 *WACC* 为 8%，与评估 OS 公司“保持当前状况”条件下股权价值使用的 *WACC* 相同。

表 12-8　经营效率提升对 OS 公司 2011 年 1 月月初权益估计价值的影响（单位：100 万美元）

	2011 年年初	2011 年年末	2012 年年末	2013 年年末	2014 年年末	2015 年年末	2016 年及以后
保持现状条件下 OS 公司的权益价值（见表 12-6）							
销售收入增长率		10%	8%	7%	5%	4%	3%
*COGS*① 占销售收入百分比		83.33%	83.33%	83.33%	83.33%	83.33%	
*SG&A*① 占销售收入百分比		10.00%	10.00%	10.00%	10.00%	10.00%	
*WCR*① 占销售收入百分比		16.04%	16.04%	16.04%	16.04%	16.04%	
经营资产创造的现金流		**8.6**	**11.2**	**13.8**	**17.1**	**19.0**	
2015 年年末的资产终结价值②						**412.9**	
经营资产的 *DCF* 价值（折现率为 8%）	335						
加现金减负债③	(53)						
权益的 *DCF* 价值	**282**						
降低销售成本的影响							
*COGS*① 占销售收入百分比		82.33%	82.33%	82.33%	82.33%	82.33%	
经营资产创造的现金流量		**11.8**	**14.7**	**17.5**	**21.0**	**23.0**	
2015 年年末的资产终结价值②						**495.5**	
经营资产的 *DCF* 价值（折现率为 8%）	406						
加现金减负债③	(53)						
权益的 *DCF* 价值	**353**						
潜在的价值创造④	**71**						
降低销售和管理费用的影响							
*SG&A*① 占销售收入百分比		9.50%	9.50%	9.50%	9.50%	9.50%	
经营资产创造的现金流量		**10.2**	**13.0**	**15.7**	**19.1**	**21.0**	
2015 年年末的资产终结价值②						**454.4**	
经营资产的 *DCF* 价值（折现率为 8%）	370						
加现金减负债③	(53)						
权益的 *DCF* 价值	**317**						
潜在的价值创造④	**35**						
减少营运资本需求占销售额比例的影响							
*WCR*① 占销售收入百分比		13%	13%	13%	13%	13%	
经营资产创造的现金流量		**24.7**	**12.5**	**15.0**	**18.1**	**19.7**	
2015 年年末的资产终结价值②						**425.3**	
经营资产的 *DCF* 价值（折现率为 8%）	362						
加现金减负债③	(53)						
权益的 *DCF* 价值	**309**						
潜在的价值创造④	**27**						

①*COGS* = 销售成本；*SG&A* = 销售和管理费用；*WCR* = 营运资本需求。

②终结价值为 $CF_{2016}/(8\% - 3\%)$。

③现金 800 万美元减去负债的账面价值 6 100 万美元等于负的 5 300 万美元。

④潜在的价值创造 = 权益的 *DCF* 价值减去 28 200 万美元（保持现状条件下 OS 公司的权益价值）。

表 12-9 销售收入更快增长和经营效率提升对 OS 公司 2011 年 1 月月初权益估计价值的影响

（单位：100 万美元）

	2011 年年初	2011 年年末	2012 年年末	2013 年年末	2014 年年末	2015 年年末	2016 年及以后
保持现状条件下 OS 公司的权益价值（见表 12-6）							
销售收入增长率		10%	8%	7%	5%	4%	3%
*COGS*① 占销售收入百分比		83.33%	83.33%	83.33%	83.33%	83.33%	
*SG&A*① 占销售收入百分比		10.00%	10.00%	10.00%	10.00%	10.00%	
*WCR*① 占销售收入百分比		16.04%	16.04%	16.04%	16.04%	16.04%	
经营资产创造的现金流量		**8.6**	**11.2**	**13.8**	**17.1**	**19.0**	
2015 年年末的资产终结价值②						**412.9**	
经营资产的 *DCF* 价值（折现率为 8%）	335						
加现金减负债③	(53)						
权益的 *DCF* 价值	282						
销售收入更快增长的影响							
销售收入增长率		12%	10%	9%	7%	6%	3%
*COGS*① 占销售收入百分比		83.33%	83.33%	83.33%	83.33%	83.33%	
*SG&A*① 占销售收入百分比		10.00%	10.00%	10.00%	10.00%	10.00%	
*WCR*① 占销售收入百分比		16.04%	16.04%	16.04%	16.04%	16.04%	
经营资产创造的现金流量		**7.5**	**10.2**	**13.1**	**16.8**	**19.0**	
2015 年年末的资产终结价值②						**460.4**	
经营资产的 *DCF* 价值（折现率为 8%）	365						
加现金减负债③	(53)						
权益的 *DCF* 价值	**312**						
潜在的价值创造	**30**						
更快的销售增长率和提高营业效率的影响							
销售收入增长率		12%	10%	9%	7%	6%	3%
*COGS*① 占销售收入百分比		82.33%	82.33%	82.33%	82.33%	82.33%	
*SG&A*① 占销售收入百分比		9.50%	9.50%	9.50%	9.50%	9.50%	
*WCR*① 占销售收入百分比		13%	13%	13%	13%	13%	
经营资产创造的现金流量		**28.7**	**17.2**	**20.5**	**24.3**	**26.9**	
2015 年年末的资产终结价值②						**609.2**	
经营资产的 *DCF* 价值（折现率为 8%）	508						
加现金减负债③	(53)						
权益的 *DCF* 价值	455						
潜在的价值创造④	173						

①*COGS* = 销售成本；*SG&A* = 销售和管理费用；*WCR* = 营运资本需求。

②终结价值为 CF_{2016}/（8% −3%）。

③现金 800 万美元减去负债的账面价值 6 100 万美元等于负的 5 300 万美元。

④潜在的价值创造 = 权益的 *DCF* 价值减去 28 200 万美元（保持现状条件下 OS 公司的权益价值）。

表 12-10 总结了绩效提升对价值创造的影响。COGS 和间接费用降低的价值为 1.06 亿美元，*WCR* 降低的价值为 2 700 万美元，销售收入更快增长的价值为 3 000 万美元。这四种独立的提升相加得到的潜在价值创造为 1.63 亿美元。但是把它们结合起来将产生潜在总价值 1.73 亿美元（见表 12-10），代表着比 OS 公司“保持现状”条件下的 *DCF* 价值高出 61%。额外的 1 000 万美元（1.73 亿美元与 1.63 亿美元之差）由更有效的经营绩效与更快增长的共同作用创造。

根据你对实现一个或更多上述改变的信心，OS 公司权益的目标价值可能会高达 4.55 亿美元（2.82 亿美元“保持现状”价值加上 1.73 亿美元潜在价值创造）。我们没有考虑如果被收购，OS 公司资本成本降低的可能性。

如果公司的 *WACC* 可以降低到 8% 以下，那么前面提到的所有潜在价值创造都将更高。

表 12-10　表 12-8 和表 12-9 的数据总结

价值创造的来源	潜在的价值创造	
1. 销售成本下降到销售收入的 82.33%	\$71 000 000	(41%)
2. 间接费用下降到销售收入的 9.5%	\$5 000 000	(20%)
3. 营运资本需求下降到销售收入的 13%	\$27 000 000	(16%)
4. 销售收入的更快增长（高出 2 个百分点）	\$30 000 000	(17%)
5. 增长和运营提升的共同影响	\$10 000 000	(6%)
潜在价值创造合计	**\$173 000 000**	**(100%)**

然而，收购公司一定不要对它实现（甚至超越）目标公司全部潜在价值的能力过度自信。这种过度自信可能导致为目标公司支付过高的价格。遗憾的是，有证据表明，这种情形经常发生，结果是收购的净现值接近零。这意味着大多数（如果不是全部）收购收益最终进入了目标公司股东的口袋。

12.6　估计 OS 公司的杠杆收购价值

在典型的**杠杆收购**（leveraged buyout，LBO）中，一个**私募股权投资者**（private equity investor）集团通过筹借相对于权益资本而言极不寻常的大量负债资本（每 1 美元权益资本对应高达 5 美元负债资本）来购买一家据推测经营不善的公司。投资者通常包括携手私募股权投资者的公司管理者，也可能包括**风险投资公司**（venture capital firm，专门为小型新创风险型公司融资的投资公司）。采用的战略是重组公司，迅速提升公司绩效，增加公司资产创造的现金流量以便在合理的期限内（3～5 年）偿还大部分初始负债。新股东在重组期间通常不会收到任何现金股利。他们期望在重组期结束时，通过向一般公众出售一些（或全部）股票将其投资变现。作为这种**退出战略**（exit strategy）的替代选择，也可以将公司出售给其他公司或新的私人投资者集团。

假设 OS 公司的所有者想要退出。2011 年 1 月，公司四名最资深的经理携手私募股权公司，同意以 3 亿美元（包括 800 万现金）买下公司资产。他们认为公司所有者采取的是稳健的管理政策，如果通过把加强费用控制，有效利用资产和加快销售收入增长结合起来对公司实施更加积极的管理，就可以挖掘出巨大的价值。收购所需资金以 2.2 亿美元负债和 8 000 万美元权益筹得（管理层团队将投资 3 000 万美元，私募股权公司投资另外 5 000 万美元）。

为了使分析尽可能简单，我们假设 2.2 亿美元负债只由一笔固定利率为 8% 的贷款组成。在未来 5 年中每年必须偿还 2 000 万美元贷款，第一笔付款将在 2011 年年末到期。在第 5 年之后，可以使用新借款为贷款余额的偿还再融资。负债成本比 OS 公司当前所有者能够获得的新借款利率 7% 高出整整一个百分点。更高的借款利率反映出贷款人在杠杆收购等高杠杆交易中承担更高的风险。

通过重新构造一张杠杆收购后的缩略形式资产负债表，并将其与公司 2010 年年末实际资产负债表做比较（如表 12-11 所示[⊖]），我们可以比较 OS 公司在 LBO 前和 LBO 后（但在公司绩效提升前）的财务结构。

表 12-11　OS 公司 LBO 前后资产负债表的比较

LBO 前数据来自表 12-1　　　　（单位：100 万美元）

资产负债表	LBO 前		LBO 后	
现金	8	(6%)	8	(3%)
营运资本需求	77	(56%)	77	(26%)
固定资产净值	53	(38%)	215	(71%)
投入资本	**138**	**(100%)**	**300**	**(100%)**
总负债	61	(44%)	220	(73%)
权益	77	(56%)	80	(27%)
运用资本	**138**	**(100%)**	**300**	**(100%)**

⊖ 缩略形式的资产负债表类似于管理资产负债表（见第 3 章）。与经营周期相关的流动负债（应收账款和应计费用）在营运资本需求中考虑，从应收账款、存货和预付费用中扣除。

收购团队已经估计出 OS 公司的长期资产被严重低估了，而且认为它们至少价值 2.15 亿美元，要比公司资产负债表中报告的 5 300 万美元账面价值高出四倍多。因此，长期资产在 LBO 后的资产负债表中记作 2.15 亿美元，而且将基于更高的价值计算折旧。假定固定资产重估值在未来 10 年产生的额外年折旧费用等于 2 000 万美元，而且能够全额抵扣税金。[㊀]现金和 *WCR* 按照它们在 LBO 前的会计价值列示在 LBO 后的资产负债表中。需要注意**预计**（pro forma）资产负债表中的高杠杆资本结构（LBO 后的预计资产负债表）。资产 3 亿美元由 2.2 亿美元负债和 8 000 万美元权益筹得，这使得 LBO 后公司的负债比率（负债除以总资本）达到 73%，远远高于杠杆收购前的负债比率 44%。

为典型的 LBO 融资使用的负债结构，要比我们为 OS 公司假定的单一贷款情况复杂得多。在实务中，私募股权公司及其顾问把一揽子不同类型的贷款组合在一起。在组合的顶端是由公司资产作担保的**优先负债**（senior debt）（优先贷款是指公司已经抵押了一些资产，例如房地产、应收账款或存货，作为**担保品**（collateral），如果公司不能偿还贷款，贷款人可以取得并卖掉这些资产）。这种担保负债又被称为**顶层融资**（top-floor financing）。它要优于**附属或次级负债**（subordinated or junior debt），后者通常是**无担保的**（unsecured，没有提供担保品），而且更加昂贵。这种负债常常被称为**夹层融资**（mezzanine financing），因为位于顶级融资与股权融资之间，后者被称为**底层融资**（ground-floor financing）。

应该考察与 OS 公司 LBO 相关的两个关键问题：第一个问题是以 3 亿美元收购公司资产是不是一项能够创造价值的投资，即能够带来正净现值的投资；第二个问题是这些资产是否能在未来 5 年中创造足够的现金，以偿还 2.2 亿美元贷款（既包括利息支付也包括本金偿还）。

12.6.1 估计 OS 公司权益的杠杆收购价值

为了弄清楚 OS 公司的 LBO 是否是具有正净现值（NPV）的收购，我们必须基于公司在新的更有效管理下，预期能够创造的现金流量来估计 OS 公司经营资产的价值。如果估计的资产价值超过 3 亿美元（购买价），这项收购就是净现值为正的投资。原则上，我们可以使用 DCF 法估计 OS 公司资产的 LBO 价值。然而，这种方法假设 *WACC* 保持不变。在 LBO 情形下，这种假设很难保持。前面提到过，LBO 后的负债比率是 73%（见表 12-11）。贷款在随后 5 年的快速偿还意味着公司的负债比率将在这段时间下降。换言之，公司的 *WACC* 不会在这些年中保持不变。如果想用 DCF 法评估 LBO 的价值，我们就需要估计随后 5 年中每年不同的 *WACC*，这是一项极为麻烦的工作。幸运的是，DCF 法的一种变形，称为**调整现值法**（adjusted present value，APV），可以避开这个问题。

1. 调整现值法

根据 APV 法，公司经营资产的估值可以分为两个单独的步骤。在第一步中，在假设资产的融资全部来自权益的条件下，估计资产的 *DCF* 价值。这种完全权益融资价值被称为**无杠杆资产价值**（unlevered asset value）。如果资产是无杠杆的，那么估计资产的 *DCF* 价值使用的 *WACC* 一定是固定的，而且等于完全权益融资公司的权益成本（这种成本被称作**无杠杆权益成本**，unlevered cost of equity）。这个过程显然解决了 *WACC* 随时间推移发生变化的问题。但是，忽视负债意味着我们没能考虑负债融资的主要收益——与借入资金相关的利息费用可以抵扣带来的公司税金减少。[㊁]APV 法的第二步纠正了这种不足，在这一步中，如果公司今天借入资金为其资产融资，那么公司将在未来实现的税金节约的现值将被加到无杠杆资产的 *DCF* 价值中。因此，根据 APV 法，公司杠杆资产的 *DCF* 价值（用负债和权益融资得到的资产）可以表示为

$$\text{杠杆资产的 } DCF \text{ 价值} = \text{无杠杆资产的 } DCF \text{ 价值} + \text{未来税金节约的 } DCF \text{ 价值}$$

无杠杆资产的 *DCF* 价值是通过对这些资产创造的现金流量按照无杠杆权益成本折现估计得出。利息费用带来的未来税金节约的 *DCF* 价值通过对未来税金节约按照负债成本折现估计得出。[㊂]

2. OS 公司经营资产的杠杆收购价值

我们现在可以用 APV 法估计 OS 公司经营资产的 LBO 价值。新的管理团队相信他们可以通过以下方法改进经

㊀ 在一些国家，税收当局可能不承认这些折旧费用带来的税金减少额。

㊁ 负债融资对公司价值的影响在第 11 章仔细考察。

㊂ 每期现金流量应该按照反映其特定风险的利率折现为现值。我们在这里假设税金节约的风险小于资产创造现金流量的风险，因而应该按照低于无杠杆权益成本的利率折现。标准程序是使用负债成本。

营效率：①把销售成本降低到销售收入的82.33%（从目前的83.33%水平）；②将销售和管理费用降低到销售收入的9.5%（从目前的10%的水平）；③将 *WCR* 降低到销售收入的13%（从目前的16.04%水平）。管理团队也相信它能在未来5年将销售收入增长率提高两个百分点。正如你可能已经注意到的，这是我们前面分析的潜在合并情境下的重组计划。然而，在潜在合并与杠杆收购之间有一个主要区别。在合并中，通过将两家企业整合在一起产生的协同收益预计可以带来一些绩效改良。在LBO中，不存在合并，因而没有获得协同收益的机会。所有绩效提升必须来源于公司更好的管理。

当OS公司作为潜在的目标公司被评估时，重组计划的成功实施具有1.73亿美元的价值创造潜力（见表12-10的底部）。遗憾的是，我们不能把这个数字作为LBO交易创造潜在价值的衡量指标，因为正如前面讨论过的，*WACC* 会随时间推移而改变。我们现在解释在LBO融资计划下，如何使用APV法估计OS公司资产的杠杆价值。

OS公司的无杠杆权益成本 根据资本资产定价模型（式（12-7）），公司的权益成本等于无风险利率加上市场风险溢价与公司 β 系数的乘积。假设2011年年初的无风险利率为4.8%，市场风险溢价的历史数据为4%。我们想要估计无杠杆权益成本，所以 β 系数必须是完全权益融资公司的 β 系数。第10章提到这个 β 称为**资产 β**（asset β），可以用下式估计

$$资产\beta = \frac{权益\beta}{1 + \left[(1 - 税率) \times \left(\frac{负债}{权益}\right)\right]}$$

OS公司的权益 β 或杠杆 β 为1.20（在前面根据可比公司数据估计出来），税率为40%，负债与权益的比率为30%负债比70%权益，见式（12-8），因此我们得到

$$\text{OS 公司的资产}\beta = \frac{1.20}{1 + (1 - 40\%) \times \left(\frac{0.30}{0.70}\right)} = 0.95$$

使用资本资产定价模型式（12-7）和OS公司的资产或无杠杆 β，可以得到公司无杠杆权益成本的估计值

$$\text{OS 公司的无杠杆权益成本} = 4.8\% + (4\% \times 0.95) = 8.6\%$$

OS公司的预计资产价值 APV法的估值步骤如表12-12所示。我们以表12-9底部给出的经营资产创造的现金流量作为起点。我们可以使用在合并估值法中估计的现金流量，因为预计的绩效改善与合并相同（由于2016年的现金流量没有在表12-9中列示，我们假定LBO的绩效预期，使用表12-6中的电子表格进行计算）。随后，我们预计2015年年末资产的终结价值（第9行），使用的方法与我们在前面部分预计OS公司终结价值的方法相同，但这次我们使用的无杠杆权益成本为8.6%而不是8%（第8行）。[㊀]最后，我们按照无杠杆权益成本8.6%把 *CFA* 和终结价值折现（第10行），得到OS公司无杠杆资产的 *DCF* 价值为4.53亿美元，然后确定由固定资产重估值产生的额外折旧费用，以及2.2亿美元贷款产生的利息费带来的税金节约，接下来用这些税金节约的现值加上无杠杆资产的 *DCF* 价值，就可以得到OS公司资产的LBO价值。让我们用表12-12中的数据说明这个过程。

因为公司的税率为40%，额外的折旧费用将在未来10年每年产生800万美元的税金节约（=2 000万美元×40%）。这时OS公司不需支付的税金，因为年折旧费用2 000万美元将减少息税前收益。2011～2015年的税金节约在第15行列示。2015年年末额外折旧费用的终结价值（第17行）为3 190万美元（这是剩余5年折旧期中，每年800万美元折旧费用按照8%的负债成本折现的现值）。折旧带来的税金节约按照8%的折现率计算的总 *DCF* 价值为5 400万美元（第18行）[㊁]。

㊀ 前面提到过，当公司无杠杆公司时，公司没有负债，而且公司 *WACC* 等于公司无杠杆权益资本成本。

㊁ 利率为8%的5年年金折现系数为3.992 7。用该系数乘以800万美元，可以得到3 190万美元。

表 12-12 2011 年年初 OS 公司无杠杆资产的预计价值 （单位：100 万美元）

	A	B	C	D	E	F	G	H
1		2011 年年初	2011 年年末	2012 年年末	2013 年年末	2014 年年末	2015 年年末	2016 年年末
2								
3								
4	**无杠杆资产的价值**							
5								
6	经营资产创造的现金流量（见表 12-9 的底部）		28.7	17.2	20.5	24.3	26.9	30.5
7	2015 年后的现金流量增长率							3%
8	无杠杆权益成本	8.6%						
9	无杠杆资产的终结价值						544.6	
10	**无杠杆资产的 *DCF* 价值**	**453**						
11								
12	**额外折旧费用的税金节约价值**							
13								
14	额外折旧费用，10 年		20	20	20	20	20	
15	税金节约（税率 = 40%）		8.0	8.0	8.0	8.0	8.0	
16	折现率	8.0%						
17	税金节约的终结价值						31.9	
18	**折旧费用带来税金节约的 *DCF* 价值**	**54**						
19								
20	**利息费用的税金节约价值**							
21								
22	年初未偿还负债		220	200	180	160	140	120
23	负债偿还额		20	20	20	20	20	
24	年末未偿还负债		200	180	160	140	120	124
25	利率	8.0%						
26	利息费用		17.6	16.0	14.4	12.8	11.2	9.6
27	税金节约（税率 = 40%）		7.0	6.4	5.8	5.1	4.5	3.8
28	2015 年后税金节约增长率							3.0%
29	税金节约的终结价值						76.8	
30	**利息费用带来税金节约的 *DCF* 价值**	**76**						
31								
32	**杠杆收购价值**							
33								
34	无杠杆资产价值	453						
35	全部税金节约价值	130						
36	杠杆收购价值	583						
37								
38	第 6、7、8、14、16、23、25 和 28 行以及单元格 C22 是数据							
39	单元格 G9 的计算公式 = H6/(B8 - H7)							
40	单元格 B10 的计算公式 = NPV(B8，C6：G6) + G9/(1 + B16)^5							
41	单元格 C15 的计算公式 = C14 * 0.4，然后把单元格 C15 复制到第 15 行的其他单元格							
42	单元格 G17 的计算公式 = - PV(B16，5，G14)，其中 5 代表剩余的税金节约期间数							
43	单元格 B18 的计算公式 = NPV/(B16，C15：G15) + G17/(1 + B16)^5							
44	单元格 D22 的计算公式 = C22 - C23，然后把单元格 D22 复制到第 22 行的其他单元格							
45	单元格 C24 的计算公式 = D22，然后把单元格 C24 复制到第单元格 D24 和 G24 单元格 H24 的计算公式 = H22 * (1 + 0.03)							
46	单元格 C26 的计算公式 = B25 * C22，然后把单元格 C26 复制到第 26 行的其他单元格							
47	单元格 C27 的计算公式 = C26 * 0.4，然后把单元格 C27 复制到第 27 行的其他单元格							
48	单元格 G29 的计算公式 = H27/(B25 - H28)							
49	单元格 B30 的计算公式 = NPV(B25，C27：G27) + G29/(1 + B25)^5							
50	单元格 B34 的计算公式 = B10							
51	单元格 B35 的计算公式 = B18 + B30							
52	单元格 B36 的计算公式 = B34 + B35							
53								

为了估计利息费用带来的税金节约，我们首先需要估计利息费用。第 22 行列示了 2011 ~ 2016 年每年年初尚未偿还负债的金额。由于年负债偿付金额很高，预计 OS 公司的负债会快速减少。由于最初借款额为 2.2 亿美元，每年偿付额为 2 000 万美元，到 2015 年年末尚未偿还负债将会减少到 1.2 亿美元。假定大笔负债偿还将在 2016 年后停止，那么我们可以预计，负债、利息费用和税金节约随后将按照与销售收入相同的增长率增加，将为每年增长 3%。第 26 行的年利息费用是用上一年年末尚未偿还的负债额乘以 8% 的利率计算得到。第 27 行列示了税率为 40% 情况下相应的税金节约。第 29 行给出了 2015 年后预计年利息带来的税金节约的终结价值。这个值也是使用式（12-3）计算得出，给出了固定增长年金的现值。在这种情况下，下一年的现金流量为 380 万美元（2016 年的税金节约额），要求的收益率为 8%（负债的成本），增长率为 3%。用 2011 ~ 2015 每年税金节约的现值加上 2015 年预计税金节约的终结价值 7 680 万美元，可以得到利息费用产生的总税金节约额为 7 600 万美元（第 30 行）。

用折旧费用和利息费用带来的税金节约的 *DCF* 价值（第 35 行的 1.3 亿美元）加上无杠杆资产价值 4.53 亿美元（第 34 行），可以得到 OS 公司经营资产的预计 *DCF* 价值 5.83 亿美元（第 36 行），它是该项 LBO 的企业价值。

我们注意到，这个价值是 LBO 团队将为经营资产支付的 2.92 亿美元（ = 3 亿美元 - 8 000 万美元现金）的 2 倍。如果成功，那么该项 LBO 具有创造 2.91 亿美元（ = 5.83 亿美元 - 2.92 亿美元）价值的潜力[⊖]。

12.6.2 OS 公司能偿还负债吗

我们现在考察 OS 公司能否偿还 2.2 亿美元贷款的问题。尽管从价值创造的视角看，LBO 是有意义的（它的净现值为正），但 OS 公司的管理层仍然必须面临偿付高额负债的挑战，尤其是早期快速偿还本金的沉重负担。问题在于在新的管理层领导下，公司资产能否创造足够的现金流量以偿还公司负债。如果他们做不到，就必须修改融资计划，即应该减少借款并代之以权益。如果无法获得额外的权益，即使这笔交易是能够创造价值的提案，可能也必须被放弃。

2011 ~ 2016 年的现金流量分析总结如表 12-13 所示。第 I 部分报告了 LBO 交易对现金流量的影响。第 8 行的 *CFA* 合计等于合并估值中预计资产创造的现金流量加上额外折旧费用带来的税金节约，这两个数字都来自表 12-12。这些现金流量足够用来偿还 2.2 亿美元贷款吗？

偿还贷款所需现金流量金额列示在第 14 行，计算过程列示在第 10 ~ 14 行。每年年初尚未偿还负债金额、每年利息费用金额和负债偿还金额都来自表 12-12。利息费可以抵税，而且已经按照 40% 的税率调整过。权益持有者的现金流量在第 16 行给出，累计价值在第 17 行给出。公司拥有足够的现金可用于支付债权人，但 2012 年和 2013 年将非常关键。经营资产创造现金流量的未预期下降（即便数额很小）可能导致严重的流动性问题。

表中第 Ⅱ 部分列示了基于当前预期得到的预计（或未来）利润表。*EBIT* 的计算与在表 12-6 中的计算相同，但使用的是 LBO 重组计划预计带来的运营效率比率和销售收入增长率。税后收益（*EAT*）是从 *EBIT* 中扣除额外的折旧费用和利息费用后得到，在 LBO 后第 1 年表现为边际损失，但随后表现为稳定的利润增长。

假定公司在 2016 年前将不会支付任何股利，那么公司每年的权益增加额将为税后收益金额。以 2010 年权益的账面价值 7 700 万美元为起点，我们可以估计出 2016 年之前每年年末的权益账面价值。这些价值在表中第 Ⅲ 部分列示，同时还列示了年末资本总额（权益加上尚未偿还的负债）和负债比率（负债与资本总额比率）。这些数字表明，负债比率在持续下降。然而，公司要回到 LBO 前的 44% 负债率水平而且可能开始支付股利，将需要花费超过 5 年时间。

管理团队应该继续进行这笔交易吗？只有那些直接参与者才能回答这个问题。如果管理团队对能够根据重组计划快速提升公司绩效很有信心，那么 3 亿美元的标价并不过分。但是，他们必须密切关注公司的现金状况，以避免发生任何重大流动性问题。

前面的讨论阐明了 LBO 交易的一个重要方面：LBO 收购中良好的备选项目通常是预计能够创造稳定和可预期现金流量的经营不善公司。如果 LBO 涉及公司的资产将产生波动和不可预期现金流量，那么不建议进行 LBO 交易，因为这种公司成功偿还负债的可能性将低于具有稳定现金流量的公司。此外，由于私募股权公司常常同时是权益资本和次级负债（LBO 中风险最高的融资方式）融资的提供者，它们通常强制实施负债的快速偿付，当资产

⊖ 我们注意到，LBO 的企业价值（5.83 亿美元）要比表 12-9 底部列示的 5.08 亿美元 *DCF* 价值大很多。因为两个价值具有相同的经营绩效提升和销售收入增长假设，差额来自 LBO 交易带来的税金节约。

产生的现金流量稳定而且可以预测时更加容易实现。为什么实施快速偿付方案呢？因为管理团队做出最大努力实现重组计划，从而使得投资者获得预计可从对 LBO 投资中获取的收益，是对私募股权投资者提供的最佳保证。实际上，对公司资产的快速调整是 LBO 交易取得成功的最终要素。

表 12-13 OS 公司杠杆收购的融资（单位：100 万美元）

	A	B	C	D	E	F	G	H
1		2010	2011	2012	2013	2014	2015	2016
2								
3	**现金流量关系**							
4								
5	资产的总现金流量							
6	资产现金流量		28.7	17.2	20.5	24.3	26.9	30.5
7	增加折旧的税负节约		8.0	8.0	8.0	8.0	8.0	0.0
8	**资产的总现金流量**		**36.7**	**25.2**	**28.5**	**32.3**	**34.9**	**30.5**
9	**债权人的现金流量**							
10	年初未偿还负债		220.0	200.0	180.0	160.0	140.0	120.0
11	利息费用		17.6	16.0	14.4	12.8	11.2	9.6
12	税后利息费用（税率 =40%）		10.6	9.6	8.6	7.7	6.7	5.8
13	负债偿还		20.0	20.0	20.0	20.0	20.0	0.0
14	**债权人总的现金流量**		**30.6**	**29.6**	**28.6**	**27.7**	**26.7**	**5.8**
15								
16	**权益持有者的现金流量**		**6.1**	**(4.4)**	**(0.1)**	**4.6**	**8.2**	**24.7**
17	**权益持有者的累积现金流量**		**6.1**	**1.7**	**1.6**	**6.2**	**14.4**	**39.1**
18								
19	**预计利润表**							
20								
21	**息税前收益（EBIT）**							
22	销售增长率		12.0%	10.0%	9.0%	7.0%	6.0%	3.0%
23	*COGS*[①] 占销售额的百分比		82.33%	82.33%	82.33%	82.33%	82.33%	82.33%
24	*SG&A*[①] 占销售额的百分比		9.5%	9.5%	9.5%	9.5%	9.5%	9.5%
25	销售额	480.0	537.6	591.4	644.6	689.7	731.1	753.0
26	减：销售成本	(400.00)	(442.61)	(486.87)	(530.68)	(567.83)	(601.90)	(619.96)
27	减：销售和管理费用	(48.00)	(51.07)	(56.18)	(61.24)	(65.52)	(69.45)	(71.54)
28	减：初始折旧费用	(8.00)	(8.00)	(8.00)	(7.00)	(6.00)	(6.00)	(6.00)
29	减：增加的折旧费用		(20.00)	(20.00)	(20.00)	(20.00)	(20.00)	(20.00)
30	**等于：*EBIT***	**24.0**	**15.9**	**20.3**	**25.7**	**30.3**	**33.7**	**35.5**
31	**税前收益**							
32	利息费用	(7.0)	(17.6)	(16.0)	(14.4)	(12.8)	(11.2)	(9.6)
33	**税前收益**	**17.0**	**(1.7)**	**4.3**	**11.3**	**17.5**	**22.5**	**25.9**
34	税后收益							
35	税率为 40%	(6.8)	0.7	(1.7)	(4.5)	(7.0)	(9.0)	(10.4)
36	**税后收益**	**10.2**	**(1.0)**	**2.6**	**6.8**	**10.5**	**13.5**	**15.6**
37								
38	**资本和负债比率**							
39								
40	**总资本**							
41	年末为偿还债务	61.0	200.0	180.0	160.0	140.0	120.0	123.6
42	权益资本	77.0	76.0	78.6	85.4	95.9	109.4	125.0
43	**总资本**	**138.0**	**276.0**	**258.6**	**245.4**	**235.9**	**229.4**	**248.6**
44	**债务比率**							
45	**负债与总比本比率**	**44%**	**72%**	**69%**	**64%**	**59%**	**52%**	**49%**

（续）

	A	B	C	D	E	F	G	H
46								
47	B列，第6、7、11、13、22、23、24、28、29、32和41行以及C10单元为数据							
48	C8单元公式 = C6 + C7. 然后将C8单元复制到第8行的下一个单元							
49	D10单元公式 = C10 - C13. 然后将D10单元复制到第10行的下一个单元							
50	C12单元公式 = C11 *（1 - 0.4）. 然后将C12单元复制到第12行的下一个单元							
51	C14单元公式 = C12 + C13. 然后将C14单元复制到第14行的下一个单元							
52	C16单元公式 = C8 - C14. 然后将C16单元复制到第16行的下一个单元							
53	C17单元公式 = C16. D17单元公式 = C17 + D16. 然后将D17单元复制到第17行的下一个单元							
54	C25单元公式 = B25 *（1 + C22）. 然后将C25单元复制到第25行的下一个单元							
55	C26单元公式 = - C23 * C25. 然后将C26单元复制到第26行的下一个单元							
56	C27单元公式 = - C24 * C25. 然后将C27单元复制到第27行的下一个单元							
57	C30单元公式 = SUM（C25：C29）. 然后将C30单元复制到第30行的下一个单元							
58	C33单元公式 = C30 - C32. 然后将C33单元复制到第33行的下一个单元							
59	C35单元公式 = 0.4 * C33. 然后将C35单元复制到第35行的下一个单元							
60	C36单元公式 = C33 - C35. 然后将C36单元复制到第36行的下一个单元							
61	C42单元公式 = 77 + C36. D42单元公式 = C42 + D36. 然后将D42单元复制到第42行的下一个单元							
62	C43单元公式 = C41 + C42. 然后将C43单元复制到第43行的下一个单元							
63	C45单元公式 = C41/C43. 然后将C45单元复制到第45行的下一个单元							
64								

①*COGS* = 货物的销售成本；*SG&A* = 销售和管理费用。

12.7　小结

公司权益估值的一种方法是使用被估值公司可比公司的市盈率。尽管这种估价技术容易应用，但是它不能检验有关经营效率、销售收入增长率和不同资本结构的各种假设对公司价值的影响，也不能估计出特定管理行为预期能创造的潜在价值。

第二种估值方法是折现现金流量法，它要复杂得多。首先，必须估计公司经营资产预计创造的未来现金流量。然后，必须将这些现金流量按照公司加权平均资本成本（*WACC*）折算为现值，以得到公司经营资产的 *DCF* 价值（又称为企业价值）。预计企业价值加上现金减去当前负债，就可以得到公司权益价值的估计值。

DCF法的优点在于，与比较估值法不同，它可使经理通过敏感性分析找到他们所控制的一个或多个估值参数将如何最终影响公司的 *DCF* 价值。我们指出，这种方法既是估计收购潜在价值创造的有用工具，也是可用于考察管理战略和政策的变动能否成为价值创造来源的强大诊断技术。

本章也对调整现值法（APV）进行了说明，它是DCF法的一种变形。APV法的优点在于，它能对资本结构预计发生变动的公司估值。因此，它特别适于评估杠杆收购（LBO）交易的价值。我们在本章阐明了如何把各种DCF法应用于OS公司的案例中，从而估计出三个不同的价值："保持现状"的价值、潜在收购或目标价值，以及LBO价值。

图12-1总结了本章提到的各种估值方法。左上方是权益乘数法（或称比较价值法），左下方是基于 *WACC* 的DCF法，右下方是APV法，最底部是基于利息、折旧和摊销前收益（EBITDA）的估值方法。对每一种方法，图12-1都列示了获得权益估计值所需要的步骤和必要输入变量。

这张图还列示了本章未提到的另外一种估值方法，它位于这张图的右上方。权益估值模型可以通过将公司预计分配给股东的现金流量按照权益成本折现，提供对公司权益价值的直接估计。这种方法在附录12A中阐述。从理论上看，三种DCF法（*WACC/APV* 和权益估值法）应该提供公司权益价值的相同估计值。但在实务中，它们并不相同，因为三种方法估计现金流量所做的假设以及在DCF公式中使用的折现率通常并不完全一致。

实践者估计公司价值时会使用本章阐述的哪种估值方法呢？乘数估值法是最常使用的方法，DCF法紧随其后位列第二，我们推荐使用这两种方法。每种方法都有自身的优点，而且它们不是互斥的。乘数法相对易于使用，因为它是基于比较价值法，提供了对公司"保持现状"价值的良好估计。DCF法较为复杂，但当预计收购一家公司可以通过业绩提升、协同收益或大额税金节约（LBO 情形）创造额外价值时，这种方法更为优越。

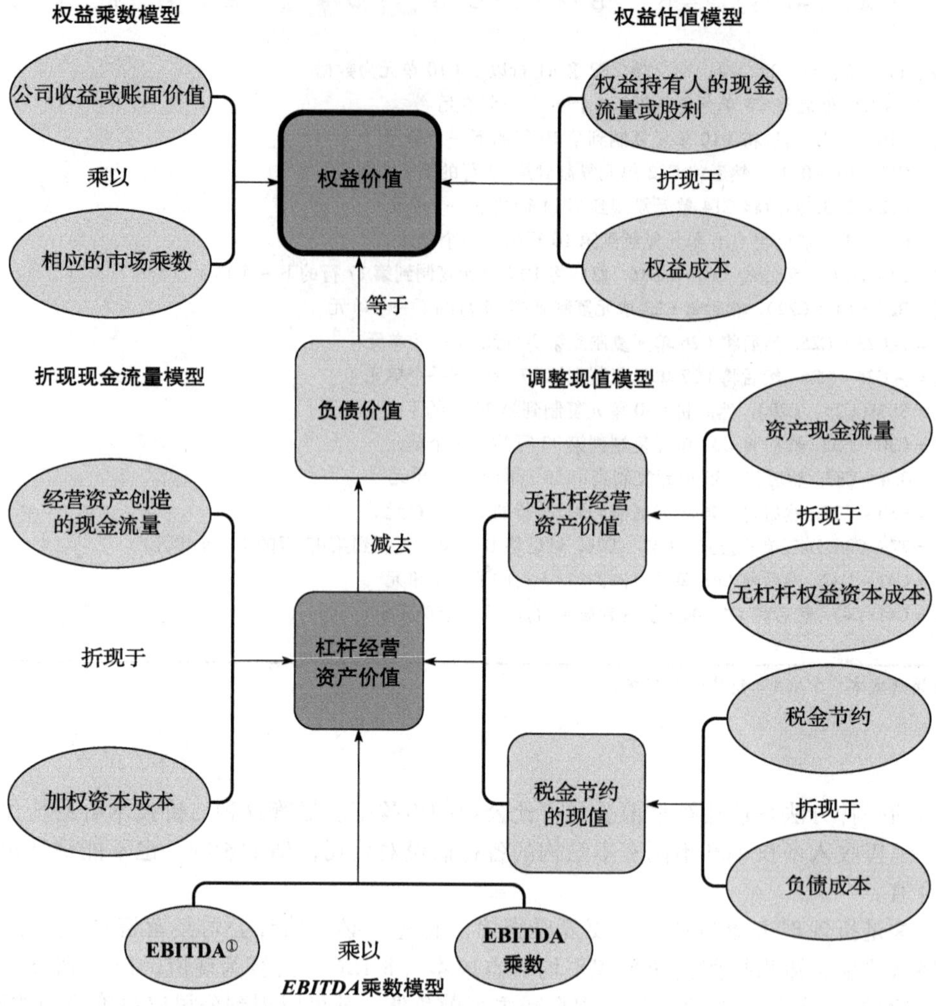

图 12-1 各种权益估值方法②

①EBITDA = 利息、税金、折旧和摊销前收益。
②所有估值模型都不包括公司持有的非经营现金。

附录 12A 公司权益的直接折现现金流量估值法

本章给出的折现现金流量模型通过两个步骤对公司权益估值：首先，把公司经营资产创造的现金流量按照加权平均资本成本折现，估计公司的企业价值；然后，用企业价值（*EV*）加上现金减去负债（*D*），就可以得到公司权益的估计值（V_E）。我们在本章表明，间接权益估值法的一个优点在于，管理层可以了解公司的权益价值将如何随公司资产管理的变化而变化。但是，我们也可以使用 DCF 模型一步直接估计出公司的权益价值。

直接法很简单：在式（12-4）中，用权益持有者的现金流量取代 *CFA*，然后按照式（12-7）给定的估计权益成本（k_E）折现。

我们注意到，两种方法的区别在于：在间接法下，把 *CFA* 按照加权 *WACC* 折现得到企业价值，然后用企业价值加上现金减去负债得到权益价值（$V_E = EV +$ 现金 $-$ 负债）；在直接法下，把 *CFE* 按照权益成本 k_E 折现直接得到 V_E。那么如何估计 *CFE* 呢？

为了得到 *CFE*，以式（12-5）给定的 *CFA* 作为起点，减去流向债权人的现金流量。什么是流向债权人的现金流量？它是当前负债的利息（税后金额，因为利息费用可以抵税，所以公司可以节约利息的税金）和过去发行负

债的偿付。我们可以写作

$$CFE = CFA - 利息 \times (1 - T_C) - 负债偿付 \tag{12A-1}$$

我们现在可以使用零增长公司的一个数字案例说明直接法，并将其与间接法加以比较。我们知道，零增长公司的价值等于固定的年现金流量除以反映现金流量风险的适当折现率。

我们假设公司的息税前收益（*EBIT*）为 120 美元，税率为 25%，权益成本为 12%，债务成本为 6%，公司资产的 40% 用负债筹得。公司没有现金，所以它的总资产即为经营资产。因为公司零增长，所以它的永续 *CFA* 就是税后 *EBIT*（因为零增长意味着 ΔWCR 为零，而且折旧费等于资本支出）。*WACC* 可以根据式（12-6）计算，我们可以得到

$$CFA = EBIT \times (1 - T_C) = \$120 \times (1 - 25\%) = \$90$$

$$WACC = (60\% \times 12\%) + [40\% \times 6\% \times (1 - 25\%)] = 9\%$$

$$V_A = \frac{CFA}{WACC} = \frac{\$90}{0.09} = \$1\,000$$

公司的企业价值为 1 000 美元。它没有现金，永续负债为 400 美元（1 000 美元的额 40%）。因此，公司的间接权益价值为 600 美元

$$V_E = EV + 现金 - 负债 = \$1\,000 + \$0 - \$400 = \$600$$

现在使用直接权益估值法。我们首先需要估计流向权益持有人的现金流量，可以根据式（12A-1）计算。因为负债是永续的，不存在负债偿付，利息支出为 24 美元（400 美元 ×6%），则 *CFE* 为

$$CFE = EBIT \times (1 - T_C) - 利息 \times (1 - T_C) = \$90 - \$24 \times (1 - 25\%) = \$90 - \$18 = \$72$$

假定权益成本为 12%，则公司权益的直接 *DCF* 价值为

$$V_E = \frac{CFE}{k_E} = \frac{\$72}{0.12} = \$600$$

这个结果与前面使用间接 DCF 法得到的结果相同。

最后，需要注意的是，权益估值的直接 DCF 法与我们在第 9 章提到的**股利折现模型**（dividend discount model）类似。股利折现模型需要将公司的股利现金流量按照权益成本折现，以得到公司权益价值的直接估计值。在我们的案例中，因为公司是零增长的，它把全部权益现金流量（*CFE*）作为股利分配给股东。在这种情形下，用股利取代 *CFE*，根据股利折现模型，可以得到公司权益价值。

扩展阅读

1. Damodaran, Aswath. *Damodaran on Valuation*, 2nd ed. John Wiley & Sons, 2006.
2. Damodaran, Aswath. *Corporate Finance: Theory and Practice*, 2nd ed. John Wiley & Sons, 2001. See Chapters 23 through 25.
3. Koller, Tim, Marc Goedhart, and David Wessels. *Valuation: Measuring and Managing the Value of Companies*, 4th ed. John Wiley & Sons, 2005.
4. Rappaport, Alfred. *Creating Shareholder Value*. The Free Press, 2000. See Chapter 8.

自测题

12.1 市盈率

不使用数学公式，说明为什么增长和风险是决定市盈率的主要因素。

12.2 各种估值方法和价值创造并购

说明为什么以下陈述通常是错误的：

a. “公司的清算价值是公司市场价值的最高限额，而公司的重置价值是公司市场价值的最低限额。”
b. “因为不同国家的会计准则不同，在进行国际价值比较时，市盈率要好于价格与现金流量比率。”
c. “如果能够正确使用，不同估值方法将得到大致相等的公司价值估计值。”

12.3 比较估值法

轻型机车公司（LMC）是一家私有公司，所有者正在考虑将公司至少45%的股权在当地证券交易所上市。因此，他们想要使用快速发动机公司（REC）的财务数据估计公司价值，REC在当地股票市场上市，资产和财务结构与LMC具有可比性。基于下表数据，提供LMC价值的三个估计值。为什么这些价值存在差别呢？

（单位：美元）

	LMC	REC
利息、税金、折旧和摊销前收益	125 000 000	250 000 000
税后收益	46 000 000	90 000 000
负债	420 000 000	800 000 000
现金	4 000 000	10 000 000
权益的账面价值	270 000 000	590 000 000
流通在外股数	不可得	40 000 000
股价	未上市	30

12.4 权益估值法

Ralph Anders是Baltek分销公司的唯一所有者，他想知道Baltek的权益价值。他预计当年公司资产创造的现金流量将为1 000 000美元，在可预见的未来每年的增长率大约为3%。他认为在与Baltek风险相同的行业，每年8%的投资收益率是合理的。Baltek没有负债。
a. Baltek资产的折现现金流价值是多少？
b. Baltek的权益价值是多少？

12.5 折现现金流量估值法

使用折现现金流量法和以下假设，估计轻型发动机公司（LEC）的权益价值。

- 当前销售收入为6.2亿美元，在接下来的2年将按8%的比率增长，随后2年按照6%的比率增长，最后按照4%的比率永续增长。
- 税前营业利润率将保持在20%。
- 资本性支出将等于年折旧费用。
- 营运资本需求将保持在销售收入的20%。
- LEC拥有2.8亿美元尚未偿还负债，成本为6%，公司税率为40%。
- 国家发动机公司（NEC）——在当地证券市场上市的可比公司的权益与总资本市场价值之比为80%，权益β为1.20。
- 无风险利率和市场风险溢价均为5%。

复习题

1. 价值问题

说明为什么以下陈述通常是不正确的：
a. “当国库券的收益率上升时，市盈率应该增加。”
b. “公司的折现现金流量价值通常由公司未来5~10年预计现金流量的规模决定，而公司终结价值对公司DCF价值的影响通常是微不足道的。”
c. “为杠杆收购融资使用的高负债率本质上是获得利息费用扣除带来的税金节约的手段。”

2. 并购中的一些问题

评论以下陈述：

a. “只有协同合并具有创造价值的潜力。”
b. “如果合并不能通过成本降低产生协同收益，它就不会产生价值。”
c. “混合并购能够通过每股收益的更快增长创造价值。”
d. “强有力的实证证据表明，收购公司大多通过拥有发现被股票市场低估目标公司的高超能力创造价值。”

3. 杠杆收购

与收购相比，杠杆收购中价值创造和价值损害的潜在来源是什么？

4. 合并与市盈率

Maltonese 公司拥有500 万流通在外股票，每股售价60 美元，市盈率为10；Targeton 公司拥有150 万流通在外股票，每股市价30 美元，市盈率为6。Maltonese 正在考虑收购 Targeton 公司，因为它预计合并将会创造1 500 万美元价值。

a. Maltonese 应该为 Targeton 每股股票支付的最高价格是多少？
b. 如果 Maltonese 发行新股为收购融资，Targeton 的股东可用2 股交换1 股 Maltonese 股票，那么合并公司的市盈率将为多少？

5. 合并与市盈率

Mergecandor 公司正在考虑收购 Tenderon 公司。Mergecandor 拥有流通在外股票200 万股，每股售价30 美元，是每股收益7.5 倍；Tenderon 拥有流通在外股票100 万股，每股售价15 美元，是每股收益的5 倍。Mergecandor 想要以1 股本公司股票交换2 股 Tenderon 股票。

a. 如果合并不能创造价值，那么合并公司的每股收益将为多少？市盈率将为多少？股价将为多少？两家公司股东之间会发生财富转移吗？
b. 假设合并之后市场将不会调整 Mergecandor 的市盈率，即市盈率将保持在7.5。那么合并公司的新股股价将为多少？两家公司股东之间会发生财富转移吗？

6. 收购的净现值

Motoran 公司正在考虑以2 500 万美元的价格收购竞争对手 Tortoran 公司。Motoran 的市场价值为4 000 万美元，Tortoran 的市场价值为2 000 万美元。Motoran 预计合并后两家公司的管理成本将永久性降低100 万美元。Motoran 的资本成本为12.5%。

a. 合并创造的价值将为多少？
b. 收购的净现值是多少？

7. 折现现金流量估值法

Murlow 是一家私有公司，David Murlow 是该公司的所有者兼经理人。Murson 公司已经联系 David Murlow，想要收购 Murlow 公司。Murlow 没有负债。已知公司以下信息，David Murlow 应该索要的最低价格是多少？

- 当前销售收入为5 亿美元，在未来3 年预计按照6%的比率增长，然后按照4%的比率永续增长；
- 税前营业利润率预计保持在销售收入的20%；
- 每年资本支出预计等于每年折旧费用；
- 营运资本需求将保持在销售收入的18%；
- 公司税率为40%；
- David Murlow 要求的最低投资收益率为10%。

8. 折现现金流量估值法

根据对公司业绩的各种假设，我们想要估计 Portal 公司的价值。

a. 使用折现现金流量（DCF）法和以下假设，估计 Portal 公司的价值。
  - 今年销售收入预计将为7.5 亿美元，预计在未来4 年将按每年5%的比率增长，然后将按照3%的比率永续增长。
  - 当前税前营业利润率为15%，将在未来4 年按照每年1%的比率增长，然后增长率将永远稳定在20%。
  - 营运资本需求与销售收入的比率将永远保持在当前18%的水平。
  - 今年的资本支出将为5 000 万美元，将按照与销售收入增长率相同的比率增长。
  - 今年的折旧费用将为5 000 万美元，增长率与资本支出增长率相同。

- Portal 拥有尚未偿还负债 5 亿美元，借款利率为 6%。
- Portal 的所得税率为 40%。
- Portal 的 β 系数为 1.05，无风险利率和市场风险溢价为 5%。
- 按照市场价值衡量，Portal 的负债与总资本比率为 50%。

b. 假设 Portal 的业绩可以通过以下方式得到提升：
  (1) 销售收入每年增长 0.5%；
  (2) 税后营业利润率每年增长 1%；
  (3) 营运资本需求与销售收入的比率从 18% 立即下降到 16%；
  (4) 资本重组可使 Portal 的加权平均资本成本下降 0.3%。

说明每一种行为将如何改变公司的预计 *DCF* 价值？如果这些行为同时发生，价值又将发生怎样的变化？为什么单个行为导致的价值变动之和小于各种行为共同作用带来的价值变动？

9. 现金收购的替代形式

Osiris 公司正在考虑收购竞争对手 Polos 公司。Osiris 预计收购会使公司资产创造的年度现金流量永续增加 800 000 美元。两个公司都是完全股权融资公司，都没有负债。Osiris 的当前市场价值为 5 000 万美元，Polos 的当前市场价值为 3 000 万美元。Osiris 的资本成本为 8%。Osiris 正在犹豫是选择出价 2 000 万美元现金收购，还是选择将公司 25% 的股份转给 Polos 股东。

a. 收购对于 Osiris 而言的价值是多少？
b. 对于 Osiris 而言，每一种收购方案下 Polos 的成本是多少？
c. Osiris 收购的净现值是多少？

10. 现金收购还是股票收购

Mirandel 公司正在考虑收购 Tarantel 公司。Mirandel 的税后收益是 200 万美元，公司拥有流通在外股票 200 万股，市盈率为 20；Tarantel 的收益为 150 万美元，公司拥有股票 50 万股，市盈率为 15。预计 Mirandel 的收益和股利每年按照 5% 的固定比率增长。收购 Tarantel 后，预计增长率将提高到 8%。

a. 如果 Mirandel 的当前每股股利为 1.50 美元，未来将按照 5% 的固定比率永续增长，那么 Mirandel 的权益资本成本为多少？
b. 对于 Mirandel 的股东而言，Tarantel 的价值是多少？
c. 如果 Mirandel 为 Tarantel 每份流通在外股票出价 50 美元现金，那么收购的净现值将为多少？如果 Mirandel 用 756 000 股股票交换 Tarantel 的全部流通在外股票，收购的净现值又是多少呢？Mirandel 应该选择现金收购还是股票收购？

第13章 管理风险

CHAPTER13

公司由于在一个不确定的经济、政治和社会环境中运营，因此会面临各种来源的风险。风险不能与经营活动分离，这是经营的本质。如果经理人不承担任何风险，公司的收益率就不会高于无风险资产收益率。如果是这样的话，投资者仅需持有安全且流动性强的国库券就可以获得无风险收益率，谁还会愿意投资于无风险公司呢？

一个旨在创造价值的经理人应该问的问题不是如何消除风险，而是公司的投资收益是否足够高，从而可以补偿该公司正在承担的风险。公司的风险由所有者承担，而不是由经理人承担。如果管理层不能为所有者创造充足的风险调整收益，他们应该立即采取行动，或者把预期收益提高到恰当补偿所有者所承担风险的水平，或者把风险降低到与当前预期收益相适应的水平。这是第1章中提到的基本财务原则的直接应用，即要求经理人做出为公司所有者创造价值的决策。然而，这个原则假设经理人能够识别、衡量和控制公司面临的各种风险。我们在本章提出了一个全面的风险管理体系，有助于经理人实现这一目标。

我们已经在前面章节中表明，公司至少面临两大类风险，即经营风险和财务风险。经营风险之所以发生，是因为公司无法确切知道投资决策的结果。完美的计划也可能出错，公司的价值将会受到影响。当公司借入资金时，财务风险会发生。财务风险是指公司可能无法偿还债务的风险，意味着公司可能无法支付借款利息并在借款到期时偿还。

我们将在本章回顾经营风险和财务风险发生的原因，并说明如何管理这些风险。我们还要考察公司面临的另外两种风险：金融投资风险（公司所做金融投资价值的未预期变动）和汇率风险（与外币业务有关的风险），一些风险是不可避免的，必须由公司和公司所有者承担（例如与新产品开发有关的经营风险），其他风险可以转移给保险公司（例如，通过购买保险合同规避火灾带来损害的风险），也可以通过使用风险管理工具减少或消除。例如，我们说明了拥有国际业务的公司可以如何利用远期、期货和期权合约降低与销售或购买外汇有关的汇率风险。

学习完本章，你应该了解以下内容：

- 什么是风险，为什么要管理风险；
- 为什么公司应该集中管理风险；
- 项目风险与公司风险的差别；
- 管理公司面临风险的过程；
- 公司面临的四种不同类型风险：经营风险、财务风险、金融投资风险和汇率风险；
- 如何衡量风险对公司价值的影响；
- 远期、期货和期权合约等可用于控制风险的技术和工具。

13.1 什么是风险

在前面的章节中，我们已经遇到并讨论了不同类型的**风险**（risk）。在本章，我们将回顾前面提到的各种风险，并将其扩展到公司面临的其他风险，澄清风险的含义，说明为什么应该管理风险，最后说明如何制订和执行风险管理计划。

风险表现在各个方面，它可能是一种**事件风险**（event risk），也可能是一种**持续性风险**（ongoing risk）。事件风险是指发生时会降低公司价值的突发事件（例如地震或公司供应链的中断）；持续性风险是指使公司价值发生不可预知上升或下降的公司环境的持续未预期变化，外汇汇率持续变动的影响就是一个例子。考虑这样一个案例：一家美国公司从位于世界各地的很多子公司收到季度股息支付，当以美元作为计量单位时，美元对外币的突然贬值将会增加公司的股利收入（公司交换以外币计量的股利时，可以获得更多美元）：美元的突然升值将具有相反的影响，会减少以美元计价的股利收入量。如果公司不能控制这些周期性变动的现金流入量，它的价值将发生不可预知的持续上升或者下降。

需要注意的是，事件风险总是"坏消息"，因为它的发生总是会降低公司的价值，而持续性风险可以是"坏消息"或"好消息"，因为它表现为对预期结果的偏离。再次考察从国外收到现金股利的公司："坏消息"意味着当公司收到低于预期的美元计价股利支付时，公司的价值会下降；"好消息"意味着当公司收到高于预期的美元计价股利支付时，公司的价值会上升。换言之，持续性风险被定义为对预期的偏离：当结果超过预期时，表现为"上行收益"；当结果低于预期时，表现为"下行损失"。

因而，风险意味着了解影响公司未来价值的事件可能发生，但不了解什么时候发生以及发生时将如何影响公司价值。[一]我们将在下面部分列示公司面临潜在风险的清单，并建议可用于衡量和管理这些风险的方法。在此之前，我们首先说明为什么公司应该管理风险，然后指出公司面临的风险必须在公司层面进行集中管理。

13.2 为什么公司应该管理风险

企业应该管理它面临的风险吗？根据基本财务原则，回答取决于进行风险管理与不进行风险管理相比较，公司的价值是否会更高。管理风险既有收益也有成本：如果收益大于成本，风险管理就是能够创造价值的活动，那么公司就应该积极管理它所面临的风险。

为了更好理解风险管理在哪些情况下是能够创造价值的活动，我们首先考察那些无关情况，即管理风险不会改变公司价值的情况。了解风险管理在何时是无关的，这将有助于我们识别风险管理相关的情形。

我们在第11章中表明，在"完美市场"的理想情境中，当公司通过借款增加财务风险时，公司的价值不会发生变化。完美市场的特征包括：每个人都可以获得完全和免费信息（意味着经理人和投资者了解有关公司前景的所有信息），不存在税收、交易成本、财务困境成本[二]和破产成本（意味着没有与确认破产公司相关的成本），不存在代理成本（意味着经理人总会做出使公司股东受益的决策，见第11章）。

当市场是完美的而且风险管理工具被正确定价时，管理公司的风险并不会改变公司的价值。这是对在完美市场中负债融资与公司面临的所有风险无关的概括。公司不能通过风险管理增加价值，因为投资者自己可以做到。例如，石油公司不能通过使用风险管理工具保护自身免受油价波动的影响来增加公司价值，因为公司投资者与公司经理人对公司的风险及其后果有相同的了解，如果想要消除风险，他们可以直接并且按照与公司相同的成本保护自己。

既然我们知道在完美市场中风险管理是无关紧要的，那么我们应该预期当市场不完美时风险管理是相关的。换言之，在存在税收、交易成本、财务困境成本、代理成本以及不完全和高成本信息的环境中，风险管理是能够创造价值的活动。

当市场不完美时，公司的风险管理可以通过降低公司各期所得税支出，按照低于投资者的成本保护公司免受风险影响，降低公司财务困境成本和代理成本，向投资者提供关于公司核心业务的更清晰信息增加公司价值。此

[一] 因此风险是"已知的未知"（我们知道某件事情会发生，但我们不知道它什么时候发生以及它将如何影响公司价值）。"未知的未知"（不知道某件事是否会发生，显然也就不知道它将如何影响公司价值）是不可识别的风险来源，在这种情况下，公司只能争取在运营中变得更有弹性和更有活力。

[二] 当公司因承担过高风险陷入财务困难时，它会发生财务困境成本（见第11章）。这些成本包括供应商不再愿意向公司出售商品的损失，客户不再愿意购买公司商品的损失，以及员工因为害怕公司停业不再愿意为公司服务的损失。

外，当信息不完全时，经理人比外部股东更加了解公司前景。在这种情况下，经理人能比外部股东更好地识别风险并保护公司免受风险影响。

13.2.1 风险管理可以降低公司所得税支出

面临累进所得税方案的公司，可以通过套期保值降低应纳税所得额的波动性，即通过使用风险管理工具，降低各期预计所得税支付额，进而提升公司价值。[㊀]

13.2.2 风险管理可以降低防范风险的成本

当市场不完美时，公司防范风险的成本要低于公司股东，因为公司（尤其是频繁购买风险防范工具的大公司）可以进入大宗风险保护工具交易市场，而个人股东无法获得这种期权。在这种情形下，公司的风险管理能够为公司股东创造价值。

13.2.3 风险管理可以降低财务困境成本

通过控制公司面临的风险，风险管理可以降低公司陷入财务困境的概率，从而降低与财务困境相关的成本（参见注㊀）并增加公司价值。

13.2.4 风险管理可以向投资者提供关于公司核心业务的更清晰信息

通过保护自身免受与核心业务无关风险（例如外汇风险）的影响，公司可以向投资者提供有关核心业务的更清晰信息，因为它们能更好地区分与优秀地管理（例如在外国有效运营的能力）相关的绩效和与运气相关的绩效（例如未预期的汇率变动产生的收益）。有关公司核心业务的更清晰信息应该可以使市场更准地确地评估企业，从而应该提升公司价值。

13.2.5 风险管理可以降低代理成本

根据前面的观点，由于风险管理可使股东区分管理技能带来的优良业绩和运气成分导致的优良业绩，我们可以预期当按照管理技能而非运气评估经理人时，经理人更能做出与股东利益而非自身利益一致的投资决策。我们将在本章后面回到这个问题。

13.3 公司风险管理

我们已经解释了为什么公司应该管理面临的风险，现在考察公司应该如何制订和实施风险管理计划的问题。我们在第6章介绍了做出投资决策时处理风险的标准方法，现在简要回顾一下这种方法。为决定是否投资，管理层应该将预计投资未来产生的现金流量折现，并且扣除投资的初始成本，以估计投资的净现值（*NPV*）。[㊁]如果净现值为正，则投资创造了价值，应该被采纳；如果净现值为负，则投资决策损害了价值，应该被拒绝。应该如何调整净现值公式来考虑投资的风险呢？我们通过调整折现率以反映投资风险：投资的风险越高，折现率越高，净现值越低。换言之，投资的风险越高，投资的价值越低，从而反映了为投资融资的公司股东和债权人对风险的规避。

这种方法仅用于处理项目层面的风险。项目的特定风险最好由直接负责该项目的人管理。然而，公司面临多种不与特定项目直接相关的风险。**公司风险**（corporate risk）包括关键员工可能离开公司的风险，公司范围内劳资冲突的风险，税收负债发生变动的风险，法律诉讼的风险，由火灾、天气或地震等原因引起的设施损坏的风险。这些例子强调了集中管理公司风险的必要性，否则一些与特定项目无关的风险可能会被忽略。想要集中管理风险的原因还包括：①风险轧差；②成本节约；③风险政策；④风险学习。

13.3.1 风险轧差

当一些项目特定风险相互抵消时，就会产生风险轧差机会。例如，考察总部位于美国，拥有两个具有国际业

㊀ 参见 Graham and Smith（1999），他们表明，应税收益波动性降低5%可以平均带来预计税收负债大约5.4%的税金节约。在极端情形中，这些节约可以超过40%。

㊁ 折现率是为投资融资使用的负债和权益成本的加权平均，称为加权平均资本成本（*WACC*），见第11章。

务部门的 Felton 公司。部门 A 在德国购买机器零件，因而面临未来某一天必须按照未知汇率用美元购买欧元以支付零件价款的风险。部门 B 在法国销售设备，因而面临未来某一天必须按照未知汇率用销售设备所得欧元购买美元的相反方向风险。每个部门都面临单独的外汇风险，但对公司整体（及其所有者）而言，重要的是公司层面的欧元净风险，在这个案例中明显低于由两个部门承担的个别风险。

13.3.2 成本节约

当集中购买风险保护的成本低于部门层面的购买成本时，成本节约机会就会发生。例如，集中购买火灾保险合同以保护世界各地的所有公司设施，应该比在当地单独购买保护每个设施的所有单独合同之和更为便宜。

13.3.3 风险政策

应该制定公司范围的风险政策，因为不同的个体通常负责管理不同类型的风险，进而导致公司面临多种风险。一般而言，财务主管购买保护以规避未预期的外汇和利率变动，风险经理购买保险项目并选择免赔额水平，采购经理决定是否保护公司以规避买来投入生产过程商品的价格波动。原则上，这些个体应该协调他们的决策，但实际上常常并非如此。因此，阐明在公司以及部门层面应该如何处理特定风险是十分必要的。

此外，应该采用能够确保政策执行的治理系统。风险管理的这个方面只能在公司层面实现。如果每个部门都采用自己的风险政策和治理系统，那么在公司层面的累计影响不大可能是最优的。风险政策应该表明哪些风险是公司可以接受的，哪些是应该被拒绝的，以及如果承担风险是否必须购买一些防范风险的保护。我们将在本章后面部分回到这个问题。

13.3.4 风险学习

想要在公司层面管理风险的最后一个原因是开发风险管理的核心专业知识。在这种情况下，负责集中管理风险的部门可以专攻这个职能，从各种经验中学习，增强对风险管理技术的深入了解，并在各部门不得不自己管理风险时为它们提供更好的建议。当然，这种方法并不意味着风险学习仅应在中心发生，风险学习应该在整个组织中发生，从项目层面一直到总部，因为风险与每个人都相关。

13.4 风险管理过程

企业可能会面临尚未识别的风险以及已经识别但尚未恰当评估的风险（高估或低估的风险）。结果是很明显的：①如果尚未识别的风险（公司应该保护自身免受影响）发生，会损害公司价值；②由于风险被低估，接受了减损价值的投资；③由于风险被高估，拒绝了创造价值的投资。为了避免这些不良后果，企业必须建立一套全面的系统，以识别、衡量、管理和监控所面临的风险。建立这套系统所需要的流程如表 13-1 所示。它包括以下五个步骤（将在后面部分详细说明）：

第一步：识别公司面临的潜在风险；

第二步：衡量这些风险；

第三步：从次要风险到主要风险进行优先级别排序；

第四步：制定、执行并阐明如何应对风险的公司层面风险管理政策；

第五步：随着时间推移进行流程的持续监控和改进。

表 13-1 风险管理流程

第一步	第二步	第三步	第四步	第五步
风险识别	风险度量	风险排序	风险政策	风险监控
识别并了解可能对公司现金流量和价值产生不利影响的各种风险	通过评估风险发生的概率①以及估计公司价值的相应降低来衡量每种风险对公司价值的影响	通过按照强度把风险分配到从次要风险到主要风险的各种类别中对风险分类	制定政策来帮助决定哪些风险应该被拒绝，哪些风险应该被接受（存在保护或不存在保护情形下） 说明组织中的哪些人有责任做出这种决策	建立内部审计和控制系统来持续监控风险管理流程 定期回顾前面四个步骤并根据学习经验修改它们

①在既定期间内评估发生的概率，既定期间通常等于公司的计划期。

13.4.1 第一步：风险识别

任何风险管理系统的第一步都是识别和了解那些可能引发风险并且降低公司价值的环境和事项。这些环境和事项构成风险的来源——我们认为它们创造了公司的风险敞口。当然，这种风险的数量很大，这样做的目的是提出与公司最相关风险的清单。为了便于操作，表13-2列出了潜在风险清单。

表13-2 公司风险的类型和层次

第一层级风险	第二层级风险	第三层级风险
1. 经营风险	1.1 宏观风险	经济风险
		政治风险
		社会风险
	1.2 战略风险	竞争风险
		技术风险
		其他战略风险
	1.3 运营风险	业务流程风险
		商品价格风险
		信用风险
		财政风险
		人力资本风险
		法律风险
		财产损失风险
		声誉风险
		其他运营风险
2. 财务风险	2.1 财务杠杆风险	财务危机风险
	2.2 融资成本风险	
	2.3 再融资风险	
3. 金融投资风险	3.1 流动性风险	
	3.2 价格风险	
4. 货币风险	4.1 汇率风险	国家风险
	4.2 外汇管制风险	国家风险

表13-2的第1列确定了一家典型公司所面临的四种不同的主要风险来源，称为第一层级风险。它们是：①**经营风险**（business risk）；②**财务风险**（financial risk）；③**金融投资风险**（financial investment risk）；④**汇率风险**（currency risk）。图13-1表明了这四种风险产生于公司资产负债表的哪些项目，下面回顾一下。

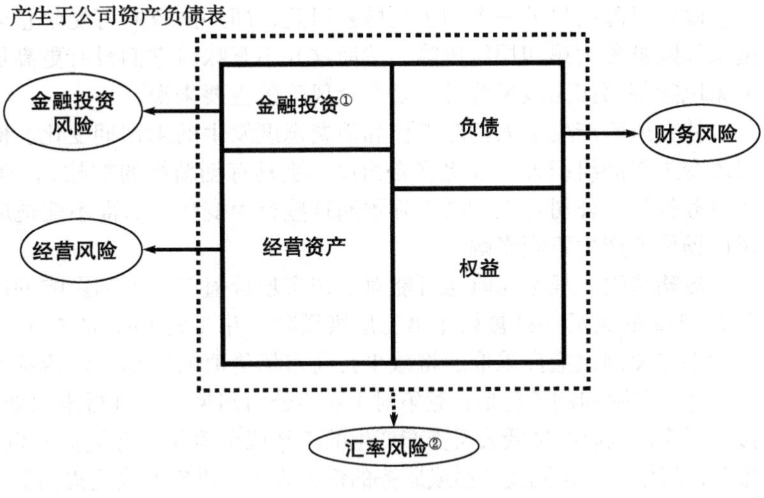

图13-1 识别公司风险的来源

①金融投资包括现金、有价证券以及其他公司债券和股票等长期金融资产。

②当公司的一些经营资产、金融投资或借款（负债）用外币计价时，就会发生汇率风险。如果公司把一些产品或服务出口到国外，就会产生以外币计价的应收账款；如果企业从国外进口商品或服务，就会产生以外币计价的应付账款。

1. 经营风险

经营风险是公司面临的最基本风险。它是在持续发展的行业中竞争的同时，在不断变动的经济、政治和社会环境中从事经营活动的直接后果。经营风险的来源是发生时可能影响公司市场价值的未预期事项和情形。如表13-2和表13-3所示，这些风险可以被细分为三个互不重叠的第二层级风险或二级风险，分别称为**宏观风险**（maco risk）、**战略风险（strategic risk）和**运营风险**（operating risk），我们将在下面讨论。

表 13-3 经营风险和财务风险的来源

经营风险 影响公司资产产生的预期现金流量的事项			财务风险 产生于负债融资的额外风险		
宏观风险	战略风险	运营风险	财务杠杆风险	融资成本风险	再融资风险
可能减少预期收入和/或提高预期成本的未预期宏观事件（公司几乎不能控制）	可能减少预期收入和/或增加预期成本的未预期行业事件（公司几乎不能控制）	当公司实施可能减少预期收入和/或增加预期营业成本的战略时发生的未预期事件	当公司借款时，净利润的波动性提高，从而使得公司对于所有者而言更具风险性	提高公司负债成本的市场利率的未预期变化	无法续借贷款
例如： **经济风险** 高于预期的经济活动放缓 **政治风险** 约束公司创造利润能力的未预期政府管制 **社会风险** 员工和消费者行为的未预期变化	例如： **竞争风险** 导致产品价格降低的产品市场激烈竞争，或者导致原材料价格提高的原材料市场较少竞争 **技术风险** 使得现行产品过时的新技术	例如： **业务流程风险** 供应链、IT 系统等的中断，厂房和设备的延迟交付，劳工动乱，以及/或者欺诈和盗窃 **商品价格风险** **财产损失风险** 由于火灾、事故、自然灾害等对财产造成的损害。 **声誉风险** 缺陷产品的召回	例如： 见表 13-4 所示的 HLC 案例。如果公司没有借款，其利润在正负 26% 之间变动（参照 *EBIT*）；如果公司有借款，其利润在正负 31% 之间变动（参照 *EAT*）	例如： 公司为给 2 年期投资融资，以 7% 的利率取得 1 年期贷款。年末，紧缩货币政策导致市场利率上升，企业只能以 9% 的利率续借 1 年期贷款	例如： 公司为给 2 年期投资融资，以 7% 的利率取得 1 年期贷款。年末，银行拒绝将贷款延期 1 年。公司将面临重大资金风险

很多未来事项和情形会引发经营风险。公司管理层如何识别它们呢？标准方法是访谈员工和咨询专家。对熟悉公司运营各个方面的经验丰富员工进行深入访谈，可以揭示很多经营风险。当然，即使其中一些风险在公司特定领域很重要，但在公司层面看来也许并不重要，但在最终缩小列表的范围之前，必须首先列出详尽的清单。

宏观风险 宏观风险产生于公司经营所处的广泛经济、政治和社会环境。因此，可以基于影响公司业绩的三种“环境”分解为三个独立的类别，在表 13-2 的最后一列列作第三层级风险，分别称为**经济风险**（economic risk）、**政治风险**（political risk）和**社会风险**（social risk）。

经济风险的一个例子是高于预期的经济活动放缓，它会减少公司资产创造的未来现金流量，进而降低公司当前市场价值。政治风险的一个例子是监管风险，即会限制公司提高一些商品和劳务价格能力的政府监管变动风险；政治风险的另外一个例子是国家风险，即外国政府可能禁止公司把现金从经营当地转出的风险。监管风险和国家风险被称为第四层级风险，然而这并不意味着它们没有更高层级风险重要。对于一些公司而言，监管风险或国家风险等第四层级风险可能是经营风险的主要来源。

社会风险产生于人们对工作和消费态度发生的未预期变化。例如，年轻一代员工的行为方式变化可能要求公司改变工作的组织方式（更多自由度，更具有创新性的挑战），消费者行为的变化可能影响他们想要购买的产品和服务类型。公司可能无法正确预期这些行为变化，从而不能适应新型员工或适应新的消费需求，进而可能对公司市场价值产生不利影响。

战略风险 战略风险与可能对公司市场价值产生不利影响的所在行业动态的未预期变化相关。一些战略风险在表 13-2 的最后一列被列作第三层级风险，并在表 13-3 的左半部分进行了相关描述。战略风险的主要来源是竞争对手和关键供应商采取的将减少公司市场价值的行动，包括竞争风险和技术风险。

竞争风险的例子包括：竞争对手对与公司同类产品进行未预期的降价，可能迫使公司通过削减自身产品的价格做出回应，从而将降低公司资产产生的未来现金流量，并进而降低公司当前市场价值；竞争对手开发出新的产品或服务，将侵蚀公司同类产品或服务的销售收入；供应商决定提高关键原材料的价格，而公司无法立即找到替代品。

其他类型的战略风险包括技术风险，即公司可能无法像竞争对手一样快速采用将使现有技术过时的新兴技术的风险。这种现象的一个典型的例子是数码摄影最终取代了化学感光胶片摄影技术。

运营风险 第三种也是最后一种经营风险是运营风险。当公司实施其战略时，运营风险就会产生。这些风险与公司战略的实施相关。这种类型风险的例子包括：公司供应链和信息技术系统的意外中断和延迟，可能的劳工动乱、新工厂和设备的不可预见交付延迟，以及欺诈和盗窃风险。我们把这些类型的运营风险归入业务流程风险。

其他类型的运行风险包括：商品价格风险[⊖]（在公司生产过程中用作投入品的商品价格的未预期变化）、信用风险（一些客户不能按时支付所购商品和服务价款从而可能对公司违约的风险）、财政风险（由于税务审计提高了应纳税额或者由于税法变动导致公司必须支付税金金额发生变化的风险）、人力资本风险（无法替代可能离开公司的核心员工）、法律风险（可能给公司带来重大法律责任的诉讼风险）、财产损失风险（由火灾、事故、洪灾和地震等损害公司厂房、设备和设施的事件引起的风险）以及声誉风险。当公司出售对消费者有害或存在缺陷的产品，从而导致公司从市场上回收不安全产品或召回有缺陷的产品零部件时，声誉风险产生。声誉风险是指公司的声誉可能受到损害，从而可能暂时或永久降低公司价值。

商品价格风险被划分为运营风险，是因为公司可以防止它的发生（例如，航空公司可以对燃油价格的未预期变动进行套期保值）；信用风险被划分为运营风险，是因为它源于允许客户在后期支付的商业惯例，这本质上是一种运营决策；声誉风险被划分为运营风险，是因为它是执行不当的结果，而不是源于战略缺陷。换言之，公司可能有正确的战略，但未能设立严格的质量控制系统以检测不安全或缺陷产品。（例如，丰田公司在美国制造汽车是合理的战略，但当在美国制造的部分汽车含有有缺陷的零部件时，公司声誉受到损害。）

商品价格变动、应收账款坏账、核心员工离职、供应中断、劳工动乱、交货延误、财产损失、高于预期的税收以及产品缺陷都不是战略风险。它们是执行公司战略过程中发生的不利事件。公司对这三个层级风险是实施一些控制的。实际上，对商品价格进行套期保值，要求高风险客户立即用现金支付账单，引入更有效的员工保留计划，以及实施更有效的管理流程和政策可以显著降低这些风险。

2. 财务风险

公司面临的第二种主要风险是财务风险。正如引言所指出的，当公司借入资金时，这种风险就会发生，如图13-1 中公司资产负债表右半部分所示。如果公司采用完全股权融资（如果公司100%使用权益资本融资），就不存在财务风险。

财务风险可以细分为三种不重叠的第二层级风险，它们都是借款的直接后果：**财务杠杆风险**（financial leverage risk）、**融资成本风险**（financing cost risk）和**再融资风险**（refinancing risk）。这些风险列示在表13-2 的第二列，并在表13-3 的右半部分加以说明。

财务杠杆风险 我们在第11 章中指出，当公司借入资金时，公司所有者承担的风险增加。这种风险被称为财务杠杆风险，是财务风险的最重要表现。当公司借入资金时，增加了净利润的波动性，使公司对于股东而言风险更大。表13-4 使用我们在第1 章中首次遇到的 Hologram 照明公司（HLC）案例对这种现象进行了解释。公司1 年后的预计利润表显示，预计销售额为10 亿美元，预计营业费用为7.6 亿美元（营业费用的一半是变动费用，另一半是固定费用）。因此，预计营业利润为2.4 亿美元（息税前收益）。扣除固定利息费用4 000 万后，得到应税利润2 亿美元（税前收益）。最后，扣除1 亿美元税金费用，得到预计净利润1 亿美元（税后收益）。

表13-4 理解经营风险和财务风险：销售收入上升或下降10%对息税前收益、税前收益和税后收益的影响

（单位：100 万美元）

	预计销售收入	销售收入下降10%		销售收入上升10%	
销售收入	**1 000**	**900**	**-10%**	**1 100**	**+10%**
减：变动营业费用	(380)	(342)	-10%	(418)	+10%
减：固定营业费用	(380)	(380)	0%	(380)	0%
息税前收益	**240**	**178**	**-26%**	**302**	**+26%**
减：固定利息费用	(40)	(40)	0%	(40)	0%
税前收益	**200**	**138**	**-31%**	**262**	**+31%**
减：变动性税金费用（税率为50%）	(100)	(69)	-31%	(131)	+31%
税后收益	**100**	**69**	**-31%**	**131**	**+31%**

⊖ 为防止这种风险，公司对可疑客户账款计提准备，即降低应收账款的报告价值以反映潜在损失（见第2 章）。

现在考察销售收入发生未预期上升或下降 10% 的情形。销售收入的变动将如何影响息税前收益和税后收益呢？观察表 13-4 中的数据，当销售收入在 -10% ~ +10% 变动时，息税前收益在 -26% ~ +26% 波动，税后净利在 -31%~ +31% 波动。很明显，固定营业费用的存在放大了息税前收益的波动性。同样，固定利息费用的存在也放大了税后净利的波动性。

如果 HLC 没有借款，那么它的税前收益将等于息税前收益（在这种情况下将没有利息费用被扣除），HLC 所有者承担的风险将反映为 26% 的波动性，全部为经营风险（由于没有借款，不存在财务风险）。当存在借款时，HLC 的税前收益等于 *EBT*，HLC 所有者承担的风险被放大到 31%，原因在于固定利息费用的存在导致了财务风险。结论是：如果没有借款，HLC 的所有者仅承担经营风险；有借款时，他们要同时承担经营风险和财务风险。

财务杠杆对公司价值具有什么影响？我们在第 11 章中表明，当存在税收和高昂的财务困境成本时，公司价值会受到财务杠杆的影响：存在可使公司资产价值最大化的最优借款水平。高于或低于该负债水平都会使公司资产价值低于最优水平。

融资成本风险 融资成本风险在第 3 章中首次提到过，是指不知道用于支持投资的负债成本的风险。为什么当公司决定投资时不知道负债成本？为了说明这一点，假设 HLC 为了购买一台能够运作 2 年的新设备，以 7% 的利率借入 1 年期贷款 100 万美元。该公司打算在第 1 年年末将 1 年期贷款再续借 1 年。进一步假设 HLC 本可以在开始时以 7% 的利率借款 2 年，但由于它预计第 2 年 1 年期贷款利率会降到 7% 以下，因此决定采用两次连续的 1 年期贷款融资（而不是一次以 7% 的利率取得 2 年期贷款）。如果第 2 年的利率降到 7% 以下，则 2 年期间的平均负债成本显然将会低于 7%；如果第 2 年的利率高于 7%，则平均负债成本将会高于 7%。HLC 显然在冒险。更确切地说，它只是猜测第 2 年的利率将会下降。如果它借入 2 年期贷款，就可以避免这种风险。这是值得承担的风险吗？可能不是，因为 HLC 的经营本质不是通过猜测利率的方向获利。如果 HLC 的投资者想要猜测利率的方向，他们可以直接去做或者投资于专门从事这种业务的金融公司。

再融资风险 继续上述案例，如果 HLC 借入 1 年期贷款用于为 2 年期投资融资，就会发生另外一种风险——再融资风险，我们在第 3 章中首次讨论过。假设 1 年后经济前景恶化，银行在新环境下决定限制对 HLC 的信贷，拒绝了该公司将贷款展延 1 年的请求。在这种情况下将会发生什么？HLC 可能不得不终止该项目，并将去年购入的设备出售以偿还贷款。最有可能的情况是，设备的售价会低于 100 万美元，因而如果无法偿还银行贷款，公司可能会发现自己处于危险境地。如果取得 2 年期贷款，HLC 就可以避免这种风险。问题仍然是：这是值得承担的风险吗？当然不是，因为公司不能续借贷款的后果显然比第 2 年利率可能下降带来的潜在收益更为重要。

3. 金融投资风险

虽然公司通常都是净借款人（债务超过现金持有额），它们也担当其他公司的贷款人，而且常常持有其他公司的股份。因此，它们承担与金融投资相关的风险，我们称之为金融投资风险。这种风险列示在图 13-1 中公司资产负债表的左半部分。这种风险也可以细分为两种不重叠的第二层级风险，称为**流动性风险**（liquidity risk）和**价格风险**（price risk）。

再次考虑 HLC 的案例。假设公司持有商业票据（见第 9 章）等有价证券和 ALPAC 公司的股票。ALPAC 过去是 HLC 的分部。两年前，HLC 决定通过首次公开发行使其作为独立的公司在股票市场上市。然而，HLC 仍然持有 ALPAC 10% 的股票。HLC 持有的有价证券和 ALPAC 股票都具有下面讨论的特定金融投资风险。

流动性风险 尽管 HLC 持有的有价证券是具有流动性的，这意味着 HLC 应该能够在不显著损失价值的情况下迅速将其变现，但是它们仍然具有流动性风险，即 HLC 可能会有未预期的现金需求，而且如果市场状况不稳定的话，可能存在最终亏本出售一些短期证券的风险。[⊖]

价格风险 ALPAC 的股票具有价格风险，即股票价格可能会降到上市时价格以下的风险。随着市场对 ALPAC 经营前景评估的不断更新，ALPAC 的股票价格也会上下波动。随着时间的推移，ALPAC 可能会表现不佳，公司股价也可能会降到初始价格之下。从而，HLC 的价值会下降以反映持有 ALPAC 股票的损失。

⊖ 我们已经在前面讨论过，公司应该管理其净风险敞口。在该案例中，即为净负债（负债减去现金和有价证券后的净额）。然而，如果具有相同净负债金额的两家公司持有具有不同流动性风险的有价证券，那么它们可能面临不同的风险。此外，净负债也受到与到期日不匹配（负债的到期日通常长于现金和现金等价物）相关的风险的影响。因此，我们建议单独管理现金等价物风险和借款风险。

4. 货币风险

一般而言，由于本国货币与公司经营所在国货币之间的汇率发生未预期变化，会产生货币风险。我们可以区分两种第二层级货币风险：**汇率风险**（exchange-rate risk）和**外汇管制风险**（exchange-control risk）。前者是由自由浮动汇率制度下两种货币之间汇率的市场波动引起的，后者是由有管理的浮动或外汇管制制度下两种货币之间的固定汇率发生未预期变化引起的。㊀第三层级的货币风险包括**国家风险**（country risk），例如外国政府对资金在本国与世界其他地区之间的流动实施限制。货币风险将在本章后面部分详细考察，货币风险对公司海外投资决策的影响将在第14章考察。

13.4.2 第二步：风险衡量

在识别了公司面临的潜在风险后，管理层必须衡量这些风险并对它们排序。识别风险仅是风险管理过程的第一步，如果不能衡量这些风险，那么公司就不能对其管理（你无法管理你不能衡量的东西）。那么，什么将成为衡量公司面临风险的合适指标呢？由于归根到底最重要的是风险是否会对公司价值产生负面影响，因此风险的恰当衡量指标是风险发生时公司价值的预计减少额，我们称之为**风险市场价值**（market value at risk，MVR）并计算如下

$$MVR = \text{风险发生时公司价值的减少额} \times \text{风险发生的概率} \tag{13-1}$$

为了举例说明，我们考察无增长公司（NGC）的简化案例。公司资产创造的年永续现金流量为1亿美元，资本成本为10%。因而，NGC的企业价值为10亿美元（1亿美元永续现金流量除以10%的资本成本，见第12章）。假设NGC面临表13-5第一列所列示的四种风险。

表13-5 风险衡量

风险类别①	发生的概率②	对公司市场价值的影响③	风险市场价值（MVR）		控制风险的能力④
(1)	(2)	(3)	(4)=(2)×(3)	等级	(5)
战略风险（A）	50%	2亿美元	1亿美元	高	低
货币风险（B）	10%	2亿美元	2 000万美元	中等	高
融资成本风险（C）	50%	2 000万美元	1 000万美元	中等	中等
业务流程风险（D）	10%	1 000万美元	100万美元	低	中等

①见表13-2。
②在未来12个月内。
③如果相应的风险重要，对公司市场价值减少额的估计值。
④公司采取行动降低风险的能力。

风险A是战略风险。NGC的管理层认为，竞争对手在未来12个月内开发出新产品，从而使NGC资产创造的年度现金流量永久性减少2 000万美元的概率为50%。年度现金流量的永续减少额按照资本成本10%计算的现值为2亿美元（见表13-5的第三列）。由于发生的概率为50%，因此风险对NGC企业价值的影响为1亿美元（2亿美元的50%）。1亿美元就是对NGC战略风险的衡量，我们称为*MVR*。

参照表13-5，运用同样的方法，NGC的管理层估计，该公司面临着*MVR*为2 000万美元的外汇风险（风险B），*MVR*为1 000万美元的融资成本风险（风险C），以及*MVR*为100万美元的与供应链潜在中断相关的业务流程风险（风险D）（参考自测题13-3的答案，它说明了如何估计这些风险指标）。

注意表13-5第五列对于四种风险的相对评级。风险A具有最大的*MVR*（1亿美元），但是为什么它被评级为“高风险”呢？前面提到过，NGC的企业价值为10亿美元，因此风险A的*MVR*等于NGC企业价值的10%，这代表了重大风险。风险B的*MVR*等于企业价值的2%，而风险C的*MVR*等于企业价值的1%，两者都被评级为“中等风险”。风险D的*MVR*等于企业价值的0.1%，被评级为“低风险”。一般而言，如果风险的*MVR*大于或等于公司企业价值的10%，将会被评级为高风险；如果风险的*MVR*小于或等于公司企业价值的0.1%，则会被评级为

㊀ 在有管理的浮动制度下，政府允许其货币相对外国货币（通常为美元）窄幅浮动，干预外汇市场，买入或卖出其货币以使其保持在选定的范围内。在固定汇率制度下，政府将干预市场，以使本国货币与外国货币（通常为美元）之间保持固定的汇率。

低风险。当然，并没有严格的风险评级规则，每家公司应该根据所有者的风险承受能力调整规模。

13.4.3 第三步：风险优先顺序

公司不必承担它所面临的所有风险，公司可以保护自身，规避一些风险。例如，NGC 面临的货币风险（风险 B）可以通过使用我们在本章后面介绍的技术在未来 12 个月内消除。因此它在表 13-5 中被评级为“高度可控”，这意味着 NGC 可以以合理成本在未来 12 个月内消除这种风险。

与货币风险的情形相反，NGC 控制风险 A 的能力较弱，因为 NGC 无法在未来 12 个月内采取很多有效行动来阻止竞争对手的新产品侵蚀 NGC 的销售收入。NGC 应该已经更早预计到这种举措。（NGC 投入足够的时间和资源去弄清楚竞争对手正在做什么了吗?）NGC 可能已经开发出了新产品，但它对降低这种风险无能为力。融资成本风险（风险 C）和供应链中断风险（风险 D）都被评级为“中等”：NGC 可以使用风险控制工具来降低它所面临的融资成本风险，但这些工具没有用于控制货币风险的工具可靠和廉价；供应中断风险被评级为“中等”，因为如果当前供应商发生供货中断，NGC 有能力快速廉价地转向另一家供应商。

现在，我们可以把每一种风险放入图 13-2 所示的九宫格中。纵轴表示 *MVR*，由低 *MVR* 到高 *MVR*。横轴表示公司控制风险的能力，由高度可控到不可控。该图有九种可能的组合：三种列作“重大风险”，两种列作“重要风险”，四种列作“次要风险”。这三种不同的标签（重大风险、重要风险和次要风险）是对**风险严重程度**（risk severity）的衡量。例如，风险 A（战略风险）是一种重大风险，因为它对 NGC 的价值具有高度影响，但是公司控制这种风险的能力较弱。风险 C（融资成本风险）是一种重要风险，因为它对 NGC 的价值具有中等程度的影响，而且公司控制风险的能力也是中等的。风险 B 和风险 D 都属于次要风险。

如果具有高 *MVR* 的风险（意味着如果风险发生对公司价值的影响很大）是高度可控的（参见图 13-2 的左上侧格子），它并不一定是重大风险。同样，如果公司控制风险的能力较弱，具有中等 *MVR* 的风险也可能是重大风险（参见图 13-2 的中间右侧格子）。换言之，风险的严重程度（重大风险、重要风险或次要风险）取决于调整公司控制风险的能力后风险对公司价值的影响。

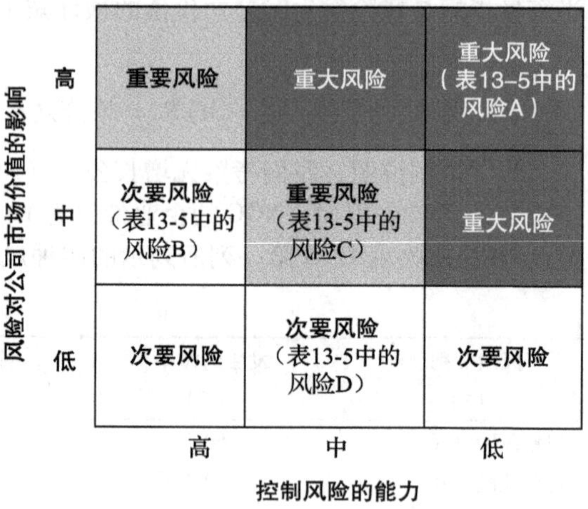

图 13-2 根据严重程度绘制公司风险图

①有三个层级的风险严重程度：重大风险、重要风险和次要风险。

13.4.4 第 4 步：风险政策

在确认、衡量并绘制公司面临的风险后，管理层现在必须制定政策来应对这些风险。具体而言，管理层面对风险，可以做下面三件事情之一：

（1）完全拒绝风险，即决定不从事产生风险的活动（或者放弃风险上升的正在进行的活动）；

（2）接受风险，但未采取防范措施（局部或整体），即决定从事产生风险的活动（或者如果正在进行的话继续保持），并使用公司自有资源对可能发生的损失进行补偿；

（3）接受风险并对公司进行保护，即从事产生风险的活动，并通过保险、多元化或对冲这三种方法中的一种来防范风险。

接下来的问题就是制定公司层面的风险政策，从而在经理人面对风险决策时帮助其做出选择。在考察这些选择之前，我们首先回顾公司风险政策应该揭示的一些最重要特征。

1. 治理

谁应该制定公司风险政策？设计公司的风险政策并提交董事会审批是高级管理层的职责。因此，公司可能会任命一位首席风险官负责监督和协调政策的实施，并向公司的首席执行官报告。如果公司规模不够大，设置首席风险官的职位不合理，那么该公司的财务总监或分管战略的高级管理人员通常承担该职责。

谁应该做出拒绝或接受公司面临的重大和重要风险的决定？这个决定通常是由公司首席执行官和首席风险官共同主持的风险管理委员会做出。换言之，风险管理是最资深高管接触的领域。然而，这并不意味着组织的其他成员不用关注风险，相反，正如我们前面所指出的，高级管理层应该在整个公司培养一种“关注风险，人人有责”的文化。

2. 价值创造

做出风险管理决策的指导性原则仍然是在第1章阐述并在本章前面回顾的基本财务原则：管理必须以创造价值作为最终目标管理公司资源。只有当公司接受调整与投资相关的所有风险后具有正净现值的新风险投资（或保留现有风险投资）时，价值创造的目标才会实现。

3. 公司风险

公司不仅面临项目具体风险，也面临单个项目无法反映的公司风险。公司的风险政策必须为如何处理这些风险提供指引。例如，风险管理委员应该在公司人力资源部门的帮助下，制定员工保留政策以减少核心员工的流失，这是公司风险的一个重要来源。其他例子包括制定减少诉讼、财务审计、产品召回和IT系统故障等风险的政策。

4. 使经理人与所有者的利益协调一致

经理人的风险承受能力可能与公司所有者不同。一般而言，经理人会比股东更为保守，因为如果做出可能威胁公司生存的风险投资，经理人的薪资待遇、就业前景和退休收入都会面临危险。与经理人相比，股东通常更加多元化（因为他们持有很多公司的股票），因而更愿意接受较高风险以获取更高预期收益。⊖

公司的风险政策必须鼓励经理人接受能够创造价值的项目（即使这些项目具有的风险高于作为个人投资者能够接受的程度），从而使经理人的利益与股东利益协调一致。

5. 业绩评价

考察一家将部分产品出口日本的美国公司。经理A已经采取了应对美元和日元之间汇率变动的防范措施，而且他的部门基于1亿美元投入资本创造了1 500万美元年末营业利润（1 600万美元减去100万美元汇率变动保护成本），即投入资本收益率（*ROIC*）为15%（16%减去1%的汇率变动保护成本）。经理B没有采取汇率变动风险保护措施。一年后，美元相对疲软，她的部门也使用了1亿美元资本，报告了2 000万美元营业利润，其中500万美元是美元对日元疲软而产生的外汇收益。因此，经理B的*ROIC*为20%，包括5%的汇兑收益。我们应该如何判断这两位经理的业绩表现呢？

如果公司的风险政策要求系统性规避外汇风险，那么经理A就不应该因为规避外汇风险从而错过了获取汇兑收益的机会而遭受惩罚，他的奖励应该基于15%的业绩是否超过了部门要求的最低收益率确定。在同样的政策下，经理B不应该因为报告其通过汇兑收益获得额外5%营业利润率而获得奖励，却应该因没有规避外汇风险受到谴责，她的奖励应该基于15%的业绩是否超过了部门要求的最低收益率确定。

6. 公司战略管理过程的协调

公司的风险管理过程不能独立于公司战略决策制定过程发生，两者必须相互协调。独立于战略导致的风险来制定合理的战略是不可能的。同样，独立于产生风险的战略设计公司范围的风险政策也是不可能的。很明显，风险管理委员会的决策必须与公司战略委员会的决策相协调，最终的单一目标是做出风险调整后的价值创造决策。

我们已经列示出公司风险政策应该解决的一些问题，现在要回到管理层面临识别和衡量风险时的三个选择。正如前面提到的，有三种决策行为：①拒绝风险以及产生风险的投资；②接受风险，但未采取防范措施；③接受风险并采取措施防范风险。风险管理委员会的职责是为面临特定风险时应该选择哪种方案提供指导。

7. 拒绝风险的决策

公司的管理层可能会认为一些重大风险是不可接受的，或是作为原则性问题（例如，公司不会投资于具有糟糕人权记录的发展中国家），或是由于管理层认为投资不能产生足够高的预期收益以证明承担风险的合理性（例如，当公司认为一些国家政治风险太高时，即使预期收益也很高，也不会投资）。

⊖ 在一些情形下，与公司所有者相比，公司经理人更加多元化，从而比股东更愿意投资于高风险项目。在公司股东不采取多元化，将其所有财产投资于公司，而经理人财产采取多元化的公司中，就是这种情形。在这种情形下，一些经理人（尤其是奖金与高利润相关联的经理人）更愿意投资于可能产生高利润（他们能够获得奖金）或高损失（他们会失去奖金，但组合不会受到影响）的高风险项目。

8. 接受未采取防范措施风险的决策

在这种情形下，公司决定开展具有重要风险或重大风险的活动，而且没有试图降低这种风险。为什么公司要开展没有进行风险防范的活动呢？一个原因可能是无法找到风险防范措施，或者风险防范措施非常昂贵从而不合理。但接受未采取防范措施风险的最重要原因是承担风险是经营活动的本质。正如我们在引言中提到的，如果公司不接受某些风险，就无法创造能够吸引权益资本的收益。

接受未采取防范措施的风险并不意味着该公司不应该采取任何措施来降低风险。例如，如果公司的一些设施不能购买火灾保险，那么就应执行严格的措施防止火灾的发生。

9. 接受风险并采取防范措施的决策

正如我们在前面指出的，公司可以使用三种方法保护自身免受风险：保险、多样化或者套期保值。

保险 在这种情形下，公司通过向保险公司支付**保险费**（insurance premium）来购得保护（如果可以获得）。保险费是公司在特定的时期内投保必须支付的款项。[㊀]只有一些类型的风险可以被保险，通常是事件风险，即不经常发生而且发生时会显著降低公司价值的风险。[㊁]这种“灾难性”风险的一个例子就是火灾或自然灾害引起的财产损失。

公司通常不会购买全额保险，为减少保险费支付，它们可能只购买损失超过一定金额（免赔额）的保险。公司的目标是以最低总成本购买最优保险。

多样化 我们已经在第 10 章解释过多样化的降低风险特性。只要公司把预期收益并不完全呈正相关关系的投资组合在一起，公司所有者就会因多样化受益，因为一些投资的损失将被公司投资组合中其他投资的收益抵销。

我们的问题是，这种风险管理政策能否创造价值。我们在第 12 章指出，如果仅仅为了降低合并后公司的风险，那么公司 A 收购公司 B 并不能创造价值（合并后公司的价值不会高于单个公司价值之和）。原因很简单：股东通过购买两家公司的股票同样可以实现风险分散，那么他们为什么要支付溢价去购买合并后的公司？如果公司想要创造价值并实现风险分散，可以采用的一种方式是购买股东无法获得的资产并采取行动通过更好的管理增加其预期收益。例如，可以通过在国外市场购买其他公司无法获得的资产并改善其绩效实现。

套期保值 套期保值是一种风险管理技术，目的在于通过采取相抵持仓方式减少或消除风险。相抵持仓可以通过购买或出售①**远期合约**；②**期货合约**；③**期权合约**完成。这三种套期保值工具将在下一部分阐述，我们将说明如何使用它们规避货币风险，并比较它们各自的优点。规避融资成本风险和商品价格风险也存在同样的原则和类似的技术。

13.4.5 第五步：风险监控

这个过程的最后一步是确认风险管理的动态特性。一旦该过程启动，负责风险管理的高级主管的职责就是确保对在用系统进行持续监控和审计。为制定和实施公司风险政策而设立的风险管理委员会也可以负责定期检查系统，如果需要的话，可以对其加以修改以使其更为有效，即使其成本更低，更能结合公司战略决策，更加关注价值创造。随着时间的推移，管理层可以从处理风险的经验中学习和领会，并将其应用于改善公司风险管理系统。

13.5 进一步观察货币风险

我们现在转向考察外汇风险。这种风险是由本国货币与公司经营所在国的外币之间的汇率变动引起的。任何具有国际业务的公司都会面临这种风险：公司来自经营活动、投资活动和融资活动的现金流量将会受到本国货币与公司经营所在国外币之间的汇率变化的直接影响，这种影响不仅仅是通过进出口业务，还可能是通过对外国子公司投资、支付外币贷款利息，以及收取国外子公司发放的股利等途径。显然，货币风险比经营风险更为广泛，因为它同时影响公司资产产生的现金流量（经营风险）和公司融资活动产生的现金流量（财务风险）。这就是我们在表 13-2 和图 13-1 中将货币风险与经营风险和财务风险区分开来的原因。

㊀ 保险公司通过销售大量保险合同分散其所承担的风险。一些设施可能被火灾损坏，大多数不会。对于保险公司而言，哪家公司归入哪个类别并不重要。为实现盈利，保险公司将设定费率，以使收到的总金额超过对设施受损公司的预计支出。

㊁ 一些风险，例如信贷风险，可以通过购买保险合约或者使用信贷违约互换（见套期保值部分）等风险管理工具对套期保值加以控制。在这种情形下，通过保险和套期保值进行风险保护是非常相似的。

跨国经营的公司需要买卖外汇，同时需要规避外汇风险，这些交易要通过外汇市场完成。下面部分将对外汇市场进行阐述，并考察公司如何使用套期保值工具规避外汇风险。下一章将考察公司在国外投资时怎样应对货币风险。

13.5.1 外汇市场

外汇市场（foreign-exchange market）是世界上最大的金融市场之一。在2007年的一项调查中，国际清算银行（BIS）估计该市场的日平均交易量高达3.2万亿美元。外汇市场是货币买卖市场，任何公司或个人都可以按照由不断进行的买卖货币交易确定的汇率在市场中买卖货币。汇率就是用一国货币去购买另一国货币必须支付的价格。例如，如果美元对欧元的汇率为0.8欧元＝1美元（欧元/美元0.800 0），就表示花1美元可以买到0.800 0欧元。[㊀]

与大多数股票市场不同的是，外汇市场没有集中的交易场所。它是银行、交易员、经纪人以及跨国公司相互之间通过电脑终端、电话和传真联系的网络。外汇市场中的主要参与者是通过**同业拆借市场**（interbank market）运营的大型商业银行。交易员在为货币交易专门设计的房间里工作，被全世界连接到交易室的电话和显示器所包围。如果一位芝加哥的交易员想要把美元换成欧元，最新的交流设备可以立刻帮她找到同业拆借市场中愿意把欧元换成美元的另外一家银行的交易员。双方通过电话或者直接通过电脑显示器敲定价格和成交量，然后各自登记到自己的银行交易系统中，整个过程只需几秒钟。接下来，两家银行给对方寄去该项交易的书面证明文件，可能最多需要两个工作日就能完成。

典型的银行间外汇汇率有两个报价。**买价**（bid price）是市场中的交易员愿意买入的价格，**卖价**（ask or offer price）是交易员愿意卖出的价格。报价表示为一种货币对另一种货币的比率，货币通常用三个字母表示。例如：假设欧元与美元之间的汇率报价为欧元/美元0.799 8～0.800 2，这意味着一些银行愿意按照1美元＝0.799 8欧元（买价）买入美元，按照1美元等于0.800 2欧元（卖价）卖出美元。

外汇买卖价差就是银行交易的报酬，这也是银行不收取佣金费用的原因。对于被广泛交易的货币而言，**买卖价差**（bid-ask spread）通常只有几个**基点**（basis point，一个基点是1%的1%）。买卖价差随币种不同而不同。对于某种货币而言，买卖价差取决于该种货币交易员之间的竞争程度、该种货币的波动性和日均交易量。

交易员的惯例是以美元为基准对所有货币报价。如果两种货币都不是美元，那么它们之间的汇率根据各自的美元价值计算。例如，如果欧元的报价为EUR/USD 0.801 3，日元的报价为JPY/USD 100.06，[㊁]那么JPY/EUR的汇率等于JPY/USD的汇率除以EUR/USD的汇率：

$$\frac{\text{JPY/USD } 100.06}{\text{EUR/USD } 0.8013} = \text{JPY/EUR } 124.87$$

用以上方法计算出来的货币之间的汇率称为**交叉汇率**（cross rate）。金融出版物每天都会公布交叉汇率报价，在网上也可以查到实时交叉汇率。表13-6列示了六种货币的交叉汇率。

表13-6 2010年1月20日的货币交叉汇率

主要货币交叉汇率：2010年1月20日东部时间下午四点外汇交叉汇率概况						
	美元（USD）	欧元（EUR）	英镑（GBP）	瑞士法郎（CHF）	墨西哥比索（MXP）	日元（JPY）
日本	91.233	128.67	148.58	87.383	7.151 7	—
墨西哥	12.757	17.992	20.776	12.218	—	0.139 8
瑞士	1.044 1	1.472 5	1.700 4	—	0.081 8	0.011 4
英国	0.614 0	0.866 0	—	0.588 1	0.048 1	0.006 7
欧元区	0.709 0	—	1.154 7	0.679 1	0.055 6	0.007 8
美国	—	1.410 4	1.628 6	0.957 8	0.078 4	0.011 0

来源：华尔街日报，市场数据，主要货币交叉汇率，2010年1月20日。

㊀ 汇率也可以表示为USD/EUR 1.250 0（用美元表示的1欧元价格）而不是EUR/USD 0.800 0（用欧元表示的1美元价格，是用美元表示的1欧元价格的倒数）。然而，惯例是用1美元等于多少外币来表示汇率。

㊁ 这些汇率是买卖中间价。例如，EUR/USD 0.801 3是买价EUR/USD 0.801 1与卖价EUR/USD 0.801 5的中值。

13.5.2 现货交易与远期合约

现货交易（spot transaction）是指双方同意按照当前固定汇率进行货币交换的交易，货币交付发生在清算日（通常在两个交易日之后）。个人可以在离得最近的银行按照立即交付的方式交易货币，但买卖价差通常很大。

远期合约是双方（通常是银行和客户）约定在未来某一特定日期按照当前汇率交付货币的协议。合约规定将要交换的货币、交付实际发生的未来固定日期、将要交换货币的数量，以及固定汇率。对于主要货币而言，银行间远期市场中交易合约的到期日通常为1个月、3个月、6个月和12个月。然而，交付日可以根据客户的特别需要制定，汇率通常对客户不利。

主要国际报刊每天都会提供**即期汇率**（spot rate）和**远期汇率**（forward rate），网站也会实时提供这两种汇率，并提供汇率转换器。表13-7列示了四种主要货币为期一年的远期汇率。

表13-7 2010年1月20日的银行间远期汇率

	美元（USD）		欧元（EUR）		英镑（GBP）	
	收市中间价	日变化量	收市中间价	日变化量	收市中间价	日变化量
美国						
即期	—	—	1.411 6	-0.016 6	1.627 7	-0.009 5
1个月	—	—	1.411 5	—	1.627 3	0.000 0
3个月	—	—	1.411 2	—	1.626 6	—
1年	—	—	1.408 4	0.000 0	1.622 0	0.000 1
欧元区						
即期	1.411 6	-0.016 6	—	—	1.153 2	0.006 8
1个月	1.411 5	—	—	—	1.153 0	—
3个月	1.411 2	—	—	—	1.152 7	0.000 0
1年	1.408 4	0.000 0	—	—	1.151 7	0.000 1
英国						
即期	1.627 7	-0.009 5	0.867 2	-0.005 1	—	—
1个月	1.627 3	0.000 0	0.867 3	—	—	—
3个月	1.626 6	—	0.867 6	0.000 0	—	—
1年	1.622 0	0.000 1	0.868 3	-0.000 1	—	—
日本						
即期	91.210 0	0.020 0	128.748	-1.485 5	148.463	-0.833 8
1个月	91.198 5	0.000 8	128.723	0.001 8	148.410	0.001 8
3个月	91.172 5	0.002 8	128.663	0.004 4	148.305	0.005 9
1年	90.818 5	0.008 9	128.909	0.021 4	147.306	0.030 7

资料来源：金融时报，2010年1月20日。

13.6 对合约货币风险进行套期保值

考察这样一个案例：一位美国红酒经销商与一家法国公司签了一份交付400箱香槟酒的合约。合约规定在3个月后交货时支付100 000欧元。合约一签订，美国经销商就面临外汇风险，因为他不知道3个月后必须按照什么汇率买入欧元以支付香槟货款。

该经销商可以使用很多方法规避汇率风险，即保护自身免受汇率波动的影响。他可以在几种常用的套期保值技术中选择，以减少或消除用外币计价时与原材料购买、商品销售、资产购买或债券发行相关的汇率风险。这些技术使用在金融市场中可以获得的工具，例如下面阐述的远期、期货和期权合约。

13.6.1 使用远期合约进行套期保值

远期套期保值（forward hedge）是公司广泛使用套期保值技术，能够完全消除与外币交易相关的汇率风险。该经销商可以通过与银行签订远期合约，3个月后用美元从银行买入100 000欧元，实现远期套期保值。换言之，经销商可以在今天将3个月后从银行买入100 000欧元的汇率固定下来。银行很可能会要求进口商设定**外汇信用**

额度（foreign-exchange line of credit），以确保他在3个月后有能力交付美元。

购买香槟与购买欧元远期这两项交易的净结果是什么？如果今天欧元对美元的3个月远期汇率是EUR/USD 0.80，那么经销商将必须在3个月后支付给银行125 000美元（100 000欧元除以EUR/USD 0.80）来换取100 000欧元。无论美元对欧元的汇率在购买日与交付日之间如何变动，这项交易的美元价值都不会改变，将仍然等于125 000美元，外汇风险已经得到消除。通过签订远期合约，该经销商把汇率锁定在EUR/USD 0.80。需要注意的是，这个汇率是今天报出的远期汇率而不是即期汇率，即期汇率可能高于或低于远期汇率。

如果香槟没有如期交付，从而导致对法国出口商的100 000欧元支付推迟，将会发生什么？经销商仍然必须按照远期合约规定的固定汇率，用125 000美元从银行买入100 000欧元。然后，他可以选择持有100 000欧元直到香槟送达，也可以选择把它们按照即期汇率换成美元。[⊖]如果该经销商在远期合约结算时把欧元换成了美元，当香槟最终送达时他仍然需要100 000欧元支付给法国出口商。换言之，他将再次面临汇率风险。然而，他可以像以前一样，通过与银行签订一份新的100 000欧元远期合约来规避风险。这种策略被称为**滚动远期合约**（rolling over the forward contract）。滚动远期合约的一种替代方法是该经销商在开始时签订一份**远期窗口合约**（forward window contract）。除了不是必须在固定日期结算交易外，这种合约与标准远期合约相同。交易可以在称为窗口的协定期间内的任何一天结算。进口商必须为获取这种灵活性支付额外的费用，但这笔费用可能低于滚动原始合约的成本。

如果经销商想在到期日之前摆脱远期合约怎么办？在这种情况下，他必须通过签订一份与第一份合约具有相同到期日的远期合约出售100 000欧元。两份合约的现金结算将在相同的到期日发生。该经销商将会盈利还是将会亏损，取决于第二份合约的远期汇率高于还是低于第一份远期合约（EUR/USD 0.80）。例如，假设第二份合约的远期汇率为EUR/USD 0.78，在这种情形下，他将从该合约中收到128 205美元（100 000欧元除以EUR/USD 0.78），同时对第一份合约支付125 000美元，他的收益将为3 205美元（=128 205美元-125 000美元）。如果第二份合约的远期汇率为EUR/USD 0.82，他将会损失3 049美元，即为卖出欧元获得的121 951美元（100 000欧元除以EUR/USD 0.82）与第一份合约的125 000美元之差。

13.6.2 使用期货合约进行套期保值

作为远期合约的替代，法国香槟的美国经销商也可以使用货币期货合约。**货币期货合约**（currency future contract）或**货币期货**（currency future）与远期合约相似，差别在于它们具有标准合约规模和标准交付日期。货币期货每天在有组织的**期货市场**（future market）交易，例如芝加哥商业交易所（CME）、伦敦国际金融期货交易所（LIFFE）、美国期货洲际交易所（前身是纽约期货交易所或NYBOT）。

1. 货币期货合约交易

与货币远期合约相同，货币期货合约也是按照特定价格交付既定数量货币的承诺。然而，使用期货合约交易与使用远期合约交易有很大差别。

第一，货币买卖双方之间的合约是通过清算公司或清算机构拟定的。例如，卖方A和买方B之间的合约实际上是A卖给清算公司，同时清算公司卖给B，清算公司为一方违约提供保险。如果A不能交付他所承诺的货币，B仍然能够收到他所购买的货币，当然，除非清算公司破产（为了弥补在违约中的损失，清算公司会对期货交易收取少量税费）。

第二，货币期货具有标准规模和固定到期日。例如，用日元标价合约的规模是12 500 000日元，用英镑标价合约的规模是62 500英镑，用欧元标价合约的规模是125 000欧元。到期日通常在3月月底、6月月底、9月月底和12月月底。与任意合约规模和任意交付日期都可以相比，合约规模和交付日期的标准化大大提高了期货市场的流动性。

第三，期货交易所要求交易方存放担保品，以确保它们能够补偿任何损失。交易方必须在执行交易的经纪人处存入**初始保证金**（initial margin），初始保证金的规模取决于所交易货币的波动性。

第四，货币期货采取**逐日盯市制度**（market-to-market）。这意味着每个交易日结束时，清算机构立即按照**清算价格**（settlement price），（当天最后一笔交易的报价）结算上一个交易日的盈亏。例如，假设你昨天按照0.81

⊖ 在这种情境下，当然将货币存放在银行以欧元表示的货币市场账户中并赚取一些利息。

美元换取1欧元的价格买入125 000欧元期货合约，今天的收市价格为0.82美元。你刚刚赚取了1 250美元利润（1 250欧元乘以清算价格与买入价格之差0.01美元），清算公司会立刻支付给你1 250美元，结束之前的交易头寸，同时按照0.82美元的新期货价格建立新的头寸。这个系统将清算公司面临的违约风险限制在仅为一天的损失。此外，如果一笔损失使得保证金低于设定水平，交易方必须将保证金补足，被称为**补充保证金通知**（margin call）。保证金存款和每日清算大大降低了清算公司承担的风险。因此，在期货市场中交易不需要信用评级认定。

第五，期货合约双方在合约期内可以随时结束合约。合约买入方仅需卖出与原合约相同的数量（按照出售日的期货现行价格），而合约卖出方则仅需买入相与原合约相同的数量。

与远期汇率相同，期货价格也在金融报刊和网络上实时公布。

2. 货币期货套期保值

如果香槟经销商想要使用货币期货对欧元套期保值，他将必须买入价值100 000欧元的3个月期货合约。由于货币期货与远期合约是相似的工具，期货套期保值与远期套期保值的总体效果应该相同，但仍存在一些差异。

首先，期货合约的另一方不是银行而是清算公司。该经销商必须通过经纪人买入欧元期货，然后在后期将其卖掉。如果在此期间，欧元对美元升值（或者贬值），该经销商将在期货交易中获得利润（或遭受损失）。但是，如果欧元对美元升值（或者贬值），他还必须在现货市场中支付更多（或者更少）美元买入支付供应商所需100 000欧元。期货市场中的盈利（或者损失）将会补偿在现货市场中买入100 000欧元所需美元金额的增加（或者减少）。

其次，由于期货合约的规模和到期日是标准化的，并非总能使用期货合约对交易风险进行完全套期保值。例如，如果该经销商决定在芝加哥期货交易所买入欧元期货合约，他将必须买入单位规模为125 000欧元的合约。如果他用125 000欧元买入一份合约，将会发生25 000欧元的过度套期保值。此外，该经销商还必须决定期货合约的到期日。期货合约的四个到期日分别为3月、6月、9月和12月的第三个星期三。假设香槟供应商想要在5月底被支付，该经销商将买入6月份的期货合约，因为它们的到期日最接近5月月底。之后，他会在5月月底卖出期货合约。然而，他仍会面临汇率风险，因为在买入期货合约时他无法知道6月份的期货合约在5月月底的价格将为多少。假设供应商同意等到7月1日被支付，而且该经销商选择对6月份的期货节约进行套期保值呢？在这种情形下，该经销商将面临6月份最后一个星期三（当6月份期货合约过期时）与7月1日之间的USD/EUR汇率波动风险。

最后，该经销商必须在经纪人处存放一笔保证金。而且，如果USD/EUR的期货汇率下降，逐日盯市制度可能触发补充保证金通知。在这种情况下，该经销商将必须在期货合约到期之前支付额外的现金。

期货套期保值具有远期套期保值所没有的一些缺点。期货套期保值更加复杂，它并不能完全消除汇率风险，并且要求向中间人支付现金。这些缺点对香槟经销商而言尤其明显，他可能更偏向使用远期合约对合约风险进行套期保值。然而，在期货市场交易之前不需要信用检查这一特征使其对没有确立信誉的小公司或没有很高信用评级的公司更具吸引力。

13.6.3 使用期权合约进行套期保值

假设我们的经销商通过按照EUR/USD 0.80买入欧元远期进行套期保值，在套期保值期间内，无论欧元升值还是贬值，香槟的美元成本都将为125 000美元（100 000欧元除以EUR/USD 0.80）。如果欧元升值，套期保值就达到了目的，即保护该经销商免受欧元升值带来的损失。但是如果欧元贬值，而该经销商没有使用远期进行套期保值，那么对他而言将会更加划算，因为他能从欧元贬值中获利。实际上，总是出现这样的情形，远期套期保值可以保护公司规避不利汇率波动的风险，但同时也会阻止公司从汇率的有利变动中受益。是否存在一种套期保值技术，可使该经销商在欧元升值时免遭损失，但在欧元贬值时受益呢？答案是有，这种技术就是**货币期权套期保值**（currency option hedge）。

1. 货币期权合约

货币期权合约可以在银行或有组织的交易所买到。如果你买入货币**看涨期权**（call option），那么你有权按照协定汇率（**行权价格，**exercise or the strike price）从期权卖方或**立权人**（writer）处买入既定数量的货币。如果你买入货币**看跌期权**（put option），你就有权按照行权价向立权人卖出既定数量的货币。**期权的到期日**（expiration date，也称为 maturity date）就是期权的行权截止日。**欧式期权**（European option）只能在到期日行权，**美式期权**（American option）可以在到期日之前的任何时间行权。

银行通常订立场外交易期权。与远期合约相同，银行可以根据客户的特定需求定制外汇期权的币种、规模和到期日。

在交易所交易的期权具有标准规模和到期日，通常与期货合约类似，由清算公司确保交易最终发生。[一]与期货市场相同，交易采取逐日盯市制度，清算公司具有严格的保证金要求。但是，只有期权卖方需要交保证金，期权所有者无须交存保证金，因为他没有义务在购买期权后购买潜在货币。

期权对所有者是有价值的，因为它给予其按照既定汇率买入或卖出货币的权利而不是义务。这份权利的价格又称为**期权费**（option premium），在期权市场中确定。

2. 货币期权套期保值

如果香槟经销商决定用期权对欧元风险进行套期保值，他将买入一份3个月欧元看涨期权，从而给予其按照既定汇率（行权汇率）买入欧元的权利。他没有义务行使期权，如果汇率变动对他不利，他将放弃行权。例如，如果3个月后欧元的即期汇率低于期权的行权汇率，该经销商将不会行权，相反会在现货市场买入所需欧元。另一方面，如果即期汇率高于行权汇率，该经销商将行权，按照较低汇率获得欧元。期权套期保值具有远期和期货所没有的灵活性，但这种灵活性是有价格的，即为期权的价格。[二]

为了举例说明，假设该经销商可以按照0.04美元/欧元的价格从银行买入一份3个月欧元看涨期权，行权价为1.25美元/欧元。这意味着：①该经销商现在必须按照0.04美元/欧元向银行支付，或者必须对100 000欧元支付4 000美元（=0.04美元/欧元×100 000欧元）[三]；②3个月后，该经销商可以按照1.25美元/欧元从银行买入100 000欧元，总共支付125 000美元（=1.25美元/欧元×100 000欧元）。该经销商3个月后是否行权取决于那时的USD/EUR即期汇率。表13-8考察了与下列四种3个月后汇率（EUR/USD 0.77、0.79、0.80、0.82）相对应的四种情形。

表13-8 四种汇率下的货币期权成本比较

3个月后的即期汇率		行权汇率	是否行权	为100 000欧元支付的美元（美元）	期权费（美元）	总成本（美元）
EUR/USD	USD/EUR	USD/EUR				
0.77	1.30	1.25	是	125 000	4 000	129 000
0.79	1.27	1.25	是	125 000	4 000	129 000
0.80	1.25	1.25	否	125 000	4 000	129 000
0.82	1.22	1.25	否	121 951	4 000	125 951

如果汇率为EUR/USD 0.77（USD/EUR 1.30），该经销商将会行权，因为他能够用1.25美元买入价值1.30美元的欧元。他将用125 000美元（=1.25美元/欧元×100 000欧元）从银行（期权卖方）获得100 000欧元并支付给香槟供应商。期权费为4 000美元，所以香槟的总成本将为129 000美元（=125 000美元+4 000美元）。如果汇率为EUR/USD 0.80（USD/EUR 1.25），即如果它等于行权汇率，那么该经销商不再有任何行权动机，因为他可以按照相同的汇率从现货市场获得100 000欧元。只要USD/EUR汇率高于行权汇率1.25美元/欧元（或者只要EUR/USD汇率低于0.80欧元/美元），该经销商都会行权，香槟的总成本将为129 000美元。

如果汇率为EUR/USD0.82（USD/EUR1.22），该经销商不会行权，即不会用1.25美元买入价值仅为1.22美元的欧元。他会在现货市场按照EUR/USD 0.82买入100 000欧元，总成本将为121 951美元（100 000欧元除以EUR/USD 0.82）并支付给供应商。由于支付了4 000美元期权费，香槟的总成本将为125 951美元（=121 951美元+4 000美元）。只要USD/EUR即期汇率低于行权汇率1.25美元/欧元（或者只要EUR/USD汇率高于0.80欧

㊀ 今天，大多数交易出售潜在资产为货币期货合约的货币期权。在这种期权行权时，一方收到特定货币的期货合约而非货币。

㊁ 注意按照被称为期权费的价格买入的期权合约与按照被称为保险费的价格买入保险合约之间的相似性。两者都在不利结果发生时提供保护，但如果有利结果发生不会发生损失，当然不包括期权费损失和保险费损失。

㊂ 银行将根据期权行权价格、即期汇率、距离到期日的时间、汇率的波动性和利率水平设定期权的价格。

元/美元)，该经销商都不会行权，而是按照即期汇率用美元换取欧元。USD/EUR 汇率越低，香槟的美元成本越低。

图 13-3 表明了 3 个月后各种即期汇率下该经销商进行期权套期保值的净结果。套期保值实现了双重目标：①通过限定他必须为香槟支付美元的上限（129 000 美元）来保护该经销商免受欧元升值的影响；②可使他从欧元贬值中受益。如果欧元即期汇率上升到行权汇率以上（EUR/USD 下降到 0.80 以下），该经销商将会行权，按照行权汇率买入欧元，从而将 100 000 英镑的美元成本限定在 129 000 美元（=行权时支付给银行的 125 000 美元 + 期权费 4 000 美元）。然而，如果欧元即期汇率低于行权汇率（EUR/USD 上升到 0.80 以上），该经销商将不会行权。100 000 欧元的美元成本将等于 100 000 欧元乘以 3 个月后的即期汇率再加上 4 000 美元期权费。

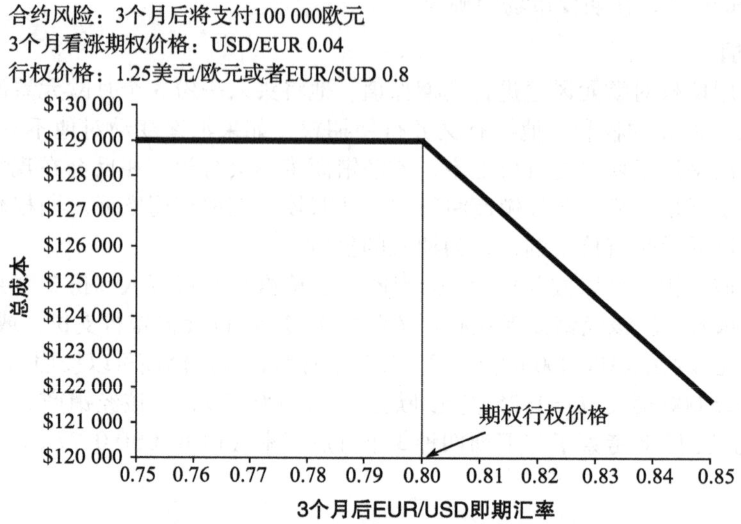

图 13-3 美国香槟经销商的期权套期保值

13.6.4 选择一种套期保值技术

在决定使用哪种技术对特定交易产生的货币风险进行套期保值之前，经理必须先决定是否需要套期保值。如果公司另一个业务部门具有的货币风险与该交易带来的货币风险相反，就不需要进行套期保值。但是，业务部门经理通常不知道其他业务部门面临货币风险的规模和时间。正如前面指出的，这就是从事对外贸易的大公司都拥有一个集中外汇管理团队以持续监控公司净货币风险并做出必要套期保值决策的原因。把各个业务部门的货币风险合并在一起并由中心部门管理，能够避免不必要和高成本的套期保值。

使用**提前和延后结算**（leading and lagging）程序可以进一步降低货币风险，这个程序涉及确定不同国外业务部门产生的现金流入量和现金流出量的发生时间，以降低公司整体汇率风险。例如，如果一家美国公司必须用日元支付，那么它可以要求日本子公司（假设它有一家）提前偿还相同金额日元的母公司负债。这个程序被称为提前结算。如果母公司拥有以日元计价的应收款项，它可以延迟一些对子公司负债的支付，直至收回款项。这个程序被称为延后结算。

香槟经销商应该使用哪种套期保值技术？我们已经表明，为消除 100 000 欧元风险，远期套期保值要优于期货套期保值。期权套期保值怎么样？图 13-4 反映了 3 个月后不同即期汇率下使用远期套期保值或期权套期保值对 100 000 欧元风险进行套期保值的净美元成本。两种套期保值技术结果的差异很明显。如果使用远期套期保值，那么无论 3 个月后的即期汇率是多少，净成本均为 125 000 美元（100 000 欧元乘以 USD/EUR 1.25）。此外，该经销商在签约时知道这种成本。如果使用期权套期保值，那么净成本取决于 3 个月后的即期汇率，成本会限定在 129 000以内（100 000 欧元乘以 USD/EUR 1.5，再加上4 000 美元）。因此，做出何种选择取决于该经销商对 USD/EUR 即期汇率未来变动的看法。如果他强烈认为欧元将在未来 3 个月贬值，他会认为期权套期保值的额外成本（如果结果是欧元升值）没有大到足以使其放弃冒险。但是，如果他对未来汇率变动没有强烈看法，他可能更偏好远期套期保值的确定性，而不是成本更高的期权套期保值的不确定结果。

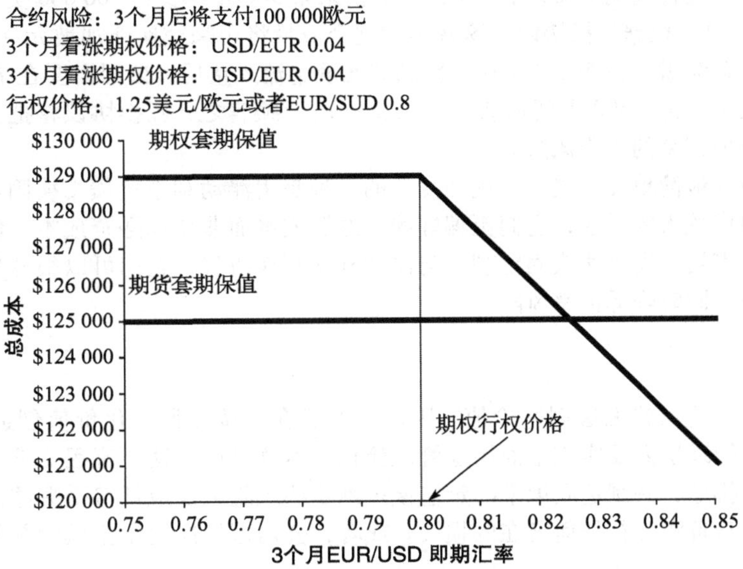

图 13-4 美国香槟经销商的远期和期权套期保值

在实务中，货币远期合约是更受欢迎的套期保值技术，其次是货币期权合约和期货合约。在交易所交易的工具（例如交易的期权或期货合约）并不常用，这可能表明公司更偏好适应它们特定需求的工具，而不是流动性更强但标准化的工具。

13.7 使用互换对长期合约货币风险进行套期保值

尽管货币远期、期货和期权合约可以设计为任何期限，但在实务中，它们最常用于短期货币风险套期保值。银行家可能愿意提供到期日在1年以上的定制化货币远期或期权合约，但风险溢价会很高，因为合约期限越长，未预计事件影响公司履行合约能力的风险就越高。此外，期货或交易期权的选择仅限于可在市场中买到的合约，而这些合约的到期日通常短于1年。

为了对长期合约货币风险进行套期保值，公司可能更偏好与银行签订**货币互换合约**（currency swap contract）。互换合约要求公司交付用被套期保值货币表示的一系列未来现金流量来交换用它所选择的货币表示的一系列现金流量。

为举例说明，假设一家美国公司已经从一家美国银行取得了一笔5年期，金额为1 000万美元的贷款，以便为其在新加坡的运营融资。每年借款利率为7%或借款利息为700 000美元。公司财务经理决定不从新加坡银行借入新加坡元（SGD），因为她从无法从新加坡获得与在美国取得美元借款同样有吸引力的新加坡元借款条件。然而，公司现在面临着汇率风险，因为新加坡元（公司从新加坡运营部门取得收益的货币）将需要转换为美元以支付美元贷款的年利息700 000美元并偿还本金1 000万美元。但公司不需要承担这种风险，财务经理只需在取得贷款时与经营互换的银行签订美元与新加坡元互换协议。根据该协议，银行将向公司支付偿还1 000万美元贷款所需美元，作为交换，公司将同时向银行支付新加坡元。此外，还将有本金的初始和最终交换。例如，该协议将带来如表13-9所示的公司现金流量。

表13-9 1 000万美元互换协议的现金流量 （单位：100万美元）

	初始现金流量		现金流量：第1~4年		现金流量：第5年	
	USD	SGD	USD	SGD	USD	SGD
1. 美元贷款	+10		-0.70		-10.70	
2. 互换协议	-10	+15	+0.70	-0.75	+10.70	-15.75
3. 净现金流量	**0**	**15**	**0**	**-0.75**	**0**	**-15.75**

根据美元贷款协议，公司将收到1 000万美元，以交换未来5年每年支付700 000美元利息以及在第5年年末偿还1 000万美元（第1行）。根据互换协议，这些美元现金流量将用来交换新加坡元（第2行）。净结果将是一系列以新加坡元表示的现金流量。在产生1 500万新加坡元现金流入量后，公司需要在未来5年每年支付750 000新加坡元，并在第5年最后支付1 500万新加坡元（第3行）。㊀换言之，互换协议将把美元贷款转换成新加坡元贷款，从而消除由美元负债带来的货币风险。

这个例子是货币互换的最简单形式之一，更加复杂的一种是用浮动利率负债交换固定利率负债的互换。这种互换特别适合大多数公司借款人的需求，它们更偏好固定融资成本而非变动融资成本，但更容易进入浮动利率债券市场而非固定利率债券市场。通过达成固定利率与浮动利率互换协议，它们可以很容易以较低成本把变动财务义务转换为固定财务义务，同时降低汇率风险。

13.8 小结

如果不承担一些风险，公司就无法创造价值。因此，挑战在于按照最大化价值创造的目标管理公司各种风险。为了实现这个目标，管理层需要实施全面风险管理流程。本章概述的这个流程要求识别和了解公司所面临的风险，衡量风险并对风险排序，并制定政策来决定应该拒绝哪些风险以及应该接受哪些风险。公司可能决定承担没有保护的风险，并用自身资源弥补任何潜在的损失。或者，公司可能决定承担风险并使用保险、套期保值和多元化三种方法保护自己。

本章的第二部分考察了货币风险。各个国家的货币都在世界上最大的金融市场之一——外汇市场上交易。外汇市场是由银行、经销商、经纪人和跨国公司组成，彼此之间通过电话或电脑终端交流的网络。外汇市场上最基本的两种交易是即期交易和远期交易。即期交易是按照今天固定的汇率交易货币的协议，交付通常发生在两个工作日内。远期交易也是按照今天固定的汇率交易货币的协议，但交付通常发生在未来几个月后的某个特定日期。

本章最后考察和描述了公司可以用来对货币风险进行套期保值的金融工具，它们是远期、期货、期权和互换合约。也存在类似的工具可以对公司财务成本风险（市场利率水平发生未预期变动的风险）和商品风险（粮食、金属、石油和电力等商品的价格发生未预期变动的风险）进行套期保值。

扩展阅读

1. Brealey, Richard, Stewart Myers, and Franklin Allen. *Principles of Corporate Finance*, 9th ed. McGraw-Hill, 2008. See Chapter 27.
2. Damodaran, Aswath. *Corporate Finance: Theory and Practice*, 2nd ed. John Wiley & Sons, 2001. See Chapter 26.
3. Eun, Cheol, and Bruce Resnick. *International Financial Management*, 4th ed. McGraw-Hill, 2007.
4. Graham, John, and Clifford Smith. "Tax Incentives to Hedge." *Journal of Finance* 54 (December 1999).
5. Koller, Tim, Marc Goedhart, and David Wessels. *Valuation: Measuring and Managing the Value of Companies*, 4th ed. John Wiley & Sons, 2005. See Chapters 17, 18, and 19.
6. Servaes, Henri, Ane Tamayo, and Peter Tufano. "The Theory and Practice of Corporate Risk Management." *Journal of Applied Corporate Finance* 21, no. 4 (Fall 2009).

自测题

13.1 风险管理

请列出能够证明公司应该集中管理风险合理性的五个理由，并对每个理由简要说明。

13.2 风险识别

考察作为公司风险来源的以下情形和事件，说明这些情形或时间是不是经营风险（哪种?）、财务风险（哪种?）、财务投资风险（哪种?）或货币风险（哪种?）的来源，并指出公司可以采取什么措施来规避相

㊀ 1500万新加坡元本金是根据现行即期汇率1.5新加坡元/美元确定，新加坡元贷款的隐含利率为5%（750 000新加坡元/1 500万新加坡元）。

应的风险。

(1) 通用传媒公司持有电信公司 Fastcom 的10%股份，对 Fastcom 不具有控制权；
(2) 一家欧洲公司收到美国子公司的现金股利；
(3) 一家日本公司在一个经常遭受严重风暴的岛上设有工厂；
(4) 预计中央银行将发布更加严格的货币政策；
(5) 公司的重要设备由单一供应商提供；
(6) 公司向一家政府资助机构提供赊销；
(7) 公司使用2年期贷款为使用期限为4年的资产融资；
(8) 公司生产过时的婴儿玩具。

13.3 风险衡量

No Growth Company（NGC）的资产产生的预计年度永续现金流量为1亿美元，公司资本成本为10%。公司面临表13-5第1列列示的四种风险。

a. 如果战略风险发生会使 NGC 资产产生的预计现金流量减少2 000万美元，那么战略风险的风险市场价值（*MVR*）是多少？
b. 如果货币风险发生会使 NGC 资产产生的预计现金流量减少2 000万美元，那么货币风险的 *MVR* 是多少？
c. 如果融资成本风险发生会使 NGC 的资本成本提高到10.2%，那么财务成本风险的 *MVR* 是多少？
d. 如果业务流程风险发生会使 NGC 资产产生的预计现金流量减少100万美元，那么业务流程风险的 *MVR* 是多少？

13.4 比较各种套期保值技术

简要描述如何对远期、期货和期权合约的合约风险进行套期保值。这几种套期保值技术的主要优缺点是什么？一家具有外汇风险的公司确切地知道受到货币风险影响的现金流量，哪种套期保值工具能够提供最可靠的汇率风险保护？如果公司既想保护自身免受不利风险的影响，又想获得汇率有利变动带来的潜在收益，它应该怎样做？

13.5 互换协议

一家日本公司想要提高在欧洲的知名度，它在日本市场发行债券，收到30亿日元。该债券的票面利率为5%，期限为5年。公司计划将发债所得收入用于在欧洲扩展业务，并用公司扩展带来的收入支付利息和本金。与此同时，一家德国公司想要通过收购一家日本公司进入日本市场，并购将需要2 300万欧元，由公司通过在当地市场按照票面价值发行年利率为5%的5年期债券筹得。

假设两家公司的信用风险大致相同，为了降低汇率风险，它们同意对初始投资、5年期间的利息支付和最终的本金偿还互换。假设初始投资适用的互换汇率为130.44日元/欧元，预计未来5年间的 JPY/EUR 汇率分别为125日元/欧元、127日元/欧元、130日元/欧元和138日元/欧元。不考虑交易成本，说明每家公司可从该项互换中获得的盈利或损失（用欧元表示）将为多少。

复习题

1. 各种类型风险

说明下列每对风险之间的差异：

a. 经营风险与财务风险；
b. 可分散风险与不可分散风险；
c. 系统性风险与非系统性风险；
d. 可保风险与不可保风险；
e. 项目风险与公司风险；
f. 外汇风险与货币风险；
g. 金融投资风险与财务风险；
h. 财务风险与信用风险；

i. 流动性风险与再融资风险；
j. 融资成本风险与再融资风险。

2. 系统性风险

一家公司没有金融投资，而且它的所有业务都发生在国内市场，没有来自其他国家的竞争。公司的负债对权益比率为1，税率为40%，β系数为1.2。

a. 公司面临的风险有哪些？请对答案加以说明。
b. 财务风险在系统风险中占多大比例？

3. 风险政策

公司的风险政策必须解决哪些主要问题？说明公司可以如何解决这些问题。

4. 衡量风险

通用建筑公司（GCC）预计下一年资产产生的现金流量将为5 000万欧元，随后该现金流量将按3%的比率永续增长。公司资本成本为11%。公司面临以下三种风险：

- 公司资本成本有10%的可能性将提高到11.5%；
- 公司增长率有60%的可能性将下降到1%；
- 公司现金流有40%的可能性将减少到4 500万欧元。

a. 上述每个事件的市场风险价值是多少？
b. 说明这些风险是高风险，中等风险，还是低风险。

5. 存货价值与陈旧过时风险

HDM是一家电脑制造公司，在公司存货中持有电脑零部件。由于供应商在这些零部件首次进入市场的几个月后就能够快速、高效和大批量生产，因此它们的价格快速下降。HDM还使用标准设备安装电脑。在过去五年中，销售这种设备的公司每两年就能研发出更新、效能更好的设备，从而使得HDM早期买入的组装设备有些过时。HDM面临的两种风险是什么？HDM可以怎样做来保护自身免受这两种风险的影响？

6. 利率风险和货币风险

考察从国外取得借款的一家公司的情形。

a. 公司面临的两种主要风险是什么？
b. 说明公司可以如何使用互换合约对这两种风险进行套期保值。

7. 互换期权合约

互换期权合约是把互换合约和期权合约的特征结合起来的套期保值工具。简要描述这种套期保值工具如何运作。公司使用互换期权合约而非标准互换合约的优势是什么？

8. 使用远期、期货和期权对进口风险进行套期保值

MPC从日本进口电脑设备，并在美国市场销售。去年的平均月进口额为2.5亿~2.75亿日元。预计明年的进口量也会大致相同。由于日元与美元之间的汇率波动，MPC的管理层认为必须对进口风险进行套期保值。如果利用2.5亿美元的“典型”风险90天，公司应该如何管理其当期头寸？各种工具的当前市场数据如下：

- 即期JPY/USD = 108.09；
- 90天远期JPY/USD = 106.42；
- 九月期货 = 0.95美元/100日元（每份合约1 250万日元）；交付日期：9月17日；
- 90天日元场外交易看涨期权 = 0.021美元/100日元（执行价格为108日元/1美元）。

9. 货币风险管理

Charles面临着一个问题。他的老板认为期权是一种赌博。他所在的公司向欧洲市场出口产品，需要用欧元开发票。市场竞争很激烈，销售通过竞争性出价进行。平均竞价规模为250万欧元，公司每个月都要给出报价（意味着如果出价被接受，公司必须交付）。通常情况下，在给出报价1个月后宣布获胜的出价，在报价接受1个月后交付，在交付1个月后支付。这意味着成功出价的支付通常发生在提交出价后90天。公司的经历是2/3的出价会成功。

Charles 建议在竞价的同时从银行买入1个月或3个月的欧元看跌期权。然而，他的老板认为他们应该卖出欧元远期来规避风险。除了认为期权具有投机性之外，Charles 的老板还不愿意为他们可能不需要的东西提前付款，他认为期权比远期合约成本更高。

当前的即期汇率为0.8870美元/欧元，3个月的远期汇率为0.8855美元/欧元。执行价格为0.8850美元的1个月欧元看跌期权的成本为0.0095美元/欧元，执行价格为0.8850美元的3个月欧元看跌期权的成本为0.0210美元/欧元。

以250万欧元的平均竞价规模为例，Charles 的公司应该如何对欧元风险进行套期保值？如果你认为他是正确的，提出一些支持他建议的理由；如果你认为他是错的，请解释原因。

10. 长期货币风险管理

你被要求评估一家新加坡公司的套期保值政策，该公司按照合约为一家欧洲大公司生产手机。管理层提出了一个相对新的政策，对计划销售收入进行长期远期套期保值。他们使用一个3年滚动计划，在预计销售收入数据基础上对这些金额进行套期保值。这意味着他们已经锁定了未来3年中每一年销售收入的欧元价值。在最初实施该政策时，对第1年计划销售收入使用1年远期合约进行套期保值，对第2年计划销售收入使用2年远期合约进行套期保值，对第3年计划销售收入使用3年远期合约进行套期保值。想法是至少每年更新一次。当根据滚动计划做出新的销售预测时，对未来3年的计划销售收入使用1份新的3年远期合约进行套期保值。与此同时，可以对当前套期保值做出微小调整，以反映销量和预测值的变动。新加坡的工厂经理指出：“这样做的利润非常令人满意，而且我可以集中精力运营工厂，不需要为我不能控制的事情担心。”一些数据表明，与主要交易伙伴相比，新加坡元的当前价值被高估了10%。

请对上述货币风险管理政策做出评价。它的主要潜在假设是什么？它的主要风险是什么？公司可以使用哪些可能的经营战略来管理这种风险？

CHAPTER14

第14章 国际商业决策

公司不只在国内环境中运营。很多公司拥有大量国外业务，从而为经理人提供了单纯国内环境中不存在的新机遇和新挑战。必须把各种新因素考虑进来，例如汇率波动、利率差异、会计准则、税收体系以及在国外经营的风险等。当然，公司财务的基本原则依然适用：公司资源管理的最终目标仍然是提高公司的市场价值。与国内投资项目一样，对于国外投资项目而言，同样是只有当项目提供的收益超过投资者要求的收益时，才应该被接受。前面章节提到的决策标准（例如净现值法则）仍然适用，但是由于涉及多种货币，而且跨国投资具有特定风险，它们在应用时通常会更加复杂。

本章考察货币风险（汇率波动带来的风险）和国家风险（在政治系统或监管环境不稳定的国家经营带来的风险）对在国际环境中做出管理决策的影响。

当汇率波动时，公司面临两种风险：一种是会计（或折算）风险，即汇率波动对公司资产负债表和利润表的影响；另一种是经济风险，即汇率波动对公司未来现金流量的影响。我们已经在第13章中说明了经理人可以如何使用远期、期货、期权和互换合约等金融工具来降低公司面临的货币风险。

在本章中，我们考察了使用不同货币的两个国家中的汇率、通货膨胀率和利率之间的关系。了解这些基本关系有助于做出更好的国际商业决策。然后，我们说明如何将净现值法则应用于位于低风险国家和高风险国家的两个跨国投资。最后，我们提出积极管理国家风险的一些技术和机制。学习完本章，你应该了解以下内容：

- 汇率波动带来的会计风险和经济风险之间的差异；
- 为什么在使用不同货币的国家，利率（债务成本）通常是不同的；
- 使用不同货币的两个国家的利率之间的关系以及它是如何影响汇率变动的；
- 为什么在使用不同货币的国家，通货膨胀率通常是不同的；
- 使用不同货币的两个国家的通货膨胀率之间的关系以及它是如何影响汇率变动的；
- 如何将净现值法则应用于用外币计价现金流量的投资项目以及处于不稳定政治或监管环境中的项目；
- 如何积极管理国家风险。

14.1 来自跨国经营的公司风险

当公司在国外环境中运营时，会面临很多风险。第13章讨论的**外币风险**（foreign-exchange risk）与汇率波动有关。如果公司有资产和负债，收入和费用，而且现金流量主要用外币计价，那么汇率变动将会影响以本币表示的公司价值。**会计或折算风险**（accounting or transaction exposure）是指汇率波动对公司资产负债表和利润表的影响；**经济风险**（economic exposure）是指汇率波动对公司未来现金流量的影响。还有在经济和政治没有国内稳定的环境中经营的风险，称为**国家风险**（country risk），有多种表现形式，从相对温和的外汇管制风险到无偿没收公司国外资产的风险。

14.1.1 会计或折算风险

会计风险产生于把国外经营部门的财务报表折算为母公司货币以编制合并财务报表的需求。折算资产负债表和利润表可以采用很多种方法，大多数方法是**货币/非货币项目折算法**（monetary/nonmonetary method）和**现行汇率法**（current method）的变形（参见附录14A）。这些方法的目标是表明汇率变动如何影响报告收益和权益账面价值。对于公司所有者而言，折算后的会计数据有多重要呢？这些数据可为国外业务财务分析提供一些有用的起点，但是对公司股东的作用有限，因为它们不是市场价值。经济风险与公司所有者更加相关。

14.1.2 经济风险

经济风险聚焦汇率的未预期变动对公司未来现金流量价值的影响。经济风险可以分为**合约或交易风险**（contractual or transaction exposure）和**经营风险**（operating exposure）。合约风险是指汇率波动对用外币计价仍未结算的过去交易产生的预计（未来）现金流量的影响。经营风险也与预计（未来）现金流量有关，但产生于未来（而非过去）交易。换言之，尽管两种风险都考察汇率波动对未来现金流量的影响，但合约风险聚焦价值确定的外币计价现金流量，而经营风险与价值不确定的外币计价现金流量相关。下面部分的例子解释了这种差别。

1. 合约或交易风险

让我们回到在第13章首次出现的美国香槟经销商的案例。前面提到过，他刚刚与一家法国红酒制造商签订了一份交付400箱香槟的合约。合约要求在3个月后香槟交付时支付100 000欧元（写作EUR或€）。合约一签订，该经销商就面临着汇率风险，因为只有在该经销商买入100 000欧元支付给法国公司时，才能知道香槟的美元成本。货款将按照3个月后的汇率用美元支付。我们可以说该经销商的合约风险为100 000欧元。

通常情况下，合约风险产生于以外币计价的商品和服务的购买或销售。合约风险也可能产生于财务活动，例如借入或贷出外币。对于从事跨境交易的大多数公司而言，尚未结算的外币合约数量可能非常大，通常具有不同的到期日且用不同的货币计价。对于这些公司而言，特定货币在某一特定日期面临的合约风险就等于用该种货币计量的现金流入量和现金流出量在当日的净合计值。

如果一家公司具有大量未规避的交易风险，那么不利汇率波动可能会使公司处于财务困境。这种情形类似于一家公司借入大量债务而且面临偿还困难。第11章把这种情形称为“财务困境”，而且表明它对公司价值具有不利影响。例如，如果一家公司面临过高汇率风险，它就可能必须放弃有价值的投资项目，顾客可能因担心公司交付商品和服务的能力而转向公司的竞争对手，供应商也可能不愿再提供商业信用。所有这些间接成本将会对公司价值产生负面影响。幸运的是，如第13章所示，这种风险可以通过使用远期、期货和期权合约等金融工具来控制。

2. 经营风险

美国经销商每次向法国公司订购香槟时，都签约向法国香槟出口商交付欧元，从而立即面临汇率风险。如果该经销商的经营活动是销售法国香槟，那么他面临的外汇风险就不仅局限于与法国供应商签订的尚未结算合约。未来购买香槟（尚未进行）会持续面临美元与欧元之间汇率波动的风险，这种未来汇率波动风险就是经营风险的一种。

同时应该指出的是，商品和劳务的进口商（出口商）不是唯一面临经营风险的公司，仅做国内业务的公司也可能面临汇率变动风险。考察一家美国香槟的美国经销商的情形。如果欧元相对美元的价值下降（一美元可以兑换更多欧元），那么法国香槟的美国经销商可以通过按照更低的价格销售香槟保持同样的边际收益，同时还可以在这个过程中从美国香槟经销商手中取得更多市场份额。当购买、生产或销售国内产品的国内公司面临来自国外的竞争时，相似的情形也会发生。

显然，经营风险比合约风险更难管理。它需要对公司经营所在经济和竞争环境的更好理解。尽管经营风险几乎不可能量化，仍需对其加以控制。公司必须预计外汇市场的未来发展，而且采取措施降低因面临过度汇率变动风险导致陷入财务困境的可能性。这可以通过经营和融资渠道多元化来实现。在经营方面，公司可以进行原材料来源渠道、生产设施所在地点以及世界范围内销售区域的多元化。在融资方面，公司可以通过使用多种货币融资来实现多元化。如第 13 章所示，公司还可以使用可在金融市场中获取的金融工具对汇率变动风险进行套期保值。但是，预测未来现金流量风险的难度要远远超过预测未结算合约产生的风险，这使得经营风险估计的准确性低于合约风险估计。因此，使用金融工具控制经营风险没有使用金融工具控制交易风险有效。

14.1.3 国家风险

当某个国家发生的不可预见经济、政治或社会事件影响公司在该国投资的价值时，公司就会面临国家风险。经营所在国政治环境的变化可能带来政府管制的变化，或者在现有基础上增加新管制，从而导致对在该国经营的国外公司的限制或惩罚。可能对国外子公司产生不利影响的管制包括：①设置对母公司分红或上交母公司收益上限或对其征收歧视性税收；②对外币交易设置不利汇率；③要求生产产品包含一定比例的本地原料；④要求本国居民担任高级管理职位；⑤要求一部分利润要在本地再投资；⑥仅允许国外母公司持股比例低于 50% 的合资企业存在；⑦实施价格管制；⑧没收子公司而不给予足额补偿。

我们在 13 章中指出，金融工具（如远期、期货或期权合约）能够大大降低公司的合约风险。然而，它们不能用于降低国家风险。那么，在政治不稳定的国家投资的公司如何才能降低国家风险呢？我们将在本章后面说明如何通过遵循一些简单的规则降低这种风险。

14.2 影响汇率变动的因素

为了解应该如何做出国际投资决策，我们应该首先确定并了解决定两国之间汇率变动的因素。直觉告诉我们，如果预计 A 国的通货膨胀率将高于 B 国，那么我们可以预计 A 国货币相对于 B 国货币将贬值。与此同时，由于 A 国具有较高的通货膨胀率，我们也会预计 A 国的利率将高于 B 国的利率。在下面部分，我们考察联结两国之间即期汇率（今天使用的汇率）、远期汇率（今天通过合约固定的某一特定未来日期的汇率）、利率和通货膨胀率的**平价关系**（parity relation）。附录 14B 提供了对各种关系的详细分析，而且说明了各种利率是如何相互联系的。

14.2.1 通货膨胀率的差异如何影响汇率：购买力平价关系

购买力平价关系（purchasing power parity relation，PPP relation）认为，汇率应该即时调整，以使同种商品在不同国家具有相同价格。它基于以下原则：如果一国商品价格的增长快于另一国，原因在于第一个国家的通货膨胀率高于第二个国家，那么两国之间的汇率应该调整以抵消通货膨胀率的差异，进而抵消价格的差异。根据 PPP 关系，可以得到

$$\text{预计未来即期汇率} = \text{当前即期汇率} \times \frac{1 + \text{预计母国通货膨胀率}}{1 + \text{预计外国通货膨胀率}}$$

如果 $S^0_{h/f}$ 为当前即期汇率，$E(S^1_{h/f})$ 为预计第 1 年年末即期汇率（都用购买一单位外币所需本国货币的数量表示），$E(i_h)$ 和 $E(i_f)$ 分别为本国和外国下一年预计通货膨胀率，那么我们可以写作

$$E(S^1_{h/f}) = S^0_{h/f} \times \frac{1 + E(i_h)}{1 + E(i_f)} \tag{14-1}$$

为举例说明这种关系，假设美国明年的预计通货膨胀率为 2%，欧元区明年的预计通货膨胀率为 4%。此外，假设当前即期汇率为 USD/EUR 1.25（1.25 美元可以兑换 1 欧元）。[⊖]我们已知 $E(i_h) \equiv E(i_{US}) = 0.02$，$E(i_f) \equiv E(i_{EUR}) = 0.04$，而且 $S^0_{h/f} \equiv S^0_{USD/EUR}$ = USD/EUR 1.25。把这些值代入式（14-1），可以得到明年的预计 USD/EUR 即期汇率

$$E(S^1_{USD/EUR}) = (\text{USD/EUR } 1.2500) \times \frac{1 + 0.02}{1 + 0.04} = \text{USD/EUR } 1.2260$$

用美元表示的 1 欧元价值预计将从 USD/EUR 1.250 0 下降到 USD/EUR 1.226 0。换言之，预计美元将会对欧

⊖ 需要注意的是，欧元对美元汇率是美元兑欧元汇率的倒数。如果美元对欧元的汇率为 1.25（1.25 美元可以兑换 1 欧元），那么欧元对美元的汇率为 1/1.25 = 0.80（0.80 欧元可以兑换 1 美元）。

元升值（预计美元相对欧元会变得“更强”，因为兑换 1 欧元需要用 1.226 0 美元而不是 1.250 0 美元，这也意味着用美元购买欧元会更加便宜）。相反，预计欧元将会对美元贬值（预计欧元相对美元会变得“更弱”，因为兑换 1 美元需要用 0.815 7 欧元（1.226 0 美元的倒数）而不是 0.800 0 欧元（1.250 0 美元的倒数），这也意味着用欧元购买美元会更加昂贵）。在我们的例子中，如果用百分比表示美元相对于欧元的预计升值，可以表示为

$$\frac{1.2500 - 1.2260}{1.2500} = 0.0192 = 1.92\%$$

附录 14B 指出，当外币的预计通货膨胀率足够小时（小于 5%），式（14-1）可以写作

$$\frac{E(S_{h/f}^1) - S_{h/f}^0}{S_{h/f}^0} = E(i_h) - E(i_f) \tag{14-2}$$

式（14-2）是 PPP 关系的简化形式。它表明，即期汇率（每单位外币兑换的本币单位数）的预计变动百分比等于本国与外国之间的预计通货膨胀率差异。使用上面例子中的预计通货膨胀率，欧元区与美国的通货膨胀率之差为 2%（欧元区的 4% 减去美国的 2%）。因此，根据 PPP 关系的简化形式，美元相对欧元的预计升值应为 2%，接近根据式（14-1）给出的 PPP 关系预测出来的 1.92%。

验证 PPP 关系的实证证据不统一。很多研究表明，这种关系在预测近期即期汇率时通常并不有效（在两国通货膨胀率差异很小时尤其如此）。而且，PPP 关系需要对通货膨胀率做出长期预测。然而，如果我们需要预测长期汇率（例如对跨境长期投资项目进行估值时把外币现金流量转换成本国货币），那么似乎没有任何已知的预测方法比 PPP 关系更好。

14.2.2　通货膨胀率与利率之间的关系：费雪效应

假设今天你决定把 100 美元存入 1 年期银行存款账户，利率为 7.12%。这个利率是 1 年后银行据以向你支付的利率，称为**名义利率**（nominal interest rate）。或者，你也可以用 100 美元在当地超市购买 100 瓶矿泉水。假设预计明年美国的通货膨胀率为 4%，而且通货膨胀将对所有商品和服务产生同样影响。换言之，预计年末在当地超市购买 100 瓶矿泉水将要花费 104 美元。

1 年后银行存款的价值为 107.12 美元（=100 美元 ×（1 +7.12%））。如果使用这笔钱，预计你可以购买的矿泉水瓶数将从 100 瓶增加到 103 瓶（107.12 美元除以 103，每瓶 1.04 美元），即增加了 3%。换言之，银行存款提供的名义利率为 7.12%，由于通货膨胀的存在，仅能使你的未来购买力提高 3%，这个 3% 的利率被称为**实际利率**（real interest rate），是调整生活成本之后的利率。显然，实际利率与名义利率之间的差异反映了预计通货膨胀率。

我们可以预计，只有当贷款人能够得到预计通货膨胀率影响的补偿时，他们才愿意提供贷款。例如，假设实际利率为 3%，预期通货膨胀率为 0，那么不需要补偿，实际利率和名义利率都为 3%。然而，如果预计通货膨胀率为 5%，那么名义利率一定是这样一个利率，即现在按照这个利率投资 100 美元，1 年后将会按实际利率 3% 增加到 103 美元（ = 100 美元 ×（1 + 3%）），再按预计通货膨胀率 5% 增加到 108.15 美元（ = 103 美元 ×（1 + 5%））。概括而言，我们可以得到下式

$$1 + 名义利率 = (1 + 实际利率) \times (1 + 预计通货膨胀率)$$

如果用 r 表示名义利率，r_r 表示实际利率，$E(i)$ 表示预计通货膨胀率，那么我们可以得到

$$1 + r = (1 + r_r) \times (1 + E(i)) \tag{14-3}$$

求解 r，可以得到

$$r = r_r + E(i) + (r_r \times E(i)) \tag{14-4}$$

如果预计通货膨胀率 $E(i)$ 足够小，那么 $r_r \times E(i)$ 就会小到可以忽略不计，我们可以写作

$$r = r_r + E(i) \tag{14-5}$$

在这个例子中，名义利率即为实际利率与预计通货膨胀率之和。式（14-4）和式（14-5）表明，预计通货膨胀率的任何变化都会反映在名义利率中。这种效应被称为**费雪效应**（Fisher effect）。

如果两个国家的实际利率不同，那么我们可以预计资本会从利率低的国家流向利率高的国家，直到两个国家的实际利率相等为止。附录 14B 表明，费雪效应因而意味着本国与外国的利率和预计通货膨胀率之间存在以下关系

$$\frac{1+r_h}{1+r_f}=\frac{1+E(i_h)}{1+E(i_f)} \tag{14-6}$$

对式（14-6）的合理估计为

$$r_h-r_f=E(i_h)-E(i_f) \tag{14-7}$$

式（14-7）清楚地表明，两个国家之间的利率差异反映了两个国家预计通货膨胀率的差异，这种效应被称为**国际费雪效应**（international Fisher effect）。大多数实证证据支持国际费雪效应，在具有开放金融市场的国家尤其如此。

14.2.3 利率之间的差异如何影响汇率：利率平价关系

利率平价关系（interest-rate parity relation，IRP relation）描述了两个国家之间利率差异与两个国家之间远期和即期汇率差异的相关性。回想一下，在第 13 章中对远期汇率的定义为：今天达成的两种货币在某一特定未来日期的交换汇率。更精确地说，如果 $F^0_{h/f}$ 为远期汇率（每单位外币兑换的本币单位数），$S^0_{h/f}$ 为即期汇率，r_h 和 r_f 分别为本国和外国的名义利率，我们可以得到

$$\frac{F^0_{h/f}-S^0_{h/f}}{S^0_{h/f}}=\frac{r_h-r_f}{1+r_f} \tag{14-8}$$

附录 14B 表明，由于银行间交易者会利用任何偏离平价关系的情形，因此利率平价应该成立。

利率平价关系的以下简化形式更为人们所熟知，即当 r_f 与 1 相比很小时

$$\frac{F^0_{h/f}-S^0_{h/f}}{S^0_{h/f}}=r_h-r_f \tag{14-9}$$

式（14-9）表明，远期汇率与即期汇率之间的差异比率等于本国利率与外国利率之差。

大量证据表明，利率平价关系在现实世界中成立，至少对于短期利率是如此。实际上，当不存在活跃的远期汇率市场时，银行通常使用根据利率平价关系计算得出的利率确定提供给客户的利率。

14.2.4 远期汇率与未来即期汇率之间的关系

假设美元与欧元之间的 1 年期远期汇率为 USD/ERU 1.30（这意味着你有一份合约，可以确保你在 1 年后获得这个汇率）。如果预计 1 年后的即期汇率为 USD/ERU 1.20，那么会有人愿意买入欧元远期合约吗？不会，因为没有人会签订一份必须在未来某一日期按照比当天市场价格（未来即期汇率 USD/EUR 1.20）更高的价格（远期汇率 USD/EUR 1.30）买入一项资产（在我们的例子中是欧元）的合约。如果预计 1 年后的即期汇率为 USD/EUR 1.35，那么会有人愿意按照 USD/EUR 1.30 卖出欧元远期吗？同样不会，因为没有人会签订一份必须在未来某一日期按照比当天市场价格（未来即期汇率 USD/EUR 1.35）更低的价格（远期汇率 USD/EUR 1.30）卖出一项资产的合约。因此，在均衡状态下，预计未来即期汇率一定等于 USD/EUR 1.30。换言之，远期汇率一定等于预计未来即期汇率。

如果 $E(S^1_{h/f})$ 为 1 年后的预计即期汇率，$F^0_{h/f}$ 为当前的 1 年期远期汇率（两者都表示为买入 1 个单位外币所需的本币单位数），那么以下关系一定成立

$$F^0_{h/f}=E(S^1_{h/f}) \tag{14-10}$$

等式两边同时除以 $S^0_{h/f}$，再同时减去 1，可以得到

$$\frac{F^0_{h/f}-S^0_{h/f}}{S^0_{h/f}}=\frac{E(S^1_{h/f})-S^0_{h/f}}{S^0_{h/f}} \tag{14-11}$$

由于在公式推演过程中没有考虑风险，验证这种关系的实证证据并不明确。预计即期汇率只是对未来即期汇

率的预测，实际汇率只有在 1 年后才会知道，可能会高于或低于预计汇率。在签订了一份远期合约后，你就锁定了将来卖出（或买入）欧元的价格（见第 13 章）。实际上，你消除了货币风险。为了消除货币风险，你愿意按照低于（高于）预计即期汇率的价格卖出（买入）欧元远期。尽管没有恰当考虑风险，式（14-10）和式（14-11）总体而言是成立的。

14.2.5　汇总

汇率时时刻刻都在波动。我们给出的各种关系说明了汇率波动是怎样与通货膨胀率和利率等基础经济变量相联系的。表 14-1 对这些关系进行了汇总。平价关系之间的联系是由**套利者**（arbitrageur）的行为所引起的，套利者即为试图从不同国家之间的汇率（即期和远期）和利率等价格差异中获取无风险利润的金融市场交易者。我们应该预期，允许资本自由流动的障碍越小，套利行为就越迅速，各种平价关系也就更有可能成立。

表 14-1　即期汇率、远期汇率、通货膨胀率与利率之间的基本关系

关系	内容	关系的简化形式
购买力平价（PPP）	即期汇率即时调整，以使各国生活成本保持一致。因此，即期汇率的预计变动率等于两国之间通货膨胀率的预计差异	$\frac{E(S^1_{h/f})-S^0_{h/f}}{S^0_{h/f}}=E(i_h)-E(i_f)$ 式（14-2）
国际费雪效应	两国之间的通货膨胀率差异反映为它们的利率差异	$r_h-r_f=E(i_h)-E(i_f)$ 式（14-7）
利率平价	远期汇率和即期汇率之间的差异比率等于两国之间的利率差异	$\frac{F^0_{h/f}-S^0_{h/f}}{S^0_{h/f}}=r_h-r_f$ 式（14-9）
预计即期汇率和远期汇率	远期汇率与即期汇率之间的差异比率等于预计即期汇率与当期即期汇率之间的差异比率	$\frac{F^0_{h/f}-S^0_{h/f}}{S^0_{h/f}}=\frac{E(S^1_{h/f})-S^0_{h/f}}{S^0_{h/f}}$ 式（14-11）

$E(S^1_{h/f})$ = 预计第 1 年年末即期汇率，用购买每单位外币所需本国货币单位数表示

$S^0_{h/f}$ = 当前即期汇率，用购买每单位外币所需本国货币单位数表示

$E(i_h)$ = 预计下一年本国通货膨胀率

$E(i_f)$ = 预计下一年外国通货膨胀率

r_h = 本国 1 年期利率

r_f = 外国 1 年期利率

$F^0_{h/f}$ = 当前远期汇率，用购买每单位外币所需本国货币单位数表示

当公司从事跨境业务时，这些平价关系具有一些重要的管理意义。例如，PPP 关系可在跨境投资项目分析中用于预测未来汇率。此外，这些关系有助于避免一些典型错误，例如试图通过低买高卖货币来获取利润。如果这些交易通过借款来完成，那么在外汇交易中可能获得收益，但同时会发生利息收益损失。只有当汇率变动的差异大于利率变动的差异时，才会获利。另一个例子是试图通过借入利率低于国内利率的外币来降低公司融资成本的典型幻觉：总体而言，在考虑了预计汇率变动的影响后，借入国外资金的净成本与借入国内资金的成本不会有太大差别。

14.3　分析国际投资项目

第 6 章说明了如何使用净现值法则选择能够创造价值的投资项目并拒绝损害价值的投资项目。价值最大化目标适用于任何管理决策，因此净现值法则也适用于国外投资决策。但是，必须考虑两个新的要素：首先，项目的未来现金流量通常用外币表示，而汇率可能会经常波动；其次，现金流量可能会受到当地外国投资监管法规变动的影响，我们称之为国家风险。这些复杂情况使得净现值法则更难应用。

在简单回顾了净现值法则后，我们考察 Surf And Zap（SAZ）的案例。SAZ 是一家美国制造商，生产一种名为 Zap 扫描仪的小型远程控制设备，该扫描仪可以在短暂的间隔期内自动把选择的项目放映在电视中。在成功进入美国市场后，公司想把该设备出口到欧洲，因此必须为区域分销中心选址。备选地点为瑞士和虚拟国家 Zaragu，这两个国家具有完全不同的国家风险。

14.3.1 净现值法则：一个简要回顾

净现值法则是第6章的主题。我们在这里回顾一下净现值法则及其对投资决策的意义。设 CF_0 为投资的初始现金流出量，即为了启动该项目今天必须投资的现金数量，CF_1，CF_2，CF_3，…，CF_N 为项目在其寿命期内预计产生的未来序列现金流。最后一笔现金流量 CF_N 包括出售投资收到的现金流量。设 k 为项目的资本成本，即投资者要求从具有相同风险特征项目中获得的收益率。投资净现值的定义如下

$$NPV = -CF_0 + \left[\frac{CF_1}{1+k} + \frac{CF_2}{(1+k)^2} + \frac{CF_3}{(1+k)^3} + \cdots + \frac{CF_N}{(1+k)^N}\right]$$

其中，括号中的合计数是项目预计未来现金流量的现值或今天的价值。可以注意到，现金流量距离现在越远，对项目净现值的贡献越小，因为折现系数 $\frac{1}{(1+k)^t}$ 随着时间推移变小。还可以注意到，项目的风险越高，投资者要求的收益率（k）就越高，折现系数就越小，预期现金流量的现值也就越小。换言之，在其他所有条件都相同的情况下，项目的风险越高，它就越不理想，净现值也就越低。

根据净现值法则，只有当净现值为正时，才应该接受项目；净现值为负时，应该拒绝项目。净现值法则意味着，如果项目产生收益的现值（未来预计现金流量的现值）大于实施投资的成本（初始现金流出量 CF_0），那么该项目将为公司所有者创造价值，从而应该接受，否则应该拒绝，因为它将损害价值。净现值法则表明，如果公司投资者把资金投资于该项目而不是与它具有相同风险特征的其他投资，将会多赚（或多赔）多少。最后需要注意的是，如果项目的净现值为零，并不意味着项目的收益为零，只是表明如果投资该项目，投资者的财富不会发生变化。

14.3.2 Surf And ZAP 跨境备选投资项目

为了将 ZAP 扫描仪出口到欧洲，SAZ 需要建立一个欧洲分销中心。经过对最便利地点的深入研究，备选地缩减为两个国家：瑞士和 Zaragu。两个国家都位于欧洲的中心，而且从物流的角度看，彼此都不优于对方。然而，投资于瑞士没有任何国家风险，而 Zaragu 是最近负面新闻报道的主角。分析员担心 Zaragu 的货币状况可能在未来会恶化，而且 Zaragu 可能很快会对境内的外国子公司在征收常规公司所得税之外再征收外国税。瑞士的当地货币为瑞士法郎（CHF），Zaragu 的当地货币为 zaragupa（ZGU）。两个备选方案现金流量的财务数据如表14-2所示。

对于瑞士备选方案而言，购买和翻新建筑的成本加上项目启动成本预计为2 500万CHF；对于 Zaragu 备选方案而言，成本预计为23 000万ZGU。投资的预计寿命期为5年，在此期间，内嵌遥控装置的数字电视机将会导致 Zap 扫描仪陈旧过时。表14-2中列示的年度现金流量是扣除所有当地和美国税费后的净值。在第5年年末，预计瑞士建筑可以按照2 000万CHF的价格出售，预计 Zaragu 的建筑可以按照25 000万ZGU的价格出售。

表14-2 ZAP 扫描仪项目　（单位：以100万计）

	瑞士备选方案 用瑞士法郎（CHF）表示	Zaragu 备选方案 用 Zaragupas（ZGU）表示
初始现金流出量	25.0	230
年度现金流量		
第1年	4.5	50
第2年	5.0	60
第3年	5.2	65
第4年	5.4	70
第5年	5.6	75
第5年的清算价值	20.0	250
当前年度通货膨胀率	2%	10%
当前即期汇率	CHF/USD 1.3	ZGU/USD 10

瑞士过去的通货膨胀率始终非常稳定，年通货膨胀率大约为2%，并且预计在未来几年不会变化。而 Zaragu 的通货膨胀率在最近几年持续上升。当前年通货膨胀率为10%，预计在可预见的未来将会保持在这一水平。预计美国未来5年的年通货膨胀率平均为3%。

当前的即期汇率为 CHF/USD 1.3 和 ZGU/USD 10。最后，SAZ 对美国分销中心要求的收益率为10%，此外，SAZ 要求所有项目的净现值以美元预计。

1. 瑞士备选方案的净现值

为计算 Zap 扫描仪项目瑞士备选方案的净现值，我们需要同时估计出用美元表示的项目预计现金流量和资本

成本。使用表 14-3 所示的电子表格可以计算出来。从表 14-2 获得的项目现金流量列示在表 14-3 的第 4 行。为把瑞士法郎现金流量转换为美元现金流量，我们需要预测未来 5 年各年年末的 USD/CHF 即期汇率。我们可以利用 PPP 关系来预测未来即期汇率。

表 14-3　ZAP 扫描仪项目瑞士备选方案的预计现金流量

	A	B	C	D	E	F	G
1		现在	第 1 年年末	第 2 年年末	第 3 年年末	第 4 年年末	第 5 年年末
2							
3	**用百万瑞士法郎（CHF）表示的预计现金流量**						
4	年度现金流量	(25.0)	4.5	5.0	5.2	5.4	5.6
5	清算产生的现金流量						20.0
6	现金流量合计	(25.0)	4.5	5.0	5.2	5.4	25.6
7							
8	**使用 PPP，式（14-1），计算的预计 USD/CHF 即期汇率**						
9	预计瑞士通货膨胀率		2.0%	2.0%	2.0%	2.0%	2.0%
10	预计美国通货膨胀率		3.0%	3.0%	3.0%	3.0%	3.0%
11	当前即期汇率 CHF/USD	1.300 0					
12	当前即期汇率 USD/CHF	0.769 2					
13	预计未来即期汇率 USD/CHF	0.769 2	0.776 8	0.784 4	0.792 1	0.799 8	0.807 7
14							
15	**用百万美元（USD）表示的预计现金流量**	**($19.2)**	**$3.5**	**$3.9**	**$4.1**	**$4.3**	**$20.7**
16							
17	**资本成本**	**10%**					
18							
19	**净现值**	**$6 071 000**					
20							
21	第 4、5、9、10、11 和 17 行是数据						
22	单元格 B6 的计算公式 = B4 + B5。然后把单元格 B6 中的公式复制到第 6 行的其他单元格						
23	单元格 B12 的计算公式 = 1/B11						
24	单元格 C13 的计算公式 = B13 * (1 + C10)/(1 + C9)。然后把单元格 C13 中的公式复制到第 13 行的其他单元格						
25	单元格 B15 的公式 = B6 * B13。然后把单元格 B15 中的公式复制到第 15 行的其他单元格						
26	单元格 B19 的计算公式 = B15 + NPV(B17, C15:G15)						
27							

如式（14-1）所示，PPP 关系把即期汇率的预计变动与本国和外国的预计通货膨胀率联系起来。美国和瑞士的近期预计通货膨胀率分别为 3% 和 2%，因此我们可以使用这些数字作为式（14-1）中的预计通货膨胀的 $E(i_h)$ 和 $E(i_f)$。为了找到第 1 年到第 5 年每年年末 USD/CHF 即期汇率的预计数值，我们以当前即期汇率 CHF/USD 1.300 0（第 11 行）作为起点。这个汇率可以转换为 USD/CHF 0.769 2（第 12 行）。然后我们可以使用上一年度的预计即期汇率（第 13 行），根据式（14-1）成功求解每年即期汇率。

项目现金流量的预计美元价值可以通过使用瑞士法郎现金流量乘以预计汇率（第 15 行）计算得到。

为计算项目的净现值，我们需要估计资本成本。SAZ 要求美国分销中心的收益率达到 10%。公司应该对瑞士备选方案使用相同的资本成本还是应该使用更高的资本成本以考虑汇率风险（即未来 USD/CHF 汇率可能与预计汇率不同的概率）？回顾第 10 章讲到的内容，与投资者相关的风险不是投资的总风险，而是不能通过多元化降低或消除的那部分风险。如果我们假设 SAZ 股东持有的组合既包括外国公司的股票，也包括拥有国际经营业务的美国公司的股票，那么我们可以假设股东已经消除了 Zap 扫描仪项目与 USD/CHF 汇率波动相关的那部分风险。在这个案例中，不应该在国内（美国）资本成本基础上增加汇率风险溢价。如果 SAZ 的股东没有进行国际多元化呢？在这个案例中，我们可以认为瑞士备选方案为股东提供了国际多元化的机会（尽管是间接的）。因此，股东资产组合的风险将下降，从而使得股东对该项目要求的收益率降低。

使用10%的资本成本以及表14-3第15行的项目预计现金流量，利用电子表格中的NPV公式，可以计算出项目净现值（第19行）

$$NPV_{瑞士} = 607.1 \text{ 万美元}$$

净现值为正，因此瑞士备选方案会为SAZ的投资者创造价值。但仍然存在一个问题：Zaragu备选方案会创造更高价值吗？

2. Zaragu备选方案的净现值

估算Zaragu备选方案预计现金流量价值的程序与瑞士备选方案相同。我们首先估算项目预计未来现金流量的美元价值，然后按照项目资本成本对这些现金流量进行折现。我们仍然使用PPP关系以及美国和Zaragupas的预计通货膨胀率来估计未来5年各年年末的USD/ZGU即期汇率，然后使用预测即期汇率把Zaragupas现金流量转换为等值美元现金流量。估算过程和结果如表14-4所示。

表14-4 ZAP扫描仪项目ZARAGU备选方案（无国家风险）的预计现金流量

	A	B	C	D	E	F	G
1		现在	第1年年末	第2年年末	第3年年末	第4年年末	第5年年末
2							
3	**用百万Zaragupas（ZGU）表示的预计现金流量**						
4	年度现金流量	(230.0)	50.0	60.0	65.0	70.0	75.0
5	清算产生的现金流量						250.0
6	现金流量合计	(230.0)	50.0	60.0	65.0	70.0	325.0
7							
8	**使用PPP，式（14-1），计算的预计USD/CHF即期汇率**						
9	预计Zaragus通货膨胀率		10.0%	10.0%	10.0%	10.0%	10.0%
10	预计美国通货膨胀率		3.0%	3.0%	3.0%	3.0%	3.0%
11	当前即期汇率ZGU/USD	10.000					
12	当前即期汇率USD/CHF	0.1000					
13	预计未来即期汇率USD/ZGU	0.1000	0.0936	0.0877	0.0821	0.0769	0.0720
14							
15	**用百万美元（USD）表示的预计现金流量**	**($23.0)**	**$4.7**	**$5.3**	**$5.3**	**$5.4**	**$23.4**
16							
17	**资本成本**	**10%**					
18							
19	**净现值**	**$7814000**					
20							
21	第4、5、9、10、11和17行是数据						
22	单元格B6的计算公式=B4+B5。然后把单元格B6中的公式复制到第6行的其他单元格						
23	单元格B12的计算公式=1/B11						
24	单元格C13的计算公式=B13*(1+C10)/(1+C9)。然后把单元格C13中的公式复制到第13行的其他单元格						
25	单元格B15的公式=B6*B13。然后把单元格B15中的公式复制到第15行的其他单元格						
26	单元格B19的计算公式=B15+NPV(B17，C15:G15)						
27							

如果我们假设Zaragu备选方案没有国家风险，那么就不需要调整项目资本成本来反映汇率风险。因此，在不存在国家风险的情况下，Zaragu备选方案的资本成本为10%，与美国和瑞士类似项目使用的资本成本相同。利用

表14-4中用美元表示的现金流量，可以计算出Zaragu备选方案的净现值

$$NPV_{\text{Zaragu}}^{\text{没有国家风险}} = 781.4 \text{ 万美元}$$

然而，正如前面提到过的，由于Zaragu当局可能会对项目收益征收“外国”税，因此项目将面临国家风险。为考虑这种风险，大多数公司在国内资本成本基础上整体加上一个风险溢价。我们不赞同这种做法，主要有三方面原因：首先，如果我们假设股东已经通过持有多元化资产组合消除了国家风险，那么我们就不需要做出任何调整。其次，对于需要考虑的特定风险而言，不存在估计风险溢价大小的合理方法。例如，对于Zaragu备选方案而言，国家风险应该为1%、2%、10%，还是其他数字？没有人知道。最后，仅在国内资本成本基础上加上一个任意的“修正”因子，可能导致经理人满足于此，从而不再充分评估国家风险对项目的影响。

我们建议，存在国家风险时应该调整项目的预计现金流量而非资本成本。预计现金流量是未来现金流量的加权平均值，权数是这些现金流量实际发生的概率。因此，我们可以调整这些现金流量来反映任何形式国家风险发生的可能性。如果这样做，就不需要调整资本成本了。此外，对预计现金流量的估计可以促使经理人对国家风险及其对项目的影响进行全面分析。

假设在对Zaragu的经济发展趋势进行认真分析后，我们估计在项目寿命期内发生货币危机的可能性为20%。如果货币危机爆发，我们预计项目收益将被征收外国税。过去征收这种税时，税率通常为25%。没有理由预计该税率在下次货币危机期间会发生改变，因此我们可以把25%的外国税税率应用于该项目。为了避免繁杂的计算，我们还假设项目每年的利润（将被征收外国税）为不征收外国税情况下项目经营现金流量的90%。[⊖]

表14-5用电子表格形式列示了在考虑对项目征收外国税风险的情况下，项目预计现金流量的详细计算过程。表14-5的第一部分取自表14-4，列示了不征收外国税情况下的现金流量。第二部分呈现了征收外国税情况下，税后净经营现金流量的计算过程。第三部分表明考虑项目将被征税的可能性后，项目预计现金流量的计算过程。如果在项目寿命期间征税的概率为20%，那么项目的预计现金流量等于扣除“外国”税后的净现金流量乘以20%加上税前现金流量乘以80%，因为第一个结果发生的可能性为20%，而第二个结果发生的可能性为80%。该表的最后一部分列示了使用与表14-4相同的预计未来汇率计算出来的预计现金流量的美元价值。把现金流量按照10%的资本成本折现得到的项目净现值为

$$NPV_{\text{Zaragu}}^{\text{存在国家风险}} = 693.1 \text{ 万美元}$$

毫不奇怪，存在国家风险的Zaragu备选方案净现值（693.1万美元）小于没有国家风险的Zaragu备选方案净现值（781.4万美元）。然而，更重要的一点是，存在国家风险的Zaragu备选方案净现值（693.1万美元）大于瑞士备选方案净现值（607.1万美元）。那么，SAZ的管理层能够因此得出分销中心应该建在Zaragu的结论吗？答案取决于管理层对他们得出结论所使用假设的自信程度。

在分析备选方案时，SAZ做了两个可能对最终*NPV*有重大影响的假设：第一个假设是购买力平价关系在美元与两种外币之间成立，第二个假设是对项目征收外国税概率的评估是可靠的。更普遍而言，第二个假设是指项目应归属本国的部分或全部将被剥夺以及这种剥夺将采用的形式。对Zaragu备选方案净现值分析结果提升信心的唯一现实途径是进行敏感性分析，敏感性分析将表明项目净现值对假设变动的反映程度。例如，综合利用偏离购买力平价的百分比，以及在Zaragu预计可能采用的不同剥夺形式，可以建立不同的情境。只有这样，做出的决策才能充分考虑项目风险。

在相对简单的Zap扫描仪项目案例中，可以针对项目净现值对项目征收外国税概率变动的反映程度进行敏感性分析。重复表14-5中的计算方法，我们可以估算出当征税概率在0~50%变动时的项目净现值。计算结果如表14-6所示。Zaragu项目净现值与瑞士项目净现值（607.1万美元）相等时，征税概率大约为40%，是预计征税概率20%的两倍。两者的差异大到足以做出如下决策：尽管存在一些国家风险，Zap扫描仪项目应该建在Zaragu而不是瑞士。

⊖ 前面提到过，税金是基于利润而非现金流量支付。为估计税金支付额把现金流量转换为利润的过程参见第4章和第8章。

表 14-5 ZAP 扫描仪项目 ZARAGU 备选方案（考虑国家风险）的预计现金流量

	A	B	C	D	E	F	G
1		现在	第1年年末	第2年年末	第3年年末	第4年年末	第5年年末
2							
3	**不对项目收益征收外国税情况下的预计经营现金流量**						
4	用百万 Zaragupas(ZGU) 表示						
5	年度现金流量	(230.0)	50.0	60.0	65.0	70.0	75.0
6	清算产生的现金流量						250.0
7							
8	**对项目收益征收外国税情况下的预计经营现金流量**						
9	百万 Zaragupas(ZGU)						
10	项目收益与年度现金流量比例		90.0%	90.0%	90.0%	90.0%	90.0%
11	项目收益		45.0	54.0	58.5	63.0	67.5
12	外国税率		25.0%	25.0%	25.0%	25.0%	25.0%
13	外国税		11.3	13.5	14.6	15.8	16.9
14	年度经营现金流量税后净额		38.8	46.5	50.4	54.3	58.1
15							
16	**用 Zaragupas 表示的预计现金流量**						
17	百万 Zaragupas						
18	对收益征税的概率		20.0%	20.0%	20.0%	20.0%	20.0%
19	年度经营现金流量		47.8	57.3	62.1	66.9	71.6
20	现金流量合计	(230.0)	47.8	57.3	62.1	66.9	321.6
21							
22	**使用 PPP(式 14-1) 计算的预计 USD/ZGU 即期汇率**						
23	预计 Zaragus 通货膨胀率		10.0%	10.0%	10.0%	10.0%	10.0%
24	预计美国通货膨胀率		3.0%	3.0%	3.0%	3.0%	3.0%
25	当前即期汇率 USD/ZGU	0.100 0					
26	预计未来即期汇率 USD/ZGU	0.100 0	0.093 6	0.087 7	0.082 1	0.076 9	0.072 0
27							
28	**用百万美元（USD）表示的预计现金流量**	**($23.0)**	**$4.5**	**$5.0**	**$5.1**	**$5.1**	**$23.2**
29							
30	**资本成本**	**10.0%**					
31							
32	**净现值**	**6 931 000**					
33							
34	第 5、6、10、12、18、23、24、25 和 30 行是数据						
35	单元格 C11 的计算公式 = C10 * C5。然后把单元格 C11 中的公式复制到第 11 行的其他单元格						
36	单元格 C13 的计算公式 = C12 * C11。然后把单元格 C13 中的公式复制到第 13 行的其他单元格						
37	单元格 C14 的计算公式 = C5 - C13。然后把单元格 C14 中的公式复制到第 14 行的其他单元格						
38	单元格 C19 的计算公式 = C18 * C14 + (1 - C18) * C5。然后把单元格 C19 中的公式复制到第 19 行的其他单元格						
39	单元格 B20 的计算公式 = B5。单元格 C20 ~ F20 的计算公式 = C19… = F19。单元格 G20 的计算公式 = G19 + G6						
40	单元格 C26 的计算公式 = B26 * (1 + C24)/(1 + C23)。然后把单元格 C26 中的公式复制到第 25 行的其他单元格						
41	单元格 B28 的计算公式 = B20 * B26。然后把单元格 B28 中的公式复制到第 28 行的其他单元格						
42	单元格 B32 的计算公式 = B28 + NPV(B30, C28: G28)						

表 14-6 Zaragu 备选方案中 Zap 扫描仪项目的净现值作为对项目征收外国税概率的函数

对项目征收“外国”税的概率	0	10%	20%	30%	40%	50%
用百万美元表示的项目净现值	7.814	7.373	6.931	6.489	6.047	5.605

14.4 管理国家风险

前面部分分析了对跨境投资产生的预计现金流量征收外国税对净现值的影响。正如在本章前面所提到的，对外国投资征收特别税金的可能性仅为公司在国外投资时面临的一种国家风险。国家风险管理的目的在于减少母公司从其国外投资项目中转移资金时所面临的这些直接或间接障碍。下面部分讨论了有助于经理人设计管理国家风险的积极战略的一些行动。

14.4.1 投资于特色项目

与使用在世界范围内易于获得的原材料或销售在世界范围内易于获得的产品和服务的项目相比较，依赖于母公司控制的输入或输出市场的项目更不可能被当地政府剥夺资产。例如，如果一家工厂只能由外国人经营，那么当地政府由于害怕工厂关闭，可能不会对外资附属公司强加歧视性法规。

14.4.2 使用当地资源

购买当地产品和服务能够降低国家风险，因为这样可以增加当地产出并促进当地就业。然而，需要把这种收益与产品或服务低质量、物流安排不可靠或当地价格高等风险做权衡。

14.4.3 选择低风险财务策略

如果东道国政府机构或有实力的国际机构投资者是跨境投资项目的少数股东或债权人，就可以大大降低国家风险。东道国政府不太可能对它们自身，或世界银行和国际金融公司等国际投资者担任股东或债权人的公司支付的股息或利息施加限制。此外，由于子公司支付给母公司的股利通常是被限制、冻结或征税的首选汇款，所以尽可能少地使用权益资本为跨境投资项目融资通常更为可取。

14.4.4 设计汇款策略

股利或利息支付并不是母公司获得在外国投资补偿的唯一方式。特许权使用费、管理费用、转移定价和技术支持都是可以补充财务转移的其他汇款形式。因为这些资金转移是对商品和服务的支付，在转移支付清单上通常最不可能被限制。但是，经理不能等到股利或利息支付被施加控制后，再制定新的资金转移政策，因为这样做无疑会被东道国政府视为规避新政策的手段。汇款策略必须在东道国政府对转移支付施加限制之前制定。

14.4.5 考虑购买国家风险保险

在很多工业化国家，政府资助机构提供国家风险保险。如果其他措施难以执行或者执行成本高昂时，公司应该考虑为在高风险国家所做投资购买这种保险。即使没有购买这种保险，保险费用也可以用于评估国家风险对跨境投资净现值的影响。如果我们假设保险合同可以消除剥夺投资现金流量的影响，那么在项目寿命期间支付保险费用的现值，就代表考虑国家风险后项目净现值应该减少的金额。这种方法与敏感性分析相反，它并不依赖于国家风险对项目预计现金流量影响结果的主观评估。

然而，保险费用支出的现值可能低估了国家风险的真实成本，因为大多数保险合同只承保跨境投资项目的会计价值，但会计价值可能低于母公司遭受损失的真实价值。而且，保险通常由政府设立的机构提供，旨在鼓励公司投资于高风险国家。因此，保险费用可能会以某种方式得到补贴，从而要低于私人保险市场补偿相同水平风险所要求的保险费用。

14.5 小结

财务管理的基本原则在国际环境中仍然适用。国外业务的管理目标仍然是为股东创造价值。然而，需要处理多种货币也带来了国外业务管理特有的很多问题。

公司在国外环境中经营时会面临一些风险，汇率变动会影响公司财务报表。为了解决这种会计或折算问题，监管者已经建立起公司应该把国外业务部门的财务报表折算为本币的很多规则。两种最常用的折算方法为货币/非货币法和现行汇率法。

汇率波动也会影响国外业务部门的现金流量，通常被称为经济风险。经济风险可以分为两类：①合约或交易风险，是指汇率波动对过去交易产生的未来现金流量的影响；②经营风险，也与未来现金流量相关，但产生于尚未发生的未来交易。拥有国外业务的公司还可能面临由不稳定的经济、政治和社会环境带来的国家风险。

国家间预计通货膨胀率和利率的差异是导致汇率波动的主要因素。三种称为平价关系的基本关系把这些变量联系起来。购买力平价（PPP）关系把汇率和通货膨胀率联系起来，利率平价关系把汇率和利率联系起来，远期－即期关系则把远期汇率和未来即期汇率联系起来。

本章对如何做出国外投资决策进行了详细分析。跨境投资项目与国内投资项目一样，只有当净现值为正时才能创造价值。然而，估计国外投资净现值要比估计国内投资净现值更加复杂。首先，国外投资产生的大部分现金流量用外币表示；其次，这些现金流量可能面临国家风险。为把外币现金流量转换为本币现金流量，我们建议使用购买力平价关系。转换后的现金流量也会附加一些汇率风险，因为未来汇率可能与根据平价关系估计出来的汇率不同。原则上需要对资本成本进行调整，以考虑这种额外风险，但实际上不需要调整，因为大部分投资者拥有多元化投资组合，汇率风险已经在组合中被消除。为了考虑国家风险对跨境投资净现值的影响，我们建议调整预计现金流量来反映东道国政府为减少母公司对项目收益的要求权可能采取的特别行动，而不是在项目资本成本基础上加上“修正”因子。我们还建议进行敏感性分析，以反映项目净现值对有关可能剥夺手段的形式和内容的不同假设的反应程度。

最后，可以利用降低母公司国外投资被剥夺的风险，或减少母公司从国外子公司转移资金的限制等技术和机制来管理国家风险。

附录 14A　使用货币/非货币法和现行汇率法折算财务报表

14A.1　货币/非货币法

根据货币/非货币法，货币性资产（例如现金和应收账款）和货币性负债（例如应付账款、应计费用、短期和长期负债）都按照资产负债表日汇率折算。非货币性项目（例如存货和固定资产）按照它们计入资产负债表当日汇率（历史汇率）估计。这种方法的逻辑是，货币性资产和货币性负债是按照更有可能接近资产负债表日汇率而非历史汇率兑现的合约金额。利润表账户折算时使用报告期间的平均汇率，但折旧费用等与非货币性项目相关的账户除外，它们按照与相应的资产负债表项目相同的汇率折算。任何资产负债表账户的折算损益都反映在利润表中，从而影响报告收益。

表 14A-1 的上面部分表明了 Uncle Sam's Bagle 法国子公司的资产负债表账户是如何根据货币/非货币法折算为美元的。可能使用的两个汇率值分别为 USD/EUR 1.24 和 USD/EUR 1.26。现金、商业应收款、商业应付款和金融负债的美元价值是通过使用它们的欧元价值乘以年末汇率计算得到的。存货和固定资产的美元价值也采用相同的方法计算，但不使用年末汇率，因为作为非货币性资产，它们的价值应该由计入资产负债表的当日汇率决定，而不是由资产负债表日汇率决定。子公司所有者权益的美元价值是子公司资产的美元价值与子公司负债的美元价值之差，取决于年末汇率。如果汇率为 USD/EUR 1.24，则子公司所有者权益为 5 000 万美元；如果汇率为 USD/EUR 1.26，则子公司所有者权益为 4 500 万美元。差额 500 万美元等于货币性负债价值变动与货币性资产价值变动之差（800 万美元－300 万美元）。然而，需要注意的是，所有者权益的变动方向与汇率的变动方向相反：当汇率由 USD/EUR 1.24 上升到 USD/EUR 1.26 时，所有者权益的价值下降。这并不奇怪，因为只要货币性负债大于货币性资产，外币升值（欧元的美元成本上升）将使公司负债的美元价值相对公司资产的美元价值增加，从而使公司所有者权益的美元价值下降。对于大多数公司而言，货币性负债的价值大于货币性资产的价值，因此在使用货币/非货币法时，外币升值通常会导致折算损失，而外币贬值将产生折算利得。

表 14A-1　使用货币/非货币法[①]折算 UNCLE SAM' S BAGLE 法国子公司的年末资产负债表

（单位：1 000）

货币/非货币法					
	欧元（EUR）		美元（USD）年末汇率 USD/EUR 1.24	USD/EUR 1.26	变动
资产					
现金	50 000		50 000 × 1.24 = 62 000	50 000 × 1.26 = 63 000	+1 000
应收账款	100 000		100 000 × 1.24 = 124 000	100 000 × 1.26 = 126 000	+2 000
货币性资产合计		150 000	186 000	189 000	+3 000
存货	100 000		90 000	90 000	—
厂场设备	250 000		270 000	270 000	—
非货币性资产合计		350 000	360 000	360 000	—
合计		**500 000**	**546 000**	**549 000**	**+3 000**
负债和所有者权益					
短期负债	75 000		75 000 × 1.24 = 93 000	75 000 × 1.26 = 94 500	+1 500
应付账款	75 000		75 000 × 1.24 = 93 000	75 000 × 1.26 = 94 500	+1 500
长期负债	250 000		250 000 × 1.24 = 310 000	250 000 × 1.26 = 315 000	+5 000
货币性负债合计		400 000	496 000	504 000	+8 000
所有者权益（资产 - 负债）		**100 000**	**50 000**	**45 000**	**-5 000**
合计		**500 000**	**546 000**	**549 000**	**+3 000**

①根据货币/非货币法，货币性资产负债按照资产负债表日汇率折算，非货币性资产按照计入资产负债表当日汇率折算。

14A.2　现行汇率法

根据 FASB（财务会计准则委员会）第 52 条的现行**汇率法**（current method），资产负债表所有资产和负债都按照资产负债表日汇率折算。利润表账户既可按收入和费用发生当日汇率折算，也可按该期平均汇率折算。为避免汇率大幅波动可能引起的报告收益大幅变动，折算损益在母公司资产负债表的单独权益账户中报告。现行汇率法背后的逻辑是，它不会像货币/非货币法那样扭曲资产负债表的结构，因为所有资产和负债都受到汇率变动相同程度的影响。

表 14A-2 表明了 Uncle Sam' s Bagle 法国子公司的资产负债表账户是如何根据现行汇率法折算为美元的，使用的数据与表 14A-1 相同，在表 14A-1 中是使用货币/非货币法对这些账户进行折算的。当汇率由 USD/EUR 1.24 提高到 USD/EUR 1.26 时，法国子公司所有资产和负债的美元价值都按照与汇率相同的比率（1.61%）增加。因此，所有者权益也按照相同的比率增加，从 1.24 亿美元增加到 1.26 亿美元。与前面的方法相反，当外币升值时，现行汇率法通常产生折算收益，而当外币贬值时，现行汇率法通常产生折算损失。

表 14A-2　使用现行汇率法[①]折算 UNCLE SAM' S BAGLE 法国子公司的年末资产负债表

（单位：1 000）

货币/非货币法					
	欧元（EUR）		美元（USD）年末汇率 USD/EUR 1.24	USD/EUR 1.26	变动
资产					
现金	50 000		50 000 × 1.24 = 62 000	50 000 × 1.26 = 63 000	+1 000
应收账款	100 000		100 000 × 1.24 = 124 000	100 000 × 1.26 = 126 000	+2 000
存货	100 000		100 000 × 1.24 = 124 000	100 000 × 1.26 = 126 000	+2 000
厂场设备	250 000		250 000 × 1.24 = 310 000	250 000 × 1.26 = 315 000	+5 000
合计		**500 000**	**620 000**	**630 000**	**+10 000**

（续）

货币/非货币法					
		欧元（EUR）	美元（USD）年末汇率 USD/EUR 1.24	USD/EUR 1.26	变动
负债和所有者权益					
短期负债	75 000		75 000 × 1.24 = 93 000	75 000 × 1.26 = 94 500	+1 500
应付账款	75 000		75 000 × 1.24 = 93 000	75 000 × 1.26 = 94 500	+1 500
长期负债	250 000		250 000 × 1.24 = 310 000	250 000 × 1.26 = 315 000	+5 000
货币性负债合计		400 000	496 000	504 000	+8 000
所有者权益（资产 - 负债）		**100 000**	**124 000**	**126 000**	**+5 000**
合计		**500 000**	**620 000**	**549 000**	**+10 000**

①根据现行汇率法，所有资产和所有负债都按照资产负债表日汇率折算。

14A.3 哪种方法更好

货币/非货币法与现行汇率法之间的差异产生于对非货币性资产的不同估值。第一种方法使用历史汇率对非货币性资产估值，而第二种方法使用现行汇率法对非货币性资产估值。哪种是正确的方法？哪种方法都不是正确的，因为努力实现价值创造意味着公司资产的相关价值是它们的市场价值而非会计价值。

大多数公司使用哪种方法？大多数公司使用现行汇率法，因为世界范围内大多数会计监管团体推荐使用这种方法。我们认为监管者之所以偏好现行汇率法，是因为它更加易于理解和应用。大多数经理人偏好现行汇率法，是因为其对折算调整损益的处理不同：货币/非货币法把折算调整损益包含在报告收益的计算中，而现行汇率法不这样做。由于经理人的业绩通常基于会计数字，把汇率变动的影响（经理人几乎无法控制）与其他来源产生的损益区别开来可能是合理的。

附录 14B 平价关系

14B.1 同一价格法则

假设在一国（例如美国）买入黄金并向另一国（例如法国）出售时不存在交易成本（例如运输成本或税金）。同时，假设：①当前现行汇率为 USD/EUR 1.25（1 欧元兑换 1.25 美元）；②在纽约黄金可以按照每盎司 800 美元买入；③在巴黎黄金可以按照每盎司 644 欧元出售。

按照 USD/EUR 1.25，黄金在纽约的价格为 640 欧元（800 美元除以 1.25）。在这些条件下，在纽约按照 640 欧元买入黄金（在这里黄金相对便宜）并在巴黎按照 644 欧元出售（在这里黄金相对更昂贵）可以产生 4 欧元的无风险利润。交易者可以在纽约按照 800 美元买入 1 盎司黄金，运送到巴黎，再按照 644 欧元出售。644 欧元可以转换为 805 美元（644 欧元乘以 USD/EUR 1.25），净利润为 5 美元（805 美元减去 800 美元）。

正如你已经猜到的，赚取这种无风险套利利润的可能性很快将被发现。套利者会行动，而且他们的行动将使价格和汇率很快发生变动，直到无论用美元还是欧元表示，纽约和巴黎的黄金价格都相等为止。

把这种市场机制扩展到任何交易的商品，由于交易的商品无论在哪国出售，其售价都会相同，我们可以得到**同一价格法则**（law of one price，LOP）。同一价格法则可以写作

$$P_h = P_f \times S^0_{h/f}$$

其中，P_h 为本国商品价格（在我们的例子中是黄金在美国的价格），P_f 为同一商品在外国的价格（黄金在法国的价格），$S^0_{h/f}$为用购买一个单位外币所需使用的本币数表示的当前即期汇率（在我们的例子中购买 1 欧元需要 1.25 美元）。应用于购买黄金的案例，我们可以得到

$$P_h = 6.44 \text{ 欧元} \times \text{USD/EUR } 1.25 = 805 \text{ 美元}$$

要使同一价格法则成立，需要做出一些假设。例如，交易成本必须为零，世界各地的税收体系必须相同，而且规则（包括实际和隐藏规则）不应阻止跨国换汇。国际贸易的真实世界并非按照这样的无摩擦方式运营。在前面讨论的黄金案例中，如果这些成本至少为5美元，那么套利将成为毫无价值的活动。

14B.2 购买力平价关系

购买力平价（PPP）关系是假设并不严格情况下同一价格法则的一种形式。它认为不同国家之间的生活成本应该相同，但并非像同一价格法则所要求的任何私人商品的成本都应该相同。假设USD/EUR汇率为1.25（1欧元兑换1.25美元），预计下一年美国通货膨胀率为2%，法国通货膨胀率为4%。当前在美国价格为1.25美元的一篮子商品在下一年的价格将为1.275美元（=1.25美元×(1+2%)），同样的一篮子商品当前在法国的价格为1欧元，下一年价格将为1.04欧元。PPP关系意味着即期汇率必须改变，以便下一年1美元兑换为欧元后仍能买入同样的一篮子商品。换言之，根据PPP关系，预计下一年即期汇率必须等于USD/EUR 1.275除以1.04欧元或USD/EUR 1.226。

根据PPP关系，我们可以得到

$$E(S^1_{h/f}) = S^0_{h/f} \times \frac{1 + E(i_h)}{1 + E(i_f)}$$

其中，$S^0_{h/f}$为当前汇率，用购买一个单位外币所需使用的本币单位数表示；$E(S^1_{h/f})$为1年后预计汇率；$E(i_h)$和$E(i_f)$分别为本币和外币的下一年预计通货膨胀率。这是本章的式（14-1）。

将等式两边同时除以（$S^0_{h/f}$），我们可以得到

$$\frac{E(S^1_{h/f})}{S^0_{h/f}} = \frac{1 + E(i_h)}{1 + E(i_f)}$$

等式两边同时减去1，可以得到

$$\frac{E(S^1_{h/f})}{S^0_{h/f}} - 1 = \frac{1 + E(i_h)}{1 + E(i_f)} - 1$$

或者

$$\frac{E(S^1_{h/f}) - S^0_{h/f}}{S^0_{h/f}} = \frac{E(i_h) - E(i_f)}{1 + E(i_f)}$$

当外国的预计通货膨胀率很小时，$1+E(i_f)$与1相差不大，可以得到本章式（14-2）中PPP关系的简化形式

$$\frac{E(S^1_{h/f}) - S^0_{h/f}}{S^0_{h/f}} = E(i_h) - E(i_f)$$

14B.3 国际费雪效应

本章的式（14-3）表明，实际利率和名义利率是相关的，又称为费雪效应。该公式为

$$1 + r = (1 + r_r) \times (1 + E(i))$$

其中，r为名义利率，r_r为实际汇率，$E(i)$为预计通货膨胀率。重新整理公式中各项，把实际利率（r_r）表示为名义利率（r）和预计通货膨胀率$E(i)$的函数，可以得到

$$1 + r_r = \frac{1 + r}{1 + E(i)}$$

或者

$$r_r = \frac{1+r}{1+E(i)} - 1$$

如果各国实际利率不同，资本将从具有最低实际利率的国家流向具有最高实际利率的国家，直到实际利率相等为止。在均衡状况下，当所有国家的实际利率都相同时，所有国家以上等式的右边必然相等，在本国和外国尤其如此。因此，如果 r_h 和 r_f 为本国和外国的名义利率，$E(i_h)$ 和 $E(i_f)$ 为本国和外国的预计通货膨胀率，那么一定有

$$\frac{1+r_h}{1+E(i_h)} = \frac{1+r_f}{1+E(i_f)}$$

或者

$$\frac{1+r_h}{1+r_f} = \frac{1+E(i_h)}{1+E(i_f)}$$

这是本章的式（14-6）。正如本章所指出的，对该等式的合理简化为

$$r_h - r_f = E(i_h) - E(i_f)$$

即为本章的式（14-7）。式（14-6）或式（14-7）表示的利率与预计通货膨胀率之间的关系称为**国际费雪效应**（international Fisher effect）。

14B.4 利率平价关系

假设你有 100 万美元用于投资，你观察到欧元和美元的以下数据：

- 即期汇率：UAD/EUR 1.25；
- 12 个月远期汇率：USD/EUR 1.27；
- 1 年期欧元利率：5%；
- 1 年期美元利率：6%。

1. 策略 1：用美元投资

如果你用美元而非欧元投资，似乎下一年会赚更多钱，因为美元的利率6%要高于欧元的利率5%。这个假设的理由合理吗？不合理，因为你不能比较用不同货币表示的两个利率。正确的比较应该在用相同货币表示的两个投资之间进行。为了用欧元投资，必须把美元转换为欧元，1 年后收到投资收益，还要把收到的欧元换回美元。通过卖出这些欧元远期，你将确切知道 1 年后可以获得的美元金额。如果远期汇率是有利的，将可以对较低的利率做出补偿。这两种投资策略如表 14B-1 所示。

表 14B-1 用美元投资与用欧元投资

策略 1：用美元（\$）投资	策略 2：用欧元（€）投资
现在： 按照 6% 投资 \$1 000 000	**现在：** 1. 按照当前即期汇率转换 \$1 000 000： USD 1 000 000/(USD/EUR 1.25) = €800 000 2. 按照 5% 投资€800 000 3. 按照 USD/EUR 1.27 出售远期 €800 000 × (1 + 0.05) = €840 000
1 年后： 收回美元投资，你得到 \$1 000 000 × (1 + 0.06) = \$1 060 000	**1 年后：** 1. 收回欧元投资，你得到 €800 000 × (1 + 0.05) = €840 000 2. 结算远期合约并交付€84 000。作为交换，你将收到： €840 000 × USD/EUR 1.27 = \$1 066 800
\$1 060 000	**\$1 066 800**

2. 策略2：用欧元投资

用欧元投资比用美元投资多创造6 800美元。按照USD/EUR 1.25买入即期欧元并按照USD/EUR 1.27卖出欧元远期带来的收益要高于按照5%而非6%出借资金所放弃的1%利率。

为赚取额外的6 800美元，你不需要拥有100万美元。你只需按照6%的利率借入资金，执行策略2，然后在1年后偿还负债（包括利息），就可以赚取6 800美元的无风险净利润。但在竞争的外汇市场中，这种“免费午餐”是转瞬即逝的。银行间交易商（像套利者一样行动）快速识别可能的**套利交易**（arbitrage transaction），并立即交易以从中获利。在上面的例子中，他们的行动将导致更高的利率差异以及即期与远期汇率的更小利差。这个过程几乎是瞬间完成的，并将在策略1和策略2的结果相同时结束。这些套利交易将如何影响即期汇率、远期汇率和利率？

再看一下这两种投资策略，让 r_h 和 r_f 分别表示本国和外国名义利率。使用策略1，每投资1个单位本币，1年后可以收到（$1+r_h$）本币。如果使用策略2，首先必须用1个单位本币换取 $1/S_{h/f}^0$ 单位外币，其中 $S_{h/f}^0$ 是即期汇率（购买一个单位外币所需使用的本币数）。1年后，可以收到（$1/S_{h/f}^0$）×（$1+r_f$）外币，将被转换为 $[(1/S_{h/f}^0)\times(1+r_f)]\times F_{h/f}^0$ 本币，其中 $F_{h/f}^0$ 是远期汇率（购买一个单位外币所需使用的本币数）。如果这两种策略的净结果是相同的，我们可以写作

$$1+r_h=\frac{1+r_f}{S_{h/f}^0}F_{h/f}^0$$

重新整理各项，可以得到

$$\frac{F_{h/f}^0}{S_{h/f}^0}=\frac{1+r_h}{1+r_f}$$

等式两边同时减去1，可以得到

$$\frac{F_{h/f}^0}{S_{h/f}^0}-1=\frac{1+r_h}{1+r_f}-1$$

或者

$$\frac{F_{h/f}^0-S_{h/f}^0}{S_{h/f}^0}=\frac{r_h-r_f}{1+r_f}$$

上式是本章的式（14-8），被称为利率平价（IRP）关系。这个关系的以下简化形式更加常见，它假设 r_f 与1相比很小

$$\frac{F_{h/f}^0-S_{h/f}^0}{S_{h/f}^0}=r_h-r_f$$

上式是本章的式（14-9），表明远期汇率与即期汇率之间的差异比率等于利率之差。

扩展阅读

1. Brealey, Richard, Stewart Myers, and Franklin Allen. *Principles of Corporate Finance*, 9th ed. McGraw-Hill, 2008. See Chapter 28.
2. Copeland, Tom, Tim Koller, and Jack Murrin. *Valuation, Measuring and Managing the Value of Companies*, 3rd ed. John Wiley, 2000. See Chapters 17 to 19.
3. Damodaran, Aswath. *Corporate Finance: Theory and Practice*, 2nd ed. John Wiley & Sons, 2001. See Chapter 26.
4. Eun, Cheol, and Bruce Resnick. *International Financial Management*, 4th ed. McGraw-Hill, 2007.
5. Ross, Stephen, Randolph Westerfield, and Jeffrey Jaffe. *Corporate Finance*, 8th ed. McGraw-Hill Irwin, 2008. See Chapter 31.

自测题

14.1 会计风险与经济风险

会计风险、折算风险、经济风险、交易风险、合约风险与经营风险之间的差异是什么？为什么与会计风险相比较，经济风险与股东更为相关？

14.2 平价关系

用一句话说明购买力平价关系的含义。

14.3 国家风险与资本成本

考虑国家风险的最佳方式是在项目资本成本基础上增加一个风险溢价。这种说法正确吗？

14.4 国际资本预算（1）

一家领先的美国运动设备公司正考虑在泰国建立一家运动鞋生产工厂。这项投资需要初始资本5 000万泰铢，投资期限为5年。基于下面提供的信息，公司应该在泰国建厂吗？

(1) 当前销售收入为2 000万泰铢，未来5年将按5%的年利率增长；
(2) 当前息税前收益为1 500万泰铢，增长率与销售收入相同；
(3) 泰国的通货膨胀率为3%，美国的通货膨胀率为4%。这些比率预计在未来5年保持不变；
(4) 泰国的公司税率为35%；
(5) 年度资本支出等于年折旧费用；
(6) 营运资本需求等于销售收入的10%；
(7) 工厂在第5年年末的终结价值预计将为1 500万泰铢；
(8) 即期汇率为1美元兑换40泰铢；
(9) 公司资本成本为12%。

14.5 国际资本预算（2）

一家美国公司Kampton再次考虑在德国投资。投资将需要花费10 300万欧元，预计将在未来5年每年产生2 500万欧元税后现金流量。该项目将在第5年年末清算，预计终结价值将为2 500万欧元。Kampton对在欧盟投资使用的资本成本为高于美国政府债券收益率7个百分点，而对在美国投资使用的资本成本为高于美国政府债券收益率5个百分点。当前美国政府债券的收益率为6%；当前汇率为EUR/USD 0.80，预计在未来5年不会与现在相差很大。

(1) 计算该项目用美元表示的净现值。
(2) 如果Kampton对在欧洲投资与在美国投资使用相同的风险溢价，净现值将为多少？
(3) Kampton应该对在欧洲投资使用比在美国投资更高的风险溢价吗？

复习题

1. 风险

一家总部位于美国的跨国公司在菲律宾拥有一家全资子公司，该子公司生产的电子产品将在北美市场销售。菲律宾子公司的权益是25亿比索（来自最近期资产负债表数据）。由于菲律宾最近的政治动荡，加利福尼亚圣何塞的跨国公司总部办公室担心比索可能在当前每1美元兑换50比索基础上对美元贬值20%。首席执行官（CEO）认为，应该使用远期合约规避这种风险。3个月远期汇率为每1美元兑换53比索。美国公司使用现行汇率法（财务会计准则委员会［FASB］52）把外币财务报表折算为美元。

你同意CEO的意见吗？支持和反对规避这种风险的理由是什么？为简化计算，假设子公司不支付任何税金。

2. 平价关系

用一句话说明下列平价关系的含义：

a. 购买力平价关系；
b. 国际费雪效应；

c. 利率平价关系；

d. 远期汇率与未来即期汇率之间的关系。

3. 利率平价关系

作为交易者，你可以基于以下数据进行交易：

(1) 即期汇率：$S^0_{USD/EUR}=1.25$；

(2) 远期汇率：$F^0_{USD/EUR}=1.248$；

(3) 美国1年期存款利率：$r_{USD}=3\%$；

(4) 欧元区1年期存款利率：$r_{EUR}=3.15\%$。

a. 1美元存款的收益率是多少？

b. 用美元偿还欧元借款的美元收益是多少？

c. 给定的信息能够提供套利机会吗？

4. 套利活动

你是一家日本银行的货币套利者。今天早晨的即期汇率为JPY/USD 111.22，而且早期迹象表明美国短期利率（90天利率）将从当前水平提高到3.125%。美联储担心通货膨胀率上升，而且已经宣布正在考虑把短期利率提高25个基点（0.25%）。今天早晨当地银行的90天远期汇率报价均为JPY/USD 111.14。当前90天日元存款利率为2.156%。你有2.5亿日元用于投资。

a. 你可以怎样通过如附录14B所述的利率套利交易获利？基于以上数据，你希望在90天后赚取多少日元利润？

b. 如果未来即期汇率由利率差异（远期汇率能够提供对未来即期汇率的较好预测）决定，而且美联储将要把利率提高25个基点，那么你预计90天后的即期汇率将为多少？

5. 国际费雪效应

假设一个国家实行固定汇率制度，而且该国的物价上升速度快于美国，那么该国货币实际在升值还是在贬值？请说明理由。

6. 实际现金流量估值与名义现金流量估值

实际现金流量估值与名义现金流量估值相比较的利弊何在？

7. 购买力平价关系

a. 美国制药公司的财务经理拥有1 000万美元，可用于进行为期6个月的投资。美国的年利率为3%，英国的年利率为1%。即期汇率为1英镑兑换1.60美元，6个月远期汇率为1英镑兑换1.65美元。该财务经理会希望在哪个国家投资？（你可以忽略交易成本。）

b. 美元与英镑之间的即期汇率为1英镑兑换1.70美元。如果美国的利率为4%，英国的利率为2%，而且不存在即时套利机会，那么你预计1年期远期汇率将为多少？

8. 国际资本预算（1）

一家美国公司Brankton正在考虑在瑞典投资。投资将要花费1.25亿欧元，预计可以在未来5年每年产生3 000万欧元税后实际（通货膨胀前）收益。该项目将在第5年年末清算，预计终结价值将为3 000万欧元。预计欧元区的年通货膨胀率将为3%，美国的年通货膨胀率将为4%。Brankton对其在欧元区投资使用的资本成本为高于政府债券收益率7%。当前美国政府债券利率为5%，汇率为EUR/USD 0.80。计算用美元表示的项目净现值。

9. 国际资本预算（2）

Chateau Cheval Noir是法国领先的优质葡萄酒生产商之一，在波尔多地区的圣朱利安拥有50公顷酒庄。所有者想要扩大生产，但相邻酒庄的稀缺性和高价格促使他们分析在法国之外购买一家顶级葡萄酒厂的可能性。他们确定澳大利亚和加利福尼亚地区都能生产出质量接近他们自己酒庄的葡萄酒。2010年3月，在去澳大利亚南部巴罗莎谷的旅途中，所有者找到一个80公顷的酒庄，有希望满足他们的所有要求：土壤、风险、微气候、葡萄树的年代和状况、制酒设施的状况，以及品牌形象。在初步研究后，法国所有者估计澳大利亚酒庄将具有下列特征：

(1) 年销售收入为1 600万澳元，用实际价值（2010年3月）表示；

(2) 息税前收益为1400万澳元，用实际价值（2010年3月）表示；
(3) 年度资本支出等于年折旧费用；
(4) 营运资本需求等于销售收入的10%；
(5) 出于分析目的，酒庄的经济寿命为5年；
(6) 第5年年末酒庄的澳元价值被估计为基于下一年获得税后现金流量水平的增长年金。在项目经济寿命结束后预计不会发生实际价值增长。

其他与投资相关的可的信息包括：
(1) 预计年通货膨胀率：澳大利亚为5%，欧元区为2%；
(2) 即期汇率：1欧元兑换1.75澳元；
(3) 投资的必要收益率：欧元为10%，澳元为12%；
(4) 澳大利亚的公司税率：30%，汇回收益不需要在法国支付额外税金；
(5) 欧元无风险利率：5.5%；
(6) 国家风险（澳大利亚征收的违规税金）：从很低到不征收。

a. Chateau Cheval Noir 所有者会向澳大利亚酒庄支付的最大澳元价格和最大欧元价格将为多少？
b. 为什么与欧元价格相比，澳元价格有更高的折扣率？

10. 国际资本预算（3）

一家大型美国服装生产和销售公司计划在亚洲发展。为减少运输成本，它想在亚洲建立自己的工厂。备选国家有两个：中国和印度尼西亚。两个国家的工厂预计产生的现金流量如下所示：

	现在	第1年	第2年	第3年	第4年	第5年
中国工厂（100万元）	-14	3	3	5	6	6
印度尼西亚工厂（100万卢比）	-20 000	5 000	5 000	6 000	7 000	7 000

a. 美国公司应该投资于哪个国家？中国人民币元和印度尼西亚卢比的即期汇率分别为1美元兑换6.82元和1美元兑换9 699.78卢比。未来5年，中国和美国的通货膨胀率预计将为4%，印度尼西亚的通货膨胀率预计将为6%。美国公司的资本成本为10%。
b. 假设两个项目的净现值都为正而且相等，能够帮助美国公司在两个项目之间做出选择的其他可能因素有哪些？

第 15 章 管理价值创造

CHAPTER15

管理价值创造不只是一句商业口号，而是基于组织中各个层级管理者都必须以提高公司市场价值作为终极目标来管理公司资源原则的一种综合管理方法。以创造价值为目标的管理可以为建立全面整合的基于价值的管理系统提供基础，有助于经理制订相关经营计划，做出合理经营决策，评估实际经营业绩，以及设计有效的管理薪酬体系。

本章回顾了支撑基于价值的管理系统的财务原则，考察这种方法对管理的好处和意义，并解释应该如何实施该系统。我们首先表明如何衡量公司已经创造或减损的价值，然后确定驱动价值创造过程的关键因素，并且说明公司可以如何通过把经理的业绩和奖励与这些价值创造动因挂钩，从而使经理利益与所有者利益协调一致。最后，我们使用一个称为“财务战略矩阵”的框架来总结基于价值的管理方法。这个矩阵是一种方便的经营诊断工具，可用于做出基于价值的战略和融资决策并评估决策绩效。

为公司所有者创造价值而进行的管理与敬业的员工、忠诚的客户以及合作良好的供应商是相容的。增加公司市场价值并不意味着以牺牲员工、客户或供应商的利益为代价为公司所有者创造财富。相反，如果公司不能同时为其员工、客户或供应商创造价值，就不能预计可为所有者创造价值。积极的员工、满意的客户和高效的供应商是成功提升公司价值不可或缺的部分。正如在第 1 章中提到的，能够实现股票市场价值最大增值的公司也是吸引以及保留优秀员工和忠实客户能力最受赞赏的公司。学习完本章，你应该了解以下内容：

- 管理价值创造的含义；
- 如何使用市场增加值（MVA）概念衡量公司层面的价值创造；
- 为什么最大化市场价值与最大化股东价值是一致的；
- 在何时以及为什么成长可能不会导致价值创造；
- 如何实施基于价值创造目标的管理系统；
- 如何使用经济增加值（EVA）概念衡量公司创造价值的能力；
- 如何设计能够促使经理做出价值创造决策的管理层薪酬方案。

15.1 衡量价值创造

为了弄清楚在某一特定时点管理层是创造了价值还是减损了价值，我们可以比较公司总资本（权益资本和债务资本）的市场价值与股权和债权持有人已经投入公司的资本数额（我们称其为公司的**运用资本**，capital employed）。两者之间的差异就是公司的**市场增加值**（market value added，MVA）

$$\text{市场增加值} = \text{资本的市场价值} - \text{运用资本} \quad (15\text{-}1)$$

如果 *MVA* 为正，就说明创造了价值，因为公司资本的市场价值（公司权益和负债的市场价值）大于已经投入公司的资本数额；如果 *MVA* 为负，就说明减损了价值。

下面考察成立于2000年的一家软件公司 InfoSoft。2012 年 12 月 31 日，公司所有者对公司的累计权益资本投资为2.8 亿美元，债权人借给公司1 亿美元，从而 InfoSoft 的可用总资本为3.8 亿美元。假设当天资本（权益加负债）的市场价值为5 亿美元（我们将在下一部分说明如何计算该价值）。总结一下：在2010 年年末，InfoSoft 使用了3.8 亿美元资本，其市场价值为5 亿美元。用 InfoSoft 的市场价值（5 亿美元）减去运用资本数额（3.8 亿美元），就可以衡量 InfoSoft 在2010 年12 月31 日已经创造的价值数额

$$\text{InfoSoft 的 } MVA_{12/31/2010} = \$5\text{ 亿} - \$3.8\text{ 亿} = \$1.2\text{ 亿}$$

MVA 为正的1.2 亿美元，表明 InfoSoft 在2010 年12 月31 日已经创造了1.2 亿美元价值。

假如 InfoSoft 的权益和债务资本的市场价值为3 亿美元，而不是5 亿美元。在这种情况下，InfoSoft 在2010 年12 月31 日就减损了8 000 万美元价值，因为3.8 亿美元的资本在当天仅价值3 亿美元。

MVA 衡量在某一特定时点的价值创造或价值减损。如果需要衡量在某一期间的价值创造或价值减损，就需要考察该期间的 *MVA* 变动。例如，如果 InfoSoft 在1 年前（2009 年12 月31 日）的 *MVA* 为1.4 亿美元，那么公司管理层在2010 年已经减损了2 000 万美元（1.2 亿美元减去1.4 亿美元）。

15.1.1 估计市场增加值

为使用式（15-1）估计公司 *MVA*，我们需要知道：①公司权益资本和债务资本的市场价值；②股东和债权人投入公司的资本数额。我们现在考察如何估计这些项目。

1. 估计资本的市场价值

资本的市场价值（market value of capital）可以从金融市场获得，至少对于权益和债务资本都以证券形式公开交易的公司而言是这样。如果公司没有公开上市，那么它的市场价值就是不可观测的，它的 *MVA* 也就无法计算。但是，如果有人出价收购公司，我们可以基于收购价估计公司的 *MVA*。

2010 年12 月31 日，InfoSoft 负债的市场价值为1.1 亿美元：长期负债的市场价值为5 000 万美元，非交易银行借款的资产负债表列示价值为6 000 万美元。[㊀]公司拥有390 万流通在外股票，每股市价为100 美元。因此，公司权益的市场价值（公司**市场资本化价值**，market capitalization）为3.9 亿美元（100 美元乘以390 万股），公司资本的总市值为5 亿美元（= 负债1.1 亿美元 + 权益3.9 亿美元）。这是我们用来估计2010 年12 月31 日 InfoSoft *MVA* 的数据。

2. 估计运用资本数额

衡量公司 *MVA* 所需要的另一个变量是公司运用资本数额的估计值，这个数字可以从公司资产负债表和相关附注中获取。债务资本包括短期和长期借款以及等同于负债义务的资本来源，例如融资租赁义务、员工退休和福利计划等项目。估计权益资本数额要更加复杂。我们必须在资产负债表列示的权益账面价值基础上，加回标准会计惯例要求从资产负债表中剔除的一些项目。

表15-1 列示了 InfoSoft 公司2009 年12 月31 日和2010 年12 月31 日以管理资产负债表形式报告的两个版本资产负债表（见第3 章）。管理资产负债表反映公司的投入资本（现金、营运资本需求[㊁]和固定资产净值）和公司为支持这些投资所运用的资本（权益加负债）。

未经调整的资产负债表报告了根据标准会计管理计算的投入资本和运用资本，调整后资产负债表则在投入资本和权益账面价值上加回了一些会计惯例剔除的项目。2010 年年末两种资产负债表上的负债数额相同（1 亿美元），等于我们用于估计 InfoSoft 公司 *MVA* 的数字。

㊀ 我们假设银行债务的价值等于它的账面价值，即这些贷款的利率自 InfoSoft 借入资金后没有改变过。

㊁ 营运资本需求是公司经营性资产（应收账款 + 存货 + 预付费用）与经营性负债（应付账款 + 应计费用）之差。具体说明见第3 章。

表 15-1　InfoSoft 2009 年 12 月 31 日和 2010 年 12 月 31 日的管理资产负债表

（单位：100 万美元）

未经调整的管理资产负债表	2009 年 12 月 31 日			2010 年 12 月 31 日		
投入资本						
现金			5			10
营运资本需求①（净值）			100			100
总值	105			110		
累计坏账准备	(5)			(10)		
固定资产净值			185			190
厂场设备（净值）		95			110	
商誉②（净值）		90			80	
合计			**290**			**300**
运用资本						
短期负债			40			20
长期负债			40			40
租赁负债			40			40
所有者权益			170			200
合计			**290**			**300**

调整后管理资产负债表	2009 年 12 月 31 日		2010 年 12 月 31 日	
投入资本				
现金		5		10
营运资本需求总值①		105		110
固定资产净值		235		260
厂场设备净值	95		110	
商誉总值	100		100	
资本化的研发费用	40		50	
合计		**345**		**380**
运用资本				
债务资本合计		120		100
短期负债	40		20	
长期负债	40		40	
租赁负债	40		40	
调整后所有者权益		225		280
权益的账面价值	170		200	
累计坏账准备	5		10	
累计商誉减值	10		20	
资本化的研发费用	40		50	
合计		**345**		**380**

①营运资本需求 =（应收账款 + 存货 + 预付费用）-（应付账款 + 应计费用）。

②2009 年年底和 2010 年年底的总值均为 1 亿美元。

为了得到表 15-1 中 2010 年调整后资产负债表上列示的 2.8 亿美元调整后所有者权益，应该把哪些项目加回到权益的账面价值中呢？根据会计惯例，这些项目（例如**坏账准备**，allowance for bad debt；**商誉**，goodwill；**减值和研发**，R&D 费用等）被人为划分为费用，作为收入的减项列示在利润表中。这些减项都会降低报告所列示的利润和留存收益。如果留存收益变小，资产负债表上的权益账户就会被低估。

表 15-1 列示的 2010 年未经调整资产负债表中的投入资本包含了 1 000 万美元的累计坏账准备和 2 000 万美元

累计商誉减值。将这两项与5 000万美元研发费用加回到2010年未经调整的权益账面价值2亿美元上，可以得到2010年调整后资产负债表中列示的数字2.8亿美元。

表15-1说明了为什么以及如何做出这些调整。我们注意到，这些调整对InfoSoft *MVA*的影响是巨大的，忽略它们将使InfoSoft的*MVA*被高估8 000万美元。

15.1.2 解读市场增加值

我们可以从式（15-1）给出的价值创造定义和解释中得到一些显著的观察结果，我们在这部分考察最重要的几个。

1. 最大化市场价值与最大化股东价值是一致的

严格地说，股东价值创造应该用公司权益的市场价值与股东投入公司的权益资本数额之差来衡量。前者代表金融市场对股东在公司投资的评估，后者代表股东实际投入公司的资金。但是式（15-1）中的市场增加值是全部资本（权益和负债）的市场价值与全部运用资本之差。我们注意到，式（15-1）中的市场增加值等于权益市场增加值（被定义为权益的市场价值与调整后账面价值之差）加上负债市场增加值（被定义为负债的市场价值与账面价值之差），因而可以使两个定义协调一致。式（15-1）中的市场增加值定义可以重新表述为

$$\text{市场增加值} = \text{权益市场增加值} + \text{负债市场增加值} \tag{15-2}$$

对于InfoSoft而言，权益市场增加值为1.1亿美元（权益市场价值3.9亿美元减去调整后权益资本2.8亿美元），负债市场增加值为1 000万美元（负债市场价值1.1亿美元减去负债资本1亿美元）。两者相加得到总市场增加值1.2亿美元。

如果我们假设负债市场增加值由于利率水平的变动而不为零，[⊖]那么，在给定的利率水平，最大化市场增加值就等同于最大化股东价值（权益市场增加值）。利率的一般水平由经理不能控制的宏观因素决定，因此使用市场增加值作为管理业绩的衡量指标是有问题的。为了把管理层决策导致的市场增加值变动分离出来，我们应该首先消除由广泛市场环境带来的市场增加值变动。一种修正方法就是减去广泛市场环境带来的市场增加值变动估计值。

2. 最大化公司资本的市场价值并不一定意味着创造价值

假设InfoSoft的管理层保留了1 500万美元利润，并借入500万美元以投资于一个价值2 000万美元的项目。假设作为该投资决策的结果，InfoSoft的市场价值增加了1 600万美元（从5亿美元增加到5.16亿美元）。我们能得出InfoSoft创造了1 600万美元价值的结论吗？答案是不能。它实际上减损了400万美元价值。想知道为什么，可以计算一下宣布项目后公司的市场增加值，是1.16亿美元（市场价值5.16亿美元减去运用资本4亿美元——最初的3.8亿美元加上投资2 000万美元）。现在市场增加值比宣布项目前少400万美元（1.16亿美元减去1.2亿美元）。这是因为公司投资项目2 000万美元，却仅使公司市场价值增加了1 600万美元。

考察另外一个例子，说明为什么经理应该最大化市场增加值而不是最大化市场价值。假设我们把InfoSoft的市场价值与TransTech的市场价值10亿美元做比较。虽然TransTech的市场价值是InfoSoft的两倍，但是我们不能就此推断TransTech创造的价值也是InfoSoft的两倍。在我们得出任何结论之前，需要知道TransTech运用了多少资本。TransTech的调整后资产负债表（这里没有提供）表明，公司的运用资本为9.4亿美元，因此它的市场增加值为6 000万美元（10亿美元减去9.4亿美元），是InfoSoft公司1.2亿市场增加值的一半。尽管TransTech的市场价值是InfoSoft的两倍，但它的管理层创造的价值是InfoSoft管理层创造价值的一半。

3. 当公司实施净现值为正的项目时市场增加值增加

回忆一下第6章给出的项目净现值（NPV）定义。项目净现值等于项目预计产生的现金流量的现值减去项目投入资本。在式（15-1）中给出的市场增加值定义中，运用资本等于公司在过去和现在的投资项目中投入的总资本。这些投资在未来预计产生的现金流量的现值就是公司资本的市场价值。因此市场增加值就等于公司实施的所有项目的净现值之和。换言之，宣称公司提高（或降低）了市场增加值就等同于宣称公司投资了

⊖ 在InfoSoft的案例中，利率已经下降，长期负债的市场价值已经上升。对利率变动与市场价值之间反向变动关系的解释见第9章。

净现值为正（或为负）的项目。在本章的后面，我们将说明一个投资项目对公司市场增加值的贡献实际上等于项目的净现值。

15.1.3 审视证据

考察组成标准普尔股票市场指数的500家美国公司。表15-2列示了EVA Dimensions公司使用2008年数据编制的2009年排行榜中创造最高市场增加值的公司和市场增加值最低的十家公司。[⊖]第一列列示了公司总资本（权益加负债）的市场价值；第二列列示了相应的运用资本数额（调整了会计造成的扭曲后）；两者之差是公司的估计市场增加值，在第三列列示。我们可以从中得到有关各家公司及其市场增加值的一些显著观察结果。

表15-2 美国前十名价值创造公司和价值减损公司：2009年排名①

按照市场增加值排名（括号中为2004年排名）② （单位：100万美元）

排在前十名的价值创造公司（按照市场增加值排名）	资本的市场价值	运用资本	创造的价值（*MVA*③）
1. 埃克森美孚（7）	401.0	230.0	+171.0
2. 微软（3）	187.8	25.5	+162.3
3. 沃尔玛（2）	247.5	123.8	+123.7
4. 谷歌	118.0	16.6	+101.4
5. 苹果（274）	103.5	3.1	+100.4
6. IBM（12）	172.9	83.2	+89.7
7. 可口可乐（10）	122.0	33.2	+88.8
8. 宝洁（9）	214.9	129.6	+85.3
9. 甲骨文（21）	110.7	26.1	+84.6
10. 菲利普·莫瑞斯（18）	99.7	23.3	+76.4
排在后十名的价值减损公司（按照市场增加值排名）	**资本的市场价值**	**运用资本**	**减损的价值（*MVA*）**
491. 威瑞森电信公司（469）	194.3	225.1	-30.8
492. 摩根大通（64）	138.1	175.1	-37.0
493. 斯普林特公司（681）	50.5	88.5	-38.0
494. 捷迪讯光电公司（1 000）	21.1	60.1	-39.0
495. 美国电话电报公司（174）	271.9	321.3	-49.4
496. 时代华纳公司（998）	71.4	123.8	-52.4
497. 通用汽车公司④（994）	-19.1	39.5	-58.6
498. 花旗银行（4）	21.1	111.1	-90.0
499. 辉瑞公司（14）	91.6	193.0	-101.4
500. 美国银行（22）	108.4	233.7	-125.3

①数据是EVA Dimensions有限责任公司（www.evadimensions.com）根据2008会计年度数据对构成标准普尔综合指数（S&P 500）的500家公司排名得到的。数据使用已得到允许。
②2004年的排名是根据2003年数据对1 000家公司排名得到的。
③*MVA*=资本的市场价值-运用资本。
④资本和市场价值数据包括“净养老金负债”，即累计服务成本减去现金缴付款的税后金额。通用电气公司的现金缴付款超过了累计服务成本，因此得到的净养老金负债为负值，相应得到负的市场价值。

第一，前十名公司创造了略多于10 000亿美元的价值，超过了大多数国家的国民生产总值（GNP）。

第二，正如前面所指出的，当我们比较两家公司时，具有最高资本市场价值的公司不一定是创造了最大价值的公司。例如，沃尔玛（一家零售商）的资本市场价值（2 475亿美元）高于微软的资本市场价值（1 878亿美元），但是它为所有者创造的价值更少，因为沃尔玛的市场增加值为1 237亿美元，而微软的市场增加值为1 623亿美元。

第三，价值创造是用绝对数衡量的。例如，比较埃克森美孚（一家综合石油公司）的业绩与甲骨文（一家软

⊖ 有关EVA Dimensions提供数据的更多信息，请参见网站www.evadimensions.com。

件提供商）的业绩。埃克森美孚的估计市场增加值为1 710亿美元，是最高的绝对值创造者，而甲骨文的估计市场增加值为较低的846亿美元，排名第九。但是，如果用单位运用资本创造的价值来衡量价值创造，甲骨文的业绩要优于埃克森美孚，因为甲骨文每单位运用资本创造了3.24美元的价值（846亿美元除以261亿美元），而埃克森美孚每单位运用资本创造了0.74美元（1 710亿美元除以2 300亿美元）。这种情况之所以发生，是因为甲骨文的资本密集程度低于埃克森美孚的。

第四，在市场增加值最高的十家公司中，有四家处于计算机及其相关行业：微软（软件）、苹果（硬件和软件）、IBM（硬件和软件）和甲骨文（软件）。另外六家公司所处行业多种多样：食品和日常必需品零售（沃尔玛），互联网服务（谷歌），食品、饮料和烟草（可口可乐和菲利普·莫瑞斯），家庭和个人用品（宝洁）等。我们注意到，这里面没有来自金融服务业的价值创造公司。这是因为2007～2009年的金融危机大大降低了金融公司的价值，导致很多金融公司进入了市场增加值最低的十家公司行列（例如摩根大通、花旗银行和美国银行）。

第五，虽然市场增加值最高的十家公司中有五家在5年前就名列市场增加值最高十家公司中，但排名并不是一成不变的。排名可能发生巨大改变，例如苹果公司从第274名跃居第5名，花旗银行则从第4名下降到第498名。也会有一些新加入的公司，例如谷歌，2004年还没有出现在名单上，2009年已经名列第4。

第六，不管一个行业的整体业绩如何，在该行业中都可以同时找到价值创造公司和价值减损公司。例如，尽管2008～2009年严重的危机席卷金融服务业，但该行业仍有价值创造公司，例如，威尔斯法戈以214亿美元市场增加值名列第37位，高盛以184亿美元市场增加值名列第40位等。因此，管理层无法创造价值不能单独归咎于行业因素。

下一部分确定价值创造的驱动因素，并解释为什么一些公司成为价值创造者，而另外一些公司却成为价值减损者。

15.2 确定价值创造的驱动因素

一家公司创造价值的能力本质上是由三个关键因素共同驱动的：

（1）公司的经营盈利能力，用税后投入资本收益率衡量；

（2）公司的资本成本，用加权平均资本成本衡量；

（3）公司的成长能力。

税后投入资本收益率被定义为公司的**税后净经营利润**（net operating profit after tax，NOPAT）除以会计期初投入资本[⊖]

$$ROIC = \frac{EBIT \times (1 - \text{利率})}{\text{投入资本}} = \frac{NOPAT}{\text{投入资本}}$$

其中，*EBIT*是息税前收益，*NOPAT*为税后*EBIT*，投入资本是现金、营运资本需求和固定资产净值之和（见表15-1）。

WACC（见第1章和第10章）可以表示为

$$WACC = (\text{税后债务成本} \times \text{债务资本比例}) + (\text{权益成本} \times \text{权益资本比例})$$

为了进一步说明，我们回到InfoSoft的例子。假设InfoSoft在2010年赚取了息税前收益6 450万美元，债务成本为6.7%，估计权益成本为12%（如何估计权益成本见第10章），公司税率为36%。公司在2010年年初（与2009年年末相同）的调整后投入资本为3.45亿美元，如表15-1的调整后资产负债表所示。根据这些数据，InfoSoft的税后*ROIC*为

$$ROIC = \frac{\$6\,450\text{万} \times (1 - 0.36)}{\$3.45\text{亿}} = \frac{\$4\,128\text{万}}{\$3.45\text{亿}} = 11.97\%\text{，四舍五入为}12\%$$

*WACC*应该使用市场价值权重计算（见第11章）。前面提到过，InfoSoft的权益市场价值为3.9亿美元（390

⊖ 根据管理资产负债表（见表15-1），投入资本等于运用资本。因此，投入资本收益率（*ROIC*）就等于运用资本收益率（*ROCE*）。我们可以互换使用这两个比率。

万股，每股价值100美元），负债的市场价值为1.1亿美元。因此，*WACC*可以写作

$$WACC = \left[6.7\% \times (1-0.36) \times \frac{\$1.1\text{亿}}{\$5\text{亿}}\right] + \left(12\% \times \frac{\$3.9\text{亿}}{\$5\text{亿}}\right)$$

$$WACC = (4.29\% \times 0.22) + (12\% \times 0.78) = 10.3\%$$

让我们来看一看如何把公司创造价值的能力与这两个比率（ROIC 和 WACC）以及公司的成长率联系起来。

15.2.1 把价值创造与运营盈利能力、资本成本和成长机会联系起来

为了有助于理解 ROIC、WACC 和预计成长率如何相互作用以创造价值，我们考察一家公司的特定案例（并不失去任何一般性）：预计该公司将按照某一固定比率永续成长。附录15B表明，在这种情况下，公司的市场增加值可用以下估值公式计算

$$\text{市场增加值} = \frac{(ROIC - WACC) \times \text{投入资本}}{WACC - \text{固定增长率}} \tag{15-3}$$

接下来的部分将探讨可从式（15-3）中得到的两个重要和通用结论。

1. 要想创造价值，预计 ROIC 必须大于公司 WACC

估值公式，即式（15-3）表明，只有当公司投入资本的预计收益率（ROIC）高于融资成本（WACC）时，公司才能创造价值。只要公司的预期 ROIC 大于估计 WACC，估值公式的分子就为正，从而 MVA 为正，表明公司创造了价值。反之，如果公司的预计 ROIC 小于估计 WACC，则 MVA 为负，公司就减损了价值。以 InfoSoft 为例，它的 MVA 为1.2亿美元，是公司市场价值5亿美元与投入资本3.8亿美元之差。是什么驱动了 InfoSoft 创造价值的能力呢？简单地说，是市场预期 InfoSoft 的管理层将能获得高于公司估计 WACC（10.3%）[⊖]的 ROIC。

我们把 ROIC 与 WACC 之差称为收益价差

$$\text{收益价差} = ROIC - WACC \tag{15-4}$$

我们现在可以把价值创造条件重述为：预计收益价差为正是价值创造的源泉，预计收益价差为负是价值减损的原因。当收益价差为零时，公司既不创造价值，也不减损价值，这并不意味着公司不能为资金提供者带来回报。当收益价差为零时，ROIC 等于 WACC，意味着公司从经营中创造的利润刚好能够满足股东和债权人的预期收益，没有更多。为了创造价值，公司必须给投资者带来超过其预期的收益，只有当 ROIC 超过 WACC 时才能做到。牢记全部未来预计收益价差（而非过去或历史收益价差）驱动了价值创造或价值减损过程是非常重要的。

因此，经理的目标不应该是实现公司经营盈利能力最大化，而是实现公司收益价差最大化。这意味着基于 ROIC 奖励经理业绩可能会导致与价值创造不一致的行为。例如，假设 InfoSoft 一个部门的平均 ROIC 为14%，经理必须决定是否进行一项预计 ROIC 为12%的1年期投资。由于该项投资的 ROIC 预计会超过公司的 WACC 10.3%，所以应该接受该项投资。但是，如果经理的奖励与部门平均 ROIC 相关联，那么他很可能会拒绝该投资，因为接受投资会降低部门的平均业绩（该项投资的预计 ROIC 为12%，低于部门的 ROIC 14%），进而减少他的薪酬。设计与收益价差相联系的奖励制度应该能够避免这个问题。

有证据表明 ROIC 大于（小于）WACC 的公司是价值创造者（价值减损者）吗？这个问题很难回答，因为一家公司的 MVA 与其未来收益价差（而非过去收益价差）有关。遗憾的是，未来收益价差是无法观测的。但是，我们可以考察公司的 MVA 与其最近期 ROIC 和 WACC 之间的关系，如表15-3所示。我们注意到，前10名价值创造者的 ROIC 大于其 WACC，而后10名价值减损者的 ROIC 小于其 WACC。

⊖ 如果我们假设 InfoSoft 的增长率是固定和永续的，等于5.4%，那么，根据式（15-3），InfoSoft 的 *MVA* 等于

$$MVA = \frac{(0.120 - 0.103) \times \$3.45\text{亿}}{0.103 - 0.054} = \frac{\$587\text{万}}{0.049} = \$1.2\text{亿}$$

表 15-3 美国前 10 名价值创造公司和价值减损公司的经济增加值（EVA）：2009 年排名[①]

如表 15-2 按照市场增加值排名 （单位：100 万美元）

排在前 10 名的价值创造公司（按照市场增加值排名）	投入资本收益[②]	资本成本	EVA[③]
1. 埃克森美孚	20.2%	6.0%	+32.6
2. 微软	60.5%	10.8%	+12.7
3. 沃尔玛	11.4%	5.5%	+7.4
4. 谷歌	30.8%	12.3%	+3.1
5. 苹果	347.5%	10.5%	+4.6
6. IBM	12.0%	10.6%	+1.1
7. 可口可乐	14.7%	5.8%	+3.0
8. 宝洁	9.1%	6.6%	+3.3
9. 甲骨文	24.6%	10.4%	+3.5
10. 菲利普·莫瑞斯	25.1%	5.3%	+4.8
排在后 10 名的价值减损公司（按照市场增加值排名）	**投入资本收益[②]**	**资本成本**	**EVA[③]**
491. 威瑞森电信公司	4.5%	8.5%	-7.7
492. 摩根大通	6.0%	7.8%	-2.7
493. 斯普林特公司	0.3%	8.2%	-7.3
494. 捷迪讯光电公司	-0.8%	10.6%	-6.8
495. 美国电话电报公司	4.9%	8.6%	-11.9
496. 时代华纳公司	4.5%	7.3%	-4.7
497. 通用汽车公司	-47.1%	6.7%	-20.9
498. 花旗银行	-12.1%	7.8%	-18.6
499. 辉瑞公司	6.6%	7.4%	-1.6
500. 美国银行	7.5%	7.8%	-0.5

①数据是 EVA Dimensions 有限责任公司（www.evadimensions.com）根据 2008 会计年度数据对构成标准普尔综合指数（S&P 500）的 500 家公司排名得到的。数据使用已得到允许。

②用前四个季度的平均运用资本收益率衡量。

③*EVA* =（运用资本收益率 - 资本成本）× 平均运用资本。

2. 只有能够创造价值的成长才重要

估值公式，即式（15-3）的另一个一般性含义是：成长本身不一定能创造价值。收益价差的正负驱动价值创造，无论公司的成长率如何。一些高成长公司是价值减损者，一些低成长公司反而是价值创造者。只有伴随正收益价差的成长才能创造价值。

举例说明，我们比较一下 A 公司和 B 公司的业绩，它们的特征如表 15-4 所示。两家公司的投入资本都为 1 亿美元，预计 A 公司的增长率为 7%，预计 *ROIC* 为 10%，估计 *WACC* 为 13%，公司的收益价差为负（-3%）。根据式（15-3），公司减损了 5 000 万美元价值（计算过程见表 15-4）。我们注意到，A 公司的增长率高于或低于 7% 并不重要，只有 A 公司的经理能够通过把预计 *ROIC* 提高到估计 *WACC* 之上来改变负的收益价差，A 公司才能创造价值。现在再来考察 B 公司。B 公司将按较低的比率 4% 增长，但是它的预计 *ROIC* 为 13%，高于估计 *WACC* 10%，所以 B 公司的收益价差为正。根据式（15-3），尽管 B 公司的增长率低于 A 公司，但是它创造了 5 000 万美元价值（计算过程见表 15-4）。

表 15-4 两家具有不同增长率公司的价值创造比较 （单位：100 万美元）

公司	预计增长率	预计 *ROIC*	估计 *WACC*	预计收益价差	投入资本	根据式（15-3）计算的市场增加值	是否创造了价值
A	7%	10%	13%	-3%	100	$\frac{-3\% \times 100}{13\% - 7\%} = \frac{-3}{0.06} = -50$	否
B	4%	13%	10%	3%	100	$\frac{+3\% \times 100}{10\% - 4\%} = \frac{+3}{0.06} = +50$	是

15.2.2 把价值创造与它的基本决定因素联系起来

我们可以通过把公司预计 *ROIC* 分解为它的基础组成成分（见第 5 章）来确定价值创造的更基本动因。回忆一下，税前 *ROIC* 可以分解为营业利润率（*EBIT* 与销售收入的比率）和资本周转率（销售收入与投入资本的比率）。考虑公司所得税，我们可以得到税后 *ROIC* 的表达式

$$ROIC = \frac{EBIT}{\text{销售收入}} \times \frac{\text{销售收入}}{\text{投入资本}} \times (1 - \text{税率}) = \text{营业利润率} \times \text{资本周转率} \times (1 - \text{税率})$$

因此，管理层可以通过综合采取以下行动来提高公司 *ROIC*：

（1）提高营业利润率，可以通过创造更高的每单位销售收入营业利润实现；

（2）提高资本周转率，可以通过运用更少的资本创造相同或更高的销售收入实现（可以通过加快应收款回收，加速存货周转，保持销售收入不变或者提高销售收入来减少固定资产占用做到）；

（3）降低有效税率，可以通过利用多种税收减免和补助等实现。

图 15-1 总结了各种价值创造的驱动因素。除两个经营动因外，表中还列示了资本成本的组成成分。它们共同决定了未来预计收益价差的大小和正负，进而决定了公司的 *MVA*。如果 *MVA* 为正，那么公司成长越快，它创造的价值就越多。经理持续扩展公司业务的能力要受到公司发展所处经济、政治和社会环境的影响，要受到公司经营所处特定行业的结构和活力的影响，也要受到公司逐渐形成的竞争优势和核心能力的影响。

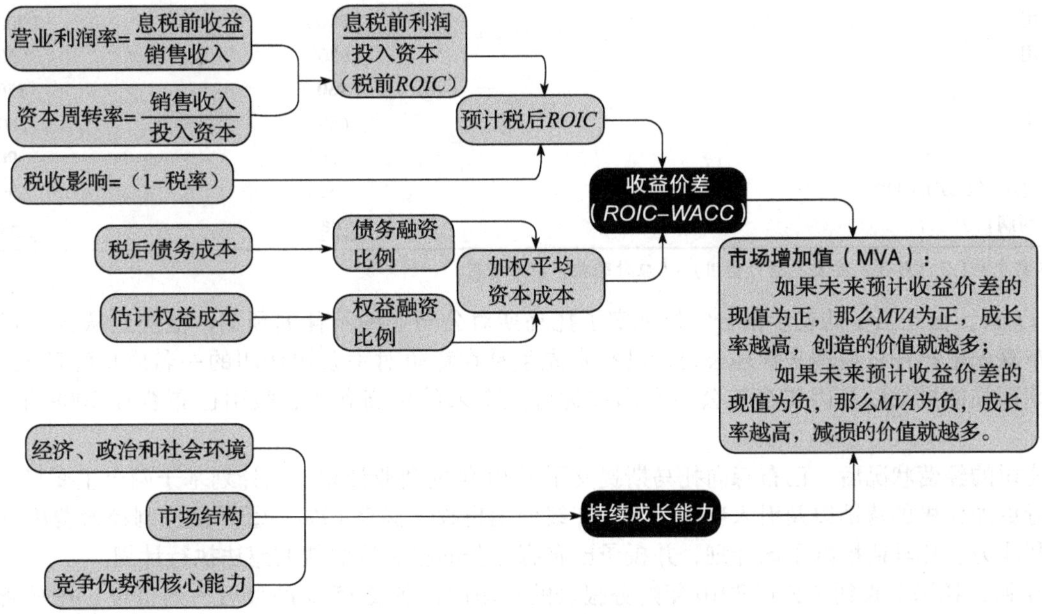

图 15-1 价值创造的驱动因素

EBIT = 息税前利润（税前营业利润）

投入资本 = 现金 + 营运资本需求 + 固定资产净值

WACC = 负债比例 × 税后负债成本 + 权益比例 × 权益成本

15.3 把经营业绩和薪酬与价值创造联系起来

在这个部分，我们用一个简短的案例研究来解释可以如何把经理的经营业绩、薪酬计划及其创造价值的能力联系起来。

15.3.1 托马斯先生雇用了一个总经理

托马斯先生是 Kiddy Wonder World（KWW）玩具分销公司的唯一所有者，2011 年年初，他对公司近期惨淡的经营业绩有些担心。2009 年公司的销售收入增长率和利润增长率均为 5%，而领先的竞争对手取得了更高的平均

增长率。公司2009年和2010年财务报表如表15-5所示，报表已经对可能歪曲投入资本和报告利润价值的会计惯例进行了调整。

表15-5 Kiddy Wonder World 公司的财务报表 （单位：100万美元）

资产负债表	2009年12月31日	2010年12月31日
投入资本		
现金	100	60
营运资本需求①	600	780
固定资产净值	300	360
合计	1 000	1 200
运用资本		
短期负债	200	300
长期负债	300	300
所有者权益	500	600
合计	1 000	1 200
利润表	**2009年**	**2010年**
销售收入	**2 000**	**2 200**
减：经营费用	(1 850)	(2 000)
减：折旧费用	(20)	(50)
息税前收益	**130**	**150**
减：利息费用	(50)	(60)
税前收益	**80**	**90**
减：所得税费用（*EBT* 的40%）	(32)	(36)
税后收益（净利润）	**48**	**54**

①营运资本需求=(应收账款+存货+预付费用)-(应付账款+应计费用)

2009年11月，公司当年的初步报告结果证实了托马斯对公司业绩不佳的预测，他决定从日常管理事务中抽身，雇用巴布森先生担任总经理来管理公司，巴布森先生是在竞争对手公司任职的一名成功经理人。提高KWW公司经营业绩面临的挑战以及因奖金与公司利润挂钩可能带来的更高薪水，吸引巴布森在2009年12月加入了KWW公司。

在熟悉公司的经营状况后，巴布森向托马斯提交了2010年的商业计划。该计划基于两个主要目标：①通过对现有产品进行更加积极的营销以及引入新的玩具生产线使销售收入提高10%；②严格控制经营费用以提高营业利润和公司盈利能力。托马斯批准了该计划，并授予巴布森充分的权利按照他的想法执行计划。

2011年年初，托马斯收到了公司2010年财务报表的复印件，在表15-5的最后一列报告。托马斯想使用这些数据来评价总经理的工作绩效，并通过与去年和同行业领先公司相比较来评估公司2010年业绩。他还想知道他和家族投入公司的资本所承担的与玩具生产和分销业务相关的经营和财务风险是否得到了足额补偿。最近他的朋友建议他投资一家风险程度与玩具分销业务相似的企业，预计可以获得的收益率为14%。

为了进行这项分析，托马斯需要同行业领先公司的财务数据。该信息由一家专门研究玩具生产和分销业务的咨询公司提供，如表15-6的最后一列所示。除竞争对手的业绩信息外，表15-6还提供了KWW公司2010年业绩（反映巴布森的决策结果）与2009年业绩（雇用巴布森之前）的比较数据。托马斯必须根据所有这些数据确定巴布森是否实现了销售收入和利润快速增长的双重目标。

15.3.2 总经理实现他的目标了吗

表15-6表明，2010年公司的销售收入增长了10%，利润增长了12.5%，两者都超过了去年和同行业领先公司的相应数据。经营费用增长率低于销售收入增长率（8.1%与10%相比较），从而解释了净利润增长快于销售收入增长（12.5%与10%相比较）的原因。似乎巴布森已经实现了他的两个目标，他是怎么做的呢？

表 15-6 Kiddy Wonder World 公司的比较业绩 （单位：100 万美元）

业绩指标	KWW 公司 2009 年业绩（巴布森之前）①	KWW 公司 2010 年业绩（巴布森来之后）②	领先竞争对手业绩
销售收入增长率			
与去年相比变动	5%	10%	9%
净利润增长率			
与去年相比变动	5%	12.5%	10%
经营费用增长率			
与去年相比变动	6%	8.1%	8.8%
投入资本增长率			
与去年相比变动	4.2%	20%	10%
营运资本需求增长率			
与去年相比变动	8%	30%	25%
流动性状况			
短期借款/*WCR*	$\frac{200}{600}=33.3\%$	$\frac{300}{780}=38.5\%$	25%
经营盈利能力			
ROIC＝税后 *EBIT*/平均投入资本	$\frac{130(1-0.4)}{980}=8\%$	$\frac{150(1-0.4)}{1\,100}=8.2\%$	10%

①2008 年的数据没有提供。2008 年的投入资本为 9.6 亿美元。
②比例变动使用表 15-5 中的财务报表数据计算。

进一步观察表 15-6 中的数据可以发现巴布森管理业绩的另一方面。公司的投入资本增加了 20%，远远快于 2008 年（4.2%）和领先公司（10%）。投入资本增加主要产生于 *WCR* 的高增长（30%），而 *WCR* 高增长的一个后果是公司流动性状况的恶化。正如表 15-5 所示，这种增长（在很大程度上本质上是永久性的）主要是通过现金持有量减少（从 1 亿美元到 6 000 万美元）和短期负债增加 50%（从 2 亿美元到 3 亿美元）取得的资金支持，从而导致短期负债支持的 *WCR* 的比例更高，如表 15-6 所示。㊀

最后，用 *ROIC* 衡量的公司经营盈利能力从 8% 略微提升到 8.2%，低于领先竞争对手实现的均值 10%。然而，*ROIC* 改进的主要原因在于投入资本是用平均数值计算的。如果用年末数值计算，会得到一个显示恶化的结果。

巴布森提高了销售收入和利润，但是他创造价值了吗？我们可以通过观察公司的收益价差来找到答案。公司最近期间的 *ROIC* 为 8.2%，为了解是否创造了价值，我们把这个投资收益率与实现该收益率所需平均资本成本比较。为了估计公司的 *WACC*，我们需要知道公司投资中的权益融资和负债融资比例、税后负债成本和权益成本。

表 15-5 中的资产负债表表明，KWW 公司的投入资本由相同金额的权益资本和负债资本组成。㊁公司可以按照 6.7% 的平均利率取得借款，税率为 40%，因此平均税后负债成本为 4.02%。预计权益成本是多少？它是如果公司所有者托马斯将其权益资本投资于与 KWW 公司具有相同风险水平的企业可以获得的预计收益率 14%。㊂现在，我们获得了计算 KWW 公司的 *WACC* 所需要的所有输入变量

$$WACC = (4.02\% \times 0.50) + (14\% \times 0.50) = 9.01\%\text{（四舍五入到 9\%）}$$

公司的 *WACC* 9% 高于公司的 *ROIC* 8.2%，因而历史收益价差为负，表明尽管巴布森提高了销售收入和利润，但是公司在 9% 的资本成本条件下不能创造价值。㊃巴布森按照超过资本收益率（8.2%）的成本（9%）投入了太多资本，而且，正如前面提到的，公司资本增长的主要原因在于公司 *WCR* 的增长（比去年高 30%）。

15.3.3 经济利润与会计利润

我们从 KWW 公司的分析中得到的结论是：巴布森在提高销售收入和利润方面很成功，但公司 *WCR* 的增长要

㊀ 第 3 章表明，依靠短期负债为长期承诺（例如 *WCR* 的永久性增长）提供资金支持是流动性恶化的迹象。

㊁ 第 10 章说明了 *WACC* 中权益与负债的比例应该根据权益和负债的市场价值估计。然而，KWW 公司不是一家上市公司，所以我们使用账面价值作为市场价值的代替变量。另一种做法是使用类似公司的市场价值比率。

㊂ 在这个案例中，权益成本是所有者的机会资本成本。对权益成本更加具体的估计，请见第 10 章。

㊃ 我们正在使用历史收益价差诊断巴布森的价值创造能力。然而，我们知道，价值创造是由未来预计收益价差决定的。隐含的假设是在当前增长策略下，未来收益价差不大可能变为正数。

远远快于销售收入和利润的增长。结果导致经营盈利能力达不到公司 *WACC*，从而不能创造价值。在某种程度上，*WCR* 的增长为总经理提供了实现销售收入和利润目标所需要的资源（存货和应收账款）。换言之，*WCR* 的增长不是偶然的，它是增加销售收入和利润所必需的。还有一个问题：为什么巴布森先生推动销售收入和利润增长，却忽视营运资本管理？或许我们应该看一下巴布森的薪酬计划是如何设计的。回想一下，巴布森的薪酬包括一份与利润挂钩的奖金，所以利润增加并不奇怪。由于营运资本增加并不影响奖金，因此巴布森或许会过度投资于营运资本以提高利润和增加奖金。

如果巴布森会因过度投资于营运资本以及营运资本融资需求的增加而受到惩罚，公司就可以阻止这种行为。惩罚巴布森过度投资于营运资本的一种方法是把他为实现利润所用的资本“费用”从 *NOPAT* 中扣除。这个资本费用可以用公司的 *WACC* 乘以投入资本数额（现金 + *WCR* + 固定资产净值）得到。我们把**经济利润**（economic profit）或**经济增加值**（economic value added，EVA）定义为 *NOPAT* 减去资本费用

$$\text{经济增加值} = NOPAT - (WACC \times \text{投入资本}) \tag{15-5}$$

其中 *NOPAT* 等于 *EBIT* ×（1 − 税率）。对于 KWW 公司而言，2009 年的 *EBIT* 为 1.3 亿美元，2010 年的 *EBIT* 为 1.5 亿美元，*WACC* 为 9%，2009 年的平均投入资本为 9.8 亿美元，2010 年的平均投入资本为 11 亿美元（见表 15-6）。因此，我们可以写作

$$EVA_{2009} = [\$1.3\text{ 亿} \times (1 - 0.40)] - (0.09 \times 9.8\text{ 亿}) = -\$1\,020\text{ 万}$$
$$EVA_{2010} = [\$1.5\text{ 亿} \times (1 - 0.40)] - (0.09 \times \$11\text{ 亿}) = -\$900\text{ 万}$$

尽管根据会计惯例计算 KWW 公司是盈利的（*NOPAT* 和净利润为正），但如果用经济利润计算 KWW 公司是亏损的（*EVA* 为负）。如果把巴布森的业绩和奖金与 *EVA* 而非会计利润挂钩，会促使他更加关注 *WCR* 的增长。

还有另外一种方法来表示巴布森未能创造价值，我们可从式（15-5）中的 *EVA* 定义中提取出“投入资本”因子

$$EVA = \left(\frac{NOPAT}{\text{投入资本}} - WACC\right) \times \text{投入资本}$$
$$EVA = (ROIC - WACC) \times \text{投入资本} \tag{15-6}$$

式（15-6）清楚地表明，正的收益价差意味着正的经济增加值，进而意味着价值创造。KWW 公司的所有者托马斯先生应该把巴布森先生的奖金与 *EVA* 而非会计利润挂钩。这会促使总经理更加关注投入资本，限制公司资产的增长，尤其是用于支持销售收入增长的 *WCR* 的增长。下一部分将概述 *EVA* 相关薪酬计划的主要特征。

让我们回到表 15-3，最后一列列示了根据式（15-6）估算出的排名前 10 名的创造价值公司和排名后 10 名的价值减损公司。我们注意到，收益价差为正的公司，*EVA* 也为正；收益价差为负的公司，*EVA* 也为负。如前所述，历史收益价差或 *EVA* 为正（负）并不意味着公司一定是价值创造者（价值减损者）。公司未来预计 *EVA*（而非历史 *EVA*）的大小和正负决定公司是价值创造者还是价值减损者。

15.3.4 设计促使经理像所有者那样行动的薪酬计划

我们在整本书中都指出，创造价值应该是经理的终极目标。但是，KWW 公司的案例清楚地表明，经理并不总是遵从这个原则行事。那么，挑战就在于制订出能够促使经理做出创造价值决策而非遵循其他目标的薪酬计划。一个显而易见的解决方案是通过使用股票所有权而非利润份额奖励经理将其转变为所有者。然而，所有者并不总是希望把大部分权益投资转移给经理。

正如前面部分所提到的那样，一种可能的选择是用与提高 *EVA* 能力挂钩的奖金作为经理的部分薪酬。提高 *EVA* 是创造价值的关键，对经理提高 *EVA* 的能力设置奖励应该能够促使他们采取与价值创造目标相一致的决策。然而，要使这种薪酬系统有效实施，必须满足一些条件。

第一，当前做出的管理决策（例如资本支出决策）将最有可能影响后续各年 *EVA*。因此，经理的奖金应该与其在未来几个年度（例如 3 ~ 5 年，而非单一年度）创造更高 *EVA* 的能力相关联。

第二，在制订并接受薪酬计划后，就不应该再修改该计划，奖金也不应有封顶限制。出众的业绩应该获得慷慨奖励，糟糕的业绩则应该受到惩罚。做到这一点的一种方法是只允许经理在既定年份变现一部分（例如 25%）

EVA 奖金，其余部分要“存”在公司。如果 EVA 在后续年份下降，那么“存款”将减少，减少的金额与 EVA 下降的金额相关。在 3～5 年后，经理可以取出 EVA 存款余额（假设它是正值）。

第三，为了对经理行为产生重要激励影响，与优秀 EVA 业绩相关的奖励必须在经理全部薪酬中占有相对较大的比例。例如，如果在一个薪酬计划中，与 EVA 相关的奖金仅占全部薪酬的 5%，而其余 95% 都采取固定工资形式，那么该薪酬计划就不可能像 EVA 相关奖金占全部薪酬 50% 的薪酬计划那样有效。

第四，应该让尽可能多的经理参与到 EVA 相关奖金计划中，目的在于促使整个组织都关注经济利润和价值创造。如果只有少数高级经理使用这种薪酬计划，而组织中的其他人员都使用另一种薪酬计划（例如利润或销售收入相关奖金计划，或者根本没有奖金），那么这个目标就很难实现。

第五，如果采用了 EVA 相关奖金计划，就必须重述用于估计 EVA 的资本和营业利润的账面价值，以调整会计惯例导致的扭曲，如附录 15A 所示。所做调整应该局限于与经理相关且对经理有意义的一些项目，太多调整可能导致不必要的薪酬系统复杂化，而薪酬系统的主要吸引力在于它的简单和易于理解。

第六，EVA 相关奖金计划必须与公司资本预算流程一致，公司资本预算流程是做出创造价值投资决策的关键（见第 6 章）。换言之，促使经理最大化投资寿命期的 EVA 必须与我们在做出资本支出决策时倡导的净现值法则相一致。我们将在下一部分说明事实确实如此。

15.4 把资本预算流程与价值创造联系起来

第 6 章中阐述了公司应该如何做出投资决策以及应该如何组织资本预算流程，目的在于做出有潜力提高公司市场价值的投资决策。在这种情况下，净现值法则和内部收益率法则都发挥了关键作用。公司仅应接受净现值为正或者内部收益率大于项目 WACC 的投资方案。前面提到过，我们可以通过将投资预计在未来产生的现金流量折现为现值，再从中减去开展项目所需初始现金流出量，计算出投资方案项目的净现值。第 10 章指出，计算预计现金流量现值所需相关折现率是反映投资风险的 WACC。项目的内部收益率就是使得投资的净现值等于零的折现率。

净现值法则是资本预算流程的核心，它是基于现金流量的，但本章阐述的财务管理框架是基于 MVA 和 EVA 的。在本章前面部分，ROIC、WACC 和增长率是与 MVA 相联系的，而经营业绩和薪酬是与 EVA 相联系的。现在我们需要把 EVA 与 MVA 相联系，并把基于现金流量的 NPV 法则与 EVA 和 MVA 相联系。通过把公司财务职能所关注的业绩指标联系起来，我们就能提供一个综合的财务管理系统，把价值创造目标与公司价值、经营业绩、薪酬和激励计划，以及资本预算流程整合在一起。

15.4.1 投资项目未来 EVA 的现值等于它的 MVA

我们首先考察 MVA 与 EVA 之间的联系。上一部分表明，衡量经理创造价值能力的正确指标是他在一段期间（通常为一年）能够创造的经济利润或 EVA。然而，大多数管理决策将在几个期间内（而非立即）创造收益。因此，我们需要衡量一项经营决策预计产生的全部未来经济利润的当前价值，而不是单一期间产生的经济利润的当前价值。换言之，我们需要衡量全部未来预计 EVA 的现值，这个现值是衡量经营决策将会创造的潜在价值指标。经营决策创造的潜在价值就是决策的 MVA，如式（15-3）所示。式（15-6）给出了 EVA 的定义。式（15-3）中的分子与式（15-6）中定义的 EVA 相同。因此，我们可以把式（15-3）写作

$$MVA = \frac{EVA}{WACC - \text{固定增长率}} \tag{15-7}$$

在这种情况下，预计未来 EVA 会按固定的比率永续增长。这个估值公式表明，一个经营方案预计产生的未来 EVA 的现值就等于该经营方案的 MVA。换言之，管理层应该最大化公司投入资本预计产生的全部未来 EVA，以实现公司 MVA 最大化并为股东创造价值。

15.4.2 最大化 MVA 等同于最大化 NPV

我们刚刚表明，能够创造价值的经理以最大化 MVA 为目标从事经营活动。我们曾在第 6 章指出，能够创造价值的经理会做出最大化 NPV 的决策。我们现在想知道这两个决策标准是否一致。我们以表 15-7 中报告的例子对其加以说明，该表用电子表格形式列示。

表 15-7 用现金流量计算的净现值与用经济增加值计算的净现值的等同性 （单位：1000 美元）

	A	B	C	D	E
1		现在	第 1 年年末	第 2 年年末	
2					
3					
4	**1. 投资数据**				
5	设备成本	(1 000)			
6	设备残值			0	
7	折旧费用		(500)	(500)	
8	销售收入		2 000	4 000	
9	营运资本需求/下一年销售收入	10%	10%		
10	营业费用/销售收入		70%	70%	
11	公司税率		40%	40%	
12	资本成本	10%			
13					
14	**2. 预计税后净营业利润**				
15	预计营业利润		100	700	
16	营业利润应交税费		40	280	
17	预计税后净营业利润		60	420	
18					
19	**3. 投资产生的预计现金流量和净现值**				
20	营运资本需求	200	400	0	
21	营运资本需求的变动	(200)	(200)	400	
22	**投资产生的预计现金流量**	**(1 200)**	**360**	**1 320**	
23	**净现值**	**218.2**			
24	**内部收益率**	**21%**			
25					
26	**4. 经济增加值和市场增加值**				
27	设备累计折旧		(500)	(1 000)	
28	设备账面净值	1 000	500	—	
29	投入资本	1 200	900	—	
30	资本费用		-120	-90	
31	**经济增加值**		**(60)**	**330**	
32	***MVA* = *EVA* 的现值**	**218.2**			
33					
34	第 5 ~ 12 行是数据				
35	C15 的计算公式 = C8 * (1 - C10) + C7，然后把单元格 C15 的计算公式复制到第 15 行中的下一个单元格				
36	C16 的计算公式 = C11 * C15，然后把单元格 C16 的计算公式复制到第 16 行中的下一个单元格				
37	单元格 B20 的计算公式 = B9 * C8，然后把单元格 B20 的计算公式复制到第 20 行的其他单元格				
38	单元格 B21 的计算公式 = - B20；单元格 C21 的计算公式 = -(C20 - B20)，然后把单元格 C21 的计算公式复制到第 21 行中的下一个单元格				
39	单元格 B22 的计算公式 = B5 + B17 - B7 + B21，然后把单元格 B22 的计算公式复制到第 22 行的其他单元格				
40	单元格 B23 的计算公式 = B22 + NPV(B12，C22:D22)				
41	单元格 B24 的计算公式 = IRR（B22：D22）				
42	单元格 C27 的计算公式 = C7，单元格 D7 的计算公式 = C27 + D7				
43	单元格 B28 的计算公式 = -B5 + B27，然后把单元格 B28 的计算公式复制到第 28 行的其他单元格				
44	单元格 B29 的计算公式 = B28 + B20，然后把单元格 B29 的计算公式复制到第 29 行的其他单元格				
45	单元格 C30 的计算公式 = -B12 * B29，然后把单元格 C30 的计算公式复制到第 30 行的下一个单元格				
46	单元格 C31 的计算公式 = C17 + C30，然后把单元格 C31 的计算公式复制到第 31 行中的下一个单元格				
47	单元格 B32 的计算公式 = NPV(B12，C31:D31)				
48					

投资　公司正在考虑投资一台设备。与投资相关的数据列示在表 15-7 的第一部分。设备的购买成本为 100 万美元，预期使用寿命为 2 年，残值为 0。设备将在接下来的两年计提折旧，每年折旧费用均为 50 万美元。预计设备将在第 1 年产生 200 万美元销售收入，将在第 2 年产生 400 万美元销售收入。每年年初，公司必须增加对营运资本的投资，以支持将在当年产生的销售收入。*WCR* 与下一年销售收入的比率为 10%，营业费用（不包含折旧费用）与销售收入的比率为 70%。公司税率为 40%，公司对这种类型投资使用的资本成本（*WACC*）为 10%。

投资产生的税后净营业利润　预计净营业利润列示在表 15-7 的第二部分。营业利润等于销售收入的 30%（因为营业费用为销售收入的 70%）减去折旧费用（因为它们不包含在营业费用中）。税金为营业利润的 40%。第 1 年年末的 *NOPAT* 为 6 万美元，第 2 年年末的 *NOPAT* 为 42 万美元（见表 15-7 第 17 行）。

投资产生的现金流量　投资产生的现金流量在表 15-7 的第三部分计算。投资产生的现金流量等于 *NOPAT* 加上折旧费用再减去净投资。净投资包含设备买价（100 万美元）和投资寿命期间的 *WCR* 变动。公司必须在投资日投入 20 万美元营运资本（第 1 年销售收入的 10%），一年后再投入 20 万美元，在第 2 年年末共计投入 40 万美元。需要注意的是，这 40 万美元会在第 2 年年末项目终结时收回。计算得到开展项目的初始现金流出量为 120 万美元，第 1 年年末产生净现金流入量 36 万美元，第 2 年年末产生净现金流入量 132 万美元（见表 15-7 第 22 行）。

净现值和内部收益率　使用资本成本 10% 计算，投资产生的预计现金流量的 *NPV* 为 218 200 美元（见表 15-7 第 23 行），*IRR* 为 21%（见表 15-7 第 24 行）。投资的净现值为正，而且 IRR 超过了 *WACC*，因此该投资能够创造价值，应该接受。

经济增加值和市场增加值　一项投资创造价值的能力也可以通过计算投资未来预计 *EVA*，并按照资本成本（*WACC*）对 *EVA* 折现以得到投资的 *MVA* 来估计。如果 *MVA* 为正，说明创造了价值；如果 *MVA* 为负，说明减损了价值。计算过程列示在表 15-7 的第四部分。从 *NOPAT* 中减去等于年初投入资本 10% 的资本费用，可以计算出预计 *EVA*。第 1 年，*NOPAT* 为 6 万美元（见表 15-7 第 17 行），年初投入资本为 120 万美元（见表 15-7 第 29 行），资本费用为 12 万美元（见表 15-7 第 30 行），预计 *EVA* 为 −6 万美元。第 2 年，*NOPAT* 为 42 万美元，资本费用为 9 万美元，*EVA* 为 33 万美元。

该投资的 *MVA* 等于预期未来 *EVA* 按照 10% 的 *WACC* 折现后的价值。如表 15-7 第 30 行所示，*MVA* 等于 218 200美元。因为 *MVA* 为正，所以投资能够创造价值，即使第 1 年 *EVA* 为负也应该接受。我们注意到，表 15-7 中第 32 行的投资 *MVA* 刚好等于第 23 行的 *NPV*。

尽管两种方法是等同的，但管理层在使用 *MVA* 方法评估投资决策时，尤其是在估计资本费用（投入资本乘以 *WACC*）时，必须小心谨慎。相关数据是期初投入资本数额，而不是期末投入资本数额。

NPV 方法的主要优势在于它考虑了与项目相关的非财务交易，无论项目会增加还是减少公司的现金持有量。因此，在使用净现值法则时，经理可以忽略各期期初的投入资本数额，只需关注项目产生的现金流量。回想一下，表 15-7 中项目的第 1 年 *EVA* 为负，但第 1 年现金流量为正，这表明尽管第 1 年没有创造价值，但投资确实产生了现金。当然，*MVA* 方法的主要优势在于它与 *EVA* 直接相关，而 *EVA* 是基于经理熟悉的会计数据计算出来的。

15.5　汇总：财务战略矩阵

图 15-2 用一个框架总结了公司财务管理系统的关键因素，并列示了它们的管理含义，我们称这个框架为公司的**财务战略矩阵**（financial strategy matrix）。公司可能会有一个或多个部门或业务。

纵轴衡量某个特定业务部门创造价值的能力，用收益价差（预计 *ROIC* 减去 *WACC*）的正负和大小反映。如果收益价差为正（位于矩阵的上半部分），代表创造了价值（*EVA* 为正）；如果收益价差为负（位于矩阵的下半部分），代表减损了价值（*EVA* 为负）。

横轴衡量某个业务部门利用自有资金支持销售收入增长的能力，用预计销售收入增长率与自我可持续增长率（见第 5 章）之差衡量。**自我可持续增长率**（self-sustainable growth rate）是指一个业务部门在不改变其融资政策（负债与权益比率和股利支付率保持不变，没有发行新股或回购股份）或不修改其经营政策（营业利润率和资本周转率保持不变）条件下能够达到的最大销售收入增长率。我们在第 5 章中表明，一个业务部门的自我可持续增长率等于利润留存率乘以权益收益率。

如果销售收入增长率高于自我可持续增长率（位于矩阵的右半部），业务部门就会发生现金短缺；如果销售收入增长率低于自我可持续增长率（位于矩阵的左半部），业务部门就会产生现金盈余。

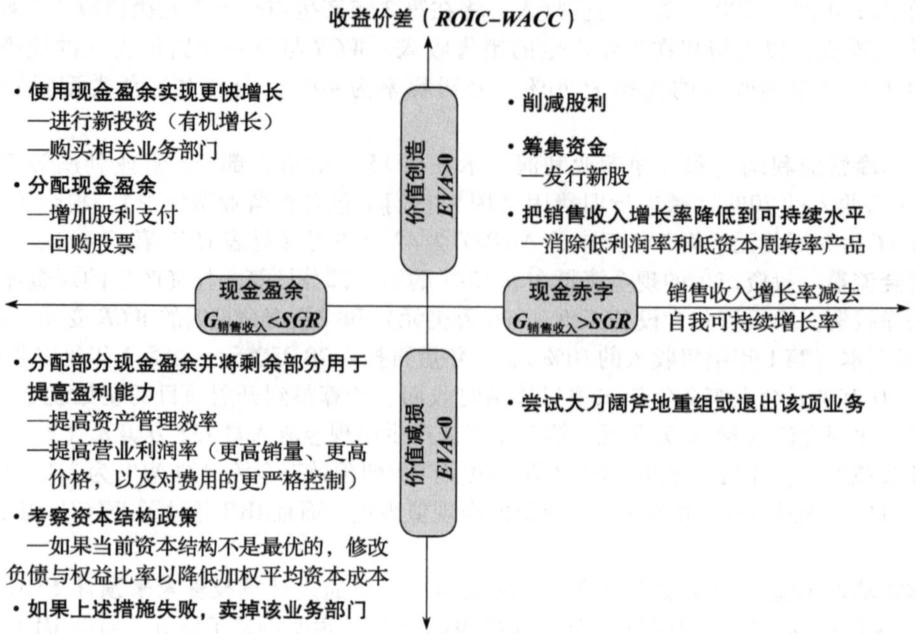
收益价差（ROIC–WACC）
• 使用现金盈余实现更快增长
—进行新投资（有机增长）
—购买相关业务部门
• 分配现金盈余
—增加股利支付
—回购股票
价值创造
EVA>0
• 削减股利
• 筹集资金
—发行新股
• 把销售收入增长率降低到可持续水平
—消除低利润率和低资本周转率产品
现金盈余
G销售收入<SGR
现金赤字
G销售收入>SGR
销售收入增长率减去
自我可持续增长率
• 分配部分现金盈余并将剩余部分用于提高盈利能力
—提高资产管理效率
—提高营业利润率（更高销量、更高价格，以及对费用的更严格控制）
• 考察资本结构政策
—如果当前资本结构不是最优的，修改负债与权益比率以降低加权平均资本成本
• 如果上述措施失败，卖掉该业务部门
价值减损
EVA<0
• 尝试大刀阔斧地重组或退出该项业务

图 15-2 财务战略矩阵

ROIC = 投入资本收益率

WACC = 加权平均资本成本

$G_{销售收入}$ = 销售收入增长率

SGR = 自我可持续增长率

图 15-2 中的矩阵有什么管理意义？一个业务部门可能会面临四种情况：①该业务部门有能力创造价值但是发生了现金短缺（位于第一象限）；②该业务部门有能力创造价值而且产生了现金盈余（位于第二象限）；③该业务部门是价值减损者但是产生了现金盈余（位于第三象限）；④该业务部门是价值减损者而且发生了现金短缺（位于第四象限）。

只有单一业务部门的公司将会落在这四个象限中的一个象限中，而拥有多种不同业务部门的公司必须将这些业务部门分配到各自的象限。在诊断阶段完成后，管理层必须根据每个业务部门在财务战略矩阵中的定位决定采取什么样的措施。现在我们考察管理层在各种情况下的可用选择。

15.5.1 业务部门是发生现金短缺的价值创造者

如果业务部门创造了价值但是发生了现金短缺，那么管理层有两种显而易见的选择：一种选择是，如果该业务部门正在向母公司和其他股东支付股利，那么减少或取消股利支付；另一种选择是，母公司向该业务部门注入新权益资本。如果该业务部门作为单独实体在股票交易所上市，那么它可以通过公开发行新股筹集权益资本。在筹集额外权益资本后，该业务部门可以借入额外负债以使其资本结构保持在最优水平。（例如，如果最优资本结构为负债与权益比率等于 1，那么可以筹集等额负债与新权益配比。）

如果无法筹集额外资本，那么管理层就会面临无法为创造价值的业务部门提供资金的情况。在这种情况下，管理层可能必须缩小一些业务的规模，把该业务部门的整体增长率降低到可持续水平，这可以通过消除低利润率以及低资本周转率的产品和服务实现。这种战略应该能够通过使得该业务部门在较小的市场部门中竞争增强其余业务活动的价值能力，但危险在于现金充足的竞争对手可能决定进入该业务部门，从而挤压利润率。

15.5.2 业务部门是具有现金盈余的价值创造者

更好的情形是业务部门是具有现金盈余的价值创造者。在这种情况下，管理层可以采取以下两种措施之一。

一种是利用现金盈余加速该业务部门的增长，可以通过增加内部投资或收购相似和相关业务实现。如果不存在有机增长机会或相关收购不可行怎么办？那么第二种措施可能是利用现金盈余进行多元化投资，进入看起来有可能盈利的不相关业务部门。然而，正如在第12章中所表明的，这种战略极少成功，通常应该避免。

如果现金盈余不能按照超过资本成本的预计收益率来投资，就应该将其返还给公司所有者，所有者可以随后将其投入他们选择的能够创造价值的企业。这种现金分配可以通过特殊股利支付或**股票回购**（share buyback）项目实现。

15.5.3 业务部门是具有现金盈余的价值减损者

具有现金盈余的价值减损业务部门应该在现金用完之前快速解决问题。部分多余现金可以返还给股东，其余现金应该用于尽可能快速地重组业务部门，目标是把 *ROIC* 提高到资本成本之上。

正如本章前面所指出的，*ROIC* 可以通过以下方法提高：①通过提高销售量，提高价格和控制营业费用的结合提高营业利润率；②提高资产管理效率，尤其是提高营运资本的管理效率，即加快应收款的回收和存货周转（见第3章和第5章）。

如果业务部门的资本结构没有处于最佳水平，管理层还应该基于降低资本成本的目标考察资本结构（见第10章和第11章）。这样做的风险在于把太多现金投入具有很小机会或没有机会转好的业务部门，技巧在于知道严肃地考虑将该业务部门出售给能够更好管理它的人的最佳时机。

15.5.4 业务部门是发生现金短缺的价值减损者

发生现金短缺的价值减损业务部门是最糟糕的部门，需要管理层立刻关注并快速采取行动。如果不能对该业务部门进行快速和彻底的重组，就应该尽快将其卖掉。彻底重组意味着快速卖掉部分资产以立即筹集资金，同时缩小剩余业务规模以使其在短期内能够存活，目标在于将其转变为价值创造业务部门。如果不可能实现快速和成功的扭转，那么必须在该业务部门影响公司其他业务部门长期存续之前立即将其出售。应该坚决抵制使用具有多余现金的其他业务部门创造的现金盈余来支持该业务部门的诱惑。

15.6 小结

重视价值创造而非收益增长的管理系统的最大好处在于能够促使整个组织内部的经理密切关注费用控制和高效使用公司资产，以及更多意识到需要获得更高的投入资本收益率。优秀的管理可能包括很多方面，例如优秀的营销技巧、卓越的领导能力和对生产的精通。但从本质上说，优秀的财务管理仅意味着一件事，那就是优秀的资本管理，或者说是巧妙运用稀缺资本的艺术。

经理怎样才能做出提升价值的资本配置决策呢？公司无论是分配现有资本，还是筹集新资本，都应该使资本的预计收益率超过估计资本成本。否则，就应该通过股利支付或股票回购方案把资本返还给股东。当然，扩展无法将其资本成本赚回的业务部门是没有意义的。如果一个业务部门不能通过重组创造超过其恰当风险调整资本成本的收益率，就应该被卖掉。只有当公司的市场增加值（*MVA*，定义为资本的市场价值与股东和债权人的投入资本数额之差）为正时，公司才能创造价值。换言之，只有当资本价值高于报告的（调整后的）账面价值时，公司才能创造价值。

实施与价值创造目标相一致而且有助于价值创造的管理系统的一种方法是，将公司的经营业绩、投资决策和薪酬制度与经济利润或经济增加值（*EVA*，被定义为税后净经营利润与用于创造该利润的资本成本之差）相联系。做出最大化预计未来 *EVA* 决策的经理将能提高 *MVA* 并创造价值。而且，该目标与资本预算中使用的净现值法则和内部收益率法则是一致的。

财务管理系统的关键驱动因素可以汇总为一个能够帮助经理做出价值创造战略决策的财务战略矩阵。该矩阵考虑了 *EVA* 为正或 *EVA* 为负以及具有现金盈余或发生现金短缺交叉组合的各种业务部门。

最后，我们以一位 CEO 对其公司的本质和管理方式做出的最清晰和最简短的评价结束本书。可口可乐公司的前董事长是这样定义其公司和管理方法的：“我们筹集资本来制作浓缩糖浆，并将其卖出获得营业利润，然后我们支付资本成本，股东获得两者的差额。”如果你能够用这些术语思考你的企业，我们就实现了使你成为一名真正价值管理者的目标。

附录 15A 调整账面价值以估计投入资本和营业利润数额

为阐释修正会计惯例产生的歪曲所需做出的调整，本附录将说明我们是如何估计 InfoSoft 在 2010 年 12 月 31 日的投入权益资本 3.8 亿美元，以及在 2010 年的息税前收益（*EBIT*）8 000 万美元的。它们是我们用于估计公司 2010 年市场增加值（*MVA*）、投入资本收益率（*ROIC*）和经济增加值（*EVA*）的数据。但是，需要牢记的是，已经确定需要进行的会计调整有 100 多项。显然，我们的目标是挑出少数对分析公司业绩有意义的项目，而不增加过多复杂性。

15A.1 调整权益资本的账面价值

观察本章开头表 15-1 中 InfoSoft 公司 2010 年未调整资产负债表的资产方：在营运资本需求的总价值中扣除了 1 000 万美元累计坏账准备，在固定资产净值中扣除了 2 000 万美元累计商誉减值。会计规则通常要求这些**备抵**（provision）从公司资产及其利润中扣除。坏账准备代表 InfoSoft 公司预计在 2010 年 12 月 31 日不能回收的尚未偿还账款的一定比例，而商誉产生于公司两年前的收购，收购价款高于被收购公司的**公平市价**（fair market value，正常市场条件被收购公司的价值）1 亿美元。超过公允价值的 1 亿美元支付就是商誉。在考察 2009 年和 2010 年的商誉价值后，公司审计师认为商誉在这两年中每年发生了 1 000 万美元减值（已经损失一些价值）。

在截至 2010 年 12 月 31 日的两年中，坏账准备和商誉减值已经使报告利润减少了 3 000 万美元（1 000 万美元坏账准备和 2 000 万美元商誉减值）。因此，累计留存收益和 InfoSoft 公司权益资本的账面价值也减少了 3 000 万美元。由于股东实际投入的资本不受这些会计调整的影响，InfoSoft 公司 2010 年 12 月 31 日权益资本的账面价值必须上调 3 000 万美元，如表 15-1 中 2010 年调整后资产负债表的右边部分所示。

下一部分显示，2010 年 12 月 31 日 InfoSoft 报告了 3 000 万美元净利润并全额留存（公司没有支付股利）。因而，2010 年公司权益的账面价值提高了 3 000 万美元。我们将看到，这个利润数字出现在扣除 500 万美元坏账准备、1 000 万美元商誉减值和 3 000 万美元研发费用之后。我们可以调整权益资本，以考虑坏账准备和商誉减值计入报告利润的方式导致的歪曲。以从 2010 年利润中扣除的方式调整研发费用也是必需的吗？

为回答这个问题，我们需要了解为什么 2010 年花费了 3 000 万美元研发费用。如果这些费用的发生仅能提高 2010 年利润，那么把它们全部计入当年是合理的。但是，如果 3 000 万美元研发费用支出可以提升 InfoSoft 几年的利润（在多数情况下是这样），那么把 3 000 万美元全部分配到 2010 年并不合理，尽管会计惯例可能要求这样做。

如果我们假设 3 000 万美元研发费用将可以提高未来五年的利润，那么这五年中的每年利润都应该考虑“花费的”3 000 万美元中用于创造当年利润并进而带来当年投入权益资本增加的部分。换言之，研发费用与固定资产一样，必须被视作 2010 年做出的投资，需要在五年期限中摊销，而不是全额计入当年费用。例如，如果根据直线法对 3 000 万美元摊销，那么只应从 2010 年利润中扣除 600 万美元（3 000 万美元除以 5）研发费用以估计当年年末投入权益资本。此外，研发费用的**资本化**（capitalization）（研发费用转化为资产）不应仅限于 2010 年，还应该应用于自 InfoSoft 公司 2000 年成立以来发生的所有研发费用。

首先，我们加入 2000 年以来发生的所有各年研发费用，包括 2010 年花费的 3 000 万美元。然后，我们对各年费用摊销，把各年摊销费用加到 2010 年 12 月 31 日，最后把研发费用累计摊销额从 2000 年以来实际花费的数额中扣减。假设结果是 2010 年 12 月 31 日的资本化价值 5 000 万美元，我们可以估计公司自 2000 年起的报告税前收益已经被低估了 5 000 万美元，随后导致公司 2010 年 12 月 31 日权益资本必须调增相同数额，如表 15-1 中 2010 年调整后资产负债表的右边部分所示。

在调整坏账准备（1 000 万美元）、商誉减值（2 000 万美元）和资本化研发成本（5 000 万美元）的会计处理后，InfoSoft 公司 2010 年 12 月 31 日权益资本的账面价值应该总计调增 8 000 万美元。因此，InfoSoft 的估计投入资本为 3.8 亿美元，即为 3 亿美元报告账面价值与 8 000 万美元调整之和。

正如经常出现的情况一样，InfoSoft 的报告投入资本（3 亿美元）低估了实际投入资本（3.8 亿美元），因而低估了投资者投入的总资本。一般而言，低估的程度取决于必须对报告利润所做调整的个数和规模。除了与坏账准备、商誉减值和研发费用相关的调整外，调整项目还包括将会影响报告利润但不会影响股东和债权人投入资本的会计惯例的结果，例如与重组相关的费用等。

15A.2 调整息税前收益

表 15A-1 列示了 InfoSoft 公司 2010 年未经调整和调整后利润表。InfoSoft 当年报告了 5 500 万美元息税前收益。必须首先把这个数字调高到 4 500 万美元（包括 500 万美元坏账准备增加额、1 000 万美元商誉减值和 3 000 万美元研发费用），然后必须调减 2010 年研发成本的摊销额（根据估计资本化研发费用时使用的摊销表计算出来）。如果我们假设研发成本摊销额为 2 000 万美元，那么 InfoSoft 的 EBIT 应该总计增加 2 500 万美元（从 5 500 万美元到 8 000 万美元）——500 万美元坏账准备 + 1 000 万美元商誉减值 + 3 000 万美元研发费用 - 2 000 万美元研发成本摊销额。作为对 InfoSoft 公司 2010 年利润表的最终调整，我们从调整后 EBIT 中扣除 800 万美元利息费用（利润表中给出）和 1 700 万美元税金费用（4 700 万美元税前收益的 36%），得到调整后税后收益 5 500 万美元。因为我们假设 InfoSoft 在 2010 年没有支付股利，这 5 500 万调整后净利润也是公司 2010 年调整后留存收益。表 15-1 表明，公司的调整后所有者权益刚好上升了 5 500 万美元，从 2009 年年末的 2.25 亿美元上升到 2010 年年末的 2.8 亿美元。

表 15A-1 InfoSoft 公司 2010 年利润表 （单位：100 万美元）

2010 年利润表			
未经调整		**调整后**	
销售收入	**1 000**	**销售收入**	**1 000**
销售成本	500	销售成本	500
销售和管理费用	382	销售和管理费用	382
租赁费用	3	租赁费用	3
折旧费用	15	折旧费用	15
研发费用	30	研发费用摊销额	20
坏账准备	5		
商誉减值	10		
息税前收益	**55**	**息税前收益**	**80**
利息费用	8	利息费用	8
税金费用（税前收益的 36%）	17	税金费用	17
税后收益（净利润）	**30**	**税后收益（净利润）**	**55**

附录 15B 预计未来现金流量按照固定比率永续增长时估计市场增加值

第 12 章表明，如果我们假设资产将要创造的现金流量预计会按照固定比率永续增长，那么资产的折现现金流量价值可以表示为

$$\text{资产价值} = \frac{CFA}{WACC - \text{增长率}} \tag{15B-1}$$

其中，CFA 是资产产生的下一年现金流量，$WACC$ 是为资产融资的加权平均资本成本。CFA 可以表示为

$$CFA = EBIT(1 - T_C) + \text{折旧费用} - \Delta WCR - \text{资本支出}$$

其中，$EBIT$ 是息税前收益，$EBIT\ (1 - T_C)$ 是税后净营业利润或 $NOPAT$，WCR 是营运资本需求变动。我们可以重新最后整理各项，得到

$$CFA = NOPAT - (\Delta WCR + \text{资本支出} - \text{折旧费用})$$

资本支出减去折旧费用等于公司当年固定资产净值的变动，在此基础上加上 WCR 的变动额，代表当年公司投入资本账面价值的变动（我们假设现金没有发生变动）。因而，我们可以得到

$$CFA = NOPAT - \Delta\text{投入资本}$$

用这个表达式替换估值公式（式（15B-1））分子中的下一年 *CFA*，然后在等式两边同减“投入资本”，我们可以得到

$$资产价值 - 投入资本 = \frac{NOPAT - \Delta 投入资本}{WACC - 增长率} - 投入资本$$

其中，等式左边是市场增加值或 *MVA*。该等式可以写作

$$MVA = \frac{NOPAT - \Delta 投入资本 - [投入资本 \times (WACC - 增长率)]}{WACC - 增长率}$$

提出分子中的投入资本，可以得到

$$MVA = \frac{\left(\frac{NOPAT}{投入资本} - \frac{\Delta 投入资本}{投入资本} - WACC + 增长率\right) \times 投入资本}{WACC - 增长率}$$

分子中的第一项是 *ROIC*；第二项是投入资本的增长率，与现金流量的增长率相同，因为增长率是固定的。因此，我们可以写作

$$MVA = \frac{(ROIC - 增长率 - WACC + 增长率) \times 投入资本}{WACC - 增长率}$$

$$MVA = \frac{(ROIC - WACC) \times 投入资本}{WACC - 增长率}$$

这个公式就是本章式（15-3）表示的估值公式。

当 *MVA* 为正时，市场价值与调整后账面价值的比率大于1。因而，解释 *MVA* 符号的因素与解释公司每股价格与每股账面价值比率大小的因素相同。价格与账面价值比率在第 12 章给出，我们在那里指出解释其规模的因素将在第 15 章讨论。估值公式（式（15-3））表明，这些因素包括：

（1）权益收益率（相当于 *ROIC*，因为我们现在处理权益资本而非总资本）；

（2）权益成本（相当于 *WACC*，因为我们现在处理权益资本而非总资本）；

（3）公司增长率。

因此，当权益收益率高于（低于）权益成本时，价格与账面价值比率将高于（或低于）1。

扩展阅读

1. Ehrbar, Al. *EVA: The Real Key to Creating Wealth*. John Wiley & Sons, 1998.
2. Madden, Bartley. *Maximizing Shareholder Value and the Greater Good*. LearningWhatWorks, 2005.
3. Martin, John, and William Petty. *Value Based Management*. Harvard Business School Press, 2000.
4. Rappaport, Alfred. *Creating Shareholder Value*. The Free Press, 1998. See Chapter 1.
5. Stern, Joel, John Shiely, and Irwin Ross. *The EVA Challenge. Implementing Value Added Change in An Organization*. John Wiley & Sons, 2001.
6. Young, S. David, and Stephan F. O'Byrne. *EVA and Value Based Management: A Practical Guide to Implementation*. McGraw-Hill, 2001. See Chapters 1 and 2.

自测题

15.1 理解市场增加值和经济增加值

说明下列说法通常不正确的原因：

a. “管理层通过最大化公司市场价值创造价值。”

b. “如果公司市场增加值为正，那么公司当前经济增加值也一定为正。”

c. “经济增加值应该基于净利润（底线）而非营业利润计算。”

d. “经济增加值作为业绩指标的一个缺陷在于它没有考虑风险。”

e. “把经理的奖金与经理提高其经营部门利润的能力联系起来是提升股东价值的一种方法。”

15.2 调整会计数据以估计经济增加值

高级设备公司（ADC）的财务报表如下所示，资产负债表以管理资产负债表形式报告。ADC 的预计加权平均资本成本为 11%。ADC 本应在 2009 年资本化的估计研发费用为 5 500 万美元，本应在 2010 年资本化的估计研发费用为 7 000 万美元。2010 年的研发费用摊销额为 3 000 万美元。利用这些信息，基于初始投入资本和平均投入资本计算 ADC 2010 年经济增加值的估计值。

2010 年利润表	（单位：100 万美元）
销售收入净额	1 400
销售成本	780
销售和管理费用	330
折旧和租赁费用	45
研发费用	100
坏账准备	6
商誉减值	25
利息费用	14
所得税费用	40
净利润	**60**

管理资产负债表								（单位：100 万美元）
投入资本	**2009 年 12 月 31 日**		**2010 年 12 月 31 日**		**运用资本**	**2009 年 12 月 31 日**	**2010 年 12 月 31 日**	
现金		10		15	短期负债	30	10	
营运资本（净值）		140		160				
总值	147		173		长期负债	80	80	
累计坏账准备	7		13					
固定资产净值		210		225	租赁负债	50	50	
有形（净值）	110		150					
商誉（净值）	100		75		所有者权益	200	260	
总值	120		120					
累计减值	20		45					
合计		**360**		**400**	**合计**	**360**	**400**	

15.3 市场增加值分析

国际物流公司（ILC）正在考虑购买存货控制软件的项目，运输和安装成本将为 140 000 美元（包括人员培训费）。该项目可使公司存货减少 100 000 美元。软件成本将在买入当年计作费用。ILC 的公司税率为 40%，加权平均资本成本为 10%。ILC 公司应该投资该软件项目吗？使用经济增加值和市场增加值分析回答问题。

15.4 制图桌灯项目的市场增加值分析

参考第 8 章对制图桌灯项目的描述。表 8-3a 和表 8-3b 报告了项目预计产生的现金流量。使用该表中的信息估计项目的经济增加值和市场增加值。如果计算正确，后者一定等于项目净现值 415 083 美元。加权平均资本成本为 7.6%。

15.5 财务战略矩阵

Amalgamated Industries（AI）拥有作为独立公司运营而且在股票市场上市的四个不同业务部门。AI 在四个部门中拥有多数股权，四家公司的财务数据收集如下：

a. 确定四个部门在财务战略矩阵中的位置。

b. AI 应该针对每个业务部门采取何种行动？

公司	运输	餐馆	饮料	食品
销售收入增长率	8%	15%	7%	4%
投入资本收益率	8%	15%	8%	13%
权益收益率	12%	20%	12%	15%
加权平均资本成本	10%	12%	9%	11%
股利支付率	50%	40%	25%	60%

复习题

1. 理解市场增加值和经济增加值

说明下列各种说法通常不正确的原因。

a. “具有最高市场价值的公司就是为股东创造最大价值的公司。”

b. “如果公司的市场增加值为正，那么公司当前投入资本收益率一定大于公司加权平均资本成本。”

c. “增长是提高公司市场增加值的关键。”

d. “因为今年经济增加值为正，所以公司市场增加值也一定为正。”

e. “把经理的奖金与经理提高其经营部门盈利能力的能力联系起来是提升股东价值的一种方法。”

2. 价值动因

确定与运营管理相关的至少三个价值动因以及直接影响经济增加值（*EVA*）的三个战略价值动因。说明这些动因可能如何提高或降低 *EVA*。

3. 调整会计数据以估计公司经济增加值

下面是Sactor公司2009年和2010年年末资产负债表以及2010年利润表。2010年的年度报告提供了以下补充信息：

（1）重组费用为4 300万美元，税后共计2 800万美元；

（2）2009年年末累计商誉减值为9 800万美元，2010年年末累计商誉减值为9 300万美元；2010年商誉减值为2 200万美元，税后商誉减值为1 400万美元；

（3）应收账款是扣除坏账准备后的净值。2009年年末累计坏账准备为2 600万美元，2010年年末累计坏账准备为3 000万美元；

（4）2009年公司税后非经营异常损失为3 500万美元。

a. 计算Sactor公司2009年和2010年年末未经调整的投入资本，同时计算公司税后净营业利润（NOPAT）。

b. 计算调整会计歪曲后的投入资本和 *NOPAT* 数额。

c. 假设加权平均资本成本为10%，Sactor公司2010年的经济增加值是多少？

资产负债表				（单位：100万美元）
	2009年12月31日		2010年12月31日	
资产				
现金		239		37
应收账款，净值		500		668
存货		416		547
预付费用		58		159
固定资产净值		827		1 279
厂场设备，净值	488		634	
商誉，净值	148		513	
其他资产	191		132	
合计		2 040		2 690

（续）

资产负债表		（单位：100万美元）
	2009年12月31日	2010年12月31日
负债和所有者权益		
短期负债	23	50
应付账款	264	346
应计费用	437	681
长期负债	668	846
所有者权益	648	767
合计	**2 040**	**2 690**

2010年利润表	（单位：100万美元）
	2010年
销售收入净额	**2 888**
销售成本	2 167
销售和管理费用	434
重组费用	43
息税前收益	**244**
利息费用	62
税前收益	**182**
所得税费用	64
税后收益	**118**

4. 经济增加值分析

南方通讯公司（SCC）将10亿美元资本投资于几个电信项目，预计下一年能够产生1.7亿美元税前营业利润，SCC的预计税前资本成本为15%。

a. 预计SCC下一年能够创造的税前经济增加值是多少？首先基于税前营业利润计算*EVA*，然后基于预计投入资本收益率计算*EVA*。

b. SCC正在考虑应该能够提高公司预计税前*EVA*的五种可能行动，它们是：

(1) 营业费用降低1 000万美元，应该不会影响收入；

(2) 投入资本减少6 000万美元，应该不会影响营业利润；

(3) 重新考察公司资本结构（负债与权益比率）可使税前资本成本降低到14%；

(4) 按照账面价值1亿美元出售资产。预计这些资产将在下一年产生1 000万美元税前营业利润；

(5) 购买价值1亿美元的资产。预计这些资产将在下一年产生2 000万美元税前营业利润。

说明各种决策将如何提高SCC的预计税前经济增加值。

5. 公司市场价值、市场增加值和经济增加值之间的关系

a. 式（15-7）表明，投资项目的市场增加值就是项目未来经济增加值的现值。由于可以把公司看作投资项目的组合，因此公司的*MVA*就是公司从这些项目中创造的未来*EVA*的现值。说明公司资本的市场价值等于公司预计未来*EVA*的现值加上公司投入资本

资本的市场价值 = 预计未来*EVA*的现值 + 投入资本

b. 考察Value公司。公司的投入资本为1.5亿美元，公司资本的市场价值也为1.5亿美元，因此公司的*MVA*等于0。假设公司宣布将5 000万美元投资于一个项目，预计未来四年该项目的投入资本收益率为14%。Value公司的加权平均资本成本为8%。宣布这个项目会使公司市场价值和*MVA*提高多少？

6. 经营周期管理对公司经济增加值的影响

下面是电气设备分销商Sentec公司的最近三年财务报表。

利润表			（单位：1 000 美元）
	2008	2009	2010
销售收入净额	**22 100**	**24 300**	**31 600**
销售成本	17 600	19 300	25 100
销售和管理费用	3 750	4 000	5 000
折旧费用	100	100	150
息税前收益	**650**	**900**	**1 350**
利息费用净额	110	130	260
税前收益	**540**	**770**	**1 090**
所得税费用	220	310	430
税后收益	**320**	**460**	**660**
股利	**180**	**200**	**200**

资产负债表			（单位：1 000 美元）
	2008 年 12 月 31 日	2009 年 12 月 31 日	2010 年 12 月 31 日
现金	600	350	300
应收账款	2 730	3 100	4 200
存货	2 800	3 200	4 300
固定资产净值	1 200	1 300	1 450
资产合计	**7 330**	**7 950**	**10 250**
短期负债	300	500	1 900
应付账款	1 400	1 600	2 050
应计费用	200	260	350
长期负债	1 300	1 200	1 100
所有者权益	4 130	4 390	4 850
负债与所有者权益	**7 330**	**7 950**	**10 250**

a. 计算 Sentec 公司 2008 年 12 月 31 日、2009 年 12 月 31 日和 2010 年 12 月 31 日的营运资本需求。

b. 编制 Sentec 公司 2008 年 12 月 31 日、2009 年 12 月 31 日和 2010 年 12 月 31 日管理资产负债表。

c. Sentec 公司的加权平均资本成本在 2008～2010 年的三年稳定在 11%，Sentec 公司在这三年中每年创造或减损了多少价值？

d. Sentec 公司创造或减损价值的可能原因是什么？

e. 2010 年，Sentec 公司所属行业公司的平均收账期为 30 天，平均付款期为 33 天，存货周转率为 8 次。假设 Sentec 公司的经营周期管理水平与行业公司均值相同。2010 年 12 月 31 日公司 *WCR* 将为多少？2010 年 12 月 31 日公司管理资产负债表将是怎样的？Sentec 公司多创造了多少价值？

7. 基于投入资本收益率的奖金系统与基于经济增加值的奖金系统

McSystems 的菲奥娜 · 贝林格（Fiona Berling）的部门在 100 万美元投入资本基础上创造了 100 万美元税后净营业利润。贝林格女士部门的加权平均资本成本为 20%。该部门被要求开展一个新投资项目，需要投资 100 万美元，将产生 500 000 美元收益。

a. 如果 McSystems 的奖金是基于各部门实现的投入资本收益率，贝林格女士会认为新项目可以接受吗？

b. 如果奖金是基于各部门实现的经济增加值呢？

c. 你偏好哪种奖金系统？为什么？

8. 基于经济增加值的奖金系统

Astra 公司正在考虑引入基于经济增加值的奖金系统，已经初步审核通过了两个奖金公式。第一个是按照 *EVA* 的一定比例计算奖金

$$\text{奖金} = EVA\text{ 的 }x\% = x\% \times EVA \qquad (1)$$

第二个奖金公式使得奖金还取决于 *EVA* 每年的改善情况

$$奖金 = EVA 的 y\% + \Delta EVA 的 z\% = y\% \times EVA + z\% \times \Delta EVA \quad (2)$$

a. 假设公司预计本年 *EVA* 将为 1 600 万美元，下一年 *EVA* 将为 2 000 万美元，后年 *EVA* 下降为 2 400 万美元。如果选择奖金公式（1），x 将等于 2%；如果选择奖金公式（2），y 将等于 1%，z 将等于 7.5%。使用两个公式计算的各年累计奖金分别是多少？

b. 现在假设预计本年 *EVA* 将为 -2 400 万美元，下一年 *EVA* 将为 -2 000 万美元，后年 *EVA* 将为 -1 600 万美元。x、y、z 的值与前面一个问题相同，那么使用两个公式计算的各年累计奖金分别是多少？

c. 你将建议 Astra 使用哪个公式？

9. 经济增加值、市场增加值和净现值

Alvinstar 公司正在考虑投资于一个新的动物饲料项目，产品是瓶装的猫食汤。Alvinstar 计划在未来四年中每年销售 100 000 瓶，售价为每瓶 4 美元。固定成本包括生产设施的租金每年 50 000 美元以及生产设备的年折旧费用 50 000 美元，生产设备的安装成本为 200 000 美元。考虑设备移除成本，四年后出售设备的净收入预计为 0，变动成本为每瓶 2 美元，项目需要的经营周期投资或营运资本需求为 40 000 美元，税率为 40%，Alvinstar 的加权平均资本成本为 10%。

a. 计算项目的净现值。

b. 计算项目的预计年经济增加值。

c. 计算项目的市场增加值。

d. 使得项目净现值等于项目未来预计经济增加值和市场增加值现值的必要条件是什么？

10. 基于现金流量的投资分析与基于经济增加值的投资分析的比较

电子机器公司（EMC）正在考虑购买一台价值 300 000 美元的设备，该设备可使 EMC 的销售收入在第 1 年增加 100 万美元，第 2 年增加 200 万美元，第 3 年增加 180 万美元。该设备的成本在 3 年的投资期限内按照直线法全额计提折旧，没有残值。增量营业费用估计为销售收入的 90%，不包括折旧费用。支持项目销售收入所需营运资本应为销售收入的 10%，假设营运资本投资在年初发生。EMC 可以按照 6% 的利率借入资金，公司税率为 30%，公司经营活动所需资金的 60% 用借入资金筹得，公司使用的估计权益成本为 12%。

a. 项目的净现值和内部收益率是多少？应该购买这台设备吗？

b. 项目的市场增加值是多少？说明为什么即便项目第 1 年经济增加值为负也应该购买该设备？

c. 要使项目净现值等于项目市场增加值，在估计项目现金流量和经济增加值时使用的主要假设是什么？

自测题答案

2.1 构建资产负债表和利润表

a. 2010 年利润表

（单位：1 000 美元）		2010 年
销售收入净额（参见项目 3、19）		**320 000**
销售成本		(260 000)
材料成本[①]（参见项目 5）	224 000	
人工费用（参见项目 17）	36 000	
销售毛利		60 000
销售和管理费用（参见项目 12）	18 000	
技术许可证使用费（参见项目 13）	4 000	
折旧费用（参见项目 9）	9 000	
营业利润		29 000
特殊项目（参见项目 27）		(2 000)
息税前收益		**27 000**
净利息费用（参见项目 6、15 和 26）		(3 000)
税前收益		24 000
所得税费用[②]（参见项目 2）		(9 600)
税前收益		**14 400**
股利（参见项目 21）	**9 360**	
留存收益增加额	**5 040**	

①你也可以通过以下方法推断当年材料销售成本：

购货（项目 11）= 材料销售成本 + 存货变动（项目 19），其中存货变动表示购买但尚未销售材料的成本。

因此，我们可以写作

材料销售成本 = 购货 − 存货变动 = \$228 000 000 − (\$32 000 000 − \$28 000 000) = \$224 000 000

②2010 年 12 月 15 日预付的税金（项目 25）刚好等于 2010 年应交税金。项目 14 中的信息与 2010 年利润表的编制无关。

b. 2009 年和 2010 年资产负债表

（单位：1 000 美元）	2009 年	2010 年
现金[①]（参见项目 24）	7 500	3 515
应收账款（参见项目 7、1）	32 000	38 400
存货（参见项目 19）	28 000	32 000
预付费用（参见项目 28）	1 500	2 085
固定资产净值（参见项目 4、9、20）	76 000	81 000
资产合计	**145 000**	**157 000**
银行借款（参见项目 26）	3 000	5 000
长期负债当年到期部分（参见项目 18）	4 000	4 000
应付账款（参见项目 8、22、11）	30 000	35 150
应计费用[②]（参见项目 10）	4 000	1 810
长期负债[③]（参见项目 15、18、20）	23 000	25 000
所有者权益[④]（参见项目 23、16）	81 000	86 040
负债与所有者权益合计	**145 000**	**157 000**

①你应该首先确定应付账款。

②应付工资。

③长期负债净值（2009）= 2 700 万美元（总金额）− 400 万美元（今年到期）。参见项目 15。

长期负债净值(2010) = 长期负债(项目 15) − 负债偿还(项目 18) + 新负债(项目 20)
= 2 300 万美元 − 400 万美元 + 600 万美元 = 2 500 万美元

④所有者权益（2010）= 所有者权益（2009）+ 留存收益增加额（\$5 040 000；参见利润表）

2.2 预计利润表和资产负债表

a. 2011 年预计利润表

参考项目用于确定 2011 年预计报表。

（单位：1 000 美元）	2010 年：实际		2011 年：预计	
销售收入净额（参见项目 1）		**320 000**		**352 000**
销售成本（参见项目 2）		(260 000)		(286 000)
材料成本（参见项目 2）	224 000		246 400	
人工费用（参见项目 2）	36 000		39 600	
销售毛利（参见项目 2）		60 000		**66 000**
销售和管理费用（参见项目 3）	18 000		22 280	
技术许可证使用费（参见项目 4）	4 000		4 000	
折旧费用（项目 4）	9 000		9 000	
营业利润		29 000		30 720
异常项目		(2 000)		0
息税前收益		**27 000**		**30 720**
利息费用净额（参见项目 4）		(3 000)		(3 000)
税前收益		24 000		27 720
所得税费用（参见项目 4）		(9 600)		(11 088)
税前收益		**14 400**		**16 632**
股利①（项目 9）	9 360		8 922	
留存收益增加额	**5 040**		**7 710**	

①为确定股利支付额，你应该首先找到为使 2011 年预计资产负债表"平衡"所需留存收益数额，预计股利支付额将为预计净利润与预计留存收益增加额之间的差额。

b. 2011 年预计资产负债表：

参考项目用于确定 2011 年预计报表。

（单位：1 000 美元）	2010 年 12 月 31 日：实际	2010 年 12 月 31 日：预计
现金（参见项目 9）	3 515	3 515
应收账款（参见项目 5）	38 400	42 240
存货（参见项目 5）	32 000	35 200
预付费用（参见项目 6）	2 085	2 085
固定资产净值①（参见项目 4、7）	81 000	81 000
资产合计	**157 000**	**164 040**
银行借款（参见项目 8）	5 000	5 000
长期负债当年到期部分②（参见项目 8）	4 000	4 000
应付账款③（参见项目 5）	35 150	38 480
应计费用（参见项目 6）	1 810	1 810
长期负债④（参见项目 8）	25 000	21 000
所有者权益⑤	86 040	93 750
负债与所有者权益合计	**157 000**	**164 040**

①固定资产净值（2011）= 固定资产净值（2010）- 折旧费用（2011）+ 新资产（2011）= 810 万美元 - 900 万美元 + 900 万美元。

②长期负债每年偿还 400 万美元（问题 2.1 中的项目 18）。

③应付账款为 1.85 个月的购货额。

购货 = 材料成本 + 存货变动 = 246 400 000 美元 + 3 200 000 美元 = 249 600 000 美元

④长期负债（2011）= 长期负债（2010）- 负债偿还 + 新借款 = 2 500 万美元 - 400 万美元 = 2 100 万美元。

⑤为使资产负债表"平衡"，所有者权益应该上升 7 710 000 美元。因为没有发行新股计划，这是预计留存收益增加额。

3.1 评价管理绩效

a. 是的，2010 年销售收入增长了 18.5%，而 2009 年增长率为 12.5%。

b. 重构管理资产负债表如下所示（单位 100 万美元）：

	2008 年年末		2009 年年末		2010 年年末	
现金	100	14.9%	90	13.2%	50	6.5%
营运资本需求	180	26.9%	205	29.9%	355	46.1%
固定资产净值	390	58.2%	390	56.9%	365	47.4%
投入资本	**670**	**100.0%**	**685**	**100.0%**	**770**	**100.0%**
短期负债	80	11.9%	90	13.2%	135	17.5%
长期负债	140	20.9%	120	17.5%	100	13.0%
所有者权益	450	67.2%	475	69.3%	535	69.5%
运用资本	**670**	**100.0%**	**685**	**100.0%**	**770**	**100.0%**

其中，营运资本需求或 *WCR* 等于商业应收账款 + 存货 + 预付费用 - 商业应付账款 - 应计费用。*WCR* 是衡量支持公司经营活动所需投资的指标，大多数情况下是长期投资，因为服装厂商 ACC 的销售收入应该不具有季节性，这意味着公司营运资本需求本质上是永久性的。

c. 2008 ~ 2010 年的投入资本结构已经发生了变动：现金和固定资产净值的比例下降，营运资本的比例上升。运用资本的结构也发生了变动，尤其是负债资本的构成发生了变动：短期负债的比例上升，而长期负债的比例下降。

d. 2008 年，ACC 用长期资金支持长期投资（永久性固定资本需求和固定资产净值），用短期负债支持短期投资（现金和现金等价物），表明资产负债表是“匹配的”（如果不是稳健的）。2010 年，大部分长期投资用短期负债支持，表明资产负债表是“不匹配的”。

e. 经营效率比率：

	2008 年年末	2009 年年末	2010 年年末
WCR/销售收入（%）	15.0	15.2	22.2
平均收账期（天）	61	62	66
存货周转率（次）	5.4	5.7	3.9
平均付款期（天）	72	68	69

公司经营周期的管理效率显著恶化，可以通过 *WCR* 与销售收入的比率上升清晰反映出来，也可以通过收账期延长和存货周转率变慢得到证实。

f. 流动性比率

	2008 年年末	2009 年年末	2010 年年末
NLF/*WCR*（%）	111	100	76
流动比率	1.69	1.65	1.67
速动比率	1.03	1.02	0.84

其中，*NLF* 是长期融资净值，等于长期负债 + 所有者权益 - 固定资产净值。*NLF* 与 *WCR* 的比率称为流动性比率，清楚地表明了流动性恶化：用长期资金支持的 *WCR* 的比率从 2008 年的超过 100% 下降到 2010 年的 76%。我们注意到，流动比率似乎没有表明流动性恶化，但速动比率确实反映了流动性恶化。

g. 从销售收入增长率看，公司实现了营销目标，但随之而来的是公司经营效率和资产负债表质量的恶化。

3.2 零售商的营运资本管理

a. 经营资产包括商业应收账款和存货，经营负债包括商业应付账款和与经营相关的应计费用。因而，营运资本需求（数据单位为 100 万欧元）为

$$WCR = \text{应收账款} + \text{存货} - \text{应付账款} - \text{应计费用}$$

$$WCR_{(12/31/07)} = 863 + 6\,867 - 17\,077 - 2\,848 = -12\,195$$

$$WCR_{(12/31/08)} = 779 + 6\,891 - 17\,276 - 2\,947 = -12\,553$$

WCR 为负，因而代表资本来源（现金）而非投资需要得到支持。注意 WCR 的数额，它在 2008 年年末接近 130 亿欧元。

b. 营运资本需求与销售收入的比率如下所示（单位：100 万欧元）：

2007 年 12 月 31 日	*WCR* = −12 195	销售收入 = 82 149	*WCR*/销售收入 = −14.84%
2008 年 12 月 31 日	*WCR* = −12 553	销售收入 = 86 967	*WCR*/销售收入 = −14.43%

WCR 为负是由于付款期远远长于平均值，再加上收账期非常短（零售本质上是现金业务），而且存货周转快。公司成长得越快，公司（负）*WCR* 越大。家乐福或任何其他 *WCR* 为负公司的流动性状况通常好于 *WCR* 为正的公司。

c. 经营效率比率（单位：100 万欧元）

	2007 年年末	2008 年年末
平均收账期	= 863/(82 149/365) = 3.8 天	= 779/(86 967/365) = 3.3 天
存货周转率	= 64 609/6 867 = 9.4 次	= 68 709/6 891 = 10 次
平均付款期①		= 17 276/(68 709 + 6 891 − 6 867)/365) = 91.7 天

①购货被估计为销售成本与存货变动之和。因为 2006 年年末存货无法获得，我们不能计算 2007 年购货。

d. 流动性比率（单位：100 万欧元）：

	流动比率	速动比率
2007 年 12 月 31 日	= 18 125/28 038 = 0.65	= 5 027/28 038 = 0.18
2008 年 12 月 31 日	= 19 177/27 732 = 0.69	= 6 096/27 732 = 0.22

经验法则是流动比率应该接近 2，而速动比率应该接近 1，但这些标准适用于 *WCR* 为正的公司，*WCR* 为负的公司可以承担极低的流动性比率而不会陷入流动性状况恶化境地。

4.1 构建和解读现金流量表

a. 现金流量表：

（单位：100 万美元）	第 2 年		第 3 年	
经营活动产生的现金流量				
销售收入净额	1 350		1 600	
减：销售成本	(970)		(1 160)	
减：销售和管理费用	(165)		(200)	
减：营运资本需求变动	(25)		(150)	
减：税金费用	(45)		(50)	
A. 等于经营现金净流量		**145**		**40**
投资活动产生的现金流量				
固定资产出售	0		0	
减：资本支出①	(50)		(30)	
B. 等于投资活动产生的净现金流量		**(50)**		**(30)**
融资活动产生的现金流量				
短期借款增加额	10		45	
长期借款减少额	(20)		(20)	
减：利息支付	(20)		(25)	
减：股利支付	(75)		(50)	
C. 等于融资活动产生的净现金流量		**(105)**		**(50)**
净现金流量合计 = (A) + (B) + (C)		**(10)**		**(40)**
加：期初现金余额		100		90
等于：期末现金余额		90		50

①资本支出 = 固定资产净额变动 + 折旧费用

第 2 年资本支出 = ($390 − $390) + $50 = $50

第 3 年资本支出 = ($365 − $390) + $55 = $30

两年的经营活动现金流量均为正值，而投资活动和融资活动现金流量均为负值，这是稳定增长公司的预期模式。需要关注的领域是第 2 年的经营活动现金流量与第 1 年相比有所降低。现金流量变差的本质原因在于营运资本需求的增长，这是公司经营效率降低的结果，正如自测题 3.1（e）的答案所表明的那样。

b. 经营现金净流量：

（单位：100 万美元）	第 2 年	第 3 年
息税前收益（EBIT）	165	185
加：折旧费用	50	55
减：营运资本需求变动（WCR）	(25)	(150)
减：税金支付	(45)	(50)
等于：经营现金净流量	**145**	**40**

上述方法以扣除折旧费用的利润指标作为起点，折旧费用是一种非付现项目，不应在计算利润时被扣除，所以应该把折旧费用加回到利润中。前面一题中使用的方法是以销售收入作为起点，不考虑折旧费用。

c. 利用利息、税金、折旧和摊销前收益计算经营现金净流量：

（单位：100 万美元）	第 2 年	第 3 年
利息、税金、折旧和摊销前收益（EBITDA）	215	240
减：营运资本需求变动（WCR）	(25)	(150)
减：税金支付	(45)	(50)
等于：经营现金净流量（NOCF）	**145**	**40**

上述方法本质上与前一题中的方法相同，因为根据定义，*EBITDA* 等于 *EBIT* 加上折旧费用。

d. 利用经营活动产生的现金流入量和现金流出量计算经营现金净流量（*NOCF*）：

（单位：100 万美元）	第 2 年		第 3 年	
经营活动产生的现金流入量				
销售收入	1 350		1 600	
减：商业应收账款变动	(30)		(60)	
A. 等于：经营活动产生的现金流入量		**1 320**		**1 540**
经营活动产生的现金流出量				
销售成本	970		1 160	
加：销售和管理费用	165		200	
加：存货变动	10		130	
加：预付费用变动	0		5	
减：商业应付账款变动	(10)		(40)	
减：应计费用变动	(5)		(5)	
加：税金费用	45		50	
B. 等于：经营活动产生的现金流出量		**1 175**		**1 500**
经营现金净流量 = (A) − (B)		**145**		**40**

e. 资产产生的现金流量：

（单位：100 万美元）	第 2 年	第 3 年
经营现金净流量（NOCF）	145	40
加：投资活动产生的现金流量	(50)	(30)
等于：资产产生的现金流量	95	10

资产产生的现金流量等于当前资产产生的净现金流量（即经营现金净流量）与当年净资本支出（购买减处置后的净额）产生的净现金流量之和，是公司的净现金流量扣除与融资活动相关的现金变动后的净额。

f. 区分 *NOCF* 的盈利部分和投资部分：

（单位：100 万美元）	第 2 年		第 3 年	
EBITDA	215		240	
减：税金费用	(45)		(50)	
A. 等于：盈利部分		**170**		**190**
营运资本需求变动	25		150	
B. 等于：投资部分		**25**		**150**
经营活动现金净流量＝(A)－(B)		**145**		**40**

显然，第 2 年投资部分的增长小于盈利部分的增长，从而导致经营现金净流量严重下降。

g. “现金流量表”（FASB 95）：

（单位：100 万美元）	第 2 年		第 3 年	
A. 经营活动产生的现金流量		**125**		**15**
税后收益	100		110	
加：折旧费用	50		55	
减：营运资本需求变动	(25)		(150)	
B. 投资活动产生的现金流量		**(50)**		**(30)**
C. 融资活动产生的现金流量		**(85)**		**(25)**
短期负债增加额	10		45	
长期负债增加额	(20)		(20)	
减：股利支付	(75)		(50)	
净现金流量合计＝(A)＋(B)＋(C)		**(10)**		**(40)**

以上现金流量表把利息费用放入经营现金流量中（在税后收益中考虑），因此，利息费用不再是融资活动产生现金流量的一部分。

4.2 考察一家零售公司的经营现金流量

a. 现金流量表：

（单位：100 万欧元）	2008 年	
经营活动产生的现金流量		
息税前收益（EBIT）	3 300	
加：折旧费用	1 861	
减：营运资本需求变动	358	
减：税金费用	(743)	
等于：经营现金净流量		**4 776**

b. 区分 *NOCF* 中的盈利部分和投资部分：

（单位：100 万欧元）	2008 年	
息税前收益（EBIT）	3 300	
加：折旧费用	1 861	
减：税金费用	(743)	
A. 等于：盈利部分		**4 418**
营运资本需求变动	358	
B. 等于：投资部分		**(358)**
经营活动现金净流量＝(A)－(B)		**4 776**

由于营运资本需求变动为负（－€12 553 减去－€12 195），因此经营现金净流量的投资部分为负，从而被加入盈余部分（而不是从盈余部分减去），成为资金来源。换言之，家乐福成长得越快，负营运资本需求

金额越大，可被投资于持续更快成长的经营现金流量就越多。

5.1 盈利能力分析

a. 重构管理资产负债表如下所示：

（单位：100 万美元）	2008 年年末		2009 年年末		2010 年年末	
现金	100	14.9%	90	13.2%	50	6.5%
营运资本需求	180	26.9%	205	29.9%	355	46.1%
固定资产净值	390	58.2%	390	56.9%	365	47.4%
投入资本	**670**	**100.0%**	**685**	**100.0%**	**770**	**100.0%**
短期负债	80	11.9%	90	13.2%	135	17.5%
长期负债	140	20.9%	120	17.5%	100	13.0%
所有者权益	450	67.2%	475	69.3%	535	69.5%
运用资本	**670**	**100.0%**	**685**	**100.0%**	**770**	**100.0%**

其中，营运资本需求 = 商业应收账款 + 存货 + 预付费用 − 商业应付账款 − 应计费用。

b. 权益收益率（基于年末数据）：

	2008 年	2009 年	2010 年
税前 *ROE*	28.89%	30.53%	29.91%
税后 *ROE*	20.00%	21.05%	20.56%

c. 反映税前经营活动盈利能力的指标（基于年末数据）：

	2008 年	2009 年	2010 年
$ROIC_{BT}$ = *EBIT*/投入资本	22.39%	24.39%	24.03%
ROTA = *EBIT*/总资产	17.05%	18.13%	17.79%
ROBA = *EBIT*/经营资产	26.32%	27.73%	25.69%
ROA = *EAT*/总资产	10.23%	10.99%	10.58%

其中，经营资产等于营运资本需求加上固定资产净值。前三个指标的分子相同，而且因为总资产通常大于投入资本，而投入资本通常大于经营资产，所以 *ROBA* 大于 $ROIC_{BT}$ 而且 $ROIC_{BT}$ 大于 *ROTA*。*ROA* 比前三个盈利能力指标都低，因为净利润小于税前营业利润。

d. 税前运用资本收益率等于税前投入资本收益率，因为根据管理资产负债表，投入资本等于运用资本。参见问题 a. 答案中的管理资产负债表。

e. 税前投入资本收益率（一般而言，任何经营活动的盈利能力指标）是由营业利润率（*EBIT*/销售收入）和资本周转率（销售收入/投入资本）驱动的，等于这两个比率的乘积：

	2008 年	2009 年	2010 年
营业利润率	12.50%	12.22%	11.56%
×资本周转率	1.79	1.97	2.08
= 税前投入资本收益率	22.39%	24.09%	24.03%

经营活动盈利能力有所提高，原因在于资本周转率更高（资本使用效率更高），但营业利润率实际上变差了。

f. 税前 *ROE* 高于 $ROIC_{BT}$，因为公司用借入资金为其投资融资（金融负债），我们称其为财务杠杆或杠杆。如果公司没有使用任何借款，则 *ROE* 应该等于 $ROIC_{BT}$。

g. 不正确。财务杠杆也可能对股东不利，即借款可能导致 *ROE* 低于（而非高于）$ROIC_{BT}$。如果 $ROIC_{BT}$ 低于借款成本，这种情况将会发生。

h. 财务杠杆衡量指标：

	2008 年	2009 年	2010 年
财务成本比率（*EBT/EBIT*）	0.87	0.88	0.86
利息保障倍数（*EBIT*/利息）	7.50	8.25	7.40
财务结构比率（投入资本/权益）	1.49	1.44	1.44
负债与权益比率	0.49	0.44	0.44
负债与投入资本比率	0.33	0.31	0.31

前两个比率衡量借款对利润表的影响（利息支付对盈利能力的影响），后三个比率衡量借款对资产负债表的影响（借款数额对盈利能力的影响）。所有比率都表明，三年间的财务杠杆有轻微下降。

i. *ROE* 结构

	2008 年	2009 年	2010 年
营业利润率（*EBIT*/销售收入）	12.50%	12.22%	11.56%
×资本周转率（销售收入/投入资本）	1.79	1.97	2.08
$=ROIC_{BT}$（*EBIT*/投入资本）	22.38%	24.08%	24.04%
×财务结构（投入资本/权益）	1.49	1.44	1.44
×财务成本（*EBT/EBIT*）	0.87	0.88	0.86
=税前 *ROE*	29.00%	30.51%	29.78%
×税收效应（*EAT/EBT*）	0.69	0.69	0.69
=税后 *ROE*	20.00%	21.05%	20.54%

经营活动盈利能力稍有提高，主要是由于资本周转率更高（实际上该段期间的营业利润率下降）。然而，由于受到财务杠杆下降的抵消影响，*ROE* 并没有反映出经营活动盈利能力的轻微提升。

j. 估值比率

	2008 年	2009 年	2010 年
每股收益（*EAT*/股数）	\$1.80	\$2.00	\$2.20
市盈率（价格/*EPS*）	11.1	12.0	13.6
市价与账面价值比率（投入资本/权益）	2.2	2.5	2.8

市盈率和市价与账面价值比率表明，在这三年期间 ACC 的相对价值上升，每股收益增长。

5.2 各行业的 *ROE* 结构

公司 A 是波音：公司具有相对较高的存货、客户预付款（客户订购飞机时支付的定金）和杠杆。

公司 B 是国泰航空：公司具有相对较高的固定资产（飞机）和较低的存货。

公司 C 是微软：公司具有很强的经营活动盈利能力，很高的现金持有量，而且没有负债。

5.3 可持续增长分析

a. 2010 年的销售收入增长率为 18.5%［(\$1 600 − \$1 350)/\$1 350］。

$$\text{可持续增长率} = SGR = \text{利润留存率} \times \text{期初权益的 } ROE$$
$$SGR = (\$60/\$110) \times (\$110/\$475) = 54.5\% \times 23.2\% = 12.6\%$$

ACC 的增长速度超过了其在不改变经营和融资政策条件下为经营活动融资的能力。如果公司持续按照超过 12.6% 的比率增长，而且不能显著提升经营活动盈利能力，那么除非 ACC 决定发行新股，否则将很可能发生财务杠杆上升以及支付股利能力下降。

b.1 如果 ACC 预计 2011 年销售收入将增长 25%，而且公司不会改变其融资和经营政策，那么公司 2011 年所需权益将比 2010 年多 25%（即 1.34 亿美元，2010 年权益 5.35 亿美元的 25%）。该权益资本可以来自两个渠道：留存收益增加额或新发股票。

b.2 ACC 将不得不更加依赖负债融资，因而公司的负债与权益比率将上升。

b. 3 ACC 将不得不更加依赖留存收益，因而公司利润留存率应该上升。上升多少呢？预计 ACC 公司 2011 年利润将比 2010 年高 25%，即 1.375 亿美元（=1.1 亿美元×1.25）。我们知道，ACC 需要 1.34 亿美元新权益。显然，ACC 将必须留存 2011 年利润的绝大部分，确切地说是 2011 年利润的 97.5%（=1.34 亿美元/1.375 亿美元）。当然，问题在于公司股东能否接受这样大规模的股利减少。

b. 4 可持续增长率将必须上升到 25%，它只能通过税前投入资本收益率（$ROIC_{BT}$）的提高。利润留存率应该保持在 54.5%（与 2010 年相同），财务杠杆乘数应该保持在 1.24（参考问题 5.1 答案中的 2010 年 *ROE* 结构，我们知道财务结构比率为 1.44，财务成本比率为 0.86，把这两个比率相乘，可以得到财务杠杆乘数为 1.24）。由于税后 *ROE* 等于税后 *ROIC* 乘以财务杠杆乘数，我们可以写作

$$SGR = 54.5\% - \text{税后 } ROIC \times 1.24 = 25\%$$

我们可以得到，预计税后 *ROIC* 为 37%（=25%/(54.5%×1.24)）。因为有效税率为 31%，因此 $ROIC_{BT}$为 53.6%，是 2010 年数据 24.04% 的两倍多（参见问题 5.1）。ACC 的经营活动盈利能力能够取得如此巨大的提升很令人怀疑。除非公司可以降低销售收入增长率，否则将必须发行新股。

c. 1 在这种情况下，ACC 的增长率将低于公司为其经营活动融资的能力，因为可持续增长率将超过销售收入增长率。因此，ACC 将产生额外现金。

c. 2 ACC 可以将额外现金用于收购、偿还债务、提高股利支付或回购股份。除非收购能够创造价值，否则应该避免。在这种情况下，应该通过回购股票和偿还债务将额外现金返还股东和债权人。

6.1 现值和资本成本

a. 我们的意思是，如果这些现金流量能够在投资项目市场中交易，那么它们的估计交易价值为 2 000 万美元。这个价值考虑了以下两个因素：①货币时间价值（现金流量越在未来远期产生，价值就越低）；②这些现金流量的风险，即它们实际上与期望值产生差异的可能性（它们的风险越高，价值就越低）。现金流量的现值是通过将其按照项目资本成本折现求得的。

b. 我们的意思是，如果公司决定执行项目，我们预计公司权益的市场价值将增加 1 000 万美元。它是项目预计产生现金流量的现值与投产项目所需初始现金支出之差。

c. 我们的意思是，投资者投资于可比或替代投资可以获得 10% 的收益率。因此，如果投资于正在考虑的项目，他们将必须放弃 10% 的收益率。可比投资是指与正在考虑的项目呈现出相同风险特征的投资。

6.2 管理期权

管理期权是指项目特有特征，为经理提供根据项目环境变化做出修正的机会。具体的例子包括转换技术期权和放弃项目期权，以及扩展、撤销或递延项目期权。

6.3 净现值

a. 项目预计现金流量按照 12% 计算的现值（*PV*）：

第Ⅰ部分：使用计算器

$$PV = \frac{\$50\,000}{1+0.12} + \frac{\$50\,000}{(1+0.12)^2} + \frac{\$50\,000}{(1+12\%)^3}$$
$$= (\$50\,000 \times 0.892\,86) + (\$50\,000 \times 0.797\,19) + (\$50\,000 \times 0.711\,78)$$
$$= \$120\,092$$

第Ⅱ部分：使用电子表格

	A	B	C	D	E
1		0	1	2	3
2	现金流量	-$100 000	$50 000	$50 000	$50 000
3	资本成本	12.00%			
4	现金流量的现值	$120 092			
5	净现值	$20 092			
6					
7	单元格 B4 的计算公式 = NPV(B3, C2:E2)				
8	单元格 B5 的计算公式 = B2 + NPV(B3, C2:E2)				

b. 净现值 = −\$100 000 + \$120 092 = \$20 092

c. 盈利指数 $= \frac{\text{预计现金流量的现值}}{\text{初始现金支出}} = \frac{\$120\,095}{\$100\,000} = 1.20$

d. 应该实施项目，因为预计项目将使公司权益价值增加 20 095 美元，或者因为每投资 1 美元产生的收益超过 1 美元（超过 20%）。

6.4 在两个具有不同成本和不同寿命期的投资之间选择

a.

第 I 部分：使用计算器

$$\text{印染机}X\text{成本的现值} = -\$50\,000 - \frac{\$5\,000}{1+0.10} - \frac{\$5\,000}{(1+0.10)^2} = -\$58\,678$$

$$\text{印染机}Y\text{成本的现值} = -\$60\,000 - \frac{\$7\,000}{1+0.10} - \frac{\$7\,000}{(1+0.10)^2} - \frac{\$7\,000}{(1+0.10)^3} = -\$77\,408$$

第 II 部分：使用电子表格

	A	B	C	D	E
1		0	1	2	3
2	印染机 X				
3	现金流量	−\$50 000	−\$5 000	−\$5 000	
4	资本成本	10.00%			
5	现金流量的现值	−\$58 678			
6					
7	印染机 Y				
8	现金流量	−\$60 000	−\$7 000	−\$7 000	−\$7 000
9	资本成本	10.00%			
10	现金流量的现值	−\$77 408			
11					
12	单元格 B5 的计算公式 = B3 + NPV(B4，C3:D3)				
13	单元格 B10 的计算公式 = B8 + NPV(B9，C8:E8)				

b. 这两个现值是不可比的，因为印染机 X 将提供两年服务，而印染机 Y 可以多使用一年。

c. 印染机的年度等量成本是指净现值与总成本净现值相等的印染机年运营成本。在印染机 X 的案例中，我们必须找到现值为 58 678 美元的两年年金（即两个等量年支出额）。在印染机 Y 的案例中，我们必须找到现值为 77 408 美元的三年年金（即三个等量年支出额）。

为计算这些年金，我们使用附录 6A 中给出的式（6A-4）

$$\text{等量年金现金流量} = \frac{\text{初始现金流量的现值}}{\text{年金现值系数}}$$

对于印染机 X 而言，两年期折现系数为 $\frac{1}{(1+0.10)^2} = 0.826\,4$，年金现值系数为 $\frac{1-0.826\,4}{0.10} = 1.735\,5$，因而年金成本为 $\frac{-\$58\,678}{1.735\,5} = -\$33\,810$。对于印染机 Y 而言，三年期折现系数为 $\frac{1}{(1+0.10)^3} = 0.751\,3$，年金现值系数为 $\frac{1-0.751\,3}{0.10} = 2.487\,0$，因而年金成本为 $\frac{-\$77\,408}{2.487\,0} = -\$31\,125$。

d. PCC 应该购买印染机 Y，因为它的实际年均成本为 31 125 美元，低于印染机 X 的等量成本 33 810 美元。尽管购买和运营印染机 Y 要比印染机 X 更昂贵，但它更长的使用期限足以抵消成本差异的不利影响。

6.5 用一台新机器取代现有机器

a.

第Ⅰ部分：使用计算器
$-\$150\ 000+\frac{\$75\ 000}{1+0.10}+\frac{\$75\ 000}{(1+0.10)^2}+\frac{\$75\ 000}{(1+0.10)^3}=\$36\ 514$

第Ⅱ部分：使用电子表格

	A	B	C	D	E
1		0	1	2	3
2	现金流量	-\$150 000	\$75 000	\$75 000	\$75 000
3	资本成本	10.00%			
4	净现值	-36 514			
5					
6	单元格 B4 的计算公式 = B2 + NPV(B3, C2:E2)				

使用附录 6A 中的式（6A-5）计算等量年金现金流量。三年期折现系数为$\frac{1}{(1+0.10)^3}=0.751\ 3$，年金现值系数为$\frac{1-0.751\ 3}{0.10}=2.487\ 0$，因而等量年金现金流量为$\frac{-\$36\ 514}{2.487\ 0}=-\$14\ 682$。

b. 为什么要用仅能产生 14 682 美元年度现金流量的新机器取代能够产生 20 000 美元年度现金流量的旧机器呢？Pasta Uno 的管理层应该保留旧机器。

7.1 回收期的缺点

回收期法则没有考虑货币时间价值和项目风险（除非使用折现回收期），也没有考虑回收期以后产生的现金流量，而且一般情况下往往偏向短期投资。公司仍然计算回收期是因为计算简便而且易于解释：它能够表明回收初始投资的速度。

7.2 内部收益率与资本成本

资本成本是投资者对与项目具有相同风险投资要求的收益率，而项目的内部收益率是使得项目净现值等于零的折现率。换言之，项目资本成本是公司应该获取的项目收益率，而项目内部收益率是公司预计能从项目中获取的收益率。

7.3 内部收益率与投入资本收益率

投入资本收益率和内部收益率都是衡量经营活动盈利能力的指标，但它们之间有几个重要区别：

	投入资本收益率	内部收益率
使用数据	会计数据	现金流量数据
衡量期间	单一期间	多个期间
通常用于分析	公司历史盈利能力	项目预计盈利能力

7.4 内部收益率法则与获利指数法则的缺点

内部收益率法则：当在两个互斥项目之间做出选择时存在问题。当两项投资的现金流序列有很大差异时，在早期产生更多现金流量的项目可能比在后期产生更多现金流量的项目具有更高的内部收益率，但第二个项目可能具有更高的净现值，从而意味着第二个项目可能对公司价值做出更大贡献。

获利指数法则：当两项投资的规模具有很大差别时存在问题。在这种情况下，规模较小项目的获利指数可能高于规模较大项目，但规模较小项目的净现值可能更小。

7.5 使用备选决策法则评估两个项目

下面所有数字的单位均为 1 000 美元。

a. 净现值

第Ⅰ部分：使用计算器

净现值（项目 A）= −\$2 000 + \$2 451 = \$451
净现值（项目 B）= −\$2 000 + \$2 400 = \$400

第Ⅱ部分：使用电子表格

	A	B	C	D	E
1		0	1	2	3
2	项目 A				
3	现金流量	−2 000	200	1 200	1 700
4	资本成本	10.00%			
5	现金流量的净现值	451			
6					
7	项目 B				
8	现金流量	−2 000	1 400	1 000	400
9	资本成本	10.00%			
10	现金流量的净现值	400			
11					
12	单元格 B5 的计算公式 = B3 + NPV(B4, C3:E3)				
13	单元格 B10 的计算公式 = B8 + NPV(B10, C8:E8)				

如果两个项目是独立的，那么两个项目都应该被接受，因为它们都能创造价值（项目 A 能够创造价值 451 美元，项目 B 能够创造价值 400 美元）；如果两个项目是互斥的，那么项目 A 更好，因为它能够创造更高价值。

b. 回收期

第Ⅰ部分：使用计算器

为得到两个项目的回收期，需要首先计算累计现金流量：

	项目 A		项目 B	
年份	现金流量	累计现金流量	现金流量	累计现金流量
现在	−2 000	−2 000	−2 000	−2 000
1	200	−1 800	1 400	−600
2	1 200	−600	1 000	400
3	1 700	1 100	400	800

项目 A 的回收期在 2 ~ 3 年，因为在这两年之间累计现金流量变为正数。项目 B 的回收期在 1 ~ 2 年。我们可以写作

$$\text{项目 A 的回收期} = 2 + \frac{\$600}{\$1\ 700} = 2.35\ \text{年}$$

$$\text{项目 B 的回收期} = 1 + \frac{\$600}{\$1\ 000} = 1.60\ \text{年}$$

第 Ⅱ 部分：使用电子表格

	A	B	C	D	E
1		0	1	2	3
2	项目 A				
3	现金流量	-2 000	200	1 200	1 700
4	累计现金流量		200	1 400	3 100
5					
6	回收期		—	—	2.35
7					
8	单元格 C4 的计算公式 = C3。单元格 D4 的计算公式 = C4 + D3。然后把单元格 D4 的计算公式复制到第 4 行的后面单元格				
9	单元格 C6 的计算公式 = IF(OR （C4 <= -$B $3，B4 > -$B $3)，“ - ”，B1 + (-$B $3 - B4)/C3)。然后把单元格 C6 的计算公式复制到第 6 行的后面单元格				
10					
11	项目 B				
12	现金流量	-2 000	1 400	1 000	400
13					
14	累计现金流量		1 400	2 400	2 800
15					
16	回收期		—	1.60	—
17					
18	单元格 C14 的计算公式 = C12。单元格 D14 的计算公式 = C14 + D12。然后把单元格 D14 的计算公式复制到第 14 行的后面单元格				
19	单元格 C16 的计算公式 = IF(OR(C14 <= -$B $12，B14 > -$B $12)，“ - ”，B1 + (-$B $12 - B14)/C12)。然后把单元格 C16 的计算公式复制到第 16 行的后面单元格				

折现回收期

第 Ⅰ 部分：使用计算器

为得到折现回收期，需要计算两个项目现金流量的累计现值。使用 10% 的折现率，可以得到

	项目 A			项目 B		
年份	现金流量	现金流量的现值	现金流量的累计现值	现金流量	现金流量的现值	现金流量的累计现值
现在	-2 000	-2 000	-2 000	-2 000	-2 000	-2 000
1	200	181.82	-1 800	1 400	1 272.73	-727.27
2	1 200	991.74	-826.44	1 000	826.45	99.18
3	1 700	1 277.23	450.79	400	300.53	399.71

项目 A 的折现回收期在 2 ~ 3 年，项目 B 的折现回收期在 1 ~ 2 年。然而，由于折现会降低现金流量的价值，所以折现回收期要长于普通回收期。我们可以得到

$$\text{项目 A 的折现回收期} = 2 + \frac{\$826.44}{\$127\ 723} = 2.65\ \text{年}$$

$$\text{项目 B 的折现回收期} = 1 + \frac{\$727.27}{\$826.45} = 1.88\ \text{年}$$

第 I 部分：使用计算器

	A	B	C	D	E
1		0	1	2	3
2	**项目 A**				
3	现金流量	-2 000	200	1 200	1 700
4					
5	资本成本	10%			
6					
7	折现现金流入量		181.82	991.74	1 277.23
8	累计折现现金流量		181.82	1 173.55	2 450.79
9					
10	折现回收期		—	—	2.65
11					
12	单元格 C7 的计算公式 = C3/(1 +$B $5)^C1。然后把单元格 C7 的计算公式复制到第 7 行的后面单元格				
13	单元格 C8 的计算公式 = C7。单元格 D8 的计算公式 = C8 + D7。然后把单元格 D8 的计算公式复制到第 8 行的后面单元格				
14	单元格 C10 的计算公式 = IF(OR(C8 <= -$B $3, B8 > -$B $3), "-", B1 + (-$B $3 - B8)/C7)。然后把单元格 C10 的计算公式复制到第 10 行的后面单元格				
15					
16	**项目 B**				
17	现金流量	-2 000	1 400	1 000	400
18					
19	资本成本	10%			
20					
21	折现现金流入量		1 272.73	826.45	300.53
22	累计折现现金流量		1 272.73	2 099.17	2 399.70
23					
24	折现回收期		—	1.88	—
25					
26	单元格 C21 的计算公式 = C17/(1 +$B $19)^C1。然后把单元格 C21 的计算公式复制到第 21 行的后面单元格				
27	单元格 C22 的计算公式 = C21。单元格 D22 的计算公式 = C22 + D21。然后把单元格 D22 的计算公式复制到第 22 行的后面单元格				
28	单元格 C24 的计算公式 = IF(OR(C22 <= -$B $17, B22 > -$B $17), "-", B1 + (-$B $17 - B22)/C21)。然后把单元格 C24 的计算公式复制到第 24 行的后面单元格				

如果两个项目是互斥的，那么项目 B 能够比项目 A 更早回收初始投资 2 000 美元（两个项目的初始投资是相同的）。然而，这并不意味着应该选择项目 B，因为回收期并没有告诉我们哪个项目将创造更高的价值。我们从前面问题的答案中可知，项目 A 能比项目 B 创造更高的价值，因此应该选择项目 A 而非项目 B。

c. 项目的内部收益率是使得项目净现值等于 0 的折现率

$$\text{净现值（项目 A）} = 0 = -\$2\,000 + \frac{\$200}{1+IRR} + \frac{\$1\,200}{(1+IRR)^2} + \frac{\$1\,700}{(1+IRR)^3}$$

$$\text{净现值（项目 B）} = 0 = -\$2\,000 + \frac{\$1\,400}{1+IRR} + \frac{\$1\,000}{(1+IRR)^2} + \frac{\$400}{(1+IRR)^3}$$

使用电子表格：

	A	B	C	D	E
1		0	1	2	3
2	**项目 A**				
3	现金流量	−2 000	200	1 200	1 700
4					
5	内部收益率	19.60%			
6					
7	单元格 B5 的计算公式 = IRR(B3:E3, .1)，其中.1 或 10% 是 IRR 的猜测值				
8					
9	**项目 B**				
10	现金流量	−2 000	1 400	1 000	400
11					
12	内部收益率	23.56%			
13					
14	单元格 B12 的计算公式 = IRR(B10:E10, .1)，其中.1 或 10% 是 IRR 的猜测值				

如果项目是独立的，两个项目都应该被接受，因为它们的内部收益率都高于资本成本 10%；如果项目是互斥的，直觉会建议应该选择具有更高内部收益率的项目 B 而非项目 A。然而，只有当项目 B 能比项目 A 创造更高价值时，这种选择才是正确的，而我们知道情况并非如此。因此，尽管项目 A 的内部收益率较低，也应该选择项目 A。只要项目资本成本低于盈亏临界点折现率 12.9%，这样选择就总是正确的。只有当资本成本高于 12.9% 时，使用净现值和内部收益率得到的两个项目排序才是相同的。

d.

第Ⅰ部分：使用计算器

项目 A 的未来现金流量按照 10% 计算的现值 = \$2 451

项目 B 的未来现金流量按照 10% 计算的现值 = \$2 400

$$\text{获利指数 A} = \frac{\text{现金流量的现值（A）}}{\text{初始现金支出（A）}} = \frac{\$2\,451}{\$2\,000} = 1.23$$

$$\text{获利指数 B} = \frac{\text{现金流量的现值（B）}}{\text{初始现金支出（B）}} = \frac{\$2\,400}{\$2\,000} = 1.20$$

第Ⅱ部分：使用电子表格

	A	B	C	D	E
1		0	1	2	3
2	**项目 A**				
3	现金流量	−2 000	200	1 200	1 700
4					
5	资本成本	10%			
6					
7	获利指数	1.23			
8					
9	单元格 B7 的计算公式 = NPV(B5, C3:E3)/−B3				
10					
11	**项目 B**				
12	现金流量	−2 000	1 400	1 000	400
13					
14	资本成本	10%			
15					
16	获利指数	1.20			
17					
18	单元格 B16 的计算公式 = NPV(B14, C12:E12)/−B12				

两个项目的获利指数都大于1，这意味着每投资1美元获得的收益都高于1美元（项目A为1.23美元，项目B为1.20美元）。因而，两个项目都会创造价值。如果它们是独立的，那么都应该被接受；如果它们是互斥的，应该接受项目A，因为项目A的每1美元投资能够创造更多价值。我们注意到，使用净现值法则和获利指数法则可以得到相同的决策结果：如果它们是独立的，两个项目都被接受；如果它们是互斥的，接受项目A而非项目B。但是，正如本章所表明的，情况并非总是如此，当两个项目的规模存在很大差异时尤其如此。

c. 只要目标是接受能够创造价值的项目，那么总会适用的唯一标准就是净现值法则。因而，由于两个项目都有正的净现值，如果它们是独立的，那么都应该被接受；如果它们是互斥的，那么项目A要比项目B更好，因为它的净现值更高。

8.1 利息支付与项目现金流量

利息支付是应付给债权人的现金流量，不是项目产生的现金流量。它们是对项目产生现金流量的要求权，不影响这些现金流量。利息支付和（更一般而言）项目融资成本在项目资本成本中考虑。

8.2 理解现金流量公式的构成

因为 $EBIT(1-\text{税率})$ 等于 $EBIT - EBIT \times \text{税率}$，所以该公式可以重新写作

$$\text{现金流量} = EBIT + \text{折旧费用} - EBIT \times \text{税率} - \Delta WCR - Capex$$

我们注意到，通过把折旧费用加回到 *EBIT*，消除了折旧费用对现金流量的影响，因为计算 *EBIT* 时把折旧作为了费用处理。此外，由于 $EBIT \times \text{税率}$ 是项目产生的营业利润需要支付的税金，显然需要在计算项目现金流量时将其考虑进去。最后，通过减去营运成本需求增加额，该公式考虑了计算 *EBIT* 时使用的会计收入和费用与相应的现金流入量和现金流出量之间的所有超前或滞后因素。

8.3 估计项目现金流量的替代公式

因为 $EBIT = EBITDA - \text{折旧费用}$，所以第一个公式可以重新写作

$$\begin{aligned}\text{现金流量} &= (EBITDA - \text{折旧费用}) \times (1 - \text{税率}) + \text{折旧费用} - \Delta WCR - Capex \\ &= EBITDA(1 - \text{税率}) - \text{折旧费用} + \text{税率} \times \text{折旧费用} + \text{折旧费用} - \Delta WCR - Capex \\ &= EBITDA(1 - \text{税率}) + \text{税率} \times \text{折旧费用} - \Delta WCR - Capex\end{aligned}$$

即为第二个公式。我们注意到，在第二个公式中，*EBITDDA*（1－税率）高估了税金数额，因为它没有扣除折旧费用准备。为弥补这一点，要把折旧费用可以抵减的税金（税率×折旧费用）加回来。

8.4 识别项目的相关现金流量

资本支出：

（1）存在与停车场空地使用相关的机会成本吗？公司员工将在哪里停车？Printers 公司需要租用停车场吗？如果需要，应该把租金从项目中扣除。

（2）第5年年末现金流量中应该包括残值。

收入：假设售价不变，即售价不受竞争影响，但这是不合理的。

折旧：税务部门会接受将在早期节约税金的加速折旧方案吗？

研究和开发成本：这些是沉没成本（它们在早期已经支付），因此不应该被考虑在内。

间接成本：从项目中扣除的间接成本不是增量成本——它们是会计分配的结果。相关间接成本是由于采纳项目产生的公司间接成本增加额。

运营成本：假设直接和间接成本均为变动成本，但这是不合理的。

存货：

（1）尽管销售收入在项目寿命期间增长了四倍，但假设存货投资保持不变，这也是不合理的。

（2）没有考虑项目结束时对存货投资的回收。

（3）应收账款、应付账款和营运资本需求是怎样的？

融资成本：

（1）融资成本是应付给项目投资者的现金流量，不是项目产生的现金流量，因此是不相关的。

（2）此外，它们是会计分配的结果，不是增量成本，因此是不正确的。

折现率：折现率是项目的资本成本，应该反映项目的风险特征以及与项目相关的负债资本和权益资本的比例。它不是 Printers 公司的借款利率。

8.5 估计项目的相关现金流量和净现值（单位：1 000 美元）

第Ⅰ部分：使用计算器	现在	第1年	第2年	第3年	第4年	第5年
Ⅰ. 收入						
1. 预计销售量（1 000）		5 000	10 000	20 000	20 000	20 000
2. 单价		0.8	0.7	0.6	0.6	0.6
3. 销售收入（行1×行2）		**4 000**	**7 000**	**12 000**	**12 000**	**12 000**
Ⅱ. 营业费用						
4. 通货膨胀率		3%	3%	3%	3%	3%
5. 复利（1+通货膨胀率）		1.030	1.061	1.093	1.126	1.159
6. 固定成本（现在）		800	800	800	800	800
7. 固定成本（行6×行5）		824	849	874	900	927
8. 单位变动成本（现在）		0.400	0.400	0.400	0.400	0.400
9. 单位变动成本（行8×行5）		0.412	0.424	0.437	0.450	0.464
10. 变动成本总额（行9×行1）		2 060	4 240	8 740	9 000	9 280
11. 折旧费用（6 000 000/10）		600	600	600	600	600
12. 停车场租金		50	50	50	50	50
13. 营业费用合计（行7+行10+行11+行12）		**3 534**	**5 739**	**10 264**	**10 566**	**10 857**
Ⅲ. 营业利润						
14. EBIT（行3－行13）		466	1 257	1 734	1 446	1 148
15. 减：税金（40%）		（186）	（503）	（694）	（578）	（460）
16. 税后营业利润（行14+行15）		**280**	**755**	**1 040**	**867**	**689**
Ⅳ. 项目产生的现金流量						
17. 税后营业利润（行16）		280	755	1 040	867	689
18. 折旧费用（行11）		600	600	600	600	600
19. 营运资本需求（年末销售收入的30%）	1 200	2 100	3 600	3 600	3 600	0
20. 营运资本需求变动	1 200	900	1 500	0	0	（3 600）
21. 资本支出	6 000					
22. 设备税后残值①						3 000
23. 项目产生的现金流量（行17+行18－行20－行21+行22）	**（7 200）**	**（20）**	**（145）**	**1 640**	**1 467**	**7 889**
24. 资本成本	12%					
25. 净现值	**（758）**					

①残值 ＝$300 万

账面价值（原始成本－累计折旧）＝$600 万－$300 万＝$300 万

资本利得 ＝$0

资本利得税 ＝$0

税后现金收入 ＝$300 万

第Ⅱ部分：使用电子表格

	A	B	C	D	E	F	G
1	（单位：1000 美元）	现在	第 1 年	第 2 年	第 3 年	第 4 年	第 5 年
2							
3	**Ⅰ. 收入**						
4	预计销售量（1 000）		5 000	10 000	20 000	20 000	20 000
5	单价		0.80	0.80	0.60	0.60	0.60
6	**销售收入**		**4 000**	**7 000**	**12 000**	**12 000**	**12 000**
7							
8	第 4 行和第 5 行的值是数据						
9	单元格 C6 的计算公式 = C4 * C5。然后把单元格 C6 的计算公式复制到第 6 行的后面单元格						
10							
11	**Ⅱ. 营业费用**						
12	通货膨胀率		3.0%	3.0%	3.0%	3.0%	3.0%
13	复利通货膨胀率		1.030	1.061	1.093	1.126	1.159
14	固定成本（现在）		800	800	800	800	800
15	固定成本		824	849	874	900	927
16	单位变动成本（现在）		0.400	0.400	0.400	0.400	0.400
17	单位变动成本		0.412	0.424	0.437	0.450	0.464
18	变动成本总额		2 060	4 244	8 742	9 004	9 274
19	折旧费用		600	600	600	600	600
20	停车场租金		50	50	50	50	50
21	**营业费用合计**		**3 534**	**5 742**	**10 266**	**10 554**	**10 852**
22							
23	第 12、14、16 和 20 行的值是数据						
24	单元格 C13 的计算公式 = 1 ×（1 + C12）。单元格 D13 的计算公式 = C13 ×（1 + D12）。然后把单元格 D13 的计算公式复制到第 13 行的后面单元格						
25	单元格 C15 的计算公式 = C14 × C13。然后把单元格 C15 的计算公式复制到第 15 行的后面单元格						
26	单元格 C17 的计算公式 = C16 × C13。然后把单元格 C17 的计算公式复制到第 17 行的后面单元格						
27	单元格 C18 的计算公式 = C4 × C17。然后把单元格 C18 的计算公式复制到第 18 行的后面单元格						
28	单元格 C19 到 G19 的计算公式 = SLN（6000，10），其中 6 000 是投资，10 是折旧期						
29							
30	**Ⅲ. 营业利润**						
31	EBIT		466	1 257	1 734	1 446	1 148
32	减：税金（40%）		(186)	(503)	(694)	(578)	(460)
33	**税后营业利润**		**280**	**755**	**1 040**	**867**	**689**
34							
35	单元格 C31 的计算公式 = C6 − C21。然后把单元格 C31 的计算公式复制到第 31 行的后面单元格						
36	单元格 C32 的计算公式 = C31 ×（1 −.4）。然后把单元格 C32 的计算公式复制到第 32 行的后面单元格						
37	单元格 C33 的计算公式 = C31 − C32。然后把单元格 C33 的计算公式复制到第 33 行的后面单元格						
38							
39	**Ⅳ. 项目产生的现金流量**						
40	营运资本需求/年末销售收入		30%	30%	30%	30%	30%
41	营运资本需求	1 200	2 100	3 600	3 600	3 600	0
42	营运资本需求变动	1 200	900	1 500	0	0	(3 600)
43	资本支出	6 000	0	0	0	0	0
44	设备税后残值						3 000
45	**项目产生的现金流量**	**(7 200)**	**(20)**	**(145)**	**1 640**	**1 467**	**7 889**
46							
47	第 40、43 和 44 行的值是数据						
48	单元格 B41 的计算公式 = C40 × C6。然后把单元格 B41 的计算公式复制到第 41 行的后面单元格						
49	单元格 B42 的计算公式 = B41。单元格 C42 的计算公式 = C42 − B41。然后把单元格 C42 的计算公式复制到第 42 行的后面单元格						
50	单元格 B45 的计算公式 = B31 + B19 − B42 − B43 + B44。然后把单元格 B45 的计算公式复制到第 45 行的后面单元格						
51							
52	资本成本	12%					
53							
54	**净现值**	**(758)**					

在考虑项目产生的相关现金流量并按照12%的资本成本对其折现后，项目的净现值为负。如果实施该计划，将会减损价值，因此应该拒绝该计划。

9.1 金融市场的构成和特征

a. “直接融资”是指直接从最终“储蓄者”（具有现金盈余的居民）处筹集资本，而“间接融资”是指从最终储蓄者投资存款的金融中介（例如银行和养老基金）处筹集资本。

b. 一级市场是指首次向投资者出售证券的市场，而二级市场是指买卖已经发行证券的市场。需要注意，前者可为发行公司提供新资本，而后者不涉及公司。

c. 有组织的交易所是指只有能够满足严格条件的公司才能将其股票上市的规范市场，而场外交易市场没有严格的上市和报告要求。

d. 国内证券是指公司在本国市场发行的证券，而国际证券是不受发行公司所在国家直接控制和管辖的国际市场发行的证券。

e. 国内证券是指公司在本国市场发行的证券，而外国证券是指公司在其他国家国内市场发行的证券。

f. 在私募发行中，证券销售给有资格的投资者，不在金融市场上市或交易，而在公募发行中，证券销售给金融市场参与者，他们可以不受限制地交易证券。

9.2 估计外部资金需求

a. 2011 年总资金需求 = Δ 现金 + ΔWCR + 资本支出 = 0 + 770 万美元 + 1 000 万美元 = 1 770 万美元

b. 内生资金 = 留存收益增加额 + 折旧费用 = 770 万美元 + (800 万美元 + 100 万美元) = 1 670 万美元

c. 外部资金需求 = 1 770 万美元 − 1 670 万美元 = 100 万美元

d. 100 万美元的资金缺口应该借入。这个数额太小，发行新股不合理。

9.3 租赁

a. 正确

如果买方处于较低的实际税率层级，将只能通过利息和折旧扣减获得较低的税金减免。如果出租人处于较高的税收层级，将可以通过相同的减免获益更多。因此租赁市场会出现，出租人获得的一些税收利益可以通过较低的租金转移给承租人。

b. 正确

当租赁到期时，承租人不再拥有租赁设备，租赁设备被返还给出租人。在确定租金时，出租人必须估计租赁到期时设备的残值将为多少。因此，残值估值的不确定性完全由出租人承担。如果承租人自己购买设备，就必须承担这种不确定性。

c. 正确

如果是经营租赁，租赁资产不出现在资产负债表中，对承租人的相应负债也不出现在资产负债表中。但是，财务分析师不会被经营租赁的会计处理愚弄，他们通常会调整资产负债表中的租赁负债金额。

9.4 半年计息债券

a. 债券价格

使用电子表格

	A	B	C	D	E	F
1	付息期	20				
2						
3	利息支付	$40				
4						
5	本金偿还	$1 000				
6						
7	市场利率	4.5%				
8						
9	债券价格	$934.96				
10						
11	单元格 B9 的计算公式 = − PV(B7, B1, B3, B5)。					
12						

b. 因为债券的6个月收益率为4.5%，把1美元投资于债券，预计6个月后的收益将为4.5美分，再按照4.5%的利率投资，第1年年末将得到 $(1+0.045)^2$ 美元，因此实际收益率为 $(1+0.045)^2-1=9.203\%$。

9.5 普通股估值

a. 为估计普通股的价值，必须首先确定预计NEC未来支付的股利，然后按照12%的必要收益率将其折现。预计股利支付如下所示：

	现在	第1年	第2年	第3年	第4年
预计增长率		8%	8%	8%	4%（永远）
预计股利	\$2.00	\$2.16	\$2.33	\$2.52	\$2.62

自第4年起股利将按照4%的固定比率永续增长，这个股利支付序列在第3年年末的价值可以按照式（9-7）的估值公式计算出来

$$\text{第3年后股利支付序列的现值}=\frac{2.62(\text{第4年股利})}{0.12(\text{必要收益率})-0.04(\text{增长率})}=\frac{\$2.62}{0.08}=\$32.75$$

因此，估计股价为整个股利支付序列按照12%折算的现值

$$\text{估计股价}=\frac{\$2.16}{1+0.12}+\frac{\$2.33}{(1+0.12)^2}+\frac{\$2.52}{(1+0.12)^3}+\frac{\$2.62+\$32.75}{(1+0.12)^4}=\$28.06$$

使用电子表格

	A	B	C	D	E	F
1				End		
2		现在	第1年年末	第2年年末	第3年年末	第4年年末
3	预计增长率		8%	8%	8%	4%
4	预计股利	\$2.00	\$2.16	\$2.33	\$2.52	\$2.62
5	第4年年末股价					\$32.75
6	预计现金流量		\$2.16	\$2.33	\$2.52	\$35.37
7	预计收益率	12%				
8						
9	股价	\$28.06				
10						
11	单元格C4的计算公式 = B4 * (1 + C3)，单元格D4的计算公式 = C4 * (1 + D3)，然后把D4的计算公式复制到第4行的后面单元格					
12	单元格F5的计算公式 = F4/(B7 - 0.04)					
13	单元格C6的计算公式 = C4 + C5，然后把C6的计算公式复制到第6行的后面单元格					
14	单元格B9的计算公式 = NPV(B7, C6:F6)					

b. 观察到的市价为29.12美元，比估计股价28.06美元高3.7%。可以这样解释：如果我们假设估计股价是“正确的”，则说明当前股价被高估了，应该卖掉股票；如果我们假设市价是“正确的”，则说明我们用于估计股票价值的模型和假设是不正确的，应该修改模型和假设。

10.1 负债成本与权益成本

我们想说明的是，投资于一家公司、一个部门或一个项目的权益资本金额预计会为权益持有者带来10%的收益，而投入的负债资本金额预计会为负债持有者带来8%的收益。这些收益是投资者投资于与该公司、部门或项目具有相同风险的公司、部门或项目能够获取的收益。负债成本低于权益成本，因为与权益持有者相比，负债持有者对公司、部门或项目产生的现金流量具有优先索偿权。因此，负债的风险低于权益，从而负债成本低于权益成本。

10.2　债券和股票的现金流量

与债券相关的现金流量是利息支出和本金偿还，而与股票相关的现金流量是支付给股东的股利。债券或股票的市价是各自预计现金流量序列的现值（见式（10-1）和式（10-4））。对于债券而言，利息支出和本金偿还是按照债券持有人的预计收益率折现，而对于股票而言，股利是按照股东的预计收益率折现。两个收益率都取决于与持有证券相关的风险。

10.3　资本资产定价模型

（1）一种证券或一种资产的风险越高，它的预计收益率就越高；

（2）证券的唯一相关风险是不能分散的那部分风险，称为系统性、不可分散或市场风险，用证券的 β 系数衡量。如果 β 系数等于1，表明证券与充分多元化组合（又称市场组合）具有相同的风险；如果 β 系数高于（低于）1，则表明风险高于（低于）市场组合的风险；

（3）证券的预计收益率等于无风险利率（最安全证券的收益率，例如政府债券的到期收益率）与风险溢价之和。风险溢价是对承担证券系统性风险的补偿，等于证券的 β 系数乘以市场风险溢价（持有市场组合的预计收益率与无风险利率之差）。

10.4　公司的资本成本

a. 根据式（10-11），Vanhoff 的权益成本 k_E 为

$$k_{E,\text{Vanhoff}} = R_F + (R_M - R_F) \times \beta_{\text{权益}}$$

其中，$R_F = 5\%$ 是无风险收益率，$R_M = 10\%$ 是市场组合的预计收益率，$\beta_{\text{权益}} = 1.16$ 是 Vanhoff 的权益 β 系数。因此

$$k_{E,\text{Vanhoff}} = 5\% + (10\% - 5\%) \times 1.16 = 10.8\%$$

b. Vanhoff 的相关资本成本是各种来源资本的加权平均成本，即加权平均资本成本或 *WACC*。为确定该成本，我们使用式（10-12）

$$WACC = k_D(1 - T_C) \times \frac{D}{E+D} + k_E \times \frac{E}{E+D}$$

其中，$k_D = 6\%$ 是 Vanhoff 的税前负债成本，$T_C = 40\%$ 是公司税率，$k_E = 10.8\%$ 是 Vanhoff 的权益成本，$\frac{D}{E+D}$是负债融资的比例，$\frac{E}{E+D}$是权益融资的比例。

因为 Vanhoff 使用相同的负债和权益为其业务活动融资，所以$\frac{D}{E+D} = 0.5$，而且$\frac{E}{E+D} = 0.5$。

把这些整合在一起，我们可以得到

$$WACC = [6\% \times (1 - 0.40) \times 0.5] + (10.8\% \times 0.5) = 7.20\%$$

10.5　估算资本成本

需要注意两个方面：

（1）加权平均资本成本8%是 PacificCom 的资本成本，即公司两个部门成本的平均数。如果两个部门的风险（更确切地说是 β）不同，那么评估每个部门投资方案所需资本成本就不会等于8%。

（2）咨询公司用于计算融资比率 $D/(E+D)$ 和 $E/(E+D)$ 的负债和权益资本数额取自 PacificCom 的资产负债表。换言之，它们是会计价值，而恰当的 *WACC* 应该使用市场价值计算。

11.1　借款对股票价格的影响

（1）在不存在税收和财务拮据成本情况下，股票价格不应该下降，因为随着公司负债的上升，预计每股收益增加额将抵消每股收益波动性增加带来的负面影响。实际上，根据 MM 理论，补偿将是完全的，从而股价根本不应该受到影响。

（2）在存在税收情况下，公司税金会随负债增加成比例下降，因为利息支出可以抵减税金。公司的股价将会上升，以反映流向股东的税收节约的现值。

（3）当公司借入越来越多的资金以利用利息抵税效应时，发生财务拮据的可能性就会增加。如果存在与财务

拮据相关的成本，在某一时点这些成本的现值会高于利息抵税的现值，从此公司的股价将开始下降。

11.2 负债的风险、权益的风险和公司的风险

错误。当负债增加时，公司资产创造的更多现金流量将流向债权人而非股东，但公司资产产生现金流量的波动性不会受到影响。因此，公司作为整体的风险不会增加。

11.3 影响最优负债与权益比率的因素

a. 提高负债与权益比率以利用利息税盾的增加额。

b. 提高负债与权益比率，因为个人资本利得税提高将导致权益收益税率与利息收益税率之间的差异上升。参见式（11-8）。

c. 提高负债与权益比率，因为购买大楼将导致公司有形资产增加，从而公司发生财务拮据的可能性应该下降。

d. 如果该比率在基于公司权益的当前市价计算时是最优的，那么在基于公司权益的公允价值计算时它将是过高的，因为公司的股价是被低估的。公司应该发行债券并用取得的收入购买股票，从而提供公司股价被低估的强烈信号。这个程序应该持续进行，直至股价达到公允价格而且负债与权益比率回到当前价值。

e. 不改变负债与权益比率，因为营运资本需求的下降通常不会影响财务拮据的可能性。

f. 只要 Alternative Solutions 公司和收购者是具有多元化股东的上市公司，该比率就不应该被改变，因为在这种情况下，最优负债与权益比率不是由公司资产所有者的身份决定的。然而，需要注意的是，如果 Alternative Solutions 是一家私人公司，而且新所有者不是多元化股东，那么该比率可能必须变动以反映新所有者的最优负债与权益比率。

11.4 EBIT-EPS 分析

a.

	低负债方案			高负债方案		
1. *EBIT*	\$90 000	\$130 000	\$170 000	\$90 000	\$130 000	\$170 000
2. 资本重组前股数	10 000	10 000	10 000	10 000	10 000	10 000
3. 资本重组前股价	\$100	\$100	\$100	\$100	\$100	\$100
4. 借款金额	\$200 000	\$200 00	\$200 000	\$400 000	\$400 000	\$400 000
5. 利率	10%	10%	10%	10%	10%	10%
6. 重组后股数 [(2) - (4)/(3)]	8 000	8 000	8 000	6 000	6 000	6 000
7. 净收益 [(1) - (4) × (5)]	\$70 000	\$110 000	\$150 000	\$50 000	\$90 000	\$130 000
8. ***EPS*[(7)/(6)]**	**\$8.75**	**\$13.75**	**\$18.75**	**\$8.33**	**\$15**	**\$21.67**

b.

	低负债方案	高负债方案
1. *EBIT*	\$100 000	\$100 000
2. 资本重组前股数	10 000	10 000
3. 资本重组前股价	\$100	\$100
4. 借入金额	\$200 000	\$400 000
5. 利率	10%	10%
6. 资本重组后股数 [(2) - (4)/(3)]	8 000	6 000
7. 净收益 [(1) - (4) × (5)]	\$80 000	\$60 000
8. *EPS*[(7)/(6)]	\$10	\$10

首先，需要注意，公司资产的价值为 1 000 000 美元，因为 Albine 没有负债，其权益价值为 1 000 000 美元（10 000 股 × 每股 100 美元）。

两个方案（或任何其他重组方案）下的 *EPS* 相同，因为在该 *EBIT* 水平，资产收益率为 10%（100 000

美元除以1 000 000美元资产），与利率相等。当*EBIT*为100 000时，借款成本刚好抵消负债数额与权益数额比率上升（下降）时把净收益分配给更多（更少）股票的收益。

11.5 利息税盾的价值

发行债券后，Ilbane公司价值的增加额将为利息税盾的现值。正如本书中所示，如果假设税盾是永续存在的，那么它的现值PV_{ITS}为

$$PV_{ITS}=\frac{\text{年度利息税盾}}{\text{负债成本}}$$

a.

$$PV_{ITS}=\frac{\text{税率}\times\text{利率}\times\text{负债发行金额}}{\text{利率}}=\text{税率}\times\text{负债发行金额}=0.35\times\$2\,000\text{ 万}=\$700\text{ 万}$$

Ilbane的价值在发行负债后应该增加700万美元。

b. 使用相同的公式可以得到利息税盾的价值为2 800万美元（0.35×8 000万美元）。然而，如果负债与权益的比率为4，那么Ilbane的财务风险会显著增加。投资者将对利息税盾的价值有较低预期，这种情绪将被反映在Ilbane的股价中。在这种情况下，股价上升的程度将低于财务风险不会显著增加的情形。因此，Ilbane公司的价值增加额将小于2 800万美元。

12.1 市盈率

如果A公司和B公司是相同的，具有相同的当前每股收益和相同的股价波动性，但是预计A公司的税后收益增长要快于B公司，那么A公司股票将比B公司股票更有价值。因此，金融市场对A公司当前收益的定价要高于对B公司当前收益的定价。

如果A公司和B公司是相同的，具有相同的当前每股收益和相同的收益增长预期，但是A公司的股价波动性要高于B公司，那么A公司的股票价值将低于B公司的股票价值。因而，金融市场对A公司当前收益的定价要低于对B公司当前收益的定价。

12.2 各种估值方法和价值创造并购

a. 公司的清算价值应该是它的最低价值，因而是下限值（而非上限值）。公司的重置价值应该是它的最高价值，因而是上限值（而非下限值）。

b. 错误，价格与现金流量比率应该更好，因为公司现金流量对会计规则和惯例的敏感度要远低于公司报告收益（利润）对会计规则和惯例的敏感度。

c. 预计不用的估值方法会得到不同的估计价值，因为不同估值方法之间存在概念差异。此外，不同模型使用具有不同质量或可靠性的不同输入变量（数据）。

12.3 比较估值法

- 使用下面的三步骤法计算权益乘数：

第1步：把可比公司（REC）数据转换为每股基础。

（1）每股收益（\$9 000万/4 000万股）	\$2.25
（2）每股账面价值（\$5.9亿/4 000万股）	\$14.75

第2步：计算可比公司（REC）的相应乘数。

（1）市盈率（\$30/\$2.25）	13.33
（2）市价与账面价值比率（\$30/\$14.75）	2.03

第3步：利用REC的乘数估计LMC的权益价值。

（1）市盈率：	\$4 600万×13.33=\$6.13亿
（2）市价与账面价值比率	\$2.7亿×2.03=\$5.48亿

- 使用下面的四步骤法计算资产乘数：

第1步：计算REC的企业价值（*EV*）。

$$EV(\text{REC})=\text{权益市价}+\text{负债}-\text{现金}=(\$30\times4\,000\text{ 万})+\$8\text{ 亿}-\$1\,000\text{ 万}=19.9\text{ 亿}$$

第 2 步：计算 REC 的 *EV* 与 *EBITDA* 比率。

$$EV\text{ 与 }EBITDA\text{ 比率 }(\$19.9\text{ 亿}/2.5\text{ 亿})=7.96$$

第 3 步：利用 REC 的乘数估计 LEC 的企业价值。

$$\$1.25\text{ 亿}\times 7.96=\$9.95\text{ 亿}$$

第 4 步：加上 LMC 的现金，再减去负债，得到 LMC 的权益价值。

$$\$9.95\text{ 亿}+\$400\text{ 万}-\$4.2\text{ 亿}=\$5.79\text{ 亿}$$

LMC 权益的估计价值并不相同，因为它们是根据 REC 公司的不同乘数计算的。只要最高估计值比最低估计值高 20% 左右，估计价值的范围就是可以接受的。在这个例子中，最高估计值（6.13 亿美元）比最低估计值（5.48 亿美元）高 12%。

12.4 权益估值法

a. 根据式（12-1），我们可以写作

$$DCF_{\text{Baltek}}=\frac{\text{下一年现金流量}}{0.08-0.03}=\frac{\$100\text{ 万}\times(1+0.03)}{0.05}=\frac{\$103\text{ 万}}{0.05}=\$2\,060\text{ 万}$$

b. Baltek 的权益价值与资产价值相等，因为公司没有负债。

12.5 折现现金流量估值法

使用下面的三步骤法：

第 1 步：给出估计 LEC 将在未来 5 年产生的资产现金流量的公式。

根据式（12-6），我们可以写作

$$CFA=EBIT(1-\text{税率})+\text{折旧费用}-\Delta WCR-\text{资本支出}$$

其中，*EBIT* 是息税前收益或税前营业利润，ΔWCR 是营运资本需求变动。但由于年资本支出等于年折旧费用

$$CFA_{\text{LEC}}=EBIT(1-\text{税率})-\Delta WCR$$

第 2 步：估计 LEC 的加权平均资本成本（*WACC*）。

（1）根据资本资产定价模型（CAPM）计算的权益成本 $=5\%+1.2\times5\%=11\%$

（2）权益融资的比例 $=80\%$

（3）税后负债成本 $=6\%\times(1-0.40)=3.6\%$

（4）负债融资的比例 $=100\%-80\%=20\%$

$$WACC=(0.80\times11\%)+(0.20\times3.6\%)=9.52\%$$

第 3 步：使用电子表格，根据预测假设，如表 12-5 一样估计 LEC 权益的 DCF 价值：

	A	B	C	D	E	F	G
1	（单位：100 万美元）				年末预测		
2							
3		现在	第 1 年	第 2 年	第 3 年	第 4 年	第 5 年
4							
5	销售收入增长率		8.00%	8.00%	6.00%	6.00%	4.00%
6	营业利润占销售收入比例		20.00%	20.00%	20.00%	20.00%	20.00%
7	*WCR* 占销售收入比例	20.00%	20.00%	20.00%	20.00%	20.00%	20.00%
8	销售收入	620.0	669.6	723.2	766.6	812.6	845.1
9	*EBIT*		133.9	144.6	153.3	162.5	169.0
10	*EBIT*×（1－税率 40%）		80.4	86.8	92.0	97.5	101.4

（续）

	A	B	C	D	E	F	G
11	年末 *WCR*	124.0	133.9	144.6	153.3	162.5	169.0
12	减：Δ*WCR*		-9.9	-10.7	-8.7	-9.2	-6.5
13							
14	**等于：资产现金流量**		**70.4**	**76.1**	**83.3**	**88.3**	**94.9**
15							
16	第 4 年年末残值①					1 719.3	
17							
18							
19	第 1 年年初						
20							
21	*WACC*		9.52%				
22	资产的 *DCF* 价值		1 448				
23	减：负债的账面价值		280				
24	**等于：权益的 *DCF* 价值**		**1 168**				
25							
26	第 5 ~7 行、第 23 行以及单元格 B8 是数据						
27	单元格 C8 的计算公式 = B8 * (1 + C5)，然后把单元格 C8 的计算公式复制到第 8 行的后面单元格						
28	单元格 C9 的计算公式 = C6 * C8，然后把单元格 C9 的计算公式复制到第 9 行的后面单元格						
29	单元格 C10 的计算公式 = C9 * (1 -.4)，然后把单元格 C10 的计算公式复制到第 10 行的后面单元格						
30	单元格 B11 的计算公式 = B7 * B8，然后把单元格 B11 的计算公式复制到第 11 行的后面单元格						
31	单元格 C12 的计算公式 = B11 - b12，然后把 C12 的计算公式复制到第 12 行的后面单元格						
32	单元格 C15 的计算公式 = C10 + C12，然后把 C15 的计算公式复制到第 15 行的后面单元格						
33	单元格 F16 的计算公式 = G14/(B21 - G5)						
34	单元格 B22 的计算公式 = NPV(C22，C14:F14) + F16/(1 + B22)^4						
35	单元格 B24 的计算公式 = B22 - B23						

①第 4 年年末残值根据永续年金、固定增长率和估值公式（参见式（12-1））计算得出。我们在第 2 步得到 LEC 的加权平均资本成本为 9.52%，因而残值为

$$残值 = \frac{资产现金流_{第5年}}{WACC - 增长率} = \frac{\$94.9}{0.0952 - 0.04} = \frac{\$94.9}{0.052} = \$1\,719.3$$

LEC 的权益价值为 11.68 亿美元。

13.1 风险管理

公司应该集中管理风险，因为：①存在项目无法反映的公司层面风险；②不同风险可以在公司层面相互抵消；③集中管理风险可以降低风险保护成本；④可以在公司所有部门制定和实施一致的风险政策；⑤如果敬业的员工集中监督流程，公司就可以学习更好地管理风险。

13.2 风险识别

情形事件	第一层级风险	第二层级风险	可能的风险保护
1	金融投资风险	价格风险	购买期权以防止 Fastcom 股价下降
2	货币风险	汇率风险	对汇率变动进行套期保值
3	经营风险	运营风险	购买风暴保险
4	财务风险	财务成本风险	对利率变动进行套期保值
5	经营风险	运营风险	多样化公司供货渠道
6	经营风险	运营风险	如果在约定期间没有收到款项，要求提供补偿
7	财务风险	财务成本和再融资风险	用匹配的 4 年期贷款为资产融资
8	经营风险	战略风险	开发更现代的新玩具生产线

13.3 风险衡量

a. 因为预计现金流量是“永续年金”，所以 NGC 的价值等于预计现金流量除以公司资本成本（10%）。如果公司预计现金流量减少 2 000 万美元，那么它的价值将减少 2 亿美元（2 000 万美元除以 10%）。如果该事件发生的概率为 50%，那么 *MVR* 等于 1 亿美元。

b. 与前面的情形一样，NGC 的价值将减少 2 亿美元。如果该事件发生的可能性为 10%，那么 *MVR* 等于 2 000 万美元。

c. 如果资本成本为 10.2%，那么 NGC 的价值为 9.80 亿美元（1 亿美元除以 0.102），价值减少 2 000 万美元（10 亿美元减 9.80 亿美元）。如果该事件发生的额可能性为 50%，那么 *MVR* 等于 1 000 万美元。

d. 如果预计现金流量减少 100 万美元，那么 NGC 的价值将减少 1 000 万美元（100 万美元除以 10%）。如果该事件发生的可能性为 10%，那么 *MVR* 等于 100 万美元。

13.4 比较各种套期保值技术

	概念	优点	缺点
远期套期保值	购买（出售）外币金额等于用相同货币表示且交付日期相同的潜在现金流出量（流入量）的远期合约	它是量身定做的套期保值，可以为已知金额和已知交付日的交易提供完全套期保值	1. 需要信用检查； 2. 实际交付日并非刚好是预期日的情况经常发生； 3. 不经常交易货币远期合约的买卖价差可能很大； 4. 摆脱远期合约需要签订与初始合约具有相同交付日的抵消远期合约
期货套期保值	购买（出售）用与潜在现金流出量（流入量）相同货币表示的期货合约。购买（出售）的合约数量和交付日期应该与现金流量的金额和交付日期匹配	1. 不需要信用检查； 2. 交易成本低； 3. 由于采取逐日盯市制度，违约风险低； 4. 很容易退出合约，现金结算可以立即进行	1. 人们只能交易具有固定到期日的标准规模合约； 2. 必须存入保证金； 3. 交易逐日结算
期权套期保值	购买用与潜在现金流出量（流入量）相同货币表示的期权合约。期权持有者拥有在特定期间买入（卖出）外币的权利（而非义务）。在场外期权情形下，行权价和到期日是在合约中规定的。在场内期权情形下，买入（卖出）期权合约的数量和交付日期应该与现金流量的金额和交付日期匹配	1. 它是对不利汇率变动提供的保险； 2. 与其他套期保值技术不同，不存在买入（卖出）外币的义务； 3. 场内期权的交易成本和违约风险都低于场外期权； 4. 期权可在到期日前的任何时间卖出	1. 公司必须为取得期权支付费用（期权的价格）； 2. 在场内期权情形下，人们只能交易具有固定到期日的标准规模合约； 3. 必须存入保证金
互换套期保值	用一种货币表示的利息和本金交换用另一种货币表示的利息和本金	1. 它是用不同货币表示的现金流量的低成本交换； 2. 互换市场由银行控制，可以降低交易对手风险	1. 它的使用最常见于对长期风险进行套期保值； 2. 存在一些潜在交易对手风险

13.5 互换协议

日本公司在互换交易中的损失就是德国公司在相同交易中获得的利润，如下表所示，金额单位为 100 万。

	A	B	C	D	E	F	G	H
1			现在	第 1 年	第 2 年	第 3 年	第 4 年	第 5 年
2	汇率 JPY/EUR		130.44	125.00	127.00	130.00	135.00	138.00
3								
4	**日本公司**							
5	**进行互换交易**							
6	初始投资（EUR）	23.00						

（续）

	A	B	C	D	E	F	G	H
			现在	第1年	第2年	第3年	第4年	第5年
7	年票面利率	5.00%						
8	现金流量（EUR）		23.00	-1.15	-1.15	-1.15	-1.15	-24.15
9								
10	**不进行互换交易**							
11	初始投资（JPY）	3 000.00						
12	年票面利率	5.00%						
13	现金流量（JPY）		3 000.00	-150.00	-150.00	-150.00	-150.00	-3 150.00
14	现金流量（EUR）		23.00	-1.20	-1.18	-1.15	-1.11	-22.83
15								
16	利润（损失）(EUR)		0.00	0.05	0.03	0.00	-0.04	-1.32
17	利润（损失）合计（EUR）		-1.28					
18								
19	**德国公司**							
20	**进行互换交易**							
21	初始投资（JPY）	3 000.00						
22	年票面利率	5.00%						
23	现金流量（JPY）		3 000.00	-150.00	-150.00	-150.00	-150.00	-3 150.00
24								
25	**不进行套期保值**							
26	初始投资（EUR）	23.00						
27	年票面利率	5.00%						
28	现金流量（EUR）		23.00	-1.15	-1.15	-1.15	-1.15	-24.15
29	现金流量（JPY）		3 000.01	-143.75	-146.05	-149.05	-155.25	-3 332.70
30								
31	利润（损失）（JPY）		-0.01	-6.25	-3.95	-0.50	5.25	182.70
32	利润（损失）（EUR）		0.00	-0.05	-0.03	0.00	0.04	1.32
33	利润（损失）合计（EUR）		1.28					
34								
35	第2、6、7、11、12、21、22、26和27行是数据							
36	单元格C8的数据=B6。单元格D8的计算公式=\$B \$6 * \$B \$7，然后把单元格D8的计算公式复制到单元格E8、F8和G8。单元格H8的计算公式=\$B \$6 * \$B \$7 - B6							
37	单元格C13的数据=B11。单元格D13的计算公式=\$B \$11 * \$B \$12，然后把单元格D13的计算公式复制到单元格E13、F13和G13。单元格H13的计算公式=\$B \$11 * \$B \$12 - B11							
38	单元格C14的计算公式=C13/C2，然后把单元格C14的计算公式复制到单元格D14、E14、F14、G14和H14							
39	单元格C16的计算公式=C8 - C14，然后把单元格C16的计算公式复制到D16、E16、F16、G16和H16							
40	单元格C17的计算公式=sum(C16:H16)							
41	单元格C23的数据=B21。单元格D23的计算公式=\$B \$21 * \$B \$22，然后把单元格D23的计算公式复制到单元格E23、F23和G23。单元格H23的计算公式=\$B \$21 * \$B \$22 - B21							
42	单元格C28的数据=B26。单元格D28的计算公式=\$B \$26 * \$B \$27，然后把单元格D28的计算公式复制到单元格E28、F28和G28。单元格H28的计算公式=\$B \$26 * \$B \$27 - B26							
43	单元格C29的计算公式=C28 * C2，然后把单元格C29的计算公式复制到单元格D29、E29、F29、G29和H29							
44	单元格C31的计算公式=C23 - C29，然后把单元格C31的计算公式复制到D31、E31、F31、G31和H31							
45	单元格C32的计算公式=C31/C2，然后把单元格C32的计算公式复制到单元格D32、E32、F32、G32和H32							
46	单元格C33的计算公式=sum(C32:H32)							
47								

14.1 会计风险与经济风险

会计风险与交易风险是相同的，两者都是指汇率变动对公司财务报表项目价值的影响。经济风险是指汇率变动对公司未来现金流量价值的影响。交易、合约和经营风险都是经济风险的子集。交易风险与合约风险是同义词，都与汇率波动性对用外币表示的过去交易预计产生的未来现金流量的影响相关，而经营风险与汇率波动性对未来不确定交易的影响相关。在下表中，我们表明为什么与会计风险相比，经济风险与股东更加相关：

经济风险	会计风险
1. 它是面向未来的，因为与未来现金流量相关	1. 它是面向过去的，因为与过去交易相关
2. 它聚焦于价值创造直接相关的现金流量	2. 它聚焦仅与价值创造略微相关的会计价值
3. 它影响拥有外国子公司的公司、进出口公司，以及在投入品市场和产出品市场面临外国竞争的公司	3. 它仅影响面临会计风险的公司，即那些记录外币交易的公司
4. 因为它聚焦现金流量，不取决于公司会计规则	4. 它受公司所选会计规则的影响

14.2 平价关系

购买力平价是指两国货币之间的汇率变动，由两国之间预计通货膨胀率的差异决定。

14.3 国家风险与资本成本

错误。尽管在分析外国投资时，公司通常在国内资本成本基础上加成，但这种做法并不能恰当考虑国家风险的影响。一种更好的方法是根据与投资所在国相关的国家风险的预期后果降低跨国项目的预计现金流量。调整现金流量而非资本成本的另外一个好处在于可以促使管理层清楚识别所承担的风险。这样做还便于敏感性分析。

14.4 国际资本预算（1）

由于项目的 *NPV* 为正，所以公司会投资该项目。

	A	B	C	D	E	F	G
1		现在	第1年	第2年	第3年	第4年	第5年
2	初始投资	-50 000 000					
3	终值						
4	销售收入	20 000 000	21 000 000	21 630 000	22 278 000	22 947 267	23 635 685
5	销售收入增长率		5%	5%	5%	5%	5%
6	泰国的通货膨胀率		3%	3%	3%	3%	3%
7	美国的通货膨胀率		4%	4%	4%	4%	4%
8	*EBIT*	15 000 000	15 750 000	16 537 500	17 364 375	18 232 594	19 144 223
9	税率		35%	35%	35%	35%	35%
10	*EBIT*（1-税率）		10 237 500	10 749 375	11 286 844	11 851 186	12 443 745
11	*WCR* 占销售收入的比例	10%	10%	10%	10%	10%	10%
12	*WCR*	2 000 000	2 100 000	2 163 000	2 227 890	2 294 727	2 363 569
13	*WCR* 的变动		-100 000	-63 000	-64 890	-66 837	-68 842
14	用 THB 表示的投资现金流量	-50 000 000	10 137 500	10 686 375	11 221 954	11 784 349	27 374 903
15	THB/USD	40					
16	USD/THB	0.025 000 00	0.025 242 72	0.025 487 79	0.025 735 25	0.025 985 10	0.026 237 39
17	用 USD 表示的投资现金流量	-1 250 000	255 898	272 372	288 800	306 217	718 246
18							
19	资本成本	12%					
20	*NPV*	3 335					
21							
22							

（续）

	A	B	C	D	E	F	G
23	第2、3、5、6、7、9、11、15、19行，单元格B4和单元格B8都是数据						
24	单元格C4的计算公式 = B4 * (1 + C5)，然后把单元格C4的计算公式复制到第4行的后面单元格						
25	单元格C8的计算公式 = B8 * (1 + C5)，然后把单元格C8的计算公式复制到第8行的后面单元格						
26	单元格C10的计算公式 = C8 * (1 - C9)，然后把单元格C10的计算公式复制到第10行的后面单元格						
27	单元格B12的计算公式 = B4 * B11，然后把单元格B12的计算公式复制到第12行的后面单元格						
28	单元格C13的计算公式 = B12 - C12，然后把单元格C13的计算公式复制到第13行的后面单元格						
29	单元格B14的计算公式 = B2 + 3 + B10 + B13，然后把单元格B14的计算公式复制到第14行的后面单元格						
30	单元格B16的计算公式 = 1/B15。单元格C16的计算公式 = B16 * (1 + C7)/(1 + C6)，然后把C16的计算公式复制到第16行的后面单元格						
31	单元格B17的计算公式 = B14 * B16，然后把单元格B17的计算公式复制到第17行的后面单元格						
32	单元格B20的计算公式 = B17 + NPV(B19; C17:G17)						

14.5 国际资本市场（2）

a. 项目资本成本为13%，即为美国政府债券利率6%与风险溢价7%之和。

使用电子表格

	A	B	C	D	E	F	G
1		0	1	2	3	4	5
2	用欧元表示的预计现金流量	-€103 000 000	€25 000 000	€25 000 000	€25 000 000	€25 000 000	€50 000 000
3	预计汇率 EUR/USD	0.80	0.80	0.80	0.80	0.80	0.80
4	用美元教师的预计现金流量	-$128 750 000	$31 250 000	$31 250 000	$31 250 000	$31 250 000	$62 500 000
5	资本成本	13%					
6	净现值	-$1 875 275					
7							
8	第2、3和5行是数据						
9	单元格B6的计算公式 = B4 + NPV(B5, C4:G4)						

根据分析，Kampton应该实施该项目，因为其净现值为正。

b. 当资本成本为11%（= 政府债券利率6% + 风险溢价5%）时，使用相同的电子表格，可以得到正净现值5 292 136美元。

c. 如果我们假设Kampton公司的股东持有国际多元化组合，那么在估算美国项目的净现值时增加欧洲项目的5%额外风险溢价是没有合理性的。

15.1 理解 *MVA* 和 *EVA*

a. 价值是通过最大化资本的市场价值与为生成该价值使用的运用资本数额之间的差额（即公司的市场增加值，而不是公司的绝对市场价值）创造出来的。

b. 市场增加值是由公司预计将在未来创造的 *EVA* 决定的。如果未来 *EVA* 的现值为正，则 *MVA* 为正，但当前 *EVA* 可能为负。

c. 净利润是通过从营业利润中扣减利息费用计算得出的，这意味着净利润已经调整了负债成本的影响。如果我们随后扣减基于 *WACC* 计算的资本费用，就会导致两次计算负债成本，一次是在计算净利润时，一次是在 *WACC* 中。

d. *EVA* 通过 *WACC* 考虑风险。一个实体营业利润的风险越高，则它的 *WACC* 越高，它的 *EVA* 越低。

e. 更高的利润仅是问题的一半。如果运用资本的费用超过（营业）利润，则价值会受到损害。

15.2 调整会计数据以估计经济增加值

$$EVA = NOPAT - \text{运用资本费用}$$

其中，*NOPAT* = 随后净营业利润 = *EBIT* × (1 - 税率)，运用资本费用 = *WACC* × 运用资本（与投入资本相同)。为估计 *EVA*，可以使用以下程序：

第 1 步：估计息税前收益（*EBIT*）

销售收入	\$140 000 万
销售成本	(78 000 万)
销售和管理费用	(33 000 万)
折旧和租赁费	(4 500 万)
摊销和研发费	(3 000 万)
EBIT	\$21 500 万

第 2 步：估计税率（单位：100 万美元）

$$\text{税率} = \text{税金费用}/\text{税前收益} = 40/(60+40) = 40/100 = 40\%$$

第 3 步：计算 *NOPAT*

$$NOPAT = EBIT \times (1 - \text{税率}) = (\$21\,500\text{ 万}) \times (1 - 0.40) = \$12\,900\text{ 万}$$

第 4 步：估计运用资本数额（单位：100 万美元）

运用资本	2009 年 12 月 31 日		2010 年 12 月 31 日	
负债资本合计		160		140
调整后的权益资本		282		388
权益的账面价值	200		260	
累计坏账准备	7		13	
累计商誉减值	20		45	
资本化的研发费用	55		70	
运用资本合计		442		528

第 5 步：根据 ADC 的估计加权平均资本成本（*WACC*）11% 计算 *EVA*（单位：100 万美元)：

$$EVA(\text{期初运用资本}) = 129 - 11\% \times 442 = 129 - 48.6 = 80.4$$
$$EVA(\text{平均运用资本}) = 129 - 11\% \times [(442+528)/2] = 129 - 53.4 = 75.6$$

15.3 市场增加值分析

购买存货控制软件方案需要花费 140 000 美元，将立即使税后营业利润削减 140 000 美元 × (1 - 40%) = 84 000 美元，也会使 *EVA* 减少相同的数额。但所有未来 *EVA* 将提高 10 000 美元，因为投入资本将因存货的永久性减少而永久性降低了 100 000 美元 × 10% = 10 000 美元。为确定对 ILC 价值的净影响，我们必须得到全部 *EVA* 的现值。这个现值是衡量购买软件决策对 ILC 市场价值影响的指标，换言之，它是该项决策的市场增加值。由于 *MVA* 为正（+\$16 000)，因此购买软件是能够创造价值的方案

$$MVA(\text{软件}) = -\$84\,000 + \frac{\$10\,000}{0.10} = -\$84\,000 + \$100\,000 = +\$16\,000$$

注意：由于未来 *EVA* 是金额固定的永续年金，它的现值就等于固定金额除以资本成本（参见估值公式，即式（14-7)；在这个案例中，*EVA* 的增长率为 0)。

15.4 制图桌灯项目的市场增加值分析

对制图桌灯项目预计能够创造的未来经济增加值的估计如下所示，估算依据是第 8 章表 8-3 中的数据。该项目的市场增加值是通过把各期 *EVA* 按照项目的加权平均资本成本 7.6% 折现计算出来的。答案列示在电子表格（单位：1 000）中（提到的行数来自表 8-3)。

	A	B	C	D	E	F	G
1	（单位：1000 美元）	**现在**	**第 1 年年末**	**第 2 年年末**	**第 3 年年末**	**第 4 年年末**	**第 5 年年末**
2							
3	**Ⅰ. 税后营业利润**						
4	税后营业利润（第 15 行）		402	347	212	69	-84
5	异常利得（第 21 行）						60
6	**税后净营业利润（*NOPAT*）**		**402**	**347**	**212**	**69**	**-24**
7							
8	**Ⅱ. 年初投入资本**						
9	营运资本需求（第 18 行）	360	330	255	175	90	0
10	固定资产账面净值	2 000	1 600	1 200	800	400	0
11	投入资本合计	2 360	1 930	1 455	975	490	0
12							
13	**Ⅲ. 资本费用**						
14	资本成本	7.6%					
15	资本费用		-179.36	-146.68	-110.58	-74.10	-37.24
16							
17	**Ⅳ. 经济增加值（*EVA*）和市场增加值（*MVA*）**						
18	***EVA***		**223**	**200**	**101**	**-5**	**-61**
19	***MVA***	**415.083**					
20							
21	第 4、5、9 和 14 行是数据						
22	单元格 C6 的计算公式 = C4 + C5，然后把单元格 C6 的计算公式复制到第 6 行的后面单元格						
23	第 10 行各单元格的计算公式为初始投资减每年 $400 累计折旧费用						
24	单元格 B11 的计算公式 = B9 + B10，然后把单元格 B11 的计算公式复制到第 11 行的后面单元格						
25	单元格 C15 的计算公式 = $B $14 * B11，然后把单元格 C15 的计算公式复制到第 15 行的后面单元格						
26	单元格 C18 的计算公式 = C6 - C15，然后把单元格 C18 的计算公式复制到第 18 行的后面单元格						
27	单元格 B19 的计算公式 = NPV（B14，C18: G18）						
28							

该项目的 *MVA* 为 415 083 美元，刚好等于第 8 章计算出来的项目 *NPV*。

15.5 财务战略矩阵

a. 为确定四家公司在财务战略矩阵中的位置，使用下面的两步骤程序。

第 1 步：估计每家公司的收益价差，以确定其价值创造能力。

收益价差是公司投入资本收益率与加权平均资本成本之差。如果收益价差为正，则经济增加值为正，公司在分析期间创造了价值；如果收益价差和 *EVA* 为负，则公司在诊断期间减损了价值。

第 2 步：估计每家公司的自我可持续增长率，以确定公司通过收益留存为其增长融资的能力。

自我可持续增长率等于利润留存率（b）乘以权益收益率。比较每家公司的 *SGR* 和销售收入增长率。如果销售收入增长率高于 *SGR*，则公司正在经历现金短缺或赤字；如果销售收入增长率低于 *SGR*，则公司正在经历现金盈余。我们可以得到下表：

公司	*ROIC* - *WACC*	*B* × *ROE* = *SGR*	销售收入增长率 - *SGR*
A. 运输	8% - 10% = -2%	0.50 × 12% = 6%	8% - 6% = +2%
B. 餐馆	15% - 12% = +3%	0.60 × 20% = 12%	15% - 12% = +3%
C. 饮料	8% - 9% = -1%	0.75 × 12% = 9%	7% - 9% = -2%
D. 食品	13% - 11% = +2%	0.40 × 15% = 6%	4% - 6% = -2%

运输公司发生了价值减损和现金短缺（点 *A*）；餐馆创造了价值，但同时发生了现金短缺（点 *B*）；饮料公司发生了价值减损，但创造了现金盈余（点 *C*）；食品公司创造了价值，同时产生了现金盈余（点 *D*）。

b. 参考表 15-9 和本章相应内容，可以找到 Amalgamated Industries 应该针对各家公司采取决策/行动的总结。

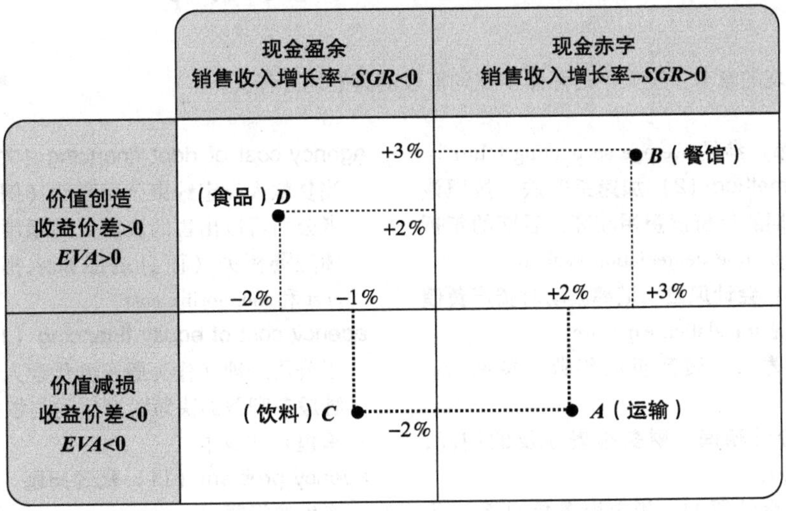

专业词汇对照表

术语后面是它们所出现的章节，定义中的黑体字在词汇表的其他地方释义。

AAR（7）**平均会计收益率** 参见 average accounting return。

accelerated depreciation method（2）**加速折旧法** 按照该**折旧**方法，资产寿命早期的年**折旧费用**较高，后期的年折旧费用较低。参见 straight-line depreciation method。

accounting exposure（14）**会计风险** 汇率波动对**资产负债表**和**利润表**的影响。参见 translation exposure。

accounting life（8）**会计寿命** **资产**折旧年数。参见 economic life。

accounting period（2）**会计期间** **财务报表**涉及的期间，通常为一年，但有时更短。

accounting principle（2）**会计原则** 规范财务信息系统收集、组织和列报的规则。与 accounting standard 相同。

accounting standard（2）**会计准则** 参见 accounting principle。

accounts payable（1，2）**应付账款** 公司因赊购所欠供应商且尚未支付的现金，在公司**资产负债表**中列作**流动负债**。与 payable，trade payable 和 trade creditor 相同。

accounting receivable（1，2）**应收账款** 客户因赊销所欠公司且尚未支付的现金，在公司**资产负债表**中列作**流动资产**。与 receivable，trade receivable 和 trade debtor 相同。

accrual accounting（2）**权责发生制会计** 基于**实现原则**和**配比原则**进行报告的会计系统。

accrued expense（2）**应计费用** 除**应付账款**外因费用发生日期与支付日期之间存在时滞而产生的**负债**。

accumulated depreciation（1，2）**累计折旧** 为获取**账面净值**从**固定资产原值**中扣除的各期**折旧费用**之和。参见表 2-3 和 acquisition cost principle。

acid test（3）**酸性试验** 参见 quick ratio。

acquisition cost principle（2）**取得成本原则** 按照该资产计价原则，固定资产的**账面净值**等于它的买价减去自购买之日起计提的**累计折旧**。与 historical cost principle 相同。

actual cash-flow principle（8）**实际现金流原则** 按照该资本预算原则，与投资决策相关的**现金流出量**和**现金流入量**必须在它们实际发生时估计。

ADF（6）**年金现值系数** 参见 annuity discount factor。

adjusted present value（APV）（12）**调整现值法** 按照该估值方法，公司资产的价值等于①假设公司资产融资仅来自**权益资本**时的资产价值（**无杠杆资产价值**）与②资产融资中来自负债部分带来的税金节约的**现值**。

after-tax cost of debt（1，10）**税后债务成本** 税前**债务成本**×（1－边际公司税率）。参见式（10-3）。

agency cost of debt financing（11）**负债融资的代理成本** 当贷款人设定约束公司弹性（例如公司可以支付的**股利**或者公司可以出售的**资产**）的**限制性保证条款**时产生的与负债融资相关（而且由**股东**承担）的成本。参见 bonding cost 和 monitoring cost。

agency cost of equity financing（11）**权益融资的代理成本** 当公司经理（作为**股东**的代理人）做出使其自身受益而牺牲**股东**利益的决策时产生的与**权益资本**相关（而且由**股东**承担）的成本。

agency problem（11）**代理问题** 公司所有权与**控制权**分离产生的问题。

aggressive（financing）strategy（3）**积极（融资）策略** 公司使用短期资金为一部分长期投资融资的融资策略。参见 matching strategy 和 conservative strategy。

allowance for bad debt（15）**坏账准备** 对可能无法收回的**应收账款**所做的**备抵**。

allowance for doubtful accounts（2）**坏账准备** 预计一些客户不会对公司履行支付义务时产生的账款。参见 allowance for bad debt。

alternative investment（6）**备选投资** 用作评估项目参照的投资。备选投资必须与项目具有相同的风险、税金、流动性和其他特征。参见 proxy 和 pure-plays。

American option（13）**美式期权** 可以在**到期日**之前的任何时间行权的**期权**。参见 European option。

amortization（2）**摊销** 把**无形资产**（例如商誉）的成本转化为公司**利润表**中报告的期间费用的过程。当**资产**为**有形**时，相同的过程称为**折旧**。

annual report（2）**年度报告** 公司每年编制的包含当年**财务报表**的公共报告。

annuity（6，9）**年金** 由连续等量不间断定期现金流量组成的现金流序列。

annuity discount factor（ADF）（6）**年金现值系数** 给出**年金现值**的**折现系数**。参见附录 6A。

appreciation（currency）（14）**（货币）升值** 用另一种货币表示的一种货币的价值上升。

APV（12）**调整现值法** 参见 adjusted present value。

arbitrage transaction（14）**套利交易** 试图利用资产价格之间差异的交易。

arbitrageur（14）**套利者** **套利交易**的参与者。

arrearage（9）**积欠股利** 是指**优先股**的未付股利。参见表 9-8。

as-is value（1，12）**独立价值** 参见 stand-alone value。

ask price（13）**卖出价格** 市场中的交易方愿意卖出的价格。与 offer price 相同。参见 bid price。

asset（1，2）**资产** 预计将在未来创造利润的经济资源。在财务会计中，资产是指**股东**在**资产负债表**日共同拥有的资源。

asset-based borrowing（9）**资产抵押贷款** 用**有形资产**作抵押或担保发放的贷款。

asset beta（10，12）**资产β** 当公司为完全股权融资时公司股票的β。与 unlevered beta 相同。参见式（10-7）和 equity beta。

asset multiple（12）**资产乘数** 公司资产价值（通常为公司**企业价值**）除以公司营业利润指标（通常为**利息、税金、折旧和摊销前收益**）。参见 EBIDA multiple。

asset turnover（5）**资产周转率** 销售收入除以资产。

asymmetric information（11）**信息不对称** 当经理（作为公司内部人士）比外部人士了解有关公司当前业绩和未来前景的更多信息时，这种情况会发生。

average age of accounts receivable（3）**应收账款平均账龄** 参见 average collection period。

average accounting return（of a project）（7）**（项目）平均会计收益率** 项目预计产生的平均**税后收益**除以项目平均**账面价值**。

average collection period（3）**平均收账期** 期末**应收账款**除以该期日均销售收入，是运营效率的衡量指标。参见式（3-8）。

average cost method（2）**平均成本法** 按照购买存货的平均成本向所有存货分配的存货计价方法。参见 first-in, first out（FIFO）和 last-in，first-out（LIFO）method。

average payment method（3）**平均付款期** 期末**应付账款**除以该期日均**购货额**。参见式（3-9）。

avoidable costs（8）**可避免成本** 如果不进行投资可以节约的成本。

balance sheet（1，2）**资产负债表** 报告某一特定日期公司所持**资产**以及为这些**资产融资的负债**和**所有者权益**总金额的**财务报表**。参见式（2-1）和式（2-2），表 2-1 和 managerial balance sheet。

bank prime rate（9）**银行优惠利率** 银行给予信誉最好客户的利率。

bankruptcy（11）**破产** 公司资产所有权转移给**债权人**的法律程序。

basis point（9，13）**基点** 一个百分点的百分之一。例如，0.12% 等于 12 个基点。

bearer bonds/security（9）**不记名债券/证券** 不指明持有者姓名的债券/证券。参见 registered security。

benchmark rate（9）**基准利率** **浮动利率债券票面利率**的关联利率。

best effort basis（9）**尽力基础** **投资银行**尽力代表公司出售公司发行**证券**的**证券**分销方法。

beta（coefficient）（10，12）**贝塔（系数）** 基于单个股票收益率对**股票市场指数**收益率变动的敏感性衡量风险的指标。与 systematic risk，market risk 和 undiversifiable risk 相同。

bid-ask spread（13）**买卖价差** **买价与买价之差**。

bidder（12）**投标公司** 想要购买另一家公司全部或部分股份的公司。参见 takeover。

bid price（13）**买价** 市场中的交易员愿意买入的价格。参见 ask price。

bond（1，9）**债券** 确认与发行公司的**债权人**关系并规定借款和还款条件的债务证券。参见 century-，convertible-，Eurodollar-，floating-rate-，foreign-，perpetual-，Samurai-，Shogun-，Yankee-，zero-coupon bond 和 Eurobond。

bonding costs（11）**绑定成本** 贷款人对管理弹性进行限制产生的（由**股东**承担）成本。参见 covenant 和 monitoring cost。

bond market（9）**债券市场** 债券发行和交易的市场。

bond rating（9）**债券评级** 提供**债券信用风险**评估的评级机构（例如标准普尔或穆迪投资者服务公司）给予的评级。

bond value（9）**债券价值** 债券的预计现金流按照反映该现金流风险的利率进行折现的现值。参见式（9-4）和附录 9A。

bond value of a convertible bond（9）**可转换债券的债券价值** 没有**转换选择权**的**可转换债券**的价值。

book runner（9）**账簿管理人** 参见 originating house 和 lead manager。

book value multiple（12）**账面价值乘数** 每股股价除以每股**权益账面价值**。与 price-to-book ratio 相同。用于对公司估值。参见 valuation by comparable。

book value（of asset）（2）**（资产）账面价值** 资产在公司**资产负债表**中列示的价值。与会计价值相同。

book value of equity（1，2）**权益账面价值** 参见 owner's equity。

bottom line（1，2）**底线** 参见 earnings after tax。

broker（9）**经纪人** 代表第三方交易**证券**、自身并不拥有这些**证券**的个人或机构。

business asset（5，12）**经营资产** 营运资本需求与固定资产净值之和。参见 enterprise value。

business cycle（of a firm）（1）**（公司）经营周期** 从购买资产到创造销售收入、产生利润、支付股利、留存收益、增加权益资本、筹集新负债、通过购买资产扩展经营（再次开始新周期）的一系列事件。参见图 1-4。

business risk（1，5，10，11，13）**经营风险** **宏观风险**、**战略风险**和**运营风险**的累计影响，产生于公司不能确知当前投资与经营活动和决策的结果。参见图 1-6、表 13-2 和表 13-3。

callable bond (9) **可赎回债券** 给予发行人在**到期日**之前赎回(偿还)**债券**的**选择权**。

call option (9, 13) **看涨期权** 给予持有人在期权寿命期内(**美式期权**)或者在**到期日**(**欧式期权**)按照固定价格购买固定数量股票或既定金额货币的权利(而不是义务)。参见 put option。

call provision (9) **提前赎回条款** **债券**发行人可以获得的在**到期日**之前偿还**债券**的**选择权**。该条款可以是即时的,也可以是递延的。参见 call value 和 callable bond。

call value (9) 发行人可从持有人手中买回**可赎回债券**的价格。

CAPEX (1) **资本性支出** 参见 capital expenditure。

CAPM (10) **资本资产定价模型** 参见 capital asset pricing model。

capital asset (2) **资本性资产** 参见 noncurrent asset。

capital asset pricing model (CAPM) (10) **资本资产定价模型** 根据该模型,**证券**的预期收益率等于**无风险利率**加上**风险溢价**。资本资产定价模型可用于估计公司或项目的权益成本。参见式(10-10)和式(10-11)。

capital budgeting decision (1, 6) **资本预算决策** 参见 capital investment decision。

capital employed (1, 3, 5, 15) **运用资本** **所有者权益**与所有借入资金(长期和短期)之和,等于**投入资本**。参见 managerial balance sheet 和表3.2。

capital expenditure (CAPEX) (1) **资本性支出** 对固定资产的新投资。

capital expenditure decision (1, 6) **资本支出决策** 参见 capital investment decision。

capital investment decision (6) **资本投资决策** 现在花费现金购买将成为未来现金流量来源的长期**资产**的决策。参见 diversification, expansion, replacement 和 required investment。

capitalization (of research and development (R&D)) (15) **研发支出资本化** 把研发费用转化为在**资产负债表**中列示的**资产**。

capital rationing (6) **资本配置** 可用于支持投资项目的资本数额有限。

capital structure (1, 5) **资本结构** 公司为其资产融资应该采纳的负债资本与权益资本的相对比例。与 financial structure decision 相同。参见 target capital structure 和 optimal capital structure。

capital turnover (5, 15) **资本周转率** 销售收入除以**投入资本**,衡量投入资本管理效率的指标。参见式(5-4)。

captive finance subsidiary (9) **专属财务子公司** 一家公司拥有的财务子公司。

carry back (8, 10) **移前递减** 允许公司从前期利润中扣除当期利息费用的税收规则。

carry forward (8, 10) **移后递减** 允许公司从未来利润中扣除当期利息费用的税收规则。

cash and cash-equivalent (1, 2, 3) **现金和现金等价物** 库存现金、银行存款和**到期日**短于1年的短期流动性投资(**有价证券**)。

cash conversion period or cycle (3) **现金周期** 参见 cash-to-cash period。

cash dividend (1, 2, 10) **现金股利** 用现金分配给股东的那部分公司**净利润**。参见 dividend。

cash flow from (business) assets (CFA) (4, 12) **(经营)资产创造的现金流量** 公司经营资产创造的净现金流量,常常被称为**自由现金流量**。参见式(4-5)和式(12-5)。

cash-flow statement (4) **现金流量表** 反映某一特定期间公司现金状况如何变动的**财务报表**。参见 statement of cash flow。

cash inflow (4) **现金流入量** 某一既定期间流入公司的现金数额。

cash outflow (4) **现金流出量** 某一既定期间流出公司的现金数额。

cash-to-cash period or cycle (3) **现金周期** 公司向供应商付款日到公司从客户处收款日之间的期间。与 cash conversion period or cycle 相同。

CD (2, 9) **存单** 参见 certificate of deposit。

century bonds (9) **世纪债券** 期限为100年的**债券**。

certificate of deposit (CD) (2, 9) **存单** 银行为筹集资金在**货币市场**出售的短期证券。

certification role (9) **鉴证作用** **承销商**对保证所承销**证券**质量发挥的作用。

CFA (4, 12) **资产产生的现金流量** 参见 cash flow from asset。

characteristic line (10) **特征线** 斜率能够衡量单个股票的收益率对市场指数收益率变动的敏感性的直线。参见 beta coefficient。

cleanup clause (9) **清理条款** 要求公司在一年中至少有一个月完全没有银行债务的贷款条款。

COGS (2) **销售成本** 参见 cost of goods sold。

coinsurance effect (12) **共同保险效应** 描述**债权人**觉得合并后公司作为一个整体失败的可能性会小于作为单独个体失败的可能性的情形。

collateral (9, 12) **抵押品** 作为担保抵押给贷款人以防借款人违约的任何**资产**。

commercial bank (s) (1, 9) **商业银行** 吸收存款、进行支付和发放贷款的**金融中介**。

commercial paper (CP) (1, 2, 9) **商业票据** 公司为筹集短期资金在**货币市场**发行的**无担保证券**。

common stock (2, 9) **普通股** 公司为筹集权益资本发行的代表全部权益资金特定份额的凭证。参见 stock certificate 和表9-8。

common stock (account) (2) **普通股(账户)** 表明公

司自成立起已发行股票数量乘以这些股票的面值或设定价值的资产负债表账户。参见表2-4。

comparable (12) **比较估值法** 参见 valuation by comparable。

compensating balance (3) **补偿性存款余额** 银行要求其公司客户保持以换取它们对公司提供服务的存款。

compounded value (6) **复利终值** 一定数额的资金在既定年限内按照特定的复利（增长）率增长得到的**终值**。

compounded factor (6) **复利终值系数** 1美元在既定年限内按照特定的复利（增长）率增长得到的**终值**。

compounding (6) **复利** 给定**现值**条件下找到**终值**的过程。是**折现**的逆运算。

conglomerate merger (1, 12) **混合购并** 不存在明显**协同**的不相关企业的合并。

conservatism principle (2) **稳健原则** **资产**和**负债**应该按照最不可能高估**资产**或低估**负债**的价值在**财务报表**中列示。

conservative (financing) strategy (3) **稳健（融资）策略** 使用长期资金同时为长期投资和部分短期投资融资。参见 aggressive strategy 和 matching strategy。

constant annual equivalent cash flow (6) **等量年金现金流量** 与另外一组变动年度现金流量具有相同**现值**的一组相等的年度现金流量。参见附录6A和式（6A-4）。

constant growth dividend discount model (9) **固定增长股利折现模型** 根据该模型，当假设**股利**按照固定比率永续增长时，公司权益的价值等于预计未来**股利**序列按照反映该**股利**序列风险的利率折现得到的**现值**。参见式（9-7）和附录9A。也称为 Gordon Model。

contingent value rights (CVR) (9) **期待价值权** 公司出售的看跌期权，给予持有者在期待价值权有效期内以固定的价格向发行公司出售固定数量股票的权利。

contingent voting rights (9) **或有投票权** 当公司已经有几个季度没有支付**股利**时，给予**优先股**持有者的选举董事会成员的权利。

contractual exposure (14) **合约风险** **汇率**波动对用外币计价仍未结算的过去交易产生的公司现金流量的影响。与 transaction exposure 相同。参见 economic exposure。

control (retention of) (11) **保持控制权** 是指当前所有者或管理层为阻止外部人士分享或影响公司经营和战略所采取的政策。参见表11-9。

conversion premium (9) **转换溢价** **可转换债券**的**转换价格**与**股票**当前价格之间的差异，如果前者更高，除以当前股价。

conversion price (9) **转换价格** **可转换债券**持有者有权据此购买公司1股普通股的价格。

conversion ratio (9) **转换比率** 每份**可转换债券**可以转换的股数。

conversion value (9) **转换价值** **股票**当前价格乘以**可转换债券**可以转换的股数。

convertible bond (9) **可转换债券** 持有者可以转换为公司普通股的债券。参见 conversion premium，conversion price，conversion ratio 和 conversion value。

corporate bond (9) **公司债券** 公司发行的**期限**通常在10年以上而且在**债券市场**交易债务证券。参见 primary market 和 secondary market。

corporate note (9) **公司票据** 公司发行的**期限**通常在1年到10年之间的债务**证券**。

corporate risk (13) **公司风险** 无法通过项目反映出来但对公司产生影响的风险。

cost of capital (1, 6, 10) **资本成本** 投资者向公司提供资本预计可以获得的收益率，也是与所考察投资具有相同风险的备选投资的最高收益率。参见 firm's cost of capital 和 project's cost of capital。

cost of debt (1, 10) **借入新资金的成本** 参见式（10-2）和式（10-3）。

cost of equity (1, 10) 公司所有者对用于为公司资产或特定项目融资的**权益资本**要求的收益率，可以用**固定增长股利折现模型**（参见式（10-5））或**资本资产定价模型**（参见式（10-11））进行估计。

cost of goods sold (COGS) (2) **销售成本** 公司在该会计期间销售商品的成本，在**利润表**中计作费用。

cost of sale (2) **销售成本** 参见 cost of goods sold。

cost synergy (12) **成本协同** 合并两家或多家公司运营带来的成本节约。参见 market synergy。

country risk (14) **国家风险** 项目产生的现金流可能受到当地外国投资监管法规变动影响的风险，是**政治风险**的一种类型。

coupon payment (9) **利息** 在**债券**期限内支付给债券持有人的定期（合约）利息支付。

coupon rate (9) **票面利率** **利息**除以**债券面值**。

covenants (restrictive) (9, 11) **保证条款（限制性）** 贷款人强加且在债券**契约**中规定的条件，要求经理达到一定财务目标或避免可能损害贷款人利益的特定行为。

CP (1, 2, 9) **商业票据** 参见 commercial paper。

credit line (2, 3, 9) **信贷额度** **银行**在一段固定（但可续约）的时期（通常是一年）内，借给公司一笔设定最大金额资金的一种非约束性协议。一般不收取手续费，但需要**补偿性存款余额**。与 line of credit 相同。

credit market (9) **信贷市场** 债务证券发行和交易的市场。

creditors (1) **债权人** 公司欠钱的对象，包括贷款人和供应商。

credit rating (9, 11) **信用评级** 提供借款人**信用风险**全面评估的评级，参见 credit rating agency。

credit risk (9, 13) **信用风险** 借款人不能偿还债务的风险。参见 debt service。

cross rates (13) **交叉汇率** 根据它们与第三种货币之间的

汇率计算出来的两种货币之间的**汇率**。

credit spread（9）**信用价差** 参见 yield spread。

currency futures contract（13）**货币期货合约** 在**期货市场**交易的标准**远期货币合约**。

currency option hedge（13）**货币期权套期保值** 用货币期权进行**套期保值**。

currency rate（13）**汇率** 参见 foreign-exchange rate。

currency risk（1，9，13）**货币风险** 两种货币之间汇率的未预期变动带来的风险。参见 foreign-exchange risk。

currency swap（contract）（13）**货币互换合约** 与银行签订的协议，使用用一种货币表示的一系列未来现金流量交换用另一种货币表示的另外一系列现金流量。

current asset（2）**流动资产** 预计将在 1 年内变现的**资产**。与 short-term asset 相同。在**资产负债表**中列示。

current liability（2）**流动负债** 公司必须在 1 年内支付的义务。与 short-term liability 相同。在**资产负债表**中列示。

current maturity（9）**当前期限** 在任一时点，距离**债券**赎回（偿付）所剩时间。

current method（of translation）（汇率折算的）**现行汇率法** 外币业务财务报表的一种折算方法。**资产负债表**账户按照资产负债表日**汇率**折算。**利润表**中的**收入**和**费用**按照它们发生当日汇率或报表当期平均汇率折算。参见附录 14A。

current ratio（3）**流动比率** 流动资产除以流动负债，是衡量流动性的指标。参见式（3-13）和 quick ratio。

current yield（9）**当期收益率** **债券利息**除以债券价格。

cutoff period（7）**取舍期** 在**资本预算**中，为使得项目可接受，项目**回收期**必须短于的期间（通常用年表示）。

days of sales outstanding（DSO）（3）**应收账款周转天数** 参见 average collection period。

DCF（6，12）**贴现现金流量** 参见 discounted cash flow。

dealer（9）**交易商** 交易自己拥有证券的个人或机构。参见 broker。

debentures（9）**信用债券** 由发行公司的资信支持的债券（美国的定义）。

debt capacity（11）**债务融资能力** 如果未来出现未预期的资金需求能够快速筹集债务资金的能力。

debt capital（1）**债务资本** 借入资金提供的**资本**。

debt holders（1，9）**债务持有者** 公司为筹集**债务资本**发行的贷款、租赁协议、**公司债券**和类似**负债**的持有者。

debt ratio（5）**负债比率** **财务杠杆**的衡量指标，通常指 debt-to-invested capital ratio 或 debt-to-equity ratio。

debt-to-equity ratio（1，5，11）**负债与权益比率** 全部附息债务除以**所有者权益**，是**财务杠杆**的衡量指标。

debt-to-invested capital ratio（5）**负债与投入资本比率** 负债除以负债与权益之和。

default risk（9）**违约风险** 参见 credit risk。

deferred call provision（9）**延期赎回条款** 仅允许**可赎回债券**发行者在特定日期（赎回首日）后偿付（或赎回）债券的条款。

deferred tax（liability）（2）**递延税金（负债）** 由于按照公司报告税前收益计算应交税金数额与税收当局要求缴纳税金数额之间存在差异产生的应交税收当局税金。

depreciation（accounting）（2）**折旧（会计）** **固定资产原值**在其会计期限内定期系统减值的过程。

depreciation（currency）（14）**（货币）贬值** 用另一种货币表示的一种货币的价值减少。

depreciation charge（2）**折旧费用** 参见 depreciation expense。

depreciation expense（1，2）**折旧费用** 在会计期间计作费用且在**利润表**列示的那部分**固定资产**成本。与 depreciation charge 相同。

DF（1，4）**现值系数** 参见 discount factor。

differential cash flow（8）**差量现金流量** 参见 incremental cash flow。

dilution（9，11）**稀释** 公司向新投资者出售**普通股**后公司当前**股东**所持公司权益份额的减少。

direct costs of financial distress（11）**直接财务拮据成本** 如果公司依法破产将发生的实际成本，例如对律师和其他第三方的支付。参见 indirect costs of financial distress。

direct financing（9）**直接融资** 公司通过发行由最终储蓄者（**家庭部门**）而非**金融中介**持有的**证券**筹集资金。参见 indirect financing。

direct lease（9）**直接租赁** **资产**所有者（**出租人**）与资产使用者（**承租人**）直接签订合同的**融资租赁**。

discounted cash-flow（DCF）value/valuation（6，12）**折现现金流量价值/估值** 预计未来现金流序列按照反映其**风险**的利率折现的当前价值。公司权益的**折现现金流量价值**等于公司**经营资产**的折现现金流量价值减去公司负债的价值。与 present value 相同。参见 discounting。

discounted payback period（7）**折现回收期法** 用已经按照项目**资本成本**折现为现值的现金流量衡量项目**回收期**的资本预算方法。参见 discounted payback period rule。

discounted payback period rule（7）**折现回收期法则** 如果项目的折现回收期短于（长于）给定的**取舍期**，则接受（拒绝）项目。

discount（from par value）（9）**（低于面值的）折价** 债券价格低于**面值**的差额。

discount factor（DF）（6）**复利现值系数** 将于几年后收到的 1 美元按照特定**折现率**折算的**现值**。

discounting（1，6）**折现** 用于把未来现金流量转换为当前等量价值的过程。

discount rate（1，6）**折现率** 未来现金流量折现使用的利率。参见 discounting。

discretionary cash flow（4）**酌量性现金流量** 在履行公司所有财务义务后可用于公司战略投资和融资决策的现金流量。

diversifiable risk (10) **可分散风险** 可以通过多元化投资组合消除的风险。与 unsystematic risk 或公司特有风险相同。

diversification investment (6) **多元化投资** 投资于与公司现行业务活动不相关的领域。

dividend (2) **股利** 用现金分配给所有者的那部分公司净利润。参见表 2-2 和 cash dividend, dividend payout ratio, dividend policy 和 dividend yield。

dividend discount model (DDM) (9, 10) **股利估值模型** 根据该模型，公司权益的价值等于预计公司将在未来创造的全部现金股利的现值。参见附录 9A 和 constant growth dividend discount model。

dividend payout ratio (1, 5) **股利支付率** 股利除以净利润。参见 dividend policy。

dividend policy (11) **股利政策** 与公司当年利润中应该以现金股利形式分配给股东的部分相关的决策。参见 stable dividend policy。

dividend yield (10, 11) **股利收益率** 每股股利除以股价。参见式 (10-5)。

doubtful accounts (2) **可疑账款** 参见 allowance for doubtful accounts。

earning after tax (EAT) (1, 2) **税后收益** 收入减去包括利息和税金在内的全部费用。与 net income, net profit 和 bottom line 相同。

earning before interest and tax (EBIT) (1, 2) **息税前收益** 公司营业利润与利润表中列示的非常项目之差。

earning before interest, tax, depreciation, and amortization (EBITDA) (4, 12) **利息、税金、折旧和摊销前收益** 收入减去除折旧和摊销外的所有营业费用。

earning before tax (EBT) (1, 2) **税前收益** 息税前收益减去净利息费用。

earning multiple (5, 12) **收益乘数** 每股股价除以公司每股收益。与 price-to-earnings ratio 相同。用于公司估值。参见 valuation by comparable。

earning per share (EPS) (5) 税后收益除以全部流通在外股数。参见式 (5-13)。

EAT (1, 2) **税后收益** 参见 earning after tax。

EBIT (1, 2) **息税前收益** 参见 earning before interest and tax。

EBITDA (4, 12) **利息、税金、折旧和摊销前收益** 参见 earning before interest, tax, depreciation, and amortization。

EBITDA multiple (12) 企业价值除以利息、税金、折旧和摊销前收益。用于估计公司的企业价值。参见 valuation by comparable。

EBT (1, 2) **税前收益** 参见 earnings before tax。

economic exposure (14) **经济风险** 汇率变动对公司未来现金流量价值的影响，可能产生于过去和已知交易（合约或交易风险），也可能产生于未来和不确定交易（经营风险）。

economic life (8) **经济寿命** 项目能为公司带来增值的年数，与项目的折旧年数（会计寿命）相对应。

economic payback period (7) **经济回收期** 参见 discounted payback period。

economic profit (15) **经济利润** 参见 economic value added。

economic risk (13) **经济风险** 由于公司运营所在经济环境存在不确定性，产生于未预期销售收入波动的风险。参见 business risk 和表 13.4。

economic value added (EVA) (15) 税后净营业利润 (NOPAT) 减去为实现该利润所用资本的费用。参见式 (15-5) 和式 (15-6)。与 economic profit 相同。参见 market value added。

economies of scale (12) **规模经济** 公司因规模降低平均生产和销售成本的能力，是收购其他公司的动机。参见 cost 和 market synergy。

effective (corporate) tax rate (5) **有效（公司）税率** 公司实际纳税税率，如果公司的一些收益按照不用的税率纳税，可能与 statutory corporate tax rate 有差别。

efficient (securities) markets (1, 9) **有效（证券）市场** 一旦新信息和相关信息由市场参与者获得，证券（股票）价格立即做出调整的市场。

enterprise value (12) **企业价值** 公司的权益市场价值加上负债市场价值减去所持现金和其他金融资产，是公司经营资产的价值。参见式 (12-1)，表 12-5 和 EBITDA multiple。

event risk (13) **事件风险** 发生时会显著降低公司价值的未预期事件的风险。

excess cash (3) **多余现金** 公司所持超过支持经营活动所需现金的现金数额。参见表 13-2。

exchange control risk (13) **汇率控制风险** 两种货币之间的固定汇率发生未预期变动引起的风险。参见表 13-2。

exchange rate (13) **汇率** 为购买一个单位另一国货币必须用一国货币支付的价格。与 foreign-exchange rate 或 currency rate 相同。

exchange-rate risk (13) **汇率风险** 具有外币业务的公司承担的产生于两种货币之间汇率未预期变动的风险。

exercise price (currency option) (13) **（货币期权的）行权价格** 在期权合约中买卖货币的固定汇率。与 strike price 相同。

exercise price (warrant) (9) **（认股权证的）行权价格** 认股权证的持有者有权据以购买股票的固定价格。与 strike price 相同。

exit barrier (5) **退出壁垒** 高额资本投资等严重降低公司通过快速便利出售资产离开一个行业能力的壁垒。

exit strategy (12) **退出战略** 杠杆收购 (LBO) 投资者通过在一段时期后向其他投资者出售一些（或者全部）股票或者通过首次公开发行 (IPO) 利用投资赚钱的方式。

expansion investment (6) **扩张性投资** 带来额外销售收入、盈利和营运资本需求的项目。

expected multiple（12）预期乘数 使用未来财务数据预测计算的乘数，用于公司估值。参见 historical multiple 和 valuation by comparable。

expense（1，2）费用 导致**所有者权益**价值减少的公司活动。

expiration date（option）（13）（期权）到期日 **期权**合约的固定**结算日**。与 maturity date 相同。

ex-right share（9）不附配股权股票 **配股权**已经发行但不再附加**配股权**交易的股票。参见 right，right-on share 和式（9-2）和式（9-3）。

external funds need（9）外部资金需求 **资金需求**减去内**生资金**。参见式（9-1）。

face value（9）面值 在**债券到期日**必须偿还债券持有人的固定金额。与 principal，par value 或 redemption value 相同。

fair market value（2，15）公允市场价值 在正常市场环境下出售**资产**能够收回金额的估计值（与紧急出售或清算出售相对应）。

fair price（9）公允价格 对公司**资产**和**证券**不可观测价值的最佳估计。

FASB（4）财务会计准则委员会 参见 financial accounting standard board。

FCF（4，12）自由现金流量 参见 free cash flow。

FIFO（2）先进先出法 参见 first-in，first-out method。

financial Accounting Standards Board（FASB）（2）财务会计准则委员会 美国负责制定会计准则的会计团体。

financial balance（5）财务平衡 当公司无须改变经营和融资政策、无须发行新股就能为其增长融资时就会实现。参见 self-sustainable growth rate。

financial cost effect（5）财务成本效应 债务融资增加对**权益收益率**（ROE）的负面影响——更多债务意味着更多利息支付，会降低税后收益（EAT）和 ROE。参见 financial structure effect。

financial cost ratio（5）财务成本比率 **税前收益**（EBT）除以**息税前收益**（EBIT），是基于**利润表**数据的**财务杠杆**衡量指标。参见 financial structure ratio 和 financial leverage multiplier。

financial cost risk（3，13） 产生于利率水平的未预期变动、影响公司未来负债融资成本的风险。参见 refinancing risk 和表 13-3。

financial distress（11）财务拮据 当公司发现越来越难偿还负债时出现的情况。参见 debt service 和 financial distress cost。

financial distress cost（11）财务拮据成本 过度借款且偿债困难的公司承担的会减少公司价值的直接和间接成本。参见 debt service 和 direct and indirect costs of financial distress。

financial distress risk（1，12）财务拮据风险 当公司使用的负债融资增加时将发生财务拮据成本的风险。参见表 13-2。

financial flexibility（11）财务弹性 拥有可以进行立即投资和提高公司**负债能力**的现金积累。参见表 11-9。

financial intermediary（9）金融中介 担任**资本**的最终接受者（公司）与**资本**的最终提供者（**家庭部门**）之间的中间人的机构。参见图 9-2。

financial investment risk（13）金融投资风险 与公司持有其他公司的股票、债券以及**现金**和**有价证券**等金融投资相关的风险。参见表 13-3 以及 price risk 和 liquidity risk。

financial lease（9）融资租赁 租期是**资产使用寿命**大部分期限的长期租赁。

financial leverage（5，11）财务杠杆 使用负债融资补充权益融资。与 gearing 相同。

financial leverage multiplier（5）财务杠杆乘数 **财务成本比率**乘以**财务结构比率**。参见式（5-10）。

financial leverage risk（13）财务杠杆风险 由于借款和利息固定导致的营业收益波动性增加。参见表 13-4。

financial markets（1）金融市场 金融资产的交易市场。与 security market 相同。参见 financial system。

financial risk（1，5，10，1，13）财务风险 借款带来的所有风险：**财务杠杆风险**、**财务成本风险**和**再融资风险**。参见图 1-6、表 13-2 和表 13-3。

financial slack（11）财务松弛 公司在好年份积累的现金盈余。参见 financial flexibility。

financial statements（1，2）财务报表 公司发布的提供有关公司经营和财务交易的财务信息的正式文件。参见 income statement 和 balance sheet。

financial strategy matrix（15）财务战略矩阵 比较某一特定业务部门创造价值的能力与为其销售收入增长融资能力的诊断和管理工具。参见图 15-2。

financial structure decision（11）财务结构决策 参见 capital structure decision 和 target capital structure。

financial structure effect（5）财务结构效应 债务融资增加对**权益收益率**（ROE）的正面影响——更多债务意味着**权益资本**更低，从而 ROE 更高。参见 financial cost effect。

financial structure ratio（5）财务结构比率 **投入资本**除以**所有者权益**，是基于**资产负债表**数据的**财务杠杆**衡量指标。参见 financial cost ratio 和 financial leverage multiplier。

financial system（9）金融体系 可使储蓄者的现金盈余传递给现金短缺公司的机构和实务。

finished goods inventory（2）完工产品存货 **资产负债表**日尚未出售的完工产品的成本。

firm's cost of capital（10）公司资本成本 投资者为公司购买和管理的所有**资产**融资提供**资本**所预期的收益率。

first-in，first-out（FIFO）method（2）先进先出法 假设先购入的存货先发出的存货计价方法。参见 last-in，first-out（LIFO）method 和 average cost method。

Fisher effect（14）费雪效应 指出**名义利率**等于**实际利率**

与预计通货膨胀率之和。

Fisher's intersection (7) **费雪交叉点** 两个投资项目的净现值曲线的相交点。参见表7-2。

fixed asset (2) **固定资产** 参见 noncurrent asset。

fixed asset turnover ratio (5) **固定资产周转率** 销售收入除以**固定资产**，是衡量**固定资产**管理效率的指标。与 fixed asset rotation 相同。

floating rate bond 或 floater (9) **浮动利率债券** 利率与定期修正的另一个利率相关联的**债券**。

flotation cost (9, 11) **发行成本** 发行证券时发生的成本。与 issuance cost 或 issue cost 相同。

foreign bond (9) 在另一个国家的**债券市场**发行的**债券**。

foreign-exchange line of credit (13) **外汇信用额度** 银行要求的确保公司履行其外汇义务能力的**信用额度**。

foreign-exchange market (13) **外汇市场** 货币买卖市场。与货币市场相同。

foreign-exchange rate (13, 14) **汇率** 参见 exchange rate。

foreign-exchange risk (9, 13, 14) **汇率风险** 两种货币之间汇率的未预期变动引起的风险。参见 currency risk。

foreign securities (9) **外国证券** 在另一个国家的国内市场发行的证券。

forward contract (currency) (13) **(货币)远期合约** 双方签订的规定两种货币在某一特定未来日期（**结算日**）交换的固定价格的协议。

forward hedge (13) **远期套期保值** 用**远期合约**进行**套期保值**。

forward rate (13) **远期汇率** **远期合约**结算使用的固定汇率。

forward window contract (13) **远期窗口合约** 除交易可以在一段期间（窗口期）而非某一固定日期结算外，与标准**远期合约**相同。

free cash flow (4, 12) **自由现金流量** 公司资产创造的现金流量。参见式（4-5）。与 cash flow from (business) asset 相同。

fundamental finance principle (1) **基本财务原则** 指出只有当某一经营提案预计产生的未来净现金收益的现值超过接受该提案所需初始现金支出时，该经营提案才能提高公司价值。与 net present (NPV) rule 相同。

funding need (9) **融资需求** 为公司**投入资本**增长融资所需资金。参见 internally-generated fund 和 external fund need。

future (contract) (13) **期货（合约）** 具有标准化合约规模和标准化交付日的**远期合约**，在**期货市场**交易。

futures hedge (13) **期货套期保值** 用**期货合约**进行**套期保值**。

futures market (13) **期货市场** **期货合约**交易的**有组织证券交易所**。

future value (6) **终值** 今天存入的一定金额按照既定的复利率或增长率增长得到的某一未来日期价值。

gearing (5, 11) **杠杆** 与 financial leverage 相同。

general cash offering (9) 向包括现行**股东**在内的任何投资者发行和出售公司证券。与 public offering 相同。参见图9-3 和 rights offering。

Generally Accepted Accounting Principles (GAAP) (2) 公司用于标志财务报表的会计准则和规则。

going concern (12) 根据该假设，公司将永久经营下去。

goodwill (2, 15) 公司收购价格（高于）报告**账面净值**或估计**公允价值**之差。

government bills (2) **国库券** 政府发行的短期**有价证券**。

gross profit (2) **毛利** 公司销售收入净额与**销售成本**之差。

gross value (of fixed asset) (2) **(固定资产)原值** **资产负债表**中列示的**固定资产**购买价格。与 historical price 相同。参见 net fixed asset。

ground floor financing (12) **底层融资** **杠杆收购**（LBO）中的**权益资本**融资。

hedge (currency) (13) **(货币)套期保值** 保护**资产**或**负债**价值免受**货币**波动影响的过程。

historical cost (principle) (2) **历史成本（原则）** 参见 acquisition cost principle。

historical multiple (12) **历史乘数** 使用过去财务数据计算的乘数。与 trailing multiple 相同。参见 expected multiple 或 prospective multiple。用于公司估值。参见 valuation by comparable。

homemade diversification (12) **自制多元化** 投资者可以通过把不同公司股票整合在个人投资组合中自己实现**多元化**。

homemade leverage (11) **自制杠杆** 与公司**财务杠杆**相对应的个人**财务杠杆**。

horizontal merger (12) **水平合并** 同行业的两家公司合并它们的资源。

household sector (9) **家庭部门** 由个人和家庭组成的经济部门。

hurdle rate (7, 10) **门槛收益率** 用于与投资的**内部收益率**比较的该投资的**资本成本**（参见 weighted average cost of capital）。与 minimum required rate of return 相同。

IASB (2) **国际会计准则理事会** 参见 international accounting standards board。

IFRS (2) **国际财务报告准则** 参见 international financial reporting standard。

impairment loss (2) **减值损失** 资产的可回收金额小于资产负债表中该资产账面金额的差额。

impairment test (2) **减值测试** 判定资产负债表中资产的账面金额是否高于可回收金额的检查。

income statement (1, 2) **利润表**报告导致一段期间所有者**权益**价值变动的公司业务活动相关信息的财务报表，通过用**收入**减去当期发生的相应**费用**获得。

incremental cash flow (8) **增量现金流量** 进行投资条件下

公司预计现金流量与不进行投资条件下公司预计现金流量之差。与 differential cash flow 相同。

indenture (bonds) (9) **(债券)契约** **债券**发行公司与其贷款人之间签订的正式合约。

indirect costs of financial distress (11) **间接财务拮据成本** 公司破产可能性增加从而不能最高效运营导致的成本，包括客户流失、关键员工离开，以及不能从供应商处获得信贷。参见 direct costs of financial distress。

indirect financing (9) **间接融资** 公司通过发行由**金融**中介而非最终"储蓄者"持有的**证券**筹集资金。参见 direct financing。

indirect method (4) **间接法** 以**税后收益**作为起点，调整非付现项目以及与公司经营活动无关的交易来估计**经营活动现金净流量**的方法。

indirect security (9) **间接证券** 银行（支票和储蓄账户）和其他**金融中介**（例如保单和退休计划）发行的**证券**。

inefficient management (hypothesis) (12) **无效管理（假说）** 是指**收购**的一个理由，即**目标公司**当前管理并非处于最有效水平，**收购公司**的管理层认为，如果它们买下目标公司并亲自经营，能把目标公司经营得更好

initial margin (13) **初始保证金** 在**证券**或**期货市场**交易时要求存入一部分初始投资。

initial public offering (IPO) (9) **首次公开发行** 公司首次向公众出售股票。参见 seasoned new issue。

institutional investors (9) **机构投资者** 在**金融市场**中投资的**金融中介**。

insurance premium (13) **保险费** 为防备某一特定期间的风险必须向保险公司支付的资金。

intangible assets (2) **无形资产** 商誉、专利权、商标权、版权等**资产**。

interbank (currency) market (13) **同业拆借（货币）市场** 主要参与者是大银行的**外汇市场**。

interest coverage ratio (5) **利息保障倍数** 参见 times-interest-earned ratio。

interest-rate parity (IRP) relation (14) **利率平价关系** 认为远期与即期汇率之间的差异等于本国与外国市场之间的利率差异。参见表 14-1，式（14-9）和附录 14B。

interest rate risk (9) **利率风险** 影响债券价格的利率水平的未预期变动带来的风险。参见 market risk 和 price risk。

interest tax shield (11) **利息税盾** 负债融资带来的年度经常性税金节约。参见式（11-3）和式（11-10）。

internal equity financing (1) **内部权益融资** 是指**留存收益**，即公司所有者决定重新投入自己公司的那部分公司利润。

internally generated funds (9) **内生资金** **留存收益**与**折旧费用**之和。参见式（9-1）。

internal rate of return (IRR) (1, 7) **内部收益率** 使得项目**净现值**为零的**折现率**。

internal rate of return (IRR) rule (1, 7) **内部收益率法则** 如果一个项目的**内部收益率**（IRR）高于（低于）其**加权平均资本成本**（WACC），则接受（拒绝）该项目。

International Accounting Standards Board (IASB) (2) **国际会计准则理事会** 负责制定会计准则的国际会计团体。

International Financial Reporting Standards (IRFS) (2) **国际财务报告准则** **国际会计准则理事会**制定的会计准则和规则。

international Fisher effect (14) **国际费雪效应** 认为两国之间的利率差异反映它们的预计通货膨胀率差异。参见式（14-7），表 14-1 和附录 14B。

in the black (2) **盈利** 税后收益为正的公司。参见 in the red。

in the red (2) **亏损** 税后收益为负的公司。参见 in the black。

inventory (1, 2) **存货** 原材料、在产品和尚未出售的产成品，在**资产负债表**中列作**流动资产**。参见 first-in, first-out (FIFO), last-in, first-out (LIFO) 和 average cost methods。

inventory turn or turnover (3) **存货周转率** **销售成本**除以**期末存货**。参见式（3-7）和表 3-6。存货管理效率的衡量指标。

invested capital (1, 3) **投入资本** 现金和有价证券、**营运资本需求**与固定资产净值之和。等于**运用资本**。参见式（3-1）和 managerial balance sheet。

investment bank (1, 9) **投资银行** 担任想要发行**证券**筹集资金的公司与**资本**提供者之间"中间人"的**金融中介**。参见 book runner, lean manager, originating house, merchant banker 和 underwriter。

investment-grade bond (9) **投资级债券** 养老基金和其他**机构投资者**可以购买的高评级**债券**（BBB 及以上级）。参见 speculative grade bond 和 bond rating。

IPO (9) **首次公开发行** 参见 initial public offering。

IRR (1, 7) **内部收益率** 参见 internal rate of return。

irrelevant cost (8) **无关成本** 即使公司没有采纳投资项目也必须承担的（过去或未来）成本。参见 unavoidable cost 和 sunk cost。

issuance or issue cost (9, 11) **发行成本** 发行**证券**时发生的成本。与 flotation cost 相同。

ITS (11) **利息税盾** 参见 interest tax shield。

junior bond/debt/loan (9) **次级债券/债务/贷款** 参见 subordinated bond/debt/loan。

junk bond/debt (9) **垃圾债券/债务** 参见 speculative grade bond/debt。

last-in, first-out (LIFO) method (2) **后进先出法** 假设后购入的存货先发出的存货计价方法。参见 first-in, first-out (FIFO) method 和 average cost method。

law of one price (LOP) (14) **同一价格法则** 认为任何交易的商品无论在哪国出售，售价（在用相同货币表示时）都应该相同。参见附录 14B。

LBO（12）**杠杆收购** 参见 leveraged buyout。

leading and lagging（13）**提前和延后结算** 安排不同外币业务部门现金流入量和现金流出量的发生时间，以降低公司整体**汇率风险**。

lead manager（9）**主承销商** 与 originating house 和 book runner 相同。

lease financing（9）**租赁融资** 参见 direct lease，financial lease，leveraged lease，operating lease 和 sale and lease-back lease。

lessee（9）**承租人** 租赁资产的使用者。

lessor（9）**出租人** 租赁资产的所有者。

leverage（11）**杠杆** 参见 financial leverage。

leveraged buyout（LBO）（12）**杠杆收购** 一组投资者通过借入相对于**权益资本**而言异常高额的债务来购买公司的交易。

leveraged lease（9）**杠杆租赁** 租赁公司使用租赁合约作为**抵押**，用相当高额的债务为购买**资产**融资的**融资租赁**。

levered assets（12）**杠杆资产** 用一些负债资本融资的资产。

levered beta（10）**杠杆 β** 当公司有负债时股票的 β。与 equity 或 market beta 相同。

liability（1，2）**负债** **资产负债表日**公司股东的共同欠款。

LIBOR（9）**伦敦同业拆借利率** 参见 London interbank offering rate。

LIFO（2）**后进先出法** 参见 last-in，first-out method。

line of credit（2，9）**信贷额度** 与 credit line 相同。

liquid asset（3）**流动资产** 参见 cash and cash equivalents。

liquidation value（12）**清算价值** 构成公司资产的各种物品单独出售可以筹集到的现金数额。通常是**资产**的最低价值。

liquidity（of a firm）（3）**（公司的）流动性** 公司履行短期经常性现金义务的能力。参见 solvency。

liquidity（of a market）（9）**（市场的）流动性** 具有下列特征的市场：买方和卖方能够快速按照报价交易**证券**，并且能够按照相对较低的成本结算交易。

liquidity（of an asset/a security）（2，3，9）**（资产/证券的）流动性** 资产或**证券**能够在不发生重大价值损失情况下转换为现金的速度。

liquidity ratio（3）**流动性比率** **长期融资净值**（NLF）除以**营运资本需求**（WCR），是衡量公司流动性状况的指标。参见式（3-6）。

liquidity risk（13）**流动性风险** 货币市场环境恶化，使公司不能在不损失价值条件下快速出售所持**有价证券**。参见表 13-2。

listed security（9）**上市证券** 满足允许它们在**有组织证券交易所**交易的很多严格条件的公司**证券**。参见 over-the-counter（OTC）market。

London Interbank Offering Rate（LIBOR）（9）**伦敦同业拆借利率** 国际银行彼此出借美元的利率。

long-term debt/liability（2）**长期负债/负债** 期限长于 1 年的**债务/负债**。

long-term financing（3）**长期融资** 权益加长期负债。

lower-of-cost-or-market（2）**成本与市价孰低** 根据该方法，存货在资产负债表中按照其最低价值（成本或**清算价值**，如果后者更低的话）列示。

macro risk（13）**宏观风险** 经济、政治和社会风险，是**经营风险**的组成部分。参见表 13-2。

managerial balance sheet（1，3）**管理资产负债表** 在一方列示**投入资本**（**现金 + 营运资本需求 + 固定资产净值**）、在另一方列示**运用资本**（**负债 + 权益资本**）的重组**资产负债表**。参见表 3-2。

managerial option（6）**管理期权** 可在项目寿命期内实施以改变该项目的选择权，包括放弃、扩大或递延项目的选择权。

margin call（13）**补足保证金通知** 当保证金账户降至低于设定水平时，要求存入额外保证金。参见 initial margin。

market-to-market（13）**逐日盯市制度** 在每个交易日结束时结算当天盈亏的**期货合约**。

marketable security（2）**有价证券** 公司持有作为现金等价**资产**、期限短于 1 年的**短期流动资产投资**。

market beta（10）**市场 β** 当公司有负债时**股票**的 β。与 equity 或 levered beta 相同。

market capitalization（1，12，15）**市场资本化价值** 公司权益的市场价值，等于每股市价乘以公司发行的总股数。也称为市场价值。

market multiple（12）**市场乘数** 用于公司估值的比率。与 equity multiple 相同。参见 valuation by comparable。

market portfolio（10）**市场组合** 包含某一特定市场全部**资产**的基准组合。

market power hypothesis（12）**市场力量假说** 根据该假说，收购的理由是在收购之后，收购公司拥有更高的市场份额，使其能够提高产品价格。

market risk（of a bond）（9）**（债券的）市场风险** **债券价格**对利率变动的敏感性。参加 interest rate risk 和 price risk。

market risk premium（10）**市场风险溢价** 当前所有证券构成组合的预计收益率与**无风险利率**之差。参见 capital asset pricing model。

market synergies（12）**市场协同** 整合两家或多家公司的运营带来的收入超过合并前水平。

market-to-book ratio（5）**市价对账面价值比率** 每股股价除以每股**权益账面价值**。用于公司估值。参见 valuation by comparable。

market value added（MVA）of a firm（15）**公司的市场增加值** **公司资本**（权益和负债）**的市场价值与股东和债权人已经投入公司的资本数额之差。**

market value added（MVA）of an investment（15）**投资**

的市场增加值 预计项目将于未来创造的年度**经济增加值**（按照**项目资本成本**计算）的**现值**。

market value of capital（15）**资本的市场价值** 公司全部资本的市场价值，即**市场资本化价值**与**债务资本**的市场价值之和。

market value at risk（MVR）（13）**风险市场价值** 风险发生时公司市场价值的预计减少额。参见式（13-1）。

market yield（of a bond）（9，10）**（债券的）市场收益率** 使得**债券价格**等于**债券**未来现金流量**现值**的利率。

matching principle（2）**配比原则** 根据该会计原则，费用是在对公司收入实际做出贡献的当期而非支付时在利润表中确认。参见 accrual accounting。

matching strategy（3）**配比战略** 使用长期资金支持长期投资，使用短期资金支持短期投资，以最小化**融资成本风险**和**再融资风险**。参见 aggressive strategy 和 conservative strategy。

maturity（2，9）**期限** 负债到期时间的衡量指标。

maturity date（9，13）**到期日** 债券**面值**必须偿付的日期。**期权合约**必须结算的日期。对于**期权合约**而言，**到期日**与 expiration date 相同。

members of the exchange（9）**交易所会员** 有权在**股票交易所**交易的**交易商**和**经纪人**。

mezzanine financing（12）**夹层融资** **杠杆收购**（LBO）中使用的**次级无担保债务**。

minimum required rate of return（7）**最低必要收益率** 用于与一项投资的**内部收益率**相比较的该项投资的**资本成本**（参见 weighted average cost of capital）。与 hurdle rate 相同。

MM theory of capital structure（11）**资本结构的 MM 理论** 莫迪格莱尼和米勒提出的关于负债融资的变动如何影响公司价值和资本成本的理论。

monetary/nonmonetary（translation）method（14）**货币/非货币（折算）法** 外币业务部门的**财务报表**折算方法。货币性**资产**（**现金和应收账款**）和货币性**负债**（**应付账款、短期和长期负债**）按照资产负债表日汇率折算，非货币性**资产**（**存货和固定资产**）按照购买日汇率折算。参见附录 14A。

money market（1，9）**货币市场** 公司筹集短期资金以及**货币市场工具**发行和交易的市场。

money market fund（2）**货币市场资金** 在**货币市场**投资的**金融中介**。

money market instrument（9）**货币市场工具** **期限**短于 1 年的债务证券。

monitoring cost（11）**监督成本** 贷款人对借给公司的资金的使用加以限制产生的成本。这些成本由**股东**承担。

mortgage bond/loan（9）**抵押债券/贷款** 由不动产支持的中长期**债券**/贷款。参见 collateral。

multiple（12） 公司估值使用的比率。参见 historical multiple，expected multiple，equity multiple，market multiple 和 valuation by comparable。

mutually exclusive（investment）（6，7）**互斥（投资）** 如果选择一项投资，必须拒绝其他投资。

MVA（15）**市场增加值** 参见 market value added。

MVR（13）**市场价值风险** 参见 market value at risk。

NAL（9）**租赁净收益** 参见 net advantage to leasing。

negotiable（certificates of deposit）（9）**可转让存单** 银行为筹集资本在货币市场出售的短期证券。

negotiable（security）（9）**可转让（证券）** 可以在**证券市场**上交易（在投资者之间交易）的证券。

net advantage to leasing（NAL）（9）**租赁净收益** 租赁与购买**资产**产生的现金流量差异的**净现值**。如果**租赁净收益**为正，则应该租赁**资产**。

net asset value（2）**净资产** 某一特定日期公司**股东**共同拥有的资源（称为**资产**）与他们的欠款（称为**负债**）之差。与 net worth，owner's equity，shareholder's equity 和 shareholder's fund 相同。

net book value（2）**账面净值** **固定资产**在**资产负债表**中列示的价值。

net capital expenditure（12）**净资本支出** **资本支出**减去现行资产出售筹集的现金。

net cash flow（2）**现金净流量** 某一会计期间公司**现金流入量**与**现金流出量**之差

net cash flow from financing activity（4）**融资活动产生的现金净流量** 某一**会计期间**公司融资活动产生的现金净流量。

net cash flow from investing activity（4）**投资活动产生的现金净流量** 某一**会计期间**公司投资活动产生的现金净流量。

net earning（2）**净收益** 与 earning after tax，net profit 和 net income 相同。也称为 the bottom line。

net fixed asset（1）**固定资产净值** 已经扣除**累计折旧**的长期**资产**（例如设备、机器和建筑物）。参见表 1-1、fixed asset 和 gross value of fixed asset。

net income（2）**净收益** 参见 earnings after tax。

net interest expense（2）**净利息费用** 某一**会计期间**的利息费用与利息收入之差。

net long-term financing（NLF）（3）**长期融资净值** 长期融资减去固定资产净值。参见式（3-4）和 liquidity ratio。

net loss（1）**净损失** 某一期间权益账面价值的不利变动。

net operating cash flow（NOCF）（4）**经营活动现金净流量** 考察期间公司经营活动产生的现金净流量（经营活动产生的现金流入量减去经营活动产生的现金流出量）。参见式（4-1）、式（4-3）和附录 4A。

net operating profit after tax（NOPAT）（4，15）**税后净营业利润** 息税前收益 ×（1－税率）。参见 economic value added。

net operating profit less adjusted taxes（NOPLAT）（4）

净营业利润减调整税金 与 NOPAT 相同。

net present value (NPV) (1, 6, 7) 净现值 一项投资的未来现金流量（**经营活动现金净流量**减去**资本支出净值**）（按照**加权平均资本成本**计算）的**折现价值**减去进行投资所需初始现金支出。参见 fundamental finance principle 和 net present value (NPV) rule。

net present value (NPV) profile (7) 净现值曲线 一项投资的**净现值**随**折现率**变动而发生变动的图示。

net present value (NPV) rule (7) 净现值法则 如果一个经营方案具有正**净现值**，则应该执行，因为它将使公司价值增加相当于方案**净现值**的金额。如果一个方案的**净现值**为负，则应该拒绝。

net profit (1, 2) 净利润 一段期间权益账面价值的有利变动。参见 earnings after tax。

net sales (2) 销售收入净额 会计期间的**收入**减去缺陷和退回商品的折扣和折让后的净额。

net short-term financing (NSF) (3) 短期融资净值 短期负债减现金。等于**营运资本需求**减**长期融资净值**。与用**短期负债**支持的部分营运资本需求相同。参见式（3-5）。

net working capital (NWC) (3) 净营运资本 流动资产减流动负债。参见式（3-12）。

net worth (2) 净值 参见 owner's equity。

NLF (3) 长期融资净值 参见 net long-term financing。

NOCF (4) 经营活动现金净流量 参见 net operating cash flow。

nominal cash flows (8) 名义现金流量 用名义价值（即包含通货膨胀价值）衡量的现金流量。

nominal interest rate (14) 名义利率 借款人实际支付的利率，包含通货膨胀溢价。

nominal value (of a bond) (9) (债券的) 名义价值 参见 face value。

noncurrent asset (2) 非流动资产 预计不会再 1 年内变现的长期资产。与 long-term financial asset，fixed asset 或 capital asset 相同。可以是**有形资产**、**无形资产**或**金融资产**。

noncurrent liability (2) 非流动负债 将于 1 年后偿付的公司义务。

nondiscretionary cash flow (4) 非酌量性现金流 公司必须依法支付的现金流出量。

NOPAT (4) 税后净营业利润 参见 net operating profit after tax。

NOPLAT (4) 净营业利润减调整税金 参见 net operating profit less adjusted tax。

notes payable (2) 应付账款 银行**透支**、**信贷额度**提款、**短期期票**，以及**长期负债**将于 1 年内到期的部分。

NPV (1, 6) 净现值 参见 net present value。

NSF (3) 短期融资净值 参见 net short-term financing。

offer price (13) 卖出价格 参见 ask price。

ongoing risk (13) 持续性风险 使公司价值发生不可预知上升或下降的公司环境的持续未预期变化。

operating activity (3) 经营活动 与创造销售收入、利润和现金的公司现有投资的管理相关的活动。

operating asset (3) 经营性资产 与公司**经营周期**相关的**资产**，即**贸易应收款**、**存货**以及与经营活动相关的**预付费用**。

operating cash (3) 经营现金 公司持有需要支持持续经营的现金数额。

operating cycle (3) 经营周期 从购买原材料开始直到出售最终商品收到现金为止的经营活动。参见图 3-1。

operating expense (1) 经营费用 与**经营活动**相关的费用，即**销售成本**、**销售和管理费用**、**折旧费用**。**经营费用**不包括与融资活动相关的利息费用。

operating exposure (14) 经营风险 汇率对未来和不确定交易创造的公司现金流量变动的影响。参见 economic exposure。

operating lease (9) 经营租赁 合约期限短于租赁资产**寿命期**的短期租赁。

operating liability (3) 经营性负债 与公司经营周期相关的负债，即贸易应付款和与经营活动相关的应计费用。

operating profit (2) 营业利润 **销售收入净额减营业费用**。

operating profitability (1, 5) 经营活动盈利能力 公司经营活动的盈利能力，不包括为公司业务活动融资的相关成本。参见 return on invested capital。

operating profit margin (5) 营业利润率 **息税前收益**除以销售收入，是盈利能力衡量指标。

operating working capital (1, 3) 经营性营运资本 与 working capital requirement 相同。

operational risk (13) 运营风险 在执行公司战略过程中产生的风险，包括业务流程风险、商品价格风险、信贷风险、法律风险、财政风险和声誉风险。参见表 13-2。

opportunity cost (8) 机会成本 放弃一项业务活动而执行另一项产生的**收入**损失。

optimal capital structure (1, 11) 最优资本结构 最大化公司**资产**市场价值的**负债与权益比率**。参见 target capital structure。

option (contract) (13) 期权（合约） 给予持有者在期权**到期日**之前（**美式期权**）或**到期日**当天（**欧式期权**）按照某一特定价格购买（**看涨期权**）或出售（**看跌期权**）固定数量证券或固定数额货币权利的合约。

option premium (13) 期权费 一份**期权**的市场价格。

organized stock exchanges (9) 有组织的股票交易所 证券上市和交易必须满足很多严格条件的受管制市场。参见 over-the-counter (OTC) market。

original maturity (9) 原始期限 **债券**发行日与赎回（偿付）日之间的期间。

original price discount (9) 原始价格折扣 **债券**发行价格低于**账面价值**的差额。

originating house（9）**发起人** 发起并为公司执行**证券**发行的**投资银行**。与 lead manager 或 book runner 相同。参见 underwriting syndicate。

OTC（9）**场外交易市场** 参见 over the counter market。

outstanding security（1）**流通在外证券** 已发行**证券**。

overdraft（1）**银行透支** 取款超过之前设定的**信贷额度**。

overhead（expense）（2）**间接（费用）** 参见 selling, general, and administrative expense。

over-the-counter（OTC）market（9）**场外交易市场** 不需要公司满足**有组织交易所**上市要求的市场。股票通过由电话和计算机网络连接的交易商交易。

owner's equity（1，2）**所有者权益** 某一特定日期公司股东共同拥有的资源（称为**资产**）与他们的欠款（称为**负债**）之差。与 net asset value，net worth，shareholder's equity 和 shareholder's fund 相同。

P&L（1，2）**损益** 参见利润表。

P/B（12）**股价与账面价值比率** 参见 price-to-book ratio。

P/E（12）**市盈率** 参见 price-to-earnings ratio。

paid-in capital in excess of par（2）**资本溢价** **资产负债表**日公司通过发行股票收到的累计现金数额与这些股票按照**面值**发行能够收到的现金之差。

parity relation（14）**平价关系** 把两个国家的**即期汇率**、**远期汇率**、利率和通货膨胀率联结起来的关系。参见表 14-1 和附录 14B。

par value（2，9）**面值** 对**股票**而言，是指股票发行时主观设定的每股固定价值。对**债券**而言，是指在**债券到期日**必须偿还债权人的固定金额（面值）。

payable（2）**应付款** 参见 account payable。

payback period（7）**回收期** 项目预计现金流之和等于初始现金支出所需期间（通常用年表示）。参见 payback period rule，cutoff period 和 discounted payback period。

payback period rule（7） 如果回收期短于（长于）给定的**取舍期**，则接受（拒绝）项目。参见 discounted payback rule。

pecking order（11）**优先顺序** 是指公司筹集**资本**的顺序，首先依靠**留存收益**，然后发行债券，最后筹集新权益。

pension liability（2）**养老金负债** 对员工所欠**负债**，在员工退休时支付。

perpetual bond（9）**永续债券** 没有到期日的**债券**。参见附录 6A。

perpetual cash-flow stream（12）**永续现金流序列** 无穷期现金流序列。

perpetuity（6，9）**永续年金** 无穷期**年金**。参见附录 6A。

PI（7）**获利指数** 参见 profitability index。

political risk（13）**政治风险** 限制公司创造利润能力的未预期政府管制和决策。参见表 13-3。

preferred stock（9）**优先股** 在**股利**支付以及清算时对公司资产的优先求偿权方面优于**普通股**、但没有投票权的**证券**。参见式（9-6）和表 9-8。

premium（from par value）（9）**（超出面值的）溢价** 债券价格与高于**面值**的差额。

prepaid expense（2）**预付费用** 公司对将于**资产负债表**日后收到的商品或劳务进行的支付。

present value（PV）（1，6）**现值** 预计未来现金流序列按照反映**风险**的利率折现的当前价值。与 discounted value 相同。参见 discounting。

pre-tax operating profit（1）**税前营业利润** 参见 earning before interest and tax（EBIT）和 pre-tax trading profit。

pre-tax trading profit（1）**税前营业利润** 参见 earning before interest and tax（EBIT）和 pre-tax operating profit。

price risk（9，13）**价格风险** 金融资产或证券（股票和债券）价格的未预期下降，是金融投资风险的一部分。参见 market risk 和表 13-2。

price-to-book（P/B）ratio（12）**股价与账面价值比率** 每股股价除以每股**权益账面价值**。与 market-to-book ratio 和 book value multiple 相同。用于公司估值。参见 valuation by comparable。

price-to-earning ratio（P/E）ratio（5，12）**市盈率** 每股股价除以公司**每股收益**。与 earning multiple 相同。用于公司估值。参见 valuation by comparable。

primary markets（1，9）**一级市场** 向公众出售新发行**证券**的金融市场。参见 secondary markets 和 underwriting。

principal（9）**本金** 参见 face value。

private equity investors（12）**私募股权投资者** 私下购买公司以提高绩效并将其再出售以获得利润的投资者。参见 leveraged buyout。

private placement（9）**私募** 直接向金融机构和合格的投资者发行和出售公司证券，从而绕过金融市场。参见 public offering。

profitability index（PI）（6，7）**获利指数** 一项投资的预计现金流序列的**现值**除以该投资的初始现金支出。参见 profitability index rule。

profitability index（PI）rule（7）**获利指数法则** 如果获利指数高于（低于）1，则接受（拒绝）项目。

profit and loss（P&L）statement（1，2）**利润表** 参见 income statement。

profit retention rate（1，5）**利润留存率** **留存收益**除以**净利润**。

pro forma（statement）（2，12）**预计（报表）** 基于估计或预计数据编制的**财务报表**。

project's cost of capital（6，10）**项目的资本成本** 投资者对其提供用于特定项目融资的**资本**预计的收益率。与 project's opportunity cost of capital 相同。

project's opportunity cost of capital（6）**项目的机会资本成本** 接受具有相同风险的一项投资必须放弃的**备选投资**的最高收益率。参见 project's cost of capital。

promissory note（2）**期票** 承认与发行公司的**债权人**关系并规定借入资金条件的**债务证券**。

property, plant, and equipment（2）**厂场设备** 在公司**资产负债表**中列作**固定资产**的土地、建筑物、机器和设备等**有形资产**。

prospective multiple（12）**预期乘数** 参见 expected multiple。

provision（for bad debt）（15）（**坏账**）**准备** 对可能无法收回**应收账款**所作备抵。与 allowance of bad debt 相同。

proxy firm（10）**代表公司** 与项目具有相同风险特征、用于估计**项目资本成本**的公司。与 pure-play、pure-play firm 相同。

public offering（9）**公开发行** 不仅向当前**股东**发行和出售公司**证券**，而且向一般公众发行和出售证券。与 general cash offering 相同。参见图 9-3 和 right offering。

purchase（4）**购货** 销售成本加存货变动减生产成本。参见式（3-10）、式（3-11）和附录 4A。

purchasing power parity（PPP）relation（14）**购买力平价关系** 认为各国的一般生活成本应该相同。参见式（14-2）、表 14-1 和附录 14B。

pure-play、pure-play firm（10） 单一业务公司。参见 proxy firms。

put option（9，13）**看跌期权** 给予持有者在**期权**有效期内（**美式期权**）或在**期权到期日**（**欧式期权**）按照固定价格出售固定数量股票或一定数额货币的权利（而不是义务）

PV（1，6）**现值** 参见 present value。

qualified investors（9）**合格的投资者** 满足监管机构设定的允许其直接购买公司**证券**的一些最低标准的投资者。参见 private placement。

quick assets（3）**速动资产** 现金与**应收账款**之和。

quick ratio（3）**速动比率** **现金**与**应收账款**之和除以**流动负债**。与 acid test 相同。是衡量**流动性**的指标。参见式（3-14）和 current ratio。

raw material inventory（2）**原材料存货** 在**资产负债表**日分配给尚未进入生产过程的原材料的成本。

real cash flow（8）**实际现金流量** 未经调整通货膨胀计算的现金流量。

real interest rate（14）**实际利率** 调整生活成本变动后的利率。参见 nominal interest rate。

realization principle（2）**实现原则** 在创造**收入**的交易发生而非交易创造的现金收到的期间（在**利润表**中）确认**收入**。

recapitalization（1，5，11）**资本重组** 用**负债**代替**权益**，从而保持资产不变。

receivable（2）**应收款** 参见 accounts receivable。

redeeming the bond（9）**赎回债券** 偿付**债券面值**或**赎回价值**。

redemption value（of a bond）（9）（**债券的**）**赎回价值** 参见 face value。

redemption yield（of a bond）（9）（**债券的**）**赎回收益率** 参见 yield to maturity。

reference rate（9）**参考利率** **浮动利率债券**关联的**票面利率**。

refinancing risk（3，9，13）**再融资风险** 贷款人不愿意更新为**资产**融资的贷款，从而迫使公司卖掉部分或全部资产来偿还贷款导致的风险。参见 financial cost risk 和表 13-2。

registered bonds/security（9）**记名债券/证券** 确定持有者姓名的债券/证券。参见 bearer security。

relevant cash flows（8）**相关现金流量** 受到投资决策影响的现金流量。

relevant costs（8）**相关成本** 只有当接受投资项目时才会发生的成本。

replacement investment（6）**更新投资** 不会产生额外**现金流入量**的成本节约项目。

replacement value（of an asset）（12）（**资产的**）**重置价值** 现在用类似资产取代公司**资产**开始具有相同收益能力的新业务需要花费的成本。

required investment（6）**必要投资** 公司为遵从安全、健康和环境法规必须进行的投资。参见 replacement investment 和 expansion investment。

reserve（2）**准备** 自公司创建以来的**留存收益**累计数。

residual value（of an asset）（2，8）（**资产**）**残值** **资产**的转卖或残余价值。与 salvage value 相同。

restricted covenant（11）**限制性保证条款** 参见 covenant。

restructuring plan（12）**重组计划** 为提高绩效进行的公司**资产**或融资结构变动。

retained earning（1，2）**留存收益** 所有者决定重新投入公司的那部分公司利润。参见 retention rate。

retention rate（5）**利润留存率** **留存收益**除以**税后收益**（EAT）。

return on asset（ROA）（5）**资产收益率** **税后收益**除以总**资产**，是衡量盈利能力的指标。

return on business asset（ROBA）（5）**经营资产收益率** **息税前收益**除以**经营资产**（**营运资本需求**加**固定资产净值**），是衡量经营活动盈利能力的指标。

return on capital employed（ROCE）（1）**运用资本收益率** **税后净营业利润**（或**息税前收益**（EBIT）×（1－税率））除以**运用资本**（权益加**负债资本**），等于**投入资本收益率**（ROIC）。

return on capital employed before tax（$ROCE_{BT}$）（5）**税前运用资本收益率** 与**运用资本收益率**相同，用**息税前收益**取代**税后净营业利润**，等于**税前投入资本收益率**（$ROIC_{BT}$）。

return on equity（ROE）（1，5）**权益收益率** **税后收益**（EAT）除以**所有者权益**，是衡量公司**股东**盈利能力的指标。

return on invested capital（ROIC）（1，5，15）投入资本收益率 **税后净营业利润**（NOPAT）（或**息税前收益**（EBIT）×（1-税率））除以**投入资本**（**现金**加**营运资本需求**加**固定资产净值**），等于**运用资本收益率**（ROCE）。

return on invested capital before tax（$ROIC_{BT}$）（5）税前投入资本收益率 与投入资本收益率相同，用**息税前收益**取代**税后净营业利润**，等于税前运用资本收益率（$ROCE_{BT}$）。

return on investment（ROI）（5）投资收益率 衡量盈利能力的常用指标，是指衡量利润的指标与衡量创造利润所需投资指标的比率。

return on sale（ROS）（5）销售收益率 **税后收益**除以销售收入。与 net profit margin 相同。是衡量盈利能力的指标。

return on total asset（ROTA）（5）总资产收益率 **息税前收益**除以总资产，是衡量盈利能力的指标。

return spread（15）收益价差 公司或项目**税后投入资本收益率**（ROIC）与**加权平均资本成本**（WACC）之差。参见 economic value added。

revenue（1，2）收入 导致**所有者权益**价值增加的公司活动。

revolving credit agreement（9）周转信贷协定 银行将在一段固定（但可续约）的时期内借给公司一笔固定最大数额资金的法律协定。参见 line of credit。

right（9）配股权 给予当前股东在某一特定期限内按照固定价格购买公司股票的特权。

rights offering（9）配股发行 仅向公司当前股东发行公司**普通股**。参见 subscription price，standby agreement，public offering 和表 9-5。

right-on share（9）附配股权股票 发行配股权且附配股权交易的股票。参见 ex-right share、式（9-2）和式（9-3）。

risk（1，6，13）风险 用于描述公司仅了解未来现金流序列预期价值情形的术语。参见 business risk，financial risk、表 13-2 和表 13-3。

risk-averse（investor）（1，6）风险厌恶（投资）者 只有预期能够赚取补偿所需承担更高风险的更高收益时才会购买具有风险项目公司股票的投资者。

risk class（6）风险等级 展现相同风险特征的一组投资。

risk-free rate（10）无风险利率 **无风险资产**（通常为政府债券）的收益率。参见 capital asset pricing model。

risk severity（13）风险严重程度 衡量风险强度如何（重大、重要还是次要）的指标。参见图 13-2。

ROA（5）资产收益率 参见 return on asset。

ROBA（5）经营资产收益率 参见 return on business asset。

ROCE（1）运用资本收益率 参见 return on capital employed。

ROE（1，5）权益收益率 参见 return on equity。

ROI（5）投资收益率 参见 return on investment。

ROIC（5）投入资本收益率 参见 return on invested capital。

$ROIC_{BT}$（5）税前投入资本收益率 参见 return on invested capital before tax。

rolling over the forward contract（13）滚动远期合约 在第一份合约到期后签订一份新的**远期合约**。

ROS（5）销售收益率 参见 return on sale。

ROTA（5）总资产收益率 return on total asset。

sale and leaseback（lease）（9）售后租回（租赁） **承租人**把资产出售给租赁公司，再由租赁公司立即租回给**承租人**使用的**融资租赁**。

salvage value（8，9）残值 **资产**的转卖或残余价值。与 residual value 相同。

samurai bond（9）武士债券 非日本公司向日本投资者发行的用日元标价的**债券**。参见 shogun bond。

seasoned issue（9）增发 公司在**首次公开发行**后回到市场进行另一次权益发行。

secondary distribution（9）二次分销 参见 secondary public offering。

secondary market（1，9）二级市场 **流通证券**进行交易的**金融市场**。参见 primary market。

secondary public offering（9）二次公开发行 把外部投资者所持较早期间直接从公司购入的相对较大数量的权益证券首次出售给公众。不能与 seasoned issue 混淆。

secured bond（9）担保债券 发行人向贷款人提供**担保品**的**债券**。

Securities and Exchange Commission（SEC）（9）证券交易委员会 批准**证券**的发行和销售，而且监管证券在公开市场中的后续交易的美国政府机构。

security market（9）证券市场 交易**证券**的市场。

security（1，9）证券 公司发行的规定公司收取资金条件的证书（或证券持有者账户中的记录）。参见 bond，preferred stock 和 common stock。

security market line（SML）证券市场线 把风险投资的预计收益率与用 **β 系数**衡量的相应风险关联起来的直线。参见图 10-3 和图 10-4，以及 capital asset pricing model。

self-liquidating loan（9）自我清偿（贷款） 对需要为营运资本需求的季节性增长筹集资金的公司提供的短期银行贷款，银行预期公司会使用后续营运资本需求减少所释放出来的现金偿还。

self-sustainable growth rate（SGR）（1，5，15）自我可持续增长率 是在公司保持固定利润比例，保持其经营和融资政策不变以及不发行新股条件下能够实现的最大增长率。等于利润留存率乘以权益收益率。与 sustainable growth rate 相同。参见式（5-18）。

selling concession（9）销售减让 **销售集团**因努力出售**承销商**分配给它们的**证券**而收取的服务费。参见 selling group。

selling，general，and administrative expense（SG&A）销

售和管理费用 公司发生的与会计期间内的产品出售和业务运营相关的费用。

selling group (9) 销售集团 同意销售承销商分配给它们的证券以收取服务费的投资银行集团。参见 selling concession。

senior bond/debt/loan (9, 12) 优先债券/债务/贷款 对公司资产的要求权位于次级或附属债务前面的债券/债务/贷款。

settlement date (currency trading) (13) (货币交易) 结算日 发生货币交付的日期。

settlement price (for currency futures contracts) (13) (货币期货合约的) 结算价格 逐日盯市货币期货当天最后一笔交易的报价。

SG&A (2) 销售和管理费用 参见 selling, general, and administrative expense。

SGR (5) 自我可持续增长率 参见 self-sustainable growth rate。

share buyback program (15) 股票回购方案 公司为减少流通在外股数买回自己股票。与 share repurchase program 相同。与新股发行相对应。

shareholder (1, 2) 股东 买入公司为筹集权益资本发行的普通股的投资者。股东是公司的所有者。

shareholder's equity (2) 股东权益 参见 owner's equity。

shareholder's fund (2) 股东资金 参见 owner's equity。

share repurchase program (12) 股票回购方案 参见 share buyback program。

Shogun bond (9) 将军债券 非日本公司向日本投资者发行的以除日元外的任何货币标价的债券。参见 Samurai bond。

short-term asset (2) 短期资产 参见 current asset。

short-term borrowing/debt/financing (2, 3) 短期借款/债务/融资 短期附息债务，包括银行透支、信用额度取款、短期期票以及长期负债将于1年内到期的部分。

short-term liability (2) 短期负债 参见 current liability。

signaling effect (11) 信号效应 市场对公司行动的反映，例如当公司跳过股利支付时股价会下跌——市场把该行动解读为公司现金流变差的信号。

sinking fund provision (9) 偿债基金备抵 要求债券发行公司定期把现金存入特定的账户中，以使公司能在到期日赎回债券。

SML (10) 证券市场线 参见 security market line。

social (or societal) risk (13) 社会风险 可能影响公司价值的员工与消费者行为和态度的未预期变动。

solvency (3) 偿债能力 公司履行长期现金义务的能力。

special item (2) 特别项目 公司利润表中列示的非常、例外和不经常发生的损益。

speculative-grade bonds (9) 投机级债券 评级低于 BBB 级的公司债券。与 junk bond 或 high-yield bond 相同。参见 bond rating。

spot rate (13) 即期汇率 即期交易使用的汇率。

spot transaction (13) 即期交易 双方同意对即期交付按照当前固定汇率交易货币的交易。参见 currency forward contract。

spread (in floating rate bond) (9) (浮动利率债券) 价差 浮动票面利率与基准利率之差。

spread (in underwriting) (9) (承销) 价差 向公众出售发行证券的价格与承销商向发行公司支付的价格之差。

stable dividend policy (11) 固定股利政策 努力保持各期稳定的股利支付率的股利分配政策。

stakeholder approach (1) 利益相关者观 公司管理的目标是权衡所有利益相关者（包括员工、客户、供应商、所有者以及所在社区）的利益。

stand-alone value (1, 12) 独立价值 在收购公司把业绩改良包括在内之前收购目标公司的估计价值。与 as-is value 相同。

standby agreement (9) 包销协议 公司与投资银行承销辛迪加签订的协议，辛迪加同意买下在配股发行有效期内没有卖掉的所有股票。

standby fee (9) 报销费 投资银行因承销配股发行的未出售部分而收取的费用。

stated value (2) 设定价值 发行时每股普通股所附加的主观固定价值。

statement of cash flow (2, 4) 现金流量表 通过把现金交易分为与经营活动、投资活动和融资活动相关的现金流量，提供有关公司与外部世界之间现金交易信息的财务报表（例如财务会计准则委员会第95号准则）。参见 cash-flow statement。

statement of shareholder's equity (2) 股东权益变动表 报告本会计期间除留存收益以外的所有者权益（例如现金股利、股票发行和股票回购）变动的报表。

statutory (corporate) tax rate (5) 法定（公司）税率 税收机构对收益征收的税率。参见实际公司税率。

stock (certificate) (9) 股票（证书） 确认发行公司所有权状况的权益证券，给持有者提供对公司收益和资产的要求权，并赋予持有者在股东大会上的投票权。

stock exchange (9) 证券交易所 交易公司股票的有组织市场。

stock market (9) 股票市场 参见 stock exchange。

straight-line depreciation method (2) 直线折旧法 根据该折旧法，公司有形固定资产每年按照相等的金额折旧。参见 accelerated depreciation method。

strategic risk (13) 战略风险 与可能对公司市场价值产生不利影响的公司行业动态的未预期变动相关的风险。参见表13-3。

strike price (13) 行权价格 参见 exercise price。

subordinated bond/debt/loan (9, 12) 附属债券/债务/贷

款 对公司**资产**（在清算情形下）的要求权位于**优先债务持有人**后面的债券/债务/贷款。与 junior bond/debt/loan 相同。

subscription price（9）**认购价格** 在**配股发行**期间向当前**股东**出售股票的价格。

sunk cost（8）**沉没成本** 已经花费、无论未来如何决策都不能回收的资金。与 irrelevant cost 和 unavoidable cost 相同。

sustainable growth rate（1，5，15）**可持续增长率** 参见 self-sustainable growth rate。

sweetener（in a convertible bond）（9）**（可转换债券中的）甜味剂** 可转换债券的转换权。

synergy（1，12）**协同** 参见 cost synergy 和 market synergy。

systematic risk（10）**系统性风险** 尽管多元化具有降低风险的特性但仍然存在的风险。用 β 系数衡量。与 market risk 或 undiversifiable risk 相同。参见 capital asset pricing model。

takeover premium（12）**收购溢价** **投标公司**支付的收购价格与**目标公司**当前市价之差。

take-up fee（9）**接收费** 为签订**包销协议**的投资银行提供的股票价格折扣。

tangible assets（2）**有形资产** 土地、建筑物、机器设备（统称为厂场设备）和长期金融**资产**等**资产**。

target capital structure（10，11）**目标资本结构** 能够最大化公司**资产**市场价值的**负债与权益比率**。参见 optimal capital structure。

target firm（12）**目标公司** 在**收购**中投标公司试图购买其股票的公司。

tax-effect ratio（5）**税收效应比率** **税后收益**（EAT）除以**税前收益**（EBT）。

taxes payable（2）**应交税金** **资产负债表**日所欠税金数额。

tax shield（4，11，12）**税盾** 参见 interest tax shield。

terminal cash flow（8）**终结现金流量** 在项目最后一年发生的现金流量。

terminal value（of a firm）（12）**（公司的）终值** 公司将在预测期末拥有的估计价值，由预测期后的预计现金流量决定。

term loan（9）**定期贷款** 银行和保险公司发放的中长期贷款。

times-interest-earned ratio（5）**利息保障倍数** **息税前收益**（EBIT）除以利息费用。与 interest coverage ratio 相同。基于**利润表**数据衡量财务杠杆的指标。

time value of money（6）**货币时间价值** 时间具有价值，因为早期收到的 1 美元比后期收到的 1 美元更值钱。

top floor financing（12）**顶层融资** **杠杆收购**（LBO）中使用的**优先担保债务**。

total net cash flow（4）**净现金流总额** 一段期间内收到的美元总额（**现金流入量**）与付出的美元总额（**现金流出量**）之差。

tracking stock（9）**追踪股** 是一种特殊的普通股，对公司特定部分（例如子公司、分部或事业部）的现金流具有索偿权。

trade creditor（1，2）**贸易应付款** 参见 accounts payable。

trade debtor（1，2）**贸易应收款** 参见 accounts receivable。

trade-off model of capital structure（1，11）**资本结构的权衡模型** 通过权衡利息税盾现值和财务拮据成本现值的方式达到**最优资本结构**。

trade payable（1，2）**贸易应付款** 参见 accounts payable。

trade receivable（1，2）**贸易应收款** 参见 accounts receivable。

trailing multiple（12）**拖曳乘数** 参见 historical multiple。

transaction cost（9）**交易成本** 买卖**资产**或**证券**时发生的成本。

transaction exposure（14）**交易风险** 参见 contract exposure。

transaction loan（9）**交易贷款** 用于为特定非经常性需求融资的一次性贷款。

translation exposure（14）**折算风险** 参见 accounting exposure。

transparency（11）**透明度** 向（外部）**股东**提供有关公司经营活动和未来前景的全面信息。

treasury stock（2）**库存股** 截至**资产负债表**日公司用于回购自身股票的数额。

trust/trustee（9）**委托管理人** 确保**债券**发行人满足**债券契约**中列示的所有条件和规定的第三方（通常为金融机构）。

unavoidable cost（8）**不可避免成本** 不管是否接受投资都要发生的成本。与 irrelevant cost 或 sunk cost 相同。

undervaluation hypothesis（12）**价值低估假说** 根据该假说，**收购**理由是收购公司在发现可以低价买入的价值被低估**目标公司**方面具有高超技能。

underwriter（9）**承销商** 购买公司想要发行的**证券**并随后按照更高的价格将其出售给公众的**投资银行**。

underwriting syndicate（9）**承销辛迪加** 联合**承销**证券发行的一组**投资银行**。

undiversifiable risk（10）**不可分散风险** 与 nondiversifiable risk 相同。参见 systematic risk。

unlevered asset value（12）**无杠杆资产价值** 假设**资产**仅由**权益资本**融资情况下资产的估计价值。参见 adjusted present value。

unlevered beta（10）**无杠杆 β** 参见 asset beta。

unlevered cost of equity（12）**无杠杆权益成本** 完全股权融资公司的**权益成本**，可以使用公司的**资产** β 根据**资本资产定价模型**估计出来。

unlevered firm（5）**无杠杆公司** 没有借入资金的公司或完全股权融资公司。

unlisted securities（9）**未上市证券** 不满足**有组织交易所**

上市要求的公司**证券**。

unsecured bond/debt/loan（9，12）**无担保债券/债务/贷款** 仅由发行公司一般资信支持的债券/债务/贷款。

unsystematic risk（10）**非系统性风险** 可以通过多元化投资组合消除的风险。与 diversifiable risk 或公司特有风险相同。

useful life（8）**寿命期** 参见 economic life。

valuation by comparable（12）**比较估值法** 使用与将要估值公司相似公司的财务数据估计公司权益市场价值或公司**企业价值**的估值方法。例如，公司的估计权益价值等于**税后收益**（EAT）乘以可比公司的**收益乘数**（或**市盈率** P/E）。

value-based management（system）（1，15）**基于价值的管理（系统）** 按照提高公司市场价值的目标管理公司资源。

variable rate bond（9）**变动利率债券** 在**债券**期限内**票面利率**具有不同（已知）数值的**债券**。

venture capital firm（9，12）**风险投资公司** 专门为小型新创风险型公司融资的投资公司。

vertical merger（12）**垂直合并** 例如，一家小汽车制造商与其主要供应商或主要分销商的整合。

volatility（of an asset）（10）**（资产的）波动性** **资产**市场价格的不可预测波动。

WACC（1，10，12）**加权平均资本成本** 参见 weighted average cost of capital。

wage payable（2）**应付工资** **资产负债表**日所欠尚未支付工资数额。

warrant（9）**认股权证** 公司出售的**看涨期权**，给予持有人在**认股权证**期限内按照固定价格购买特定数量公司**普通股**的权利。参见 contingent value right。

WCR（3）**营运资本需求** 参见 working capital requirement。

weighted average cost of capital（WACC）（1，10，12）**加权平均资本成本** 税后**债务成本**和**权益成本**的加权平均。为满足**资本**提供者（贷款人和**股东**）的收益预期项目必须创造的最低收益率。参见式（10-12）和式（10-13）以及 hurdle rate。

with/without principle（8）**接受/不接受原则** 与投资决策相关的**现金流量**仅为那些如果接受投资将会增加或减少公司整体现金状况的现金流量。

working capital requirement（WCR）（1，3）**营运资本需求** **经营性资产**（**贸易应收款**、**存货**和**预付费用**）与**经营性负债**（**贸易应付款**和**应计费用**）之差。营运资本需求衡量公司在其**经营周期**内的净投资。

work-in-process inventory（2）**在产品存货** 在未完工产品生产中使用的原材料成本加上分配给这些产品的人工成本和其他成本。

writer（of an option）（13）**（期权的）立权人** 在**期权合约**中出售潜在**资产**的一方。与**期权**的卖方相同。

yankee bond（9）**扬基债券** 外国公司在美国发行的用美元或其他货币标价的**债券**。

yield spread（9）**收益率价差** 非政府债券的**市场收益率**与具有相同**期限**和货币标价的政府**债券**的收益率之差。

yield to maturity（9，10）**到期收益率** 使得**债券**价格等于**债券**未来现金流序列现值的利率。

zero-coupon bond（9）**零息债券** 不支付**利息**、按照低于面值的原始折扣出售的**债券**。参见式（9-4）。